史记论著提要与论文索引

张大可　俞樟华　梁建邦　编

商务印书馆
The Commercial Press
2015年·北京

图书在版编目（CIP）数据

史记论著提要与论文索引/张大可，俞樟华，梁建邦编.
—北京：商务印书馆，2015
ISBN 978-7-100-11402-8

Ⅰ.①史… Ⅱ.①张…②俞…③梁… Ⅲ.①《史记》-研究-著作-内容提要②《史记》-论文-索引 Ⅳ.①Z89：K204.2

中国版本图书馆 CIP 数据核字（2015）第 146808 号

所有权利保留。
未经许可，不得以任何方式使用。

史记论著提要与论文索引

张大可　俞樟华　梁建邦　编

商　务　印　书　馆　出　版
（北京王府井大街 36 号 邮政编码 100710）
商　务　印　书　馆　发　行
北京洲际印刷有限责任公司印刷
ISBN 978-7-100-11402-8

2015 年 8 月第 1 版　　　开本 640×980　1/16
2015 年 8 月北京第 1 次印刷　　印张 47 1/4

定价：148.00 元

内 容 提 要

本书《史记论著提要与论文索引》。内容为《史记》研究的论著提要与论文及相关资料索引两个部分组成，共分为六辑。索引所收各种资料、论文、论著的起止时间，从《史记》问世直至2012年底。体例按书名、篇名/著译者/出版单位及期刊/发表时间等四大要项著录。资料来源主要通过全国报刊资料目录采辑，参照的来源还有六项：一是1957年中科院历史所编印的《史记研究资料和论文索引》；二是1989年兰州大学出版社出版杨燕起、俞樟华合编的《史记研究资料和论文专著提要》；三是"史记研究集成"参编人员的搜集；四是台湾李伟泰教授及其助手林雅琪提供了台湾地区学术界研究《史记》的目录；五是张新科教授提供了《史记》在日本的论著目录；六是张大可主持《史记疏证》工程的参考书目及积累的论文目录。此外，存世版本书目采自北京大学2003年中国古文献研究中心文学博士张兴吉的博士论文《元刻史记彭寅翁本研究》的附录。

作 者 简 介

本书主创作者张大可、俞樟华、梁建邦。张大可、俞樟华两位作者是论著提要的主要撰写者；俞樟华还是索引部分的主要搜集人，梁建邦增补从2001年到2012年的论文索引。张大可，中央社会主义学院教授。俞樟华，浙江师范大学中文系教授，硕士生导师。梁建邦，陕西渭南师范学院教授。

目　录

第一辑　史记论著提要 ………………………………… 1
　一、古代《史记》论著提要（上）（明代以前）………… 1
　二、古代《史记》论著提要（下）（有清一代）………… 19
　三、近代《史记》论著提要（1900—1949）……………… 54
　四、现当代《史记》论著提要（上）（1950—1989）…… 77
　五、现当代《史记》论著提要（下）（1990—2000）… 110

第二辑　史记论著索引 ………………………………… 140
　一、古代《史记》论著索引（清代以前）………………… 140
　二、近代《史记》论著索引（1905—1949）……………… 145
　三、现当代《史记》论著索引（1951—2000）…………… 146
　四、有关《史记》的非专门论著索引……………………… 153
　五、台湾《史记》论著索引………………………………… 161

第三辑　司马迁事迹与史记版本存世书目索引 ……… 167
　一、司马迁传记、著作索引………………………………… 167
　二、司马迁图像、祠墓、家世索引………………………… 177
　三、史记版本存世书目索引………………………………… 180
　四、附录一：《史记》稿本和未见传本目录 …………… 210
　五、附录二：日本、朝鲜《史记》刊行本索引 ………… 212

第四辑　历代文集与笔记中的《史记》散论 ………… 216
　一、两汉六朝文集条目……………………………………… 216
　二、唐代文集条目…………………………………………… 218

三、宋代文集条目 …………………………………… 221
　　四、元代文集条目 …………………………………… 234
　　五、明代文集条目 …………………………………… 236
　　六、清代文集条目 …………………………………… 242
　　七、唐宋元明笔记中有关史记的条目索引 ………… 263
　　八、取材于史记的戏剧、小说条目 ………………… 278

第五辑　史记论文编年索引 ……………………………… 289
　　一、近现代《史记》论文索引（1905—1949）……… 289
　　二、当代《史记》论文索引（上）（1951—1979）…… 297
　　三、当代《史记》论文索引（中）（1980—1990）…… 311
　　四、当代《史记》论文索引（下）（1991—2000）…… 367
　　五、台湾《史记》论文索引（1951—2002）………… 637

第六辑　日本《史记》研究文献目录索引 ……………… 706
　　一、关于古钞本的研究 ……………………………… 706
　　二、解题、目录 ……………………………………… 711
　　三、译注、翻译 ……………………………………… 713
　　四、司马迁的传记 …………………………………… 717
　　五、司马迁的思想与历史观 ………………………… 718
　　六、《史记》总论 …………………………………… 721
　　七、《史记》之各篇 ………………………………… 724
　　八、《史记》相关的研究 …………………………… 738
　　九、《史记》的语言 ………………………………… 744
　　十、《史记》和日本文学 …………………………… 747
　　十一、其他 …………………………………………… 750

第一辑　史记论著提要

一、古代《史记》论著提要（上）（明代以前）

【史记三家注】　此为裴骃《史记集解》、司马贞《史记索隐》、张守节《史记正义》三家注本的合称。三家注原为单刻，南宋以来合刻。《史记集解》是刘宋裴骃以徐广《史记音义》为本，采经传百家并先儒之说，以注《史记》，广为《集解》80卷，唐司马贞又探求异闻，采摭经传子书典故，解裴氏之未解，疏释文义，并加音注，又作述赞，凡30卷，题为《史记索隐》。唐张守节则步裴骃、司马贞之后，继作《正义》30卷。三书原来各自成书，至北宋始散列《史记》正文之下，合为一编。

三书先后递补，相得益彰，对《史记》贡献很大。它们从文字考订，注音释义，到注人、注事、天文、山川、鸟兽、虫木、制度、名物，无不具备。分别说来，大体《集解》以广征博引为胜，《索隐》以探幽发微为著，《正义》则详于地名注释。三书对《史记》起了积极的传播作用，致使后世学者不能置而不顾。

三家注著力于《史记》史实的考订和补正。《夏本纪》载"帝相崩，子帝少康立"，《索隐》、《正义》均指出帝相被篡，其间历经羿、浞二世,凡40年(一说百年),少康才得以复国中兴,《本纪》一字不载,"是为疏略"。《殷本纪》载汤在位时,伊尹作《咸有一德》。司马贞根据《尚书》指出,"伊尹作《咸有一德》在太甲时,太史公记于斯,其言又失次序"。宋人晁公武称《索隐》"纠正抵牾,援据密致,如东坡辨宰我未尝从田常(作乱),为辞盖本诸贞也"。《史记》与经传及《汉书》的异同,早就引起学者们的注意,三家注对此或略作提示,引而不发,或具列歧异,以资探讨,凡此种种,均有助于对《史记》的研究。

三家注对于《史记》的宗旨、体例、方法等,时有论述发明。如《正义》指出:"《尚书》孔子序云'成汤既没,太甲元年',不言有外丙、仲壬,而太史公采《世本》,有外丙、仲壬,二书不同,当是信则传信,疑则传疑"。《索隐》:"系家者记诸侯本系也,言其下及子孙常有国。故孟子曰'陈仲子,齐之系家'。又董仲舒曰'王者封诸侯,非官之也,得以代为家也'。"《索隐》:"太史公博采经记而为此书,广记异闻,不必皆依《尚书》。""太史公欲自为一家,事虽出《左传》,文则随义而换。"

三家注时有穿凿附会,有的则疏而不通。如《孟子荀卿列传》:"或曰,伊尹负鼎而勉汤以王,百里奚饭牛车下而穆公用霸,作先合,然后引之大道。驺衍其言虽不轨,倘亦有牛鼎之意乎?"《索隐》注:"按,《吕氏春秋》云'函牛之鼎不可以烹鸡',是牛鼎言衍之术迂大,倘若大用之,是有牛鼎之意。"完全曲解《史记》的原文。诸如此类,历代学者已屡有指陈。

【史记法语】 〔南宋〕洪迈撰。本书为《史记》古隽词语摘编。迈字景卢,号洪斋,鄱阳(今江西鄱阳)人,绍兴乙丑中博学鸿词科,官至端明殿学士,事迹见宋史本传。此书共八卷,据《四库全书总目提要》称:"是编于《史记》百三十篇内,自二字以上,句法古隽者,依次标出,亦间录旧注,盖与《经子法语》等编同,以备修辞之用。"需补充说明的是:一、其所纂辑,有词有语,以语为主,而且语句一般较长,甚或有两句以上者。充分体现出词语摘编的性质;二、洪迈于诸书多有词语摘编本,自经、子至《前汉》，皆曰"法语"，自《后汉》至《唐书》皆曰"精语"，从以"精语"与"法语"对举，知"法语"的含义乃"可为典法的精粹、精彩之语"的意思，《四库全书总目提要》称之为"句法古隽者"大体不错；三、其纂列次序，按《史记》一百三十篇原次第排列，"表"的部分，因摘采有限故未分"表第×"，只总列"表十卷"，所录词语只五条；四、《四库全书总目提要》于洪迈撰《南朝史精语》条指出，"盖南宋最重词科，士大夫多节录古书，以备遣用，其排比成编者，则有王应麟《玉海》、章俊卿《山堂考索》之流……"洪迈与其兄洪适、洪遵先后同中博学宏词科，他所编纂的《史记法语》，是现有最早一本采择《史记》典要精美词语以供揣摩文章、涵蓄学养之用的书。是书有四库全书本、《说郛》本（涵芬楼藏版）。

【班马字类】　〔南宋〕娄机著。按韵分编之《史记》、《汉书》古字僻字字典。机字彦发，嘉兴人，乾道二年进士，宁宗朝累官礼部尚书，兼给事中，权知枢密院事，进参知政事。事迹具宋史本传。是书共五卷，采《史记》、《汉书》所载古字僻字，按四声韵部（一东二冬三种四江五支六脂……）进行编次，多数为单字，也包括两个字的双声叠韵字。对于所列之字，先明出处，即见于《史记》、《汉书》哪一篇，然后释义、辨音，即所谓"考证训诂，辨别音声"，并且对于假借、通用和古今异体字都予指明。因此《四库全书总目提要》说它"实有裨于小学，非仅供词藻挦扯也"。书前有娄钥序，后有机自跋二则。钥序称赞娄机不独取《汉书》而追源《史记》，合为一编，为"知所本矣"；机跋阐述"固作西汉书多述司马迁之旧，论古字当自迁史始。因取《史记正义》、《索隐》、《西汉音义集韵》诸书订正，作《班马字类》，互见各出，不没其旧"之意，并申明："二史之字第识首出，余不复载，或已见于经、子者，则疏于下，庶几观者知用字之意也"。这样，这部书便不止是为缀文之士"摘取奇字以资华藻"，而且具有文字、音韵、训诂等方面的学术价值。是书有四库全书本、涉闻梓旧本、后知不足斋丛书本。

【班马异同】 〔南宋〕倪思编撰的一部将司马迁的《史记》与班固的《汉书》进行对勘比较的著作。倪思字正甫，湖州归安（今浙江吴兴县）人，乾道二年进士，历官宝文阁学士，谥文节，事迹具《宋史》本传。《班马异同》的编撰大旨，"以班史仍《史记》之旧而多删改，务趋简严，或删而遗其事实，或改而失其本意，因其异可以知其优劣"（明·杨士奇《班马异同跋》）。其体式"以《史记》本文大书，凡《史记》无而《汉书》所加者，则以细字书之；《史记》有而《汉书》所删者，则以墨笔勒字旁。或《汉书》移其先后者，则注曰'《汉书》上连某文，下连某文'；或《汉书》移入别篇者，则注曰'《汉书》见某传'"（《四库全书总目提要》）。例如《史记·项羽本纪》与《汉书·项籍传》对勘比较："项籍者字羽下相人也字羽初起时年二十四其季父项梁梁父即楚名将项燕为秦将王翦所戮者也项氏世家世为楚将封於项故姓项氏"。由于这样逐字、逐句、逐段、逐篇进行对照比勘，使得两书异同立见，长短较然，得失可考。它在《史记》研究上，开拓了比较研究这个新领域，成为后世《史记》研究一个专门课题；在比较方法与体式上，也有新颖而切用的创造，为后人从史学、文学、语言文字等各个方面对《史记》的进一步研究开辟了新路，奠定了基础。《班马异同》所考也有不周全处：首先缺载陈涉、英布二传，是很大的疏失；其次，《史记》的《孝文》《孝景》二本纪，《天官》、《封禅》、《河渠》、《平准》四书，《贾谊》、《韩王信》、《东越》、《西南夷》、《儒林》、《大宛》等传及《太史公自序》，俱与《汉书》有异同详略之处，皆未作比勘。此书有明·永乐刊本，有文渊阁四库全书影印本，十二卷，只有对照，无眉批旁批等评论文字，是倪思所编单行本，与后题《班马异同》或《班马异同评》之三十五卷的倪思编刘辰翁评合刻本不同。

【班马异同评】 〔南宋〕刘辰翁在倪思《班马异同》基础上对《史记》、《汉书》进行比较评论的著作。刘辰翁，字会孟，号须溪，庐陵（今江西省吉安市）人。宋理宗景定三年举进士，以廷试对策忤权臣贾似道，列丙等。曾任濂溪书院院长，后召入史馆及除太常博士，皆不就。宋亡不仕，隐居以终，是宋末元初的著名词人。倪思的《班马异同》，开辟了异同比较的新领域，可惜它只有比勘对照而未加评论。以诗文鉴赏擅名的刘辰翁，对它很感兴趣，便"亲为品骘"。书中从一字一句、一段一节的删、改、移、易的是非得失品评起，及于"史法之繁简，事辞之比属，与夫作者之微文隐义"（《史汉方驾》沈启原叙）都评论到，但以现代的观点来看，它评论的重点和价值是在文学方面——特别是对于人物形象的刻画和描写，对于人物心理性格的分析与人物语言的推敲等。譬如《淮阴侯列传》韩信与陈豨密语一段，《史记》原文是"淮阴侯携其手，辟左右，与之步于庭，仰天叹曰：'子可与言乎？欲与子有言也！'"《汉书》改成"淮阴侯携其手，辟左右，与之步于庭数匝，仰天而叹，曰：'子可与言乎？吾欲与子有言。'"刘辰翁于此评曰："'携其手'，'辟左右'，'与之步于庭'，'仰天叹'，字字已是，不可增损，增'数匝'已拙，增'而叹'少缓，'欲与子有言也！'却去'也'字，大非。其凄凉不快，正在此一'也'字！若增'吾'字，去'也'字，语势径直，其反形成矣，非徘徊犹豫甚不得已之意。从一'也'字有成与不成之异。若此处看得言有可悲，则过在高祖，文字之妙如此。"特别值得提出的是，刘氏对《史记》的文学创作特质，已经有所认识，并在书中作了评述，具体表现为：一、指出《史记》的某些篇章、某些写法具有小说特质。如一则说司马相如琴挑文君的故事"是一段小说"；再则说淳于髡以隐语说齐威王事，"此则小说之体也"。二、指出《史记》的许多地方、许多写法都有作者的想像创作。如张良佐汉的许多谋略，像举四皓、利啖秦将等，"类以己意揣之，情文俱见"，"皆史笔铺叙悠然也"。三、拈出"意态"、"精神"、"意气"等命题，说明《史记》写人，不止是单纯地罗列生平功状，更重要的是写出精神、意态。如《绛侯周勃世家》总评说："绛侯之功，莫大于诛诸吕、立文帝。然其人木强，无议论可书，故他传具载，此并左袒略之……《汉书》取其清宫事，尝无益于绛侯。然使无狱吏一事，则平生直功状而止,及牍背冒絮与既出而叹,乃最精神。"此书在《史记》研究和中国文学批评史上的贡献,可以概括为:第一,它将异同比较与文章评点、文学评论相结合,孕育了中国式的比较文学的雏形;第二,它与一般传统诗文评点不同,已经把评论的重点转向了人物形象,开了人物形象评论的先声;第三,它通过比照和批点,不止让人们看到《史》《汉》的异趣(《汉书》重史,《史记》重文),也显示出文史的异尚(文史分道扬镳势在必然,《汉书》已经开始向历史倾斜)。此书有明嘉靖十六年李元阳校刻本,其他明刻本。

【史记辨惑】 〔金〕王若虚攻摘考辨《史记》采摭、取舍不当及字句疵病的著作。若虚字从之,号慵夫。藁城(今河北省藁城县)人。承安进士,历官左司谏,延州刺史,翰林院直学士。金亡后,微服归里,自称滹南遗老。事迹具《金史》文艺传。是书共十一卷,其中"文势不相承接"、"字语冗复"、"用虚字多不安"、"杂辨"等卷,都是批评《史记》在语言、在用字遣词上所存在的毛病的。书中指出《史记》的叙述语言往往因匆忙或疏忽,出现文势蹉跌不相承接,逻辑上有所缺略的现象(如《萧相国世家》客说相国曰:"君胡不买田地,贱贳贷以自污,上心乃安。"等);叙事上有重复或字句重叠烦冗的现象(如《舜本纪》关于舜父顽、母嚚、弟傲的记述等;文中用"而"字多不安,用"於是"、"乃"、"遂"等字冗而不当(如《齐世家》云"郤克使于齐,齐使夫人帷中而观之";《李将军列传》李广与望气王朔燕语曰:"自汉击匈奴而广未尝不在其中,而诸部校尉以下才能不及中人,然以击胡军功取侯者数十人,而广不为后人,然无尺寸之功以得封邑者何也?")这些指摘,有的确能切中《史记》"记事疏略,剩语甚多"之病,使人们知道《史记》语言也有不够规范、不够简洁、不乏毛糙之处。但是这些指摘之中,也有好多是以"经义科举法绳文"(刘祁《归潜志》卷八)。偏主疏顺清畅,只责字句之直白达意,而于声调章法,置之度外。其最显著的例子,是钱钟书《管锥编》之《史记·项羽本纪》条所剖析王氏举"诸侯军无不人人惴恐"为"字语冗复"之例，说明王氏的一些讥弹，"匹似逼察江河之挟泥沙以俱下，未尝浑观其一派落九天而泻千里也"。从这里可悟科学语言与文学语言标准要求之不同，以及区分和研究科学语言与文学语言之必要。是书有四部丛刊本（涵芬楼藏版）。

【黄氏日钞·史记】 〔南宋〕黄震撰。黄震，字东发，南宋宝祐进士，曾任史馆检阅，参加过国史实录的修纂。为学宗朱熹道学，但又不尽同。及卒，门人私谥文洁先生。

黄氏学识渊博，又明于史事，因此，他对《史记》的评论，非庸才学士能比。他议论《史记》，集中在义理和历史人物的评价方面，至于史实，略有涉及而已。黄震对《史记》颇为推崇，如说"凡看《卫霍传》，须合《李广传》看。卫、霍深入二千里，声振华夷，今看其传，不直一钱。李广每战辄止，困循终身，今看其传，英风如在。史氏抑扬予夺之妙，岂常手可望哉？""武帝五十年间，因兵革而财用耗，因财用而刑法酷，沸四海而为鼎，生民无所措手足。迨至末年，平准之置，则海内萧然，户口减半，阴夺于民之祸于斯为极。迁备著始终相应之变，特以平准名书，而终之曰：'烹弘羊，天乃雨'，呜呼，旨哉！"黄氏许多评论，不仅深入挖掘《史记》一书的宗旨，还结合现实作进一步的发明。他盛称《大宛传·赞》，指出后世一些人推广《禹本纪》的谬说，"谓周须弥之山为世界者"。黄氏这些论述，对于后人深刻理解《史记》是有益的。

黄震对《史记》也有批评，如他对司马迁指责子婴不能挽救秦的灭亡，提出异议。对司马迁列项羽、吕后为本纪，为刺客、日者立传，也颇多异辞，不能不反映出他在道学影响下的落后保守思想。

《黄氏日钞》有清乾隆间汪氏刻本。

【习学纪言·史记】 〔南宋〕叶适撰。叶适，字正则，自号水心居士，永嘉人，淳熙五年进士，官至宝文阁学士，谥忠定。他对于经史子集均有评议。在史学方面，对《史记》以下十七史一一加以论列，惟史论居多，亦有史评，但于《史记》，独以史评为主。

叶适学识渊博，是南宋永嘉学派的集大成者，他论学独树一帜，不屑承袭前人窠臼，也不与时人苟同。他对《史记》颇有新异独到的见解，如说司马迁"述高祖神怪相术，太烦而妄，岂以起间巷为天子必当有异耶？若舍其德而以异震愚俗，则民之受患者众矣，惜乎史笔之未精也！""迁断自共和（按指《十二诸侯年表》），著周统既失，不待东迁，以《国语》黜宣王事推之，不为无意"。"迁序良事无不可考，四皓之来，极其辨智，古今未尝有，而后世儒者欲以空义断其是非，何可当也！"但是，叶适与宋代许多学者一样，崇孔子而黜汉儒，由此影响到他对《史记》的批评，不免深文周纳，刻意苛求。如指责《黄帝纪》取长老传闻，"不择义而务广意，亦为学之患"；《礼》、《乐》二书"不能本孔氏，空泛然华说而已"；《封禅书》"不能论正，反傅会之，虽微见其意，而所徇已多矣，安能救乎"；"迁论圣贤之际，大抵率易如儿戏"；"迁谓'奉职循理，亦可以治'，是以末胜本矣。后世之治终不能反之正者，自迁之为《循吏传》始"。甚至否定一切，说《史记》"如刻偶人，形质具而神明不存矣。书完而义鲜，道德性命盖以散微，学者无所统纪，其势不得不从事于无用之空文"。叶适对《史记》诸表的攻击尤其偏宕："均之一事，表既谱之，纪复纪之，世家列传又申明之，参互错综，十数见而犹未已，甚矣迁之自劳而启后世之烦且杂也"。明人叶道毂曾说，叶适评断前代学者，往往"不细推其所以然之故而发明之，而务以我为是，而古人胥受裁焉，此宋人之大病也。"正是切中了他的要害。

本书共二卷，分本纪、表、书、世家、列传、自序六篇，文字虽然不多，"其文刻峭精工"（陈振孙语），并有深旨，故为学者所重。《习学纪言序目》有1972年中华书局新排印本。

【史觹】 〔明〕谢肇淛所编汇之十七史隐词僻句集解。肇浙字在杭,福建长乐人,万历壬辰进士。《四库全书总目提要》说:"是书摘十七史中隐僻字句,标列成编,凡一史为一卷,共十七卷(《史记》自然为首卷)。谓之觿者,自序以为解结之义。人之有疑甚于结,故求其解而笔之也。然于《史》、《汉》、《三国》诸书,原有旧注者,所载尚为明晰,于《晋书》以下原本无注者,亦仅录旧文,绝无考证,仍不足以解学者之疑。则所云求其解者,亦徒虚语矣。则此书不过是罗列隐僻词句,略加解释之作,虽属训解一类,但并无深入研究,实际上只起疑难生僻字句汇编的作用。是书见《四库全书》。

【读史汉翘】 〔明〕施端教所编《史记》《汉书》各章迥句辞集。端教字匪莪,泗州(今安徽泗县)人。是书共二卷,取《史记》、《汉书》中字句之新异者,编录成帙。盖仿林越《汉隽》、洪迈《史记法语》、《西汉法语》例,属于名句辞典性质,为供搜词摘句者用。见《四库全书》。

【太史华句】 〔明〕凌迪知纂辑之《史记》隽词美语类编。迪知字稚哲,乌程(今浙江吴兴)人,嘉靖丙辰进士,官至兵部员外郎。是书乃摘集《史记》中名章迥句、隽词美语,按内容以卷一天文、时令、灾祥、山川、邑里……卷二性行、志量、修身、文学、言语……卷三交邻……卷四战阵……卷八鸟兽……单字、双字共八卷八十一门分类编排。每一词语下,明出处,引原文,间加注释。凌氏在序言中申明,"余之辑是书,乃为陶冶,舍而点铁成金,良工自得之而已矣!"凌氏还有《左国腴词》、《两汉隽言》、《文选锦字》诸书,与此书正好构成一个系列,以此可知作者实为有意识地给缀文应试的士人学子提供翻检参考工具的。与《史记法语》比较,它改依《史记》原篇目摘录为依词句内容分类编纂;《史记法语》所摘,有词有语,以语为主,而且语句较长,《太史华句》则词语并重,语句较短,有的相当于短语。譬如《史记法语》传第一《伯夷》篇摘"伯夷叔齐虽贤,得夫子而名益章,颜渊虽笃学,附骥尾而行益显",而《太史华句》则在卷三用人门摘为"附骥"。与《班马字类》相较,它的对象由"字"扩展到"词"、"语(句)";它不是以声韵、而是以意义分类,更便应用。总之,从中可以看出这类著作从个人自为札记以志忘备考,到专为读者参考检阅着想的演进之迹。是书有融经馆丛书本、光绪八年会稽徐氏八杉斋刊本与文林绮秀本。

【史汉方驾】 〔明〕许相卿在《班马异同》和《班马异同评》基础上所编《史》《汉》异同比较的改进本。许相卿字台仲,海宁人(今浙江省海宁市)人,正德十二年进士,官至兵科给事中,事迹具《明史》本传。此书较《班马异同》、《班马异同评》改进之处大体有三:一、体式上,《班马异同》将《史》文大书(用大字),《汉》文细书(用小字),文字连属,仅以字形之大小粗细分别,颇易混淆,不便阅读。《史汉方驾》则以《史》、《汉》相同之文直书行中,不同者分别左右,凡《史记》有而《汉书》无者,偏列于左;《汉书》有而《史记》无者偏列于右(所以名为"方驾"),区分明显,条理井然,较《异同》为胜;二、篇目上,《班马异同》缺载陈涉、英布二传,削去卫青、霍去病传所附诸将,《史汉方驾》则将它们补缀齐备;三、评语上,因刘辰翁之评本稍为损益,间亦自出己意,或采名家评骘,是其贡献,然而从质量上看,并未超过刘辰翁的《班马异同评》。由于许氏过分自矜于左右分列的"奇绝"(他在本书识语中说:"倪思创例甚奇,刘会孟点勘尤奇。然旧编殊不便疾读,必如是左右行别异同,吾意亦奇绝乎!"),而没多在评论方面下功夫,致使这部著作在异同比较——特别是在思想艺术的评论上没有更大进展,这是令人为之可惜的。此书有明万历刊本。

【史记评林】 〔明〕凌稚隆所辑历代《史记》评论与有关资料的汇编本。凌稚隆,字以栋,号磊泉,吴兴(今浙江湖州市吴兴区)人。父,凌约言,以史学著,稚隆追本世业,以成先志,于《左氏传》,班、马二史,自取注释评论。凌氏在明代汇编前人评论之风影响下,有很强的资料意识,他在本书跋语中说："隆自弱冠读先大夫《史记抄》，旦且夕焉，而怅其未备也。尝博搜群籍，凡发明马史者辄标识于别额，积草青箱，非一日矣。"凌氏此编意在为学人提供一套研究《史记》的完备资料，因此书前除收列裴骃《集解》、司马贞《索引》、张守节《正义》的序言之外，并附有列国分野、三皇五帝至秦汉谱系，五帝三王至秦汉国都地图，以及评林姓氏，引用书目和读史总评等。此书，体式分上下两栏，下栏为《史记》本文及三家注，上栏为所引各家评论及凌氏的考论按语。此书重点在辑录历代各家评论，他把这些评论用三种形式表列：凡论及全书总体的，以"读史总评"方式列于书前，"间有总论一篇大旨者，录于篇之首尾"；"凡有发明《史记》者，各视本文，标揭其上"（见"凡例"）。此外编者还做了三项有意义的工作，一是"《史记》原引《诗》、《书》、《左传》、《国语》、《世本》、《战国策》、《吕氏春秋》、《楚汉春秋》诸书，间有撮其要而未及详者，兹并录全文于上"。这实际上是开了覆按探源之途，为后来日本泷川资言编著《史记会注考证》所吸取；二是于"百氏之书如《风俗通》、《白虎通》、《越绝书》、《说苑》、《新序》、《论衡》、《韩诗外传》等类"，凡与《史记》能"互相发明"者，都"择其要者录之于上，以备考证"（见"凡例"）；三是于"篇中纲领节目关键，诸家未评者"，或"篇中虚实主客分合根枝，与夫提掇照应总结及单辞媵语，批评所不能载者，悉注于旁（即旁批）"（统见"凡例"）。这又使它具有一定文章评点功能。正因为这样，王世贞在序文中称："其言则自注释以至评骘，其人则自汉以至嘉、隆，无所不附载，而时时旁引子史，以己意撮其胜，而为之宣明。盖一发简而瞭然若指掌，又林然若列瑰宝于肆而探之也。"茅坤于序中则赞为"渡海之筏"。此书不止收罗宏富，体例精纯，嘉惠学林，可钦可敬，而且开启"辑评"之风，在《史记》研究史上是大有功劳的。此书有明万历四年吴兴凌稚隆辑校本，清同治、光绪年翻刻本。

【史记萃宝评林】 〔明〕焦竑选辑李廷机注释李光缙汇评的一部《史记》选注汇评本。焦竑字弱侯，号澹园，江宁（今江苏省江宁县）人。万历中，殿试第一，官翰林修撰，著作有《易筌》、《禹贡解》、《澹然集》等多种。李廷机，字尔张，晋江（今福建省晋江县）人，万历十一年进士，官至礼部尚书，东阁大学士，事迹具明史本传。李光缙，字宗谦，号衷一，晋江（今福建省晋江县）人，晋江属泉州，而泉州别称温陵，故有温陵李光缙之称。万历十三年乡荐第一，不仕，日研经史，以著述为业。书名"萃宝"，示所采选乃《史记》之精华（有节选，有全录）；又曰"评林"，是因书前既引了程颐、杨万里、王维桢、凌约言、茅坤等人对《史记》全书的"总评"，各篇书眉又辑列了扬雄、陆机、刘勰、柳宗元、苏轼、刘辰翁、真德秀、方孝孺、杨士奇、李东阳等人的评论，还间附编者己意，命曰自评。编选者在《凡例》中说明，此编"所萃为举业（科举考试）而设，故议论居多而叙事间见"。《凡例》还详列了本书所用的圈点符号："批如○者精华；■者文彩；◀者眼目照应；◀者关键主意；●者点缀；□者提掇；◀者字法；｜者事之纲；－者一段小截；——者一篇大截；◀者一人总截也。"观此，可以使我们窥见当时流行评点本之大概，以及评点家所用圈点符号之大概。此书既为举业而编，故多采指点入门之说，但由于几位参与编选集评者都是较有素养且编选态度认真的人，故所辑录的评点文字有几篇相当集中而精彩，例如《货殖列传》引杨慎评："将信己说，而先引老子破之，以为必不然，此健吏舞文手也。"引唐顺之评："此市肆簿券，一经太史公之笔，便是绝好文字。"引董份评："此传字字句句皆精妙，与他传更较精彩，盖他传多录本文，而此传皆其特撰，是以妙绝，可以见太史公之才独冠古今也。"《平准书》、《封禅书》、《屈原传》、《范雎传》亦然。此书有明·万历庚寅（十八年）秋自新斋余绍崖梓本。

【归方评点史记合笔】 〔明〕归有光与〔清〕方苞圈点批评《史记》的合刊本。归有光字熙甫，江苏昆山人。嘉靖八年进士，官至太仆寺丞（故人称归太仆）。徙家嘉定，以读书教学为事，学徒常数百人，称为震川先生，为明代著名散文家。（见

《明史·文苑传》)方苞,字灵皋,号望溪,安徽桐城人。康熙四十五年进士,官至礼部侍郎。为"桐城派"创始人,论文倡"义法"说,是清代著名散文家。归有光系古文评点的开创者,他评点《史记》,设计了一套五色圈点的标识,用来钩玄阐幽,发明指趣:"《史记》起头处,来得勇猛者圈,缓些者点,然须见得不得不圈不得不点处乃得。黄圈点者人难晓,朱圈点者人易晓。朱圈点处总是意句与叙事好处,黄圈点总是气脉。亦有转折处用黄圈而事乃联下去者。墨掷是背理处,青掷是不好要紧处,朱掷是好要紧处,黄掷是一篇要紧处。"归氏的批评采用随文夹批和题后加评的方式,但不像清代《史记论文》、《史记菁华录》那样条分缕析的详尽,其中有论史例者,有论人物者,有论文章者,相当宽泛。归氏对《史记》的批评,对《史记》的精见,又集中体现在具有导读性质的《例意》上:如说"事迹错综处,太史公叙得来如大塘上打纤,千船万船不相妨碍"、"作文如画,全要界画"、"晓得文章掇头,千绪万端文字就好做了";又说"《史记》叙事,又捱几句似闲的说话,最妙"、"叙事或追前说,或带后说,此是周到"、"《史记》如人说话,本说此事,又带别样说";又说"他人之文如临小画,非不工致,子长之文,如画长江万里图"、"太史公但若闹热处,就露出精神来了","如说平话者,有兴头处就歌唱起来"。所以必须把他的圈点批评和《例意》两者结合起来理解。这篇《例意》,在明清两代,曾被好治古文者"珍若拱璧","转相迻写",发生过相当广泛的影响。方苞有"读史记"22篇,载《望溪先生文集》,另著《史记注补正》一书。而所作《评点史记》四卷,乃取法归有光圈点史记例意而为,附入归有光评点本之后合刻,未独立成书。方氏以"义法"论文,着重探求和阐发《史记》的叙事艺术,他拈出了一个"辞尚体要"说,并以《萧相国世家》、《绛侯周勃世家》、《汲郑列传》等为例,详加论析,说明"史于萧相国,非万世之功不著,于留侯非天下所以存亡不著,于黯(汲黯)非关社稷之计者不著,所谓辞尚体要也。"又于《留侯世家》总结道:"'所与上从容言天下事'三句,著为留侯立传大指,纪事之文,义法尽于是矣。"此外有关章法脉络和虚实变化等，他也多所论列，如就《李斯列传》讲，"赵高谋乱入李斯传，以高之恶斯成之，秦之亡，斯主之也。"于《廉颇蔺相如列传》批："赵奢李牧将略及赵括之败具详始末，假而牧再破秦，颇破齐、燕，复一一叙列，则语芜而漫矣。变化无方，各有义法，此《史记》之所以能洁也。"方氏把建立在感性基础上的评点，努力提高到理论层次，这是他在《史记》评点和《史记》研究上的特有贡献。归有光评点《史记》，有山阳戴西泷刊本，长洲汪武曹及桐城张叠来刊本。马平王少鹤，以方苞评点，与归评合刊，称《归方评点史记合笔》，光绪四年武昌张裕钊将王本翻刻，题《归震川评点史记》，流传较广。王、张刻本，俗称"归方评点史记"。

【史记测议】 〔明〕陈子龙、徐孚远所撰《史记》评注本。陈子龙，字卧子，号大樽，华亭人（今上海市松江）人，崇祯进士。曾与夏允彝等组织"几社"，为南明抗清将领、文学家。徐孚远，字闇公，崇祯举人。与陈子龙同乡，并与陈共同组织"几社"，参加抗清斗争。《史记测议》一书不同于一般评点的地方在于，除评骘、议论之外，还兼顾注释、考订，折中于文章、训故家之间。而他们的注释和考订又打破三家注的体系，广采各家之说，"删其繁重"，"而存其理长者"，"又时以已意相发明"，意在能为读者提供一个简明而又能解决问题的注本、读本。正因为这样，他们在注释中就自然接触到许多疑词难句，而于史实及注解也有所订正发明，故清代四库馆臣修武英殿本，篇末所附考证，颇取其说。但两人并非擅长考据的行家，学养有限，又"恒以意属读"（所谓"测"），故多主观附会之处，如《秦始皇本纪》"因徙三家丽邑，五家云阳"，徐孚远云："按丽，附丽也，附城丽邑。"不知丽与郦、骊字通，丽邑盖因骊山得名，秦始皇于十六年置丽邑，《括地志》云："新丰县本周骊戎邑"。又，《吕不韦列传》，"岁余，诸侯宾客使者相望于道，请文信侯。"徐孚远云："是时诸侯罢免，列国多请之，如甘茂、孟尝君之属，皆迭为诸侯相。"把问遗之请误为聘请之请。此书评议，重在揭示和阐发

《史记》的精蕴奥意，在这方面，无论是采录诸家之评还是出自个人之议，都有可取。如《五帝本纪》引柯维骐评："按诸史所载黄帝采铜铸鼎，鼎成帝崩。夫谓鼎成骑龙上天，盖本方士之说，太史公纪文《封禅书》，以见汉武之惑，此云崩且葬，所以祛后世之疑。"《项羽本纪》引刘辰翁评："此召平不自了事，乃能作此度外奇事（按指召平矫陈王命，拜项梁为楚上柱国，促其急引兵西击秦），所以发亡秦之端在此。"《秦始皇本纪》载陈子龙议："始皇为吕氏，载不韦传，此不载，史家之法也。"《项羽本纪》载徐孚远议："项王能杀子婴而不杀太公者，非仁也，欲生之以为质而讲解耳，汉祖知其意欲，漫语答之，而终不敢杀也。"此书有明·崇祯十三年刊本，清·道光十四年三元堂刊本。

【史记题评】 〔明〕杨慎撰。杨慎，字用修，号开庵，新都人，正德间廷试第一，授翰林修撰，后因故削籍，谪云南永昌。他博学多才，是明代文坛大师，著述之富，为当代第一，有《升庵集》及杂著百余种。

杨慎论《史记》，集中在历史文学方面。他详析《史记》叙事变化多端，不拘一格，如曹参、周勃、傅荆蒯成、樊郦滕灌等人的世家列传，"叙战功处，同一凡例，纪律严整，可为叙战功之法"；"叙商鞅变法，备载廷臣论难，与赵武灵王变胡服事同一书法"；"《孟子传》与《伯夷传》书法略相似"。他指出《史记》文语有微辞见义、反辞见意、褒贬在言外等等特点。如写公孙弘以儒显，以《春秋》之义绳臣下取汉相，以《春秋》白衣为天子三公，"屡书不一书，皆反辞见意，深叹夫儒效不白于天下，而文奸饰诈，为经术之羞"；写平原君"言在浊世为佳公子，清世则否矣，褒贬在言外"。指出《史记》文体蕴融百家而又有新的创造，如《蒯通传》"极似先秦古文"，而"《屈原传》，其文便似《离骚》"。指出太史公赞语或者"总括一篇之意"，或者"赞在传外，直补所不足"，"或寄笑謔"，"非必如后人书法与史评也"。他认为《韩信传》"取譬反复，极人情所难言，此文在汉初第一"；认为元狩四年，卫霍与匈奴漠北之战，"写得如画"，终于引出唐代"胡沙猎猎吹人面，汉虏相逢不相见"等名作，《史记》对后世文学的影响，由此可见一斑。杨慎的评论还包括纠正前人的失误，如唐人取《老子传》列于70列传之首，而与伯夷合传，杨氏指出这是强奸司马迁原意，"甚为无谓"。朱熹等指责《伯夷列传》满腹是怨，与孔子旨意不合，杨氏以为"一篇之中，错综宕荡，极文之变，而不诡于圣人，可谓良史矣。宋人不达文体，是以不得迁之意，而轻为立论"。他认为司马迁《自序》中所说的"禹穴"，实际指的是巴蜀，后人以为在会稽，纯属误解。杨慎对五帝夏商周秦汉诸本纪及若干表书亦有论述。

杨慎论《史记》，除本书外，还散见其全集之中的《史说》、《丹铅杂录、续录》。《史记题评》卷数与《史记》同，有明嘉靖十六年刻李元阳辑本，各家《史记评林》曾广为著录。

【史记考要】 〔明〕柯维骐撰。凡10卷，柯维骐，字奇纯，嘉靖二年进士，授南京户部主事，未赴，此后即谢绝宾客，专心著述。柯氏为明代著名史学家，其主要史学著作有《宋史新编》及本书。

《史记考要》共10卷，柯氏有感于《索隐》、《正义》等书之不足，故重作考辨，以纠正前人之失，补其不足。本书对《史记》所载史事、论议以及某些字句词义均有所考释，广引经传诸子及汉至宋代文籍，以资商榷，用功颇深，其书明代几种《史记评林》及日人泷川资言的《史记会注考证》均详为著录。柯氏对《史记》的义例略有阐述，如说司马迁作《黄帝本纪》"所以祛后世之惑也"。《封禅书》、《秦始皇本纪》两处记载秦求九鼎一事，前者说"周民东亡，秦取九鼎宝器"；后者说"秦始过彭城，欲出九鼎泗水，使千人没水求之，弗得"；互有出入。柯氏指出"盖传疑也"，说明"疑则传疑"为司马迁作史之法。柯氏对班固"先黄老而后六经，退处士而进奸雄，崇势利而羞贱贫"的指责，一一加以辨正，对10篇有录无书，悉心为之考释，而对天官、律、历考释尤其详尽，为本书一大特色。柯氏往往出于儒家传统观点，对司马迁的宗旨强作解释。如说《孟子荀卿列传》褒扬孟轼而贬损荀卿,《游侠列传》并不真心称美游侠等等,反映出平庸保守的倾向。《史记考要》有明嘉靖二十年刊本。

【史记评钞】 〔明〕茅坤撰。茅坤,字顺甫,号鹿门,归安人,嘉靖进士,累官广西兵备佥事,后因事罢归。茅氏善古文,是明中叶古文运动的领袖之一,选《唐宋八大家文钞》,后世"八大家"之称由此得名。他著述丰富,文史兼通。

茅坤对《史记》的文学价值评价很高,"屈、宋以来,浑浑噩噩,如长川大谷,探之不穷,揽之不竭,蕴藉百家,包括万代者,司马子长之文也"。他指出司马迁写人物,"言人人殊,各得其解",其原因不仅在于"得其情",而且"肆于心"、"中神理"。这些见解,都是比较深刻的。茅坤对《史记》130篇,几乎篇篇都有评论,大多言简意赅,提纲挈领。如认为写曹参,大旨只在"清静"、"宁一"四字,写陈平,"通篇以'奇计'两字作案",写公孙弘,"暗以曲学阿世为精神",写绛侯战功,乃"古今绝调";写《匈奴列传》,"不满武帝穷兵匈奴事";写李将军,"淋漓悲咽可涕"。诸如此类,启人耳目。

茅坤并不舍弃史事去寻求文章之妙,而把论史和论文结合起来。如指出"郑介晋楚之间,处两国甚难,而太史公于此亦多情,可览"。"陈涉自王,而四出兵徇地,殊多草草无纪律,或强不用命,辄自立,或击走即散。而太史公叙涉始末,亦只为纪首乱处,故自此以下,无章法脉络"。《货殖列传》记载范蠡殖货事迹,许多人群起而攻之,茅坤却认为,"范蠡列在《货殖传》,而功名则附之《越世家》,此史公作史法也"。《三王世家》,一般人以为不是司马迁原作,不予重视,茅坤指明"读此篇,汉之君臣建大议与诸臣疏请,式例如画"。茅坤还指出《史记》中许多传记详此略彼,或一传之中杂以他人事迹,其主题并不专在写人,尤要反映历史的变化。

明代以来,随着古文运动的兴起,一些学者著力于《史记》的摘抄和评论,一时成为风气,其中有的既多且滥,不免流于浅俗浮泛。茅坤却不同,他治学严谨,许多评论颇多发明。治古文者往往注意认真读书，所以常能深入著作的骨髓，发掘作者的奥秘，这尤非一般寻章摘句或琐屑考证者所能及。但茅坤批评"五帝三王纪，甚无经纬"；《儒林列传》"不采道德之士及其说经者之旨"；"《货殖传》甚不足观览"。可见他的某些看法也不尽妥当。

茅坤《史记评钞》共91卷，有明泰昌间刻本，其评语明代各家《史记评林》多有收录。

【史记愚按】 〔明〕郝敬撰。郝敬，字仲舆，号楚望，万历进士，任户科给事中，因故降宜兴县丞，移知江阴县。后弃官归家，闭户著书。五经之外，《仪礼》、《周礼》、《论语》、《孟子》，各有著解；并有《史记琐琐》、《史记愚按》等。

郝敬评论《史记》，发挥朱熹《史记》是一部未成稿的观点，说"其拾遗补缺，整齐百氏，为一家言，有足观者。草创未就，规模初具，不无烦芜短长"。从这个基本思想出发，郝氏对《史记》所记五帝三王春秋战国史事多纠其失。如《夏本纪》载孔甲，"详其豢龙一事，以为刘累赐姓本末"，指出："史迁好奇，不详事理有无，多此类"。对周公代成王东征管蔡、杀管叔一事，郝氏反复辨论，力驳司马迁之非。郝氏因袭宋人"司马迁绌于儒道"的观点，认为"子长于道，如雾中行"，不达不纯。郝氏判定《左传》是晋人的伪作，因此认为"子长作世家，专倚办《左氏》，无独裁"。虚美晋文公、齐桓公、管仲，而贬挹燕，湮没郑子产等，都与《春秋》不合。郝氏许多评论是自相矛盾的。如认为司马迁记述孔子及其弟子，"择而后言"，极为慎重；表彰伯夷"征明于六籍，折中于孔子"，因此"子长之书，所以与《诗》《书》同不刊也"。又指责列孔子为世家，置于田完、陈涉之间，既"枉其实"，又"非其伦"。郝敬一生中，官运不济，所任职位不高，又一再贬职，后来弃官家居，长期专事著述；又处于明末衰微之际；因此，在某些问题上，思想比较放逸，甚至能够突破传统的保守观点，超出于前人。如他称道司马迁关于项羽之败和魏亡的论赞，"项羽之亡也，自谓天亡，而子长非之；魏之亡也，说者谓不用信陵君，而子长归诸天。或曰论成败者以人事为本，亦未审于成败之实也。项羽之强，其实可以不亡，而暴戾不仁，于天何怨？魏处强大之间，国无险隘，四面皆仇敌，其实必亡也"。又如他评论项羽为本纪、陈涉入世家："陈涉举事不效，身死灭族，亦为世家；项羽图王不成，亦为本纪。盖二人以匹夫起义，为民取（去）残，为六王报怨，无论成败，皆足以不朽。英雄利钝有时，作史者扬励，尉人心一快耳。子长绝无世情，故可喜。倘尺尺寸寸，则失子长矣。"他指出司马迁写项羽，"不欲以成败程英雄"，"不仅文笔绝代"，"极英雄流离之感，于人世浮云之态，亦曲尽矣"。他肯定《六国年表》《秦楚之际月表》，"可谓达时变，不随人唯诺者矣"。

郝氏详论《天官书》、《律书》，深邃入微，甚多发明，推明《封禅》、《平准》，前者"有风旨，含蓄变态"，后者"识高，而慷慨忧时之情，千载如目前"。郝敬与众论不同，认为《日者》、《龟策》、《货殖》三传，皆"组藉深远，《日者》感卖卜而叹士类，《龟策》重人道而远鬼神，《货殖》侈市利而忧贫贱，言外殊有阳秋，后生未达，或补其略，或讥其谬"。

郝敬的《史记》按语，洋洋大篇，援据详密，说理周到，所论虽兼有得失，但新意多而转述者极少。可惜限于名位，其书刊印不多，流传不广。《史记愚按》，和《汉书愚按》合帙，收入明天启崇祯间刻本《山草堂集》。

二、古代《史记》论著提要（下）（有清一代）

【读史记】 〔清〕何焯撰。何焯，字屺瞻，号茶仙，学者称义门先生，长洲人，康熙进士，官编修，其学长于考订，名重于时。著有《义门读书记》。

此书除校正《史记》汲古阁本许多字句音义的错误之外，引用冯钝吟、叶石君、文中子、苏明允等人对《史记》的评议进行商榷，或是或否，以明己见。在所作《史记集解序》中借重冯钝吟的意见，认为太史公千古一人，不能像宋人一样随便据班固之论轻诋司马迁为"乱道"，因为"《游侠》《货殖》之传，词旨激扬，有为而言之，其志有可伤者"。"子长考信于六艺，奉之以著书，造次必称仲尼"，也不像说是"先黄老后六经"。在这个基础上，何焯主张既不能尊信《史记》为亚于《六经》，也不能象朱熹那样用"有甚道理"一句话将《史记》全盘否定，但却要注意从辨识史法的角度，来探寻《史记》文章的微旨。此序可见何焯评议《史记》的注意中心。

何焯指出司马迁写史是"有是非而无褒贬"，因此，"详事"并非其志，"事多志少"也非其旨。根据这些意见，何焯认为不能以"成败之见"论项羽。秦楚之际，"羽实主约，汉封巴蜀，羽为之也"，故列项羽为本纪是应该的。"亡秦之诸侯将相多涉所置，自项梁未起，以天下主命制于一人之手"，所以将陈涉升为世家，正是太史公之旨。何焯提出《伯夷列传》是70列传的一个凡例，列传虽然是无所不录，然从这个凡例来看，大旨不过有二：一曰征信，二曰阐幽，也就是重在讲究史事的信实和阐发其微旨。何焯指出，《匈奴列传》备录孝文帝后二年遗匈奴"和亲诏书，繁而不杀，穷兵黩武之诫，隐然言外"。且此传之后，继以卫、霍、公孙弘等人的传，全录主父偃《谏伐匈奴书》，司马迁也是有深意的，为了辨明各篇之旨，何焯常不惜长篇引录他人的评论，可见他探求之广和用心之深。

此外何焯间亦借他议阐发史论，如论晁错行事无次第、轻脱无术，责景帝"诛之恨不以罪"，即是其例。他推崇《史记》记述条理秩然，针线甚密，"详略得体，后人不能作矣"。

《读史记》，见《义门读书记》，有乾隆原本，光绪重刊本。

【读史记】 〔清〕方苞撰。方苞，字凤九，号灵皋，亦号望溪，桐城人。康熙五年会试中式举人，官至内阁学士兼礼部侍郎。后落职修书，特赐侍讲衔致仕。为桐城派创始人，论学主程朱理学，著作甚多，有《春秋通论》、《左传义法举要》、《望溪文集》等。此书撰《史记》评论22篇。方氏以深具《春秋》义法评论《史记》。他认为史书应该"义以为经而法纬之"。根据这个原则，选取最能表现司马迁旨意的篇目，索隐探微，阐述上下古今的变异和作者"痛时"之概。指出《史记》八书是司马迁基于儒学的礼乐观，追本溯源，而论及汉世所为已不能遵其古义，"盖伤汉之兴，几无所谓礼乐也"。方氏认为十表义法之精，实能究天人之分，通古今之变。他发挥《六国年表序》的精意，说"天下所以竞于谋诈而弃德义"，秦因乎世变，以谋诈驭谋诈，遂得意于天下，此即为世变之异。"世异变，则治法随之，故汉之兴多沿秦法"。总之今与古情势不同，汉与秦俗变相类，以成"法后王"之说，"故迁之言，亦圣人所不易也"。方氏揭示《儒林传》，意在说明自周衰，孔子以儒术正邪道，战国陵迟，孟荀独遵其业，秦兴灭学，齐鲁诸儒讲诵不绝，至汉初诸师尚守遗经，一脉相承，托于道术。武帝时公孙弘兴儒术，则诱以利禄，而美其名曰厉贤材、悼道之郁滞，因之，"由弘之前，儒之道虽郁滞而未尝亡，由弘之后，儒之道通而其道亡矣"。这正是司马迁所以要废书而叹的缘故。方氏指出《货殖列传》与《平准书》相表里，作者的意图是要说明桑弘羊置均输、平准"乃不务德而用心计以与民争"，竟不如匹夫编户所羞之奸富，用此来讥刺汉武帝的政治措施。

方苞评论《史记》，也难免以古人就我，强作解释，正如刘咸炘所批评的，由于片面讲求"古文义法"，"每失凿幻"。

《读史记》见《望溪先生文集》，有《四部丛刊初编》本。与本书相照应，方氏另著有《史记注补正》一书。

【史记评语】　〔清〕方苞所撰评论《史记》作史为文之义法的著作。方氏有评点《史记》，王少鹤（定甫）取之与归有光评点《史记》合刊为《归方评点史记合笔》，光绪二年张裕钊又曾校刊印行。此《史记评语》为据方氏评点本录存者，附于《方望溪先生全集》见《四部丛刊》初编本，文字与张裕钊校刊之评点略有出入。这部著作有两个显著特点：其一，由于方氏是一位学者兼文人型的评家，所以他的评论便与吴见思的《史记论文》、姚苧田的《史记菁华录》等有所不同，它不只评文，而且议史。例如《五帝本纪》提示"《五帝纪》后具列三代世系，《陈杞世家》后具列十一臣之后……乃通部之关键"；《周本纪》指明"敬王以后，赧王以前二百年无一事"的述史缺略，考究"文王盖受命五十年"载述之误；《刺客列传》辨荆轲传为史公自作等等。其二，由于方氏在文论上提出了著名的"义法"说，而他的义法一词又来自《史记》，所以他在《史记》评论中自然便着重阐发他的"义法"说，把《史记》当作了"义法"说的注脚和例证。"义法"说具体到写人物，便衍化为"辞尚体要"说，《萧相国世家》评语说："首举收秦律令图书，进韩信，镇抚关中，而功在万世可知。末记与曹参不相能而举以自代，则公忠体国具见矣。中间但著其虚已受言以免猜忌，虽定律受遗，概不著于篇，观此可识立言之体要。"《绛侯周勃世家》评语说："绛侯安刘氏之功具《吕后本纪》，故首叙战功，承以可属大事，其后独载惧祸、遭诬二事。条侯亦首叙将略，后独载争栗太子之废、抑王信、徐庐等之侯。其父子久任将相，岂无他可言者乎？盖所记之事，必与其人之规模相称，乃得体要。"《汲郑列传》评语说："汲黯治东海，为九卿，徙内史，居淮阳，不填实一事，止虚言其性情气象，略举其语言及君臣上下之严惮，遂使千载下闻风而兴起，必如此乃与黯之为人相称。又此传伤武帝有社稷臣不得留内，则其进言多矣；为右内史守东海、淮阳，列于九卿，事迹众矣，而见于传者止此，盖非关社稷之计则不著也。……史于萧相国非万世之功不著，于留侯非天下所以存亡不著，于汲黯非关社稷之计者不著，所谓辞尚体要也。"观此数条，可知方氏所讲"辞尚体要"，强调的是写一个人就要抓住这个人物独具的特征，所记之事必与其人的规模气象相称，这换成现代术语，就是强调要写出"这一个"来！由方氏所举"于萧相国非万世之功不著，于留侯非天下之所以存亡不著，于汲黯非关社稷之计者不著"三例，庶几可以体会到"辞尚体要"的精义所在。除"辞尚体要"说，方氏评语所涉及的还有虚实详略、条理脉络、文气的相应相映，关键枢纽以及结构穿插上的侧入逆叙，文眼设置、轶事传神等等。

【史记论文】 〔清〕吴见思撰。吴见思，字齐贤，武进人。吴氏"攻苦一生"，撰成此书，"条晰脉络，剀画指归，一篇之中，阐发精蕴"。在发掘司马迁文心之微旨及手笔经营之妙方面，甚富功力（参见吴兴祚《序》）

吴氏认为，《史记》一书，上下千古，三代的礼乐，刘项的战争，以至律历、天官、文词、事业，无所不有。司马迁撰述时，或入序事，或入议论，或以序事带议论，或以议论代序事，全以参差错落穿插变化为奇。从体例方面说，本纪编年序事，是提纲之体，故不得详序；世家则在一篇当中，上下千百年，既以一国之事详载，更或他国之事互入，所以记述时也不得不用简法。吴氏特别推重表体，以为"诸表画而为图，纵横明晰，于列国楚汉时事纷然之际，开卷无不了然，此法创自史公，是千古绝、奇文字"。可知吴氏是承袭了刘知几的思想。然吴氏惜表文太多，故只论其《序》。对《史记》列传编写的体格章法，吴氏更详加研讨。以为或反将事实作点缀，替书词作注脚，或正传附传穿插极佳，主客莫辨；或二传同流，一纵一横；或一人始卒，分附两篇；或一篇文字，包含许多书奏；或文词高古，中多方伎家语，如此等等，不一而足。总之是"史公遇一种题，便成一种文字"。"一传必似一人"。吴氏还以如江河奔流，花木繁艳，天象变幻，龙虎腾跃之类言语，极夸司马迁行文的意境、运笔的神妙。吴氏还指出，《史记》文章，每篇各有一机杼，各有一主意。如《建元以来侯者年表》，是讥刺汉武帝不得不征伐，征伐不得不封功臣；《平准书》立言之意，则以征伐士功费用浩繁，不得不兴利鬻爵，利不能兴，不得不严刑；《酷吏传》主意则在篇首当任德而不当用刑。这些都是吴氏在深入探寻司马迁写史的"文心"。更加值得注意的是吴氏关于《汉兴以来将相名臣年表》缺《序》的论述，识见尤高。他说："自古之待功臣者，每以汉高为口实。将，如淮阴之钟室，布、越之俎醢；相，如萧何之谨饬，而上林一请，不免于下吏。噫，亦薄甚矣！故子孙习之，而申屠嘉不免于呕血，周亚夫不免于饿死。至孝武之世，丞相多至自杀，而将帅以坐法抵罪失侯者往往而有，此史公《年表》之所作也。史公生于此时，目击心慨，未免言之过甚，故后人削之，而序论之所以阙乎？呜呼，孔子《春秋》皆口授，而定哀之间多微辞，岂无故哉！"此论发他人所未发，对汉初政治上的弊病进行了揭露，较有价值，故全录以备鉴识。

此书评论形式，先是在重要处字旁加圈，再是句下有小评，然后才是篇尾写总评。尾评详略不一，常分为若干节，每节起处标以圆圈，眉目层次非常清楚。

吴氏评论常失于细碎，有的评论离开历史记述的前提，单纯为论文而论文，也就未能更多的接触司马迁的写史思想。

此书有广益书局1936年仿康熙刊本的铅印本。

【史记半解】　〔清〕汤谐撰。汤谐，字怀村，延陵人。此书为论文之作。汤氏潜研《史记》40余年，其间虽为人所构，幽于缧绁，然在囹圄，犹日手《史记》一编。殚精竭虑，"于《史记》百三十篇中，揭其通身血脉，关锁过渡，牵拂照应，于苍茫浑噩之中，得六十八篇，而名曰《半解》"。（殷仕贻《后序》）汤氏认为《史记》文章高如泰岱，深如沧海，实难攀测。而"文章之道"在意、法、神，三者意为中心。"必先有其意而后法以运之，意者一篇之主宰而文之所由生"（《自序》）。读《史记》不讲其意与法，所得之神，不过"剽窃风韵，掇拾字句"而已。故汤氏"琢肝镂肾，以抉其微"，以求"于古人神理，亦庶几十得三四焉"。他论《史记》文章，于圈点批注之外，在篇末评语中极力探寻司马迁写史的深意。如指出《秦始皇纪》"其叙事虽极综核而作意森然，于兴作征戍两端，最为详悉，盖尤恶其残民以逞自取灭亡也。……则民为邦本，而残民尤速亡之道，此史公所以特加详写而深切著明此理，为千秋炯戒也"。可见汤氏既论文，也注重论史，尤重在揣摩"古人神理"。他指出《外戚世家》用一个"命"字贯穿，《吕不韦传》通身为"大贾"二字写照，《张丞相列传》深惜周昌不得为丞相，《李将军列传》全以沉著之笔为咏叹之文，《司马相如传》美著书自为讽谏，《儒林传》"贬公孙而尊董子，薄公孙之希世取容，而悲董子之直观见疾也"。《酷吏传》写酷吏"竟未有一个不蒙天子宠任，此未亡而彼已进，彼方败而此又兴"。这些评论，很能启人耳目。此外，汤氏极意推崇宋人马存论《史记》文章之美及论学《史记》之法的见解，主张要有纵揽天下名山大川、想见古今上下的气魄来看待司马迁的行文。对《太史公自序》评道："《史记》一书，长江大河洞庭彭蠡之胜备矣。……此文系则追溯皇初，学则融贯诸家，迹则遍周宇甸，志则根柢忠孝，绪则渊源周孔，道则统系列圣，用则媲配《六经》。鸿裁伟论，拔地倚天，而文气浑沦深厚，浩荡杳冥，正如大海容纳众流，茫无涯际，其中百怪变幻，都归一片鸿濛。宜乎二千年来，学士文人惟有为之望洋向若而叹也"。汤氏认为如能从这个角度获取心得，就可大大提高人们的文章境界。

汤氏虽对杨慎、茅坤、钟惺、邓以赞等人有所批评，但更多是借重他们的评论；有些评论也只注意起伏承接，前后照应，或流于空洞浮泛而不得要领。此书有康熙慎余堂刊本。

【读史记十表】 〔清〕汪越撰、徐克范补。汪越，南陵人，字季超，一字师退，康熙举人，通史学、古文，著有《绿影草堂集》等。徐克范，南陵人，字尧民。

汪氏以为"表者纪月编年，聚而为绘图指掌，经纬纵横，有伦有脊"。其已言者书法谨严，大义炳跃；"至所不言，尤寓褒讥，未易测识"。为了防止他人穿凿附会，汪氏即"会本纪、世家、列传，穷厥事理"，厘其所得，袤为一编。可知此书是在探究《史记》全书的基础上，补缺正误，辨释前人已经提出的看法，以疏剔各表的规模和它的精义的著作。

汪氏依十表顺序，逐一阐发各表主旨及题意、所据、书法、详略等的立义。如《三代世表》以黄帝为主，明诸帝、三代乃至诸侯都是黄帝的后裔；题称世表，是因为只能次序其世而不可以纪年的原因；司马迁一定是依据古代谱牒写成的，不必因为所表列的世次牴牾而訾其鄙陋而不学，疏略而轻信。又如《十二诸侯年表》，书"冠周于上，尊王室也"。其他如书甲子、表元年之类，都是各有旨意。由于各国盛衰大事在世家中已经详载，所以"此表断其义，不骋其词，非独具年月世谱而已"。这些评议，考订精邃，抉幽显微，能使读者细察史表记述要义，从而引起人们对史表作用的注意。更为重要的是汪氏就表序所作的论述。他潜心阐发史表纵观古今，对历史情势作通达研测的重要意义。自西周衰微，春秋强霸，七雄虓䜌，分裂中夏；秦亡已成，"六国"复起；汉室一统，封建同姓，吴楚败后，本末俱弱；说明司马迁作史表，贯穿了一条历史线索，表达了依势动变的思想。汉代诸帝，除强调事势之外，对司马迁所发的激词，如"孝武之时，虚中国以事四夷，好大喜功之蔽"，以及汉武帝未能得贤任职、内多欲而外施仁义等事，亦尽力予以披露。本书对《史记》各种体例的有机构成作出了有力的说明。

汪氏作成此书，康熙壬寅（1722年）五月送致徐克范，"冀得一是正可否。而尧民果出其平日所得者补之，剖其义类，考其异同，荟萃群书，发扬疑意"（徐文靖《序》），作了补订。汪氏认为徐克范的补订义精词简，已尽析之合之之妙，遂使它依原本并行，所以汪撰和徐补就合刻在一起。本书共10卷，收入《二十五史补编》第一册。

【史记评注】　〔清〕牛运震撰。牛运震，字阶平，号空山，滋阳人，雍正进士，官平番县知县，后因故免职。牛氏通经义，于金石考据最深，著有《空山易解》、《金石经眼录》等。此书评注《史记》130篇，成12卷。名篇均依原文顺序，辄拾辄议，或只评正文赞语，或加以余论辨析，诸所发明，细微精审，有独到之处。此书主论文法笔力，兼及援用古书的征信、删补、点窜，字义注释的辨正探微，史意的阐发，论赞的剖析，他书评论的优劣等。

牛氏评论《史记》文笔，常颂为行文错落，字法深稳，或隐练新切，或渊懿深厚，或简妙温古，或奇俊生姿，或脉理安顿，或风致疏宕，笔势动荡有虚神，述史错综备数法，等等。而《史记》的特点重在"情"。《五帝本纪》评云：他史之妙，妙在能简;《史记》之妙,妙在能复。盖他史只是书事,而《史记》兼能写情,情与事并,故极往复缠绵长言不厌之致,不知者以为冗繁则非也。一部《史记》佳处正在此"。因情而雅,所以他又说:"一部《史记》,皆当以此字(一"雅"字)领略之也"。由于这样,时人评论此书,"于太史公书,不惟得其文义,乃并其精神意志而传之,斯亦奇矣"。(张玉树《序》)。牛氏评议史意,注意把握各篇的关键。如认为"王诸吕,诛诸吕"是《吕后本纪》一篇的大关键,为了不使他事与王吕危刘之事相杂,像《汉书》所载的军国政令、妖祥水旱之事,《史记》都"略而不载",这不是司马迁的疏漏,而正是《史记》"明于体要"之"洁"。牛氏总结说:"纪事之法,贵识大旨,得要领,俾览者了然,知其注意所存,不欲旁及他端,以滋烦杂也"。因此,牛氏在指出各篇关键的同时,据以揭示出司马迁常"三致意焉"的主旨。如司马迁因"孔子绍周,陈涉功汉",而将他们列入世家"以殊之"的思想,对老成名臣张释之、冯唐的设色摹神之笔,和对直谏任侠的汲黯、郑当时的嘉予乐道之意,以及因忧国悼时嫉恶痛邪所作的深文微词,和虽对人不满但不掩人功、"立法平允"的公道态度等,牛氏在评论中都详加阐述。

牛氏于《史记》论赞评价甚高,他说:"太史公论赞,或隐括全篇,或偏举一事,或考诸涉历所亲见,或征诸典记所参合,或于类传之中摘一人以例其余,或于正传之外摭轶事以补其漏,皆有深义远神,诚为千古绝笔"。并以此讥司马贞作《述赞》是不知史法,且与文体殊甚,"真可谓爇火于日月,浸灌于时雨者也"。牛氏对史表亦备加称道,他认为"史之有年表,犹《地理志》之有图经,族谱之有世系也,昔人推之,以为史家之本源冠冕。盖事繁变众,则年月必不能详,世积人多,则传载必不能备。年表者,所以较年月于列眉,画事迹于指掌,而补纪传书志之所不及也"。牛氏斥刘知几"史家列表,徒滋烦费"之说为诬,称赞司马迁极费苦心作成的《史记》十表是"所谓无言之文"。

《评注》多引前人之议,以辨是非,既可视为《史记》评论之小汇,也可鉴知牛氏之识力。在所引诸多评论中,对方苞的见解尤为推重。《史记评注》，有乾隆五十六年（1791年）空山堂刊本。牛氏另有《史记纠缪》一卷，可见于空山堂刊本的《读史纠缪》或《牛空山全集》。

【史记疑问】 〔清〕邵泰衢撰。邵泰衢，字鹤亭，钱塘人，雍正初任钦天监左监副。精于礼学，著有《檀弓疑问》等。邵氏长于思索，以其细密的观察和分析，据物情事理及《史记》各篇相互矛盾之处，设为疑问，借以推断《史记》记述的疏舛，作成此书。如邵氏认为秦始皇焚书，所烧的是史书，不是《诗》、《书》之类的经典，所烧的是民间藏书，而"博士所职自若也"。可惜萧何收图籍时将这些书遗弃了，以致项羽入咸阳，而博士所藏尽付一炬。所以《诗》、《书》之亡，责任全在李斯、刘邦和萧何身上。《留侯世家》中张良说诸将偶语沙中是谋反，实不可信。邵氏认为"谋反何事，沙中何地，悄谋密室，犹畏人言，明语沙中，不惮耳目"。谋反事大，当不得轻易在沙地上去谈论；果若诸将在沙中谋反，张良何由知之？既知诸将密谋"犯君"，张良为何"嘿然杜口，俟问方言？"因此，所谓谋反之说，只不过是张良借高祖议功不决，"诸将或怀私而怏怏"之际，建议封雍齿以安定汉室的一种计策；实际上，从刘邦即皇帝位后即已分封诸王和列侯诸将，根本就不存在"怏怏者"，哪里还会出现"争功不快，沙中谋反"之事。吕后征四皓羽翼太子以定元储之说也是假的，邵氏据《功臣表》汉九年吕泽已死，而驳《留侯世家》所纪汉十一年，不应又有吕泽，也是假说的明证。其他如《舜纪》的焚廪实井，《周纪》的幽王以烽火征师，《仲尼弟子列传》的有若状似孔子，共立为师，《秦始皇本纪》的鲍鱼乱臭，《韩信传》的刘邦入壁夺信、耳兵符，《李陵传》的兵矢既尽，尚杀匈奴万余人，等等，多为此类，邵氏均辨析其为夸诞或诬妄。

然邵氏之见，亦有强为之解者，《高祖本纪》的解纵罪人，坦然回沛，从当时农民起义前后的形势观察，亦并非不符情实。后来曾有学者批评此书："考帝王事迹，或据晚出之古文，或援宋儒之肤语，殊不足观。其余迂谬处亦不少，而清《四库书目》

取,殊不可解"。邵氏此书共一卷,已收入《四库全书》。

【史记七篇读法】 〔清〕王又朴撰。王氏以知"道"立论,重在辨析班固讥《史记》"是非颇谬于圣人"之说。在《项羽本纪题词》中,引朱熹语而辩说,以为司马迁"识既高,能知孔子",则何谓未知"道"。由是王氏慨叹《史记》难读,以为读而真"能得其旨者绝少",故著《读法》以明《史记》之旨,并见司马迁之才识。

此书选取"皆世人误读而不识史公之所用心"的七篇,随文圈点,略加行批,并于篇前分别标注读法,以己意阐明《史记》大旨。如于《项羽本纪》,首言"此篇是太史公自出手第一篇用心得意文字",次言项羽立纪,"是当时羽固已统天下",再言"夫得天下有道,得其民,斯得天下矣;得其民有道,得其心,斯得民矣",而论项羽之得失全系于人心之向背,又言"羽惟不仁,故忍",反写其"妇人之仁",末言项羽不但无帝王气度,亦全不是大将身份,不过为一骑将,故写其"匹夫之勇"。王氏以为此即是《项羽本纪》之大旨,其分析细微委曲,实有别于常言之处,足资参阅。他篇评说,亦多类此,要之以明"道"为准的。如读《外戚世家》,以"一阴一阳之谓道",而论及夫妇、父子、君臣、上下、礼义,"则知夫妇之际,为人道之大伦",而否定人皆"言命"之说;读《李将军列传》,不以数奇不侯评李广,而以为力战过杀,"欺诈而失夷虏之心"为"未尽其道",以责李广所施不当;读《魏其武安侯列传》,以为司马迁并非极写田蚡之庸恶陋劣,乃以杯酒戕两贤,而是深罪窦婴之不能容。此数篇多强调己意与常议之别。读《萧相国世家》,以为写何之疑惧自危,并借以见韩信之不反;读《曹相国世家》,述曹参为相,一无变更,正与韩信之自矜其能,大相悬殊;读《淮阴侯列传》,以报德不报怨为微旨,且言"赞内学道谦让四字是一篇纲领"。此三篇重在提示通篇主旨。王氏以其局限于"道",多未能从历史时势角度审定是非,撮其大旨,亦失于偏。王氏于《史记》文笔亦极称许。其赞《项羽本纪》叹为观止,故此除逐段细析外,且撮其义法如大关锁、大落墨等,可谓推崇备至。其称他篇,亦多褒意,以为或舒纵跌宕之奇,直截明快,或一路草蛇灰线,极有脉络;或历叙相业数事,复绝千古,或摹写游园歌呼,淋漓尽致,或明析天下大势,备述无遗,或渲染胆略勇健,栩栩欲活。王氏以为文以载道,司马迁识高道深,故亦为"真神于文者也"。

王又朴,天津人。曾师事方苞,所作古文及本书《项纪》,亦为望溪所鉴定。此书有诗礼堂全集本。

【读史管见】 〔清〕李晚芳撰。李晚芳,时称隶猗女史,广东顺德人,李心月女,碧江梁永妻。所居园曰隶猗,晚号隶猗老人。著《管见》三卷外,另撰《女学言行纂》。李氏在卷端《读史摘微》中,赞誉司马迁作《史记》,识高学博,才济文峻,自成一家,"宜其书炳烺千古,后世作史者,奉为圭臬也"。然李氏责司马迁为"倒常而逆理","立心褊蔽,未闻圣人之大道",故又评为"肆而不纯,谐而多怨",是为已失"大本",且说"《平准》《封禅》,尽属谤书,诸传诸赞,半借以抒其愤忿不平之气"。以此知李氏之评《史记》,常以儒家思想而立论,未为准平。

此书选《史记》原文,或全取,或节采,或仅择序赞,合后附《报任安书》,凡37篇。各篇随加行批眉批,并作篇后评以明己意,且常引前人评语入眉批及附篇后。李氏篇后评常分若干段,接续中各段起处以圆圈标示,眉目清晰。如《项羽本纪》评为四段:首评司马迁以神勇之笔写神勇之人,蔚为奇观;次评全纪或插序,或陪序,或带序,或附传的"笔力";再评项羽兴亡之勃忽,而重在"人心不可没";末评项败刘胜之机枢,撮为"微天命,虽数高帝,其不为羽所歼灭者几希矣","帝王应运,必多佐命景从,汉不独三杰也",以天命牵附用人而立论。他皆类此,以思想为主兼及文学表现手法设评,以明己意。此书选篇甚精,几尽括《史记》之名篇,故知李氏识力深邃。其评人物,各尽其致。如刘邦之猜忌刻薄之心,豁达大度之象,曹参之一遵萧何约束,善于安民保身,苏秦之平日于天下形势,险易强弱,烂熟胸中，白起王翦之徒以诡诈争胜，大肆杀戮，上干天怒；相如之公尔国尔之意，廉颇之社稷为重之心；鲁仲连之守义持正，独持高节，屈原之眷恋君国，遭谗遇害；范雎之私重恩憾，李斯之热衷富贵；信陵之好士为国，动关乃国之奠安，汲黯之朴诚戆直，足为后世之法戒，等等，均足以表其人之处遇，述作者之思虑。其评论于司马迁设篇之旨，亦有所阐发，如论《三代世表》，序三代而以五帝陪起，系三代皆出于五帝；《六国年表》序六国，前后皆论秦事，以六国终并于秦；《封禅书》揭示武帝雄才大略，只以"不死"二字私据胸中，《平准书》批评天子下同商贾，武帝贼杀天下，与秦皇后先一辙；《管晏传》皆志友道交情，以知我知己为真谛，《酷吏传》明酷吏利臣交相济恶，致法令滋章，盗贼多有。其察愈密，其论尤深，故此书蕴藉甚富，足可引人入胜。

李氏于司马迁运笔之神妙，亦极推崇。如评《封禅书》，太史公笔力组合，将典礼、讥祥、符瑞、方怪、神仙、河决、匈奴、两越事，凑合为一，处处微词点讽，以为眼目；《平准书》为司马迁"惨淡经营之作"，吞吐运含之间，使当时后世皆奉为信史，不敢目为谤书。写信陵，秀逸之笔，曲曲传神，叙范蔡，奥衍宏阔，洋洋大观；传魏其武安，数十百人，似笑貌声音，哄聚笔端，述汲黯张汤，文武大臣，如化工赋物，各肖其形。《管见》之评，言词亦富文采，排比连缀，甚为动人。此书有1937年周氏师古堂影印本。

【史记商榷】　〔清〕王鸣盛撰。王鸣盛字凤喈，别号西庄，嘉定人。乾隆进士，清代史官。另有文集《西庄始存稿》。王鸣盛潜研20余年，出于读书校书之所得，汇为一编，成《十七史商榷》100卷，其中关于《史记》6卷。自序称"予为改讹文，补脱文，去衍文，又举其中典制事迹，诠解蒙滞，审核踳驳，以成是书"，故知此书系校勘考证之作。然王氏在"总归于务求切实之意"的前提下，亦常阐发义理。

王氏对《史记》所创之体例，推许甚高，称之为"后之作史者，递相祖述，莫能出其范围"，与赵翼执同一评价。他特别指出《史记》之后，诸正史或其"书"与"世家"称号上有小的变化，但大旨总在司马迁所创体例的牢笼之中，即或各史体裁之次序，论赞之有无，也都没有超出《史记》的范围，这就充分肯定了《史记》的创制对尔后正史编纂体例的重要影响。《商榷》之考证，条理清晰，结论明确，自成一家之言。其论述《史记》"十篇有录无书"，认为"今惟《武纪》灼然全亡，《三王世家》、《日者》、《龟策传》为未成之笔，……其余皆不见所亡何文"。辨识"《索隐》改补皆非"，细腻委曲，其叙司马贞所移易《史记》篇次及必欲追补三王之诞，尤为精当。所述"共和庚申以前无甲子纪年"，斥皇甫谧之妄说及历史之踵谬，以此王氏积前人粗识，极辨年数互异、世次舛误、年表相违诸事，而叹息"刊误之难"，主张"年代悠远，纪载错互，但当阙疑，不可强说"。《商榷》亦评《史记》中历史人物，如述刘邦之以急戾欺人，韩信之斩穷交自赎，陈平之倡邪说附势，张耳之弑故主视利，田荣之杀田市并齐，范雎之倾白起窃柄，均寓讥贬之意。《商榷》亦注意阐发司马迁治史思想及其表现手法，且多侧重武帝时的政事得失。如称《匈奴传赞》但言《春秋》定哀多微词，又泛论宜择将帅；《大宛传》则云拜广利贰师将军，以见伐宛志荒。李、卫之传赞以待士议，两两相形，优劣自见，张、杜因残刻入《酷吏传》，二人之恶，百事不改。苏秦、司马相如之小人，弘诸人其君臣政事功过，美恶兼明。酷吏多，见吏治坏在武帝世，通饮食（音萌寺），坐诸郡通为盗贼行等等，均较深刻、全面，能反映出司马迁之作史微旨，故知王氏并非纯重考证，不及思想评议，然亦决无虚发，务求实际。王氏以《史》《汉》比较设言，指出"体例明整，马不如班，文笔离奇，班不如马"，并认为马班良史，惧善劝恶，以及论"司马氏父子异尚"等，多是求实之见。《商榷》有商务印书馆1959年重印本。

【史记札记】　〔清〕赵翼撰。赵翼字云崧，一字耘松，号瓯北，江苏阳湖人。乾隆进士。清代史学名家，另著有《陔余丛考》等书。赵翼撰《廿二史劄记》36卷，考评《史记》至《明史》诸正史，以前四卷考评《史》《汉》，然专考《史记》者实止卷一之15条。书前《小引》言"此编多就正史纪传表志中参互勘校"，摘其牴牾之处，并随附"古今风会之递变，政事之屡更，有关于治乱兴衰之故者"。可知此书系在勘校中兼论史事，囊括亦富。钱大昕评为记诵博，义例精，论议和平，识见宏远，"洵儒者有体有用之学，可坐而言可起而行者也"。

赵翼于《史记》体例创制之功评述甚高，是其重要特色。他以为古史体例自《尚书》《春秋》出后，即沿为编年记事二种，"记事者，以一篇记一事，而不能统贯一代之全；编年者，又不能即一人而各见本末"，各有其不足之处。"司马迁参酌古今，发凡起例，创为全史。本纪以序帝王，世家以记侯国，十表以系时事，八书以详制度，列传以志人物，然后一代君臣政事，贤否得失，总汇于一编之中。自此例一定，历代作史者，遂不能出其范围，信史家之极则也"。此系详研《史记》，历考正史所得之精论。赵翼还特别从"特创者难为功"的角度指出，在这一点上班固与司马迁不可同日而语。在详细考察《史记》本纪、表、书、世家、列传各种体裁对后世史书的影响及其有关的演变时，赵翼又强调了史表创设的重要意义。说："《史记》作十表，仿于周之谱牒，与纪传相为出入，凡列侯、将、相、三公、九卿、功名表著者，即为立传，此外大臣无功无过者，传之不胜传，而又不容尽没，则于表乎载之。作史体裁，莫大于是"。其评述当可与郑樵"《史记》一书，功在十表"的思想等量齐观，都是看到了史表在史体中的价值与作用。

赵翼间亦于考评《史记》条目中，阐发其作史思想。以考司马迁作史，绌书编纂，删订改削，"盖书之成凡二十余年"，又以李延寿、欧阳修、宋子京、司马温公，"合班固作史之岁目并观之，可知编订史事，未可聊尔命笔矣"。以此并批评了宋、辽、金、元四史编修时的草率荒谬，故评之为"史家最劣"者。从"一代修史，必备众家记载，兼考互订，而后笔之于书"的思想出发，赵翼反对好奇之士，往往转据"稗乘脞说"及驳正史的作法，批评他们是"妄人之见"。赵翼还认为古人著述，引前人之文以为己作，未尝自言出处，是"不以钞窃为嫌"，不必非难。赵翼对有关《史记》的考订，亦甚精审。如"《史记》有后人窜入处"、"《史记》律书即兵书"等条即是。然其评述如说"惟项羽作纪，颇失当"，《史记》列传次序为"随得随编"，窦婴、灌夫、田蚡合传为"变体"等，则为未得司马迁的作文本意。

【史记考异】 〔清〕钱大昕撰。钱大昕字晓征，一字辛楣，号竹汀。嘉定人，乾隆进士。著有《潜研堂文集》。钱氏专精史学，且长于舆地、训诂、音韵、步算之学，故其校勘，于诠释文义，厘正史实，甚富功力。钱氏考订《史记》，依本纪、表、书、世家、列传，别为五卷，各卷依百三十篇目次设条辨析，举凡舆地之今昔异名，职官之沿革迭代，年月之不伦失实，记载之传闻异词，均据己意判明是非。如文字的衍、讹、脱、增、误、异、通、改、混、补，地理的分划归属、名称变改，常以《史》、《汉》对勘，检校《索隐》、《正义》及颜师古注释之得失，参以《说文》、《水经注》等书，详加稽考，是正舛误，其心思缜密，用力勤至，立论确然可信。如考《吕后本纪》，赞同如淳"姬音怡，众妾之总称"的意见，而不同意《索隐》姬音基，乃以周姓天子宗女之贵为妇人美号的说法；《礼书》考中辨析"函及者，覃及也"时，指出覃、嘾、禫均与导通，故函及为导及，义与《大戴礼》文同，唅又与嘾同音，文异而实不异，说司马贞"疑咠为蹈之讹，由不知古音之变易也"；说明《律书》征诸经典，以谐声取义，明牛训昌，"声不类而转相训者，同位故也"。音韵方面深识，能释人之所未释，尤为卓绝。

《考异》亦间有评议。如评移《封禅书》下半为《孝武本纪》，系"魏晋妄人取此以足数尔"；《六国年表》与《十二诸侯年表》前后相续，"文简而法密"，对《老子韩非列传》"说者讥韩非不当与老子同传，盖未谕史公微旨"等，是属史学编纂及思想方面的评论。又《苏秦传》中说秦兵不敢窥函谷关15年，"当时果有其事矣……则合纵不为不功"，且说苏秦去赵，即从约皆解,亦未尽然;鲁仲连遗书之燕将,必非与乐毅同时,盖燕王喜世之别有偏将,故"史公所书,较之《战国策》为得其实矣",这是考中有评,兼及史事,虽为简略,实系一得之见。唯其偏重于考证,论议则不及《商榷》之有得。盖依杨树达"治史籍"者的分类,钱氏是为考证史实者,与赵翼、王鸣盛之为钩稽史实者,别为考证派中之二支,故二者间有差异,自属必然。然钱氏之学在清代学术思想"恶蹈空喜证实"(见《越缦堂读史札记序二》)的转变时期,对乾嘉以后考证的盛行颇具影响,其作用反比赵、王为大,自不可等同视之。钱氏以为"史非一家之书,实千载之书,祛其疑,乃能坚其信,指其瑕,益以观其美,拾遗规过,匪为齮龁前人,实为开导后学"(《序》),这一思想实为可贵,说明他是在充分肯定《史记》及前人研究成就的基础上来作学术考查,以期史书之更臻完善,其治学之品格及谨严之作风,亦可启导后人。《考异》有商务印书馆1958年重印本。

【史记阐要】 〔清〕邱逢年撰。邱逢年字兰成,号湘亭。"性严冷,风采凝然……生平邃于经史,工古文"(同治《山阳县志·人物》),"笃志实学……精心闳办"(丁晏《柘塘脞录》)。著书甚众,然多不传。尤究心《史记》一书,除撰《阐要》外,另有《史记测义举隅》刊版行世。

邱氏就纪传体史书之统观全局阐以己见,在"当于不贯中求其贯"的原则下,《阐要》整理出除《景帝》、《武帝》二纪之外的"十纪之脉络",是为创见。以为五帝三王四纪之转接,"兴衰之本全在君德之修废",三代转而为秦,变化的关键即从"以德"转为"以力"。其后始皇惨急,项羽强霸,刘邦受益,故"人心日附而帝业成"。汉初,吕氏之难,适启文帝之贤。如此剖析,显示出《史记》本纪叙事的价值。并在"本纪为全书之冠,表、书、世家、列传,皆发明本纪,相辅以成书"的认识下,突出了本纪提示天下大势的纲领性作用,其卓见高识,实发前人所未发。

邱氏称"太史公既创为传体,其中又创为合传、附传",均以突出司马迁的创造之功立论。就中以己见析合传、附传为五种：即有不拘时代但以人品相近而合与附者；有以事迹牵连而合与附者；有人品相反其实相因而合与附者，有人品相反相近以相形而合与附者；有各开分叙而掩映在有无之间者。此等分类，亦为一家之言。又合传、附传之外，以"本非为本人叙事而本人之贤否功罪已即此而见，不烦更为立传"为附见，举纪信、王烛、邹衍、张骞之例，辨析刘知几附出之论为甚善。且以为并世家、本纪中之附见，足以使历史上既无关系重大，又无另有传闻，又或有传闻而言不雅驯难据以立传之人物，悉"播厥芳声"，可起到"事丰文省，以百三十篇括尽黄帝以来数千人物事迹"的作用。对附见的论说在前人中甚为突出。

《阐要》于《史记》记述内容亦深有评述。邱氏将荀悦之"立典五志"及刘知几之"又广三科"，增损为十科。即达道德、著功勋、记家政、明举措、纪法制、表贤能、昭过恶、征感应、考时代、稽世变，并分别条析，以为"凡此十科，足以括尽全书，而《汉书》以下皆不能外"。并举《史记》名篇，加以综论，断为各篇"以一、二科为主，而其余或彼或此，往往错综于其间"。邱氏虽系有识，然以儒家思想立论，且如以《吕后本纪》、《郑世家》、《外戚世家》、《万石列传》归之"记家政"，则失之浅陋，当不可取。《阐要》亦论及《史记》文笔，篇末就各家之论争亦有所析正，并可参阅。此书北京图书馆藏有抄本。

【史记志疑】　〔清〕梁玉绳撰。梁玉绳，字曜北，仁和人，乾隆时贡生。钱大昕为此书作跋云，是书"专精毕力，据《经》《传》以驳乖违，参班、荀以究异同，凡文字之传讹，注解之傅会，一一析而辩之"。指出此书"足为龙门之功臣，袭《集解》、《索隐》、《正义》而四之者矣！"此评甚为允当，说明了《志疑》在校勘考订方面的贡献及其对于研读《史记》的价值和作用。

《志疑》全书，依《史记》篇目，设条辨析为36卷。每条首或加"案"字，或加"附案"字，或"凡直录旧说者无案字"。其内容，包括指正字句的衍、羡、误、脱、缺、疑、异、诞、倒等，史事的错谬、疏漏、矛盾，取材的欠允，义例的乖越，各本的异同，以及三家注的错妄疑缺等。全书各条辨析虽繁简不一，但多精审详悉。如《伯夷列传》"睹轶诗可异焉。其传曰"条目下，加案提出十"不可信"以论证《伯夷传》"所载俱非"，即是一例。明、清时期有关《史记》的一些争论问题，经梁氏考辨，常能匡谬正疵，探本溯源。但梁氏和乾、嘉的考据学家论《经》《史》的方法一样，以现传古籍来校《史记》，其论断即不能叫人信服。梁氏又依据明凌稚隆的校雠不精，错误较多的所谓湖本进行辨正，他所提出的问题有时就不一定是《史记》本身的错误，而白费了很多力气。

《志疑》的案及附案中，在天瑞地俗，材料取舍，人物抑扬，体例编次，司马迁作史旨意等方面，均有评论，其中也不乏精湛之处。如同意韩信并无谋反行状，韩信之死大抵是出于告变者的诬词和吕后与相国共同文致的结果。《淮阴侯列传》"吕后使武士缚韩信斩之长乐钟室"条目下，附案云："……一饭千金，弗忘漂母，解衣推食，宁负高皇？不听涉、通于拥兵王齐之日，必不妄动于淮阴家居之时，不思结连希越大国之王，必不轻约边远无能之将。宾客多，与称病之人何涉；左右辟，则挈手之语谁闻？上谒入贺，谋逆者未必坦率如斯；家臣徒奴，善将者亦复部置有几。是知高祖畏恶其能，非一朝夕。胎祸于蹑足附耳，露疑于夺符袭军，故禽缚不已，族诛始快。……"一个"冤"字，跃然纸上，透彻地揭示了司马迁立传的本意。梁氏不同意班固"讥史公是非颇谬于圣人"之说，并在评论中给以驳斥，指出班固写《汉书》对与此有关的三方面问题，"于史公旧文，未尝有所增易。"班固的讥评司马迁，则是"各自弹射，递相疮痏，蹈袭牴牾，目睫不见，所以笑他人之来工，忘己事之有拙"，只不过是一种"文人习气"。在《太史公自序传》的"律历改易，兵权山川"条目下，梁氏认为《河渠书》不足以概括山川，"然《史》有《河渠》而无《地理》，遂使自秦已前州野分画，郡邑沿革，与夫名山之割隶开通，川源之迁移溢塞，皆湮没无考"。批评了《史记》记载的不足之处。但由于梁氏思想偏于保守和局限于义例，有些评论常失于片面而未能深得司马迁写史的本旨。《史记志疑》，中华书局1981年4月出版了贺次君先生的点校本。

【史记辑评】　〔清〕邵晋涵撰。邵晋涵，字与桐，一字二云，余姚人，乾隆进士。后授四库馆编修，累官至侍读学士。以长于史学为当时所推重。邵氏据明代邓以赞《史记辑评》本再为评定而成此书。全书10卷，选取《史记》中的95篇，或录全文，或取段落，或选表序，或摘论赞，"丹黄涂抹，解释洮汰"（俞岩《序》），在字句旁圈点，在顶批中评议。由于邵氏吸取了前人成果，加以本人博闻强识，四部七录，靡不研究，且善为文章，挥笔立就，奥衍渊懿，故其辑评虽简，然于读《史记》者，亦不无裨益。

本书评论内容可以概括为3类：一、揭示司马迁就历史上的政治得失所发的深意。如指出《建元以来侯者年表序》"略无贬词而有感慨"，《封禅书》不用贬词，"直记事而其失自见"；《李斯传》以亡秦结束，是"见秦之亡由李斯"；《汲郑列传》记"黯学黄老之言，治官理民，好清静"等语，是司马迁深慕汲黯为人所作的"极力洗发"；而记"御史大夫张汤好兴事，舞文法，内怀诈以御主心，外挟贼吏以为威重"等语，正是"中汤之病"。两相比照，如实表达了司马迁对时政的讥刺之意。二、推崇司马迁写史的识力和笔法。如评《蒙恬列传·赞》："轻百姓力易见也，阿意兴功难见也，深文定案，使贤者不能以才与功自解罪，此史家眼力高处"。指出"叙（卫青）战功每与子夫连次"，是子长笔削之法；"子长嫉酷吏甚深，而讽刺武帝时任用诸人，故文特微婉"。三、称颂司马迁文章气势意境之妙。《汉兴以来诸侯年表序》"叙次天下形势，了如指掌"；《绛侯周勃世家》开始记周勃"凡十二攻，叙次了了，非秦汉以下所及"；《子贡传》记"子贡说吴伐齐救鲁止越之言，滚滚如万丈洪涛，不啻傀儡之在掌中矣"。此外，《辑评》间亦指出《史记》撰述的不足之处。此书共10卷，有上海会文堂书局1919年的印行本。

【史记杂志】 〔清〕王念孙撰。王念孙字怀祖,号石臞,江苏高邮人。乾隆进士,官永定河道。音韵训诂学家,撰《广雅疏证》及《读书杂志》。其子王引之字伯申,号曼卿,嘉庆进士。训诂学家,撰有《经传释词》及《经义述闻》。王氏父子均有名于世。

《史记》自东汉后仅存三家注。由于《史记》传写中或多脱误,注解者亦有踳驳,故王念孙视之为"所亟宜辩正者也"。以此王念孙赞赏钱大昕《考异》及梁玉绳《志疑》,称前者"足为司马氏功臣",后者"所说又有钱氏所未及者"。在钱、梁二人已有成果的基础上,王念孙通过"研究《集解》、《索隐》、《正义》三家训释,而参考经史诸子及群书所引,以厘正讹脱",乃成此书。

此书为《读书杂志》的第三种。系依百三十篇,择其疑难,设条辨析,删除"所说与钱、梁同者"(上引均见《序》),所余460余条分为6卷编纂而成。各条在摘出所辨原文后多加"念孙案"字样以明己意,其中21条则标"引之曰"(另有四条标"顾子明曰"),故知王引之于此书亦有力。其辨析内容可别为3类。一、订正《史记》正文、注文因形似、音近、习闻、传写及不同版本等所形成之讹、脱、衍、倒。如《五帝本纪》之制讹为劘,《孝文本纪》之置传当作传置,《十二诸侯年表》齐灵公二十七年晏婴下衍"大破之"三字,《韩世家》不如出兵以到之、公结秦而到之,劲讹作到,是其例。其考辨之精审,多为其后之校《史记》者所采择。二、对疑难字句之诠释。如《外戚世家》之奇两女,奇非训异。当通倚,依倚之意。《老子韩非列传》之属书离辞,离辞即陈辞,非"分析其辞句",乃自以为也故,连上文当诠释为"人主显有所出事,而实自以成其他事"。均是其例,其识见每有超出常人之处。三、辨析较特殊的虚词用法。如谓于为焉,而读曰如,则与若同,为犹如也,唯与虽通之类。《范雎传》亡其,《鲁仲连传》亡意亦,"亡意亦者,意亦也;意亦者,抑亦也。或言意,或言意亦,或言意亡,或言无意,或言亡意亦,皆转语词也。《齐策》作意者……意者亦转语词也"。其辨深湛。

《杂志》之考辨，引书甚广，其论列或仅数语即析，或引十证方明，均严谨细密，有理有据，且因精于音韵训诂，于三家注。之所是正优劣，常有创见，就中引出之一般结论，使人首肯而可视为考辨之例则，故此书当为《史记》研究者所必读。然王氏亦有雄以文字之规整视司马迁为文之奇宕者，因而常以后成之书证其前之刊刻，或以《汉书》证《史记》之讹误，而实有未安者。此书有同治庚午十一月金陵书局重印本。

【史记蠡测】　〔清〕林伯桐撰。林伯桐，番禺人，字桐君，号月亭，嘉庆举人，授德庆州学正，卒于官，年70。治学处世，既推本汉儒，又服膺朱熹。阮元督粤，请为学海堂学长，从游者甚多。著有《毛诗通考》、《修本堂稿》等。

《史记蠡测》合为一册，不分卷，大抵史评史论各据一半。其史评部分，有辨正《正义》等诸家注释若干条，而以评论《史记》得失、阐明其旨意者居多。本书分量不大，但是有精到的见解。如认为《史记》以黄帝开端，"自有深意"，因为"古来制作，自黄帝而定"，"后世帝王皆本其法度者也"。又说司马迁写《黄帝纪》极为审慎，自此纪一出，后世荒诞不经的众多说法，"可不待辨而明"。林氏根据扬雄"不虚美，不隐恶"的观点，阐明司马迁论载宋襄公、孔子、董仲舒、韩长孺、司马相如、李广等都很得当。如关于司马相如，传中"录其文章，多美辞。其通西南夷一事，则多婉辞，为人才讳也。至于《平准书》，则曰'司马相如开通西南夷，巴蜀之民罢焉'"，这即是不隐其恶。林氏认为《货殖列传》所列的人物事迹"虽不足道，而实皆勤苦之民"。司马迁所以作这个传记，著意于讥讽世俗的糜坏，"所谓嬉笑甚于怒骂"，"仕不至二千石，贾不至千万，安可比人乎？此酷吏宁成之言也；诟莫大于卑贱，而悲莫盛于穷困，此秦李斯之言也；史公作《货殖传》，实本此等议论而戏为之耳"。林氏这一类议论，都是比较新鲜的。

林氏对《史记》中某些评议和记事，提出商榷性的意见。例如，他认为张耳、陈余并不是为争私利而结怨，"史公以利责之，似过矣"。又指出不为赵防与先生和壶遂立传,不能不是一个缺点。

林伯桐评论《史记》,谨慎持重,力求公允贴切。洪颐煊作《跋》,称其"不作矫激之论,不作迂阔之谈,实事求是,洞见、至隐,不朽之业也"。《史记蠡测》有修本堂丛书本。

【读史记札记】　〔清〕潘永季撰。潘永季,字纯甫,宜兴人。此书系继汪越、徐克范之后又一论表之作。其于史表的体制、气势及其用意,均有发明,兼论马、班作表的优劣及辨证汪、徐的舛误,并间评后世史表的芜杂失当。潘氏在郑樵"《史记》一书,功在十表"论点的基础上,进一步提出十表网罗古今,为一部《史记》的纲领。十表是司马迁通盘打算了然后下笔的,"非若后人节节为之也"。所以十表首尾遥接,如"天孙云锦,丝牵绳联,绮回绣合"。因之读史表欲知其意,决不可更张割裂。"十表须合看",诚为卓识。

就体制而言,潘氏提出十表全重在世字、年字、月字。他将世表、年表、月表,按经纬不同分为三类,其中心主于纪年,即"表以明年也",世表、月表就是年表的一详一略。书中分注各表的设计及其作用,说《世表》所重在帝王世次,以三代名,却从黄帝叙起,疑则传疑,其世次疏略固不烦指摘。详释《十二诸侯年表》及《六国年表》诸国排列顺序的原由。认为《月表》题名秦楚之际,"最是史公得意处"。汉之年为追书,义帝元年为纪实(名予而实不予);明是以楚继秦,陈涉发难,项羽主命,立十八王;灭秦者是楚,所以列陈涉于世家,立汉者也是楚,所以列项羽于本纪。潘氏称《高祖功臣侯者年表》,了然于尺幅之间,一览知其纪元传世继绝更封在何帝之世,真所谓浚发于巧心,希世的绝构,阐发出司马迁作表的匠心。他认为《将相名臣年表》的《大事记》,是史家提要之祖,实已具于前三表,作《大事记》是连班固都不能学的事。

潘氏尤详析并推崇《月表》,并借此发议,说比读《月表》,得知难读的《项羽纪》分王一段,其"行文如将百万兵,分部指麾，悉中律度"。又看得《货殖传》结构之工，气韵音节之妙，真达到了登峰造极，无以复加的地步。由此他发挥顾炎武"太史公胸中固有一天下大势"的思想，说"太史公具有宇宙在胸，所以临文之际，并大地山河亦供其挥洒，吾无以测其能事之所至也"。极意称道司马迁，指斥班固讥评的不是。书中亦常指出作表用意，如《惠景间侯者年表》，是悲长沙王吴芮无功传世，支庶数侯，而淮阴、布、越有破楚的大功，结果都被夷灭，所以司马迁特别赞叹长沙王守职能忠，意在言外。《建元以来侯者年表》也是讥刺汉武帝诛胡越、穷兵好大喜功。等等。本书共一卷，见于世楷堂刊《昭代丛书》（新编补）本。

【史记辨证】〔清〕尚镕撰。尚镕，字宛甫，南昌人。道光十一年被聘主许州聚星书院讲席时撰成此书。讲席五年，卒。所著总名曰《聚星札记》，共27卷，其中除《辨证》外，尚有《持雅堂文钞》、《诗钞》、《三国志辨微》、《三家诗话》，共5种。其书之《自序》云："读《史记》者，宋以前死于章句，罕知体要；明以来溺于文辞，罕知义法；评论虽多，皆非迁之知己"。故尚氏以为非好学深思，心知其意，是不能轻易谈论《史记》精义的。尚氏学识泛滥宏博，熟悉三国以前的历史。先作《史记证原》若干卷，旋失其稿。后又通释《史记》百三十篇，复作《证原》10卷，改名《辨证》。时人评此著为能"发前贤作史之微旨，阐后贤论史所未及，精研确考，独抒特见，卓然可信"（萧浚兰《序》）。

此书一依史例史法，精细探寻各篇题名与篇次连接，体例变化与专传、合传等的用意及评论短长，兼及取材的好奇，记述的疏失，叙事的繁复，后代的仿效；一据《史记》所载制度演绎、形势变化、政治得失、人物功过予以评议，重在表达司马迁作史的讥刺之旨及借鉴之意。前者如世家中萧何"以人事君，有古人臣识量"，故题名曰相国，曹参"实藏拙而苟安"，故题直举其名，陈平以"交欢周勃，得成诛诸吕，立文帝之功"，故题称丞相，但以其党吕较张良为甚，故司马迁附王陵传于其后以深愧之。这是从题名上探寻司马迁的用意。又如揭示汲黯郑当时的合传，后次《儒林传》，复次《酷吏传》，司马迁都有深意，故于《酷吏传》评云："武帝欲效唐虞之治，而社稷臣汲黯，真儒董仲舒，皆弃而不用。所用惟谀儒、酷吏，安能致治？故以《酷吏》次《儒林传》之后"。这是属篇次体例安排方面的。后者如阐发司马迁作八书，论礼制的变化以"思古伤今"，讽汉武帝之极意声色，佳于用兵，无德用事，轻用民力。《平准书》讥武帝时言利之臣竞进，任用公孙弘、张汤、桑弘羊，是公卿不得其人，其结果"于是主心日以侈，秕政日以烦，吏道日以杂，致民不死于兵，则死于政，不死于政，则死于岁"。这样详论颇得司马迁讥刺时政的微旨。又如《蒙恬传》评曰："迁责王翦不能辅秦建德，固其根本；责李斯不补主阙，严威酷刑；责蒙恬不能强谏，振急修和。且责翦以偷合取容，责斯以阿顺苟合，责恬以阿意兴功。真古之良史，可为万世驭将相之明鉴矣"。这是就秦亡教训而阐发司马迁总结历史经验的深意。

【求阙斋读书录】 〔清〕曾国藩撰。收入光绪中刊《曾文正公全集》。曾国藩，字涤生，湖南湘乡人。道光进士，累官礼部侍郎，后任两江总督，曾组织湘军镇压太平天国起义军。但在学术上有造诣，为学者所推重，有《曾文正公全集》。

此书按篇就《史记》字句、用意或文章进行评议。辨驳班固之论及王允"谤书"之说，以为子长自闻大道，自具远识，《史记》是实录，并意在言外。曾氏以为司马迁好游侠，就是要称颂屈原、虞卿、田横、侯嬴、田光、贯高等人的"坚忍卓绝之行"，尚黄老，故本纪以黄帝第一，世家以吴太伯第一，列传以伯夷第一，都是以赞赏"脱屣富贵，厌世弃俗之人"为意指，而像张耳、陈余之辈，因其不能"遗外势利，弃屣天下"，正与吴太伯、季札迥异。司马迁这样记述，正是实录，无可非议。虽然司马迁常借不平之事以发抒其郁抑，但也不是凡事都"代鸣冤苦"。如对于绛侯周勃父子下狱事，赞语"以足己不学，守节不逊"二语责条侯，正可见"子长日闻大道"，而以此视《史记》为谤书，那是不对的。

曾氏注意从政治军事的角度评判《史记》，尤注意有关汉武帝时的记述。以为《东越列传》所记发兵进击，"俱足发明武帝之英风俊采"。而景武间人才则以《汲郑列传》为线索，因为此传"处处以公孙弘、张汤相提并论"。司马迁深恶势利的足以移易是非，所以"右卫而左霍，右窦而左田"，"偏衷汲董，深许郭解、主父偃"，"曲贷伍被"，而"素恶"、"非刺"丞相公孙弘、廷尉张汤。对《货殖列传》评云："自孔桑辈出，当时之弊，天子与民争利。《平准书》讥上之政，《货殖传》讥下之俗，上下交征利，《孟子列传序》所为废书而叹也"。这都是司马迁对汉武帝时政的讥刺。

曾氏就《史记》赞语评述甚多。如评《商君列传·赞》为"最明允而深厚"，《白起王翦列传·赞》未为精当，言王翦之短，尤非事实，《蒙恬列传·赞》责其轻民力，可谓定论，而透析《匈奴列传·赞》，正足发明司马迁"叙武帝时事，不实不尽"的彰微之情。

此书对于司马迁的文笔，极为称誉。或高洁迈远，瑰玮极特；或事绪繁多，叙次明晰；或顾盼生姿，跌宕自喜；或反侧错综，语南意北；或互文见义，详略适宜；或荡漾疏散吞吐之处，正自不可几及。曾氏所议行文的气势义法，也足以阐发司马迁作史的意旨。

【史记札记】　〔清〕郭嵩焘撰。郭嵩焘，湖南湘阴人，字伯琛，号筠仙，晚年又号玉池老人。道光进士，后任兵部左侍郎、广东巡抚，并曾出使英法。此书是郭氏使英时所作。全书依本纪、表、书、世家、列传分撰为五卷，惟列传别为卷之上下，其形式系在摘引原文条目下加按。内容包括对《史记》文字的校勘，史实的考异和疏解，注解与句读的商榷及其有关评议。该书评论《史记》郭氏，在众说纷纭之中独树一帜，以其求实精神，重在阐述司马迁作史的本旨深意，常醒人耳目，灿然可观。郭氏不局限于儒家礼义，而能从时势的变化发展中去考察问题。如

《礼书》"至秦有天下，悉内六国礼仪……是后，官者养交安禄而已，莫敢复议"条下，评论说"案三代尊卑贵贱之等，其文繁矣，至秦而后一统其尊于君，自汉以来莫能易也。太史公反复制礼之原，以为僭乱陵替流极于秦，其激而相反也，亦势之所必趋也。亦会其时，圣人之道湮没不举，因革损益变通之宜，其适于道也亦鲜矣，此所以可叹也……用秦之文，行秦之意，而欲强三代之礼复见于今，其可得乎？"以此郭氏常与明人茅坤、杨慎、归有光、唐顺之、徐孚远等持见各异。郭氏不局限于一般义法，而强调体例内容的"纪实"。《平准书》、《汲郑》、《儒林》、《酷吏》、《货殖》等传，重在阐发司马迁的作史微旨，即讥刺"武帝之雄心日起而日求逞，以致贻害天下无穷已"的时政得失。然评论亦不失于片面，而在《河渠书》条目下指出，"武帝雄才大略，秦、汉以来所未有也"。

郭氏兼论文笔。如说："项羽英雄，史公自是心折，亦由其好奇，于势穷力尽处自显神通。巨鹿、鸿门、垓下三段，自是史公《项羽纪》中聚精会神、极得意文字。"郭氏常指出司马迁"极意摹写"处，以见司马迁的深意。此书已由商务印书馆于1957年点校出版。贺次君先生所写《校后记》，对该书评介甚悉，可资参阅。

【史记余论】 〔清〕丁晏撰。丁晏以"明事析理"为宗旨，取加按语形式，对《史记》极大部分篇卷进行了评论。所评常借重黄震、陈仁锡、王鸣盛的言论，语言均极明确简练。

此书除论《史记》取材、缺补、注释、间亦及考证外，所论侧重在人事之政治得失，以明借鉴之意，并对司马迁的很多评述予以肯定。如评《史记》极写秦之强盛，二世而亡，殷鉴不远，是为汉世戒。评叙汉初异姓诸王，则以逼反受诛为议，以见吕氏之专擅，评曹参赞其承秦法后，休息无为，以为最识治体。于《平准书》以为司马迁"极言桑弘羊逢君之恶，领大农置平准，笼天下之货，官为买卖，武帝穷兵黩武，费皆仰给大农，至末年海内萧然，户口减半，汉氏之业衰，生民之祸亟矣。史公备著之以垂戒,末书之曰,烹弘羊,天乃雨,呜呼严矣",是严厉批评了现实弊端。他如评蔺相如之气夺秦王而折服廉颇,先公谊而后私隙及廉颇之英略,鲁仲连之不肯帝秦,飘然高蹈与邹阳之抗直,李斯之自取夷灭,灌夫之刚直不挠,等等,均颇得司马迁作史精意。评论中亦常指出班固未喻司马迁之旨,对《史记》之或删或讥,甚为不妥,所言"以此知良史之才,固远不逮迁也",实系确论。

丁晏以司马迁属儒家而相评,故辨正班固谓《史记》先黄老而后六经之说为非。评《孔子世家》,极称司马迁崇圣尊儒,垂六艺之统纪于后世,评《孟荀传》以见孟子发明孔子之道,其学非传中他人所及,"史公之识卓矣"。《老子韩非列传》赞中推老子而列传引孔子之言,以见推明孔氏,抑黜百家,司马迁"其识卓矣"。他如以为司马迁慨三代仁义之师,不复见于后世,孙吴用兵如神,然兵者凶器,司马迁所不与。称苏秦张仪连传,司马迁均斥其为倾危之士,则为"笃论"。且说《汉兴以来诸侯王年表》及《高祖功臣侯者年表》二序,皆归本仁义,卓然纯儒之论,等等,其评议仅依道术,而未顾及人物行为的实际历史作用,有所偏弊。且言《秦始皇本纪》,"首揭吕氏之子,所以深著其恶",刘敬请以公主妻匈奴单于,为"开千古和亲之衅,此则罪之大者",更以儒士鄙见论史,尤非雅论。

丁晏盛赞司马迁文笔,或遒美激荡,风骨棱然,或摹写曲尽,千载如生,或神妙之笔,颊上三毫,或许多波澜,掩映生色。且评《赵世家》叙程婴杵臼事,以为"足以惊风雨而泣鬼神",称《平原君传》写其倾心待士,字字传神,为"史公极得意文字"。诸所称许,虽系文士之识,亦非过誉。

丁晏字柘堂,山阴人。道光举人,明于经学,著述甚众,汇为《颐志斋文集》。本书收入《四史余论》,有清吴氏望三益斋抄本。

【史记集说】 〔清〕程余庆撰。程余庆字椒园,利津人。"历十数寒暑"(钱镕《序》),于道光十九年(1839年)撰成此书。

此书全称为《历代名家评注史记集说》，系类似凌稚隆《评林》之作。书首除收有关《史记》书序及其他资料外，又辑班彪至方苞等33人之评论共53条，所收人物及条目与《评林》相为出入。其书正篇亦采顶批、总批，所集多《评林》后如徐与乔、方苞、吴见思、牛运震等人之说。《史记》正文下异于《评林》，不采三家旧注，而以己意诠释为新注，别开生面。《自序》言此书："广集诸本，去其浮阔，存其切当，首音注，次训诂，次讲义，考误次之，论事又次之，而以论文终焉。汇为一书，名曰《集说》"。程氏以为如此，可便于读者"与之上下其议论，而折衷其是非"，故知此书之编撰自有深意，并非《评林》雷同之作，而自具参考价值。

程氏积其深思，提出读古人之书，"惟求其意之所在而已"，故此以班固之评《史记》是非颇谬于圣人之说，为"未免得其粗而遗其精，得其表而遗其里"，实系憾事。自后迄于明代凌稚隆所编《评林》，总观众说，"不能有得而无失"，究其原因："良由《史记》一书，有言所及而意亦及者，有言所不及而意已及者，有正言之而意实反者，有反言之而意实正者，又有言在此而意则起于彼，言已尽而意仍缠绵而无穷者，错综迷离之中而神理寓焉。是非求诸言语文字之外而欲寻章摘句以得之，准矣！"此论义蕴极深，于《史记》之意得其神韵，运之撰叙《集说》，亦自有精微之妙。

《集说》诸篇后之总批，主于收集前人评论，然亦间有程氏之自评。论《伯夷列传》为70列传之总序，以为篇首"考信"二字，是作列传之准的，而中幅操行不轨，择地而蹈两节，见不可以成败论人，"而诛奸回予既死，发潜德之幽光"，是作列传之大体，亦可谓有所神会；论《游侠传》为"通篇以儒伴说，非进侠以退儒，实借儒以重侠"，又以为"通篇以仁义作主"，特表彰郭解等之"煦煦为仁，孑孑为义"，以致痛于谀儒伪儒公孙弘之不仁不义，且讥班固退处士之说为谬。他如以为《魏其武安侯列传》竟是一篇"势利"文字，《佞倖幸传》末，略带卫霍，遂使二将军为人群所不齿；《刘敬叔孙通传》为汉纪事，而两人之功罪自见。《栾布季布传》，一以虚为实，一运实为虚，具有精意等，亦程氏仅有之雅议。然《集说》自评过少，是为缺失，且议始皇与秦分为两纪，乃别其为吕秦非嬴秦之说，则为过于轻谬。此书有1918年上海交通图书馆发行本。

【史记月表正讹】 为清王元启校正《史记·秦楚之际月表》舛误之作。王元启（1714—1786）字宋贤，号惺斋、祗平居士，嘉兴（今浙江省嘉兴市）人，乾隆辛未进士，知将乐县（在今福建省）。元启为经、史、历、算全面发展的人才，《清史稿》本传说他："究心律历、勾股之学。"其著作有：《祭法记疑》、《四书讲义》、《史记律历天官书正讹》及《股衍》、《角度衍》等多种。其《史记月表正讹》，要在校正《史记·秦楚之际月表》舛误之处。作者说："秦楚之际，世短变繁，难以年计，故十八王以王之月为一月。其先已立国如赵歇、齐市、燕广、魏豹、韩成，止承前月为数，并不书一月，盖以历月多少，别其享国之久近，非谓始王之月每岁必称一月也。"但西楚、衡山、九江、雍、燕五王皆于王一周年的建卯之月，书"二年一月"。作者认为："五王书年，似乖史法，且以一月代正月，则不辞，谓五国独改卯月为岁始，则非实。"故将五王之"二年一月，悉改为十三，三年一月悉改为二十五。"作者认为这样做"不谬史公本旨。"作者还对《月表》中的错简、重出、衍文等一一正之。《秦楚之际月表》前列秦、楚、项等九国，共九横格，后项羽封18王，加义帝、西楚总为21格，由于战争，国有分并，横格亦应随之合并。作者认为：前之横格可由少变多，后亦应由多变少。为便于并格，作者在国与国之上下次序稍作调整，作者说："当亦史公所许。"本书由《校正史记月表》、《考定月表今文》、《书月表后》三部分组成。本书初广雅书局有刊本，收入开明书店出版的《二十五史补编》。

【楚汉帝月表】 为清吴非为《史记》所补之月表。吴非，清初安徽贵池人，生卒年代不详，原名吴道箮，字山宾。曾"入郭授童子句读，故避匿不多见客，矫洁自守。"善书画，工铁笔，每游山水，所至必自镌名崖石。兄吴应箕，善金古文，意气横厉，应金声抗清殉节，吴非抚其孤。著作尚有《三唐传国编年》、《二十一史异同考》等。作者认为：司马迁作《秦楚之际月表》之意在于重楚。重楚，重的是怀王孙心（义帝），重的不是项羽。作者在《序》中说："汉而始于楚，楚虽亡，而汉不忘楚，去楚而汉不可也。故推司马《史》意为《楚汉帝月表》。"表前有《序》、《正例》及《论》，后附有《义帝本纪》及《史记不立义帝本纪辨附后》各一篇。本表始于陈涉之称楚：陈涉为王凡六月，死，以景驹续之。景驹为王凡四月，死，以怀王孙心续之。心为怀王凡二十月，诸侯尊为义帝，表称"义帝元年一月。"心为义帝凡十月，为项羽所弑，楚灭。以汉续之。《正例》说："义帝之名犹诸侯之共主也。""故怀王称年，虽追叙，实大义矣。""义帝既弑，无楚矣。西楚霸王伪耳、借耳，则移汉以续之。"又说："表始于陈涉之称楚，则二世元年七月也。讫于汉皇帝之五年后九月，月凡九十二，岁次八。"本表以"《春秋》之大义"理顺了秦、楚、汉的关系。本表问世，当时人以"具千古之心，开千秋之眼"、"发前贤之未发"、"山宾诚良史才"、"千古卓识"等语称之。为其作序者2人，写跋者15人。本表贵池刘氏有刻本，收入开明书店1936年出版的《二十五史补编》。

【点勘史记读本】 〔清〕吴挚甫撰。此书可以说是桐城派评点《史记》的殿军之作。吴汝纶，字挚甫，安徽桐城人。同治进士，官冀州知州，后充京师范大学学堂教习。工诗文，久客曾国藩、李鸿章幕下，掌奏议，为清末散文家。林纾给此书写的序言中指出："先辈治《史记》者厥有二派，甲派以钱竹汀、梁玉绳、王怀祖为代表，尚考据；乙派以归震川、方望溪为代表，重文章。"而吴氏此书，"专论文章气脉，无尚考据"。其体式一承归、方二氏衣钵，而内容上则就归、方点识者更为增益之。它的正文用白文，无三家注，但有用双行小字加注的异文校订（所谓"勘"）；它的评点，除钩识句读并加圈点外，取眉批和篇后评语两种方式。吴氏的评点，主要着意于各篇的作意和主旨所在，以及意法脉络等。譬如《高祖本纪》评语说："《高祖》以平定天下为主，前半篇与项羽争天下也，后半篇削平反者以安天下也，他不系天下兴亡者不著。"《留侯世家》评语说："此篇以多病画策为主，画策以著其功，多病以著其免于猜忌。"《淮南衡山王列传》评语说："此篇以'深构穷治'四字为主。"《滑稽列传》评语说："此篇以'言谈微中'为主。"总之短短几句就能把握并点明各传大旨与特点。他的眉批也往往揭示一些关键笔法与意蕴所在。如《五帝本纪》于"而鬼神山川封禅与为多焉"句上批："史公此语以汉武封禅求仙人皆托黄帝，故为此偏宕之语，以为文外曲致也。此史文奇肆处，他家所无，自归熙父外读者罕窥此旨。"《秦本纪》于"造父为缪王御……"句上批："秦先从御显，以主马分土，皆大费调驯鸟兽之遗风，又见秦之先无他功德也。"《项羽本纪》于"亚父受玉斗……"句上批："鸿门之失就范增口中见，背关怀楚之失就说者口中见之，分王关中就陈余说齐见之，此史公常法。"《吕后本纪》于"孝惠为人仁弱，高祖以为不类我，常欲废太子，立戚姬子如意，如意类我。"句上批："此段非止为适庶生怨张本，诸吕之王，必先翦灭刘氏，杀赵王乃灭刘之渐，故用此发端，以振起全篇。"总之，重点放在章法意脉上，而很少及于人物形象、人物心理、人物关系方面，正显示出固守桐城派古文家法的特点。吴氏在自己的眉批和篇后总评中均未杂各家评论，而于书末附了他所汇辑的"各家《史记》评语"一卷，其特点一是收入了其他评点书所少见的曾国藩、张廉卿、方植之、王少鹤等后期桐城派人物的评语；二是所收虽不及《史记评林》等书那样灿然全备，却选择较精，凡于笔法篇章有所发明的各说，大体都已采入。此书有宣统元年南宫邢氏刊本，1914年都门书局排印本。

【校刊史记集解索隐正义札记】 〔清〕张文虎撰。张文虎字孟彪，又字啸山，别号天目山樵，江苏南汇人，生于1808年，卒于1885年。精于校刊，所校《守山阁丛书》及《小万卷楼丛书》，时称善本。著有《舒艺室随笔》、《续笔》、《余笔》和《杂著》等。

《札记》系张氏1867年至1870年参加金陵书局校刊《史记》时所作。金陵书局校刊《史记》，开始于1866年，先由唐仁寿用周学濬过录的钱泰吉校本覆校付刻，次年张氏才参加这一工作（见《出版说明》）。张氏校刊，参酌众本，自常熟毛晋刻本、集宋残本至乾隆四年经史馆校刊本等，据书首所录达17种之多，故某成果足汇诸本之所长，有益史学。

《札记》依本纪、表、书、世家、列传别为5卷。各卷摘取所校原文，其下即说明用以互校的各本异文及去取理由，眉目清楚，表述简明。如《十二诸侯年表》鲁文公十四年栏记"宋、齐、晋君死"，张氏以此设条，校记：凌脱"宋"字"死"字，北宋、中统、游、王、柯、毛脱"宋"字，而"齐"下并衍"君"字，旧刻不误，与官本合。是知此条九本互校，可见异文之短长以明抉择。全书诸条，多皆类此，既知众本衍、讹、误、倒、脱、混之处，则详加比较之余，自可择善而从，能使校本正文准确，注文完整，求得善本。如《五帝本纪》"蚩尤最为暴，莫能伐"下，原本《正义》注引《龙鱼河图》，少头、石子、不慈仁、信神、帝因使之主兵以制八方、天下、万邦等22字，缺制伏之制，没后之没2字，错造立之立为五，殚服为殄灭，讹欲令为钦命，讹错又5字。此共29字经吴校本增补剜改，并与《太平御览》七十九引《龙鱼河图》合。张氏则依吴校本刊正，使此注终臻完善，乃其功之所在。

张氏校刊，征引亦富。对异文是非的判断，注意吸取前人的校订成果。其中以梁玉绳《志疑》、王念孙《杂志》居多，他如杭世骏《考证》、王元启《正讹》、钱大昕《考异》，亦多为参用。《殷本纪》末纪"纣有炮格之法"，此炮格字，唯宋本作"格"，各本皆讹"烙"。张氏引卢文弨《钟山札记》，明他书亦皆为后人改作"烙"，可见校刊辨析之难。然张氏据《杂志》之详考，析"烙"之为讹而终正其为"格"，是为有识。故张氏校刊之细密严谨，为《史记》点校本的出现奠定了基础。

1977年中华书局出版此书时，依《史记》点校本，分别注明各条所在的页数、行数，甚便对照检查。细读此书，自当叹其为集《史记》校刊成果的典范之作。

【史记札记】　〔清〕李慈铭撰。李慈铭，字恣伯，号莼客，会稽人，光绪进士，官至山西道监察御史。李氏著《越缦堂读史札记》，内正史11种，共30卷，其中《史记札记》二卷。杨树达称李慈铭为清代治考证史实之"后殿者"，其学上承钱大昕、洪颐煊，"殷殷稽考之功"殊甚。李氏考《史记》，于句读、音义、文词、人名、地理、职官、姓氏、名号、纪年、史事、简编等，均有发明，尤以字之脱衍误倒之类的辨析为多。诸所考辨，以《史》、《汉》相较，参以《文选》、《左传》、《战国策》等书，及裴骃、司马贞、张守节、颜师古之注，较比异同，定其抉择。且因系在前人注释考证基础上，申明己见，论列是非，去取之间，亦可助读者审其精粗，故其立论亦常为此后之校读《史记》者所采纳。如《始皇纪·赞》引贾谊《过秦论》，首肯王鸣盛之说，并明证自秦孝公至攻守之势异也一段，"此纪不应重出"；《高祖纪》"至咸阳，与杠里秦军夹壁，破（魏）〔秦〕二军。楚军出兵击王离，大破之"句，引程一枝《史诠》解，辨梁玉绳《志疑》说，以《史记·曹参世家》、《汉书·曹参传》，明证此语不讹。《鲁仲连邹阳传》及《李斯传》之考辨司马子罕，《南越传》之论"注当作南越王兄越高昌侯封"，均非浅易……唯其《史》《汉》相校，多同《汉书》，虽属立意谨严，亦常失司马迁之跌宕奇气，且有纯以词句范围文义，或强为自解者，如将肃然山名强释为肃然絮新之义，以卫教与鲁近，犹知礼义，疑卫懿公后之推戴新君戴公、文公，为"左氏传闻偶误"之类即是。然此例不多，要之当以善析前贤，考释质朴，文句简洁，思虑精审为优。

于史实考证中，李氏对司马迁作史微意常有发挥，言虽不多，议亦允当。以《封禅书》首述《尚书·舜典》，为明"史公之意以古惟有巡狩方岳之礼，无所谓封禅也"，且言《大宛传赞》,"其微文刺讥,与《封禅书》同旨";评《伯夷传》为司马迁"自明其所传必以《六艺》为考信,以著其采择之慎",且说此篇"其文抑扬往复,为古今第一文字"。《淮阴侯列传·赞》"天下已集,乃谋叛逆",为司马迁之微文,且叙韩王信卢绾事"以与淮阴相形,为古今之极冤也"。《游侠列传·序》"起处以儒相形,盖深嫉当时之公孙弘之流,唯阿时旨,以深文中人",为"乱法之伪儒也"。此书有北平图书馆1931年印刷本。

【史记琐言】　〔清〕沈家本撰。沈家本,字子惇,归安人,光绪进士,官刑部20余年。此书有沈寄簃先生遗书本。沈氏作《诸史琐言》5种共16卷,其中有关《史记》3卷。此书于字音文义、姓氏人名、世次年岁、诸种数目、山河名称,乃至人物著述、传载缺失等,均以列传与本纪、世家、年表相互对照,参阅他书,以订正史事,记其异误。其查考校勘,甚为细密。且引书甚广,诸如鲍彪《国策注》、张照《考证》、吴师道《补注》、凌稚隆《评林》、梁玉绳《志疑》、王念孙《杂志》等均加征引,以明其是非,择其优劣。故此书对《史记》研究,于判明字义,论证史事,多有补益。如考析《殷本纪》6条:一辨女鸠女房之"房方乃古音假借,非误",一辨帝祖丁崩立弟沃甲之子南庚,弟,"则作帝为是";一辨帝阳甲之时……比九世乱,为"凡九王故名九世……以理推之,中丁之名不误",一辨益广沙丘苑台之《正义》注引《竹书纪年》所述无武丁迁河北事,与本纪所言不同,而时见之《竹书纪年》"转与《史记》合,盖非原本",一辨大师少师"官名虽同,其职分迥殊";一辨"殷世继嗣"之世数及殷历年岁,"自当以班言为是"。除殷历年岁不可判为确数外,其他条析都有助于对《史记》原文记述的确切了解,此则为《琐言》作用之所在。

《琐言》于字义诠释,以用词浅近明确见长。如《孙膑传》释批亢为扼其要路,捣虚为攻其不备;《商君传》释比三代为比隆于三代;《蒙恬传》释必参而伍之为犹《易》言"参伍以变",谓更相考核;《货殖传》释陈掾为布列市肆而夤缘为利等等,均能帮助人们较正确地了解《史记》的文意。沈氏反对"以后人之文法绳古人而转失其旨"的做法,亦且有识,实应为《史记》研读者所注意。

《琐言》于史事考订,用力亦勤。如以《左传》孔颖达疏、韦昭《国语注》、陆机《释氏》,证年表"郑桓公友周宣王母弟"为确,《郑世家》称"庶弟"之乖异,"恐是未及删订,或是后来传写之讹",并责张照"传闻异辞而两著于篇"之说为"未免骑墙";认为《韩世家》载"楚围雍氏"至"于是楚解雍氏围"一段"乃错简,应置于前五年"秦武王卒之下,赵孝成王时,燕赵构兵,历三年而始和,只一事,而《乐毅传》叙此事之文复出,系"未删正";等等即是其例。《琐言》间亦有作史评论,如不同意茅坤《伯夷传》是"以议论叙事,传之变体"之说,及以董份、凌稚隆认为司马迁作《屈原传》全用淮南语之说为"非是"。然此例极为少见。

三、近代《史记》论著提要(1900—1949)

【太史公行年考】 王国维著。本书1916年收入《广仓学窘丛书》,题为《太史公系年考略》,后编入《观堂集林》更改题为《太史公行年考》。南宋之后,年谱之作日渐增多,《史记》论者也更多地涉及到司马迁的事迹,但终究没有他的年谱问世。王国维此书实为关于司马迁的第一部年谱。作者根据本来有限的资料,努力钩稽考订,把有关司马迁行事的片断记述,编辑成了大致连续而可信的系年。王氏断定司马迁生于孝景中五年(前145年),卒年"虽不可遽知,然视为与武帝相终始,当无大误;《报任安书》作于太始四年(前93年)"。又把司马迁对自己游踪的笼统叙述,条理出具体路线,持之有故,言之成理,至今为许多学者所接受。书末对《史记》记事后限、书名、传播,司马迁家墓、子孙、交游及其他著作进行了简要讨论,亦有一定参考价值。但是,全书基本上没有结合谱主的时代背景,特别是当时思想学术的重大变化加以考论，不能说不是本书的较大缺陷。

【史记探源】 崔适著。崔适，吴兴人，曾任北京大学教授，为近代今文学的积极鼓吹者，著有《春秋复始》等，以发挥其今文学思想。

本书旨在删剃《史记》的伪窜，勘正颠倒脱误，恢复它的本来面目。作者认为，今本《史记》不尽是司马迁原文，有刘歆所续，"后世妄人所增，钞胥所脱"和"误衍误倒误改误解诸弊"。全书共8卷，卷一《序证》集中提出了检核真伪脱误的标准，后7卷以此为圭臬按《史记》次第逐篇进行了辨证。作者力主凡言终始五德，十二分野，《易》之变象互体，《春秋》之"告则书"、"官失之"，《古文尚书》和据《书序》而言孔子，"据某篇作某文"者，皆刘歆之徒窜入；凡言"古文"者，皆不通文理者所增窜；凡传记寓言，皆后人伪托。又从文理上认为有以《汉书》补《史记》者，也有两书杂糅者，除褚先生补外，尚有"非才妄续"。在作者看来，今本全篇皆伪者有《文帝纪》、《武纪》、年表第五至第十、八书等29篇，其余篇章中后人窜入的字句亦甚多。

本书引申康有为《新学伪经考》之说，以刘歆"窜乱群经"作为《史记》辨伪的根本出发点，持论之坚，否定今本非原文的数量之多，都是前无古人的。但刘歆颠倒五经既不可尽信，则"不得不波及龙门以为佐证"之说也为之动摇。如终始五德说当有自己的发展过程，因为刘歆有五德说，从而否定西汉前五德说的存在，断定《史记》中此部分内容为伪，似不合理。虽然作者的意见失之偏激，但其敢于疑古的精神和一些具体意见，对我们考证《史记》真伪不无启发，其主张亦可备一说。此书有1922年北京大学铅印线装本。1986年9月中华书局出版了点校本。

【史记达旨】 魏元旷撰。魏元旷字斯逸，江西南昌人，光绪二十一年（1895年）进士。所著《史记达旨》，收入《潜园类编·述古录》内。

此书论《史记》，文仅六段，字才3000余，然其发议深刻，有独到见解。所论体例，认为不可取《汉书》本纪例属天子，以视《史记》，《史记》则"非以本纪当天子，世家当诸侯"。故魏氏能立足于天下事势以议本纪，着意于顺名实以议世家。他提出"本纪者，本之以纪事也"的定义，以为秦汉之际，天下之势最强者为项羽，即本项羽以纪。吕后时，天下之事属之吕后，即本吕后以纪。解释了项羽、吕后立于本纪的合理性。且又提出"必佐天子受天命与安社稷，有扶危定倾之功者，乃能世家"，故只有萧何、曹参等五臣才可"世其家于汉"。魏氏就事势及"佐天子"以议本纪、世家，发掘了司马迁立意的真谛，故其赞《史记》"义例精深"，实为有识。

《达旨》"八书，所以究治道"之说，所论内容，发人深省。《史记》八书撇去具体的典礼制度不论，而着意于议历史上典制得失，"以深救汉治"之意，亦为魏氏所明晰。且言司马迁作八书，其主意"亦与贾谊痛哭流涕同一忠爱"，以此辨司马迁"愤己以非罪受刑，作书谤讪"之说为妄，从基本的政治态度上明确了司马迁的作史心迹。可见魏氏对司马迁有护惜之意，无偏袒之憾，诚可誉为允当。

魏氏依《太史公自序》，于"整齐其世传"及"约《六经》、明王道"二者，论述司马迁作史"实有《春秋》之志"，且以司马迁属之儒家，辨议亦为翔实。其所析《论六家要旨》，颇有新意，以为"五家以用言，故各有短长，道家以体言，故无短长。体尊于用，故道家独尊"。然而"道家虽尊，固与五家齐等，圣人之道，乃包百家而用其长也"，转而强调儒家独尊。可知魏氏之评《史记》以"明儒"为出发点，故其对《史记》之"述孔子之道"极力称扬，从不同的方面，批评刘向、杨雄，尤其是班固、郑樵、司马贞对《史记》评述不高，或煎之过苛之意，且感世之以"纯于文"称《史记》而发出叹息：呜呼，亦可见真能读太史公书者寡焉矣！

然魏氏以儒评《史记》，亦有牵强之弊，如言司马迁作《伯夷列传》，其示意与董仲舒之"正其谊不谋其利，明其道不计其功"为"同一指归"，即是一例。此书有潜园24种本。

【史记意】 齐树楷撰。齐树楷，蠡县人。齐氏以为诸家均宜读《史记》。然《史记》实为难读，"批《史记》文章者，不下百数十家，而得其意者则鲜"，故他以司马迁"好学深思，心知其意"之语自励，名其书曰《史记意》，务期阐明《史记》微旨，撰著之意，诚为良苦。

齐氏以为司马迁明于以事势考察历史。以《史记》言"事势之流，相激使然"及"得势益彰"析之，"势自有力存手间"，且表现为偶然之势即"一时之趋势"，及必至之势即"根本盘固之定势"。故此，则于人们的社会行为有"审势"、"乘势"之识，而系乎事业之成败。势，"根于人性，而见于人事"，有它的延续性，延续时间长短不一而引起变化，"变则势生，不变则势定"。齐氏认为要基于"势"为事物"性分之所有"，来明确谨慎地阐发《史记》之立意，才可了解到司马迁作史"有以处之至当"的深识。齐氏此论，有过人之见，亦以表现出时代发展，对《史记》的研究已经接触到注意探求事物变化规律的深度。齐氏以其思想深锐体现出时代的进步特色，是《史记意》的重要成就。

由此，齐氏看待《史记》，重在"综其终始，究其变化"。如对《景帝》、《武帝》二纪之外的十纪的分析，注意于综观历史而加以考察，以黄帝征诛，尧舜禅让，夏殷周传子，为国体之变；以三代分封，秦汉统一，至"文帝出而天下大定"，为政体之变。虽不及邱逢年之所论有识，然系以"势"立说，强调了终始变化，又超出邱氏殊远。且言"人之性，一动一静，一彼一此，乘之者得其宜，则功可成。动与动相激，动者乘之而功成，秦皇是也。动极复静，静者与之休息无为而功成，汉初是也。太史公于史，注意黎民，是从人性观天下者"。可知齐氏以经义说史，其"究际通变"之中，注意黎民、人性，亦表现了时代的特色。

《史记意》以"须知史公道家"立说，故其议帝王，推崇汉文帝；论相业，称许曹参；评人物，赞扬汲黯。以为"黄老之道，宜于社会"，司马迁重德，"文帝清静致民富"，故《孝文本纪》言德最多，曹参休息无为，而天下称美，这都体现了司马迁"因时为治之妙"的高识。齐氏认为《史记》列传，罗列种种社会之人,是要见社会全模,故齐氏依己之理解,将70列传整理出一个编次线索,着眼于论述社会国家情况,重在强调用人之当否以觇其兴衰。由此,他以为司马迁作史,视野宽广,寓意深刻,读者切不可以藩篱之意处之。"鹤鹏翔于寥阔,罗者视于薮泽",岂能有得?齐氏间亦评时政,其视游侠为盗贼,且言社会主义行为可畏,则不足取。书前有徐世昌1923年草书之序。此书有四存中学排印本。

【史记拾遗】 林茂春撰。林茂春字畅园,自号畅园居士,闽中人。所撰《史记拾遗》系稿本(藏国家图书馆),7册,未分卷。其第一册封面题签有"改名纂补正误"字样,可见此撰著述倾向。盖此书第一册和第二册前部系拾于《武英殿本证误》,第二册后部系"从四库馆本录出,以南监本作底"所作的考证,第三册依顾炎武《日知录》、何焯《义门读书记》,第四册为"杂录",第五册依倪思《班马异同》、刘青芝《史记记疑》、全祖望《经史问答》、张浦山《通鉴纠缪》,第六册依陈仁锡《史记考正》、陈子龙《史记评本》、凌稚隆《史记评林》,第七册依钱大昕《廿二史考异》等等,随校随录,掇累成篇。其校正所引之书,据书首《史汉刊误补注引用书目》开列,竟达近200种之多。涉历广博,屑微皆备,于精研《史记》,不无裨益。如引唐说斋语,证《乐书》当不得有汲黯之言及公孙弘从而潜之之语,结为"则此非迁之作明矣,使迁在当时而乖舛如此,不亦谬乎"。引《通鉴外纪》明"十年之中,鲁、齐、晋未尝有变,吴越不为是而存亡",证迁之言"子贡一出,存鲁乱齐破吴强晋而霸越"为"华而不实"。亦如援八例释《酷吏传》之"乾没"为"大抵是徼幸取利之意",据两汉《志》以为《陈涉世家》之阳城,"非本隶汝南而后分隶颍川",明《索隐》说误"。等等摘正,有汇集群书,参互考见之妙。然系拾遗,未及整理,终觉繁杂重复,亦不必讳。

林氏以为明监本所刻《史记》,将旧有三家注,"猥杂混并,且其文十删四五",故非善本;明震泽王氏将单行之《正义》散入正文句内，以本原宋刻，可许为佳，然其不足之处，使"旧本之卷帙次第，遂无可考"；常熟毛氏依宋版重翻之《索隐》，"条理井然，胜明刻本远甚"。此于《史记》版本有所论列是非，且重宋刻，意自为当。此书亦拾评论，唯以刘青芝所议为多，除主谈、迁父子异尚之说外，亦有如《匈奴传》"言武帝初立，匈奴本亲汉，边衅之开，自马邑之诱始也"，《平准书》所赞，"力耕不足粮饷，纺织不足衣服，以供外攘内兴之用，可谓竭天下之财以奉其上矣，借秦喻汉不待言"。并驳杨慎行告缗、用酷吏，"似武帝不得已者"之说为非司马迁意，即是其例。以全书重在正误，评论则为少见。

【史记订补】 李笠撰。李笠研究《史记》着力于诠注。首先，李氏概述了《史记》诠注史并进行了评论，以为魏晋时期重《汉书》不重《史记》，迄于（南朝）宋唐，亦仅有三家注。且《史记》自当代已无完书，历经补删，"乖戾踳驳，益难究诘"，而世之读史者务览盛衰治乱，治史者又急夫考订，忽略诠注；自宋迄明，诸家有所谠正，"惟业之不专，故遗漏尤多"，清初方苞作《补正》，"甄采綦详，而学识未宏"；乾嘉以后，大儒辈出，训诂声韵之学，远迈前代，其致力于《史记》者，研精覃思，启发奥，成为专门之学，加以"皆足羽翼群贤，有功乙部"之诸书，综而观之，成就卓著。故李氏于清代诠注《史记》之功极表推崇。已乃以三家注为基础，"辄依谊证所及而论定之，旋核以诸家之说……辄事匡补"，而成《订补》8卷。

《订补》诠注《史记》，提出繁缛、牴牾、互见、假托、草创、杂错、异文、异义、正名、辨讳、别裁、旁证等十二例则，或以为司马迁行文，"专取气势，不事琢镂，间有冗烦，益形古茂"，故此不足为《史记》之病；或以为"史贵翔实，然亦有意主形夸，词务奇谲者，不可以循名责实"，如若强求考核时代事迹，将无所适从。他如君父不讳，达人倪而不拘；组缀经史，成乎一家之言；捃摭传记，亦有草创而未及董理；三家注文，其初成书而互有不同，或一人而名字、谥号迭出；或叙事而本传、他传互见。诸此论议，系因总结前代经验，立足《史记》实际而发，思绪明快清新，实为一得之见。且其意乃欲通过诠注，用力阐发《史记》精微，表现出护卫司马迁的恳切之心，以故默默含情之处，实亦感人。

《订补》诠注《史记》，重在字义阐释。常较比前人之所长，择善而从，参以己意。以其书晚出，时代较近，故释语易为今人了解、接受。亦常诠释虚词，并注意深析前人疑难。如《郦生传》之"久无恩公为也"句，断以移《汉书》注引服虔所释"不久辱汝也"作解，则为"确切不易"，并就裴骃、司马贞、刘攽、梁玉绳，方苞及《汉书集注》、《史记探源》诸说，反复论定，以明是非。故此书于《史记》文义注释，颇具参考价值。《订补》间亦杂评论，如《高祖本纪》之论刘项胸襟，《淮阴侯传》之论韩信心迹、吕雉手段，《酷吏传》之论"斯称其位"等即是，尤以《自序》驳《志疑》及何焯说，而论"孟荀与墨子宗旨虽相反，学理则相因"，指出孟荀胎息于墨学而益登峰造极，其议论洞悉事理，诚为卓识。此书有1924年瑞安李氏横经室刻本。

【史记货殖列传新义】 梁启超撰。收入《饮冰室丛著》第四种《史传新义》。1917年9月商务印书馆印行）本文作于1897年（丁酉），即戊戌变法的前一年。文章摘取《史记·货殖列传》中的警句（段落）15则，结合当时中国时弊及西方诸国富强的原因，以按语的形式，条分缕析，阐明大义。梁启超是戊戌变法的领袖之一，是中国近代史上著名的思想家、学贯中西的学者，是以西方经济学理论赋予《史记·货殖列传》以新意的第一人，这就使《史记·货殖列传》具有了时代的魅力。其主要论点，实为变法的理论根据之一。对后之研究司马迁经济思想者，影响颇深。其《序》云："《史记货殖列传》，私谓与西土所论，有若合符。苟昌明其义而申理其业，中国商务可以起衰。前哲精意，千年湮没，致可悼也！作《今义》。"一、"老子曰……则几无行矣。"作者分析了"老死不相往来"的成因、弊端及"相往来"之利，曰："通商者，天地自然之理，人之所借以自存也。"太史公最达此义,故篇首直揭邪说而斥为"涂民耳目"。老子以"上古不得已之陋俗而指为郅治之极",此言荧惑二千余岁,驯至今日,犹复以锁港谢客为务,曾不思相通之义。故史公作传,开宗明义,"盖谓吾中国受病之所在"。二、"太史公曰:夫神农以前吾不知已,……虽户说以眇论,终不能化。"案曰:大地物产,待人而开发。"所发之地愈进,则其自乐之界亦愈进","二者相牵而益上"。"举国尚俭,则举国之地利日堙月塞","东方诸国之瘠亡,盖由此也"。故俭者亦上古不得已之陋俗,而老氏欲持此以坊民,非惟于势不行,抑于义不可。三、"善者因之,……最下者与之争。"案曰:"因之",即因土地之性种宜生之植物及利用自然之力。"因之"之学大行,则地力养人之界将增至无量数倍,故史公以为最善。"利导",谓对发明者许其专利,设博览会及通转运、便邮寄之类。"教诲",谓设农、矿、工、商学堂之类。"整齐",谓整顿旧工商业之类,厘别其弊。不思藏富于民而欲朘民脂膏以自肥,是"与之争也"。四、"故待农而食之,……商而通之。"案曰:"西人言富之学者,以农、矿、工、商分为四门","与史公之言,若合符节"。五、"此四者,……拙者不足。"案曰:原之大小,当以力为界。"是以用智愈多者,用力愈少",故曰:"巧者有余,拙者不足"。六、"故太公望封于营丘,……襁至而辐辏。"案曰:"盖众人之所集,必大利之所丛"。故史公论及富强,必以"人物归之为主义"。七、"故曰仓廪实而知礼节,……人富而仁义附焉。"案曰:泰西视富人为国之元气,富人出资兴制造等事以求大利,则举国贫民皆可仰糊口于工厂。富人捐资兴学堂、医院等事业,近代西方诸国日益增多。故曰:"人富而仁义附焉"。八、"六岁穰,六岁旱,……农末俱利。"案曰:西人综核贸易之兴衰,大率以十年为一运。西欧诸国及印度农产品的丰歉,与"六岁穰,六岁旱"之说不谋而合。"百物之贵贱,恒依农产之贵贱生比例,十年循环,其机全系于此"。九、"平籴齐物,关市不乏,治国之道也。"案曰:"平籴齐物之权,操之于税则",故重收进口税,国之病也。作者以英国1846年开海禁"一切商务,岁增惟倍"为例,以明平齐之理。认为:"能平能齐，天下蒙其福，不平不齐，天下受其害"。十、"积著之理，……货勿留。"案曰：交通不便；关卡勒扣；无商会，不能相联，与西人抗争不力。"三者不去，则息币留物之弊无自而免。然去此，非借国力保护不为功也"。"阻力悉去，百事必举矣"。十一、"论其有余不足，……贱取如珠玉。"案曰："贵上极则反贱，贱下极则反贵"之理甚浅，治生家不能察者，因上、下极之界难定。"苟非善观时变，则易生迷惑也"。举吾全国之商与他国之商争，则正宜用"出如粪土，取如珠玉"之法。今欧西诸国亦持此术以瘠我，吾中国之商，"不知联商会与他人竞，此所以弱也"。十二、"财币欲其行如流水。"作者认为：财政之患在财壅，一处壅之，全局受其害。凡保富者，莫善于出财以兴工艺贸易，己获大利，而佣伴、工匠衣食于是焉。如是互相牵摄，沾其益者，至不可纪极，此之谓"行如流水"。作者斥责那些"朘削兼并他人之所有以为己肥"的"癖钱之奴，守财之虏"及"市侩名于天下，壅全国之财，绝市廛之气"者，为"世界之蟊贼，天下之罪人"。十三、"废著鬻财于曹鲁之间。"案曰：必废著然后能鬻财也。西人商会遍于五洲，中国人无思往他国与人相角，真可悲矣！十四、"当魏文侯时，……乐观时变。"作者认为：尽地利与乐观时变不可偏废。"大抵其国多下等筋力之人者，宜讲尽地利；多上等智术之人者，宜讲观时变"。十五、"趋势若鸷鸟猛兽之发，……终不告之矣。"案曰：白圭所言，其中精义妙道必极多，苟承其学而推衍之，未必逊于西人。又案：所谓时变者，生于市价之不一，工心计者，所发必中。若以治今日之中国，"则白圭、计然真救世之良哉！"全文又以儒家思想贯通之，曾四引所谓孔子"三世"之说，三引《周礼》"保富"之义，四引《礼运》，三引《孟子》。

【史记·货殖列传新铨】　潘吟阁撰。此书成于1925年，是以近代资产阶级观点系统诠释《货殖传》的第一篇著作。作者除运用了一些新的术语和联系当时国际国内的经济事例来进行说明外，最基本之点，则是运用梁启超的思想给《货殖传》以解释和评论。

《史记》难读，就中《货殖传》尤为难读。在帮助读者了解《货殖传》文义及其主旨方面，此书可谓有其独特的功劳。潘氏依梁启超《中国历史研究法》第六章《货殖传》一节，先将全传分为4段，然后再各自划分为若干小段，依次进行解释；其中又将诠释词义、分析内容与评价思想糅合在一起，并随文指出各段的关键。以此使似乎零乱纷繁不易了解的文字，清晰明确地展现在读者面前，故此著当为一部读《货殖传》的入门书。在结语中，潘氏又自为概括，以"汉兴海内为一"为线，划全传为前后两部分，认为前部以"富家"二字作骨，后部以"千金之家"四字作骨。又细分全传为7段："第一段论经济原理；第二段记春秋时的实业家；第三段记战国时的实业家，以上属前部。第四段记汉时各商帮之贸易区域，及其风俗物产；第五段论地理与人生之关系，并言社会心理与经济之关系；第六段论素封；第七段记汉代富家诸氏之事实，以上属后部。"纲举目张，得其要领，读《货殖传》，自不会望而生畏了"。

潘氏以"自然主义笼罩一切经济主义"视司马迁，故此强调了司马迁经济思想是依社会上的自然趋势，使它们自己竞争，自己进步，以为最好的办法是社会经济的自然发展，阻碍社会经济的发展，则是经济上的罪人。所作全传的诠释中，在说明商业的经济原理，明白商品学的重要性，以及汉代京师、河东、河内、河南、南阳5大商帮和与之相关的各地经济重心城市形成的必然性等方面，潘氏都较为深入地阐释了司马迁的思想。评述中，称白圭以伊、吕、孙、吴、商鞅自况，是"可为千古商人吐气"；称汉初商业大盛，系"原于汉廷能弛禁"；称各商帮之所以形成，乃"商业之根于地理者贾趋利之风，非一朝一夕之故。故史公之言民俗，必先评其历史，盖有由也"。且称素封一词，为"史公创之"。这些都有利于说明司马迁思想的价值。在结语中，引用明人钟惺的论议，强调"太史公借以写其胸中实用，又以补《平准》之所未备"，实足以阐发司马迁作传的微旨。然此著于词义阐释有不尽准确者，评述中所谓"千字调"之类，亦属旧识；唯其有卫道者的影子在，于涉议时政之处，亦只叹"生财无术"而已，则不足观。此书有商务印书馆发行的国学小丛书本。

【要籍解题及其读法·史记】　《要籍解题及其读法》是梁启超为帮助青年学子打好国学基础而撰写的一部指导性专著，《史记》是其中重要一篇。梁启超字卓如，号任公，又号饮冰室主人。广东新会人，光绪举人，主编《时务报》，主张变法维新，是中国近代资产阶级改良主义者。梁氏指导青年读古书，特别强调"得其要领"，故他所讲内容都很切要，论述则力求简明，在《史记》一篇所列题目为："史记作者之略历及其年代"、"史记之名称及其原料"、"史记著述之旨趣"、"史记之史的价值"、"史记成书年代及后人补续窜乱之部分"；"读史记法之一（常识读法）"、"读史记法之二（专究的读法）"。从题目上看所涉及的不过是有关《史记》的一些最基本的常识，然而由于作者既是学养有素的文史专家，又是新史学之倡导者，观念新进，眼界开阔，所以在论述中就涉及到《史记》许多根本问题，提出了一些引人注目的见解：一、"《史记》著书的最大目的，乃在发表司马氏的'一家之言'，与荀卿著《荀子》，董生著《春秋繁露》性质正同，不过其'一家之言'乃借史的形式发表耳，故仅以近世史的观念读《史记》，非能知《史记》者"；二、以人物为中心。"以无数个人传记之集合体成一史"，对于能活动于社会事变之上的主要人物，各留一较详确的面影，是太史公一大创造；三、历史之整个（按即整体）观念。"以前的史，或属于一件事的关系文书——如《尚书》，或属于一时代的记载——如《春秋》及《左传》，《史记》则举其时所及知之人类全体自有文化以来数千年之总活动为一炉，自此始认识历史为整个浑一的，为永恒相续的"。这些观点，体现着以新的观念研究《史记》所达到的新水平，至今仍为广大《史记》研究者所重视和引用。此书有1925年清华周刊丛书本，又见《饮冰室合集》本。

【史汉研究】　此为郑鹤声编撰的一部《史记》《汉书》比较

研究的著作。郑鹤声，字尊荪，浙江诸暨人。1924年东南大学毕业，曾供职国民政府教育部，解放后任山东大学历史系教授。所著《史汉研究》为1930年供职教育部时编撰，全书除绪言外，由第一《史记》，第二《汉书》，第三《史》、《汉》比较三部分构成。《史记》、《汉书》两部分，均列"传略"、"组织"、"源流"、"条例"、"制作"各节，《史记》多"补窜"一节；《史》《汉》比较部分，则有"总述"、"体例"、"增删"、"叙事"四节，各节之内又分列若干小项，如"体例"一节又列总述、本纪得失、世家得失、表历得失、列传得失，"叙事"一节又列史汉烦省、史汉阙衍、文学修辞、马班优劣论等项。此书的贡献在于：一、大量引录了前人成果，资料丰富；二、用现代观点将历来有关《史》《汉》研究所涉及的各方面的主要问题及有关学者的基本观点作了初步梳理，为开展研究提供了资料线索上的方便。但此书引述前人观点成果多而本人发明创获少。1930年商务印书馆刊印。

【史记评议】 李景星撰。此书4卷，以本纪、表为一卷，书、世家为一卷，列传前40篇为一卷，后30篇为一卷。李氏取义"评者谓持理之平，议者谓定事之宜"，以名其书，实则就文法、史法、赞语，详加评议，以推重《史记》。又自言"不废考据"，亦随篇指出《史记》之误臆处。

李氏极称司马迁之行文，以赞赏之笔，评论《史记》诸篇胜处，总以"神"、"妙"二字或叹为"观止"嘉许司马迁。常人以为平淡滞板处，李氏亦能独辟蹊径，别具己意。故全书虽承吴汝纶辈之点明篇骨，且多注意结构层次及其义法，然亦紧系史事的记述，揭示出司马迁撰著的某些精意，使其评议内容充实，运笔生动，而无空泛雷同催人困乏之弊，能有引人入胜与共叹服《史记》诚为佳作之美，收到较好效果。

李氏评史逊于评文，然亦常能阐发出新意。如以为本纪之中，有断代为纪、以人为纪二例，《五帝纪》数代合为一纪，秦为古今之界兼用二例，太史公记史始于黄帝，著我国种族之所自出，《殷本纪》以国运之兴衰为起落，前后合读，一代国势历历如指画,《秦本纪》叙孝公之强,并列山东诸国形势,乃春秋变为战国一大关键;太史公以上下千古眼光而作《史记》,其叙事往往寄托深远,有后人以为不必为,实则不敢为不能为之处;等等。此知李氏着眼于天下形势发展、重要史事变化以评议《史记》。李氏对司马迁的史识亦有较高评价。《老子韩非列传》评议说:"三代以下,政法变于管晏,学术变于老庄,揆之孔子之道,皆无可取,至彼善于此,则或有之矣,史公深得此意。"以为司马迁虽推重孔子,然于诸子中亦微有取于老子,故称"老子深远矣"。传著老子之姓氏县里,则见以神妙不可方物视老子之无凭;老庄申韩合传,又隐见道德之弊,流为刑名。李氏视此数端为司马迁之"特识",又注意到了学术变化的历史作用。他如评《平准书》、《齐世家》、扁鹊仓公、匈奴、酷吏、游侠、货殖等传,或称其为"创体",或奖褒为"巨观",亦多从论史出发,以阐己意。

李氏《自序》称"《史记》一书,后代史书之标准,而古来载籍之总汇",且有"《史记》之读正未易言"之议。知读史难,勉自为之,是李氏成功之处。然《评议》完全否定《史记》篇卷之有阙,即《孝武本纪》亦或以为"太史公未完之书",似为失于爱而欲其美矣。

李景星字紫垣,生于 1876 年,卒于 1934 年,山东费县人。此书成于 1928 年,收入屺瞻草堂《四史评议》之中,有 1932 年济南精艺印刷公司承印本。1986 年 11 月岳麓书社出版了《四史评议》校点本。

【太史公书知意】 刘咸炘著。这是一本倾向探讨司马迁史学思想的著作。

作者以章学诚私淑弟子自居,继承并发挥了章氏的史德说,并用以研究古代史学,因此尤其强调"知意"。在他的《治史诸论》、《史学述林》、《汉书知意》等著作中,从思想方面对《史记》都有不少阐述,其基本观点则集中于本书。

此书共 6 卷。卷一《序论》阐明了作者治《史记》的基本方法和观点，后5卷按《史记》篇目顺次进行讨论。他不满于以往的研究法，认为前人谈论《史记》，以方苞和梁玉绳为代表，虽然"二人说义例较多于他人"但"方则藉以明其所谓古文义法"而"每失凿幻"，"梁则借以考秦汉前事迹"而"止知整齐"。因此他为自己提出了"论事论文必与义例有关"的宗旨和研究《史记》必须贯彻的"辨真伪"、"明体例"、"髀宗旨"、"较班范"的"四义"。

本书较广泛地辨析了前人对《史记》的意见，提出了不少值得重视的看法。他认为"纪传述事须备始末"，不能绝对断于一年二月，《自序》迄于"麟止"或"太初"之说，只是"犹言至于今上时耳"。在体例问题上，刘咸炘不赞成以"后世拘守之成法反訾古人之通变"。他分析了"五体"本身和相互之间的内在联系，对《史记》本纪、世家的安排提出了较合理的解释。他认为《史记》的宗旨有二：一是"信六艺，表孔子以正百家"，一是"究天人之际，通古今之变"，"原始察终，见盛观衰"，而后一点"尤为要旨"。他还认为司马迁的思想有其复杂性，"尊孔子"亦"从其家学"。

刘氏关于史学的著作甚多，20世纪30年代曾任教于成都大学，学术上颇有成就。但作为"五四"运动以后从事学术活动的作者，仅把章学诚的观点加以引申，而未能接受新的研究方法，到底没有跳出旧史学的窠臼，即使在一些具体问题上有所发明，而不能作出更深入的解说，如虽然提出了司马迁思想的复杂性，但难以切实地予以阐明。

本书有成都尚友书塾1931年刻本，后收入作者文集《推十书》。

【司马迁年谱】 今人郑鹤声为司马迁所编正式年谱。郑氏简介见前《史汉研究》条。此年谱系以王国维《太史公系年考略》为蓝本，更"旁稽他籍，为之佐证"而成。其体依按年谱列的办法，自"汉景帝中元五年（公元前145）一岁"起，至"昭帝始元元年乙未（公元前86）六十岁"止。前有司马迁世系的简要考述，后有一段"论曰"，着重从继往开来两个方面论列司马迁及其《史记》在中国学术界的贡献、价值和地位。附录司马谈《论六家要旨》、司马迁《悲士不遇赋》、《素王妙论》和作者的《司马迁生年问题商榷》一文。此书意在证成王说，并为司马迁编一正式年谱，"非别有正确之发现，不敢立异，徒滋纷扰"。新说创见非其所长，但遇有王氏臆测疏误或自有所见处，"亦为辨证"，如关于司马迁的生地，便据有关地方志纠正了王氏推测"似当司马谈时，公家已徙而向东北"之失。郑氏认为，考据一人之事迹掌故，得之于当时或当地之人者，最为可据。"故其主要材料采自两个方面：一为《太史公自序》、《报任安书》；一为《韩城县志》、《同州府志》。由于作者在搜罗排比资料上下过一番功夫，所以举凡司马迁生平的有关史料，大体都涉猎到了，譬如司马迁的游踪和交游，除王国维所开列诸条外，他更参以王鸣盛等人之说列出四至、四界和游历区域表；交游除列《史记》所载外，更补上《汉书》所记，列出了一个颇为详明的交游表。这些，无疑都具有参考价值。此书1933年商务印书馆刊印发行，1956年商务印书馆又重印。

【太史公年谱】 清末民初张鹏一为司马迁所编年谱。张鹏一，陕西省富平人。

张氏在序言中交代作谱旨意说："非考定史公卒年不能明《史记》断限，而史公卒年，班书不详，他无明证。排比事实，辨定异同，此年谱之所由作也。此谱大要，谱定景帝中元五年为太史公生年，其卒年据褚先生'史公记事尽武帝之事'等推之，定在武帝崩后与昭帝相终始，故年谱最后谱至'丁未元平元年，司马迁七十二岁'"。按张氏定史公卒年在昭帝末，理由有三：一、褚先生谓史公记事尽于武帝之事，今据以断《史记》成书既在武帝崩后，则其编定卒业必在昭帝时，而史公卒年定矣。"二、据《汉书·张汤传》注，汉代有"随所事帝徙处其陵"之例，而司马迁卒后仍归葬夏阳原籍，此史公不卒于武帝之世之证据。三、"知其卒于昭帝末年者，据《汉仪注》（《玉海》卷一百二十职官部），武帝以迁为太史公，迁死后宣帝以其官为令，是史公卒于昭帝末，宣帝始废太史公官名也。"这些说法或者出于推断，或者所据不实，或者显然有误，看来只能备一说而不足成定论。不过，在序言中，倒是结合司马迁的实际，提出了一些作史公年谱时值得注意的见解，如谓史公之学，多得诸游历，中年以后，武帝巡幸所至史公悉与之俱，"然则谱史公必详武帝巡视所至而后史公生平事实可以互证矣"；又如说"史公既与张骞、唐蒙，当时出塞北征诸将苏建、李广诸人过从友善，匈奴、大宛各传事实必得之苏、李诸人之谈论，不尽资诸石室金匮之藏。故谱史公事，必兼纪征伐四夷各纪传而后可寻也"。此谱有1923年排印本，1933年富平张氏在山堂刊本（关陇丛书本）。

【史记会注考证驳议】 鲁实先撰。日人泷川资言作《史记会注考证》，"三岛所诩为奇书"，其所增释，对读者不无裨益。然刚刊数册于中国，"梁隐即为论评，谓其闯然陈说，俨若独解，又曰偏守一说，无据轻断"，指责甚苛。其后鲁实先则作此《驳议》一书，"略举纲维"（上引见书首张智《校读识语》），对泷川之著述，作较系统的批评。

鲁氏先言泷川经历20年，撰成一书，"可谓勤矣"，然后指出其失有七：体例未精、校勘未善、采辑未备、无所发明、立法疵谬、多所剽窃、去取不明。鲁氏主张补注《史记》，当仿裴松之注《三国志》、颜师古注《汉书》之例，"合史事与训诂为之"，批评泷川依王先谦《两汉书补注》之例，故为疏略。鲁氏还认为在补注史文之外，应别加图表、金石、殷墟文编、序论四种附录，体例才可称完备。鲁氏指责泷川不以黄善夫本（残阙处可配以震泽王氏本），而以金陵刻为底本是审定不当，且版本校勘，亦未臻至善，又多删张文虎《札记》之文义，"是直眩人耳目"。其他鲁鱼帝虎之讹，脱改倒增之文则更多。以为泷川已采之书有弃精取芜之弊，并详举50种中国"卓然超迈"之《史记》考订专籍及总述其他数百家散刊之文篇可资互订者，责《会注考证》来经捃录，亦斥泷川熟视日、法学者之评述而不求，则为违戾

"著述之道贵在索隐明幽"之旨。《律》、《历》、《天官》三书为司马迁之创制，星气、望气、占验之言，《史记》靡不毕载，十表牴牾处亦甚多，《扁鹊仓公列传》所言脉法、治术至精且古。然此处步算深奥，难明旨归，文简义微，鲜能通达，而泷川亦仅因袭故文，略无笺疏，以及《大宛传》之殊俗，《龟策传》之占卜，《会注考证》均未广征旧文，以资发明。他如"《秦本纪》伐南山大梓丰大特，旧注本已明显，而泷川以为戎名，中土载籍，绝无左证"。《十二诸侯年表》鲁昭公十七年五月朔日蚀，泷川改五月为六月，鲁氏以长篇申论八证，以明其讹误。

鲁氏学识渊博，"其于经史百家，旁及二氏星历之学，靡不贯通"（张智语），其《驳议》不仅于泷川之书有所商讨，亦且为会注考证一类书之撰著，提出了编写的原则和具体要求，且征引繁富，于前人之《史记》论著，颇具研究。其评泷川之书"千疮百孔，绝无半简可存"，亦未免言之太过，然其持论精审，实有过人之处。卷末引刘知几"宁习本书，怠规新录"以作结，亦为有见；且云"增删改订，正俟来贤"，寄希望于后人，也是一片苦心。以此亦思今日之学者，撰著一部《史记》会注之新编，当是时代的要求。

鲁实先，湖南宁乡人。此书有1940年长沙湘芬书局出版的实先丛书本。1986年7月岳麓书社出版了此书的点校本。

【太史公书亡篇考】 余嘉锡撰。余嘉锡字季豫，湖南常德人，生于1883年。曾任北京辅仁大学教授，后任中华书局编辑。1955年春节因病逝亡。余氏为近代古典文献学名家，著有《四库提要辨证》24卷，蜚声当世。《亡篇考》撰就于1941年10月。

此考可视为历代关于《史记》亡篇补篇问题研究的总结，很有参考价值。全书除序说外列为15篇，分别论十篇有录无书、论褚先生补缺、分论所缺十篇、总论十篇之亡缺、论十篇外褚先生所续、论褚先生事迹等。各篇依时代顺序，摘取前人的考证论说原文，于需要评述处随加按以议是非，篇末常特标"嘉锡按"，撮要论说，以阐己意。所辑多三家注、刘知几及宋、明、清以及近代名家之说，资料详尽，评说细密。其推《景帝纪》、《汉兴以来将相名臣年表》为冯商补作，《武帝纪》盖两晋间人所为，及其考析倚重一篇命意之所在等，是为一得之见，殊异前贤。

对《史记》亡篇补篇的研究，历来学者众说纷纭，各执一是，实难形成一种统一的认识。余氏惟确信张晏之说，以为今本《史记》所有原"有录无书"之十篇，均非司马迁之手笔，故此于《总论》篇综诸家之见为五端以辨析之。以为司马迁立志撰述，虽受极刑而无愠色，出狱后又延以时日，《自序》又总言篇数字数之详，故知全书皆已写定，不独无有录无书之类，亦不当有草创未成之作；盖十篇缺实在迁死之后，逮杨恽宣布其书，而此十篇竟不复传，故但有录而已，今本十篇虽存，除《武帝纪》外，皆为元成及王莽时人之创作，决非杨恽之所宣布，刘向、班固之所著录；太史公书以篇为卷，每卷自成起讫，叙事、议论、分合，本无一定之例。遇其意有所感发，更端别起，则称"太史公曰"，或在篇首，或在篇中，或在篇末。本无所谓序、赞，有谓某篇其序具在，余则草具而未成，又谓某篇赞真太史公手笔，余传已亡，是为未知史法；古书之亡，后人补作者，必因袭其体例，模仿其文辞，追古人而代之立言，惟恐其不效，补太史公书，自当称太史公，不足为怪，且古人作文，摹其体则托之其人，并非有心作伪，故补太史公书者，亦不可遽斥为后人伪托；补十篇者，褚少孙之外，尚有冯商诸人，冯为高才博学，褚以鲁诗名家，其所补作，如叙西门豹事之奇伟可喜，叙修成君、田仁、任安事之洸洋自恣，为魏晋以下所不及，故不得见所补篇有叙事简明，文义高古者，即视为非褚所能，而断为子长之笔。其考辨入理，有可使人信服处。

余氏确系繁称博引，自以为堪折众议，可使息喙，故失于自信，意求将千年论争据己意一定是非，岂知殊非易事。且所论亦不无破绽，其评诸家之短长及鄙弃伪经探原之异义，似非不可商榷。此考辑于《余嘉锡论学杂著》内。

【史记考索】 朱东润著。开明书店1943年初版，1948年再版。全书收文18篇，约14万字。讨论史例者四篇，论史实者3篇，论史注者4篇，辑佚3篇，附录史公年谱订正、太史公释名、《史记》书名、《史记》伪窜等考辨文4篇。作者卷首小识记述作之因，为诸生讲演《史记》，所论为开课专题。时值"乡邑沦陷"，艰苦抗战的1939年，客居于四川乐山，"箧笥既乏"，所据仅《史记会注考证》、《一切经音义》数种资料。正由于此，使本书具有以《史记》考《史记》的特点，即以司马迁自己的阐述为依据，用《史记》序赞与传文比照，以"三家注"为佐证，对《史记》断限、体例、史实抵牾、伪窜、异文等问题进行辨析，提出自己的独到见解。并首次对"三家注"的例义进行了条理，对已亡佚的邹诞生和刘伯庄的《史记音义》分别作了辑佚。朱氏考论，强调本证，反对三病：其一，论古书"强人以就我"，即"本无是例，强为代立"；其二，"强前人以救后人"，即"以后起之书，别定新例，追论古作"；其三，"强古人之阔略以就今人之文网"。刘知几论《史记》体例，曰"天子为本纪"，以"开国承家，世代相续"为世家，即以后世《汉书》体例去范围《史记》。朱氏以史公《自序》为依归，认为《史记》本纪，只是"科分条例，备举大纲"，因诸侯史记皆亡，秦记独存，为之纲纪，《秦本纪》可作也；项羽"分裂天下而封侯王，政由己出，号为霸王"，《项羽本纪》可作也；孝惠不听政，纲纪天下者吕后，故《吕太后本纪》可作也。又论"辅弼股肱者"即为世家，故史迁之作世家也，"开国可也，不开国亦可也，世代相续可也，不能相续亦可也，乃至身在草野，或不旋踵而亡，亦无不可也。明乎此而后可读《史记》"。由于条件所限，朱氏立论与疏证较为简略，但都是深思熟虑依本证为言，合于史公大旨，对读者掌握《史记》本义很有启迪。本书考论史实的三篇文章，为朱氏读史表的独特见解，史识高人一等，最为精绝。

【史记举要】 现代著名学者高步瀛所撰《史记》选注本。高步瀛，字阆仙，河北省霸县人。曾主讲莲池书院，为北京师范大学教授。《史记举要》一书，已印者线装一册56页，正文只有《项羽本纪》一篇，乃尚未卒业之本。据悉高先生遗属尚存此书的稿本多篇，惜尚未付印。此书特别值得重视和有价值的地方，在于正文前有高先生长篇序言，详论《史记》之名称、部类、缺佚、补窜，特别是畅述《史记》之"成一家言"，《史记》之义例书法，《史记》之文章等。这篇序言，既是高氏毕生研治《史记》创获之结晶，同时，又反映出时代精神与当时的学术水平。譬如其论《史记》"成一家之言"部分提出："后之为史者，莫不以记载确实，体例严整为职志，然二者非史公之所屑屑也。史公为书，每窃比于《春秋》，而又不袭《春秋》之迹。《春秋》寓褒贬于书法，史公寓义例于文字。其于汉家政治，恒见不满之意，不知者目为谤书，然其不以据乱之制为已足，必欲进于升平太平之治者，正《春秋》之旨也。夫进化之旨，今日史家矜为创获者，而史公于二千年前已实行之，何其伟乎！若夫列项羽于本纪，列陈涉于世家，传游侠以著民族之精神，传货殖以验社会之心理，是何等胸襟，何等识见！"其论义例书法部分，则列举了《史记》寓义例于文字之十端，曰"有以信传信者；有以疑传疑者；有意正而言反者；有文与而实不予者；有据事直书而得失自见者；有旁推侧出而真象始明者；有借他人之言以见意者；有借他人之事以见意者；有故为悠谬之言以见意者；有代为缘饰之辞以见意者。"其论文章，又从字法、句法、章法、篇法；从诙诡、雄恣、闲远、沉郁等方面作了精辟独到的阐述。特别是他指出："史公之文，每篇各有主旨，如《吴太伯世家》以"让"、"争"二字为主，《鲁周公世家》，以相臣执政为主，《陈丞相世家》，以阴谋为主，《魏其武安传》，以权势相倾为主——这就抉发了《史记》与一般传记所不同的一个重要特点。此书为北平和平印书局印行。

【论司马迁的历史学】　翦伯赞著。翦伯赞（1898—1968）湖南桃源人，维吾尔族。1919年毕业于武昌商业专门学校，1924—1925年赴美研究经济，1937年加入中国共产党，长期从事统战和理论宣传工作。解放后，任燕京大学社会学教授，北京大学教授、副校长，第一届全国政协委员，第一、二届全国人大代表，中央民族事物委员会委员等职。他是首先以马克思主义唯物史观进行中国史研究的学者之一。十年动乱期间，被迫害致死。主要著作有：《历史哲学教程》、《中国史纲》（一、二卷）、《中国史论集》、《史料与史学》等书。本书由司马迁的传略，司马迁的历史方法（一、二），司马迁的历史批判和余论等五部分组成。主要论述了《史记》的创作方法、史料的搜集、司马迁对中国史学的贡献及司马迁的历史观问题。作者指出："历史学，在中国是创始于天才的史学大师司马迁"。《史记》这种纪传体的历史方法，"是以人为主体的历史方法"。八书是《史记》的总论，十表是《史记》的附录。《史记》以本纪为纲领，以世家、列传演绎本纪的内容，构成了纪传体历史方法的整然体系。把《史记》拆开看，是许多个人的历史，合拢来看，是一部汉武帝以前的中国通史。《史记》还是一部生动的批判的历史，除标题、书法进行批判外，重要的是"太史公曰"，"太史公曰"是"司马迁设计的历史审判法庭"。作者指出："批判并不是清算古人，而是要从古史中找出历史教训"。《史记》中的一些自相矛盾和疏漏之处是因为司马迁在整齐百家杂说、贯穿经传遗文之时，千头万绪，精力有时不能顾及之所致。司马迁的历史观受了驺衍终始五德的影响而带有历史循环论的色彩。《论司马迁的历史学》，原登于重庆《中山文化季刊》二卷一期，1945年6月出版。1946年4月，上海国际文化服务社出版《史料与史学》收集于内，1985年9月，北京大学出版社增订出版。

【史记及注释综合引得】 原哈佛燕京学社引得编纂处编纂，为《史记》本文及注释之索引。1947年燕京大学出版，1986年上海古籍出版社缩印出版。该书所用之《史记》本文、《集解》、《索隐》、《正义》及《考证》系据光绪二十九年（1903）上海五洲同文书局石印本二十四史；泷川资言《史记会注考证》则据昭和七年（1933）日本东方文化学院东京研究所排印本。所收条目约5.6万个，每条有"目"有"注"，大字为目，小字为注，亦间有有目无注者。所列条目之卷、页数均以五洲同文书局《史记》为准。如347页之"燕王喜走辽东"条目下有6/8b；34/9b；46/18a；73/6b；86/17b。斜线前为卷数，斜线后为页数；标a者在本页的上面，标b者在下面。即在五洲同文书局《史记》的上列卷、页中均有"燕王喜走辽东"的记载。读者欲查检"燕王喜走辽东"之事，即以笔画检字法在本《引得》347页查得。本《引得》正文前附有《五洲同文书局史记卷页表》，以便读者推算其他版本之页数。以《引得》347页"燕王喜走辽东"所标之6/8b为例，查附表知同文书局《史记》卷6共48.8页，读者所持为中华书局点校本《史记》，卷6共71.5页，其推算法是：读者所持《史记》同卷之总页数÷同文书局《史记》某卷之总页数×条目所在同文书局《史记》某卷之页数。按公式算之，即71.5÷48.8×8＝11.721，则该条当在点校本《史记》卷6之11—12页之间。本《引得》系采用"中国字庋擷"法，繁琐难记，故上海古籍出版社1986年缩印出版时，又编制了四角号码及汉语拼音检字表（另册出版），供查本《引得》之用，甚便读者。

【司马迁之人格与风格】　学术专著，李长之著。上海开明书店1948年9月初版，三联书店1984年再版，22万字。本书是第一部把司马迁作为文史学家与思想家并重加以考察的学术专著，具有评传性质，附论了司马谈。内容包括《史记》产生的时代特点、司马迁的生活经历与学术渊源、历史观点、政治思想，以及《史记》各篇的真伪辨析、写作年代、文章风格与艺术成就等问题，作了广泛的探讨。本书出版在新中国诞生的前夜，以探索司马迁思想和《史记》艺术成就为主线，语言精练，文情并茂，可以说开了一代新风，在"史记学"发展史上具有承先启后的历史地位。作者宏观识力精审，提出了许多独特而深刻的见解。作者论证了司马迁的学术渊源，认为秦汉大一统是齐楚文化的胜利，都充满浪漫精神。齐楚文化"丛集于司马迁之身"，使他成为了"自然主义的浪漫派"。又说，司马迁精神上受惠于孔子，有着"真正的共鸣"，但家学影响，根本思想还是道家。论司马迁的"历史意识",认为历史是演进的,要"通古今之变","究天人之际"。作者推崇《史记》"是真正人类整个活动的历史",它"提高了平民的地位","在历史科学的方法上贡献尤大","实在已由广度而更进于深度"。本书最精彩的评述,是对《史记》文学成就的分析。作者称赞司马迁是一个不朽的抒情诗人,《史记》是一部散文诗史。《史记》之文最"纯正",可用"奇而韵"称之。"奇",来自秦文的矫健,而变为疏荡;"韵",乃是经过《楚辞》的洗礼,使疏荡处不走入偏枯燥急。作为传记文学的《史记》,司马迁做到了文风与所记述人物性格相符,并在全书组织中,反映出作者有意造成整体的和各部分的建筑美,并且通过跌宕的句式、谐和的音韵等表现出来。因此,自唐宋以来,《史记》被视为散文典范,司马迁成为事实上的古文运动宗师。本书的不足之处,微观考辨疏略。如说,司马谈是世传的历史家,司马迁生于建元六年的十条佐证,对《史记》补和缺的推论等,大都依据薄弱,想当然的成分居多。此外,评论用语,某些概念含混,个别地方阐述尚欠妥帖,或比附不当。但总体上,作者的论述,在当时达到了时代的最高境界,无可置疑。至今读来,仍觉亲切。

【史记选注】 是近人所编一部较流行的专以青年学生为对象的选注本。选注者庄适、胡怀琛、叶绍钧都是现代著名学者、教育家。胡怀琛,笔名季仁、寄尘,安徽泾县人。曾任商务印书馆编辑及上海沪江大学、中国公学等校教授。叶绍钧即叶圣陶先生。选本"序言"就史学和文学两方面简要介绍了《史记》的内容特点,认为从史学的眼光看,《史记》具有"记载失真"、"自相矛盾"、"体例不当"、"次序混乱"等缺点;而从文学眼光看,《史记》又有"富于感情"、"善于描写"、"趋于自然"等特点,因此,《史记》"在文学上的位置,比在史学上的位置要高,我们拿他当史看,不如拿它当文看"。所以其所选篇,多是文学色彩较浓的篇章。全书共选24篇,集中于本纪、世家、列传,而未选书、表,显示出在标准上与一些传统的古文选注本重在书表序赞的不同。"序言"当中还着重讲到怎样阅读《史记》的问题，它列举出《史记》卷数太多、有后人增补、传写错误、注家错误、难句缺乏注解、句子没有点断等不易读的六种障碍，然后申明："本书就是想竭力免去这六种障碍，帮助青年去读《史记》"。为适应青年学生需要，无论《史记》本文还是注释文字，一律用了新式标点；所加注释，一律脱离旧注而自为新注；注文简明扼要，并体现出鲜明的时代观念，如《货殖列传》解"善者因之"为"最善莫如因社会之自然之趋势，使其自行竞争，自求进步"；释"最下者与之争"为"与民争利，阻碍社会经济之发展，斯为最下"。有些篇章，注文中寓含了分段和题解性说明，如《西南夷列传》第一段后注："以上总序"；第二段后注："以上序滇"；第三段后注"以上序夜郎"……第十段后注："此段总结，并应篇首"。总之可以看出选注者们面对新的时代新的读者摸索选注新路的努力。此书有商务印书馆国学丛书本。

四、现当代《史记》论著提要（上）
（1950—1989）

【司马迁】　季镇淮著。季镇淮，北京大学中文系教授。其著作除本书外，尚有《历代诗歌选》及主编《闻一多研究四十年》等。本书是一本简要的司马迁传记及介绍《史记》的读物，由《家世》、《童年》、《漫游、侍从和奉使》、《为太史令——从内廷到外廷》、《著述理想的开始、挫折和坚持》、《伟大的现实主义的历史家和文学家》、《司马迁在中国文化史上的地位和影响》等七部分组成。前5部分论述了司马迁的家世和经历，认为：司马迁自称是重、黎之后，"是很渺茫的"，他引出这样一个远祖，"不过是要表明他的家世是一个悠久的史官家世罢了"。作者同意司马迁生于汉景帝中元五年（前145年）之说，并认为"董仲舒的《春秋》学说，竟成为司马迁后来著作《史记》的带有根本性的思想上的动力"。司马迁以什么原因为郎中，"我们一点也不知道"。"李陵之祸"出狱后,司马迁为中书令,以一个宦者的身份,在内廷侍候。"他内心忍受着痛苦的煎熬和无限的愤恨",至太始四年(前93年)11月,《史记》已经基本完成了。在《伟大的现实主义的历史家和文学家》一节中,作者认为,《史记》的写作自元封三年(前108年)司马迁为太史令起到太始四年,共经过16年。作者还分析了《史记》的内容和意义,指出了《史记》的人民性和现实主义精神。认为:"司马迁的独创性在于他能够'网罗天下放失旧闻',把三千年的历史,作一次通盘的清理,并使之纳入一个庞大而完整的系统"。司马迁依据的史料除"金匮石室"的"死史料"外,还有"流传广大地区、广大阶层的人们的口头上的'活史料'"。"司马迁所以一方面被人们誉为'有良史之才',一方面又被另一些人毁为'作谤书'的原因,也就在于他的叙事是'不虚美、不隐恶'的'实录'"。司马迁"并没有受统治阶级传统的道德标准束缚,而直接从被压迫人民的利益与愿望来看道德问题"。"司马迁一生丰富的生活实践和被压迫的亲身体验就是他的深刻的人民性的思想最为直接的来源"。最后作者论述了司马迁在中国文化史上的地位和影响。本书出版在建国之初,对介绍司马迁及《史记》有一定的功绩。尤以其有叙述翔实,深入浅出,语言简练的优点,为群众所乐读。本书1955年3月,上海人民出版社出版,至1957年4月,印刷五次,共印59000册。

【史记选】 王伯祥撰。据本书《序例》说明,选注此书的目的,在于试向一般爱好文艺的读者介绍《史记》这部祖国文学遗产的名著,同时提供一个便于诵读的本子。故选篇侧重于描写生动而故事性较强的记叙文。即此,全书选篇自具特色。所选20篇中,除项羽一本纪,陈涉、留侯、陈丞相三世家外,列传不仅入选人所熟知的孙子吴起、商君、魏公子、廉颇蔺相如,淮阴侯、李将军等传,还选入了平原君虞卿、范雎蔡泽、季布栾布、张释之冯唐及汲郑等名传。且不论文篇长短,均全文选录。可见编者留意于司马迁"扶义俶傥,不令己失时,立功名于天下"的立传宗旨,和注重阐发司马迁有悲壮特色的美学、文学观点。

本书是解放后第一部详细注释《史记》选文的新著述。它注释详尽,综合性强,对以后的同类选注有示范意义。全书举凡"各篇中涉及的音读、字义、语汇、地名、人名、官名、器物名……和彼此牵涉的事件必须互相阐明的地方",都非常详细地作了注释,这不仅便于疏通文字,且可给予读者以多方面的文史知识。本书除一般注释外,还有简略的史学评议和必要的校勘。如《项羽本纪·校释》第610条所注:"'太史公曰'以下皆司马迁论赞之辞。论赞自是史中的一体。史家撰述,本主叙事,不须议论,其所以在篇末另缀论赞者,大抵为总结语,或特地阐明立篇之意,或补充篇中所未及之事,很象《离骚》篇末的'乱曰'云云,自太史公创立此体,后世史家,都沿用不改。与后世一般的史论不可同等看待"。这是对《史记》编纂形式的一种立论准确、言简意明的评介。《陈涉世家》注"褚先生",已非一般人名注释,乃是涉及《史记》缺补的评介校记,亦属此格。《范雎蔡泽列传·校释》第345条内"持国秉"下半校记:"《蜀本》、《百衲本》、《黄本》、《汲古本》秉下都有'政'字,据王念孙考证,不必有"。校勘后表明注者的判断,是为治学精审之一例。这类校勘条目在全书中亦有不少。在解放后新的历史时期校释《史记》如何有别于旧式,本书作出了开拓性的贡献。其实践经验有助于《史记》的传播,及《史记》注释翻译工作的进一步开展。

本书1957年由人民文学出版社出版。1973年再版时收入包遵信所撰《司马迁和他的名著史记》一文,对《史记》的成书及其价值作了较全面的评述,这使诵习选篇的读者能对司马迁及《史记》有个综合的认识,故此文自可为全书增色。文中肯定了司马迁的"帝王中心论"较之前此时期"神意天命论"的进步,指出了它及"三统循环论"的唯心主义实质,其论述均为深刻,富于启发性。唯以"三统循环论"概述《史记》的"通变"思想,使人难以全面认识司马迁的史学成就,似失之于偏,不可视为确论。

【史记三家注引书索引】 段书安编。本书是根据1959年中华书局点校本《史记》编制而成的一本与《史记》三家注及《史记》配套的书。三家注释《史记》所引之书，有时只标篇名不标书名，有时只标书名不标篇名，有时书名篇名俱标。其所引书凡未标书名者，本索引一律冠以书名。如所引《汉书·地理志》，只标《地理志》，本索引立目时即冠以书名，以《汉书·地理志》立目。引书只标书名（如《山海经》）及书名篇名俱标者（如《汉书·贾谊传》）即以书名及书名篇名立目，并在书名或篇名之后标出引书在《史记》中所见到的卷数、页数。如"高士传44/1839"，斜线前之数字为《史记》的卷数，斜线后之数字为《史记》的页数。本索引用四角号码检字法编排，书后附有笔画索引。从本索引中可看出《史记》三家注共引书700种，采用6047条。本书1982年6月中华书局出版，印数13700册。

【史记研究的资料和论文索引】 中国科学院历史研究所第一、二所编辑。科学出版社1957年出版。本书是综合古今学者研究《史记》的专著、论文、笔记等，分类排比，做成一个目录，以供《史记》研究者查阅的工具书。分版本、目录、解题、关于《史记》全书的研究、关于《史记》各部分的研究、司马迁的生平事迹及其学术贡献、稿本和未见传本目录、有关《史记》的非专门著作目录、唐宋元明笔记中有关《史记》的文字条目、外国学术期刊中有关《史记》的论文及专著目录等十部分。正文前有司马迁像、陕西韩城南芝川镇太史祠、司马迁墓及宋元明之《史记》刊本等图片。本书为《史记》研究者提供了十分珍贵的古代学者对《史记》研究的资料。如"版本"部分，有残存汉简、敦煌唐抄本残卷、日本藏古抄本残卷、宋刊本、元明清刊本及现代印本、选本、外文译本等109种，每种之后大都附有刊期、特点、残缺卷数、现藏何处等文字说明。再如"关于《史记》全书的研究"部分，分考证、校勘、体例、评注、增补、取材、文章、史汉异同、三家注、序跋、评介等项，分别列出自唐以来中外学者对《史记》研究的专著、论文256种。"关于《史记》各部分的研究"又列出自宋以来中外学者之专著及论文409种，并列其版本、出处，可窥前人对《史记》研究成果之一斑。本书简明扼要，为《史记》研究之最佳工具书。

【史记书录】 《史记》版本专著，贺次君著。商务印书馆1958年10月出版，16万字。《史记》流传两千多年，抄本、刻本众多，文字错脱伪衍，增改窜乱，情况复杂。整理和研究《史记》都必须"广集众本，详细比勘"，才能"澄波导源，恢复真相"。本书正是为此目的"专为目录和校勘"提供参考，因此作者审慎地以"亲见为限"（作者《自序》），所以有极高的权威性。今传世的《史记》刻本，北宋本已罕见，南宋本约20种，元本约10种，明本约百种，清刊及近代排印本为数更多。唐以前写本只遗留残卷。本书著录由元朝至民国时期的《史记》各种版本64种，计六朝抄本2种，唐抄本9种，北宋刻本和翻刻本3种，南宋刻本13种，元刻本3种，明刻本27种，清刊本5种，民国时期2种。作者著录以宋元明刻本为主，数量虽然只占存世之半，但已是汇集《史记》版本最多的论著，而且有价值的主要刻本包罗无遗，足资校勘参考。作者考证详密，稍嫌细碎，突出的特点是在介绍各本基本面目的基础上，进行了相互比较，并尽可能追溯它们的源流，因此是一本有很高学术价值而实用的版本学论著。

【中华书局点校本史记】 此本是新式点校的唐代三家注合排本，1959年初版，直行繁体字排印，分装10册，235万字。现已多次重印，仍不敷所需，可见影响之大。每次重印都订正一些错误，日益完善。《史记》版本定型于唐代三家注，而奠基于刘宋裴骃《史记集解》（参阅裴氏《史记集解序》与《四库全书提要》）。点校本《史记》的出版，是学术界继唐代三家注定本以来最精善的一次整理，集千余年来学术研究之大成的善本，在《史记》版本校勘学研究发展史上，是一个重要的里程碑。

点校本《史记》，以清同治年间金陵书局刊行的"史记集解索隐正义合刻本"为底本，这就保证了迄今为止《史记》校勘的最佳质量。因为金陵书局本经晚清著名校勘学家张文虎与唐仁寿校订。张、唐二人根据钱泰吉的校本，又博采宋元明清诸善本汇校汇考，又采择梁玉绳《史记志疑》、王念孙《读书杂志》、钱大昕《史记考异》等书成果，详为校刊，考其异同，精审采择，世称善本。点校本在此基础上参考凌稚隆的《史记评林》、吴见思的《史记论文》、张裕钊校刊的归方评点本和吴汝纶点勘本等的句读，对《史记》原文和"三家注"作了全新的断句、标点和分段整理，是最便阅读的读本。点校者对于已断定的增删文字作了有标志的技术处理。删去的字用圆括号小号字排，增添的字用方括号标排，以避免武断。在《史记》正文中，将张文虎特别喜欢保存的古字都改成今体字，改回避讳的缺笔字，版刻异体字改作现在的通行字。对"三家注"，则用小号字分条排列于各段正文之后，标注号码对应。《史记》经过这样整理以后，具有很高的学术价值，具备了新的时代风貌，有利于统一《史记》学习和研究者的"语言"，不仅给广大读者提供了精善的读本，也给专门研究者提供了完善的引证本。这一成果，也为我国古籍整理做出了有典范意义的重要贡献。

【司马迁所见书考】　　考论专著，金德建撰。上海人民出版社1962年出版，31万字。本书是关于《史记》研究的一部文献学论文专集，作者从1932年开始发表散论，到1962年成集，历经30年，可见用力之勤。作者《自序》称：该书旨趣"是把西汉时候司马迁的《史记》所依据的典籍和他对于这些典籍所作的评论，加以申述阐发；也就是对司马迁著作《史记》所凭借的各种典籍，加以探讨"，以达到"辨章学术，考镜源流"的目的。全书64篇，第一篇《叙论》为总纲，全部罗列作者所考司马迁所见书名，总计82种，并辨析出今存36种，残6种，亡40种，并列表将《汉书·艺文志》与司马迁所见书有差异的61种进行对照，以见从司马迁到班固两汉之际二百年间的典籍变化。其余各篇散论，着重评论三个方面的问题：首先，考释《史记》中所述书，司马迁时有无此书？其次，司马迁所见书是真书还是伪书？再次，论列某些书籍的历代流传情况，说明今本某书是否即司马迁所见之书。方法多样，有论、说、考、证、解释、释义、推测、考察等方式，集目录、勘误、辨伪、注疏之学于一炉，成绩斐然，开拓了《史记》研究新领域，即《史记》取材的新课题，极富启发意义和实用价值，是研修《史记》的必读书之一。是书存在一些疏失。《史记》所述司马迁所见书，据笔者考察有103种，不止82种，此其一；司马迁所见书，仅仅是因事论及，而不是有意识的论载，而金氏认为是"司马迁作《艺文志》的方法不同于《汉志》，《汉志》是汇志以成篇，而《史志》乃散见于全书"，此论大错，此其二；有的论证疏略，和"论《孙子》十三篇作于孙膑"，已为考古材料所否定，此其三。大醇小疵，不足以否定该书的存世价值。

【史记人名索引】 钟华编。中华书局1977年出版。本书是帮助读者查寻《史记》人物，检索《史记》资料的工具书。《史记》为纪传体史书，所载人物众多，这些人物分布于《史记》的本纪、表、书、世家、列传各种体裁之中，有不同的别名、字、号、封号、谥号、绰号等，且有一人异称，数人同称的，甚为繁杂，如不能加以辨识，就不能正确使用《史记》资料，而得出恰当的结论。本书除将所有《史记》人物加以整理编排之外，还在编制过程中，同时对某些人物做了考证，虽有"凡遇无从考证的，或经考证仍觉证据不足的，并不强为分合"（《例言》），但对其他绝大多数一般难于分辨的一人异名异称、数人同名同称，和究系何人的王侯称号等情况，也都经查考而作出了相应的判断，免除了读者易于混淆之苦，给对《史记》的学习和研究带来了极大的方便。

对于同一人物在《史记》中出现的诸多条文，本书都列于以其姓名或曾用称谓作主目的名称之下，由于主目后附注了其他称谓，这一名称下就包括了这位人物在《史记》中各处出现时所有资料的卷数、页码，据此检索，就可获得对于这一人物的比较全面的资料。由于索引有专门的符号，标出凡在《史记》中有正传、附传的人，或本纪、世家的世系中有专载的人，所以也可分辨出这些材料的主次，这对于从事《史记》和一般的历史研究者来说，是提供了极为有益的帮助。

本索引根据中华书局1959年出版的点校本《史记》编制。由于点校本被视为现在全国通行的标准本子，故有利于本索引的普遍应用。本索引采用四角号码检字法编排，易于掌握，且书后附有笔画部首索引，亦能方便读者查索。

【史记新证】 考证专著，陈直撰。天津人民出版社1979年出版，14万言。本书是作者运用"二重证据法"，充分利用考古材料与文献结合证明《史记》的史料价值，乃至文义辨析的专门著作，作者广泛引用甲骨文、两周铜器铭文、秦汉权量、石刻、简牍、铜器铭文，同时也征引《盐铁论》、《九章算术》、扬雄《法言》、《全后汉文》等典籍文献，"使文献与考古合为一家"，获得了许多新见解，在《史记》研究中展现了新面貌。主要用力于考证先秦古史，证史公记载为信史。作者指出，"太史公作《殷本纪》，合于殷墟甲骨文者，有百分之七十"（作者《自序》）。如《殷本纪》载，"伊尹名阿衡"，后世学者对"伊尹"这一人物多有疑惑，《新证》引据《殷墟前编》材料有殷人"以酒祭伊尹之记载"，则"疑古之喙，可以稍息矣"。又《周本纪》载"昭王子满，是为穆王"。作者依据1954年长安县普渡村出土铜器铭文："隹三月初吉丁亥，穆王在下淢居，穆王乡丰"等文字，断定穆王为生前之号，非死后之谥，指出王国维考证周代王号皆生前所加为确论，并指出《史记·殷本纪》所载"汤曰吾甚武，号曰武王"是其文献上的显证。此条是"二重证据法"的生动例证。在考订史实之外，作者也间及对《史记》文句脱误以及"三家注"、《史记会注考证》等各家注释之误也提出驳证。如《太史公自序》"紬史记石室金匮之书"，《集解》引徐广曰："紬音抽。"《索隐》引小颜注云："紬谓缀集之也。"作者引《居延汉简释文》卷一证"紬"即"抽"之假借，下按语判断云"徐广注是，颜师古失之"。陈氏考订计734条，条条有依据，论说绝大多数精当可靠，直以案语出之，表现了作者的自信。

【管锥篇·史记会注考证】 钱锺书撰。中华书局1979年8月出版。本书1972年8月《序》言："瞥观疏记，识小积多……遂料简其较易理董者，锥指管窥，先成一辑"。虽属谦词，然亦可知此书系笔记心得之作。此著选取《史记》之57篇及裴骃《集解序》，摘出其中有可商榷之文句，就《史记会注考证》之注文，或是或否，或证或议，缀成条目，缀为大篇。举凡字义之确考，文笔之辨析，史事之议论，史观的阐释，均在其探讨之列。诸多内容，冶铸一炉，实可启迪当世，泽润后人。

钱氏条析，常在引出正文之后，摘出与此文相同内容的《史记》中他处文字，以相印证铺设。其下繁征博引关涉此文内容及注释的古代典籍，加以考辨。钱氏引文，异常广泛，及于正史、文丛、稗文野史，以至宋元词曲、明清小说。随文征引，并加辨识，以定诸家及泷川之说是否有当。书中亦多引西土古近著述，参考议论，以见中外合辙，彼此沟通。书《序》称说："又于西方典籍，裒小有怀，绠短试汲，颇尝评泊考镜，原以西文属草，亦思写定，聊当外篇"。贯通中西，叠引古语，实为本书的一大特色。

钱氏之考辨，时有精语。如释"时"为"时机也，亦时宜也；在于人者，动则谓之'乘'，静则谓之'待'，阳动而阴静谓之'随'，要之不离乎当机与应宜者是"。是富于哲理的分析。如论史法"搭天桥"，乃"载笔者瞩高聚远，以类相并，大有浮山越海而会罗山之观，亦行文之佳致也"；说邹阳《狱中书》之"比物连类"，"能使'意'寡而'视'之'如似多'也"等，又具丰富的想像力。钱氏对司马迁的史学思想间亦有深评。如就《史记》中之"天道"与"阴德"评论说："然马迁既不信天道，而复持阴德报应之说，既视天梦梦，而又复以为冥冥之中尚有纲维主张在；圆枘方凿，自语相违。盖析理固疑天道之为无，而慰情宁信阴骘之可有，东食西宿，取熊兼鱼，殆人心两歧之常欤"。

确是揭示了司马迁思想中的矛盾与弱点。又如评《货殖列传》："斯《传》文笔腾骧，固勿待言，而卓识巨胆，洞达世情，敢质言而不为高论，尤非常殊众也。夫知之往往非难，行之亦或不大艰，而如实言之最不易；故每有举世成风，终身为经，而肯拈出道破者鲜矣。盖义之当然未渠即事之固然或势之必然，人之所作所行常判别于人之应作应行。诲人以所应行者，如设招使射也；示人之所实行者，如悬镜俾照也。马迁传货殖，论人事似格物理然，著其固然、必然而已"。强调了司马迁切近世事，奋直笔著"自然之验"，载"事势之流"的精神，是为以深刻独到的见解光照终篇。

【史记新论】　白寿彝撰。本书为新中国成立以后研究《史记》的第一部综合性评论著述。著名历史学家白寿彝先生，20世纪60年代初期曾集中精力研究《史记》，发表过多篇影响深远的论文，并培养了一批在以后的年代崭露头角的中青年《史记》研究人才。基于白先生此期的研究心得，1963年5—6月间，在给中共中央高级党校理论班学员讲课时，他"对司马迁编著《史记》的宗旨、历史背景、写作方法以及《史记》在我国史学史上的重要地位与贡献，作了较系统的论述，并提出了一些有启发性的见解"(《出版说明》)。1981年8月，求实出版社将其讲课记录整理出版，而为此书。

　　本书的主要特点有三：(1)在更为广阔的背景上研究了《史记》成书的历史条件。通常论述《史记》的写作背景，"一般只讲当时几年或几十年的事情"(引文均见原书)，而本书上溯700多年，从西周末年共和执政时说起，一直讲到司马迁写《史记》时为止，以更为深邃的历史眼光，说明了《史记》是长期以来经济、政治、思想文化以至历史观、历史编纂学发展的结果，"是长期的历史研究成果的集中体现"。此一论述，有助于拓展人们的认识，并深化了《史记》本身的科学价值。(2)第一次分别从"究天人之际"、"通古今之变"、"成一家之言"的角度，论述了司马迁创造性的史学成就。显示出在马列主义指导下，探索《史记》创作宗旨所呈现的史学价值所能具有的积极意义，以一种有别于旧式纯考证性历史研究法的崭新面貌，将对《史记》的研究，提到了一个能充分体现时代精神的理论高度，故本书在当时客观上起到了一定程度的引导研究方向的作用。在具体的论述上，本书提出了一些有益的观点。如明确《史记》中"所说的'受命'、'天命'是指历史条件"，"司马迁的心目中有一个古今演变的大势，眉目分明"，"当人们正热衷于吹捧武帝统治的丰功伟绩，高唱国泰民安赞歌的时候，他却看出了汉朝统治的危机已在隐伏之中……对汉武帝统治的前途，已经提出了严重的警告"，以及"司马迁的政治理想是道家的，而在实际作法上，则倾向于法家和儒家的主张"的"杂家"思想等等，其认识体现了学术创新和实事求是的精神，因而受到史学界的重视及好评。此外，本书还充分而系统地论述了司马迁在历史编纂学上的光辉成就。(3) 在文风上，作者学识宏通，但语言平易，说理深透，却叙述生动，读起来使人有亲切之感，易于为人了解接受。且全书无长篇引文的赘述，亦有别于常文。

【司马迁研究新论】　施丁、陈可青编著。1982年8月河南人民出版社出版。这是一部中青年《史记》研究者群体的创作汇集，也是新中国成立后第一部作者自我编著的《史记》研究论文专集。它的出现，标志着一个新的《史记》研究高潮的开始形成，并为这一高潮的进一步发展提供了重要的推动力量。《新论》收集了作者的著述共13篇。"对司马迁的史学思想（历史观、政治观、经济观、社会观、学术观等）、历史编纂、历史文学，以及司马迁与班固两大历史〔学〕家的史学异同，作了较为全面的、实事求是的评论，提出了不少引人注目的新观点和新看法"（《内容提要》）。这些评论与观点、看法，基本上反映了当时史学界《史记》研究的水平，其所论述的范围与深度，对此后的一个较长时期的《史记》研究仍将产生实际的影响，这是完全可以肯定的。

本书所取得的有益成就，包括：撮其旨要地从整体上全面论述了作为《史记》最大特点的"通古今之变",指出《史记》"通变"的目的是要"以古为镜",使人们能够借鉴历史,从而知道"承敝通变",并分析出司马迁的通变思想中并不具有历史循环论。出于敏锐的观察思考和充分的驾驭文献资料的能力,以具有哲理的阐发,详细论说并作出判断:"司马迁是要求把人类史从神人杂糅的历史中分离出来的第一人",显示出《史记》的这一成就,"是历史学走向科学的革命的第一步"的重要意义。指出司马迁用朴素的唯物观点来观察社会经济生产活动,试图从中寻找历史的发展线索,是"使他接触到了真理的边缘"。从《史记》全书中辨析出涉及如何治史,有关史学目的、历史资料的考订取舍,史书的形式体例及其他史学方法的诸多凡例,等等。其见解的阐述多具有创新的意义。他如或述司马迁对专制主义弊病的批评,或议刘知几、章学诚对司马迁之评论;或比较班马学术异同洋洋数万言,或提要《史记》研究著述共达30种。曾有的偏颇重加订正,历史的遗产复又光辉,古今冶为一炉,述作相得益彰,整体构制,不失其有精思。

【史记选注集说】　韩兆琦编注。1982年11月江西人民出版社出版。本书是解放以后第一部较为集中地利用旧有研究成果而别具特色、广有影响的《史记》选读本。

首先,编注者积多年的研究心得,在《前言》中对司马迁《史记》进行了高度的评价,指出《史记》在思想上具有朴素唯物主义和进步历史观,具有勇敢的求实精神和敢于批判现时政治的豪迈气魄。《史记》的文学成就,使它成为我国小说的始祖,"成为一首爱的颂歌,恨的诅曲,成为一首用整个生命谱写成的饱含着司马迁全部血泪的悲愤诗"。这些意见,无疑对本书的注、释、评论具有非常积极的指导意义。

其次,本书选篇的分段、标点和注释也很有自己的特点。28篇选文根据中华书局点校本《史记》,但大段落的划分和标点符号的运用,间又依编者个人的理解,而加以重新处理。在有关注释中收入了一些历代学者的见解。如《项羽本纪》"今卒少惰矣"

注引吴见思《史记论文》曰"本言将骄,讳而言卒,辞令之妙",用以解释"卒",就体现了司马迁用笔的神韵。又如注释鸿门宴中的"东向坐",转引《史记会注考证》所引中井曰"堂上之位,对堂下者,南向为贵,不对堂下者,唯东向为尊",如此则时尚礼制之意自明。本书注释虽简明,但所设条目数量很多,故此注释亦细,除一般注人名、地名、字义之外,援用旧说注词意,注典制,更有益于探索《史记》文字的奥秘。且有同一注释引数条旧说以证者,亦使内容明显地得到了丰富、充实。

第三,本书各篇后编有"集说"收入一部分历代学者对全篇主旨及有关重要问题的理解、评论文字。如所收《项羽本纪》后张照关于"特以天下之权之所在"释"本纪"之见,《留侯世家》后黄震"凡良一谋一画,无不系汉得失安危"之说,《伯夷列传》后钱钟书联系《游侠列传》所发"是匪仅天道莫凭,人间物论亦复无准矣"之论,《商君列传》后王安石"商鞅能令政必行"之议,等等,确实能深入揭示司马迁写作的本旨和意义,能启发读者对《史记》文篇得出恰当的认识。各篇"集说"加上全书后附录的"历代对《史记》的总评(摘录)",其取旧说之广,亦以见编者用功之勤及平日观察积累之深。它也为研究者提供了不少有价值的材料及找材料的线索,还能使人一定程度地了解到前人研究《史记》已取得的成果,启发人们在前人旧有成果的基础上再有所发现,有所发明,这实显示出编注者的良好意图。

本书各篇写有分段的段落大意,文字概括,提纲挈领;篇后均以"谨按"形式,表述了编者的评议,言简意赅,得其精要。项羽、吕后之本纪,陈涉、留侯之世家,魏公子、廉颇蔺相如、李斯之列传等篇,其按语尤具独识。

【史汉论稿】 徐朔方撰。江苏古籍出版社1984年出版。本书分为上、下编。上编以长短不齐文章的形式,发表了一些关于汉代史事与人物以及对《史》《汉》二书的评论见解;下编则专为《史》《汉》对比的评述。

作者认为,《史记》"独创"了正统史观,其可注意之点即:

一、尊秦;二、尊陈涉、项羽;三、把吕后列入本纪;四、借用古代的权威为当时的秦汉大一统扩大影响,对统一中国的形成、巩固和发展起了促进作用。由于正统史观是以帝王将相为中心,它"绝不能对历史发展的全过程和一系列事件的前因后果作出合理的说明,于是又出现了帝王将相通向天命论的后路"(引文均见原书)。同天命论相通,《史记》的许多评述"实际上是阴阳五行说",再加上"因果报应"。

作者持司马迁为儒家说。本书阐发了《史记》尊孔思想的诸种表现,以及"它在多大程度上影响到全书的论述"。书中,作者对《史记》的一些名篇提出了看法,认为《平准书》"被一时的现象所迷惑,而弄不清历史发展的大势所趋",《货殖列传》"无论在政治上或经济上都是反对"导致古代中国走向统一的封建主义的中央"集权的趋势"。并说此二文都说明司马迁"在事实上是站到贵族豪强和富商大贾的立场上去了"。虽然作者肯定《封禅书》"对现实的专制皇帝大量地采取了嘲笑、批判的态度……是难能可贵的",并能从社会背景和政治现实中皇家争权的角度来解释《魏其武安侯列传》,但很不同意司马迁对酷吏和游侠的态度。这些表明作者能自成一家之言,然而至少在方法上并未从《史记》的整体去全面深入地对司马迁的思想进行观察、分析,从而得出更为切合实际的结论。本书有关于司马迁及《史记》的某些考辨。

作者认为文学和史学上的成就,是司马迁所追求的双重目标。提出《史记》的传记文学,其某些代表作,不仅具有曲折的故事情节和动人的细节描写,而且它们都在一定程度上具有典型化的特点。因此,从艺术上看,同短篇小说没有本质的差别。

关于马班比较,"本书把《史记》《汉书》内容重叠或其他宜于对比的部分,一无遗漏地分析深究他们的异同所在及其由来"(《自序》)。在总的方面,作者认为班固对司马迁"是非颇谬于圣人"的责难并非发自内心,《汉书》承袭《史记》本身表明班固对司马迁的敬仰与崇拜。班固没有超越《史记》的雄心,而满足于以断代史的开创者自居,但决心使他的历史著作争取到和《史记》分庭抗礼的地位,《汉书》十志和《史记》八书相比,明显地可以看出这种积极进取的意图。

【司马迁研究】 陆永品所著。全书收录论文十篇,其《太史公行年考辨》认为,"司马迁生于建元六年(公元135年),是毫无问题的";"而太史公的卒年,至迟也不会超过后元二年"。《司马迁的文艺观》一文指出,司马迁的文艺主张有三点:第一,司马迁主张文艺作品要发挥直谏的作用;第二,他认为音乐应当有"移风易俗"的积极作用;第三,司马迁主张文艺还应当有歌颂美好的功能。他的文艺观产生的原因,一是继承了前人的文艺观点,二是社会现实造就了他文艺观的形成。另如《司马迁的历史观》、《司马迁的社会观》、《司马迁与李陵事件》等文,也都能提出自己的独立见解。江苏人民出版社1983年5月出版。

【史记正义佚文辑校】 张衍田辑校。本书是由日人泷川资言《史记会注考证》及水泽利忠《史记会注考证校补》中辑出的《史记正义》佚文。《史记》自宋三家注合刊后,张守节的《正义》多所散佚,泷川资言《史记会注考证》一书,从日本收藏的《史记》旧抄本、旧刊本等古本《史记》中辑出《正义》佚文1000余条,但未标明出处。1957年水泽利忠的《史记会注考证校补》问世,他广收《史记》旧版本数十种,对《史记会注考证》进行了精密的校勘,但就《正义》而言,他不仅将泷川资言所辑的《正义》佚文标出了出处,而且还辑出泷川所未见的《正义》佚文200余条。本《辑校》所用为中华书局1959年《史记》点校本、日本东京大学东洋文化研究所藏版《史记会注考证》和日本史记会注考证校补刊行会藏版《史记会注考证校补》。凡泷川本和校补本有而中华书局点校本没有的《正义》佚文,都做为佚文辑出,共辑1645条。按照《史记》的篇次,以4号字列出佚文所注的文句,文句下括号内标出中华书局点校本的卷、页、行数。再以5号字提行低一字在正义下列出佚文。校补有泷川本没有的标以"△",在佚文后的"※"下以新小5号字标出本条的出处，眉目甚为清晰。辑校者对佚文还做了校勘与辨释。本《辑校》所辑之佚文，有的是否出自张守节，尚有可疑，但它的音义、诠释亦颇精当，对于阅读、理解《史记》是有所裨益的。本书1985年1月由北京大学出版社出版，印行12000册。

【史记研究】　张大可撰。甘肃人民出版社1985年4月出版。2002年华文出版社重出该书，扩大收文32篇。本书系新中国成立以后第一部个人的《史记》研究论文专集。全书36万字，共辑文23篇，分为5个部分。第一部分是综合性的论述，重点研究《史记》产生的原因和成书的历史条件。第二部分讨论《史记》疑案，主要是对司马迁生卒年、太史公释名、史记断限、史记残缺与补窜等问题的探索、考证。第三部分研究《史记》编纂学，着重讨论了史记的体制义例、取材、序赞、互见法、倒书以及塑造历史人物的方法等问题。第四部分论述司马迁的思想，剖析了司马迁的一家之言、历史观、政治思想、经济思想、民族一统思想等。第五部分对建国以来《史记》研究的方法理论和成果作了评述，并提出了有关推进《史记》研究的建议。所有这些部分的独立文篇，并非孤立零散或彼此无关，而是有目的有计划地撰述的，是作者从各种不同的角度和方面对《史记》进行全面系统的探索的结晶。

本书的主要特点，是对《史记》研究旧说的诸多方面，进行了一次较为系统的整理评述，并随之阐发出作者的判断意见。其成就首先对要求接触《史记》研究的读者，有较好的疏理作用，有利于人们对《史记》研究史的发展规模，得到一个较为全面概括的了解。由于本书是运用各种方法作综合分析，故文篇概述性强，眉目清晰，形式多样，加之文情畅达，实亦显示出作者在学术研究中的创造力。其次，虽然本书考证性的评议多于理论性的深入探讨阐发，但不繁琐引证，故常能给人提出些启发性的见解。如涉及《史记》成书的历史条件，司马迁"一家之言"的核心思想和表达形式，司马迁的民族一统思想，以及评论《史记》论赞和互见法，等等，即在开拓研究领域和提出看法方面，都有所建树。本书的出现,是《史记》研究中的可喜事件。

作者对《史记》研究工作的开展表现出一定程度的关心,并提出了自己的一些意见。对具体推进《史记》研究的某些问题,诸如组织队伍,成立研究中心,改善研究条件,编写论著目录及主题索引工具书,编辑出版资料丛书,出版全部新的《史记》注本和多种选本,从各方面组织集体攻关,最后编纂出一部集古今研究大成的会注本等方面,所提出的建设性意见,也值得引起学术界及社会有关方面的注意。

【史记管窥】 程金造撰。程金造(1908—1985)别名建为,河北人。《史记管窥》共收文章20篇,27.4万字,1985年3月由陕西人民出版社出版。傅振伦先生为本书所作之《序》称,程金造"研治《史记》多年,撰为论文,多发前人所未发,实有光于学术","实是真能读古人书而深得其文心、史心者"。

依据多年的研究,本书对《史记》作出了较高的评价,认为两千年来《史记》已成为学人士子的普遍读物。除《五经》以外,更无其他书籍能同《史记》相比。《史记》对中国文化知识的提高,对历代忠义节士去就从违的感染与激励,对后世政治、学术思想以及社会生活经验的启发,对中华民族盛衰兴亡统一的影响,其功劳实不可磨灭。程氏还认为《史记》哺育成就历代许多文章能手,从而提出了历代文章作者,只要领会到《史记》为文精义之一点,都是以名世称家的观点。本书的这些议论,既阐发了《史记》的卓越功能与广博影响,亦表现了作者过于偏爱《史记》的某种倾向。

本书于《史记》研究以治考据之事为最精。诸篇文章除关于《史记》的五体渊源、名称的演变、司马迁生于景帝中元五年说等显示出作者的充实见解之外,还提出证据以为"司马迁死于武帝之后的说,是正确而可信的"这一看法,也是一种大胆的意见。尤其是本书各引10例,从甲、解释离奇,疑非中国学者所为;乙、袭取颜师古《汉书》注以为己有者;丙、杂抄群书,又多可疑者;丁、原文《正义》移录之可信者4个方面,论证《史记会注考证》新增的《正义佚存》条文,"乃后世读《史记》者杂录各书有关《史记》之文字,或读者自行解释之语言,但决非从张守节原本《正义》誊录而出者",结论为"其不得为赤水遗珠复获,是显而易见的"。这应该视为《史记》考据学的重要收获,又考出明末汲古阁主人毛晋跋语所言,《史记索隐》单行本子是北宋秘省大字刊本的说法,"不过为高其声价而已",其实并无事实的根据,而"从其体例规模编次文字观之,它当是小司马原书之本,展转传录而又经后世羼乱的抄本"。亦可称为有识力的见解。

程氏用心探究史公著书的目的,认为是借史事以明义,亦即其主旨"在于拾古代统治帝王治国理民之所遗,补救其施政行事之缺漏"。通过剖析《五帝本纪》,指出"兴无私之政以利民"为司马迁"一家之言"的正面意义。由于认为这一问题有重要意义,本书批评三家注对太史公著书的宗旨未能有所发明,以晓悟于读者,乃是其"重要的缺失"。

【史记艺术美研究】 宋嗣廉著。东北师范大学出版社1985出版,全书5章,12万字。本书是从美学角度研究《史记》文采的专论,开辟了"史记学"的新领域。作者认为,《史记》所传写的人物、事件情节和结构布局所表现出来的美学风格,大体有雄奇、悲壮、流动、匀称等几个特点。作者发现,司马迁"发愤著书"的非"中和"美思想,渗透在全书中,这是形成《史记》雄浑悲壮的美学风格极其重要的因素。作者首次引入"艺术辩证法"的概念,并列专章讨论《史记》的艺术辩证法。作者认为,司马迁继承了《诗经》以来中国文学美的优良传统,在处理褒善和贬恶、实录与想像、多样与统一、共性与个性等关系上,合于艺术辩证法。拿"实录"与"想像"来说,"史记"在"实录"的基础上,对某些细节通过"入情合理"的想像,"称量以出之",加以"文饰",这与小说家之言是不可同日而语的。倒是那种把"实录"只理解为承认客观的看法是不全面的。此说新颖而中肯。作者认为《史记》艺术美是"全面反映了时代风貌的",

并列专章比较《史》《汉》两书的艺术风格，论述了从西汉到东汉文学风格的变化，就总体来说，马《史》具有反对专制、向往百家争鸣的倾向，有异端思想；班《汉》则维护专制，支持独尊儒术，尽心于"圣人之教"，表现了正统观念。就学术思想而言，马、班是有重道与崇儒的差别的。又说，"司马迁之学为君道，班氏之学为臣"，但是在以"实录"和以人为中心述史上，《汉书》是继承和发扬了《史记》的传统。书后五篇附录，择举《史记》的具体篇章作了示例分析，有助于读者对《史记》艺术美有亲切而真实的了解。

【史记人物传记论稿】 郭双成著。中州古籍出版社1985年出版，全书四章，28万字。本书是建国以来第一部专门从文学角度评价《史记》人物传记的论著，"从思想性和艺术性两方面对《史记》人物传记进行了评价"。作者提出从文学上研究《史记》的人物传记，要从《史记》是一部史书的本质出发，并符合《史记》的整体性，这是对《史记》文学性认识的一个重要理论建树。无疑这是对那些孤立地研究《史记》人物传记而认为是"小说家言"这一皮相之论的有力批判。作者立论占有丰富的资料，在征引前人论说以证己见方面尤其广博，又紧密结合历史分析作文学研究，给人们提供了有益的启示。作者还对如何学习和借鉴《史记》人物传记的问题，提出了一些值得重视的看法。

【史记评议赏析】 韩兆琦著。内蒙古人民出版社1985年6月出版。全书分两大部分，第一部分是总的分析论述司马迁其人与《史记》其书，包括《司马迁的受宫刑及其忍辱著书》、《司马迁的进步历史观》、《司马迁的求实精神》、《司马迁的经济思想》、《司马迁的审美观》、《史记的小说因素》、《史记一道悲剧英雄人物的画廊》、《史记的抒情性》、《史记书法释例》等文章；第二部分是对《史记》单篇作品进行的分析论述，包括《项羽本纪》、《高祖本纪》、《陈涉世家》、《留侯世家》、《魏公子列传》、《廉颇蔺相如列传》、《田单列传》、《刺客列传》、《李斯列传》、《淮阴侯列传》、《魏其武安侯列传》、《李将军列传》等名篇。书后还附有《关于史记的一些常识》和《司马迁生平年表》。作者关于司马迁受宫刑是因为与汉武帝的"宿怨新愆总爆发"的结果和《史记》是一道悲剧英雄人物画廊等观点，曾在学术界引起很大反响。

【史记太史公自序注说会纂】 吴忠匡编注。黑龙江人民出版社 1985 年 12 月出版。全书 15 万字。此书系作者"自 1962 年至 1965 年，排比旧所读记，成《史记注说会纂》若干篇"中之一篇。"1965 年以还，亦时有所增益"，以成今本。作者自述其编撰历程："就所诵览，见凡能发明史公著书之旨，足以订补三家之阙讹者，爬罗剔抉，辄为记录。二三十年以往，亦既裒然成巨帙。遂以其余暇，比类编缀之。其一事一义，辄集百氏之说，沈潜反复，然后笔之存之，而题其名曰《史记注说会纂》"。（见《序例》）是知此书乃作者充分利用其长期收集的《史记》注释评论资料，分别编排在《史记》原文之下，用于说明诸如引文的出处，词义的阐释，地名的考订，史实的内容，思想的评论，各解的歧异等项内容，以帮助读者通晓《史记》著述之精意。用力之勤，实可称许。

本书所引，资料繁富。如注说开篇"昔在颛顼……失其守而为司马氏"四句，就援用有《国语·楚语》下并韦昭《国语》解、司马贞《索隐》、梁玉绳《史记志疑》、《汉书补注》卷 62 郭嵩焘曰、王先谦《汉书补注·司马迁传》、王骏图《史记旧注评议》卷 33。崔适《史汉探原》卷 8。缪荃孙曰、加"案"引《晋书》卷一《宣帝纪》等 9 种以说明重黎、北正、火正、程伯休父诸问题。又如注说"谈为太史令"一语，就引有三家注以下至金毓黻《中国史学史》第一章共 14 种以详阐之。编注之中，几乎包括了所有能见到的有关资料，正是它的重要特点，此其一。

其二，编注资料亦注重思想分析。如引钱基博《太史公谈论六家要旨考论》，以明司马谈独揭儒之与道家并论的原因；引《中国思想通史》第二卷第四章第二节，以明司马迁在自然科学方面的朴素唯物主义观点；引梁启超《饮冰室专集·司马迁论六家要指书后》，以明司马谈学派分类的价值；引顾颉刚《史林杂识初编·司马谈作史》，以明司马谈当是我国的大史学家与大文学家等，均有其重要的学术价值。

本书间加案语以明判别。如李笠《史记订补》卷8，认为"贬天子"三字误衍，本书案语断定三字非衍文，且认为"史公盖推本孔子《春秋》褒贬之义以立文。班氏所为讥'是非颇谬于圣人'者，此亦其一事"。又有加案说明原始察终，见盛观衰为历史因果及发展之观点。本书最后之《附录》，另集有关于《史记》之总评及商榷司马迁之卒年等论争内容，甚便读者。

【司马迁、《史记》与档案】 周经著。档案出版社于1986年3月出版，全书6.5万字。本书第一次公布了周恩来同志1956年6月对曾三所作的指示："你们档案工作人员要学习司马迁，当司马迁。"这是最早把司马迁和档案工作者联系在一起的立论。就此郭沫若根据史实做出了"偏向司马迁曾是一位档案工作者"的判断。因此曾三同志1985年3月为本书题词："档案工作者要遵循周恩来同志的教导，向司马迁学习。"究竟应该学习些什么，本书在经过认真的学术考察之后，在最后部分"几点启示"中提出树立坚定地为档案事业献身的事业心；需要有司马迁那样的刻苦学习精神，档案工作者要认清自己的责任；要有不为名不为利埋头苦干的精神；也要有创新的精神等5个方面的内容。末了本书还发出了"愿档案战线涌现出千千万万司马迁"这样满怀豪情、激动人心的号召。

本书的论述虽然重在立足于现实，但司马迁之作为档案工作者及其在《史记》中的体现，仍然占了全书的大部分篇幅。在叙述了直到秦汉时期的档案发展史和司马迁的身世经历之后，从文书工作、档案的收集保管工作、档案的编研工作三个方面说明了司马迁曾是档案工作者的理由，并且认为"《史记》是司马迁从事档案的编研工作的最伟大的成果"。司马迁开天下之先，以私人修史，其主要篇幅是写当代史，这除了需要个人的学识、勇气、才能等主观条件之外，还需要两个客观条件，即"一是有条件长时间大量接触统治阶级的档案，二是熟悉档案的详细内容，并有权利用"。"司马迁之所以能写出《史记》，得盖于他工作上接触和管理档案的便利，这是历代史学家们的一致看法"。

本书以大量的事实说明《史记》的写作离不开档案。司马迁使用了保存在石室金匮中汉朝及前朝的大量的文书档案和资料；司马迁作为太史令，掌握了汉以来的皇室档案并加以利用；运用了石室金匮中的地图、表册、人物画像等等其他形式的档案资料。《史记》中记述了如周太史伯阳、萧何、张苍等几位曾主管过档案工作和与档案有关的人物；《史记》研究、考证的发展，仍然离不开出土的竹简档案与甲骨文档案。总之，《史记》与档案的关系是非常密切的。

【**历代名家评史记**】 评论专集，杨燕起、陈可青、赖长扬选编。北京师范大学出版社1986年出版，60万字。本书是一本摘要资料书，选录自《史记》问世以来至1949年底，两千余年历代420位学者研读《史记》的评论资料，汇集为一书，以便读者。全书分上、下两篇，合排精装一册。上篇总论，分为十个子目：一、通论；二、论作者生平；三、论学术思想；四、论编纂体例；五、论取材；六、论叙事；七、论缺补增改；八、论马班异同；九、论流传和影响；十、论其他。下篇分论，按《史记》130篇序列分篇评论。上下篇条目，由古及今按评论者时代顺序编列，其中古代的条目大致按评论者生年先后排列，近现代的条目大致按所引论著发表的时间先后次第为序。取材范围主要有六个方面：一、关于司马迁的学术思想；二、关于司马迁的学术源流、学派倾向；三、关于《史记》的文学成就；四、关于《史记》的体例；五、关于司马迁的生平行状；六、关于《史记》所载重大史实及重要疑案的卓有成效的考证发明。属于一般性的史实考证、文字正误、文句辨析等资料不予选录。所选资料以学术价值为准绳，不计其是否为名家，散见资料用力搜集，已有铅印本的论著如梁玉绳的《史记志疑》、郭嵩焘的《史记札记》等，只作适当录取，以省篇幅。谨严的选录标准与得体的编排体例，表现了编选者的眼光和史实,增强了本书的学术性。全书内容充实,各种思想观点兼容并包,举凡历史上关于《史记》的重要思想评论都有辑录。这是一部带总结性的和指导性的文献资料书,是研究《史记》必不可少的参考书目。值得一提的,该书附录"本书所录作者、书名及版本",按收录的作者时代及生卒年先后排列,标示辑录资料的来源书名及版本,以利读者寻查。在一定意义上,这个附条勾画了"史记学"发展史的基本线索,是该书学术价值不可或缺的组成部分。

【史记论赞辑释】 张大可辑释。本书是对《史记》中的"太史公曰"做为司马迁的史论加以贯通研究的专著。作者指出:《史记》的论赞,系指《史记》中的"太史公曰"。"太史公曰",为司马迁仿《左传》"君子曰"所创造的史论形式。习惯地称篇前之"太史公曰"为序,篇末的为赞,篇中的为论。在《史记》中还有一种"论传",如《伯夷》、《日者》、《龟策》三列传和末篇《太史公自序》。《太史公自序》实为《史记》的总论。《史记》中的这种多种形式的史论,构成了司马迁系统的史学理论和是非观点,集中地表现了他的"一家之言"。对《史记》论赞的研究,是探索司马迁思想的第一手资料。本书共辑释"太史公曰"134篇,计序论23篇,赞论106篇,论传5篇,共30936字,占《史记》全书的6%。篇幅虽不长,内容却极为丰富,为《史记》一书的血气。《辑释》中还收入了《报任安书》及贾谊的《过秦论》(因司马迁以其为《秦始皇本纪》的赞语)。本书引文以中华书局1962年点校本《史记》为依据,共分9个单元:五体论赞各为单元,论传分3个单元,《报任安书》自为单元。《辑释》所整理的内容为:说明(在每单元之前)、注释、译文、简论(有的无简论)。"说明"和"简论",系对司马迁史论体系及内容的简要评述。序赞篇目依《史记》五体序列编排。为突出司马迁的经济思想将《货殖列传》置于《平准书》之后。《太史公自序》分为7段,翻译时加了7个标题。本书立意得体,论述精当,表现了作者独特的见解。本书1986年8月由陕西人民出版社出版,印数4000册。

【史记论稿】 吴汝煜著。江苏教育出版社1986年10月出版。《史记论稿》是近年来出版的《史记》研究论著中，兼具文史两方面而有较好深刻性的一部撰著。由于著者对《史记》体味贴切，故能较准确地把握司马迁的作史真谛，并以之评述《史记》的史学文学价值。

《史记与公羊学》一文，论述了汉武帝之尊崇董仲舒《春秋》公羊学与司马迁作《史记》的关系。其中既指出了司马迁把《史记》写成一部"究天人之际，通古今之变"的"一家言"，就是有意追攀以董仲舒为代表的公羊家心目中的《春秋》，又明确了司马迁对公羊学有所批判的诸多方面；特别指出公羊家歌颂汤武革命，主张以有道伐无道，成为了《史记》反暴政的思想武器，使司马迁得以高度评价陈胜、吴广起义；以及根据公羊家所谓"王者无外"的原则，将匈奴、大宛等少数民族地区和国家统统纳入《史记》列传，是司马迁发展了公羊家的"大一统"思想。这些看法能注意从理论上认识与阐述问题，有利于《史记》研究的深入。《论稿》还从社会实际的政治作用的角度，认为在汉初百姓刚"离秦之酷"的具体历史条件下，《史记》对曹参一类人物的肯定并没有抑儒崇道的意思；而汉武帝之提倡儒术，是因为经过董仲舒改造的儒学辅之以法，对约束新贵和暴发户要比黄老政治有力得多，所以在其开始阶段具有明显的进步性；认为孔子政治思想的核心"仁"，是《史记》评价历史人物和事件的最常用的理论武器。说明了司马迁的学术政治思想既不同于道家，又有高于汉初儒学正统思想之处的独特的进步性与批判性。

对于同样的研究课题，如释"史家之绝唱，无韵之《离骚》"，《论稿》能从较新颖的角度，进行深入综合的论述而给人以启发。《论稿》从场面描写，人物描写、论赞咏叹、艺术风格等四个方面，所述《史记》的美学特征，细腻入理，别具识见。《史记》对后世文学的影响一文，指出《史记》为后代古文家心目中的千秋宗匠，对韩愈、柳宗元、欧阳修、苏轼等学者有重要的影响；并具体地说明了《史记》为我国古代小说的发展，和在古代戏曲、诗歌的创作中所作出的贡献。文章关于《史记》博大精深的思想，奇伟瑰丽的内容，别具一格的形式和无比宝贵的艺术经验，已经融化在中华民族的血液和灵魂之中。这样豪放精深的评断，足可称赞，在帮助人们认识《史记》对我国文化发展的深远影响方面，具有十分积极的意义。

【司马迁论稿】 聂石樵著。本书为论述司马迁及《史记》的专著。聂石樵，北京师范大学中文系教授。其主要著作尚有《屈原论稿》等。本书共分五章，23.8万字。分别论述了司马迁的生平、思想、《史记》的内容、司马迁笔下的主要人物、司马迁的文笔等。作者赞同司马迁生于汉武帝建元六年（前135年）之说。作者认为司马迁一生是一个悲剧，他的悲剧在于：他忠于封建阶级，希望巩固封建制度，结果反被封建阶级和封建制度残害了。因此，他怀着愤懑和不平来揭露封建社会，他的全部精神世界都集中地体现在《史记》之中，《史记》是司马迁精神世界的再现。作者认为：司马迁46岁完成了《史记》的著述，《史记》总结了汉武帝以前三千年的历史和文化，是历史、文学高度完整的统一体。司马迁的经学思想是董仲舒经学思想的继承，政治思想也受董仲舒公羊学的影响，哲学思想是吸收先秦道家思想的传统，并接受了当时儒家公羊学的学说而形成的。司马迁的历史观点的伟大之处，在于他力图从经济发展说明社会历史的发展。司马迁的文学观点是深刻而卓异的，其文章的重要特色表现在以朴实的文字描写人物、表现社会生活。司马迁的学术思想是其父司马谈的继承和发展。他思想的主要方面闪烁着唯物主义光辉，但有时陷入唯心主义的泥淖中。关于《史记》的内容，作者概括为：讥刺汉朝最高统治者、揭露社会矛盾、批判"缘饰以儒术"的儒家末流、谴责诸侯王叛乱、惋惜对匈奴用兵"建功不深"、歌颂农民起义、赞扬游侠、崇尚货殖、推许刺客等几个方面。《史记》写了自帝王至倡优等许多历史人物，其主要历史人物是孔子、商鞅、信陵君、平原君、廉颇、蔺相如、屈原、贾谊、李斯、项羽、刘邦、韩信、萧何、曹参、张良、陈平、李广等人。《史记》"以人物为本位"，司马迁通过对这些人物的描写，完成了历史和文学两方面的要求。本书1987年1月北京师范大学出版社出版,印数3000册。

【司马迁和史记】 刘乃和主编。北京出版社1987年5月出版。本书是中国历史文献研究会为纪念司马迁诞生2130年而撰写的专集。书中除有刘乃和会长所写的《司马迁和史记浅论》作为代序外,还收录了白寿彝的《说"成一家之言"》、杨燕起的《司马迁的历史思想》、张大可的《司马迁的战争观》、施丁的《司马迁游历考》、蔡景峰的《论司马迁的医学思想》、杜升云的《司马迁的天文学成就及思想》、韩兆琦的《司马迁的文学观》、吴汝煜的《论史记散文的艺术美》、俞樟华的《简述古代学者对史记艺术的评论》等论文15篇,分别阐述了司马迁的历史思想、战争观、文学观、审美观、医学和天文学思想,以及司马迁与先秦诸子思想、前人对《史记》的研究成果等问题。像司马迁在医学和天文学上的贡献和思想,都是前人很少谈到的问题,更多的文章是在前人研究的基础上提出了自己新的论点。

【司马迁传记文学论稿】 学术专著,李少雍著。重庆出版社1987年出版。全书由六篇专论构成,三十二万字。本书对《史记》纪传体的创立、产生原因、列传题名、纪传文学的意义和艺术特征,以及在小说发展史上的地位和影响,作了全面、深入的研究,颇多创见。本书论从史出、占有丰富资料,运用考证的地方十分精严,因而立论严谨,有很强的说服力,一些独到的见解,使人耳目一新。例如对司马迁写人物传记,谋篇布局故事化的艺术手法,作了具体细微的生动分析,是前所未有的。《史记纪传体对我国小说发展的影响》一题为本书之主体,分引论、纪传体以人物为纲的特点、《史记》中的志怪与传奇的倾向、历史人物传记体裁方面的影响、人物形象与故事情节方面的影响、人物描写方法方面的影响、题材方面的影响、结论等八个部分。指出:司马迁对文学的贡献在于他最早为人立传,把文学描写的基本对象——人鲜明地突现出来。其一,"《史记》最早而且大量地提供了近乎小说的材料"；其二，"司马迁最多样而且最成功地提供了近乎小说技巧的笔法"。《史记》的志怪倾向，同六朝志怪小说颇有关系；其传奇倾向，是唐人传奇发展的基础。在题材方面：我国古典小说多取材于《史记》，并形成了以历史题材为主的传统特色。在《司马迁与普鲁塔克》一文里，作者对司马迁和古罗马时期希腊作家普鲁塔克作了全面的比较评述。普鲁塔克比司马迁晚两个世纪，他的《比较传记集》记录了50位古希腊、罗马英雄。作者比较了二人的相同与相异之处，其分析，新人耳目。本书虽系一部论文集，但由于作者论述的问题有内在的联系及作者的艺术处理手法，读来觉得浑然一体，天衣无缝。

【史记研究资料索引和论文专著提要】 杨燕起、俞樟华编。全书辑录了1987年以前所有的各种《史记》研究资料，如《史记》的版本、有关《史记》研究的目录索引和解题著作、关于司马迁生平和思想的研究论著、关于《史记》全书的研究论著和关于《史记》本纪、表、书、世家、列传各个部分的研究论著、有关《史记》的非专门性著作目录、和《史记》有关的戏剧、小说、唐宋元明笔记中有关《史记》的文字条目等，其中解放以来出版的重要研究专著还列有具体细目，尤其突出的是，本书还搜集了香港、台湾地区的相关资料。书中还对解放后发表的120多篇重要论文写了近千字的内容提要，从中可以见出新中国《史记》研究的规模和水平。又对历代《史记》研究的近70部重要著作做了概括介绍，并对其学术价值以及相关地位、作用等进行了画龙点睛的评点。这是一部比较完备的《史记》研究资料索引工具书，为学习和研究《史记》者提供了极大的方便。

【史记美学论】 何世华著。全书十章，分别论述了司马迁的审美意识、司马迁美学思想的哲学基础、司马迁写《史记》的基本美学原则、《史记》的结构和体制、《史记》评价人物的特色和描写人物的艺术，以及《史记》的悲剧色彩和对史传散文的继承、影响等问题。作者指出，司马迁的审美理想主要表现在对人格美的热切仰慕和追求上，正是这种崇高的审美理想，使司马迁得以全面真实反映中华民族上下三千年历史面貌，集中展示出那些在与自然和人的斗争中前仆后继、可歌可泣的历史精英。司马迁提出了"发愤为作"的理论，强调了审美情感在创作中的作用，并在自己的创作中自觉不自觉地实现了这一原则，从而把情感的审美价值推进到理论与实际结合的地步，达到了先秦西汉时期持情感论诸家的最高水平。在审美趣味上，司马迁既"爱义"，也"爱奇"。司马迁美学思想的哲学基础，是朴素的唯物主义思想。而"实录"与批判的相辅相成，构成了司马迁写《史记》的最基本的美学原则。陕西师范大学出版社1989年7月出版。

【史记与日本文化】 覃启勋著。武汉大学出版社1989年出版。本书为其《汉籍与日本文化》系列研究的第一批成果，共10章，16万字。第一章，回顾与瞻望。分析了我国研究《史记》的成就及《史记》研究领域拓宽等问题。第二章、第三章，论述了《史记》东传日本的时代。作者认为：《史记》始传日本是在公元600年至604年间，传播者是圣德太子派出的第一批遣隋使。其盛传日本是江户时代，是作为商品传入日本的。第四章，论述了《史记》东传日本的原因：《史记》本身的价值、中日商贸往来及日本人善于吸收先进文化的民族性质。第五章，《史记》对日本政治的影响：《史记》中的"大一统"思想及儒学原则适应了圣德太子建立日本皇室一统政治的需要，公元604年圣德太子颁布的《宪法十七条》对《史记》的义理有广泛的采纳。日本"天皇"的称号，作者认为是圣德太子从《史记·秦始皇本纪》移植给推古女王的。第六章，《史记》对日本教育的影响：宫廷教育、武家教育都重视《史记》。明治以后，《史记》教育在日本具有普遍性，"其主要意图就是用中国人编写的教材培养能够'修身'的忠君爱国的日本人"。第七章、第八章分别论述了《史记》对日本史学、文学的影响。《史记》对日本史学的影响，作者认为"无可估量"，"《六国史》专仿中国的《史记》、《汉书》以降诸史'本纪'而作"。《史记》传入日本100多年后，日本才撰写了自己的第一部史书《古事记》，该书直接仿照《史记·五帝本纪》的神话传说开篇。文学方面：日本的"记纪文学"受《史记》的影响，它"充分体现了与之相似的特点"。11世纪日本著名的《源氏物语》亦"渗透着《史记》传记文学的种种影响"。第九章，论述了日本《史记》书目研究的成就。第十章，论述了研究《汉籍与日本文化》这一课题的意义。

【司马迁年谱新编】 吉春著。三秦出版社1989年出版。该书是作者吸收了近几十年有关司马迁生卒年代的研究成果及其数年来辛勤创获的新作。吉春，陕西省韩城市人，陕西韩城矿务局宣传处记者。关于司马迁的生年作者分析了各家的说法之后，认为司马迁生于汉景帝中元五年（前145年）是正确的。司马迁的出生地，作者认为《史记·太史公自序》中的"迁生龙门"，既指举世闻名的"禹凿龙门"之龙门，又指韩城市西南18里高门村的龙门寨（司马迁出生的村庄），为一语双关的妙笔。作者从司马迁一岁写起，至司马迁55岁（汉武帝征和二年庚寅，公元前91年）。作者认为：征和二年末司马迁去世。死因是"在《报任安书》中有怨言，下狱死"。作者认为：司马迁19岁前是在家乡耕读的，19岁司马迁到了长安，20岁南游，22岁为郎中，他是以"考博士弟子高中而仕为郎中的"。时间"应在元朔五年（前124年）夏六月之后的不长时间内。元封三年（前108年）司马迁38岁为太史令。"太初元年（前104），司马迁42岁开始写《史记》，天汉二年（前99年）以"诬上"入狱，天汉四年，司马迁49岁受宫刑，太始元年（前96年）被赦出狱，任中书令，发愤著《史记》。在征和二年十一月《报任安书》时，"已著此书，藏之名山"了。本书在司马迁的生年到卒年均列国家大事及司马迁本人的活动。本书还附有司马迁父子著作考、司马迁妻子、侍妾、后裔考，并采用了当地流行的一些有关司马迁的传说，能给人以启发。

【史记注译】 三秦出版社1988年出版。王利器主编。本书是由副主编张烈等40多位学者通力合作完成的我国第一部《史记》全注全译本。王利器，1912年生，四川省江津市人，先后毕业于四川大学中文系和北京大学文科研究所。为中国作家协会会员，中国中日关系史研究会顾问，北京大学历史系兼任教授等职，是驰名中外的学者，其著作已逾1000万字。《史记注译》全书分四大册，第一册为"本纪"和"表"；第二册为"书"和"世家"；第三、四册为"列传"部分。本书正文以中华书局点校本为底本，对底本的个别段落略有调整，对其排印上的差错及不准确的标点径作改正。本书编写的目的，在于帮助读者理解《史记》原文，对原文的真伪、史料的正误等问题，不作考证，只在注文中略加说明。本书注释广泛参考古今中外各家之注，择善而从。注目的选定以篇为单位，各篇之间，不避重复。本书虽全采简化汉字排印，但对易引起误会的专名，仍采用繁体字。原文使用的古体字和异体字，一律改为现行通用字体。通假字一律不动，但在译文中改用简体汉字。本书注文详明，通俗易懂，对历代注家所回避的偏涩词句，亦能说出注者意见，给人以启发。译文基本直译，力求信、达、雅兼备，以信为主。本书出版以来，颇受读者欢迎，不仅有助于初学者，对研究《史记》的人，亦颇有参考价值。

【史记选注讲】 张大可主编。是目前我国选篇最多的一部《史记》讲析选读本。虽系集体编写，但体例严整，把关严密，三审两通定稿，故如出一人之手。本书选文42篇，五体具备，占《史记》全书的十分之三。正文以中华书局点校本为底本，分段和标点略有变动之处。本书上册为"本纪"、"表"、"书"、"世家"部分，下册为"列传"部分。全书包括："序言"，简介司马迁和《史记》，"五体说明"，介绍五体特点及篇目；每篇分"题解"、"段意"、"简注"、"讲析"四部分。本书选文系统，能体现司马迁思想和《史记》做为通史之"通"的优点，能把司马迁的人格、风格的全貌反映出来。它具有以下特点：一、选文全面，包括政治、经济、军事、文化、天文、地理、人事、物事各个方面,体现了《史记》的体大思精;二、脉络清晰,并包含了司马迁述史段限理论,凡能体现司马迁思想的篇章均被选入;三、选文文、史并重,能把《史记》的全貌反映出来;四、突出了以人物为中心的特点;五、一律采用简化汉字,适用于不同层次的读者。本书讲析部分,紧扣正文,对正文的思想内容、历史过程、艺术风格、史料价值等方面逐层进行剖析,具有学术性和新见解。书前有张大可先生所写《序言》(司马迁和《史记》评介),较全面地分析了《史记》成书条件、体制内容、价值及司马迁在中国文化思想史上的地位和影响,有助于读者进一步了解司马迁和《史记》。本书1989年12月由山东教育出版社出版,印数1830套。

【司马迁】 吴季桓著。收入梁实秋主编《名人伟人传记全集》之110。台北名人出版社出版。本书分《世居龙门的司马氏》、《壮游东南是少年》、《侍从君侧为郎中》、《继承父业为太史》、《飞来横祸李陵案》、《巫蛊奇冤报任安》、《后记》、《年谱》等8部分,约9.8万字。取材除《汉书·司马迁传》,又采《史记》、《汉书》中"能反应《史记》写作背景"之材料加以补充。作者认为:"司马迁一生之际遇,影响最巨的就是他父亲司马谈之死及李陵案两件。前者使他矢志完成《史记》,后者则使《史记》能有今日所见之风貌。"司马迁于公元前145年生于长安东北的龙门(今陕西韩城附近),其父在汉武帝建元年间任太史令,是真正把他导向伟人伟业大道的关键人物。司马迁10岁随父到长安。他应该是考博士弟子员后被选为郎的。司马谈希望儿子继祖业为太史,故弥留之际把自己未完成的"论著"的任务交给司马迁,要他去完成,做第二个孔子。公元前108年,38岁的司马迁被任命为太史令,这是完成"论著"的先决条件。公元前104年,司马迁与壶遂等完成《太初历》后,即开始写《史记》,这年他42岁。作者认为:司马迁为李陵说话,正好触碰了汉武帝的隐痛和心虚之处。司马迁下狱是天汉三年(前98年),他所以决定接受腐刑留下这条命,是"为了对父亲的承诺及自己未竟之志"。之后,汉武帝似乎对司马迁感到一丝歉疚,因此,又把他调到自己身边做了中书令,是年司马迁50岁。《报任安书》写于征和二年(前91年)十一月,司马迁所以未向汉武帝给任安求情,他知道任安决无平反之可能。作者分析说:"父亲的遗命是他受腐刑后的余生赖以生存的精神支柱,而这个支柱的落实,就是全神贯注地去完成《史记》,这也等于告诉任安:现在的我,已不是单纯的我,我的生命就是《史记》的生命,二者结合为一体,已不是原来的我所能自主。为你'推贤进士',我很可能会因而丧命,虽然我可以为老朋友死,《史记》却不可以为你牺牲!"不久,他完成了《史记》,然后无声无息地离开了这个世界。作者认为:司马迁并没有诽谤汉武帝和那个时代。"只是他的愤恨,使他对事物的取角和见于或隐于文字之间的批判,难免加上个人的情绪化的色彩。"本书分析入理,见解新颖,文字通顺流畅,有插图20余幅,适合于不同层次的读者。

【历史的长城——史记】 李永炽编撰。台北时报文化出版事业有限公司出版。为《中国历代经典宝库》(青少年版)所选经典之一。李永炽,台湾大学历史系教授。本书为《史记》的改写本,它打破了"本纪"、"世家"、"列传"的分界,以历史发展为主题,抽离各篇中相关的事迹,重新组合而成。"不仅能体现出原著的精神,同时也能展现中国古代历史巨流的变迁与特色。"本书分10章(专题):一、传说中的圣王(尧舜的"天下为公"和夏禹治水);二、暴君与圣人(周之先世、商纣之暴虐和周文武的业绩);三、吴越之战(吴越对立、伍子胥报仇、句践灭吴等);四、秦的兴亡(秦始皇的出生、统一天下和秦的灭亡等);五、刘邦与项羽(陈胜起兵、项羽掌握领导权、刘邦入咸阳等);六、垓下之围(刘邦反击、项羽灭亡等);七、称帝行赏与功臣叛离(刘邦称帝,韩信的叛变与彭越、英布的末路等)八、掌握汉家天下的女人(立嗣问题、吕后称制等);九、新官僚与民众(汲黯和公孙弘、张汤,酷吏下的民众等);十、匈奴与汉武三将军(匈奴与汉的关系,李广、卫青、霍去病)。本书改写的原则是：1. 因对象是青少年和一般读者，故下笔浅白，有故事性；2. 改写本要求在15万字之内，故须做重点选择；3. 为避免与《宝库》中的《左传》、《战国策》重复，故舍去春秋战国时期的大部分，重点是秦汉的精彩部分。每章前有《小引》，表明本章用意，或作历史导引，或作人物分析。每章都表明出处，如《传说中的圣王》，标出资料出自《五帝本纪》、《夏本纪》。改写是以宏业书店点校本《史记》为蓝本。本书前有"文物选粹"插图20余幅，书中有情节插图，书后有编撰者所作《读司马迁与史记》一文和"原典精选"五例。目的在于使读者了解司马迁和《史记》及"牵引有心的读者，循序渐进，自浅而深"，"在举一反三、触类旁通之余，更能一层层走向原典，去作更高深的研究"，"为中国文化传香火于天下"。

【白话史记】　台湾14所院校60位教授合译。是一部"适用于一般有基本文化知识的大众"普及化的《史记》全译本。台静农先生在本书的《序言》中论述翻译的意义时说：《史记》"贯穿经传，整齐诸子百家，纂述了三代而下以至其当代史事，为我中华民族保存了纪元前千余年的历史文化，这一巨著，是先秦所有典籍无可相比的。作为一个中国人要了解自家的历史文化，必读《史记》。"故《白话史记体例》说："本书编译用心，并非代替原文《史记》。而是希望透过本书，有更多人有兴趣及能力研究原文《史记》，进而研究其他中国古籍。"表现了译者的良好动机。本书将《史记》130卷全部译出，译文117万字。"十表"，仅译表前序文及附录，其中《汉兴以来将相诸侯年表》（按，"诸侯"应为"名臣"），无序文及附录，翻译从缺。对《史记》中的后人所补之文，亦一并译出。本书为最早的《史记》全译本，译文流畅，富于文采，在大陆广为流传。虽然有些篇章的某些句子的翻译尚有商榷之处，但它毕竟是一部受群众欢迎的《史记》普及读本，对弘扬民族文化起了积极的作用。本书1979年初版于台湾。岳麓书社据1985年11月台湾"修订再版本"以简化汉字横排重印。文中添加了书名号，调整了某些篇章的分段。于

1987年3月第一次印刷，印数46000套。

五、现当代《史记》论著提要（下）
（1990—2000）

【**史记全本新注**】　张大可注释。三秦出版社1990年初版，1992年再版，2000年华文出版社重出，简称《史记新注》。全套精装4册，200万字。《新注》以阐明司马迁一家之言为宗旨，打破传统旧注的局限，将宏观研究与微观研究结合起来，创造了全新的注释体例，包括序论、五体说明、题解、段意、简注、简论等六项内容。"序论"，宏观评述司马迁其人其书，对《史记》全书结构、书法和史事内容作了轮廓的勾画。"五体说明"，对《史记》五体特点以及篇目系统作简明概说，写在每体篇目之前，评述《史记》编纂学。"题解"，加在每篇之前，将解题与题要结合起来，包括四个基本内容：一释篇题；二介绍传主；三提示篇旨；四作者意向。"段意"，对段落内容的概括，具有点题、剖析、归纳的作用，不是复述，而是对篇中史事内容作大段落的高度概括。"简注"，以简洁明快疏通原文语意为旨归，音、义、人物、地理、职官、典章制度、历史掌故，均用白话简释，一般不作引证，歧义只注一说。为求通达，难句加串译。"简论"，内容灵活，抒发见解，或评或论，补述史事，多择举篇中一二重点作画龙点睛式的评说，不求划一，有论则发，无论则省。六项注释体例，有机联系，相辅相成。每个单篇四项内容，"简注"微观考释，重点是疏通语意；篇前"题解"，篇中"段意"，篇后"简评"，三项前后呼应，点示义理。

《新注》体例在"史记界"，独树一帜，以"简"为最大特色，符合当今时代节奏。阐释内容有三大特点。第一，注疏以义理为重点，指导读者从宏观上把握，体察言外之意，真正读懂《史记》。《史记》难读，不在字面意义，而是言外义理，浅尝辄止，人人可读，愈是深入，愈觉难读。司马迁早有警言："非好学深思，心知其意，固难为浅见寡闻道也。"(《史记·五帝本纪赞》)《新注》从体例到内容紧紧把握这一重点，因而别具一格。第二，宏观研究融入注释，侧重探索司马迁思想，揭示出篇中精义。如《五帝本纪·题解》提示说："儒家经典《尚书》记事起于尧，宣扬仁德；司马迁推前至黄帝，是宣扬天下大一统。"篇末"简论"总括全篇旨意呼应说："轩辕氏'修德振兵'，统一了天下。《史记》开卷起自黄帝，寓意于颂扬大一统。《史记》所载三代天子，列国世家，忠臣义士，追祖溯源，皆归本于黄帝。中华民族皆黄帝子孙，这一观念就奠基于《史记》。《史记索隐》作者司马贞不明此旨，越俎代庖替《史记》补《三皇本纪》，可谓画蛇添足。"寥寥数语，指导读者读《史记》要全书关联，并辨正千年聚讼，揭示《史记》断限之本旨，理据充实，简洁明快，显示了宏观注疏的优势。第三，注文吸收古今人研究成果，用考论结合的方法融会贯通，极富时代神韵。如《周本纪》对西伯姬昌被囚羑里，"盖益《易》之八卦为六十四卦"句，新注云："盖，疑词，司马迁认为文王演《易》在疑似之间。据《易·正义》云：伏羲制卦，文王作卦辞，周公爻辞，孔子十翼。按，《易》为卜筮之书，但记载了许多殷周历史故事，以及许多自然界和社会变化现象、因果，包涵有朴素辩证法思想，非成于一时一人之手。据研究十翼成书于秦汉之际。"这段注文简约而义丰，融会了古今人对易的研究成果，对有关问题均做了交代，澄清了可能产生的误解，而且更证明司马迁记载的审慎和恰当，提示了读者要细心地理解原文。此外，《新论》以中华书局点校本为底本而作了全新的技术处理，将《史记》原文、司马迁在传中引用的文献、褚少孙补文、其他增窜文字、司马迁附记太初以后大事等项，均用不同字体区分排版，既保存了流传的《史记》定本，又还《史记》原本之真，提供读者以方便的参考。

【史记选注汇评】 韩兆琦编注。中州古籍出版社1990年出版。本书是编者将其旧著《史记选注集说》与《史记选注集说续编》二书归并、增删、修改而成的一本集前人研究成果和编者研究心得于一体的独具特色的《史记》选本。本书除具有《集说》的优点外，尚有以下特点：一、选篇：《史记》五体俱全，能反映《史记》全貌，代表司马迁思想的重要篇章都在，仍突出了其文学性。二、篇目：抽掉了《高祖本纪》等五个整篇和《陈涉世家》等三篇的部分文字。新增了《六国年表序》、《平准书》等七篇，由原来的28篇增至30篇。三、汇评：作了较多的补充与调整。如《项羽本纪》增补了李晚芳、李景星、钟惺、刘咸炘、钱锺书等人的评论1800余字，对项羽的评价更加全面；《陈涉世家》去掉了司马贞、刘知几对陈涉不应列"世家"的议论，换上了洪迈、汤谐有关评论陈涉首义之功及司马迁写该篇的功力等，使意境更提高了一个层次。四、总评：重新作了调整，由原《集说》的7000字增至16000字。去掉了叶盛等4人的评论，增加了郑樵、顾颉刚、梁启超等20余人的评述。如所增顾颉刚对司马迁系统整理我国史事、创定义例之功与梁启超对司马迁"一家之言"之见，皆有助于读者对司马迁和《史记》的理解。调整后的"总评"，可谓披沙拣金，尽选精要肯綮之论，皆为警句，如同诗眼，以见前人对《史记》研究之深、广度，亦可见编者用力之勤及愿望之良好。

【史记通论】　韩兆琦等著。北京师范大学出版社1990年出版。本书为高等师范院校函授教材，是论述司马迁及《史记》较全面、系统的著作。分六个专题：1.司马迁的时代与生平。同意司马迁生于汉景帝中元五年说，并有司马迁年表，便于了解司马迁的生平及那个时代的大事。2.《史记》的编修与规模体例。认为《史记》成为司马迁著作的专称始于东汉后期。司马迁发明的以人物为主体的历史学编撰方法，把我国的史学发展推进到一个新阶段。《史记》的下限大体终于太初年间，但有的篇章止于"麟止"（太始二年，前95年）。3.司马迁思想管窥。对司马迁的唯物思想、进步史观、政治理想、民族观、经济思想、文学观等方面都作了精当的论述。4.《史记》的文学成就。指出《史记》扩大了写人艺术的范围，从帝王至平民共记录4000多个人物，形象鲜明，富于感染力的有 100 多个。《史记》是一道悲剧英雄的画廊。《史记》有内在的韵律及外在的韵律，是"爱的颂歌，恨的诅曲"。5.《史记》对先秦文化的总结与继承。司马迁向往《春秋》的"素王事业"，"究天人之际，通古今之变，成一家之言"是他不想让《史记》成为一部单纯的史书，而要把它写成一部治国平天下、纲纪人伦的政治书、哲学书、百科全书。《史记》的编写，从《左传》得到启发，对《战国策》中的材料，司马迁做了许多发挥与改造。司马迁是集文、史、哲、经于一身的思想家，他的思想人格是先秦优秀士人思想人格的继承者、终结者。6.《史记》对后代文学的影响。《史记》是我国古代传记文学和传记体散文与小说的样板。唐宋八大家无一不受《史记》的影响。《史记》还是后代戏剧取材的宝库。本书分析周详，其《司马迁与先秦士风》一节，对司马迁思想人格的形成，挖掘尤为深刻。

【史记研究史略】　张新科、俞樟华著。三秦出版社 1990 年出版。本书是我国第一部对历代《史记》研究宏观概括的专著。张新科，陕西师范大学中文系教授，俞樟华浙江师范大学中文系教授；二人均系潜心研究《史记》的青年学者。本书共分十章。第一章指出：汉魏六朝是《史记》的传播和初步研究时期。司马迁的外孙杨恽是《史记》的第一个传播者。当时对《史记》的研究是补、续、辨、注和总评。第二章指出：唐代奠定了《史记》在史学和文学的地位。唐代最高统治者重视《史记》，修史以《史记》为榜样，确立《史记》为正史之首。这时形成了《史记》的"三家注"。唐代的古文运动，就是师法《史记》的文风。第三章指出：宋代始开《史记》评论之风，元代则以戏曲的形式把《史记》人物搬上舞台。第四章指出：明代是评论《史记》的兴盛期。凌稚隆的《史记评林》被称为研究《史记》的"渡海之筏"。这时的另一成果则是以《史记》和小说比较，探索其内在的联系。第五章指出：清代是研究《史记》的高峰期。研究的特点是对《史记》的文字、史实的考据和从艺术美学角度评论《史记》。第六章认为：清末至建国前为《史记》研究的承前启后的时期。此时有论文110多篇，专著几十部。第七、八章，论述了建国以后《史记》研究的全面丰收和台湾学者研究《史记》的状况。在大陆，全面丰收的标志是：研究领域的不断拓宽，研究问题的逐步深入，研究队伍的日益扩大，普及提高兼顾。出版专著100多部，学术论文1600多篇，对司马迁和《史记》做了广泛深入地探索。在台湾，40年来，发表论文400多篇，出版专著40多部。对《史记》和司马迁的学术思想的研究，都较深入。第九章，为外国《史记》研究概述。指出：欧美各国的学者对《史记》的研究取得了一定的成就，但要以日本为最。日本研究《史记》颇有影响的学者有100多人，出版专著680余种，论文几百篇。其研究《史记》最大的贡献是资料的整理。第十章，论述了《史记》研究开拓新领域，运用新方法，使《史记》研究走向世界的问题。本书对历代复杂多元的《史记》研究，加以系统整理，以27万字之约，使读者一览古今中外《史记》研究大势，表现了作者具有较高驾驭史料的能力。真可谓：脉络清晰，分期得当，见解独到，重点突出。

【历代咏司马迁诗选】 韩城市司马迁学会编，张天恩、冯光波选注。司马迁是我国古代伟大的史学家、文学家、思想家、世界文化名人，历代对司马迁与《史记》的歌咏赞颂之词甚多，编者从司马迁祠碑文、《韩城县志》、历代文籍中精心选择了近百首诗歌，编为一集，并作了注解。这些诗，或歌颂司马迁在史学、文学等方面的卓越成就，或称颂司马迁秉笔直书、不畏强权的治史精神，或赞扬司马迁上下求索不止的坚强毅力，或颂扬司马迁热爱祖国、热爱人民的赤胆忠心，如此等等，历代文人从各种不同的角度对司马迁的杰出成就作了高度评价和热烈颂扬。三秦出版社1990年11月出版。

【史记文学成就论稿】 可永雪著。内蒙古教育出版社1991年出版，全书八章，32万字。本书全面系统地抉发了司马迁写人艺术，堪称一部研究《史记》文学性的代表作。该书在继承的基础上创新，进行理论总结，下了很深的功夫。该书最大成就在两个方面。第一，从人物形象塑造角度抉发《史记》的文学性，不仅总结了系统的理论，而且作了大量的例证分析，结论令人信服。作者认为，司马迁具有文人和诗人的气质，对塑造人物的文学性有明确的认识，知道文学应该写什么，为什么写，以及怎么写。作者在例证分析中，总括司马迁在使用《尚书》、《左传》、《国语》、《战国策》等前代典籍文献时是怎样进行再创作的。作者从选择传主、提炼主题、剪裁取舍、类传和合传、互见法、增润生发、移甲作乙等七个方面分析司马迁在典型化方面的创造和贡献，提出了许多新见解，为进一步研究《史记》文学性开拓了一些新的研究起点。第二，对司马迁作为一代语言巨匠所获得的语言成就，作了全面系统的研究，达到了一个新的境界。本书2001年作者重出了修订版，更名为《史记文学成就论说》，内容有较大调整，突出了对《史记》语言成就的论说，行文更为简洁。

【史记辞典】　仓修良主编。山东教育出版社1991年出版，大开本精装一册，185万余字。本书是二十五史专书辞典之一。共收录《史记》原文中语词、人名、地名、民族、职官、著作、天文、历算、音乐、动植物以及器物典制、历史事件等16800余条（其中包括参见条2200余条）。作者38人，历时3年余，用力之勤，可以想见。辞典本着普及《史记》的要求，以适应中等以上文化水平的读者需要，将知识性、可读性与科学性结合起来，想方设法广泛采集资料，仔细辨析词义，释义力求简括、明白，语言流畅，是一本很适用的辞典。收词以中华书局点校本《史记》为准，在每条释文之后均用方括号〔〕括注中华本页码以备查。书末附录西周、春秋、战国、秦、西汉五个时期五幅全图，提供阅读《史记》参考。本书是研修《史记》不可缺少的工具书。

【史记人物辞典】 张克、黄康白、黄方东合编。广西人民出版社1991年5月出版。《史记》研究工具书。全书以《史记》中的人物为收词目的范围，共收词目6266条，计3775人。所收入词目的人物一律按人物主要活动所处的朝代为序进行排列，每条词目除了介绍人物的姓名、字号、生卒年月、身份、籍贯之外，还依据《史记》的记载，参考其他史籍，着重介绍人物的生平功过和主要事迹，但不作评论。对于有争议的问题，一般以司马迁的记载为准，但附上其他的引证材料进行必要的注释和说明，供读者参考。为了便于读者查阅原著，所有的条目在释文后面都注明人物在《史记》书中出现的卷别、篇名、页数。如同一人物出现在不同的卷页中，则列其主要活动事迹所在的卷页，其余从略。全书编排合理，释文准确，注意到工具书所要求的科学性、知识性和稳定性，是一部查阅《史记》人物的实用辞典。

【新编史圣司马迁剧选】 范明著。司马迁文学剧本。作者是中国人民解放军将军，1955年曾被授予少将军衔。素爱文学，尤推崇司马迁，著有文学与演出剧本《司马迁》和广播剧《史圣司马迁》。书中所收的就是这三个本子。作者写《司马迁》剧本的目的，就是想用传统戏剧，特别是秦腔戏曲的形式，把史圣司马迁的精神，通过艺术形象表现于舞台上，以期从中汲取有益的经验和教训。文学本《司马迁》写成于1979年，全剧共十场，依次是加冠训子、三河知遇、漫游受困、夷门访侠、三辩写史、廷议遭祸、三诬定罪、烈女救父、三死一生、毕生史成。演出本《史圣司马迁》写成于1982年，全剧共五场，依次是洛阳受嘱、史家门风、廷议遭祸、三诬定虽、卖女救父、忍辱负重。广播剧《史圣司马迁》写成于1983年，曾在全国各地广播电台广泛播放，持续十年之久。中央广播事业局还推荐参加了在西德举行的世界广播剧比赛，被译成英文、德文、瑞典文等在国外发表，剧本被收入中国广播出版社《广播剧选集》第2辑。1991年，作者委托杨志烈将三部作品编为一集，由陕西省艺术研究所印行。

【史记与中学古文】　宋嗣廉、赵国玺合著的《史记》与中学古文研究专著。吉林教育出版社1992年12月出版。全书共三大部分，第一部分阐述了《史记》与中学语文课本中先秦诸子、先秦史传、屈原《离骚》、汉初政论文等的继承和发展；第二部分阐述了中学语文课本中所选录的《史记》中的文学作品，同时介绍了《史记》的抒情特色、体例结构、实录与想像、人物描写手法，以及语言风格；第三部分阐述了《史记》对后世文学的巨大影响，重点分析了《史记》对后代史传、小说、诗词、戏剧的影响。把《史记》与中学语文教学结合起来加以研究，是本书最大的特点，既有学术性，也有实用性，对于促进和提高中学文言文教学，有十分积极的意义。

【太史公书研究】　赵生群著。作者为江苏南京师范大学中文系教授、文学博士，著作尚有《史记编纂学导论》等。全书收文15篇，主要内容是从文献学角度弄清楚《史记》文本的材料来源、起讫断限、编纂体例、亡缺续补以及司马迁生年、司马谈作史等问题。作者学风扎实，长于考辨，对每一个问题总是在汇集众多资料的基础上详加考证，对于矛盾现象则作精微深到的辨析，颇有创见。如《论史记记事讫于太初》一文，首先从"年表"及其他各体中列出内证，证明《史记》记事下限，并以确凿的证据细致辨析，证实凡涉及太初以后内容者均为后人所增。之后进而归纳为几点重要根据，分析《史记》不记太初以后事的原因，深入周密，令人信服。又如《论史记与战国策的关系》一文，首先提出两种有争议的观点：一是《史记》有关章节全取《战国策》；二是《战国策》部分内容取自《史记》。然后对这两种观点作了分析批评，通过对大量材料的比勘、统计，得出的结论是：《史记》采取的战国史料，有取自《战国策》者，而大部分资料与《战国策》有别，当是另有所据。这种平实可信的结论，受到了学术界的好评。书中其余各篇，也多如此，确是一部从文献学角度研究《史记》的力作。陕西人民出版社1994年6月出版。2000年，作者又增补了《从正义佚文考定司马迁生年》、《司马迁所见书五考》、《史记标题论》、《史记书法论》等文，题曰《史记文献学丛稿》，由江苏古籍出版社出版。

【史记文白评精选】 《史记》选译本，韩兆琦主编。吉林人民出版社1992年6月出版。这是一部大型《史记》作品选译本，选有百三十篇《史记》中的74篇，本纪、表、书、世家、列传五体中的名作几乎被包罗一尽。每篇作品除原文和翻译外，还附有前人对这篇作品的精彩评论，对于帮助读者理解作品颇有意义。

【史记精华导读】 《史记》选注本，中国旅游出版社1993年9月出版。杨燕起、阎崇东编著。目前《史记》的选本较多，但缺乏一种选择面较宽，同时又适宜于各个不同层次人们进行《史记》研习时所能应用的读本。本书的编写正是为了满足这一需要而设计的。全书不仅选篇多达54篇，而且有学习纲要和研读指导。其《史记学习纲要》是一篇全面评介《史记》的纲目性文字，它就有关学习和研究《史记》的一些基本问题向读者提供一个全面的印象，可以引导读者逐渐步入"研读"途径。目前任何一部关于《史记》的选本还没有提出这样的纲要。《史记研读指导》约13万字，对于《史记》130篇，每篇各写有约1000字左右的评介，说明该篇的主旨及其在《史记》中的地位，以及它的表现手法等。评介文史兼备，以史为主。选文不仅注意兼及《史记》五体，而且都是思想性和文学性较强的名篇，注释也以简明为原则，既能吸取众家之长，也能坚持自己独到的见解。

【司马迁史记名言录】 高巨成、冯学忠、薛万田编。陕西师范大学出版社1993年9月出版。《史记》是一座语言宝库，其中许多语言至今仍然在流传使用，具有强大的生命力。如"法者，天子所与天下公共也"、"燕雀安知鸿鹄之志哉"、"苟富贵，无相忘"、"王侯将相宁有种乎"、"先国家之急，而后私仇也"、"匈奴未灭，无以为家"、"国之将兴，必有祯祥，君子用而小人退;国之将亡,贤人隐,乱臣贵""家贫则思良妻,国乱则思良相""国虽大,好战必亡;天下虽平,忘战必危"等等,不仅语言精练,而且含义丰富,至今仍被奉为名言。本书以为国治政、经济生产、战争军事、人物评赞、道德修养、讥刺讽喻、史观哲理、学术其他等为标目,选择《史记》中的精言妙语,加以注释、翻译和说明,揭示出其中的深意,是很有意义的。

【司马迁祠碑石录】 李国维、张胜发编注。陕西师范大学出版社1993年9月出版。司马迁的祠墓建在其故里陕西省韩城市芝川镇东南的高岗上,最早是由西晋永嘉四年为汉阳太守的殷济建造的,以后屡经修葺、扩建,逐渐形成规模。历代来此瞻仰司马迁的文人墨客,留下了许多感人的碑文诗篇,加之每有修葺,定有碑文传载,所以至今在祠内保存的石碑,尚有50余通。如记载司马迁祠墓修葺历史的有1126年刻的《芝川新修太史公庙记》、1179年刻的《重修汉太史公墓》、1314年刻的《重修汉太史司马祠记》、1438年刻的《重修太史司马庙记》、1684年刻的《翟邑侯重修太史庙记原文》、1701年刻的《修庙记》、1722年刻的《重修太史庙》等;记载司马迁家世的有《汉太史公世系碑》、《故汉太史司马公侍妾随清娱墓志铭》、《太史公世家》等,凭吊司马迁的诗文有宋代李奎的《司马太史庙诗二首》、金代高有邻的《司马太史庙诗》、明代庞胜的《题汉太史司马迁诗》、叶梦熊的《谒太史公墓》、清代李因笃的《寄题子长先生墓》等。这些碑文内容丰富多彩,涉及面广阔,是学习和弘扬司马迁精神的好教材,也是研究司马迁生平事迹和思想的珍贵史料。作者将这些碑文诗篇全部抄录,汇为一集,并加以注释,对于人们了解司马迁祠墓的修建历史和研究司马迁的世系,都是有价值的。

【司马迁评传】 大型人物学术评传,张大可著。南京大学出版社1994出版,36万字。学术界已出版三种司马迁评传,本书是最大的一种,纳入匡亚明主编的200部"中国思想家评传丛书"中。全书10章58节,以《史记》成书为经,司马迁行状为纬的特别构思，用以反映司马迁与《史记》是不可分割的一体这一特点。十个章题序列如次：第一章，"故里、家世及少年时代"；第二章，"出仕与扈从"；第三章，"家学渊源与师承"；第四章，"司马迁之父司马谈"；第五章，"发愤著书"；第六章，"体大思精的历史著作"；第七章"史记的文学成就"；第八章，"司马迁思想"；第九章，"大一统时代的骄子"；第十章，"名山事业垂千秋"。第一至第五章，纵向勾画了从远古至汉代所积累的产生司马迁的人文历史条件以及司马迁创作《史记》的自觉意识；第六至第八章，按史学、文学、思想，三个方面总结司马迁事业的成就，揭示了这位文化巨人集文史哲于一身的丰富内容；第九至第十章，总结《史记》产生的主客观历史条件，回应全书，并阐明"史记学"的形成和发展，纵向勾画了司马迁及《史记》对后世的影响。本书从中国思想文化发展史的角度，突出司马迁的创造和个性，时间跨度上下五千年。也就是说，作者把司马迁放在中国五千年悠久文化思想发展史的大背景下来考察，思路开阔，宏观立论，符合唯物史观。十个章题的总体结构是一个纵向的时间序列，而具体章节内容，则描绘了若干个横断面，形成纵横交错的网络结构，做到舒展自如，回环照应，这就是"司马迁评传"的写作方法。行文考论结合，有评有传。对于诸多涉足的《史记》疑案，不是一笔带过从某说，而作了全新的细密考证，做出明确论断，自成一家言。总括地说，"评传"在动态中研究，在继承的基础上创新，具有个性鲜明、新义突出、总结得体三大特点，对如何写历史名人的思想评传，提供了一个成功的范例。

【千秋太史公】 吉春、知秋著司马迁传记体小说。未来出版社1994年1月出版。全书六章，第一章诞生龙门胜地，叙述司马迁的身世，谓司马喜以《周易》"君子以见喜则迁"之意，给司马迁取名为"迁"，外公杨鼎文给司马迁取字"子长"。第二章耕牧河山之阳，写司马迁在家乡跟随舅舅杨田农学习耕种，还结识了郭解。第三章漫游大江南北，写司马迁在乃父司马谈的安排下,年二十即游历全国。第四章任郎中显才华,写司马迁初入仕途就显示出不凡的才能。第五章惨遭李陵之祸,写司马迁因为李陵辩解而惨遭腐刑。第六章幽而发愤著史,写司马迁忍辱负重,完成了《史记》。全书以《史记·太史公自序》和《报任安书》所记载的内容为基本故事框架,细节方面颇多虚构,对于宣扬司马迁的事迹和精神,不失为一种有益的尝试。

【史记汉书比较研究】 史汉比较研究专著,韩国朴宰雨著。中国文学出版社1994年8月出版。全书五章,第一章绪论部分概述了《史记》、《汉书》比较研究的历史,以及作者的研究动机和研究方法;第二章先介绍《史记》、《汉书》异同现象出现的背景,然后分《史记》通变古今与《汉书》尊显汉室、《史记》兼尊儒道与《汉书》独尊儒术、《史记》兼顾民间与《汉书》倾向上层、《史记》感情移入与《汉书》不失客观四个方面考察《史记》、《汉书》所显示出的作者的精神倾向,同时分析了《汉书》各篇承袭《史记》的具体情况;第三章先论述《史记》、《汉书》传记文编纂体例上的特性,分通代与断代、本纪与纪等各体例,进行对比考察。然后从人物传记之各种独立、分合等形式着眼,用新方法将《史记》、《汉书》传记文分成八类,即世系中心型集体传记文、国事中心型个别传记文、人物中心型个别传记文、人物中心型合体传记文、事类中心型集体传记文、中外关系中心型族别传记文、叙传、附传,并作了具体分析;第四章着重从谋篇布局、人物刻画、事件描写、语言运用、主题呈现诸方面分析并比较了《史记》、《汉书》传记文的写作技巧。第五章是全书的结论。作者指出,《史记》和《汉书》"非但对韩国、日本等东方之学术有所影响,而且跟随东西文化交流,传播于西方,亦颇受重视,终于成为人类文化宝贵的遗产之一"。

【全注全译史记】 吴树平等35人合注。天津古籍出版社、国际文化出版公司1995年出版,大16开本,精装3册,580万字。本书作者阵容整齐,凝聚了历史学、考古学、文献学各界专家通力合作，开创了多学科协力攻关整理大型古籍的范例。本书注与译均用精练的白话文，合于信、达、雅的要求，将学术性与普及性结合起来，使本书具有参考与阅读的双重价值。译文流畅，可读性强，此为阅读价值，水平明显高于诸多的白话本《史记》。注释的最大特色是大量吸收了当代考古学成就印证文献典籍，清晰地勾画出古代中华文明的发展历程，大大地丰富了《史记》的内容，焕发出时代的青春。例如注者在《五帝本纪》中引用近年甘肃秦安县大地湾距今六七千年的新石器氏族公社的新资料，证明《水经注》等典籍记载的黄帝应是居于西方的氏族。颛顼是东方的东夷氏族，东西方氏族在融合过程中被编织在一个世系里。注者不是堆砌材料，而是融会贯通提炼出当今学术成就注释古史传说，具有很高的参考价值。本书各篇注释详略悬殊，水平参差。例如《平准书》"作业剧而财匮"句，无注，译文为"战事和兴建繁多，但物资匮乏"，不准确。这里讲汉兴以后，已无战事。"作业"，指"治生之业"，"剧"应释为"艰"。句译应为"生产停滞而物资匮乏"。成于众手，在所难免，不足以影响该书的整体价值。

【司马迁与史记研究论著专题索引】 徐兴海主编。陕西人民教育出版社1995年1月出版。全书分11个专题：一、司马迁与《史记》研究；二、司马迁思想研究；三行年、家世与祠墓；四、《史记》与他书的比较研究；五、《史记》体例；六、校刊、考证、增补；七、注释、译本；八、普及读本；九、《史记》各部分研究；十、《报任安书》与其他著述研究；十一、有关《史记》的非专门著作目录。共收录自《史记》流传以来至1994年10月间发表的论著4076条，其中介绍了日本的研究篇目500多条，介绍了韩国的研究成果，朝鲜人文集中相关研究内容，对港台学者的研究情况也作了详尽报道。本书"前言"经过统计，指出对"司马迁思想研究"的特点是：文学思想的研究论著数量最大；1978以后发表的数量占到总量的80%以上。在对《史记》各篇目研究论著数量分析之后指出：十二本纪中，研究得最多的是《项羽本纪》，研究得最少的是《孝文本纪》；对于"八书"研究得最多的是《封禅书》，最少的是《礼书》；"世家"中，研究得最多的是《陈涉世家》，但是还有4篇世家至今没有论文发表；"列传"部分，研究论著发表得最多的是《货殖列传》，没有研究论著发表的还有9篇。目前，有关《史记》研究的资料索引虽然已达40多种，而本索引仍不失为目前收集最全、又具有目录作用的一部很好的工具书。

【漫画史记】 魏连科、众辛主编，张文、王明信、魏连科等撰文，张安、张平、乔小乔等绘画。本书在普及《史记》的读物中，具有独树一帜的特点，是一部高雅的普及读物。全书16开本，5册，计1693页，画面6560幅。每幅画面均有一条节自《史记》内容的文字；有些画面还辅以人物对话，烘托画意。文图蝉联相接，除十表、八书难以用画面表现外，十二本纪、三十世家、七十列传，共112篇，全部用漫画的形式表现出来。本书具有以下几方面的价值：第一，《漫画史记》为《史记》以及"史记学"的普及树立了一座丰碑。《史记》是用文言文写成，全书52万6千余字，目前一般读者阅读原文尚有一定的困难，翻译成白话《史记》，字数膨胀到100多万，读完全书，仍不是一件轻而易举的事。《漫画史记》每幅2.3个人，解说文字最短的一条"鸿门宴"仅3字；最长的一条项羽分封135字。本书通过生动活泼的语言，幽默风趣的画面，把《史记》的内容全面的反映出来，使读者在艺术的享受中获得知识，悠闲轻松地领略了《史记》的风采，受到了《史记》的熏陶。第二，为漫画艺术的发展，开拓了一个广阔的新领域。漫画在20世纪五六十年代，多用于讽刺，只是打击敌人，批评落后，嘲笑丑恶。20世纪80年代以来，漫画逐渐普及，但仍以讽刺为主。《漫画史记》则是用漫画的艺术形式，传播中国优秀的传统文化，这是一个创新，也是一个大胆的尝试。由于漫画具有夸张的功能，所以能以简洁的画面表现深层的内容。本书的每一幅画面，都做到了构图严谨，笔法简练，线条流畅，不同人物的内心活动，通过面部表情和动作表现出来,加之版式新颖,分割别致,给人留下无穷的反思和回味。漫画的夸张、幽默,给《史记》注入了新意,《史记》博大精深的内容充实了漫画的生命。《漫画史记》必能产生深刻的影响,对中国传统文化,从新的角度进行审视,赋予时代意识,以便传播到现代青年中去。第三,流畅的解说语言,赋予《史记》新的时代精神。《漫画史记》的 6560 条解说文字,严格忠实于《史记》原著,均从《史记》内容中抽出,总计约 26 万字。解说能准确地概括《史记》的内容,与画面紧密配合,对《漫画史记》撰文者来说,实际上是一种再创作的过程。把《史记》彻底通俗化、白话化,更符合今天社会各阶层的需要。漫画的夸张艺术,配上点睛的文字解说,使故事立体化,透出故事的深层含义,引人入胜,发人深思。《漫画史记》获得了漫画艺术的探索和普及《史记》的两大成功,而且首发新意,更加难能可贵。本书河北教育出版社 1995 年 2 月出版,第一版印数精、平装各 3000 套。本书 1995 年 5 月由辽宁版权代理公司中介,韩国西海文集出版社购买了韩文版权,译成韩国文字出版,"为中国文化传香火于天下"。

【史记新探】　俞樟华著。民族出版社 1994 年 12 月出版。作者为浙江师范大学人文学院教授,所著尚有《史记研究史略》、《中国传记文学理论研究》等。全书分上下篇,上篇侧重研究《史记》的思想与艺术,分别论述了《史记》中的"太史公曰"、司马迁的法律思想、民俗观、司马迁和古代姓氏学、地名学的关系、司马迁在传记文学方面的杰出成就;下篇主要探讨《史记》的继承和影响,分别论述了《史记》对先秦史传、先秦诸子及屈原的师法继承和发展,论述了《史记》对《汉书》、《新五代史》、《三国演义》、《水浒传》等史传、小说以及古文家"三苏"、戴名世和戏剧的深远影响。张大可先生在《序》中称此书的学术价值有四点:一是关合天人古今的结构,自成一家言;二是求新求实的立言内容,填补了某些学术空白;三是宏观立论基础上的索隐发微,开拓了《史记》研究新领域;三是简洁流畅的语言,鲜明地反映了时代特色。

【史记与今古文经学】 《史记》与经学比较研究专著，陈桐生著。陕西人民教育出版社1995年7月出版。作者为广东汕头大学中文系教授、文学博士，所著尚有《中国史官文化与史记》、《道与中国文化》等。《史记》与今古文经学的关系，是《史记》研究中的重要问题。这种重要性不仅表现在《史记》的许多材料以及某些历史事件的评价来源于儒家经典，而且表现在经学深刻地影响到司马迁的宇宙观、历史观、政治观、文化观和人生观，影响到《史记》的整体构思。因此，全书具体研究了《史记》与《春秋》、《周易》、《尚书》、《诗经》及"三礼"的关系，分析了司马迁对儒家经典的基本态度和《史记》今古文经说对后世的影响。作者认为，在六经异传中，以《春秋》对《史记》的影响最为深刻；在《春秋》三传中，以《春秋公羊传》对《史记》的影响最为深刻；在治公羊《春秋》的公孙弘、胡毋生、董仲舒几家之中，以董仲舒的公羊学对《史记》影响最为深刻。司马迁对六经异传的态度，一是从六经异传取材，即在史料上"考信于六艺"；二是从六经异传取义，即以六经异传作为标准评价历史事件；三是对六经异传的文化精神进行整合，铸成一家之言，形成《史记》天道观、王道观和士道观三者统一的宏伟构思。

【司马迁经济思想研究】 韦苇著。陕西人民教育出版社1995年8月出版。作者为西北大学经济管理学院教授，所著尚有《中国经济管理思想史》等。全书七章，既理清了司马迁继承先秦思想文化，总结中国经济思想史上宏观治国与微观经营两大理论体系的思想源流关系，又中肯论述了司马迁本人经济思想的基本内容与理论体系，比较分析了司马迁的经济思想与同时代的汉武帝、桑弘羊等人分歧与各自的得失，揭示了司马迁"善因论"、"末致本守论"、"贫富莫夺"论、"治生之学"等经济思想对后世的巨大影响。对于古今学者研究司马迁经济思想的成果，作者也选择其中十多位颇有建树的学者，一一予以评介，指出了他们各自对司马迁经济思想发掘研究的独到之见，给予他们在司马迁经济思想研究史上的学术地位。全书最后对司马迁经济思想于当代市场经济的借鉴意义的发掘与阐述，也显得非常有价值。

【司马迁与地学文化】 霍有光著。陕西人民教育出版社1995年版。作者为西安交通大学人文学院教授、中国地质学会地质学史研究会常务理事。《史记》是一部百科全书，其中隐含着极为丰富的科技史方面的资料，而这方面的研究一直比较薄弱。作者首先论述了上古至汉武帝时代的地学文化成就，探讨了先民与自然的关系，揭示了那些留下姓名或没有留下姓名的圣人不断推动科学技术进步的史迹，展现并弘扬了古代丰富多彩的地学文化。

【司马迁的创造思维】 徐兴海著。陕西人民教育出版社1995年7月出版。全书十章，比较全面地研究了司马迁的创造思维。作者指出，司马迁思维的独特点在于"爱奇"，爱奇是一种求异思维，它推动着突破与创新，《史记》纪传体通史体例的建立、"太史公曰"评论形式的运用、史料的灵活处理，无不体现出司马迁在思维上的创造性。司马迁创造性思维的表现形式，大致有：一是以矛盾思维把握中华民族的文明发展史，以辩证的观点评价历史人事；二是以整体思维来把握思维对象的本质，从各部分的相互关联上认识思维对象。《史记》的整体思维比起《春秋》来简直是一个飞跃；三是依赖直觉思维来分析评论那些在当时条件下无法全部详尽地搞清楚的事情；四是司马迁的思维方式中有着明显的模糊思维的特点，这在天命问题上表现得尤为突出。至于形成司马迁创造思维的非智力因素，主要有顽强的个人意志、独特的知识结构和善于心理调节等。

【司马迁的教育思想】 杨生枝著。陕西人民教育出版社1995年8月出版。作者为陕西省教育委员会干部，所著尚有

《乐府诗史》、《三秦变迁史》等。本书是研究司马迁教育思想的第一部论著，作者认为，司马迁是一位杰出的教育思想家，他在《史记》中不仅记载了社会历史等方面的文化遗产，而且记载了汉武帝及汉武帝以前的教育史实，反映了他的教育思想和教育主张。《史记·儒林列传》虽不是一篇真正意义上的教育发展简史，其侧重点是学术发展史，但它第一次系统地记述了儒学教育及其活动、发展的演变历史，不仅记载了大量的教育史料，而且为教育之体系提供了一个基本框架，开创了我国正史记载教育活动的先例。从这个意义上来说，司马迁堪称为我国教育史传的奠基人。司马迁还充分认识到教育家在历史上的重要作用，创立了教育人物传记，高度肯定了"尊师重傅"的教育主张，突出了教育家们兴办学校、教授弟子、传授六经，以"统纪于后世"、整齐社会风俗的伟大贡献。所以说，司马迁教育思想是我国教育史上的一份宝贵遗产，《史记》中所反映的教育思想，是研究我国古代教育不可缺少的珍贵资料。

【司马迁与宗教神话】 张强著。陕西人民教育出版社1995年7月出版。作者为江苏淮阴师范学院学报编辑、文学博士，所著还有《再现人生的巨人》等。书中指出，司马迁宗教观的核心是天命观，在司马迁眼里，"天"主要有三层含义：一是自然之"天"，强调自然界的运行规律，不以人的意志为转移；二是"承天受命"之"天"，即天帝或上帝及神主宰着世间的一切，一切由天命来决定；三是义理之"天"，认为"天"是有"德"的，必须恭敬于天，借"天"发挥道德的威力或力量。司马迁的天命观从表层看是来源于宗教神学，从深层看则根植于神话的土壤之中。宗教信仰与神话传说有着血缘关系，强烈的宗教意识不但使司马迁对宗教神学采取了认同，而且上帝信仰祖先崇拜的混融使司马迁格外关注神话传说的形态。在其宗教观的统摄下，司马迁对神话传说的表述贯串着天命不可违的思想。司马迁是把神话传说当作历史来对待的。因为司马迁是宗教文化的支持者和肯定者，所以《史记》保存了许多早期道教萌芽时的原始资料，为我们研究道教在秦汉两代的萌发提供了第一手的文献。作者还认为，宗教神话对司马迁浪漫气质的形成具有极为重要的作用。

【司马迁民族思想阐释】　池万兴著。陕西人民教育出版社1995年8月出版。作者为西藏民族学院语文系教授，所著尚有《口才与权力的碰撞》等。全书分八个部分，全面论述了司马迁之前的民族、民族关系与民族观、司马迁民族大一统思想形成的内外原因、司马迁民族大一统思想的基本内容、司马迁首创民族史传的贡献、司马迁民族思想的主要意义和深远影响。作者认为，秦汉统一的多民族国家的建立以及空前的大统一局面的出现，无疑为司马迁民族大一统思想的形成，提供了最直接的客观基础；而乃父司马谈的大一统思想和作史的指导思想影响、司马迁壮游全国和出使边疆的社会实践等，则是形成司马迁大一统思想的内在原因。司马迁认真研究了我国历史上的民族和民族关系，批判性地广泛吸收了前人有关民族和民族关系的论述，又通过自己的实地考察和主观努力，第一次首创民族史传，详叙了各民族历史，并形成了其独特的民族思想，即认为中国境内各民族皆为黄帝子孙；主张民族等列；坚持民族统一，反对民族分裂；歌颂民族统一与融合；还从探求治国之道的角度详究了处理民族关系与经济发展的关系。司马迁这种大一统的民族思想不仅是前无古人的，而且对后世的政治、经济、文化、民族凝聚力等各个方面都产生了深远的影响。

【司马迁行年新考】　司马迁生平研究专著，施丁著。对于司马迁的生年，说法较多，比较合理的看法主要是两个，一是王国维《太史公行年考》提出的景帝中五年（前145）说，二是郭沫若《太史公行年考有问题》认定的建元六年（前135）说。作者赞成王国维的观点，并以此为准来编排司马迁的行年事迹，如认为司马迁南游的时间，应定在元朔三年比较妥当，至于南游的年数，"假定五年"也"不为过"。司马迁始仕为郎中，肯定在元狩年间，至迟在元狩五年；而"奉使西征"，"很可能始于元鼎六年春"。司马迁与李陵"俱居门下","可能始于元狩五年左右","估计约有十余年的关系"。司马迁受腐刑的时间,说法不一,以天汉三年为是。司马迁写《史记》"基本上讫于太初,个别文字写到天汉"。其《报任安书》的写作时间,则在"太始元年冬"。司马迁的卒年,当在"太始元年末"。书后还附有司马迁行年新考论著索引,以及王国维、张惟骧、张鹏一、吴敬之、李长之、施之勉、钱穆、郭沫若和日本学者桑原骘藏等人研究司马迁生年的文章,便于读者参阅。陕西人民教育出版社1995年8月出版。

【史记与中国文学】　张新科著。作者为陕西师范大学中文系教授、文学博士,所著尚有《中国古典传记论稿》等。全书十章,分别论述了司马迁的文学思想及其影响,《史记》与中国古典散文、古典传记、古典小说、古典悲剧、屈赋以及抒情文学、浪漫主义文学、民间文学的关系,肯定《史记》是中国文学语言的宝库。作者指出,司马迁在中国文学史上的贡献有两大方面:一是以自己的思想实践丰富了中国文学的宝库;二是他有明确的文学观点。第一,提出了"发愤著书"说,强调正直作家与现实的关系、文学与政治的关系;第二,从理论和实践上突破了儒家诗教的"中和"思想,强调"非中和"之美,对现实进行激烈批判,敢于表现自己的一家之言;第三,从理论和实践上始终把"人"作为文学的描写对象,而且注意到了下层人的活动,使文学真正的成为人的文学;第四,从理论和实践上重视了文学的特征及其作用,重视了文学家及其作品;第五,从理论和实践上把现实主义文学推向了一个新的阶段。《史记》是后代散文家学习的光辉典范,是古代传记文学的开创者,是古代小说的土壤和武库,是一部带有强烈悲剧色彩的作品,在中国古典悲剧史上占有重要的地位,并对后代悲剧产生了深远影响。陕西人民教育出版社1995年7月出版。

【司马迁与史记论文集】(第1辑)　陕西省司马迁研究会、秦始皇兵马俑博物馆编《史记》研究论文集。陕西人民出版社

1994年9月出版。全书收文50篇，其中研究司马迁的24篇，研究《史记》的26篇，作者主要是陕西省司马迁研究会的老、中、青会员，选题涉及到经济学、心理学、军事学、历史学、文学、民俗学、经学、语言学、地理学、医学等各个方面，研究领域比较宽广，许多文章不仅选题有新意，论述也很深入。张文立的《司马迁的人格及人格观念》、徐兴海的《司马迁对个性的认识及他的个性》、张新科的《毅力胜挫折，心血铸长城——从挫折心理学角度看司马迁的创造意识》、王士伟的《论司马迁的伟大史学人格》、陈兰村的《司马迁传记文学中的人格理想》、高益荣的《试论司马迁人格结构的成因》等论文，集中研究了司马迁的人格以及他的人格观念，这是以往很少见的。

【司马迁与史记论文集】（第2辑） 陕西省司马迁研究会和日本名古屋大学中国语学文学会编《史记》研究论文集。陕西人民出版社1995年7月出版。这是中日学者合著的第一部司马迁与《史记》研究论文集，收文37篇，其中有日本学者今鹰真的《史记中所表现的司马迁的因果报应思想和命运观》、樱井龙彦的《史记的构思和结构》、渡边幸彦的《史记中的"三段表现"》、杉山宽行的《读刺客列传——主题和变奏》、大田加代子的《史记中所见"辩"字之概念》等论文，也有中国学者霍松林、尚永亮的《司马迁天人观与思维方式论略》、朱本源的《试论司马迁史学的学科模式》、韦苇的《略论先秦儒道两家对司马迁经济思想的重大影响》、王成军的《修昔底德斯和司马迁史学思想之比较》、黄麟雏的《论史记反映的中国古代科学思想传统》、吴宏岐的《史记所见刘邦的军事地理思想》等论文。这是中日学者研究《史记》的新成果，也是中日文化交流史上的又一盛举，对促进司马迁和《史记》研究，具有重要意义。

【司马迁与史记论文集】（第3辑） 陕西省司马迁研究会和秦始皇兵马俑博物馆编司马迁与《史记》研究论文集。陕西人民出版社1996年10月出版。1995年8月下旬，"纪念司马迁诞辰

2140周年国际学术讨论会"在陕西师范大学举行,大会收到中外学者的学术论文百余篇,会后编辑了这本论文集。全书收文47篇,其中既有美国学者倪豪士的《一百年史记西洋翻译》、日本学者今鹰真的《关于史记的编次》、藤田胜久的《史记中纪年资料的利用》、青木五郎的《司马贞的史学思想》、小泽贤二的《史记正义单本何时传入日本》、韩国学者诸海星的《史记在韩国的译介与研究》等国外学者的论文,也有台湾学者阮芝生的《货殖与礼义——史记货殖列传析论》等。中国大陆学者的论文是主体,像宋嗣廉的《司马迁开放观探微》、杨燕起的《史记所表现的社会结构及人的主体性思想》、俞樟华和梅新林的《"究天人之际,通古今之变,成一家之言"新论》、陈桐生的《史记与民族文化精神》、赵安启的《史记中的建筑思想初探》、张强的《论封禅书对原始道教文化起源的实录》等论文,在选题或论述上,都不乏新意,值得重视。此书可谓《史记》研究史上第一部"国际"论文集,意义非常重要。

【史记的学术成就】 杨燕起著。北京师范大学出版社1996年7月出版。全书七章,第一章绪论,论述司马谈的历史贡献和司马迁的时代,认为撰著《论六家要旨》,总结先秦以至汉初学术;提出编写《史记》,并为此积累了资料及撰就部分篇卷;对司马迁的成长进行了有意识的严格培养和思想上的重要教育,这是司马谈的三个贡献。第二章指出,《史记》是我国历史上的第一部通史,它第一次理出了中国古代历史发展的基本线索,确立了以炎黄为始祖,历经唐、虞、夏、商、周、秦、汉的历史不断延续的见解,成为后来形成的正统思想的基础,《史记》在我国古代文化的发展史上具有极其光辉的地位。第三章论述《史记》的体例,司马迁开创了我国历史上纪传体的史书体例,这不只是一个史书记载形式问题,它主要是表现了司马迁对于他所记述的时代的社会结构及其内部联系与发展变化,和各种人物、事件、典制等在社会历史中所处的地位,及其给予历史以影响的性质与作用的认识。第四章论述司马迁的哲学思想,认为司马迁在对董仲舒思想理论的批评中，形成了自己的唯物主义哲学思想。第五章论述司马迁的政治思想，认为司马迁的政治思想，具有浓重的时代特色，表现了地主阶级上升时期，对历史和现实认识中的勇于进取，积极向上的精神和气魄，代表了封建统治阶级中比较开明的，有政治远见的，有长远思虑的一部分人的意志。第六章论述司马迁的历史思想，认为通、变、理、势四个字，可以概括出司马迁的历史思想。第七章论述司马迁的经济思想，认为司马迁的经济思想是进步的，是站在他那个时代的思想波峰上的。全书最后还概述了历代研究《史记》的基本成果和发展历史。

【史记与现代文明】 刘永康编著，是为张振德、黄葵主编的《名著精华的现代应用》丛书中的一种。四川人民出版社1996年5月出版。全书将《史记》的有关片断分为民族之魂、改革之路、经商之道、道德之美、谋略之窗、管理之术、用人之法、教育之方、天人之际九个专题，作者从现实社会生活的实际、"实用"需要出发，用现代的观点对《史记》中的这些名段名句加以注释、翻译、评析和实例应用说明，提出了一些全新的、有借鉴意义的思想观点和方法，不仅使《史记》作品让人一看就懂，而且能使读者更好地认识《史记》的应用价值，从中得到启发、借鉴。比如"民族之魂"部分所选择的《史记》片断以及评析与应用文章，可以帮助读者明了什么是中华民族精神：《大禹治水》、《名医传道》讲的是自强不息的奋进精神；《忧患意识》、《眷顾楚国》、《国而忘家》讲的是关心社稷的爱国精神；《鸿鹄之志》、《耻食周粟》、《殉国之急》、《尽哀李广》讲的是追求崇高的人格精神；《捐弃前嫌》、《趋车归魏》、《厚德载物》、《数成于三》讲的是团结精神。作者除了要让读者明白什么是我们的民族精神之外，还力图说明，怎样根据时代的发展变化，赋予民族精神以新的内涵，使中华民族的民族精神得到真正的弘扬。它如秦始皇"焚书坑儒"历来都是受到谴责的，作者却要读者从另一方面得到启示：任何重大历史变革都会遇到各种阻力，要想推行改革，就不能害怕退缩，只有采取坚决果断强硬的措施排除来自各方面的干扰，改革事业才能顺利进行。周亚夫治军的严谨、严肃、严格，为我们各级干部抓政策法令的执行提供了借鉴；孙子依法斩了吴王的两个爱姬，李离失职伏剑自刎，石奢代父服刑，这是古代执法如山的典刑，今天我们反腐倡廉，严肃查处各种违法乱纪案件，就要有孙子的气魄，李离的勇气，石奢的决心。如此等等，全书从密切现实的角度来阐释《史记》，观点新颖，令人耳目一新。

【史记名篇述论稿】　　《史记》赏析著作，陈桐生著。汕头大学出版社1996年1月出版。作者在前言中指出，《史记》的最大价值在于它体现了中华民族在结束分裂重新走向统一的历史过程中所形成的那种特有的刚健笃实、自强不息的文化精神。如果说《史记》是中华民族的伟大史诗，那么刚健奋发的文化精神就是这部史诗的内核，而传神写意、精于取材、运用富于感情色彩的自由畅达的语言则是这部史诗在形式上值得注意的几个要素。以此为标准，作者选取《项羽本纪》、《陈涉世家》、《留侯世家》、《魏公子列传》、《廉颇蔺相如列传》、《屈原列传》及《报任安书》等16篇最能表现中华民族精神，又能体现《史记》文学成就的篇章，作了注解和详析。作者写作的重点是在论述上，每篇分析文章实际上就是一篇专题论文。不仅剖析深入细致，而且敢于破旧立新，提出自己的一家之言。比如张良功成身退的问题，传统的观点或视为品质超脱，或以为是躲避吕氏之乱，作者则认为这是张良的生存之术，是从黄老用世哲学出发的一种理性行为。有些论者过分地夸大了《伯夷列传》在《史记》中的分量，从而得出司马迁否定天命的结论，作者认为这不符合实际，司马迁是在一种愤世嫉俗的怨愤心态中写作本篇的，他并没有将这种疑圣问天的理性精神贯彻到底，并没有彻底推翻他自己原有的价值体系。此类睿见，书中尚可举出许多。

【史记十二本纪疑诂】　　《史记》考证著作，张家英著。黑龙江教育出版社1997年9月出版。作者为哈尔滨师范专科学校中文系教授,所著尚有《屈原赋译释》、《归有光散文选集》等。本书以《史记》"三家注"与日本学者泷川资言《史记会注考证》为基础,侧重对《史记》十二本纪中的疑难语词进行具体训释。凡是上述书中所无者诂之,误者正之,不足者补释之。所诂者重在语词,间及语句,共释疑难语词二百多个。另有附录两篇:《史记十二本纪标点举误》列举标点、句读问题75例;《读读书杂志·史记杂志札记》提出异议的语例10条。

【史记精言妙语】 张大可著。《史记》语言学论著,中州古籍出版社1999年出版。本书共收《史记》精言妙语、妙事、典故1010条,按内容分为38个类目,全书65万字。类目按主题拟出二字标题,38个类目序列如次:一、箴言;二、古谚;三、歌谣;四、讽喻;五、学识;六、游踪;七、哲理;八、修身;九、处世;十、交友;十一、世情;十二、立名;十三、发奋;十四、果决;十五、爱国;十六、明君;十七、雄主;十八、良臣;十九、任贤;二十、人才;二一、为政;二二、民本;二三、妇女;二四、礼;二五、刑法;二六、政治;二七、货殖;二八、策谋;二九、兵略;三十、良将;三一、战阵;三二、昏暴;三三、奸佞;三四、革命;三五、形势;三六、民族;三七、成语;三八、序目。司马迁集思想家、历史家、文学家于一身,政全书类目思想、史事、文学的序列构建,用以反映《史记》一书的内容特色,突出司马迁一家之言。三十八"序目"为"太史公自序",《史记》一百三十篇内容提要,与类目前的序论"司马迁传略"相发明,勾勒司马迁一家之言的轮廓。条目内容由政、译文、评点三部分组成。正文摘句,以中华书局1959年点校本为底本,另行括注卷目及页码以备检索。译文以直译为主兼条意译,使行文流畅。评点,首句多指出词目始出处。精言妙语,用"语出某篇";精言妙呈,用"事出某篇";成语典故,用"典出某篇",加以区分。该书条目采择精审,语译信达,评点中肯,雅俗共赏,是一部开拓了《史记》研究领域的好书。

【史记文献研究】 张大可著。民族出版社1999年出版。全书33万字。内容由三个部分组成。第一部分,"序论—二十世纪的《史记》研究与文献价值",回眸20世纪"史记学"的发展与成就。第二部分,正文八章,系统用释了《史记》的文献依据与价值。第三部分,论文七篇,属于《史记》侧重文献的专题研究。作者在本书中探索了《史记》成书的历史环境与文献依据,对《史记》疑诸如"太史公"释名、《史记》断限、残缺、补窜等问题首次引入数据统计分析研究,是该书的一大特色。《史记》体制、《史记》取材、《史记》又例,以及司马迁的历史观,提出个人所见。在《史记》流传的深题讨论中,勾画了《史记学》发展的历程和文献价值。该书扣紧《史记》一书文献种种问题展开研究,以《史记文献研究》为课题,在一定程度上是《史记》研究领域的一个开拓,颇受学术界注目。

【太史公书校读记】 李人鉴著。作者为江苏扬州大学中文系教授。对于《史记》的校勘考订,前人已做了大量工作,取得了很大成果,但是由于历史条件的限制,目前通行的版本仍有不少讹误之处。此书力求从汉代语言现象及司马迁撰述体例等多方面探索《史记》本来面目,并是正文字上的衍脱讹误。作者不仅指出了《史记》正文被后人窜改的事实,而且纠正了《史记集解》、《史记索隐》、《史记正义》存在的谬误以及中华书局点校本存在问题,用力很勤,新见颇多。作者为了完成这部巨著,从1936年就开始搜集材料,着手撰写,至1985年才挂笔定稿。除此书外,作者还撰写了《史记十表考证》、《史记语法概要》、《史记索隐单行本校读记》、《司马子长年谱》四部书稿,目前暂未出版。甘肃人民出版社1999年出版。

【司马迁政治思想通论】 朱枝富著。延边大学出版社1999年8月出版。全书五章,41万字。在综合分析司马迁与《史记》的基础上,对司马迁继《春秋》撰史、对汉兴以来思想家的继承和发展、"成一家之言"、撰史宗旨、政治思想体系,以及司马迁的爱国思想、德治思想、刑法思想、人才思想、经济思想、民族思想、变革思想、功业思想进行了深入探讨，并将司马迁与司马谈、司马光政治思想进行了比较研究，对司马迁著黄帝于《史记》之首，写公孙弘、张汤，写汉武帝用人、征伐匈奴，司马迁对腐败风气的批判等作了具体剖析。书后还附有司马迁政治思想研究论文目录。作者认为，司马迁是中国古代伟大的政治与思想家，他的政治思想是十分杰出的，在中国古代史、政治史、政治思想史上具有非常重要的历史地位。全书对司马迁的政治思想作了多视角、全方位、系统性的综合研究，弥补了以往司马迁政治思想研究零散而不系统的缺憾。

【司马迁经济思想通论】 朱枝富著。作者为江苏盐城市委干部，所著尚有《司马迁政治思想通论》等。全书五章，43万多字，比较系统地论述了司马迁的经济思想，在综合分析司马迁在《史记》中撰写的经济史传的基础上，对司马迁经济思想中的经济发展思想、经济人才思想、经济管理思想、富民治国思想、财政经济思想、经济地理思想、义利并重思想、本末并重思想、均输平准思想、货币经济思想进行了深入的探讨，并将司马迁的经济思想与桑弘羊、班固的经济思想进行比较研究，对历代司马迁经济思想的研究成果作了评述，对司马迁的经济史传逐篇作了注释、翻译、评价，书后还附有历代对司马迁经济史传与经济思想研究的论著目录。作者认为，司马迁是中国古代伟大是经济思想家，他的经济思想是十分杰出的，在中国古代史、经济史、经济思想史上具有非常重要的历史地位，产生了深远的影响。作者建议，第一，对司马迁的《史记》问世以来两千多年来的有关司马迁经济思想研究资料进行收集、整理汇集，系统编出研究参考丛书，以资后人在此基础上把司马迁经济思想的研究向前推进；第二，对司马迁经济思想进行深入系统的研究，对司马迁经济思想的形成发展，对后世的影响，作系统的考察分析，写出司马迁经济思想的研究专著；第三，对司马迁经济思想研究中的薄弱点进行深入研究，如司马迁经济思想在中国经济思想史中所占的地位，司马迁经济思想与司马迁其他思想的关系，司马迁经济思想的形成，司马迁经济思想与汉武帝的现行经济政策的关系等等，都需要作深入的研究。延边大学出版社1999年8月出版。

【史记八书与中国文化研究】 《史记》八书研究专著，徐日辉著。陕西人民教育出版社2000年9月出版。全书分八书的题名、八书的序列、八书的旨意、八书的重构与扩展、八书产生的历史条件、八书对中国文化的直接影响、八书的历史地位等七个部分，共24万余字。作者认为，《史记》八书依《八政》而作，其数"八"却源于《周易》的八卦哲学。八书的内容上符四时八位天下纲纪，下合微言大义古今之变，是记载朝章国典的经典。从《汉书》十志起，史官们将八书的内容和名目，依据当时政治形势和社会需要的限制，予以重新构建变化为新的序列组合；在重新组合的同时，又不断地将八书未曾涉及的内容广为扩展，成为一部部各领风骚的新书志。八书作为八门文化专史，是在继承和吸取汉代以前诸子百家的精华而成的，同时也对后代政书、方志和科技文化的发展有着很大影响。对八书的研究，从汉代的扬雄就已开始，但是对八书与中国文化作集中专门的论述，本书是第一部。

【史记与中国农业】 惠富平著。陕西人民教育出版社2000年9月版。全书分《史记》与五帝三代原始农业、《史记》与春秋战国传统农业、《史记》与秦汉农业经济管理、《史记》与秦汉农田水利及农业区域、《史记》与秦汉农业生产、《史记》与传统农学等六个部分，共21万字。司马迁没有关于农业问题的专论，《史记》中有关农业的材料比较零散，但其分布十分广泛，本纪、世家、列传、八书以至年表中都随处可见农业问题。这些材料有些已见于前代文献，司马迁将之重新加以运用，融入自己文章的意境之中。还有很多关于农业的文字和农学概念首先出现于《史记》之中，有的是司马迁所总结或概括出来的，包含着作者的对农业问题的见解。全书依据《史记》所反映的历史时段，结合农业的发展规律，首次将《史记》研究与农业史研究结合起来，对《史记》中的农业史料进行了系统梳理，揭示了司马迁的农业经济思想及其在一些重要农学问题和农业文化问题上的认识与创造，极大地丰富了《史记》研究的内容，开辟了《史记》研究的新领域。

【司马迁与中国天学】 司马迁天学研究专著，吴守贤著。陕西人民教育出版社2000年9月版。作者为中国科学院陕西天文台研究员。全书分绪论、历法改革、司马迁的恒星体系、对日月行星运行规律认识的前科学时期、特殊天象的"常"与"变"、论天文学家司马迁六个部分，近14万字。作者认为，司马迁对天文学的伟大贡献是：第一，司马迁发现了五大行星的逆行现象，进而描述了五大行星在一个会合周期内完整的位置动态表。第二，司马迁对五大行星分别进行了一个会合周期内的观察，并记录了它的规律，为后人提供了一份非常宝贵的资料。第三，司马迁发现了月食发生周期中的一种周期。第四，司马迁编制了包含五百二十二颗恒星的星表，从其他文献得知，司马迁并不是中国编制恒星星表的第一人，但其保留原貌的原始资料却是第一本。第五，司马迁给人类保存了一部完整的古代历谱。第六，司马迁翔实的观察记录，为后世天体物理的研究提供了极为宝贵的、不可取代的资料。第七，司马迁对太阳系的各种天象的观察和记录，在当时技术的条件下是非常完善的。所以说，"司马迁绝不愧为一位伟大的天文学家，应该在中国天文学史册中，占据比现在更为光辉的地位"。

【史记与中国古代建筑文化】 赵安启、王宏涛著。陕西人民教育出版社2000年9月版。全书分《史记》中的城邑、《史记》中的宫殿、《史记》中的礼制建筑、《史记》中的苑囿、《史记》中的陵墓、《史记》中的军事建筑及道路、桥梁、《史记》中的建筑思想等七个部分，共20万字。作者认为，司马迁在撰写《史记》的过程中，相当重视记述和评价各个历史时期的重要建筑活动和主要城邑及著名的建筑物，对中国古代建筑文化的发展做出了重要贡献。一、司马迁记述了我国古代社会前期建筑文化发生发展的历史。这些记载，可以使我们梳理出先秦和秦汉时期中国建筑文化发展的基本线索。二、司马迁以历史学的深邃眼光详细地记载了不少关于城市选址、城市规划、建筑设计、建筑装饰等方面的思想观念，并发挥了建筑规划和设计思想。三、司马迁记载和评价了中国古代"侈靡"与"节俭"两种对立的建筑观，促进了建筑节俭传统美德的形成。全书对《史记》所记载的各类建筑进行了较为系统地阐述，探讨了这些建筑所蕴含的中华民族独特的审美情趣和思想观念，探讨了传统建筑与古代社会的政治、经济、军事和文化之间的内在联系，是研究《史记》与古代建筑文化方面的第一部专门性著作。

第二辑　史记论著索引

一、古代《史记》论著索引（清代以前）

史记集解/宋（南朝）·裴骃/存三家注中
史记索引/唐·司马贞/存三家注中
史记正义/唐·张守节/存三家注中
班马异同三十五卷/宋·倪思/存
班马异同评/宋·刘辰翁/存
迁史删改古书异辞十二卷/宋·倪思/存
黄氏日钞·史记/宋·黄震/清刻本
习学纪言·史记二卷/宋·叶适/中华书局本
班马字类五卷/宋·娄机/存
订正史记真本凡例一卷/宋·洪遵/学海类编本
史记法语/宋·洪迈/存
史记辨惑十一卷/宋·王若虚/四部丛刊本
史记扁鹊仓公传补注三卷/明·张骥/明刊本
史记题评一百三十卷/明·杨慎/明刊本
史记考要十卷/明·柯维骐/明刊本

荆川先生精选批点史记/明·唐顺之/明刊本
史记评钞九十一卷/明·茅坤/明刊本
归震川评点史记/明·归有光/清刊本
史汉古字二卷/明·朱睦
监本史记一百三十卷/明·余有丁/明刊本
太史史例一百卷/明·张之象/明刊本
史汉愚按四卷/明·郝敬/明刊本
史记琐琐/明·郝敬/明刊本
史记辑评十卷/明·邓以赞/明刊本
史记评林一百三十卷/明·凌稚隆/明刊本
百大家评注史记十卷/明·朱之蕃/明刊本
史汉方驾三十五卷/明·许相卿/明刊本
太史华句八卷/明·凌迪知/明刊本
史记鸿裁十二卷/明·穆文熙/明刊本
史记赛宝/明·陶望龄/明刊本
史记三注评林六卷/明·赵老皋/明刊本
史记纂要文统五卷/明·王思任/明刊本
陈仁锡评阅史记一百三十卷/明·陈仁锡/明刊本
史记奇钞十四卷/明·陈仁锡/明刊本
史记萃宝评林三卷/明·焦竑/明刊本
史记合编题评/明·茅一桂/明刊本
史记癖嗜一卷/明·郑惟岳/明刊本
史觿/明·谢肇浙/四库全书本
史记旁训便读八卷/明·郑惟岳/明刊本
评选史记玉壶冰八卷/明·汤宾尹/明刊本
静观室增补史记纂六卷/明·李廷机/明刊本
史记珍抄五卷/明·张溥/明刊本
读史记翘二卷/明·施端教/明刊本
史汉合钞十二卷/明·刘宗周/明刊本
史记统五卷/明·童养正/明刊本
史记测义一百三十卷/明·陈子龙、徐孚远/清刊本

史记汇评一百三十卷/明·葛鼎、金蟠/明刊本

史记文钞二十二卷/戴羲/明刊本

读史记五卷/明·赵维寰/明刊本

孙月峰先生批评史记一百三十卷/明·孙𬭼/明刊本

史记狐白六卷/明·汤宾尹/明刊本

史记神驹四卷/明·梅之焕/明刊本

史记评论一卷/明·黄淳耀/明刊本

史记集评善本一百三十卷/明·朱东观/明刊本

史记选/清·储欣/清刊本

义门读书记·史记/清·何焯/清刊本

史记注补正/清·方苞/清刊本

史记评语/清·方苞/四部重刊本

读史记/清·方苞/四部丛刊

读史记/清·何焯/光绪重刊本

史记论文一百三十卷/清·吴见思/清刊本

史记半解/清·汤谐/清刊本

读史记十表/清·汪越、徐克范/清刊本

史记七篇读法/清·王又朴/清刊本

史记疑问/清·邵泰衢/清刊本

史记评注一百三十卷/清·牛运震/清刊本

史记榷参/清·王治皞/清刊本

史记考证七卷/清·杭世骏/清刊本

史记三书正讹三卷/清·王元启/广稚书局本

史记商榷六卷/清·王鸣盛/商务馆排印本

史记札记三卷/清·赵翼/商务馆排印本

史记考异五卷/清·钱大昕/商务馆排印本

史记阐要/清·邱逢年/北京图书馆藏抄本

史记测义举隅/清·邱逢年/清刊本

史记辑评十卷/清·邵晋涵/上海会文堂书局本

史记杂志六卷/清·王念孙/金陵书局本

史汉笺论/清·杨于果/清刊本

史汉钞/清·高塘/清刊本
史记志疑三十六卷/清·梁玉绳/中华书局本
史记志疑识疑四卷/清·钱馥/清刊本
史记蠡测/清·林伯桐/修本堂丛书本
史记疏正/清·沈钦韩/清刊本
史记菁华录六卷/清·姚苧/清刊本
史记发伏五卷/清·洪亮吉/清刊本
史汉骈枝一卷/清·成孺/广稚丛书本
史记三家注补正八卷/清·瞿方梅/清刊本
史记琐言三卷/清·沈家本/清刊本
读史记札记/清·潘永季/昭代丛书本
读史管见/清·李晚芳/1937年师古堂影印本
史记辨证十卷/清·尚镕/清刊本
史记余论/清·丁晏/清刊本
史记集说/清·程余庆/上海交通图书馆印行本
史记别钞/清·吴敏树/清刊本
校刊史记集解索隐正义札记/清·张文虎/中华书局本
史记札记五卷/清·郭嵩焘/商务馆本
史记札记二卷/清·李慈铭/北平图书馆印刷本
楚汉帝月表/清·吴非/二十五史补编本
天官书考证十卷/清·孙星衍/清刊本
点勘史记读本一百三十卷/清·吴汝纶/清刊本
史汉求是/清·杨琪光/清刊本
读史记臆说/清·杨琪光/清刊本
史记私笺/清·鹿兴世/清刊本
史记解诂/清·吴国泰/清刊本

附：亡佚书目
史要/东汉·卫飒/佚
史记音义一卷/东汉·延笃/佚
史记章隐五卷/东汉·无名氏/佚

龙山史记注/东汉·张昶/佚

史记钞十四卷/晋·葛洪/佚

史记要集二卷/晋·王蔑/佚

史记正传九卷/晋·张莹/佚

史记音义十二卷/宋·徐广/佚

史记音义/梁·邹诞生/佚

史记音解三十卷/隋·顾柳言/佚

史记注一百三十卷/唐·许子儒/佚

史记音三卷/唐·许子儒/佚

史记名臣疏三十四卷/唐·窦群/佚

史记音义二十卷/唐·刘伯庄/佚

史记地名二十卷/唐·刘伯庄/佚

史记注一百三十卷/唐·李镇/佚

史记义林二十卷/唐·李镇/佚

续史记一百三十卷/唐·韩琬/佚

史记注一百三十卷/唐·王元感/佚

史记注一百三十卷/陈伯宣/佚

史记注一百三十卷/唐·徐坚/佚

史记纂训二十卷/唐·裴安时/佚

史记注一百三十卷/宋·姚宽/佚

史记考十卷/宋·徐邦宪/佚

太史公注一百三十卷/宋·高文虎/佚

史记注一百卷/金·萧贡/佚

史记音辨/元·周京/佚

史记评抄四十卷/明·董份/佚

史记详节/明·祁承㸁/佚

史记宝镜/明·陆基仁/佚

史记钞/明·沈科/佚

史记辑评参补二十四卷/明·陈祖苞/佚

史记钞/明·张次仲/佚

史记钞/明·沈维镜/佚

二、近代《史记》论著索引（1905—1949）

太史公行年考/王国维/收入观堂集林
史记探源八卷/近·崔适/中华书局本
史记达旨/近·魏元旷/潜园类编本
太史公书义法/近·孙德谦/四益宧刊本
史记订补/近·李笠/横经堂刊本
史记旧注评议/近·王骏图、王骏观/正中书局本
史记通论/近·杨启高/清山阁刊本
史记读法/近·梁启超/清华周刊丛书本
史记货殖传新铨/近·潘吟阁/商务印书馆本
太史公疑年考/近·张惟骧/小双寂庵刊本
史记货殖列传新义/近·梁启超/1917年商务印书馆印行
史记意/近·齐树楷/四存中学排印本
太史公书知意/近·刘咸炘/尚友书塾刊本
史记选注/近·胡怀琛/商务印书馆本
史记拾遗/近·林茂春/北图藏稿本
史记举要/近·高步瀛/和平印书局版
史记评议/近·李景星/岳麓书社重校本
史记释例/近·靳德峻/商务印书馆本
史记新论/近·施章/北新书局本
史记会注考证驳议/近·鲁实先/岳麓书社重校本
太史公年谱/近·张鹏一/关陇丛书本
太史公书亡篇考/近·余嘉锡/收入《余嘉锡论学杂著》
司马迁年谱/近·郑鹤声/商务印书馆本
史汉研究/近·郑鹤声/商务印书馆本
史汉研究法/近·陈衍/无锡国学专修学校印行本
史记新校注稿二百六十五卷/近·张森楷/稿本
史记通论/近·李则纲/商务印书馆本

史记纪年考/近·刘垣/商务印书馆本
史记丛考/近·李奎耀/天津商科职业学校合订本
史记考索/近·朱东润/开明书店本
论司马迁的历史学/近·翦伯赞/上海《中华论坛》二卷三期
　1946年出版
司马迁之人格与风格/近·李长之/三联书店重印本
史记精华/近·秦同培/世界书局本
史记选注/近·庄适等/万有文库本
史记及注释综合引得/近·燕京大学/燕京大学出版

三、现当代《史记》论著索引（1950—2000）

司马迁/季镇淮/上海人民出版社1955年版
司马迁的故事/阳胡/古典文学出版社1955年版
史记选读/王邻苏/春明出版社1956年版
史记故事选/瞿蜕园/上海文化出版社1956年版
史记选注/张友鸾等/人民文学出版社1956年版
史记选注/王晓传等/人民文学出版社1956年版
史记研究的资料和论文索引/中科院历史所/科学出版社1957
　年版
司马迁与史记/文史哲编委会/中华书局1957年版
史记选/王伯祥/人民文学出版社1957年版
史记书录/贺次君/商务印书馆1958年版
史记故事选译/中华书局上海编辑所/中华书局1959年版
史记选/人民文学出版社编辑部选注/人民文学出版社1959年版
司马迁/谢介民/中华书局1959年版
史记/中华书局点校本/1959年出版
史记选讲/郑权中/中国青年出版社1959年版
史记/中华书局点校本/1959年版
司马迁和史记/胡佩韦/中华书局1962年版

史记选辑/中华活页文选合订本/上海古籍出版社1962年版
司马迁（蒙文）/舍扎布·玉兰译/内蒙古教育出版社1962年版
司马迁所见书考/金德建/上海人民出版社1963年版
史记选译上下/北京卫戍区某部六连/中华书局1976年版
史记人名索引/钟华/中华书局1977年版
史记故事选译（一）/梁弼/上海古籍出版社1978年版
史记故事选译（二）/张友鸾/内蒙古人民出版社1979年版
史记故事选编/曾凡礼/内蒙古人民出版社1979年版
史记选（英文）/外文出版社1979年版
史记新证/陈直/天津人民出版社1979年版
司马迁和史记/谢介民/中华书局1980年版
史记故事新编/杨知秋/云南人民出版社1980年版
史记选（蒙文）/奥尔黑勒译/民族出版社1980年版
史记新论/白寿彝/求实出版社1981年版
司马迁/郭维森/江苏人民出版社1982年版
史记选注集说/韩兆琦/江西人民出版社1982年版
史记选（朝鲜文）/方元成译/辽宁人民出版社1982年版
史记三家注引书索引/段书安/中华书局1982年版
司马迁与史记论集/历史研究编辑部/陕西人民出版社1982年版
司马迁研究新论/施丁、陈可青/河南人民出版社1982年版
史记酷吏列传译注/冯树梁等/群众出版社1982年版
史记汉书诸表订补十种/吴树平点校/中华书局1982年版
司马迁研究/陆永品/江苏人民出版社1983年版
史记汉书故事选读/文建伟/四川少儿出版社1984年版
史记纪传选择/上海古籍出版社/上海古籍出版社1984年版
史记论稿/徐朔方/江苏古藉出版社1984年版
史记研究/张大可/甘肃人民出版社1985年版
史记管窥/程金造/陕西人民出版社1985年版
史记评议赏析/韩兆琦/内蒙古人民出版社1985年版
史记人物故事/仓阳卿/浙江教育出版社1985年版
史记人物传记论稿/郭双成/中州古籍出版社1985年版

史记正主佚文辑校/张衍田/北京大学出版社1985年版
韩城市司马迁研究文集/韩城市司马迁学会编印
史记艺术美研究/宋嗣廉/东北师范大学出版社1985年版
史记人物故事/仓阳卿、张企荣/浙江教育出版社1985年版
史记太史公自序注说会纂/吴忠匡/黑龙江人民出版社1985年版
司马迁/安平秋译注/中华书局1985年版
历代名家评史记/杨燕起等/北京师范大学出版社1986年版
司马迁·史记与档案/周经/档案出版社1986年版
司马迁评传/肖黎/吉林文史出版社1986年版
史记论稿/吴汝煜/江苏教育出版社1986年版
史记论赞辑释/张大可/陕西人民出版社1986年版
史记故事百篇/李靖之/新华出版社1986年版
史记菁华/陈茂兹译注/上海教育出版社1987年版
精选白话史记/本书编译组/内蒙古人民出版社1987年版
史记故事精华/浣官生/湖南少儿出版社1987年版
司马迁论稿/聂石樵/北京师范大学出版社1987年版
司马迁和史记/刘乃和主编/北京出版社1987年版
司马迁传记文学论稿/李少雍/重庆出版社1987年版
司马迁的传说/徐谦夫/文化艺术出版社1987年版
史记人物画廊/黄绳/广东人民出版社1988年版
太史公自序注释/王汉民/青海人民出版社1988年版
史记里的成语故事/刘元福/辽宁人民出版社1988年版
史记注译/王利器主编/三秦出版社1988年版
史记赏析集/韩兆琦主编/巴蜀书社1988年版
史记选译/李国祥等/巴蜀书社1989年版
史记与日本文化/覃启勋/武汉大学出版社1989年版
史记选注讲/张大可主编/山东教育出版社1989年版
史记研究资料索引和论文专著提要/杨燕起、俞樟华/兰州大学出版社1989年版
司马迁年谱新编/吉春/三秦出版社1989年版
司马迁史学批评及其理论/周一平/华东师范大学出版社1989年版

史记地名索引/嵇超等/中华书局1989年版
史记全本新注/张大可/三秦出版社1990年版
史记美学论/何世华/陕西师范大学出版社1989年版
史记研究史略/张新科、俞樟华/三秦出版社1990年版
史记通论/韩兆琦、俞樟华/北京师范大学出版社1990年版
史记赏析/韩兆琦主编/四川人民出版社1990年版
史记名篇赏析/朱靖华、顾建华/北京出版社1990年版
史记选注汇评/韩兆琦/中州出版社1990年版
史记故事精选连环画/汪述荣文、龚汝枢等绘/二十一世纪出版社1990年版
司马迁与太史祠/吉春、徐兴海/陕西人民出版社1990年版
历代咏司马迁诗选/张天恩、冯金波/三秦出版社1990年版
史记故事/郝永辉、陈明编/北方妇女儿童出版社1990年版
史记——历史的长城·战国四公子/蔡安忠/北京三联书店1990年版
司马迁研究/冯庄、张天恩/三秦出版社1990年版
史记选/来新夏/中华书局1990年版
史记传记赏新/梁杨、杨东甫/广西教育出版社1991年版
史记故事选/成德寿/学苑出版社1991年版
史记少年读本/严硕勤/陕西教育出版社1991年版
史记人物辞典/张克等/广西人民出版社1991年版
司马迁评传/黄新亚/光明日报出版社1991年版
史记辞典/仓修良主编/山东教育出版社1991年版
新编史圣司马迁剧选/范明著，杨志烈编选/陕西省艺术研究所1991年版
史记文学成就论稿/可永雪/内蒙古教育出版社1991年版
史记——史之巨构/任飞/春风文艺出版社1992年版
史记春秋十二诸侯史事辑证/刘操南/天津古籍出版社1992年版
民族精神谱（史记人物述评）/陈志辉/北京师范大学出版社1992年版
史记故事/赵淑敏等/中国国际广播出版社1992年版

史记文白评精选/韩兆琦主编/吉林文史出版社1992年版
史记与中学古文/宋嗣廉、赵国玺/吉林教育出版社1992年版
文白对照全译史记/杨钟贤、郝志达/国际文化出版公司1992年版
史记注解辨正/徐仁甫/四川大学出版社1993年版
史记/刘兴林点注/中国友谊出版公司1993年版
史记精华注译/张光勤、张盛如/北京广播学院出版社1993年版
史记故事/吉春等/陕西人民出版社1993年版
史记精华导读/杨燕起、阎崇东/中国旅游出版社1993年版
中国史官文化与史记/陈桐生/汕头大学出版社1993年版
史记选注/韩兆琦/台湾里仁书局1993年版
史记故事通览/姜如林等/海南出版社1993年版
司马迁自述集/张胜发、高巨成/陕西师范大学出版社1993年版
司马迁祠碑石录/李国维、张胜发/陕西师范大学出版社1993年版
司马迁史记名言录/高巨成、冯学忠等/陕西师范大学出版社1993年版
司马迁评传/张大可/南京大学出版社1994年版
千秋太史公/吉春/未来出版社1994年版
史记全译/吴东顺/贵州人民出版社1994年版
史记新探/俞樟华/民族出版社1994年出版
史记通假字汇释/易国杰/苏州大学出版社1994年版
太史公书研究/赵生群/陕西人民出版社1994年版
史记故事/路岩/岳麓书社1994年版
史记汉书比较研究/韩·朴宰雨/中国文学出版社1994年版
史记妙语选/高成元/百花文艺出版社1994年版
史记故事精华/吴言生、黄玲/陕西师范大学出版社1994年版
史记精彩故事/卢晓光、赵淑兰/河北少年儿童出版社1994年版
司马迁评传/许凌云/广西教育出版社1994年版
全注全译史记/吴树平等/天津古籍出版社1995年版
漫画史记/张文等文、张安等画/河北教育出版社1995年版

司马迁一家言/张大可、俞樟华等/陕西人民教育出版社1995年版
司马迁行年新考/施丁/陕西人民教育出版社1995年版
司马迁经济思想研究/韦苇/陕西人民教育出版社1995年版
史记与古今文经学/陈桐生/陕西人民教育出版社1995年版
司马迁的创造性思维/徐兴海/陕西人民教育出版社1995年版
史记伟大人格的凝聚/程世和/陕西人民教育出版社1995年版
史记人生百态/梁建邦主编/西北大学出版社1995版
司马迁与地学文化/霍有光/陕西人民教育出版社1995年版
司马迁的教育思想/杨生枝/陕西人民教育出版社1995年版
史记选注集评/韩兆琦/广西师范大学出版社1995年版
史记博议/韩兆琦/台北文津出版社1995年版
司马迁与史研究论著专题索引/徐兴海主编/陕西人民教育出版社1995年版
司马迁与宗教神话/张强/陕西人民教育出版社1995年版
史记与中文学/张新科/陕西人民教育出版社1995年版
史记文学论稿/李志慧/三秦出版社1995年版
司马迁民族思想阐释/池万兴著/陕西人民教育出版社1995年版
彩图中国古典名著·史记/宗华等/江苏少年儿童出版社1995年版
司马迁的历史学/毛曦等/陕西人民教育出版社1996年版
史记/黄善夫本/新疆人民出版社1996年版
史记通论/韩兆琦/广西师范大学出版社1996年版
史记名篇述论稿/陈桐生/汕头大学出版社1996年版
史记的学术成就/杨燕起/北京师范大学出版社1996年版
史记与现代文明/刘永康/四川人民出版社1996年版
司马迁的历史学/毛曦/陕西人民教育出版社1996年版
司马迁与商战谋略/金鑫炎/湖北人民出版社1996年版
史记十二本纪疑诂/张家英/黑龙江教育出版社1997年版
史记的文化发掘/王子今/湖北人民出版社1997年版

二十五史新编·史记/汪受宽/上海古籍出版社1997年版
司马迁散文选集/徐柏容等主编/百花文艺出版社1997年版
史记全本导读辞典/周啸天、尤其主编/四川辞书出版社1997年版
史记故事精选365/周牧等主编/湖北少年儿童出版社1998年版
太史公书校读记/李人鉴/甘肃人民出版社1998年版
司马迁人格论/陈雪良/上海人民出版社1998年版
命运与性格的对话：再品《史记》的人物故事和思想/孙家洲/中国人民大学出版社1998年版
司马迁的人才观/程生田、高巨成、程宝山/西北大学出版社1998年版
司马迁政治思想通论/朱枝富/延安大学出版社1999年版
司马迁经济思想通论/朱枝富/延安大学出版社1999年版
史记文献研究/张大可/民族出版社1999年版
少年版史记/张大可/民族出版社1999年版
司马迁全传/刘国辉/长春出版社1999年版
司马迁传奇/张天恩/陕西人民出版社1999年版
史记与诗经/陈桐生/人民文学出版社2000年版
史记文献学丛稿/赵生群/江苏古籍出版社2000年版
史记精言妙语/张大可/中州古籍出版社2000年版
司马迁与中国天学/吴守贤/陕西人民教育出版社2000年版
史记题评/韩兆琦/陕西人民教育出版社2000年版
司马迁与屈原和楚辞学/吕培成/陕西人民教育出版社2000年版
史记八书与中国文化研究/徐日辉/陕西人民出版社2000年版
史记与中国古代建筑文化/赵安启、王宏涛/陕西人民出版社2000年版
史记与中国农业/惠富平/陕西人民出版社2000年版
史圣司马迁/东方芥子/海天出版社2000年版
司马迁兵学纵论/宋嗣廉/陕西人民教育出版社2000年版
史记题评/韩兆琦等/陕西人民教育出版社2000年版

史记精言妙语词典/张大可/中州古籍出版社 1999 年版

四、有关《史记》的非专门论著索引

史通二十卷/唐·刘知幾/四部丛刊本
黄氏日钞卷四十六读史一/宋·黄震/乾隆三十三年至汪佩谔刊本，慈溪冯氏耕余堂刊本
国学纪闻卷十一史记正误/宋·王应麟/四部丛刊三编本
日知录三十二卷/清·顾炎武/康熙三十四年吴江氏潘氏遂初堂刊本，黄汝成集释本
日知录之余四卷/清·顾炎武/风雨楼丛书本
菰中随笔/清·顾炎武/道光十二年长白鄂山重刊本，敬跻堂丛书二集本
潜邱劄记六卷/清·/阎若璩/乾隆十年刊本
义门读书记卷二/清·何焯/乾隆三十四年石香斋刊本
读书杂志第三史记杂志六卷/清·王念孙/道光中高邮王氏刊本，同治十年金陵书局重刊本
廿二史考异第一史记考异五卷/清·钱大昕/潜研堂全书本。光绪十年长沙龙氏重刊本。商务印书馆 1958 年排印本
十驾斋养新录二十卷余录三卷/清·钱大昕/潜研堂全书本
潜研堂答问第九/清·钱大昕/潜研堂全书本
竹汀日记钞三卷/清·钱大昕、何元锡辑/校经山房丛书本，光绪中刊
十七史商榷卷一至六/清·王鸣盛/乾隆五十二年东吴王氏洞泾草堂刊本。商务印书馆 1958 年排印本
蛾术编八十二卷/清·王鸣盛/道光二十一年世楷堂刊本
三史拾遗卷一/清·钱大昕/潜研堂全书本
廿二史劄记卷一至三·清/赵翼/欧北全集本。广雅本。商务印书馆 1968 年排印本
陔馀丛考卷五/清·赵翼/欧北全集本，湛贻堂刊

援鹑堂笔记卷十五至十六/清·姚范/道光十六年刊本
拜经日记十二卷/清·臧镛/拜经堂丛书本
经史问答十卷/清·全祖望/鲒埼亭集本。四部丛刊本
读史举正卷一/清·张熷/仰视千七百二十九鹤斋丛书本，光绪中刊
惜抱轩笔记卷四/清·姚鼐/惜抱轩全集本。同治中刊本
札朴十卷/清·桂馥/嘉庆十八年山阴李氏刊本
考信录三十六卷/清·崔述/崔东壁遗书本。陈履和刊本。亚东图书馆排印本
南江札记卷四/清·邵晋涵/绍兴先正遗书本，光绪十五年刊
四史发伏卷一至二/清·洪亮吉/光绪八年小石山房刊本
读书丛录卷十七至十八/清·洪颐煊/光绪十三年吴氏醉六堂重刊本
铜熨斗斋随笔八卷/清·沈涛/式训堂丛书本，光绪中刊
读书偶识十笔/清·邹汉勋/邹叔子遗书本，光绪中刊
舒艺室随笔卷四/清·张文虎/同治十三年金陵冶城宾馆刊本
舒艺室续笔一卷/清·张文虎/光绪五年复园刊本
读书杂志十二卷/清·劳格/月河精舍丛钞本，光绪中刊
求阙斋读书录卷三/清·曾国藩/曾文正公全集本，光绪中刊
湖楼笔谈七卷/清·俞越/春在堂全书本。光绪廿五年刊本
十七史说卷一/清·刘体仁/辟园史学四种本。石印本
横阳札记十卷/清·吴承志/1922年南林刘氏求恕斋刊本
无邪堂答问五卷/清·宋一新/光绪二十一年刊本
空山堂十七史论十五卷（一名读史纠缪）/清·牛运震/空山堂全集本。嘉庆中刊本
瞥记七卷/清·梁玉绳/食旧堂丛书本，1925年钱唐汪氏刊
庭立纪闻四卷/清·梁玉绳/梁氏丛书本，嘉庆中刊
晓读书斋录八卷/清·洪亮吉/洪北江全集本。光绪刊本
读书脞录七卷续编四卷/清·孙志祖/嘉庆中刊本
蒿庵闲话二卷/清·张尔岐/贷园丛书本。乾隆刊本
东塾读书记二十五卷/清·陈澧/广州刊本

文史通义八卷/清·章学诚/章氏遗书本，1922年刘承干刊
乙卯劄记一卷丙辰劄记一卷/清·章学诚/章氏遗书外编本
炳烛编四卷/清·李赓芸/滂喜斋丛书本。光绪刊本
札迻十二卷/清·孙诒让/光绪二十年刊本
识小编二卷/清·董丰垣/乾隆二十八年刊本。指海本
掌录二卷/清·陈祖范/陈司业先生集本。乾隆刊本
松崖笔记三卷/清·惠栋/道光二年玉照堂刊本。聚学轩丛书本
群书杨记十六卷/清·朱亦栋/附十三经札记。光绪刊本
钟山札记四卷龙城札记三卷/清·卢文弨/抱经堂丛书本。乾隆刊本
韩门缀学五卷/清·汪师韩/丛睦汪氏遗书本。光绪刊本
敔崖考古录四卷/清·钟禀/1931年中国书店影印本
开卷偶得十卷/清·林春溥/竹柏山房十五种本
群书疑辨十二卷/清·万斯同/嘉庆二十一年刊本
读书记疑十六卷/清·王懋竑/同治十一年刊本
柚堂笔谈四卷/清·盛百二/柚堂全集本。乾隆中刊
目耕帖三十一卷/清·马国翰/玉函山房辑佚书本。光绪刊本
四寸学六卷/清·张云璈/燕京大学图书馆排印本
樵香小记二卷/清·何琇/守山阁丛书本。道光刊本
管城硕记三十卷/清·徐文靖/徐位山六种本。光绪刊本
订讹杂录十卷/清·胡鸣玉/湖海楼丛书本。嘉庆刊本
经史质疑一卷/清·杭世骏/道古堂外集十二种本。食旧堂丛书
吹网录六卷/清·叶廷琯/同治八年刊本
三冬识余/清·刘希向/咸丰八年刊本
读史杂记一卷/清·沈豫/蛾术堂集本。道光中刊
信摭一卷/清·章学诚/章氏遗书外编本
阅书随劄一卷/清·章学诚/章氏遗书外编本读书偶记八卷/清·赵绍祖/文渊楼丛书本。直隶书局影印本
经史质疑录一卷/清·张聪咸/嘉庆十七年刊本
过庭录十六卷/清·宋翔凤/式训堂丛书本。光绪刊本
读书小记二卷/清·焦廷琥/邓斋丛书本。光绪刊本

读史管见/清·李晚芳/乾隆五十二年镌谧园藏版

古文释义卷六/清·余自明评选/嘉庆五年庚申仲秋

艺概、文概/清·刘熙载/上海古籍出版社，1978年

论文偶记/清·刘大櫆/人民文学出版社，1959年

春觉斋论文/林纾/人民文学出版社，1959年

东坡志林/宋·苏轼/龙威秘书本

汉繁露六卷/宋·程大昌/丛书集成初编本

学林/宋·王观国/丛书集成初编本

能改斋漫录十八卷/宋·吴曾/丛书集成初编本

野客丛书三十卷/宋·王楙/丛书集成初编本

群书考索前集、后集、续集、别集/宋·章如愚/新兴书局影印本

水东日记四十卷/明·叶盛/纪录汇编本

枣林杂俎/明·谈迁

癸巳存稿/清·俞正燮/商务印书馆

清稗类钞/商务印书馆

丹铅杂录十卷、续录八卷/清·杨慎/商务印书馆

侏儒类稿/黄宝实/中华书局/1967年

国史旧闻/陈登原/大通书局，1971年

妙香室丛话/清·张培仁

秋雨盦随笔八卷/清·梁绍士

齐东野语二十卷/宋·周密/丛书集成初编本

中国史学史·第三章司马迁与班固之名学/金毓黻/商务印书馆（重版）/1957年12月

中国史学史·第三章第一节史记/李宗侗/中华文化书院出版部印行/1979年

中国史学史上册·第三章司马迁与史记/张伦/甘肃人民出版社/1983年

中国古代史学史简编·第二编第二章伟大的历史学家司马迁/仓修良、魏得良/黑龙江人民出版社/1983年

中国史学史稿·六、司马迁与班固/刘节/中州书画社版/1982年

中国史学史论丛·司马迁对历史学的伟大贡献/陈光崇/辽宁人民

出版社/1984年

中国史学发展史·第二编第二章封建史学的开创——司马迁与史记/尹达主编/中州古籍出版社/1985年

中国古代史学史概要·第二编第二章第二节/高国抗/广东高等教育出版社/1985年

中国史学史第一册·叙篇第二章 二、秦汉时期/白寿彝/上海人民出版社/1985年

史学四种·历史研究法·第三章史学进化的几个阶段/吕思勉/上海人民出版社/1981年

史学四种·中国史籍读法·附录一古书名著选读拟目《史记》条/上海人民出版社/1981年

读史举要·第六章马班异同论/苏渊雷/黑龙江人民出版社/1981年

史学丛考·中国古代历史纪年问题/柴德赓/中华书局/1982年

史学概论·第一章中国封建史学的发达（司马迁与《史记》）/陈光前/东北师范大学函授教育处/1982年

历史教育与史学遗产·谈史学遗产/白寿彝/河南人民出版社/1983年

史学概论·第三、四、五、六章/白寿彝主编/宁夏人民出版社/1983年

周谷城史学论文选集·历史完形论/人民出版社/1983年

读史入门·上编第二章第二节/许凌云/北京出版社/1984年

秦汉魏晋南北朝史学·第五章第二节 史学（司马迁和《史记》）/高尚志、冯君实编著/辽宁人民出版社/1984年

史学概论·第六章 历史编纂学（司马迁与《史记》条）/吴泽主编/安徽教育出版社/1985年

历史科学概论·第十二章第二节/葛懋春主编/山东教育出版社/1985年

中国史学入门——顾颉刚讲史录二《史记》/顾颉刚口述、何启君整理/中国青年出版社/1986年

中国通史·第二编第二章第九节史学/范文澜/人民出版社/

1978年

中国史稿第二册·第八章第二节司马迁的《史记》/郭沫若/人民出版社/1979年

中国史纲要·第四章第四节史学/翦伯赞/人民出版社/1979年

简明中国通史·第九章第五节史学/吕振羽/人民出版社/1955年

中国通史·导论第二节各体史学的出现/周谷城/上海人民出版社/1957年

中国古代史·第六章第六节司马迁与《史记》/刘泽华等/人民出版社/1979年

中国通史纲要·第六章、四、西汉的盛世/白寿彝主编/上海人民出版社/1980年

中国历史概要·西汉的文化成就（司马迁与《史记》）/翦伯赞、邵循正、胡华编著/知识出版社/1980年

中国古代史·第七章第六节/朱绍侯主编/福建人民出版社/1982年

中国通史讲稿·第三章第六节司马迁和《史记》/张传玺/北京大学出版社/1982年

中华二千年史·卷一两汉三国之社会学术思想（史学）/邓之诚/中华书局/1983年

秦汉史·第十一章第三节历史学/翦伯赞/北京大学出版社/1983年

中国古代史纲（上）中央广播电视大学·秦汉的文化史学司马迁与《史记》/张传玺/北京大学出版社/1985年

中国古代史·第四章第四节史学/赵德贵主编/福建人民出版社/1986年

中国古代史·第八章第五节史学/詹子庆、田泽滨主编/中国青年出版社/1986年

中国古代史讲话·十四（司马迁的《史记》）/辛安亭/甘肃人民出版社/1976年

可爱的祖国·第二章第二节/朱仲玉、王永昌、钟新识编著/人民出版社/1985年

秦汉史·第十八章第五节/台湾开明书店编著/台湾开明书店/1977年

中国通史（上）·第三编第二十八章两流文史之学/罗香林/台北正中书局/1977年

中国通史（上）·第九章二、文学与史学/林瑞翰/台北三民书局（修订版）/1980年

中国通史（上）·第八章（七）三、文学与史学/傅乐成/台北"大中国"图书公司/1980年

中国通史（上）·第九章第一节（六）史学/黄大受/台北五南图书出版公司/1983年

中国思想通史·第二卷第四章司马的思想及其史学/侯外庐、赵纪彬、杜国庠、邱汉生/人民出版社/1957年

中国哲学史·第七章司马迁的唯物主义思想及其进步的社会历史观/任继愈主编/人民出版社（第2版）/1979年

中国思想史纲·第二编第一章第三节司马迁的唯物主义观点/侯外庐主编/中国青年出版社/（第2版）/1979年

中国思想发展史·第七章第二节司马迁的进步史学思想/何兆武、步近智、唐宇元、孙开太/中国青年出版社/1980年

中国哲学发展史·司马迁的进步史学/任继愈主编/人民出版社/1985年

中国哲学史新编·第二十五章第三节/冯友兰/人民出版社/1985年

中国无神论史纲（修订本）第二章四（一）司马迁对神学目的论的批判/王友三编著/上海人民出版社/1986年

中国经济思想史（中册）·第一部分第二章史学之父司马迁的经济思想/胡寄窗/上海人民出版社/1963年

经济理论与经济史论文集·中西古代经济思想比较研究绪论/邓力群、钱学森等著/北京大学出版社/1982年

中国经济思想简史·第一章第四节司马迁的经济思想/叶世昌/上海人民出版社/1983年

中国古代经济思想史讲话·第十讲轻重论的主要反对者——司马

迁/赵靖/人民出版社/1986年

中国人口思想史稿·第一编第三章第八节司马迁对人口地理分布的考察/吴申元/中国社会科学出版社/1986年

史学与美学·发扬祖国史学研究外国的精神/周谷城/上海人民出版社/1980年

中国文化史要论·三、历史学与地理学上的代表人物和主要图书（司马迁与《史记》条）/蔡尚思/湖南人民出版社/1979年

中国文化的优良传统/蔡尚思/湖南人民出版社/1984年

中国文学发展史第一册·第六章司马迁与汉代散文/刘大杰/上海人民出版社版/1973年

中国文学史（先秦两汉部分）·第十章司马迁与传记文学/詹安泰、容庚等/高等教育出版社/1957年

中国文学史纲上册·四、历史文学的发达/谭丕模/人民文学出版社/1985年

中国文学史（一）·第二编第三章司马迁和传记文学/北大中文系1955级集体编/人民文学出版社/1958年

中国文学史上册·第二篇第三章 伟大的散文家司马迁和他的史记/复旦大学中文系学生集体编/中华书局版/1958年

中国文学史（一）·第二编第二章 伟大的历史散文家司马迁/游国恩主编/人民文学出版社/1984年

中国散文史（上册）·第四章 史传文章的发展/郭预衡/上海古籍出版社/1986年

汉代散文史稿·第二章 司马迁与《史记》/韩兆琦、吕伯涛/山西人民出版社/1986年

中国文学500题/王树森等编著/辽宁人民出版社/1986年

中国古代文学千题解/曲宗瑜主编/作家出版社/1985年

中国历代名将传记选评/新闻与成才编辑部编/解放军出版社/1985年

中国文学简史上卷第六章/林庚/古典文学出版社（今上海古籍出版社）/1957年

中国文学史简编第二章/陆侃如、冯沅君/作家出版社/1957年

简明中国文学史上册第五章/上海师范大学中文系/上海人民出版社/1976年

中国古代文学初稿上册第三章/贵阳师范学院中文系/贵阳师范学院/1959年

中国文学史纲要（秦汉文学）·第二章司马迁和《史记》/北京大学中国语言文学系中国古典文学教研室编/北京大学出版社/1983年

中国文学批评简史（司马迁对《离骚》的批评）/黄海章/广东人民出版社/1962年

中国文学理论批评史（上）·第二章第二节/敏泽/人民文学出版社/1981年

中国文学批评史上册·第二章第二节/复旦大学中文系/上海古籍出版社/1964年

中国文学批评史上册·第二章第二节/刘大杰主编/中华书局/1964年

中国文学批评史（一）·第二编第三章/罗根泽/古典文学出版社（今上海古籍出版社）1957年

中国通史讲稿（上）·第三章第六节/张传玺/北京大学出版社/1982年

吕思勉读史札记/吕思勉/上海古籍出版社/1982年

五、台湾《史记》论著索引（1951—2002）[①]

《史记》考索/刘甫琴编（编者按：著者实为朱东润）/台北：台湾开明书店/1957年台一版，1969年台二版，1987年台四版

敦煌秘籍留真新编：史记帝王略论/台北：台湾大学装订本/1958年

司马迁/王国维等/台北：河洛图书出版社/1960年

---

① 此部分书目为台湾学者李伟泰及其助手林雅琪提供。补遗为本书编者所加。

司马迁/正言出版社编辑部编/高雄：正言出版社/1963年

《史记》《汉书》匈奴地名今释/张兴唐/台北/1963年

《史记》今注/劳干、屈万里/台北：中华丛书委员会/1963年

司马迁与《史记》/史次耘/台北：广文出版社/1964年

《史记·天官书》今注/高平子/台北/1965年

《史记》新校注稿/张森楷/台北：中国学典馆复馆筹备处/1967年

《史记》考证研究论集/大陆杂志社编辑委员会编/台北：大陆杂志社/1970年

司马迁撰写《史记》采用《左传》的研究/顾立三/台北：正中书局/1971年

《史记》今释/杨家骆/台北：正中书局/1971年

《史记》索引/黄福銮编/台北：大通书局/1973年/另，台北：成伟出版社/1987年

《史记》三家注补正/瞿方梅/台北：广文书局/1973年

《史记》评介/徐文珊/台北：维新书局/1973年印行，1992年修订初版

《史》《汉》初学辨体/潘椿重/台北：文海出版社/1974年

《史记·殷本纪》疏证/李寿林/台北：鼎文书局/1975年

《史》《汉》文辞异同斠释/季洛生/台北：弘道文化事业公司/1975年

司马迁思想探讨/曾秀气/屏东：美和护专/1975年

《史记》论文集/潘重规/台北：志光出版社/1975年

司马迁研究/刘伟民/台北：文景书局/1975年/另，台北：编译馆，/1985年

《史》《汉》关系/吴福助/台中：曾文出版社/1975年/另，台北：文史哲出版社/1987年

《史记》研究之数据与论文索引/王民信编/台北：学海出版社/1976年

《史记会注考证》斠订/严一萍/台北：艺文印书馆/1976年

《史记》论文集/陈新雄、于大成主编/台北：木铎出版社/1976

年初版，1978年再版

司马迁政治思想之研究/邓璞磊/台北：华冈出版公司/1977年

司马迁的世界：司马迁戏剧性的一生与《史记》的世界/郑梁生/台北：志文出版社/1977年初版，1993年再版

《史记》的故事：中国最伟大的一部传记史书/郑梁生编译/台北：志文出版社/1977年初版，1978年—1997年再版8次

司马迁与其史学/周虎林/台北：文史哲出版社/1978年初版、1980年二版、1987年三版、1991年四版

点校本《史记》人名索引/洪北江主编/台北：洪氏出版社/1978年/又，台北：九思出版社/1979年

《史记》解题/吴福助/台北：河洛图书出版社/1979年

《史记》今注/马持盈/台北：台湾商务印书馆/1979年一版、1983年二版、1987年三版、1991年四版

司马迁的人格与风格/范寿康/台北：台湾开明书店/1980年

《史记》新证/陈直/台北：学海出版社/1980年/又，台北：河洛图书公司/1980年

司马迁/吴季桓/台北：名人出版社/1980年初版，1982年再版

《史记》论赞研究/施人豪/台北：文史哲出版社/1980年

司马迁——其人及其书/王国维等/台北：长安出版社/1980年

《史记·伯夷传》－道德与幸福的矛盾/森三树三郎著，萧英宏译/台北：文思出版社/1981年

《史记会注考证》驳议/鲁实先/台北：洪氏出版社/1981年

《史记》：历史的长城/高上秦/台北：时报文化出版公司/1981年

《史记》考证：秦汉中古研究论集/大陆杂志社/台北：大陆杂志社/1981年

《史记》：历史的长城/李永炽/台北：时报文化出版公司/1981年初版、1987年袖珍本50开初版、1997年二版、1999年三版

《史记》：历史的长城/斐溥言/台北：时报文化出版公司/1981年

《史记》之旅/喜美出版社 编辑部/台北：喜美出版社/1981年

读《史记》管见/陈海瀛/台北/1982年

《史记》的舞台/颜昆阳主编/台北：故乡出版社/1982年

司马迁之学术思想/赖明德/台北：洪氏出版社/1983年增订再版

太史公书义法/孙德谦/台北：台湾中华书局/1983年台二版，1985年台三版/另，收入杨家骆主编《四史知意并附编六种》/台北：鼎文书局/1976年初版

司马迁思想研究/林云龙/高雄：复文出版社/1984年

《史记》斠证 一百卅卷（史语所专刊78）/王叔岷/台北："台湾研究院历史语言研究所"/1983年

司马迁研究/杨定浩/台北：生韵出版社/1984年

《史记·屈原列传》伪窜考/杨定浩/台北：生韵出版社/1984年（编者按：本书内容与《司马迁研究》/杨定浩著相同）

闽南语考证：《史记》例证/黄敬安/台北：文史哲出版社/1984年

《史记》导言/陈飞龙/台北：庄严出版社/1984年

闽南话考证：《荀子》、《史记》、《汉书》例证/黄敬安/台北：文史哲出版社/1985年

《史记》述《尚书》研究/古国顺/台北：文史哲出版社/1985年

《史记》识误/周尚木/出版地与出版单位不详/1985年

司马迁与《史记》新探/张维岳编/台北：崧高书社/1985年

司马迁与老庄思想：并论司马迁思想兼怀儒道/刘光义/台北：台湾商务印书馆/1986年初版、1992年二版

《史记》之旅/赵震中/台北：皇鼎文化公司发行/1986年

《史记》中的处世学/简吉编译/高雄：大众书局/1986年

《史记》中的赌命人物/张心怡编译/台北：常春树书坊/1986年

司马迁的创作意识与写作技巧/范文芳/台北：文史哲出版社/1987年

司马迁与《史记》/李永炽/嘉义：明统图书公司/1988年

司马迁传/霍必烈/台北：国际文化出版公司/1988年

《史记》方法试论/游信利/台北：文史哲出版社/1988年

《史记》的处世学/许富顺/台南：大夏出版社/1989年

《史记》本纪地理图表/台北：编译馆/1990年

司马迁：中国伟大的历史家/吴珊珊编著/台南：世一书局/

1991年

司马迁和《史记》/台北：国文天地出版社/1991年

司马迁和《史记》/胡佩韦/台北：群玉堂出版事业股份有限公司/1991年

《史记》人间学：帝王权力企划书/张慧良主编/台北：高战点子杂志社/1991年

看人：我读《史记》/吕正惠/台北：汉艺色研文化事业公司/1991年

《史记》政治人物述评/汪惠敏/台北：师范大学书苑/1991年

《史记》论文选集/黄沛荣编/台北：长安出版社/1991年

《史记》美学论/何世华/台北：水牛出版社/1992年

《史记》研究粹篇〈一〉〈二〉/张高评主编/高雄：复文图书（所收皆大陆学者之论著）/1992年

《史记》新探/丘述尧/台北：明文书局/1992年

读《史记》，学处世/王敏政/台北：星光出版社/1993年

《史记》：控制人的宝书/王淑妙/台南：西北出版社/1993年

《史记》地理今释/程宽正编著/台北/1993年

司马迁：中国伟大的历史学家/台南：世一书局/1994年

司马迁的史传文学世界/周先民/台北：文津出版社/1995年

史圣司马迁/王丕震/台北：秋海棠文化企业/1995年

两汉文学学术研讨论文集/王初庆等/台北：华严出版社/1995年

话说《史记》：历史兴衰胜负的症结/蔡信发/台北：万卷楼图书公司/1995年

《史记》博议/韩兆琦/台北：文津出版社/1995年

《史记》七十篇列传评注/李勉/台北：编译馆/1996年

《史记》导读/王伯涵编撰/台北：著者自刊/1996年

中国通史的鼻祖司马迁/李敬一/台南：红树林文化出版公司/1997年

司马迁/萧本雄改写；赖惠凤主编/台北：台湾东方出版社/1998年

司马迁/林择明编著/台南：光田出版社/1998年

司马迁/林树岭编著/台南：启仁出版社/1998年

《史记》黄老思想研究/郑圆铃/台北：学海出版社/1998年

《史记》评赏/赖汉屏/台北：三民书局/1998年

《钱宾四先生全集》34，《史记地名考》（上）／钱穆/台北：联经文化事业公司/1998年

《钱宾四先生全集》35，《史记地名考》（下）/钱穆/台北：联经文化事业公司/1998年

《史记》奇谋/宋效永、袁世全编/台北：利丰出版社/1999年

经营之神：《史记》货殖传者/吴岛/台北：利丰出版社公司/1999年

穷究天人通古今：司马迁与《史记》/田人隆/台北：万卷楼图书公司/2000年

司马迁/世一编辑部编著/台南：世一书局/2000年初版，2000年修订一版，2001年修订二版

商战谋略：司马迁/余鑫炎/高雄：宏文馆图书/2001年

《史记》地图汇编/黄启芳、洪国梁绘编/台北：学海出版社/2001年

司马迁/东方芥子/台北：实学社/2001年

儒家经传文化与《史记》/陈桐生/台北：洪叶出版社/2002年

·补遗·

史记精华/劳干等/台南大东书局版

白话史记/六十教授/台湾河洛图书出版社版

史记会注考证订补/施之勉/台北华岗出版有限公司版

史记人物画廊/黄绳/广东人民出版社版

言文对照史记读本/杨德恩/香港宏智书局版

史记选注/杨德恩/香港中流出版社版

史记导读/黄华表/香港中华文化事业有限公司版

史记考/王仁禄/台湾"中华书局版"

史记导读/李曰刚/台湾师范大学出版社版

史记导读/林秘乾/台湾师范大学出版社版

第三辑 司马迁事迹与《史记》版本存世书目索引

一、司马迁传记、著作索引

·传 记·

司马迁传/汉·班固/汉书卷六十三
司马迁传/宋·郑樵/通志卷九十九,元刊本。1935年商务印书馆影印十通本
司马迁传/明·李贽/李氏藏书卷三十二,万历十七年刊本
司马迁传/陕西通志卷六十三,雍正十三年刊本
司马迁传/韩城县志卷六,乾隆四十九年刊本
司马迁传/同州府志廿九,咸丰二年刊本
司马迁传/河津县志卷七,光绪六年刊本
司马迁传/山西通志卷一百六十,光绪十八年刊本
司马迁传/清·尚镕/持雅堂文续钞卷一,持雅堂全集本,光绪五年,盱南三余书屋重刊本
太史公世系考/明·张士佩/拓本/韩城县志卷十二

太史公系年考略/王国维/学术丛编本/1916年上海仓圣明智大学排印

太史公行年考/王国维/观堂集林卷十一，海宋王静安先生遗书本/1940年商务印书馆写印

太史公疑年考一卷/张惟骧/小双寂盦丛书本/1918年刊

太史公年谱一卷/张鹏一/1923年排印本，1933年改订刊本

司马迁年谱一卷补遗一卷/郑鹤声/中国史学丛书本/1933年商务印书馆排印，1956年重印本

太史公历年考/徐震/国学商兑一期/1933年6月苏州国学会

读史记时对于王国维太史公行年考之异议/萧鸣籁/现代史学月刊一卷一期/1932年10月

司马迁传/注定/清华周刊三十四卷一期/1930年

司马迁疑年之讨论/素癡/大公报文学副刊一百二十六期/1930年6月9日

司马迁年表/李奎耀/商职月刊一卷五期至六期/1936年1月

司马迁及其时代精神（附录：司马迁生年为建元六年辨）/李长之/国文月刊四十七期/1946年9月

司马迁生年为建元六年辨/李长之/中国文学一卷二期/1944年5月

汉司马迁事略/王儒卿等/陕西乡贤事略/1935年陕西省教育厅排印本

中国史界太祖司马迁传略/陈古孚/文化建设月刊一卷二期/1934年11月

关于司马迁生年之一新说　日本桑原骘藏著/韩悦译/大公报文学副刊一百〇七期/1930年1月20日

关于司马迁的种种问题/杨鸿烈/文学研究一至五期/1939年10月至1940年2月

子长游历的研究/萧远健/蜀铎一卷一期/1935年12月北京师范大学四川同学会

汉大作家司马迁的一生/心源/职业与修养三卷八期/1940年11月上海中国图书杂志公司

跋张鹏一君改订本《太史公年谱》/朱希祖/制言二十期/1936年7月

《太史公行年考》辨疑/施之勉/东方杂志四十卷十六期/1944年7月

司马迁之性格与交游/李长之/东方杂志四十一卷六期/1945年3月

司马迁与李陵案/李长之/东方杂志四十一卷七期/1945年4月

司马迁之识与学/李长之/东方杂志四十二卷九期/1946年5月

史官世家司马迁/凡石/上海文化四期/1946年5月

太史公昭帝初年尚在考/施之勉/大陆杂志五卷三期/1952年8月

中国历史学的开创者司马迁/翦伯赞/中国青年/1951年总57期

司马迁生年考/钱穆/学术季刊一卷四期/1953年6月

《太史公行年考》辨误/施之勉/大陆杂志七卷五期/1953年9月

《太史公行年考辨误》补正/曲颖生/大陆杂志八卷三期/1954年2月

司马迁的创作与旅行/起凤/旅行杂志二十八卷三期/1954年3月

我国古代伟大的历史家——司马迁/汪篯/人民日报/1955年12月31日

司马迁/季镇淮/上海人民出版社排印本/1955年

司马迁的故事/阳湖/古典文学出版社排印本/1955年

太史公行年考有问题/郭沫若/历史研究/1955年第六期

司马迁生年为建元六年辨/刘际铨/历史研究/1955年第六期

司马迁简传/紫金/新民报晚刊/1956年3月6日至9日

关于司马迁之死/郭沫若/历史研究/1956年第四期

读郭沫若先生《太史公行年考有问题》后/王达津/历史研究/1956年第三期

《司马迁传》与《史记》研究/梁容若/台湾师范大学学报/1956年第6月

司马迁生年问题的商榷/郑鹤声/附1956年新版司马迁年谱后

有关司马迁的两个问题/五岳尘/东北人民大学（现吉林大学）历史集刊/1956年第一期

司马迁及事伏生诵古文尚书辨/包树棠/福建师范学院学报/1956年第一期

游踪极广的司马迁/黄展岳/旅行家/1956年第二期

司马迁生年商榷/郝昺衡/语文教学/1957年第八期

太史公生年问题/陈监先/山西师范学院学报/1957年第三期

从《史记》的整理说到司马迁的卒年/朱似愚/新建设/1957年第十期

伟大的史学家司马迁/齐力/中国历史人物论集/1957年第一期

伟大的史学家和文学家——司马迁/杜甫若/陕西日报/1958年11月9日

伟大的文史学家——司马迁/伊凡/陕西日报/1961年7月29日

伟大的历史学家司马迁/吴晗/人民文学/1962年第二期

评美国瓦特逊著《司马迁传》和《史记》英译/今鹰真著、陈淑女译/国语日报/1967年8月26日

司马迁生年问题的重新商榷/蒙传铭/新亚书院学术年刊第十三期/1971年9月

司马迁创作《史记》的历程及期评价林宗霖/艺文志一百廿三期/1975年12月

太史公司马迁/方祖燊/中央月刊第八卷第十一期/1976年9月

司马迁及其史学/周虎林/学粹第十八卷第六期/1976年12月

司马迁和《史记》/孙达人等/陕西教育/1978年第二期

司马迁和他的《史记》/李继芬/天津文艺/1978年第四期

司马迁受宫刑/韩兆琦/史学史资料/1979年第四期

司马迁和《史记》/蒋克/知识丛刊/1979年第一期

刚直不阿,幽而发愤——司马迁受刑前后/陈雪良/文汇报/1979年7月20日

司马迁和他的《史记》/邹越/群众艺术/1980年第三期

司马迁生年考/黄瑞云/安徽大学学报/1980年第三期

关于司马迁李陵之祸/刘方元/江西师范学院学报/1980年第四期

司马迁的李陵之祸与发愤著书说/顾易生/复旦学报/1980年第二期

司马迁生卒年考辨/李伯勋/兰州大学学报/1980年第一期
司马迁的发愤著书说及其历史发展/陈子谦/厦门大学学报/1981年第一期
司马迁/蒋武雄/古今谈第一百七十六期/1980年1月
司马迁卒年新考证/金惠/东方杂志第十四卷第一期/1980年7月
关于司马迁的生年问题（答黄瑞云先生）/李伯勋/安徽大学学报/1981年第一期
略论司马迁——在司马迁诞生二千一百周年纪念会上的讲话（1956年1月）/齐思和/中国史探研，中华书局/1981年4月
司马迁的受宫刑及其忍辱著书/韩兆琦/北方论丛/1981年第四期
司马迁奉使西南设郡考/祁庆富/中央民族学院学报/1981年第三期
司马迁/李德清/旅游天地/1981年第一期
司马迁和他的不朽巨著《史记》/安平秋/文史知识/1981年第二期
对司马迁生卒年的一些看法/陈尽忠/厦门大学学报/1982年增刊
司马迁与《史记》/唐季华/重庆日报/1982年4月3日
司马迁为何被刑/沈伯俊/陕西师范大学学报/1982年第四期
论司马迁的生年及与此有关的几个问题/吴汝煜/南开学报/1982年第六期
司马迁生于景帝中元五年之一证/何直刚/河北大学学报/1982年第四期
司马迁所遭李陵之祸探讨/吴汝煜/徐州师范学院学报/1982年第四期
"何时为郎"及"何自为郎"——司马迁生卒问题考索/罗芳松/成都大学学报/1982年第一期
司马迁下吏、受刑年考/李开元/文史第十三辑/1982年
司马迁生于汉景帝五年考/徐朔方/杭州大学学报/1983年第三期
司马迁出生在今山西河津县说/黄乃管/晋阳学刊/1983年第六期
司马迁宫刑析疑/吕锡生/中国史研究/1983年第四期
司马迁评传/张大可/兰州大学学报，中国古代史论文辑刊/

1983年

试论司马迁的发愤著书说/傅昭生/汉中师范学院学报/1983年第一期

司马迁生年考辨/赵光贤/北京师范大学学报/1983年第三期

司马迁受刑原因辨/郑连保、吴国宁/河北师范大学毕业论文选集，1983年第一至六期

评司马迁生于建元六年之新证/张大可/求是学刊/1984年第二期

王国维之司马迁"卒年与武帝相终始"说商兑/袁传璋/安徽师范大学学报/1984年第二期

司马迁生地浅探/吉春/人文杂志/1984年第三期

司马迁受刑之年略考/施丁/辽宁大学学报/1984年第三期

关于司马迁生年的考/张大可/上海师范学院学报/1984年第二期

谈谈司马迁遭祸受刑的冤狱——兼与王俊清同志商榷/王云/鞍山师范专科学校学报/1984年第二期

司马迁生年考——兼及马司迁入仕考/施丁/杭州大学学报/1984年第三期

史迁是否见过淮南王书的疑问/雪克/杭州大学学报/1984年增刊

为卫宏之司马迁"下狱死说"辩诬补证（太史公卒考辨之四）/袁传璋/安徽史学/1984年第三期

崇高的人格，创新的精神——纪念司马迁诞辰2130周年/张大可/人文杂志/1985年第一期

司马迁受宫刑成《史记》/成常福/三月风/1985年第四期

王国维、郭沫若共认的"先汉纪录"考定司马迁父子的生年/王重九/陕西师范大学学报/1985年第三期

关于司马迁的结局问题/范振国/史学月刊/1985年第六期

读《司马迁年谱》/包谦六/出版周刊/1934年8月八十八期

司马迁行年三事考辨/苏诚鉴/秦汉史论丛第一辑，陕西人民出版社/1981年

司马迁和《史记》/胡佩韦/中国古典文学基本知识丛书，上海古籍出版社/1979年

司马迁/郭维森/中国历代名人传丛书，江苏人民出版社/1982年

司马谈/司马迁/中国历史人物生卒年表（吴海林、李延沛编）/黑龙江人民出版社/1981年

司马迁/张智彦/中国古代著名哲学家评传（续篇一），齐鲁书社/1982年

司马迁/杨燕起/百代英杰/北京出版社1984年

司马迁/肖黎/中国史学家评传（上）/中州古籍出版社/1985年

司马迁/邹贤俊/中国古代学者百人传，中国青年出版社/1986年

司马迁/中国古代名人传/黑龙江人民出版社/1986年

怆然泪下的王者——司马迁/杨立正/思想与时代/1966年6月第一四三期

司马迁发愤作《史记》/程度/北京日报/1978年7月25日

司马谈和司马迁/翦伯赞、郑天挺主编/中国通史参考资料古代部分第二册，中华书局/1962年

司马迁忍辱著书/沈起炜/中学历史故事选（一），河南教育出版社/1984年

司马迁和《史记》/中学历史手册（中国古代史部分），北京师范大学出版社/1984年

2000年前万里游/褚斌杰/旅游/1980年第六期

司马迁蒙冤作《史记》/金践之/史学通讯/1980年第一期

再谈《报任安书》的写作年代与司马迁的卒年问题/李伯勋/青海社会科学/1985年第五期

司马迁不可能生于建元六年/赵克/北方论丛/1986年第二期

再谈司马迁的结局问题——兼论"西汉史学系统"/范振国/河南大学学报/1986年第一期

司马迁（历史人物传记译注）/安平秋/中华书局/1985年

太史公年谱不分卷/杨启高/史记通论内

太史公年谱订正/史记考索内/1957年开明书店排印本

司马氏世系及谈迁父子年谱/杨家骆/上海世界书局

司马迁生于武帝建元元年/施之勉/大陆杂志三十四卷十一期/1967年6月

中国古代大史学家司马迁/钱穆/民主评论四卷八期/1953年4月

第四卷第八期

司马迁（新编历史京剧）/郭启宏/剧本/1980年第二期

山西两司马（司马迁与司马光）/王止峻/山西文献/1974年1月第三期

司马迁/史次耘/中国文学史论集/1958年4月

太史公年岁考/蒋元庆/学海/1945年1月第二卷第一期

司马迁的生平遭遇与《史记》成书的关系/朱其铠/中国文学史二百四十题，山东文艺出版社/1985年

司马迁"卒于武帝之后说"斠误/袁传璋/中国古典文学论丛第二辑，人民文学出版社/1985年

太史公释名义/清·俞正燮/癸巳类稿卷十一

太史公辨/袁丕钧/滇文丛录卷十五

太史公名号辨/施蛰存/学原第二卷第五期/1948年9月

太史公名位考/闻惕/武昌安雅月刊社/1935年2月安雅月刊第一期

太史公考释/钱穆/学术季刊第一卷第四期/1953年6月

太史公解/宋希祖/制言半月刊第十五期/1936年4月

太史公名号辨/施蛰存/学原二卷五期/1948年9月

太史公名位考/闻惕/武昌安雅月刊社/1935年2月安雅月刊第一期

太史公考释/钱穆/学术季刊第一卷第四期/1953年6月

太史公解/施之勉/大陆杂志第七卷第二期/1953年7月

太史公解/朱希祖/国语日报/1971年9月18日

"太史公"与"牛马走"何指——读书札记/权衡/郑州师专学报/1981年第一期

司马迁的一生/陈云/诗华日报（新加坡）/1970年

司马迁为何受宫刑/郭精锐/文学遗产/1983年第二期

司马迁论/宋·秦观/淮海集卷二十/嘉靖二十四年（1545）胡民表重刊本

司马迁诗/宋·秦观/淮海集卷二十

司马迁论/宋·张耒/张文潜文集卷九，嘉靖中郝良刊本。张右史

文集卷五十六，四部丛刊本

司马迁论/清·王应奎/柳南文钞卷四，乾隆中刊本

读司马迁传/清·尚镕/持雅堂文集卷三，持雅堂全集本

司马迁下蚕室论/清·赵铭/琴鹤山房遗稿卷五，1922年金兆蕃刊本

司马迁论/梁之盘/红豆第二卷第二号，香港南国出版社/1934年

司马迁的心/阮芝生/台湾大学文史哲学报第二十三期/1974年10月

史记与司马迁/黄介瑞/中华文化复兴月刊第六卷第六期/1973年6月

怆然泪下的王者司马迁/杨立正/思想与时代第一百四十三期/1966年6月

司马迁与史记/史次耘/广文书局

司马迁与史记/史次耘/大学杂志第四卷第一期/1958年10月

司马迁与史记/梁容若/国语日报书和人双周刊第一七〇至第一七一期/1971年

太史公及其史记/王恢/人生二十六卷五期/1963年7月

史迁之作史记/梁安仁/协大艺文十八至十九期/1964年12月

司马迁的后代姓啥/福建日报/1981年1月26日

关于司马迁的结局问题/范振国/史学月刊/1985年第六期

《史记》非官书论/华钟彦/古籍论丛第二辑，福建人民出版社/1985年

关于《史记》原名问题/王重九/古籍论丛第二辑

司马迁（旅行家）/李德清/旅游天地/1981年第一期

太史公龙门遗迹寻访记/王重九/文博/1986年第一期

《史记》和"舒愤懑"/王成军、王炎/人物/1986年第五期

司马迁生年问题辨析/罗芳松/成都大学学报/1986年第四期

· 著 作 ·

司马迁文一卷/全汉文卷二十六/全上古三代秦汉三国六朝文本，

清·严可钧辑/光绪十六年,广雅书局刊

司马子长集一卷/汉魏六朝名家集本,丁福保辑/宣统三年,上海文明书局排印

太史公素王妙论一卷/章邱李氏重刊玉函山房辑佚书本/光绪十五年刊

报任少卿书/汉书司马迁传及昭明文选卷四十一

司马迁《报任安书》斠诂/丁介民/大陆杂志第三十五卷第四期/1967年8月

太史公报任少卿书书后/清/吴大廷/小酉腴山馆文钞卷四

司马迁赋作的评价/赵省之/文史哲/1956年第二期

释《报任安书》的几个问题/陈尽忠/厦门大学学报/1980年第三期

漫谈司马迁的《报任安书》(兼及李陵投降的责任问题)/孟庆林/牡丹江师范学院学报/1983年第一期

《报任安书》的写作年代与司马迁之死考辨/袁伯诚/青海社会科学/1984年第一期

试谈《报任少卿书》与作者死之关系/久行/河北师范学院学报/1984年第三期

一朵独具异彩的小花:浅谈司马迁《悲士不遇赋》/赵乃增/文学论集(七)/1984年

司马迁的死年死因及其他:讲授《报任安书》引起的疑窦/侯廷章/南阳师范专科学校学报/1984年第二期

理想、毅力与"名山"之业(重读司马迁的《报任安书》)杨牧之/文史知识/1985年第九期

《报任少卿书》的艺术技巧/王发国/西南民族学院学报/1985年第一期

司马迁写《报任安书》年代考/施丁/西南师范学院学报/1985年第四期

《报任安书》"究天人之际"释/程金造/人文杂志/1984年第一期

司马迁《报任安书》/童寿/大陆杂志第六卷第四期/1953年2月

《报任安书》写作年代辨/黄振民/北京师范学院学报/1981年第

四期

谈司马迁《报任安书》/裴晋南/齐齐哈尔师范学院学报/1982年第一期

观其文章，想见人德——从《报任安书》看司马迁/王俊清/鞍山师范专科学校学报/1983年第一期

《释〈报任安书〉的几个问题》质疑/予夫/中国古代史论丛（第七辑），福建人民出版社/1983年

《报任安书》语言浅析/王纯庵/电大语文/1983年第十二期

"重于泰山"、"轻于鸿毛"究何所指（司马迁《报任安书》）/王同策/史学集刊/1984年第二期

司马迁报任安书/戴君仁/大陆杂志第六卷第四期/1963年2月

再谈《报任安书》的写作年代与司马迁的卒年问题/李伯勋/青海社会科学/1985年第五期

从"曩"与"今"管窥《报任安书》/罗芳松/成都大学学报/1985年第三期

《报任安书》与汉武帝的严刑峻法/韩兆琦/古典文学知识/1986年第六期

"备行伍"解/陆宗达/语文教学通讯/1980年第八期

纵横开阖，沉郁曲折：《报任安书》浅析/谌东飚/学习导报（长沙）/1985年第三期

《报任安书》注释疑义讨论/薛正兴/南京师范大学学报/1986年第三期

二、司马迁图像、祠墓、家世索引

· 图　像 ·

龙门司马子长像/清·金史绘/无双谱，清初元刻本。喜咏轩丛书本。陶湘古印

司马子长像传/清·顾沅辑/古圣贤像传略卷二/道光十年刊本

史学家司马迁像/唐卢辑藏石刻拓本/中国名人传/1947年世界书局石印本

司马迁像/庐山石刻君臣画像拓本/新制东洋史/日本昭和六年影印本

司马迁像/古物陈列所藏绘本/郑振铎插图本中国文学史第一册影印

司马迁像/韩城县太史公祠塑像照片/上海市历史文献图书馆藏

·祠　墓·

司马迁墓图/中国历史参考图谱第六辑/1950年上海出版公司影印本

太史墓图/韩城县志卷首/乾隆四十九年刊本

陕西韩城南芝川司马迁庙图/中国历史参考图谱第六辑

修太史祠记/宋·尹阳/拓本/韩城县志卷十

重修汉太史墓碣记/金·赵振/韩城县志卷十

重修汉太史祠记/元·段彝/拓本/韩城县志卷十

重修司马公祠记/明·郭宗傅/韩城县志卷十

汉太史令司马公祠墓碑记/清·何宪曾/拓本

重修太史庙记/清·瞿世琪/拓本/韩城县志卷十一

重修太史公碣记/清·康行侗/韩城县志卷十三

重修太史庙记/清·孙龙竹/韩城县志卷十三

寄题子长先生墓/清·李因笃/拓本

访史记作者司马迁祠墓记/汉林/旅行杂志第二十八卷第二期/1954年2月

汉太史司马迁墓/照片/上海市历史文献图书馆藏

司马坡全景/照片/上海市历史文献图书馆藏

太史祠全景/照片/上海市历史文献图书馆藏

太史祠寝殿/照片/上海市历史文献图书馆藏

司马迁祠墓的最早维护者殷济论赞/李绵等/韩城市司马迁研究文集/1985年

司马迁祠墓沿革考略/李国英/韩城市司马迁研究文集/1985年

司马迁祠楹联选/李国英/韩城市司马迁研究文集/1985年

司马迁祠墓/范文藻/陕西日报/1956年10月11日

汉太史司马迁祠墓沿革/韩城县文化馆/陕西师范大学学报/1982年第三期

龙六有灵秀/钟毓人中龙——访韩城司马迁祠/王忠人、葛增福/光明日报/1986年12月6日第二版

· 家世（附论六家要旨）·

司马错传/同州府志卷二十九/咸丰二年刊本

司马谈传/明·李贽/李氏藏九卷三十二/万历十七年刊本

司马谈传/陕西通志卷六十三/雍正十三年刊本

司马谈传/河津县志卷七/光绪六年刊本

司马谈传/山西通志卷一百十六/光绪十八年刊本

故汉太史司马公侍妾随清娱墓志铭/唐·褚遂良/拓本/褚遂良集，武林往哲遗书本，光绪中丁氏刊。韩城县志卷十三

随清娱传/陕西通志卷六十六

随清娱传/同州府志卷三十三

杨夫人传/陕西通志卷六十六

杨夫人传/同州府志卷三十三

司马迁的父亲/李长之/东方杂志四十卷八期/1944年6月

《论六家要旨》与《汉、志、诸子略》之比观/聘之/北华月刊二卷一期/1941年11月

司马谈的《诸子要旨》及其用意。侯外庐/大学月刊六卷二期/1947年7月

司马谈《论六家之要指》"有省不省"解/黄宝实/大陆杂志第六卷第八期/1953年4月

先秦哲学无"六家"（读司马谈《论六家要旨》）任继愈/文汇报/1963年5月30日

《论六家要旨》是大胆的议论吗/王小孚/淮阴师范专科学校学报/

1980年第二期

司马谈作史补正/赖长扬/史学史研究/1981年第二期

论司马谈创《史记》五体/赵生群/南京师范大学学报/1984年第二期

司马谈作史考论述评/张大可/青海师范学院学报/1984年第二期

司马谈作史/顾颉刚/史林杂识（初编），中华书局/1963年2月

司马谈作史考/赵生群/南京师范学院学报/1982年第二期

司马氏父子的《六家要旨》施丁/文史知识/1982年第十一期

浅谈司马迁笔下的项羽形象/单薇/绥化师范专科学校学报/1986年第三期

也谈"究天人之际"/何旭光/大庆师范专科学校学报/1986年第四期

三、《史记》版本存世书目索引①

【说明】 此目录的著录旨在起登记的作用，故只注明各版本的名称、现存卷数、收藏地点，并简要说明各本的版本形态和特征，也间及宋元旧版的流传情况。此目录中，笔者所见者不出注，见于各图书馆图书自编目录，或通过网上可从各图书馆"书目查询"中查询者不加注明；而引自其他一般书目者，笔者又未见者出注，说明见于何种目录或何种研究成果，其中间有笔者的改动，但因篇幅所限，不加以说明。为区别行文中两类说明的性质，笔者将注明资料来源用方括号标示，一般说明用圆括号标示。本着详古略近的原则，对宋元以前的每一部存世版本，作单独的说明。对明本及其以后的版本则相对从略，且用小字来注明收藏地点。

此目录采用的收书标准是按照贺次君先生《史记书录》的收

---

① 此部分目录摘自北京大学古文献学2003年张兴吉博士论文《元刻史记彭寅翁本研究》附录、征得作者同意收入本书。

书标准，即凡是包含《史记》正文全文的书籍皆收入此目录（古代的残本除外）。所以《史记》的节选本、研究性著作不收入此目录。对于国内的排印本只注明册数、出版时间、出版社及说明所据底本。对翻刻本，如翻刻本与原版基本相同，板式几乎不变，则在原版下附录；对影印本，如影印本是据原版影印，板式不变，则在原版下附录；如果翻刻本、影印本改变了原板式，则单独列出，并尽可能地说明其板式的变化，因为排印本中都存在着一定程度的改动，所以一般作为单独的版本列出。收录在《十七史》、《二十一史》等丛书中的《史记》明、清刻本，在说明收藏地点时，将收藏此类丛书全卷（或稍有残缺）的机构，与只收藏丛书零种《史记》的机构分开著录，用合刻、分刻《史记》名分别注明。对民国后的排印、影印本不注明藏书地点。

  本目录大致分为两个部分，即古写本、刻本部分和影印本、排印本部分；排列次序仿贺次君先生的体例，每部分以朝代划分，以集解、集解索隐、集解索隐正义为序，个别白文本、题评本等单独分列，随年代划分，同一类书籍则按刊行年代为序。此目录以著录刻本为主，然而考虑到版本之间的流变及影响，故也涉及重要的抄本，如四库本及其他民间抄本等。又建国后影印民国时期版本者，一般也单独列出，以更加清楚地反映建国后《史记》的出版情况。

  【1】**史记集解**　张丞相列传残卷六朝抄本，1918年罗振玉《古写本史记残卷》影印本

  半页7行，行14～16字；注双行，行22字。藏日本石山寺。

  【2】**史记集解**　郦生陆贾列传一卷六朝抄本，1918年罗振玉《古写本史记残卷》影印本

  半页7行，行14～17字；注双行，行22字左右。藏日本石山寺藏。

  【3】**史记集解**　燕召公世家残卷敦煌唐钞卷子本，1938年《敦煌秘籍留真》又1947年《新编》影印本行16～17字不等，注双行22字不等。藏法国国家图书馆。

【4】**史记集解**　管蔡世家残卷敦煌唐钞卷子本，1938 年《敦煌秘籍留真》又 1947 年《新编》影印本行 15～17 字不等，注双行 21 字。藏法国国家图书馆。

【5】**史记集解**　伯夷列传残卷唐钞卷子本，1938 年《敦煌秘籍留真》又 1947 年《新编》影印本行 15～19 字不等，注双行 22 字不等。藏法国国家图书馆。

【6】**史记集解**　夏本纪一卷唐钞本，行 15～17 字不等，注双行 22～23 字不等。高山寺旧藏，藏日本东洋文库。

【7】**史记集解**　殷本纪一卷唐钞卷子本，1894 年吉石盦丛书罗振玉影印

本半页 7 行，行 18 字，注双行 25～26 字不等。藏日本高山寺。陈氏以为：此本为最早的二家注本。

【8】**史记集解**　周本纪一卷唐钞卷子本行 15～17 字不等，注双行 22～23 字不等。藏日本高山寺。

【9】**史记集解**　秦本纪一卷唐钞卷子本行 15～17 字不等，注双行 22～23 字不等。高山寺旧藏，藏日本东洋文库。

【10】**史记集解**　高祖本纪一卷唐钞卷子本行 15 字不等，注双行 23 字。藏日本宫内厅书陵部。

【11】**史记集解**　河渠书残卷唐钞卷子本，1894 年《古写本史记残卷》罗振玉影印本半页 7 行，行 19 字，注双行 24～25 字不等。藏日本神田文库。

【12】**史记集解**　残卷北宋景祐间刊本

半页 10 行，行 19 字；注双行，行 25.6 字不等。白口，左右双边，单鱼尾。

(1) 原刻本，130 卷，中 15 卷配补，卷 101～105 配南宋黄善夫本；卷 5.6.48～55 配元大德饶州路刊本。藏台北"中央研究院"历史语言研究所。

(2) 存 126 卷，缺卷 113～116，（南宋前期）刊（元、明递修）卷 123 补写，藏台北"中央图书馆"［张］。

(3) 存 40 卷，原藏清内阁大库，现藏中国国家图书馆［贺］。

（4）存 40 卷，双鉴楼旧藏，现藏中国国家图书馆［张］。

【13】史记集解一百三十卷　北宋景祐间刊，明弘治三年（1490）补刊本

半页 10 行，行 19 字；注双行，行 25～26 字不等。白口，左右双边。单鱼尾。鱼尾下题"史记纪六"，首目录、三皇本纪、五帝本纪、秦本纪为明弘治三年补刻，版式同前，惟四周双边，细黑口。鱼尾上题"弘治三年"，版心下题"监生××"。

此本为涵芬楼旧藏，现存中国国家图书馆［贺］。

【14】史记索隐三十卷　唐河内司马贞撰，明崇祯十四年（1641）毛氏汲古阁覆北宋大字本，清光绪十九年（1893）广雅书局翻刻本

半页 14 行，行 27 字；注双行小字，行 36～37 不等，多者至 40 字。白口，左右双边［论］。单鱼尾，各卷首页版心鱼尾下镌有"汲古阁"及"毛氏正本"［中山大学］。此本体例同《经典释文》，只标所注字句，不载全文［陈］。

吉大，东北师范大学［吉林］，溆浦［湖南］，2 部，中科院，2 部，人大，2 部，北大，3 部，国图、北师范大学，3 部，中山大学、杭大、（韩）清版，奎章阁

【15】史记集解　残卷南宋绍兴初（绍兴元年 1131 年）杭州刊本

存 14 卷，半页 14 行，行 24～29 字不等；注双行小字，行 31～34 不等。白口，左右双边［贺］。藏国图。

【16】史记集解一百三十卷　南宋绍兴间（1131－1162）刊本，1955 年文学古籍刊行社影印本

（1）南宋覆刻北宋本。此本无目录，130 卷（30 册）中有明、清人抄配 6 卷。半页 14 行，行 24～27 字不等；注双行小字，行 34～39 不等。白口，左右双边，版心上记第几册本纪几。此本原为传是楼藏书，后归瞿氏铁琴铜剑楼，今存中国国家图书馆［贺］。

（2）史记一百三十卷集解本

北宋刊北宋修，存 69 卷（存卷 31～39.44～60、81～

101.109~130），11 册。半页 14 行，行 24~27 字不等；注双行小字，行 32~39 不等。白口，左右双边，内藤湖南旧藏，现藏于日本大阪杏雨书屋〔尾〕。

【17】史记集解一百三十卷　南宋绍兴十年（1140）邵武朱中奉刊本本纪、列传 1 半页 12 行，行 22~23 字；表、书、世家、列传 2~70，半页 13 行，行 24~29 字，注双行小字同。白口，时有细黑口，四周双边，藏日本大阪杏雨书屋〔尾〕。

【18】史记集解索隐残卷　南宋孝宗时（1162—1189）杭州刊本半页 12 行，行 24~27 字不等，注双行，行 24~25 字不等。白口，左右双边。版心上记本页大小字数，隔水下题"史记七"三字，下记本卷页数，再下为刻工姓名。

仅存 10 卷，卷 7~9，卷 124~130。此本的原本已不知下落，仅以影印本、影刻本保存在《百衲本史记》中，参见本目录第 26 第。

【19】史记集解残卷　南宋绍兴十四年（1144）蜀刻大字本每半页 9 行，行 16 字，注小字 20 字。版心白口，细鱼尾，左右双边单独无存，作为配补本而存在，现存于原吴兴刘氏嘉业堂旧藏、今国图藏淮南路转运司刊本中。存 18 卷（卷 11.12.26.27. 33.79~99.104.105.111~113.118~121），〔尾〕。

【20】史记集解一百三十卷　南宋绍兴中淮南路无为州官刊本刊本（又名：淮南路转运司刊本）

半页 9 行，行 16 字；注双行，行 20~23~24 字不等。细黑口。左右双边。版心上记本页大小字数，亦有不记者。

（1）国图本 1：吴兴刘氏嘉业堂旧藏，66 册，原刻存 67 卷，存卷 1~10.13.14.21.24.31.32.34.35.40~55.68~71.79~96.100~103.106~110.114.115；配宋本 18 卷，卷 11.12.26.27.33.79~99.104.105.111~113.118~121；配元大德本 1 卷，卷 23；配明抄本 5 卷，卷 56~60；配清抄本 39 卷，卷 15~20、25.28~30、36~39.61~67.72~78.116.117.122~130。国图本 2：南海潘氏宝礼堂旧藏，40 册，130 卷。〔尾〕

（2）南图

（3）17册，其中题跋1册，存5.6.8～12.16.17.34～40、48～54.56.99.100、107～110。上图藏［尾］。

【21】史记集解索隐残卷 南宋乾道七年（1171）建溪蔡梦弼刊本

半页12行，行21～2字，注双行，行28字，白口，左右双边。版心双鱼尾，下鱼尾下记页数。

国图藏三种，130卷本，40册，卷34配清光绪元年杨宝彝影宋抄本；130卷，卷7～9、124～130配宋淳熙三年张杅桐川郡斋八年耿秉重修本，集26卷，余96卷配其他两宋本；存92卷，卷1～7.13.14.23～40、55～68.74～100、102～109.111.118.、119.124～130［尾］。

【22】史记集解索隐残卷 南宋淳熙三年（1176）张杅桐川郡斋本半页12行，行25字，注双行，行25字。白口，左右双边。版心单鱼尾下题"史记×"三字，其下记刻工姓名。存63卷（实存60卷），20册，存卷1～18.44～88。其中卷11.12.60有目无书。现藏国图。

【23】史记集解索隐一百三十卷 南宋淳熙八年（1181）澄江耿秉重修桐川郡斋本版式同上。

（1）130卷本，24册，国图藏。

（2）存99卷本元递修本，24册，存卷8～15.18～26.28～30、38～116，日本静嘉堂文库［尾］。

【24】史记集解残卷 南宋绍熙间（1190－1194）杭州刊本

半页14行，行28字，白口，左右双边，版心记大小字数，中题"史表四"三字，下为页数。存1卷，卷16，又配明抄补卷17.18，1册，国图藏［贺］。

【25】史记集解索隐正义一百三十卷 南宋庆元二年（1196）［绍熙间，尾］建安黄善夫刊本；1996－1998年日本汲古书院古典研究会丛书本，此本据日本历史民俗博物馆藏本缩小影印，为原本的66%。

半页10行，行18字，注双行，行23字。细黑口，左右双边。版心双鱼尾，上鱼尾下记"史记五帝纪一"等，每页末行框外有书耳。

(1) 130 卷本，90 册，日本历史民俗博物馆藏。

(2) 存 69 卷本，28 册，存卷 1.4～12.19～21.23～30、39～67.73～90、130，国图藏［尾］。

(3) 存卷 8 第 1～23 页，上图。

【26】**百衲本史记一百三十卷**　清刘燕庭集宋残卷，民国三年（1914）贵池刘世珩玉海堂影刻本，商务印书馆涵芬楼清宣统元年（1909）影印溧阳陶氏百衲本半页 14 行，字数不一，注双行，字数不一，白口，左右双边。

原本已不知去向。今仅存影刻本、影印本。

【27】**史记集解一百三十卷**　吴兴刘承干嘉业堂民国八年［1919］年翻刻南宋淮南路无为州刊刊本［又称四史本，据宋蜀大字本翻刻，丛书综录］每半页 9 行 16 字，小字双行 21 字。细黑口，左右双边。单双鱼尾，牌记题"己未孟春吴兴刘氏嘉业堂景宋蜀大字本"。32 册

【28】**史记集解索隐一百三十卷**　元中统二年（1261）平阳段子成刊本半页 14 行，行 25 字，注双行校字同。四周双边，版心白口。同向双鱼尾，上鱼尾下题"史记一"，下鱼尾下题本卷页码。

(1) 存 8 卷本（卷 23～30），唯一的原刻本。台北"中央图书馆"

(2) 130 卷本，元刊明修。明修版版心小黑口，台北"中央研究院"历史语言研究所

(3) 元刊明修，130 卷本（卷 30～43 配明刊本），20 册，国图

(4) 130 卷本（卷 20 配清抄本，卷 21～22 配明嘉靖四年汪谅刊本），元刊明修，40 册，国图［以上尾］

(5) 存 92 卷本（卷 6～36.49～78.87～130），原皕宋楼旧藏，现藏日本静嘉堂文库［张］

(6) 元刊明修残本，中国国家博物馆［中善］

(7) 元刊明修残本，上海［中善］

(8) 元刊明修，重庆［中善］

【29】史记集解索隐正义一百三十卷　元至元二十五年(1288)安福彭寅翁崇道精舍刊本，1995年上海古籍出版社《续修四库全书》影印国图130卷本（配中统二年本6卷），2002年北京线装书局影印日本枫山文库本半页10行，行21字。注双行，行21字，相对双鱼尾，细黑口。字数或题于鱼尾上，或题于鱼尾下。

(1) 国图130卷本（配中统本6卷本）：卷117至122元中统二年段子成刻本，48册。

(2) 国图77卷本：存77卷；卷2~3.46~47.51~54.66~67配瞿氏铁琴铜剑楼影元抄本。存77卷、2~6.13~16.19~30、38~42.46~47.50~54.66~67.89~130；24册。

(3) 北大所藏存16卷本：存16卷；卷11~14.48~49.58~60、110.113~116.128~129；7册。

(4) 台北"中央"图书馆藏130卷（配8卷游明本）：130卷，卷4~6.20~22配明游明刊本，卷18.19配明正德16年慎独斋刊本；16册。

(5)、存27卷本：存27卷；卷2~6.46~47.50~54.66~67.92~94.97~104.111~112；11册。

(6) 枫山本：日本宫内厅书陵部藏130卷，40册。

(7) 柀斋本：存130卷（缺64~67，卷7~10.39抄补，28.89.91~92重复本），日本宫内厅书陵部藏；除了5卷为抄补，4卷现缺之外，卷70、108的尾页为抄补，卷60的尾页缺。第36册全缺。另外，卷15~16.20~24、28~42、43~58、60~68、69~89、92~109、110~113、116~130为同版补配，58册。

(8) 伊佐早谦旧藏本，现藏庆应大学图书馆，存71卷；卷1~5、12~18、21~25、27~29、32~44、46~49、60~75、91~108、116~119、127~130；28册。

(9) 崇兰馆旧藏本：现藏天理大学图书馆，130卷，70册。
以上为刻本。

（10）明崇祯影抄元彭寅翁本，存50卷，陕西历史博物馆

（11）梅仙和尚自笔本，日本建仁寺两足院

（12）130卷，43册，三条西实隆自笔本，藏日本宫内厅书陵部

【30】史记集解索隐残卷　元大德十年（1306）饶州路儒学刻本

每半页10行，行22字，注双行，行亦22字；细黑口，四周双边，双鱼尾，版心上记刊刻此卷的本路学名，鱼尾下题"史记几"。

存18卷本，存卷5～48、49～56、61～71。又存3卷本，存卷23、25～26。国图［张］

【31】史记集解一百三十卷　明正德十年（1515）江西白鹿洞书院刊本

每半页10行，行19字，注双行，行19字；白口，四周双边，版心鱼尾下题"史记几"三字，下记字数［贺］。

卷5～7配王延喆本，国图，卷31～36配清抄本，北大、上海［以上中善］，台北"中央图书馆"［张］

【32】史记集解索隐一百三十卷　明天顺七年（1463）丰城游明刊本

半页14行，行25字，注双行，行25字。黑口，四周双边，同向双花鱼尾，版心记本页大小字数，左边框外无书耳。

国图 存16卷，存卷3～18，李盛铎旧藏，北大［安］，台北"中央图书馆"，哈佛燕京，上海，卷86～87配抄本，杭大、日本内阁文库［哈佛燕京］

【33】史记集解索隐一百三十卷　明正德九年（1514）建阳慎独斋刊本

每半页10行，行20字，注双行，行亦20字；白口，四周双边，同向双鱼尾，版心上题"史记卷一"，鱼尾下题"五帝本纪"又鱼尾下记本卷页数［贺］。

山东［中善］39册，缺31～33，台北故宫，（日）东洋文库，（日）京都府立图书馆

【34】史记集解索隐一百三十卷　明正德十三（1518）年建宁官刊本［中善题为明正德十三年邵宗周刻本］每半页10行，行20字，注双行，行20字；白口，四周双边，双鱼尾，版心上题"史记卷之一"，鱼尾下题"五帝本纪"四字，又鱼尾下记页数。

浙江，北京文物局 残本，萍乡［以上中善］，藏美国国会图书馆［贺］，湖南［湖南］，北大

【35】史记集解索隐一百三十卷　明正德十六年（1521）书户刘洪刊本，清光绪重刻本每半页10行，行20字，注双行，行20字；白口，四周双边，版心上题"史记卷之一"，鱼尾下题"五帝本纪"四字，又鱼尾下记页数。藏国图［贺］。

此本是建宁本的翻板［陈］。3部，台北"中央图书馆"清光绪重刻本，黑口，国图

【36】史记集解索隐正义一百三十卷　明正德十二年（1517）廖铠刊本半页10行，行18字，注双行，行23～24字。细黑口，四周双边。版心上方记每册页数总号，中记"史记几"或"传几"，下记本卷页数［安］。上海［中善］，国图，台北"中央图书馆"

【37】史记集解索隐正义一百三十卷　明嘉靖四年（1525）莆田柯维熊校，金台汪谅刊本半页10行，行18字，注双行，行23字。白口，左右双边。

中国社科院文学所、历史所各1部，上海师范大学、中国科学院上海图书馆、吉林、吉林市、黑龙江、陕西、陕西博物馆、山东2部，南京、南大、安徽师范大学、中国历史博物馆、襄阳地区、四川、重庆［以上中善］1部；存129卷本1部，存卷1～11、13～130，国图，缺卷106至108，北大、浙江［以上安］2部，湖南、新化［以上湖南］4部，台北"中央图书馆"、台北故宫、上海

【38】史记集解索隐正义一百三十卷　明嘉靖四年（1525）震泽王延喆刊本，同治五年（1866）金陵书局张文虎校刊本，同治九年（1870）崇文书局翻刻本，湖北官书处民国元年（1911）仿震泽王氏本重刊本

半页10行，行18字，注双行，行23字。白口，左右双边。上鱼尾下注"史记五帝纪一"，下记本卷页数，1部；又崇文书局本、湖北官书处本各1部，上海2部，又崇文书局本1部，湖北官书处本1部，北师范大学1部（有抄配）；又残本，存73卷，中山大学、中国社会科学院文学所、文化部文学艺术研究院、北京市委、北京市文物局、天津、石家庄、内蒙古大学、内蒙古社科院、陕西、陕西博物馆、甘肃、山东、青岛、南京、扬州、南京博物馆、苏州市文物管理委员会、浙江、天一阁文物保管所、厦大、福建省委党校、湖南、四川、重庆、山西文物局、复旦［以上中善］、吉大、吉林市、东北师范大学［以上吉林］、台湾大学［王］2部，国图，有缺页，北大5部，台北"中央图书馆"、台北故宫，2部，中科院

【39】史记集解索隐正义一百三十卷 明嘉靖九年（1530）南京国子监祭酒张邦奇、司业江汝璧刊本半页10行，行21字，注双行，行21字。黑口，左右双边。版心上题"嘉靖九年刊（也有作'八年'者）［安］"。

中国社会科学院文学所、天津、天津师范大学、陕西、河北大学、华南师范大学［以上中善］、江苏［贺］，3部，台北"中央图书馆"、国图、北师大

【40】史记集解索隐正义一百三十卷 明嘉靖十三年（1534）秦藩朱维焯刊本，又嘉靖二十九年（1550）朱怀倦补修本半页10行，行18字，注双行，行23字。白口，左右双边。

（一）嘉靖十三年本

天一阁文物保管所［中善］中国科学院［哈佛燕京］台北故宫博物院［王］130卷原刻本，重修本，藏国图；（卷80至81配汪谅刻本、卷84至85配王延喆本、卷82至83配清抄本）拼配本1部；重修本2部，国图 有缺页，北大 原刻本2部，重修本2部，台北"中央图书馆"、"中央研究院"傅斯年图书馆、辽宁、北师范大学

（二）嘉靖二十九年重修本

河北大学、山西省文物局、长春、上海、萍乡、陕西、陕西

博物馆、南京［以上中善］、吉林［吉林］、川大［安］、新疆大学、中科院、台北故宫

【41】史记题评一百三十卷　明杨慎、李元阳辑，高世魁校，嘉靖十六年（1537）年胡有恒、胡瑞刊本半页10行，行20字。注双行，行20字。镌有眉批，小字行4字。版心上题"史记卷一"白鱼尾，白口，左右双边。鱼尾下"五帝纪"，下记页数，下有刻工姓名［安］。

中科院　复旦　上海辞书出版社　残本，辽宁、山东、山东博物馆、杭大、河南、残本，福建、四川、重庆［以上中善］；（美）国会、（日）内阁文库（日）东京大学东洋文化研所、（日）京都大学、人文科学研究所［以上哈佛燕京］2部，北大［安］、台湾大学［王］，3部，中科院、国图、上海、中山大学、（美）普林斯顿大学

【42】史记一百三十卷　明隆庆间（1567－1572）新安吴勉学校刊本，又黄之寀本半页10行，行20字，白口。左右双边。版心白鱼尾，鱼尾上题"史记纪"三字，版心题"卷一"，其下小字题"五帝纪"。此书为白文无注本。黄之寀本系就吴勉学本改版而成（安）。

（1）吴勉学校刊本：中科院、中国社科院文学所、上海、复旦、南通、江西、河南、贵阳师范学院、云南［以上中善］、国图、中山大学、东北师范大学、存5～6.23～30、39～60，计32卷，五册，北大［以上安］、吉林社科院［吉林］、湖南师范大学［湖南］、4部（内1部后印本）中科院

（2）黄之寀校刊本：国图、上海

【43】史记集解索隐正义一百三十卷　明万历初（元年1573年）张守约刊本半页9行21字，注双行，21字，白口，四周双边，边上有评语，有刻工名。

北京市文物局、上海、上海师范大学、天津、陕西博物馆、盐城师专、浙江［以上中善］、卷19～20配清抄补本，泰州

【44】史记集解索隐正义一百三十卷　明万历二、三年（1574－1575）南京国子监祭酒余有丁、司业周子义刊本半页10

行，行21字，注双行，行21字。黑口，四周双边，同向双鱼尾，上鱼尾上题"万历二年刊"或"万历三年刊"，上鱼尾下版心题"史记五帝纪一"，下鱼尾下题页码及刻工姓名。

（一）明刻本

常熟 存7卷，卷1至7，福建、上海、福安［以上中善］，原刻1部；九年重修本1部，东北师范大学，缺世家卷20至30，吉大、吉林［以上吉林］、台北"中央图书馆"、苏州、初刻本2部，北大，2部，中科院

（二）翻刻本

万历六年山西布政司翻刻本，四周双边，细黑口，中山大学［中善］

【45】史记评林一百三十卷 明吴兴凌稚隆辑校，万历四年（1576）凌氏刊本，五年刊本；明万历间建阳熊氏种德堂刊本、熊氏宏远堂刊本、云林本立堂刊本（此三种皆为李光缙增补本）；同治十三年（1874）、光绪十七年（1891）长沙养翻书屋校刻本；光绪十年（1884）湖南刘鸿年翻刻本

天头半页十行，行7字；正版史记正文及三家注，半页行，行19字，白口。版心上题"史记卷一"，鱼尾下题"五帝本纪"，再下为本卷页数，有下鱼尾［安］。

（一）万历四年凌氏刻本

清华、中央党校、中央民族大学、中科院、中国社科院民族所、公安部群众出版社、上海 、复旦、华东师范大学，3部，天津、天津师范大学、天津市委党校、河北师范大学、内蒙古师范大学、大连 、辽大、齐齐哈尔、大兴安岭地区、哈师范大学、黑龙江博物馆、陕西、陕西考古所、甘肃、兰大、青海民族学院、山东、文登、山东师范大学、南京、海安、泰州兴化、镇江、苏大、杭州、杭大、临海博物馆、安徽、安徽博物馆郑州、郑大、河南大学、武昌、武汉师范学院、湖北博物馆、广西、四川、重庆、泸州、川大、云南大学、上海辞书出版社、启东［以上中善］、湖南［湖南］、初印本2部；剜改后印本1部；万历间熊氏宏远堂刻本3部；长沙养翻书屋校刻本1部，北大、香港

中文、哈佛燕京、凌氏四年刻本一部；万历间熊氏宏远堂刻本1部；又同前本以万历凌刻本配补本一部，人大，四年刻本1部；万历间熊氏宏远堂刻本1部；川大，3部，上图，四年刻本1部，熊氏种德堂刻本1部，又五年刊残本1册，中山，四年凌氏自刻本，西北师范大学，四年本1部；熊氏本1部，苏州、北师大，4部，台北"中央图书馆"，2部，增补本1部，台湾故宫

（二）万历五年刻本

北京西城、中国社会科学院文学所、中国社会科学院考古所、故宫博物院、中国历史博物馆、上海、辽宁、扬州、重庆、贵州师范学院、贵州博物馆〔以上中善〕、吉林〔吉林〕，1部，又万历间熊氏宏远堂刻本1部，吉林社科院〔吉林〕、南开、中山大学、中山

（三）万历间熊氏宏远堂刻本

吉大〔吉林〕、重庆、辽宁、吉大、人大、牡丹江师范学院、安徽、河南〔以上中善〕

（四）万历间熊氏种德堂刻本

中国科学院考古所、靖江、南京大学、安徽师范大学、福建、浦城、湛江、郑州、吉林社科院〔以上中善〕、北大、人大，2部，上海、陕西师范大学

（五）云林立本堂刻本

宝鸡、邵阳〔以上中善〕、松坡〔湖南〕

（六）明末翰墨林刻本

邵阳师范〔湖南〕

（七）明末勉耘堂刻本

四川师范大学

（八）其他（拼配本、残本、原著录不明确本）

（卷74至104配另一印本）拼配本1部；又半页11行，行24字，注同明刻本1部，国图，残本5部，（韩）奎章阁，李光缙增补本，新疆大学，凌氏刻本一部，陕西师范大学

【46】**史记集解索隐正义一百三十卷** 明万历九年（1581）刘维刊本半页10行，行21字，注双行，行20字，白口，四周双边。

东北师范大学［中善］、国图，缺卷1.2，上海

【47】史记集解索隐正义一百三十卷　明万历二十四年(1596)南京国子监祭酒冯梦祯、司业黄汝良刊本半页10行，行20～21～22字不等，注双行，行27字，细黑口，单鱼尾，左右双边。鱼尾上题"万历二十四年刊"，鱼尾下题"五帝本纪一"，下题页码、刻工姓名。

（一）明万历二十四年南京国子监刻本

原刊本1部；清递修本1部（有缺页），北大、国图，原刊本1部；清递修本1部，存125卷，中山大学［以上安］、南京［中善］、吉林市［吉林］、吉林社科院［吉林］、初印本2部，人大，2部，台北"中央图书馆"、北师大、中科院

（二）明万历二十四年南京国子监刻明清递修本

二十一史合刻

山西、青海、南京大学、安徽师范大学、福建省委党校、中山、重庆［以上中善］、国图、分刻

湘乡、清递修本1部；又递修本残本1部，存97卷，湖南［湖南］，清修补印本，陕西师范大学、中山、（日）日本千叶、中科院

【48】史记集解索隐正义一百三十卷　明万列历二十六(1598)年北京国子监祭酒刘应秋、司业杨道宾校刊，祭酒吴士元、司业黄锦重修半页10行，行21字，注双行，行21字。单鱼尾，白口，鱼尾上题"万历二十六年刊"，鱼尾下题"史记卷一"，及"帝纪"、本卷页码。

（一）明万列历二十六年［1598］北京国子监刻本

（1）明北监二十一史合刻

上海、山西、祁县、山东、山东博物馆、浙江、河南、华南师范大学、南京、湖北博物馆（以上中善）、（日）龙谷大学

（2）分刻

有抄配，北大、台北故宫

（二）明刻清递修本

国图［安］、中山

【49】史记辑评二十四卷 明邓以赞辑评，陈祖苞参补，朱日燦校阅，万历四十六年（1618）刊本半页9行，行18字。白口，左右双边（四周双边，水泽校补图版），单白鱼尾，版心隔水下题"史记卷一"，下记本卷页数。无界。此本为白文本，无注。然有评语［贺］。

中国社会科学院文学所2部，上海 祁县 浙江 湖北 四川［以上中善］残本，存卷15.17.18.20，中国国家博物馆、国图、中山、中国国家博物馆、（日）内阁文库

【50】史记集解索隐正义一百三十卷 明钟惺辑评，明天启五年（1625）刊本

半页10行，行18字，白口，单鱼尾，四周单边。卷下版心下刻"吴金仁甫麟书、徐丰泉有仁梓"，余均刻"大来堂"［香港中文］。半页10行，行20字；注双行，行20字［贺、香港中文］。

杭大、河南、复旦、天津、石家庄、浙江、天一阁、嘉兴、残本、重庆、南京［以上中善］、泰州、香港中文、台北"中央图书馆"、尊古堂本、（日）内阁文库、上海

【51】史记一百三十卷 明万历间（1573－1619）钱塘钟人杰刊本半页9行，行20字，注双行，行20字。白口，四周单边，单白鱼尾。鱼尾上题"史记本纪"，鱼尾下题"卷一"二字，再下记页数。

故宫博物院，1部；又存8卷，卷52至59，上海、华东师范大学、上海师范大学、华南师范大学、南京、南通、昆山、镇海、安徽、华侨大学、山东、甘肃、贵州民院［以上中善］、浙江、东北师范大学［以上安］、吉大［吉林］、湖南［湖南］、台北"中央图书馆"，2部，国图、（日）内阁文库、中科院

【52】史记评林（又名《陈太史评阅史记》）一百三十卷 明陈仁锡评，天启七年（1627）刊本半页10行，行20字，注双行，行20字，白口，左右双边，单鱼尾。有三家注，但有删节［安］。

清华、中央民族大学、祁县、辽宁、齐齐哈尔、陕西博物

馆、西北民院、西安文物管理委员会、青海、苏州、无锡、庐山、河南、华中师范大学、南宁师范学院［以上中善］、湖南［湖南］、苏州、国图、（日）内阁文库、（日）国会、中科院、西南师范大学

【53】史记测议一百三十卷 明陈子龙、徐孚远撰，崇祯十三年（1640）刊本；清康熙三十九年（1700）董涌泉刻本；嘉庆十一年（1806）刊本；道光十四年（1834）三元堂刊本 半页9行，行20字，注双行，行20字。白口，左右双边，单白鱼尾。有三家注，有删节［贺］。

（一）崇祯十三年［1640］刻本

清华、华东师范大学、天津师范大学、岐山、山东、济南、山东大学、山东师范大学、烟台地区文物管理小组、南京、南通、兴化、昆山、常熟、兴鲁迅、安徽、无为、福建博物馆、河南、重庆、素位堂本、浙江［以上中善］、湖南师范大学、湖南社科院、湖南［以上湖南］，2部、台北"中央"图书馆、养正堂本、国图、中山大学、上图、（日）内阁文库、（日）国会、中科院

（二）清重刻本

董涌泉刻本，东北师范大学［吉林］、（韩）奎章阁

【54】史记一百三十卷 明崇祯十三年（1640）武林邹德沛世古斋刊袖珍本半页9行，行26字，无三家注。然有各家评语。此本据钟惺本重刊［贺］。

扬州［中善］

【55】史记集解一百三十卷 明崇祯十四年（1641）常熟毛氏汲古阁刊本（十七史本），光绪四年（1878）金陵书局刊本，光绪年间扫叶山房复刻本［安］。半页12行，行25字，注双行，行36.37字（或称40字）不等。白口，左右双边，单鱼尾（陈）。

（一）明崇祯十四年（1641）常熟毛氏汲古阁刊本

（1）毛氏汲古阁十七史合刻

国图、湖北、（日）龙谷大学

(2) 分刻

西南师范大学［中善］、崇祯十四年刊刻本 10 部（中有 1 部存 129 卷），顺治十一年（1654）重修本 2 部，国图、中山、人大，2 部，又清初覆刻毛氏本 1 部，北大，残本，存卷 1～41，卷 42～130，中国历史博物馆、（日）新潟大学、（日）二松舍大学 哈佛燕京 香港中文

（二）明崇祯元年至十七年（1628－1644）常熟毛氏汲古阁顺治印本

(1) 毛氏汲古阁十七史合刻

中科院、故宫博物院、上海、山西、黑龙江、齐齐哈尔、山东、曲阜师范大学、山东博物馆、浙江、安徽、安庆、河南、四川、重庆、江西、湖南［以上中善］、北大

(2) 分刻

湖南、湖南博物馆、溆浦、湖南师范大学［湖南］

（三）明汲古阁刻清递修、重修本

(1) 毛氏汲古阁合刻十七史清递修本

上海、川大、西南师范大学

(2) 毛氏汲古阁合刻顺治十一年（1654）重修本

南京、安徽博物馆、上海［以上中善］、中科院

（四）金陵书局翻刻本

北师范大学、（韩）奎章阁、民族文化宫

（五）其他［明末汲古阁刻本］

上海、复旦

【56】史记汇评一百三十卷　明葛鼎、金蟠评，崇祯十六年（1643）金阊宝善堂葛氏刊本

半页 10 行，行 20 字［9 行 25 字白口四周单边，葛衙藏版，国图］，史文据万历 13 年冯梦祯南监本，文内无注，有诸家评论［贺］。

国图、川大、中科院、上海

【57】史记集解索隐正义一百三十卷　明崇祯间（1628－1644）程正揆刊本

半页10行，行20字。注双行，行20字。此本据凌稚隆、钟惺本而删节之，为明评林本之一种［贺］。

中央民族大学、故宫博物院、四川、重庆、清印本2部、山东［以上中善］、北师范大学

【58】史记集评善本一百三十卷　明崇祯间（1628—1644）钱塘朱东观辑，钱塘朱氏家刻本

半页10行，行22字。无注，眉端有诸家评语。

北大、兴化、上海［以上中善］、玉夏斋刻本、吉大［吉林］、新疆大学、台北"中央图书馆"

【59】史记一百三十卷　明黄嘉惠辑评，明黄嘉惠刻本半页9行，行20字，注双行20字。白口，左右双边。版心无鱼尾，上题"五帝本纪卷一"，空格至底题页码。有三家注，不全。眉上镌评，小字，行5字。

浙江、安徽、江西 四川［以上中善］、人大、中山大学

【60】孙月峰先生批评史记一百三十卷　褚先生附余一卷孙矿评，明崇祯九年（1636）冯元仲刻本

半页9行，20字；白口，四周双边（22字，四周单边，水泽图版）。

中国社会科学院文学所、甘肃、宁夏、山东、浙江、天一阁、福建建瓯、青岛、扬州师范学院［以上中善］、国图、台北"故宫"、陕西博物馆、上海

【61】史记论文一百三十卷　吴见思点评，康熙二十五年（1686）尺木堂刊本，光绪二十二年（1896）桂垣书局刊本

半页9行，行21字，注双行21字。白口，单鱼尾，左右双边。

北大、人大、新疆大学、南开、杭大、四川师范大学

【62】史记集解索隐正义一百三十卷　清乾隆四年（1739）武英殿校刊本；道光十六年（1836）重刊殿板，同治八年（1869）广东菋古堂复刻本，同治十一年（1872）成都书局翻刻本，光绪年间湖南宝庆三味书坊翻刻本，光绪二十年（1894）陕西味经书院翻刻本

半页10行，行21字，注双行，行21字。白口，左右双边。版心上为"乾隆四年校刊"，鱼尾下为"史记卷一"，下依次为"本纪"、本卷页数。

（一）二十一史合刻

天津、山西、内蒙古、社科院、辽宁、郑州、重庆、北碚[以上中善]、1部；又味经书院翻刻本1部，北大[安]、吉林[吉林]、湖南[湖南]、故宫博物院、国图、增修本（当为道光本）、中科院

（二）分刻

湖南师范大学[湖南]、北师范大学、中国国家博物馆2部，台北故宫、香港中文、（韩）2部，奎章阁

（三）成都书局翻刻本

残本（缺第4册），杭大、（日）二松舍大学、（日）国会、民族文化宫、上海

（四）蒔古堂本

川大

（五）味经堂本

北大、上海

（六）殿本的影印本

（1）原版式影印本

①光绪十年（1884）同文书局

②光绪二十九年（1903）上海五洲同文书局石印二十四史本

③民国十六年（1927）商务印书馆影印殿本《二十四史》

（2）缩印或改变版式的影印本

①光绪二十八年（1902）上海久敬斋石印本

②光绪二十八年（1902）竢实斋石印本

③钦定二十四史本，上海文澜书局，清光绪二十八年（1902）四册

④光绪二十八年（1902）史学斋据殿本影印本

⑤1912年蜚英馆石印本

⑥光绪十八年（1892）竹简斋石印本，二十八年（1902）第

二次印本，中华书局1923年据光绪十八年（1892）竹简斋石印本影印本

20行，行42字，此本将原书（原殿版）4面合为1面，整面在一个边框中。

⑦民国十九年（1930）上海锦章图书局石印本

⑧民国五年（1916）商务印书馆影印本

⑨民国二十四年（1935）上海开明书店影印二十五史本

此本据殿本影印，将原书16面合为1面。

⑩国学整理社编，1935年世界书局《前四史》本

世界书局此本据殿本影印，将原版9面合为1面。

（六）排印本

①光绪十四年（1888）上海图书集成印书局铅印本4册

②1930年商务印书馆万有文库本，全20册

此本据殿本排印。

③民国二十一年（1932）商务印书馆国学基本丛书简编本

此本据商务印书馆万有文库本，版式、页码皆同，只是将原书20册合为4册。

④民国二十五年（1936）上海中华书局《四部备要》本30册

此本据殿本排印，半页13行，行20字，小字双行同，黑口，四周单边，单鱼尾，牌记题据乾隆四年殿本校刊。另有据排印本影印的缩印本，合原书四面为一面。

（七）其他

①文光书局影印殿本

②启明书局影印殿本

③中华图书馆石印本20册

④光绪八年（1882）上海点石斋石印本4册

⑤光绪十四年（1888）上海图书集成印书局影印本16册

⑥上海畊余主人光绪二十一年（1895）石印殿本（18行。行40字，注同）

⑦二十五史本，（民国中）台北艺文印书馆影印殿本2册

⑧上海扫叶山房民国十一年（1922）石印本 24 册

【63】史记集解索隐正义一百三十卷　清乾隆十三年（1748）古香斋巾箱本（又称袖珍本）；南海孔氏三十有三万卷堂光绪七年（1881）重刻本，光绪八年（1882）书坊翻刻本

半页 10 行，行 20 字，注双行，行 20 字。白口，四周双边。版心题"古香斋史记"五字，鱼尾下题"卷一"，空二格题"本纪"，下题本卷页数。此本为武英殿本的翻版。

北大、台北故宫、国图

清光绪七年刻本

中国历史博物馆、上海

清光绪八年刻本

（韩）奎章阁、（日）国会、上海

【64】史记集解一百三十卷　四库全书本

此本据明崇祯十四年（1641）常熟毛氏汲古阁刊本抄录〔安〕。

【65】史记集解索隐正义一百三十卷　四库全书本，藻堂四库全书荟要本

此二本实为殿本的转录。

【66】史记集解索隐正义一百三十卷　清同治九年（1870）金陵书局刊，清唐仁寿、张文虎校本

半页 11 行，行 22 字，注双行，行 22 字，黑口。四周双边，双鱼尾。版心上鱼尾题"史记一"，下鱼尾上记本卷页数。牌记题"同治五年首夏金陵书局校刊九年仲春毕工"。

上海、北京市文物局，存 96 卷，福建〔中善〕、吉大〔吉林〕4 部，国图、北师范大学、中国历史博物馆、北大、杭大

【67】归震川评点史记一百三十卷　附方苞评点史记四卷明归有光评点，清光绪二年（1876）武昌张裕钊刊本；民国 7 年（1918）交通图书馆石印本；1915 年上海同文图书馆影印光绪刻本

半页 11 行，行 20 字。四周双边，无鱼尾，粗黑口。此本为评点本，正文为白文，评语在史文之中〔安〕。

国图、杭大、南开

【68】桐城吴先生点勘史记读本一百三十卷　清桐城吴汝纶点勘,吴闿生编录,宣统元年(1909)南宫邢氏刊本

半页10行,行25字。注双行25字,白口,左右双边,单鱼尾。

【69】史记一百三十卷(4册)　吴汝纶点勘,都门书局民国四年(1915)铅印本

半页11行,行27字,注双行27字,白口四周,四周单边。牌记题"乙卯四月都门书局重校印"。

【70】史记会注考证一百三十卷　日本泷川龟太郎著,昭和七至九年(1932—1934)日本东方文化学院排印本。改正版：1956—1960年史记会注考证校补刊行会排印本。1955年北京古籍刊行社影印本。1989年台北天工书局影印本。1999年太原北岳文艺出版社影印本

此书昭和七年(1932)3月开始发行(第1、2、3册),到昭和九年(1934)6月全十册出版发行完成,发行所是东方文化学院东京研究所。

【71】批注史记(全6册)　叶玉麟增批,上海大达图书供应社1935年铅印本

此本以清武英殿本为底本,眉上镌评语,引《归方评史记》及吴汝伦《评史记》。

【72】点评史记论文仿康熙刊本一百三十卷(全4册)　民国二十五年(1936)广益书局排印本

此本据康熙刊本排印。

【73】史记集解索隐正义一百三十卷　民国二十五年(1936)上海商务印书馆百衲本二十四史本,涵芬楼集古善本第一种本

此二本史记,据南宋黄善夫本影印,然有校改。但开本稍异,百衲本为缩印本,30册；集古善本第一种本据黄本原大影印,32册。

【74】史记一百三十卷(全3册)　顾颉刚、徐文珊标点,1936年北平研究院排印本

此书所据底本为湖北崇文书局仿刻明王延喆本。此本为白文本，无注释。然据徐文珊后来说：当初拟以《史记》正文和《史记》注释分别出版，做到既不割裂原文，又能使读者有对读之便，但后因抗战爆发，局势变化，史记注释未出版。

【75】史记　1936年上海大光书局铅印本

【76】史记（全7册）　沈维先校阅，上海群学社1937年第三版

此本无三家注。

【77】史记仁寿廿五史本　影印本，1955年台湾二十五史编刊馆

此本据傅增湘旧藏景祐本《史记》，又并入他本印行。

【78】史记　1958年上海商务印书馆据百衲本二十四史缩印本，1967年台湾商务印书馆据四部丛刊本缩印本

上海商务印书馆缩印本将原版四面合为1面，1册。台湾商务印书馆缩印本2册。

【79】史记一百三十卷（精装全6册，平装全10册）　中华书局排印本，1959年9月第一版，1982年第二版；中华书局缩印《前四史》本；1977年线装本（52册）

此书所据底本为清同治年间金陵书局刊本，并有校改。

【80】史记　上海书报合作社印二十六史本（民国，出版年不详）

【81】史记新校注稿二百六十五卷（全12册）　张森楷校注台北（中国学典馆复馆筹备处）世界书局本

【82】史记　1964年台北新陆书局据武英殿版影印本

【83】影印黄善夫本史记一百三十卷（全2册）　1966年艺文印书馆缩印本

【84】史记集评（4册）　吴汝纶评点，中华国学丛书本，台北中华书局1970年

【85】史记论文（4册）　吴见思评点，台北中华书局1970年

【86】史记会注考证　（日）泷川资言考证　乐天人文丛书本

(1981)，又 1977 年，1985 年台北洪氏出版社缩印本。

【87】史记会注考证一百三十卷　1973 年台北宏业书局再版缩印本

【88】史记今注（全 6 册）　马持盈注（1979 年）台北台湾商务印书馆

此本底本不详，不取三家注，另加注释，对史记原文亦有删节。

【89】史记　1972 年台北宏业书局

此本实据中华书局本翻印。另增附：读史记十表 史记月表正伪 史记三书正伪 史记三书释疑。

【90】白话史记（全 6 册）　龙宇纯等译 1979 年台北河洛图书出版社

此本为白话译文本，无史记原文及注释，另外"十表"未译。此本未指出所用底本。

【91】史记集解　索隐正义一三〇卷附考证（清）张照等（考证）1983 年台北台湾商务印书馆

此本为景印文渊阁四库全书本，实为殿本的转录。

【92】白话史记（全 3 册）　白话史记编辑委员会主编（龙宇纯等译），再版，修订本 1985 年台北联经出版事业公司

【93】史记会注考证附校补（全 2 册）　（日）龙川资言考证；（日）水泽利忠校补．1986 年上海古籍出版社

此书将原书 4 面合为 1 面，并将《史记会注考证校补》各卷分散附于《史记会注考证》各卷之下，合二书为一书。

【94】史记　二十五史本，上海古籍出版社、上海书店编。1986 年上海古籍出版社、上海书店

此本据殿本影印，将原书 12 面合为 1 面。

【95】白话史记（2 册）　龙宇纯等译，1987 年长沙岳麓书社

【96】史记　古典名著普及文库本，1988 年 10 月长沙岳麓书社

白文本，此本无表。

【97】史记（4册） 上海书店1988年根据商务印书馆1933年版影印

【98】白话史记（全7册） 台湾六十教授合译本，1988年北京中国友谊出版公司

此本据台北河洛图书出版社1979年初版重新排版，间有改动、注释。

【99】史记注释（全4册） 王利器主编，三秦出版社1988年11月

【100】史记全本新注（全4册） 张大可编著，中国六大史学名著丛书，1990年三秦出版社

【101】史记 1991年天津古籍书店影印本

此本据1935年世界书局《前四史》影印殿本影印，与世界书局原版式相同。

【102】史记 1991年郑州中州古籍出版社影印本

此本据1935年世界书局《前四史》影印殿本影印，与世界书局原版式相同。

【103】文白对照全译—史记（全5册） 杨钟贤、郝志达主编，1992年6月国际文化出版公司

此本与同二人主编的《全校全注全译全评——史记》为同一书稿。出版时出版方改为今名，并删去部分，故只有5册。

【104】史记 四部精要本，1993年上海古籍出版社

【105】史记会注考证新校本 泷川资言、鲁实先、陈直著，1993年9月台北天工书局

此本附鲁实先《史记会注考证驳议》、陈直《史记新证》。

【106】史记 家藏精品书系本，刘兴林等点注，1993年12月中国友谊出版公司

【107】白话史记（全2册） 古典名著今译读本本，杨燕起等译，1994年长沙岳麓书社

此本只有译文，并删去史记"表"部分。

【108】史记全译（全4册） 中国历史名著译注丛书本，吴顺东等译，1994年贵阳贵州人民出版社

【109】**史记**　标点25史本，1994年郑州中州古籍出版社

此本为标点白文本。据民国世界书局影印殿本排印。

【110】**史记**　文白对照 1995年延吉延边人民出版社

【111】**史记：全译全注（全3册）**　刘起釪等注译，1995 天津古籍出版社、北京国际文化出版公司

【112】**史记**　1995年延吉延边人民出版社

【113】**史记**　传世藏书本，1995年海口海南图书出版公司

此本据南宋黄善夫本（实际为二十四史百衲本）为底本，参校他本排印。无表。

【114】**史记（全3册）**　二十四史本，中华书局编辑部编，影印本，1995年北京中华书局

此本据1959年排印本放大影印，将原大32开本改为16开本。

【115】**史记**　毛泽东评点二十四史本，1996年北京中国档案出版社

此本据同治八年广东葄古堂复刻武英殿本影印。《史记》部分虽号称有毛氏的"评点"，其实除极少的句读、一二标示外，几乎无评语。又1996年北京线装书局本，线装36册。

【116】**史记（全4册）**　中国历史读本本，梁勇编著，1996年长春吉林人民出版社

【117】**史记**　中华传世精品珍藏文库本，1996年郑州中州古籍出版社

【118】**史记**　中国古典名著文库本，1996年乌鲁木齐新疆人民出版社

【119】**史记**　郑强胜、季荣臣点校，1997年北京台海出版社，2002年同社版

【120】**史记（全6册）**　全校全注全译全评，杨钟贤、郝志达主编，1997年8月天津古籍出版社

据金陵书局本、武英殿本和中华本为底本，重新点校，此书不收三家注，另加注释、译文。

【121】**史记（插图本）**　1997年上海书店出版社

此本底本据黄善夫本（实际为百衲本二十四史本）。

【122】史记 二十五史新编本，汪受宽新撰，1997年上海古籍出版社

【123】史记（全2册） 130卷，郭逸、郭曼标点，1997年8月上海古籍出版社排印本

此书的底本是商务印书馆百衲本二十四史《史记》，即据黄善夫本的影印本排印。间有校改。

【124】史记评林（2册） 四库未收书辑刊本，北京出版社1998年

此本据明万历4年刻本影印。

【125】史记（全5册） 文白对照全译本，吴兆基等译，1997年黄山书社

【126】史记 梁昭辉标点，1998甘肃民族出版社

此本以乾隆年间武英殿本为底本标点。白文本，无表。

【127】史记（全2册） 中华典籍精荟本，1998年呼和浩特远方出版社

【128】史记 中国古典名著本，席子杰，迟双明主编，1998年西宁青海人民出版社

【129】史记 二十五史全书本，1998年呼和浩特内蒙古人民出版社

【130】毛泽东读批《史记》（全3册） 毛泽东［评］；冯国超、江小涛译；丁华民、唐汉编选，1998年北京红旗出版社

此书所谓"读批"实际上是摘取毛氏在各种著作、文件中的言论；未说明其所据底本。无表。

【131】文白对照史记 冯克诚、田晓娜主编，青少年读本本，1998年西宁青海人民出版社

【132】史记（全4册） 前四史本，1998年北京大众文艺出版社

【133】史记评林（全6册） （明）凌稚隆辑校；（明）李光缙增补；于亦时整理。1998年天津古籍出版社

此本据万历年间刊刻的李光缙增补本影印，并以日本明治三

十二年翻刻本校勘。

【134】史记　中华名史集成本，杨钟贤主编，1998年天津古籍出版社

【135】史记、汉书、后汉书、三国志新编　小四库本·二十五史（百衲本），1998年杭州浙江古籍出版社

此本为影印商务印书馆二十四史百衲本，将原书16面合为1面。

【136】史记　前四史本，1999年呼和浩特远方出版社

此本为《史记会注考证》的影印本，将原书6面合为1面。

【137】史记（全4册）　文白对照全注全译本，萧枫主编，1999年延吉延边人民出版社

【138】史记　中华藏书百部本，冯国超、夏于全主编，1999年北京中国华侨出版社

【139】史记（全3册）　世界名著百部本，1999年延吉延边人民出版社

【140】史记　中国古典文化精华本，1999年北京长城出版社

【141】史记　二十六史本，齐豫生、夏于全主编，1999年延吉延边人民出版社

【142】史记白话　二十四史本，谢圣明、黄立平、刘兴林主编，1999年北京中国华侨出版社

【143】史记（全4册）　中国史籍精华译丛本，1999年济南山东大学出版社等

【144】史记（全2册）　文白对照二十四史本，本书编委会编，1999年天津古籍出版社

【145】史记　原本中华传统文化经典本，1999年兰州甘肃文化出版社

【146】史记（全2册）　中国古典文学宝库本，齐豫生、夏于全主编，1999年延吉延边人民出版社

【147】史记　文白对照传世名著本，1999奎屯伊犁人民出版社

【148】史记（全6册） 中国古典文学名著，中小学图书馆版，1999年北京中国戏剧出版社

【149】史记（全4册） 中国古典名著百部本，1999年北京中国社会出版社

【150】史记 中国古典文化精华本，1999年北京京华出版社

【151】史记 卢苇、张赞熙点校，2000年杭州浙江古籍出版社，2001年重印本

【152】史记一百三十卷（全3册） 影印乾隆御览摛藻堂二十四史本，2000年沈阳辽海出版社

【153】史记（全2册） 中国古典名著珍藏宝库本，2000年北京古籍出版社

【154】史记（全3册） 二十四史本，2000年北京中华书局
此本为中华书局24史点校本的简体字版。

【155】史记（全2册） 中国古典名著普及读本本，2000年北京古籍出版社

【156】史记（全4册） 传世藏书实用文库本，2000年北京中国戏剧出版社

【157】史记（全3册） 中华古典名著百部本，2000年北京时代文艺出版社

【158】史记全译（全9册） 杨燕起注译，中国历代名著全译丛书本，2001年7月贵州人民出版社
此本史记原文据中华书局点校本，不取三家注，另加注释。

【159】史记新注（全4册） 130卷，张大可注释，2001年北京华文出版社
此书不取三家注，皆为注释者的新注。

【160】史记（全3册） 中国古典名著精品本，2001年呼和浩特远方出版社

【161】史记 中国古典名著百部本（插图全译），2001年北京九州出版社

四、附录一：《史记》稿本和未见传本目录

史记注一百卷/金·萧贡/见黄氏千顷堂书目

补史记注一百三十卷/清·钱坫/未刊

史记补注/清·沈清瑞/未刊

史记天官书卷证十卷/清·孙星衍/未见传本

二十四史正讹/清·宋书升/未见传本

十七史考疑/清·李贻德/未刊

史记探源正缪四卷/缪凤林/未刊。/上以录自开明版廿五史史记后附史记参考书

史记疏证/清·杭世骏/顾颉刚先生藏

孔子世家笺注一卷/叶翰/稿本

史记弟子传名字齿居考/清·孙国仁/稿本

尚书史记异同考/许垚/稿本

史记注引汉律考/清·徐鸿钧/稿本。/以上稿本藏于上海历史文献图书馆

史记考二十五篇/蜀汉·谯周/已佚

史要十卷/东汉·卫飒/约史记要言，以类相从。已佚

史记音义/齐·邹诞生/已佚

史记正传九卷/晋·张莹/已佚

史记注一百三十卷/唐·李镇/已佚

史记义林二十卷/唐·李镇/已佚

史记地名二十卷/唐·刘伯庄/已佚

史记音义二十卷/唐·刘伯庄/已佚。朱东润《史记考察》辑其佚文二百三十余条

史五卷/宋·胡沂/未见传本

史记至言十二篇/唐·褚见量/疑佚

史记注一百三十卷/宋·姚宽/未见

史记考十卷/宋·徐邦宪/未见
史记详节/明·祁承㸁/未见
史记纂/明·凌稚隆/未见
史记钞/明·沈维镜/未刊
史汉合钞十二卷/明·刘宗见/未见
史记钞/明·张次仲/见杭州艺术志著录
史记注语/明·陶宗仪/已佚
史记评钞四十卷/明·董份/未见
史记钞二十卷/明·沈科/未见
史记评林一百三十卷/明·凌迪知/未见
太史笔句八卷/明·凌迪知/见四库存目
史记宝镜/明·陆基仁/已佚
廿一史论赞三十卷/明·沈国元/未见
史拾载补/明·吴宏基/见四库存目
史记偶评/清·包旭章/未见
史记考异/清·单隆周/未见
史汉功臣侯第考一卷/清·齐召南/未见
史记龟策传解/清·吴东发/未见
史记补正三卷/清·王荌/未见
史汉笺略/清·葛璇/未见
三史辑要/清·汪怀/见《杭志、艺文志》
三史人名考证/清·王怀/见《杭志、艺文志》
史记音义一卷/东汉·延笃/已佚
史记章隐五卷/东汉·无名氏/已佚
史记钞十四卷/晋·葛洪/已佚
史汉要集二卷/晋·王蔑/已佚
史记音义十二卷/宋·徐广/已佚
史记音解三十卷/隋·顾柳言/已佚
史记音三卷/唐·许子儒/已佚
史记名臣疏三十四卷/唐·窦群/已佚

史记纂训二十卷/唐·裴安时/已佚

史记一百三十卷/唐·陈伯宣注/已佚

史记一百三十卷/唐·徐坚注/已佚

史记一百三十卷/唐·王元感注/已佚

史记一百三十卷/唐·许子儒注/已佚

五、附录二：日本、朝鲜《史记》刊行本索引

· 《史记》日本刊行本·

此及以下部分的版本因笔者的见识有限，仅开列其版本名称及在国内的收藏情况

【1】**史记一百三十卷**　日本庆长（1596—1614）八行有界活字本

半页8行17字，注双行17字，有界，黑口，四周双边，双花鱼尾，上鱼尾下题"史记纪一"，下题本卷页码。又十表九行，有界。

台北故宫［阿部］

【2】**史记一百三十卷**　日本元和、宽永间（1615—1643）八行无界活字本

半页8行17字，注双行17字，有界，黑口，四周双边，双花鱼尾，上鱼尾下题"史记纪一"，下题本卷页码。又十表九行，有界。

北大、国图

【3】**史记一百三十卷**　日本宽永、正宝间（1624—1647）九行无界活字本

半页9行17字，注双行17字，无界，黑口，四周双边，版心题"史记［小题］几"，下题本卷页码。又十表九行，有界。

2部，台北故宫［阿部］

【4】**史记**　（史记正文）祥龙阁真本一百三十卷补一卷首一

卷多贺渐点，宽政五年（1793）刊本

辽宁［中和］

【5】史记　正文宽政四年（1792）木活字本

半页10行，行17字，无注，白口，左右双边，单鱼尾，鱼尾上题"史记正文"，鱼尾下题"卷一"，下题本卷页码。

【6】史记一百三十卷　首一卷明钟惺、陆可彦删定，文久二年（1862）积玉圃刻本

半页12行，行20字，无注，左右双边，单鱼尾，评语镌于眉端。

上海［中和］

【7】史记评林一百三十卷

（1）宽永十三年（1636）《史记评林》八尾助左卫门初刻本

半页10行，行19字，注同。无界。白口，单鱼尾，鱼尾上题"史记卷一"，鱼尾下题"五帝本纪"，其下题本卷页码。天头镌评语，9行，行7字。

缺卷25.26，大连［中和］

（2）宽文十四年（1637）《［新刊校正］史记评林》红屋初刻本

半页1行，行19字，注同。有界。白口，单鱼尾，鱼尾上题"史记卷一"，鱼尾下题"五帝本纪"，其下题本卷页码。天头镌评语，9行，行7字。

（3）延宝二年（1674）《［新版校正］史记评林》八尾再刻、延宝本

半页12行，行19字，注同。无界。白口，单鱼尾，鱼尾上题"史记卷一"，鱼尾下题"五帝本纪"，其下题本卷页码，再下有刻工姓名。天头镌评语，9行，行7字。

（4）明和七年（1770）《［校正再版］史记评林》红屋再刻、明和本

半页12行，行24字，注行24字。有界。白口，单鱼尾，鱼尾上题"史记卷一"，鱼尾下题"五帝本纪"，其下题本卷页码。天头镌评语，12行，行5字。

(5) 天明六年（1786）《［新刻校正］史记评林》八尾再刻、天明本

缺卷 57，大连［中和］

(6) 天明九年（1789）《［校正再版］史记评林》红屋再刻、天明本

(7) 明治二年（1869）《［增补］史记评林》鹤牧本

半页 11 行，行 19 字，注行 24 字。有界。白口，单鱼尾，鱼尾上题"增订史记评林"，鱼尾下题"卷一五帝本纪"，其下题本卷页码。版心最下题"修来馆藏"，天头镌评语，9 行，行 7 字。

辽宁［中和］

(8) 明治十二年（1879）《［明治三刻］史记评林》八尾三刻本

(9) 明治十三年（1880）《［校字］史记评林》奥田遵校订本

(10) 明治十四年（1881）《［增订］史记评林》修道馆本

苏州、上海

(11) 明治十四年（1881）《［明治新刻］史记评林》铃木义宗校订本

(12) 明治十六年（1883）《［补标］史记评林》有井范平补标，东京报告社铅印本

上海师范大学 山大 重庆［中和］

(13) 明治十六年（1883）《［增补］史记评林》凤文馆本［水泽］

(14) 明治二十年（1887）《［补标］史记评林》有井范平补标，东京九春堂铅印本［中和］

复旦、河南、湖北［中和］、上海

【8】史记论文一百三十卷　清吴见思评，吴兴柞校

(1) 贞享四年（1687）大阪刻本

北碚

(2) 文政九年（1826）小田原藩天游园刊覆清本

民族大学、南开、南大［中和］

【9】史记集解 卷九古典保存会昭和十年（1935）影印毛利氏所藏延久五年（1073）钞本

【10】史记集解 卷96后半、97昭和十三年（1938）影印日本石山寺藏钞本即与罗振玉所影印者同。

【11】史记集解 卷十一京都帝国大学文学部昭和10年（1935）影印古梓堂所藏延久五年（1073）钞本

【12】史记集解 卷十贵重古典刊行会昭和二十九年（1954年）东北大学附属图书馆所藏延久五年（1073）钞本

· 《史记》朝鲜刊行本 ·

史记评林一百三十卷

（1）40册（残本）。活字版（出版年未详），框纵横24.3×15.9cm。四周双边，半页10行，行19字，注双行。版心上下花纹鱼尾。又1部，28册（残本）。

（2）1册，存卷79至83（残本）。活字版（出版年未详），框纵横24.3×15.9cm。四周单边，半页10行，行19字，注双行。版心上下内向花纹鱼尾。[以上奎章阁]

（3）33册（残本）。缺卷81～86。刻本（出版年未详），框纵横23.4×15.4cm。四周双边，半页10行，行19字，注双行。版心上下花纹鱼尾。有界。隆庆五年（1571）徐中行序。

（4）29册（残本）。缺卷81～86。刻本（出版年未详），框纵横22.9×15.4cm。四周双边，半页10行，行19字，注双行。版心上下花纹鱼尾。有界。隆庆五年（1571）徐中行序。

第四辑　历代文集与笔记中的《史记》散论

一、两汉六朝文集条目

班　彪/史记论/全上古三代秦汉三国六朝文/600 页下
班　固/离骚序/全汉文/611 页上
　　　/离骚赞序/全汉文/611 页下
　　　/离骚颂/全汉文/612 页
胡　广/吊夷齐文/全汉文/783 页下
王　逸/楚辞章句叙/全汉文/786 页下
　　　/离骚经/全汉文/787 页上
蔡　邕/伯夷叔齐碑/全汉文/879 页下
　　　/吊屈原文/全汉文/399 页下
孔　融/周武王汉高祖论/全汉文/923 页下
王　粲/吊夷齐文/全汉文/966 页上
阮　瑀/悼伯夷/全汉文/974 页下
丁廙妻/楚相孙叔敖碑/全汉文/1007 页下
　　　/孙叔敖碑阴/全汉文/1008 页上
　　　/司马迁碑/全汉文/1045 页下

夏侯玄/乐毅论/全三国文/1167页下

糜　元/吊夷齐文/全三国文/1267页上

何　晏/白起论/全三国文/1274页上

阮　籍/孔子诔/全三国文/1318页上

嵇　康/管蔡论/全三国文/1335页上

庾　阐/吊贾生文/全晋文/1682页上

孙　楚/管仲赞/全晋文/1803页下

　　　/季子赞/全晋文/1803页下

　　　/庄周赞/全晋文/1803页下

　　　/白起赞/全晋文/1803页下

　　　/韩信赞/全晋文/1803页下

　　　/乐毅赞/全晋文/1804页上

夏侯湛/管仲像赞/全晋文/1856页下

　　　/鲍叔像赞/全晋文/1856页下

　　　/范蠡赞/全晋文/1857页上

　　　/鲁仲连赞/全晋文/1857页上

　　　/庄周赞/全晋文/1857页上

　　　/东方朔画赞/全晋文/1857页上

挚　虞/黄帝赞/全晋文/1903页下

　　　/帝尧赞/全晋文/1903页下

　　　/夏禹赞/全晋文/1903页下

　　　/殷汤赞/全晋文/1904页上

　　　/周文王赞/全晋文/1904页上

　　　/周武王赞/全晋文/1904页上

　　　/周宣王赞/全晋文/1904页上

　　　/汉高祖赞/全晋文/1904页上

　　　/汉文帝赞/全晋文/1904页上

　　　/孔子赞/全晋文/1904页上

　　　/颜子赞/全晋文/1904页上

牵　秀/黄帝颂/全晋文/1946页上

　　　/老子颂/全晋文/1946页上

潘　岳/吊孟尝君文/全晋文/1998页下
陆　机/汉高祖功臣颂/全晋文/2020页下
　　　/孔子赞/全晋文/2022页上
曹　毗/黄帝赞/全晋文/2076成页下
桓　玄/四皓论/全晋文/2143页下
　　　/湛方生/全晋文/2270页上
范　泰/吴季子札赞/全六朝文/2518页上
裴　骃/史记集解序/全六朝文/2527页下
颜延之/祭屈原文/全六朝文/2648页上
卞伯玉/祭孙叔敖文/全六朝文/2662页上
常　景/司马相如赞/全六朝文/3674页上

二、唐代文集条目

王　绩/子推抱树死赞/全唐文/1325页下
　　　/荆轲刺秦王赞/全唐文/1325页下
　　　/项羽死乌江赞/全唐文/1325页下
　　　/蔺相如夺秦王璧赞/全唐文/1325页下
　　　/陈平分社肉赞/全唐文/1325页下
　　　/君平卖卜赞/全唐文/1325页下
　　　/宁戚扣牛角歌赞/全唐文/1326页上
陈子良/祭司马相如文/全唐文/1354页上
房玄龄/请尊孔子为先圣议/全唐文/1385页上
虞世南/乐毅论帖/全唐文/1403页上
　　　/孔子高堂碑/全唐文/1403页下
褚遂良/拓本乐毅论记/全唐文/1514页上
　　　/胡汉太史司马公侍妾随清娱墓志铭/全唐文/2666页上
卢藏用/吊纪信文/全唐文/2405页上
　　　/纪信碑/全唐文/2405页下
　　　/纪信碑阴/全唐文/2407页上

李　邕/兖州曲阜县孔子庙碑并序/全唐文/2666页上

高　绍/重修吴季札庙记/全唐文/2984页上

李　华/四皓赞/全唐文/3217页下

　　　/隐者赞七首（留侯）/全唐文/3218页下

　　　/先贤赞六首（管仲、乐生）/全唐文/3218页下

　　　/四皓铭/全唐文/3224页上

李　白/朱虚侯赞/全唐文/3543页下

柳　识/新修四皓庙记/全唐文/3826页下

　　　/吊夷齐文/全唐文/3830页上

元　结/管仲论/全唐文/3879页下

独孤及/吴季子札论/全唐文/3954页下

郑少微/悯相如赋/全唐文/4036页下

张守节/上史记正义序/全唐文 4053页上

司马贞/史记索隐序/全唐文/4107页下

　　　/史记索隐后序/全唐文/4108页上

　　　/补史记序/全唐文/4109页上

李　翰/汉祖吕后五等论/全唐文/4382页上

高　参/汉高祖伪游云梦议/全唐文/4903页上

权德舆/酷吏传议/全唐文/4986页下

梁　肃/四皓赞/全唐文/5283页上

　　　/圮桥石表铭并序/全唐文/5284页下

李　观/晁错论/全唐文/5424页下

　　　/辨曾参不为孔门十哲论/全唐文/5425页下

　　　/谒夫子庙文/全唐文/5426页下

　　　/大夫种铭并序/全唐文/5431页下

　　　/项籍碑铭并序/全唐文/5432页上

　　　/周苛碑并序/全唐文/5433下

　　　/吊汉武帝并序/全唐文/5436页下

韩　愈/伯夷颂/全唐文/5544页下

　　　/子产不毁乡校颂/全唐文/5545页上

柳宗元/桐叶封弟辨/全唐文/5902页上

/吊屈原文/全唐文/5989页下
/吊乐毅文/全唐文/5990页上
韦渠牟/商山四皓画图赞并序/全唐文/6292页下
李　程/汉文帝罢露台赋/全唐文/6375页上
李　翱/题燕太子丹传后/全唐文/6444页下
王　起/燕王市骏骨赋/全唐文/6485页上
/汉武帝游昆明池见鱼衔珠赋/全唐文/6489页下
/延陵季子挂剑赋/全唐文/6494页下
张仲素/千金市骏骨赋/全唐文/6519页上
白居易/汉高祖斩白蛇赋/全唐文/6677页上
/叔孙通定朝仪赋/全唐文/6681页下
/李陵论/全唐文/6914页上
皇甫湜/编年纪传论/全唐文/7030页上
李德裕/项王亭赋/全唐文/7156页下
/夷齐论/全唐文/7268页上
/张辟彊论/全唐文/7269页上
/袁生以周勃为功臣论/全唐文/7269页下
/管仲害霸论/全唐文/7275页上
/货殖论/全唐文/7286页上
李　铣/孙武试教妇人战赋/全唐文/7327页上
冯　韬/汉文帝幸细柳营赋/全唐文/7424页上
韦　充/汉武帝勒兵登单于台赋/全唐文/7563页上
陆　瑰/垓下楚歌赋/全唐文/7665页上
康　僚/汉武帝重见李夫人赋/全唐文/7860页下
谢　观/汉以木女解平城围赋/全唐文/7870页下
/招李夫人魂赋/全唐文/7871页上
盛　均/仲尼不历聘解/全唐文/7935页上
王　棨/沛父老留汉高祖赋/全唐文/8009页上
/四皓从汉太子赋/全唐文/8009页下
刘　蜕/嬴秦论/全唐文/8259页下
/吊屈原辞三章并序/全唐文/8265页上

林简言/汉武封禅论/全唐文/8280页上
李　为/蔺相如秦庭返璧赋/全唐文/8314页上
皮日休/晋文公不合取阳樊论/全唐文/8356页下
　　　/秦穆谥谬论/全唐文/8357页上
　　　/汉斩丁公论/全唐文/8357页下
　　　/周昌相赵论/全唐文/8358页下
　　　/题叔孙通传/全唐文/8387页上
罗　衮/秦论上/全唐文/8727页下
　　　/秦论下/全唐文/8728页下
徐　寅/朱虚侯唱田歌赋/全唐文/8747页上
　　　/樊哙入鸿门赋/全唐文/8749页下
　　　/毛遂请备行赋/全唐文/8754页下
张　随/纵火牛攻围城/全唐文/9407页下
陈山甫/汉武帝重见李夫人赋/全唐文/9846页上
欧阳詹/吊汉武帝文并序/唐文拾遗/10653页下
徐　夤/荐蔺相如使秦赋/唐文拾遗/10878页下
　　　/东陵侯吊萧何赋/唐文拾遗/10881页上
　　　/管仲弃酒赋/唐文拾遗/10882页下

三、宋代文集条目

徐　铉/晁错论/全宋文卷二一
　　　/伊尹论/全宋文卷二一
田　锡/晁错论/全宋文卷九二
夏　竦/舜无为禹勤事功德孰优论/全宋文卷三五一
　　　/曹参守职论/全宋文卷三五一
　　　/主父偃论/全宋文卷三五一
孙　复/书贾谊传后/全宋文卷四〇一
　　　/尧权议/全宋文卷四〇一
　　　/舜制议/全宋文卷四〇一

　　　　　/文王论/全宋文卷四〇一
　　　　　/辨四皓/全宋文卷四〇一
　　　　　/董仲舒论/全宋文卷四〇一
胡　宿/四皓论/全宋文卷四六六
宋　祁/论文帝不能用颇牧/全宋文卷五一六
　　　　/鲁两生赞并序/全宋文卷五二二
　　　　/平津侯东阁赞并序/全宋文卷五二二
　　　　/司马相如字长卿赞/全宋文卷五二二
石　介/季札论/全宋文卷六三〇
　　　　/伊吕论/全宋文卷六三〇
　　　　/周公论/全宋文卷六三〇
许　扶/书淮阴侯碑阴/全宋文卷六三九
欧阳修/贾谊不至公卿论/全宋文卷七三四
　　　　/论屈宋/全宋文卷七三八
张方平/赵鞅论/全宋文卷八一五
　　　　/汉功臣论/全宋文卷八一五
　　　　/史记五帝本纪论/全宋文卷八一六
释契嵩/书范雎传后/镡津集卷十六
陈　襄/韩信论/古灵集卷十三
　　　　/鲍叔荐管仲论/古灵集卷十三
刘　敞/汤武论/公是集卷四十
　　　　/非子产论/公是集卷四十
　　　　/舜死/公里集卷四十七
　　　　/责和氏璧/公是集卷四十八
　　　　/商周二贤赞/公是集卷四十九
　　　　/西汉三名儒赞/公是集卷四十九
刘　攽/桓公不用伊尹论/彭城集卷三十三
　　　　/书李广传后/彭城集卷四十
郑　獬/伯夷论/郧溪集卷十六
　　　　/汉诸侯王论/郧溪集卷十七
　　　　/书主父偃传/郧溪集卷十八

/书贾谊传/郧溪集卷十八
　　　/读孟荀/郧溪集卷十八
吕　陶/孟轲论/净德集卷十五
　　　/荀卿论/净德集卷十五
　　　/西汉论/净德集卷十六
　　　/张冯近王道论/净德集卷十八
杨　杰/平准书序/无为集卷八
徐　积/荀子辩/节孝集卷二十九
　　　/侯生辩/节孝集卷二十九
苏　洵/孙武/嘉祐集卷三
　　　/子贡/嘉祐集卷三
　　　/六国/嘉祐集卷三
　　　/项籍/嘉祐集卷三
　　　/高祖/嘉祐集卷三
　　　/嚳妃论/嘉祐集卷九
　　　/管仲论/嘉祐集卷九
王安石/伍子胥庙铭/临川文集卷三十八
　　　/伯夷/临川文集卷六十三
　　　/周公/临川文集卷六十四
　　　/子贡/临川文集卷六十四
　　　/夫子贤于尧舜/临川文集卷六十七
　　　/季子/临川文集郑六十八
　　　/夔说/临川文集卷六十八
　　　/鲧说/临川文集卷六十八
　　　/荀卿/临川文集卷六十八
　　　/杨墨/临川文集卷六十八
　　　/老子/临川文集卷六十八
　　　/庄周/临川文集卷六十八
　　　/读孟尝君传/临川文集卷七十一
　　　/书刺客传后/临川文集卷七十一
　　　/孔子世家议/临川文集卷七十一

苏　轼/秦始皇帝说/东坡全集卷四十二
　　　/汉高帝论/东坡全集卷四十二
　　　/伊尹论/东坡全集卷四十二
　　　/周公论/东坡全集卷四十二
　　　/管仲论/东坡全集卷四十二
　　　/孙武论上下/东坡全集卷四十二
　　　/孟轲论/东坡全集卷四十三
　　　/乐毅论/东坡全集卷四十三
　　　/荀卿论/东坡全集卷四十三
　　　/韩非论/东坡全集卷四十三
　　　/留侯论/东坡全集卷四十三
　　　/贾谊论/东坡全集卷四十三
　　　/晁错论/东坡全集卷四十三
　　　/汉高祖赦季布唐屈突通不降高祖/东坡全集卷五十
　　　/叔孙通不能致二生/东坡全集卷五十
　　　/尧不诛四凶/东坡全集卷九十二
　　　/伊尹五就桀/东坡全集卷九十二
　　　/管仲分君谤/东坡全集卷九十二
　　　/管仲无后/东坡全集卷九十二
　　　/楚子玉以兵多败/东坡全集卷九十二
　　　/司马穰苴/东坡全集卷九十二
　　　/商君功罪/东坡全集卷九十二
　　　/王翦用兵/东坡全集卷九十二
　　　/孟尝君宾礼狗盗/东坡全集卷九十二
　　　/田单火牛/东坡全集卷九十二
　　　/秦穆公汉武帝/东坡全集卷九十二
　　　/汉武帝巫蛊事/东坡全集卷九十二
　　　/郦寄幸免/东坡全集卷九十二
　　　/司马相如创开西南夷路/东坡全集卷九十二
　　　/司马相如之谄死而不已/东坡全集卷九十二
　　　/窦婴田蚡/东坡全集卷九十二

/王韩论兵/东坡全集卷九十二

/直不疑买金偿亡/东坡全集卷九十二

/书乐毅论后/东坡全集卷九十二

苏　辙/尧舜/栾城后集卷七

/周公/栾城后集卷七

/管仲/栾城后集卷七

/汉高帝/栾城后集卷七

/汉文帝/栾城后集卷七

/汉景帝/栾城后集卷七

/汉武帝/栾城后集卷八

/夏论/栾城应诏集卷一

/商论/栾城应诏集卷一

/周论/栾城应诏集卷一

/六国论/栾城应诏集卷一

/秦论/栾城应诏集卷一

/汉论/栾城应诏集卷二

/周公论/栾城应诏集卷三

/燕赵论/栾城应诏集卷五

黄　坚/伯夷叔齐庙记/山谷集卷十七

陈师道/商君论/后山集卷十三

张　耒/秦论/柯山集卷三十五

/汉文帝论/柯山集卷三十六

/汉景帝论/柯山集卷三十六

/子产论/柯山集卷三十六

/吴起论/柯山集卷三十六

/商君论/柯山集卷三十六

/陈轸论/柯山集卷三十六

/应侯论/柯山集卷三十六

/乐毅论/柯山集卷三十七

/鲁仲连论/柯山集卷三十七

/田横论/柯山集卷三十七

　　　　　/魏豹彭越论/柯山集卷三十七
　　　　　/萧何论/柯山集卷三十七
　　　　　/子房论/柯山集卷三十七
　　　　　/陈平论/柯山集卷三十七
　　　　　/平勃论/柯山集卷三十七
　　　　　/卫青论/柯山集卷三十七
　　　　　/司马相如论/柯山集卷三十八
　　　　　/司马迁论上下/柯山集卷三十八
　　　　　/游侠论/柯山集卷三十八
　　　　　/文帝论/柯山集卷三十九
　　　　　/韩信议二首/柯山集卷三十九
　　　　　/楚议/柯山集卷三十九
　　　　　/老子议/柯山集卷三十九
秦　观/晁错论/淮海集卷十九
　　　　　/石庆论/淮海集卷十九
　　　　　/李陵论/淮海集卷二十
　　　　　/司马迁论/淮海集卷二十
　　　　　/史籀李斯/淮海集卷三十五
晁说之/成周论/景迂生集卷十四
晁补之/西汉杂论/鸡肋集卷四十二
华　镇/西汉论/云溪居士集卷十九
　　　　　/萧曹论/云溪居士集卷二十
邹　浩/侯嬴/道乡集卷三十一
　　　　　/剧孟/道乡集卷三十一
　　　　　/曹参/道乡集卷三十一
谢　逸/袁盎论/溪堂集卷八
谢　薖/书贾谊传后/竹友集卷九
　　　　　/书郑当时传后/竹友集卷九
周行己/论晏平仲/浮沚集卷六
刘安上/颂尧/给事集卷四
赵鼎臣/读酷吏传/竹隐畸士集卷二十

李　新/孙武论/跨鳌集卷十四
　　/萧何论/跨鳌集卷十四
　　/韩长孺论/跨鳌集卷十四
杨　时/伯夷柳下惠/龟山集卷八
　　/孔子作春秋/龟山集卷八
　　/尧舜之道孝道而已/龟山集卷八
　　/蔺相如/龟山集卷九
　　/项羽/龟山集卷九
　　/张良/龟山集卷九
　　/萧何/龟山集卷九
　　/曹参/龟山集卷九
　　/陈平/龟山集卷九
　　/周勃/龟山集卷九
　　/张耳 陈馀/龟山集卷九
　　/韩信/龟山集卷九
　　/彭越/龟山集卷九
　　/季布/龟山集卷九
　　/赵尧 周昌/龟山集卷九
　　/叔孙通/龟山集卷九
　　/张仓/龟山集卷九
　　/郦寄/龟山集卷九
　　/朱虚侯/龟山集卷九
　　/田叔/龟山集卷九
　　/娄敬/龟山集卷九
　　/贾谊/龟山集卷九
　　/贾山/龟山集卷九
　　/申屠嘉/龟山集卷九
　　/冯唐/龟山集卷九
　　/张释之/龟山集卷九
　　/袁盎/龟山集卷九
　　/晁错/龟山集卷九

　　　　　/邹阳 枚乘/龟山集卷九
　　　　　/窦婴 灌夫 田蚡/龟山集卷九
　　　　　/汲黯/龟山集卷九
李　纲/三帝论（秦始皇、汉武帝、明皇）/梁溪集卷一百四十三
　　　　/论晁错王恢/梁溪集卷一百四十九
　　　　/论张子房郭子仪之诚智/梁溪集卷一百五十一
　　　　/论虞舜高光之有天下/梁溪集卷一百五十一
　　　　/论范蠡张良之谋国处身/梁溪集卷一百五十二
　　　　/论管鲍之交/梁溪集卷一百五十四
葛胜仲/卫青论/丹阳集卷七
程　俱/老子论/北山小集卷十三
　　　　/庄子论/北山小集卷十三
　　　　/题郦生长揖图/北山小集卷十五
綦崇礼/论汉陈平降汉事/北海集卷二十一
　　　　/论赵盾举韩厥事/北海集卷二十一
胡　宏/姜嫄生稷/五峰集卷四
　　　　/二女嫔虞/五峰集卷四
　　　　/帝尧知人/五峰集卷四
　　　　/舜禹避政/五峰集卷四
　　　　/舜封有庳/五峰集卷四
　　　　/五帝无裔/五峰集卷四
　　　　/马迁封禅/五峰集卷四
　　　　/伊尹放太甲/五峰集卷四
　　　　/舜禹崩葬/五峰集卷四
　　　　/大禹菲恶/五峰集卷四
　　　　/启汤孥戮/五峰集卷四
　　　　/夏商之事/五峰集卷四
　　　　/少廉中兴/五峰集卷四
　　　　/伊伊幡然/五峰集卷四
　　　　/成汤改元/五峰集卷四
　　　　/成汤征伐/五峰集卷四

/史记谬妄/五峰集卷四
　　　/禹灭三苗/五峰集卷四
　　　/五帝北极/五峰集卷四
　　　/文王受命/五峰集卷四
　　　/夷齐让国/五峰集卷四
　　　/文武事迹/五峰集卷四
　　　/武王事纣/五峰集卷四
　　　/周公东征/五峰集卷四
　　　/成王将崩/五峰集卷四
　　　/管仲相齐/五峰集卷四
　　　/齐桓公卒/五峰集卷四
　　　/孔子去鲁/五峰集卷四
　　　/孔子摄相事/五峰集卷四
　　　/商鞅变法/五峰集卷四
胡　寅/子产传/斐然集卷二十四
张九成/盘庚论上/横浦集卷七
　　　/盘庚论中下/横浦卷八
陈长方/蔺相如论/唯室集卷一
王之望/萧何论/汉滨集卷十四
　　　/樊哙论/汉滨集卷十四
　　　/晁错论/汉滨集卷十四
范　浚/五帝纪辨/香溪集卷六
　　　/去四凶辨/香溪集卷六
　　　/题史记货殖传/香溪集卷六
　　　/书曹参传后/香溪集卷六
　　　/为周昌对吕后辨/香溪集卷六
　　　/周论/香溪集卷八
　　　/秦论/香溪集卷八
　　　/六国论/香溪集卷八
　　　/楚汉论/香溪集卷八
　　　/孔子闻韶论/香溪集卷九

　　　　　/夷齐谏武王论/香溪集卷九
　　　　　/叔孙通知当世要务论/香溪集卷九
林之青/豫让报仇/拙斋文集卷十二
　　　　/聂政刺侠累/拙斋文集卷十二
　　　　/魏相田文/拙斋文集卷十二
　　　　/楚悼王相吴起/拙斋文集卷十二
　　　　/齐威王来朝/拙斋文集卷十二
　　　　/威王封即墨大夫烹阿大夫/拙斋文集卷十二
　　　　/鞅与甘龙论变法/拙斋文集卷十二
　　　　/有功者各以率受上爵/拙斋文集卷十二
　　　　/刑公子虔鲸公孙贾/拙斋文集卷十二
　　　　/庞涓自以能不及孙膑而刖其足/拙斋文集卷十二
　　　　/田忌救赵而引兵走魏都/拙斋文集卷十二
　　　　/孟尝君招士/拙斋文集卷十三
　　　　/孟尝君书门版使人入谏/拙斋文集卷十三
　　　　/五国伐秦/拙斋文集卷十三
　　　　/张仪说秦王/拙斋文集卷十三
　　　　/秦惠王伐蜀/拙斋文集卷十三
　　　　/攻韩劫天子恶名/拙斋文集卷十三
　　　　/先从隗始/拙斋文集卷十三
　　　　/蔡泽说应侯去位/拙斋文集卷十三
　　　　/仲连辞齐爵/拙斋文集卷十三
　　　　/秦伐乐周/拙斋文集卷十三
　　　　/郑国间秦/拙斋文集卷十三
　　　　/李牧为赵守边/拙斋文集卷十三
　　　　/赵王复将李牧/拙斋文集卷十三
　　　　/秦赵燕近北敌/拙斋文集卷十三
　　　　/春申君合从/拙斋文集卷十三
　　　　/李斯杀韩非/拙斋文集卷十三
　　　　/燕太子丹报秦/拙斋文集卷十三
　　　　/荆轲刺秦王/拙斋文集卷十三

/卢生与侯生讥议始皇/拙斋文集卷十三
　　　/怒始皇乃坑儒生/拙斋文集卷十三
　　　/二世立/拙斋文集卷十三
　　　/论杨墨申韩之害/拙斋文集卷十三
周紫芝/鳏论/太仓稊米集卷四十四
　　　/伯夷论/太仓稊米集卷四十四
　　　/介之推论/太仓稊米集卷四十四
　　　/汉高帝论/太仓稊米集卷四十四
　　　/晁错论/太仓稊米集卷四十四
　　　/司马迁论/太仓稊米集卷四十五
　　　/为张子房招四皓书/太仓稊米集卷五十
　　　/朱虚侯欲立齐王为帝/太仓稊米集卷六十五
　　　/卫青不杀苏建/太仓稊米集卷六十五
　　　/朱建受辟阳侯祝/太仓稊米集卷六十五
　　　/王恢议伐单于/太仓稊米集卷六十五
　　　/书史记索隐后/太仓稊米集卷六十七
王　质/汉高帝论/雪山集卷四
　　　/汉文帝论/雪山集卷四
林亦之/论舜/网山集卷三
　　　/文王/网山集卷三
　　　/周公/网山集卷三
　　　/孔子/网山集卷三
王十朋/禹论/梅溪前集卷十二
　　　/武王论/梅溪前集卷十二
崔敦礼/文帝论/宫教集卷七
陈　藻/史记左传所言岁星异同/乐轩集卷七
曾　丰/管晏/缘督集卷十五
　　　/桓文/缘督集卷十五
　　　/衰盾/缘督集卷十五
　　　/齐鲁/缘督集卷十五
　　　/周秦/缘督集卷十五

陆九渊/武帝谓汲黯无学/象山集卷二十二
　　　/张释之谓今法如是/象山集卷二十二
袁　燮/管仲器小论/絜斋集卷七
蔡　戡/高帝论/定斋集卷十二
　　　/文帝论/定斋集卷十二
　　　/武帝论/定斋集卷十二
　　　/陈平论/定斋集卷十二
　　　/王陵论/定斋集卷十二
　　　/申屠嘉论/定斋集卷十二
员兴宗/七十二贤论/九华集卷十八
杨万里/孟子论上中下/诚斋集卷八十七
　　　/韩子论上下/诚斋集卷八十七
　　　/汉文帝有圣贤之风论/诚斋集卷九十一
　　　/文帝曷不用颇牧论/诚斋集卷九十一
　　　/文景务在养民论/诚斋集卷九十一
韩元吉/太公论/南河甲乙稿卷十七
　　　/周公论/南河甲乙稿卷十七
　　　/老子论/南河甲乙稿卷十七
　　　/孟子论/南河甲乙稿卷十七
　　　/荀子论/南河甲乙稿卷十七
　　　/汉高祖戮丁公辨/南河甲乙稿卷十七
史尧弼/五帝其臣莫及论/莲峰集卷七
　　　/苏秦论/莲峰集卷七
　　　/项羽论/莲峰集卷七
　　　/吕后论/莲峰集卷七
　　　/安刘氏者必勃论/莲峰集卷七
陈　造/论秦一、二、三/江湖长翁集卷三十二
　　　/僖负羁/江湖长翁集卷三十二
　　　/主父偃/江湖长翁集卷三十二
张　栻/汉楚争战/南轩集卷十六
　　　/萧曹相业/南轩集卷十六

　　　　/王陵陈平周勃处吕后之事如何/南轩集卷十六
　　　　/文帝为治本末/南轩集卷十六
　　　　/贾董秦篇其间议论孰得孰失/南轩集卷十六
　　　　/两汉儒者名节何以不竟/南轩集卷十六
　　　　/自高帝诸将之外其余汉将孰贤/南轩集卷十六
　　　　/光武比高祖/南轩集卷十六
周　南/四塞论上下/山房集卷四
　　　　/高祖论/山房集卷四
陈　亮/韩信/龙川集卷六
　　　　/薛公/龙川集卷六
陈耆卿/韩信论/筼窗集卷一
　　　　/郦食其论/筼窗集卷二
　　　　/陈平周勃王陵论/筼窗集卷二
　　　　/樊哙论/筼窗集卷二
　　　　/卢绾论/筼窗集卷二
　　　　/周亚夫申屠嘉论/筼窗集卷二
　　　　/吴王濞论/筼窗集卷二
王　迈/高帝论一至七/臞轩集卷三
　　　　/文帝论一至六/臞轩集卷四
　　　　/景帝论/臞轩集卷四
　　　　/武帝论一至五/臞轩集卷四
姚　勉/文武受命之年/雪坡文集二十二卷
　　　　/厉王共和/雪坡文集二十二卷
　　　　/春秋十二诸侯谱/雪坡文集二十二卷
　　　　/魏文侯/雪坡文集二十二卷
　　　　/商鞅/雪坡文集二十二卷
　　　　/苏秦/雪坡文集二十二卷
　　　　/东西二周/雪坡文集二十二卷
　　　　/封建郡县/雪坡文集二十二卷
　　　　/吕后/雪坡文集二十二卷
　　　　/景帝/雪坡文集二十二卷

四、元代文集条目

（释）题至／书宣和史房后／牧潜集卷六
梁　寅／史记／石门集卷七
　　　／帝尧／石门集卷七
　　　／帝舜／石门集卷七
　　　／夏禹／石门集卷七
　　　／商汤／石门集卷七
　　　／周文王／石门集卷七
　　　／武王／石门集卷七
　　　／文景／石门集卷七
　　　／武帝／石门集卷七
　　　／西汉书／石门集卷七
王　恽／迁固纪传不同说／秋涧集卷四十五
　　　／读史（留侯传）／秋涧集卷四十五
　　　／黄石公说／秋涧集卷四十六
戴表元／伯夷叔齐列传／剡源集卷二十二
　　　／读司马穰苴传／剡源集卷二十二
　　　／读孙武传／剡源集卷二十二
　　　／读吴起传／剡源集卷二十二
　　　／孙膑附传／剡源集卷二十二
　　　／伍子胥列传／剡源集卷二十二
　　　／孔子弟子传／剡源集卷二十二
　　　／孔子弟子传总论／剡源集卷二十二
　　　／商鞅传／剡源集卷二十二
　　　／苏秦传／剡源集卷二十二
　　　／张仪列传／剡源集卷二十二
　　　／樗里子甘茂甘罗魏冉白起王翦列传／剡源集卷二十二
　　　／孟子荀卿列传／剡源集卷二十二

　　　　/孟尝平原信陵春申君列传/剡源集卷二十二
　　　　/范雎列传/剡源集卷二十二
　　　　/乐毅列传/剡源集卷二十二
　　　　/蔺相如列传/剡源集卷二十二
　　　　/田单列传/剡源集卷二十二
　　　　/鲁仲连列传/剡源集卷二十二
吴　澄/伯夷传/吴文正公集·外集卷一
虞　集/老子赞/道园学古录卷四十五
谢应芳/吊豫让赋并序/龟巢稿卷一
胡祗遹/尧舜议/紫山集卷十三
吕　甫/尧舜禹/竹溪稿下
　　　　/夷齐/竹溪稿下
　　　　/孔子弟子/竹溪稿下
　　　　/汉高帝/竹溪稿下
吴　莱/书张良传/渊颖集卷六
　　　　/伯夷辨/渊颖集卷七
　　　　/盗跖赞/渊颖集卷七
　　　　/孔子不贬季札论/渊颖集卷七
　　　　/延陵来季子观周乐颂/渊颖集卷七
　　　　/接舆赞/渊颖集卷五
　　　　/百里奚/渊颖集卷五
　　　　/汉武帝南巡射蛟颂/渊颖集卷五
郑　玉/季札论/师山集遗文卷二
　　　　/汉高祖索羹论/师山集卷二
杨维祯/鲁仲连论/铁崖集卷二
　　　　/田横论/铁崖集卷二
　　　　/酷吏传论/铁崖集卷二
　　　　/怀延陵/丽则遗音集卷一
　　　　/吊伍君/丽则遗音集卷一
朱德润/申生论/存复斋集卷五
　　　　/庄子赞/存复斋集续卷一

　　　　/盗杀韩相侠累论/存复斋集卷五
　　　　/泊淮阴/存复斋集续卷一
杨　翮/汉高祖论/佩玉斋类稿卷九
　　　　/项羽论/佩玉斋类稿卷九
　　　　/四皓论/佩玉斋类稿卷九
　　　　/张良论/佩玉斋类稿卷九
陆文圭/高祖斩白蛇赋/墙东类稿卷十一
王　沂/吊晁错文/伊滨集卷二十二
刘将孙/司马子长班范温公图/养吾斋集卷二十七

五、明代文集条目

高　启/商鞅范雎/凫藻集卷四
　　　　/四公子/凫藻集卷四
　　　　/樊哙/凫藻集卷四
胡　翰/吊董生文/胡仲子集卷十
朱　右/吊贾生赋有序/白云稿卷一
王　祎/齐桓公请成于鲁/王忠文集卷十三
　　　　/齐桓公告诸诸侯盟首止/王忠文集卷十三
　　　　/晋栾枝对楚/王忠文集卷十三
　　　　/晋文公请王狩/王忠文集卷十三
　　　　/周襄王锡命鲁文公/王忠文集卷十三
　　　　/周告齐请城王城/王忠文集卷十三
　　　　/鲁季孙行父对晋遭丧/王忠文集卷十三
　　　　/高帝封功臣铁卷辞/王忠文集卷十三
　　　　/张良辞高帝/王忠文集卷十三
　　　　/文帝赐吴王玺书/王忠文集卷十三
　　　　/武帝置五经博士诏/王忠文集卷十三
　　　　/贤良对武帝策/王忠文集卷十三
　　　　/张汤议肉刑/王忠文集卷十三

　　　　/司马相如解客难/王忠文集卷十三
王　绅/盘庚迁都论/继志斋集卷五
　　　　/汉文帝论/继志斋集卷五
　　　　/田横论/继志斋集卷五
方孝孺/西伯伐崇/逊志斋集卷四
　　　　/武王诛纣/逊志斋集卷四
　　　　/读司马法/逊志斋集卷四
　　　　/读荀子/逊志斋集卷四
　　　　/读孙子/逊志斋集卷四
　　　　/读吴子/逊志斋集卷四
　　　　/夷齐/逊志斋集卷五
　　　　/郑灵公二首/逊志斋集卷五
　　　　/豫让/逊志斋集卷五
　　　　/乐毅/逊志斋集卷五
　　　　/曹参/逊志斋集卷五
　　　　/娄敬/逊志斋集卷五
　　　　/条侯传论/逊志斋集卷五
　　　　/司马子长/逊志斋集卷十九
梁　潜/高帝吕后论/泊庵集卷三
王　直/论曹参/抑庵文集卷七
　　　　/夷齐十辨/抑庵文集・后集卷三十五
李　贤/汉三臣赞（萧何、曹参、王陵）/古穰集卷十九
张　宁/豫让论/方州集卷十三
　　　　/汉王/方州集卷二十八
　　　　/惠帝/方州集卷二十八
　　　　/高皇后/方州集卷二十八
　　　　/文帝/方州集卷二十八
　　　　/景帝/方州集卷二十八
　　　　/武帝/方州集卷二十九
何乔新/史记/椒邱文集卷二
李东阳/合从连衡论/怀麓堂集卷三十四

　　　　　/韩信论/怀麓堂集卷三十四
　　　　　/曹参论/怀麓堂集卷三十四
　　程敏政/老氏论/篁墩文集卷十一
　　　　　/伍员论/篁墩文集卷十一
　　　　　/陈平论/篁墩文集卷十一
　　　　　/拟郦食其上汉王书/篁墩文集卷五十三
　　邵　宝/汉御史大夫晁公碑阴记/容春堂前集卷十一
　　胡居仁/高祖杀韩信/胡文敬公集卷二
　　　　　/申公/胡文敬公集卷二
　　祝允明/烧书论/怀星堂集卷十
　　　　　/管夷吾小论/怀星堂集卷十
　　　　　/燕昭王小论/怀星堂集卷十
　　崔　铣/鲁庄公论/洹词卷八
　　　　　/申生论/洹词卷八
　　　　　/里克论/洹词卷八
　　　　　/赵盾论/洹词卷八
　　　　　/季札论/洹词卷八
　　陆　深/史记一·周本记/俨山集卷五十七
　　　　　/史记二·吴记/俨山集卷五十八
　　　　　/季札传/俨山集卷五十九
　　　　　/重修伍子胥传/俨山集卷六十
　　杨　慎/史记/升庵集卷四十七
　　　　　/穆王史记解/升庵集卷四十七
　　　　　/小司马索隐注误/升庵集卷四十七
　　　　　/太史公律书/升庵集卷四十七
　　　　　/平准书食货志同异/升庵集卷四十七
　　　　　/相如传/升庵集卷四十七
　　　　　/张良鸿沟之谏/升庵集卷四十七
　　　　　/周后稷世/升庵集卷四十七
　　　　　/微子面缚/升庵集卷四十七
　　　　　/青云（伯夷传）/升庵集卷四十七

/巧说少信（货殖传）/升庵集卷四十七

　　/君主妻何/升庵集卷四十七

　　/秦之恶/升庵集卷四十八

　　/秦一统十五年/升庵集卷四十八

　　/伍员之员音运/升庵集卷五十

孙承恩/商鞅变法/文简集卷四十三

　　/孟子出处/文简集卷四十三

　　/鲁仲连/文简集卷四十三

　　/秦儒/文简集卷四十三

陆　粲/子胥论/陆子余集卷七

王立道/管仲致忉于鲍叔/具茨文集卷八

　　/李斯谏逐客/具茨遗稿

　　/陈平周勃/具茨遗稿

沈　炼/四皓/青霞集卷八

王世贞/太公/弇州四部稿卷一百十

　　/季札/弇州四部稿卷一百十

　　/蔺相如/弇州四部稿卷一百十

　　/魏公子无忌/弇州四部稿卷一百十

　　/高帝/弇州四部稿卷一百十

　　/周亚夫/弇州四部稿卷一百十

　　/魏相/弇州四部稿卷一百十

　　/萧何诸葛亮优劣辨/弇州四部稿卷一百十一

　　/闳夭不赂纣辨/弇州四部稿卷一百十一

　　/淮阴侯不辨/弇州四部稿卷一百十二

　　/读秦本纪/弇州四部稿卷一百十二

　　/读卫霍传/弇州四部稿卷一百十二

　　/短长上23条（论史记）/弇州四部稿卷一百四十二

　　/短长下117条（史记）/弇州四部稿卷一百四十二

　　/史记评林序/弇州四部稿卷一百四十

　　/书赵世家公孙杵臼程婴事后/读书后卷一

　　/书伍子胥传后/读书后卷一

　　　　/书乐毅传后/读书后卷一
　　　　/书司马穰苴孙武传后/读书后卷一
　　　　/书吕不韦黄歇传后/读书后卷一
　　　　/书蔡泽传后/读书后卷一
　　　　/读黄石公/读书后卷一
　　　　/书项羽传后/读书后卷一
　　　　/书苏子范增论后/读书后卷一
　　　　/书齐悼惠王世家后一、二/读书后卷二
　　　　/书贾谊传及苏轼所著论后/读书后卷二
　　　　/书司马相如传后/读书后卷二
　　　　/书淮南厉王传后/读书后卷二
　　　　/书汉武帝时功臣侯年表后/读书后卷二
　　　　/读秦本纪一、二/读书后卷五
　　　　/读卫霍传/读书后卷五
　　海　瑞/泰伯论上下/备忘集卷八
　　　　/孟子为贫而仕议/备忘集卷八
　　　　/周公使管叔监殷/备忘集卷八
　　胡应麟/晏婴/少室山房集卷九十六
　　　　/豫让/少室山房集卷九十六
　　　　/乐毅上下/少室山房集卷九十六
　　　　/赵奢/少室山房集卷九十六
　　　　/赵括上下/少室山房集卷九十六
　　　　/韩信/少室山房集卷九十六
　　　　/五霸辨/少室山房集卷九十九
　　　　/伯翳辨/少室山房集卷九十九
　　　　/少康中兴辨/少室山房集卷九十九
　　　　/西伯辨/少室山房集卷九十九
　　　　/夷齐叩马辨/少室山房集卷九十九
　　　　/东迁辨/少室山房集卷九十九
　　顾允成/齐景公有马章/小辨斋偶存卷四
　　　　/颜渊问仁章/小辨斋偶存卷四

/管仲非仁章/小辨斋偶存卷四
黄淳耀/卫青论上下/陶庵全集卷三
/五帝本纪/陶庵全集卷四
/夏本纪/陶庵全集卷四
/秦始皇本纪/陶庵全集卷四
/项羽本纪/陶庵全集卷四
/高帝本纪/陶庵全集卷四
/吕后本纪/陶庵全集卷四
/文帝本纪/陶庵全集卷四
/礼书/陶庵全集卷四
/律书/陶庵全集卷四
/封禅书/陶庵全集卷四
/平准书/陶庵全集卷四
/吴太伯世家/陶庵全集卷四
/齐太公世家/陶庵全集卷四
/鲁周公世家/陶庵全集卷四
/卫康叔世家/陶庵全集卷四
/宋微子世家/陶庵全集卷四
/晋世家/陶庵全集卷四
/楚世家/陶庵全集卷四
/越世家/陶庵全集卷四
/赵世家/陶庵全集卷四
/魏世家/陶庵全集卷四
/韩世家/陶庵全集卷四
/田敬仲完世家/陶庵全集卷四
/孔子世家/陶庵全集卷四
/外戚世家/陶庵全集卷四
/荆燕世家/陶庵全集卷四
/萧相国世家/陶庵全集卷四
/留侯世家/陶庵全集卷四
/绛侯世家/陶庵全集卷四

/管婴列传/陶庵全集卷四

/老庄申韩列传/陶庵全集卷四

/伍子胥列传/陶庵全集卷四

/商君列传/陶庵全集卷四

/白起列传/陶庵全集卷四

/孟子荀卿列传/陶庵全集卷四

/孟尝君平原君信陵君春申君列传/陶庵全集卷四

/范雎蔡泽列传/陶庵全集卷四

/乐毅列传/陶庵全集卷四

/廉颇蔺相如列传/陶庵全集卷四

/鲁仲连邹阳列传/陶庵全集卷四

/屈原列传/陶庵全集卷四

/张耳陈馀列传/陶庵全集卷四

/黥布列传/陶庵全集卷四

/淮阴侯列传/陶庵全集卷四

/张丞相列传/陶庵全集卷四

/郦生陆贾列传/陶庵全集卷四

/刘敬叔孙通列传/陶庵全集卷四

/张释之冯唐列传/陶庵全集卷四

/万石君张叔列传/陶庵全集卷四

/田叔列传/陶庵全集卷四

/李将军列传/陶庵全集卷四

/平津侯列传/陶庵全集卷四

/汲郑列传/陶庵全集卷四

/酷吏列传/陶庵全集卷四

/大宛列传/陶庵全集卷四

/太史公自序/陶庵全集卷四

六、清代文集条目

钱谦益/书史记项羽高祖本纪后/牧斋初学集卷八十三

/书史记齐太公世家后/牧斋有学集卷四十五
　　　/申包胥论/牧斋有学集卷四十三
　　　/四皓论/牧斋有学集卷四十三
　　　/自跋留侯论后/牧斋有学集卷四十七
　　　/汲古阁毛氏新刻十七史序/牧斋有学集卷十四
朱鹤龄/读周本纪/愚庵小集卷十三
　　　/读吴越世家/愚庵小集卷十二
　　　/周公居东论/愚庵小集卷十一
黄宗羲/答陈士业论孔子生卒书/南雷文案卷四
吴伟业/伍子胥复仇论/梅村家藏稿文集卷一
　　　/祭仲论/梅村家藏稿文集卷一
顾炎武/子胥鞭平王之尸辨/亭林文集卷六
汪　琬/吴越无伯辨/尧峰文钞卷九
王士禛/宋公子鲍论/带经堂集卷八十一
　　　/记陈子昂后史记/带经堂集卷七十八
　　　/张履祥/丹朱论/杨园先生全集卷十九
　　　/汉文帝论/杨园先生全集卷十九
　　　/张子房论/杨园先生全集卷十九
　　　/书留侯世家后/杨园先生全集卷二十
邵廷采/李园杀黄歇论二篇/思复堂文集卷八
董以宁/汉文帝论/文友文选卷二
戴名世/范增论/戴名世集卷十四
　　　/魏其论/戴名世集卷十四
　　　/书货殖传后/戴名世集卷十四
　　　/老子论上下/戴名世集卷十四
吕留良/贾谊论/吕晚村先生文集卷六
徐乾学/书苏秦列传后/憺园文集卷三十六
　　　/班马异同辨/憺园文集卷十五
陆陇其/泰伯三让论/三鱼堂文集卷三
　　　/卫公子荆善居室论/三鱼堂文集卷三
　　　/卫辄论/三鱼堂文集卷三

方　苞/书史记十表后/望溪先生文集卷二
　　　/书史记六国年表序后/望溪先生文集卷二
　　　/读史记八书/望溪先生文集卷二
　　　/书礼书序后/望溪先生文集卷二
　　　/书封禅书后/望溪先生文集卷二
　　　/书萧相国世家后/望溪先生文集卷二
　　　/书老子传后/望溪先生文集卷二
　　　/读伍子胥传/望溪先生文集卷二
　　　/书孟子荀卿传后/望溪先生文集卷二
　　　/书刺客传后/望溪先生文集卷二
　　　/书淮阴侯列传后/望溪先生文集卷二
　　　/书太史公自序后/望溪先生文集卷二
　　　/周公论/望溪先生文集卷二
　　　/汉高帝论/望溪先生文集卷三
　　　/汉文帝论/望溪先生文集卷三
　　　/灌婴论/望溪先生文集卷三
朱彝尊/孔子弟子考/曝书亭集卷五十六
　　　/孔子门人考/曝书亭集卷五十七
　　　/孟子弟子考/曝书亭集卷五十七
　　　/秦始皇论/曝书亭集卷五十九
　　　/韩信论/曝书亭集卷五十九
杨　椿/惠帝论/孟邻堂文钞卷三
万斯同/书史记三王世家后/群书疑辨卷八
李　塨/孔子赞/怒谷后集卷九
朱　轼/公孔弘论/朱文端公文集卷二
王　源/老子论/居业堂文集卷九
　　　/庞涓论/居业堂文集卷十
　　　/赵胜论/居业堂文集卷十
　　　/项羽论/居业堂文集卷十
　　　/李广论/居业堂文集卷十
　　　/李陵论/居业堂文集卷九

姜宸英/读孔子世家/湛园未定稿卷一
　　　/书史记卫霍传/湛园未定稿卷八
　　　/书儒林传/湛园未定稿卷八
　　　/楚子玉论/湛园未定稿卷二
　　　/楚子文论/湛园未定稿卷二
　　　/春秋四大国论/湛园未定稿卷二
　　　/苏秦论/湛园未定稿卷二
　　　/秦始皇论/湛园未定稿卷二
　　　/续范增论/湛园未定稿卷二
　　　/周亚夫论/湛园未定稿卷二
李　绂/与方灵皋论史记称太史公书/穆堂初稿卷四十三
　　　/郑归生弑君论/穆堂初稿卷二十三
　　　/晋人败秦于崤论/穆堂初稿卷二十三
　　　/楚商臣论/穆堂初稿卷二十三
冯　景/召公论/解春集文钞卷三
　　　/秦论/解春集文钞卷三
　　　/书项羽本纪后/解春集文钞卷七
　　　/范增论/解春集文钞卷三
　　　/汉高帝论/解春集文钞卷三
　　　/薄太后论/解春集文钞卷三
　　　/汉武帝不赋昭平君死罪议/解春集文钞卷十
　　　/四皓论/解春集文钞卷三
王懋竑/跋归震川史记/白田草堂存稿卷八
　　　/苏秦/白田草堂存稿卷四
　　　/论高祖斩丁公/白田草堂存稿卷四
　　　/书范增论后/白田草堂存稿卷三
王　植/留侯始终为韩论/崇德堂稿卷一
汪师韩/越石父论/上湖分类文编上
刘大櫆/读伯夷传/海峰先生文录卷二
　　　/书荆轲传后/海峰先生文录卷二
　　　/读万石君传/海峰先生文录卷二

　　　　　/泰伯高于文王/海峰先生文录卷一
　　　　　/续泰伯高于文王/海峰先生文录卷一
全祖望/记项燕事补注六国年表后/鲒埼亭集外编卷四十九
　　　　/读史记汉兴诸侯王表/鲒埼亭集外编卷二十八
　　　　/读魏其侯传/鲒埼亭集外编卷二十八
　　　　/书史记公孙弘传后/鲒埼亭集外编卷二十八
　　　　/武王不黜殷辨/鲒埼亭集外编卷二十八
　　　　/辨大夫种非鄧产/鲒埼亭集外编卷三十五
　　　　/苌弘论/鲒埼亭集外编卷三十六
　　　　/论华元劫盟事/鲒埼亭集外编卷三十六
　　　　/秦穆公论/鲒埼亭集外编卷三十六
　　　　/春秋五霸失实论/鲒埼亭集外编卷三十六
　　　　/春秋四国强弱论/鲒埼亭集外编卷三十五
　　　　/叔仲惠伯论/鲒埼亭集外编卷三十六
　　　　/越勾践论/鲒埼亭集外编卷三十六
　　　　/孙武子论/鲒埼亭集外编卷二十九
　　　　/楚庄王论/鲒埼亭集外编卷三十六
　　　　/平原君论/鲒埼亭集外编卷二十九
　　　　/信陵君论/鲒埼亭集外编卷三十六
　　　　/四皓论/鲒埼亭集外编卷二十九
　　　　/彭城五诸侯考/鲒埼亭集外编卷四十
赵一清/楚庄王入陈非霸讨论/东潜文稿下
　　　　/楚斗宜申为君讨贼论/东潜文稿下
　　　　/蒲将军非棘蒲侯辨/东潜文稿下
杭世骏/书史记周本纪后/道古堂文集卷二十七
沈　彤/史记北斗齐七政解/果堂集卷一
雷　鈜/太子丹论/经笥堂文钞卷上
任启运/管仲论/清芬楼遗稿卷三
　　　　/荀卿论/清芬楼遗稿卷三
袁　枚/公生明论/小仓山房文集卷二十
　　　　/高帝论/小仓山房文集卷二十

　　　　/张良有儒者气象论/小仓山房文集卷二十一
　　　　/卜式司马相如赞/小仓山房文集卷一
　　　　/荆轲书盗论/小仓山房文集卷二十
冯　浩/赵盾弑其君论/孟亭居士文稿卷一
董丰垣/孔子生日考/识小编下
　　　　/孟子游历先后考/识小编下
卢文弨/史记索隐校本序/抱经堂文集卷四
　　　　/翁方纲/跋班马字类/复初斋文集卷四十三
王　昶/书褚先生补史记后/春融堂集卷四十三
　　　　/许世子论/春融堂集卷三十三
　　　　/书苏文定公商鞅论后/春融堂集卷四十三
　　　　/汉文帝论/春融堂集卷三十三
钱大昕/与梁耀北论史记书/潜研堂文集卷三十四
　　　　/与梁耀北论史记书二/潜研堂文集卷三十四
　　　　/与梁耀北论史记书三篇/潜研堂文集卷三十四
　　　　/史记志疑序/潜研堂文集卷二十四
　　　　/卫文公非宣姜子辨/潜研堂文集卷十六
　　　　/皋陶论/潜研堂文集卷二
　　　　/冯煖论/潜研堂文集卷二
　　　　/晁错论/潜研堂文集卷二
朱　筠/与贾云臣论史记书/笥河文集卷八
王鸣盛/读史记三代世表书后/西庄始存稿卷二十三
　　　　/读陈平世家书后/西庄始存稿卷二十二
　　　　/读范雎传书后/西庄始存稿卷二十二
　　　　/周敬王以下世次辨/西庄始存稿卷二十一
　　　　/灌婴论/西庄始存稿卷二十
梁玉绳/书史记酷吏传后/清白士集卷二十八
　　　　/史记志疑序/清白士集卷二十八
　　　　/志疑后序/清白士集卷二十八
　　　　/越杀伯嚭辨/清白士集卷二十八
　　　　/反苏子范增论/清白士集卷二十八

韩梦周/跋史记例意/理堂文集卷二
　　　　/史记阐要序/理堂文集卷六
胡赓善/孔子弟子齿叙/新城伯子文集卷一
余廷灿/曹参论/存吾文稿卷一
崔　述/周平王论/无闻集卷二
　　　　/宋宣公论/无闻集卷二
姚　鼐/晏子不受邶殿论/惜抱轩文集卷一
　　　　/范蠡论/惜抱轩文集卷一
　　　　/伍子胥论/惜抱轩文集卷一
　　　　/李斯论/惜抱轩文集卷一
　　　　/贾生明申商论/惜抱轩文集卷一
　　　　/项羽王九郡考/惜抱轩文集卷二
彭绍升/读史记/二林居集卷二
　　　　/张良陈平论/二林居集卷二
　　　　/魏无忌论/二林居集卷二
刘台拱/周公居东论/刘端临文集卷一
段玉裁/公谷记孔子生说/经韵楼集卷四
张　云/读酷吏传/简松草堂文集卷八
　　　　/曹沫不得为刺客论/简松草堂文集卷八
邵晋涵/史记提要/南江文钞卷十二
　　　　/史记集解提要/南江文钞卷十二
　　　　/史记正义提要/南江文钞卷十二
秦　瀛/仲尼七十子考/小岘山人文集卷一
龚景瀚/陈平论/静斋文钞卷一
王念孙/史记杂志叙/王石臞先生遗文卷三
阮　元/项羽都江都考跋/经室再续二集卷二
汪　中/荀卿子通论/述学补遗卷一
　　　　/荀卿子年表/述学补遗卷一
戚学标/书史记晁错传后/鹤泉文钞续选卷八
　　　　/泰伯论/鹤泉文钞续选卷一
　　　　/周公东征说/鹤泉文钞续选卷一

　　　　/伯夷论/鹤泉文钞续选卷一
武　亿/蔺相如渑池之会/授堂文钞卷四
恽　敬/读五帝本纪/大云山房文稿初集卷二
　　　　/读管蔡世家/大云山房文稿初集卷二
　　　　/孟子荀卿列传书后/大云山房文稿初集卷二
　　　　/读鲁仲连邹阳传/大云山房文稿初集卷二
　　　　/读货殖列传/大云山房文稿初集卷二
　　　　/三代因革论/大云山房文稿初集卷一
　　　　/西楚都彭城论/大云山房文稿初集卷一
孙星衍/天官书补目并序/问字堂集卷六
　　　　/天官书考补注/问字堂集卷六
　　　　/武王从谏还师论/平津馆文稿上
　　　　/周公不诛管蔡论/平津馆文稿下
　　　　/孔子诛少正卯论/孙渊如外集卷一
张士元/吴季子论/嘉树山房集卷一
　　　　/范蠡论/嘉树山房集卷一
　　　　/书苏子瞻商君论后/嘉树山房集卷六
　　　　/晁错论/嘉树山房集卷一
陈　鳣/贾谊论/简庄缀文卷一
张宗泰/吴季札论/质疑删存上
　　　　/跋黄氏日抄读日记/鲁岩所学集卷七
　　　　/封禅书齐桓涉流沙辨/志疑删存中
　　　　/跋司马贞史记索隐/鲁岩所学集卷四
　　　　/孔子生存/质疑删存上
　　　　/读曝书亭集仲尼弟子考/鲁岩所学集卷十二
凌廷堪/孟子时事考征序/校礼堂文集卷二十六
　　　　/荀卿颂并序/校礼堂文集卷十
桂　馥/书史记秦始皇本纪赞后/晚学集卷四
　　　　/书史记孝景孝武本纪后/晚学集卷四
　　　　/宰予与田常作乱辨/晚学集卷二
唐仲冕/张辟疆论/陶山文录卷三

江　藩/姜嫄帝喾妃辨/隶经文卷二
洪亮吉/伯益考/卷施阁文甲集卷九
吴　定/泰伯三让论/紫石泉山房文集卷一
任兆麟/孟子时事略序/有竹居集卷八
　　　/孟子时事略/有竹居集卷十五
　　　/太昊本纪/有竹居集卷六
　　　/炎帝本纪/有竹居集卷六
　　　/帝少昊本纪/有竹居集卷六
　　　/郑侯论/有竹居集卷七
陈寿祺/周号辨/左海经辨下
　　　/孟献子二世考/左海经辨上
姚文田/史记共和考/邃雅堂集卷三
　　　/史记历书考/邃雅堂集卷三
吴德旋/读伯夷列传/初月楼文续钞卷一
　　　/读鲁仲连邹阳传/初月楼文续钞卷一
蒋与俦/庄跻考/贞定先生遗集卷一
严元照/秦楚论/悔庵学文卷四
郝懿行/淮阴侯论/晒书堂文集卷八
焦　循/读易韦编三绝解/雕菰集卷九
　　　/褒如人辨/雕菰集卷八
　　　/宰孔论/雕菰集卷八
严可均/书史记伯夷列传后/铁桥漫稿卷八
　　　/书史记仲尼弟子列传后/铁桥漫稿卷八
瞿中溶/孔子生卒年月辨/瞿木夫文集卷一
张　澍/伯夷叔齐墓碑铭/养素堂文集卷二十三
　　　/尹吉甫子伯奇考/养素堂文集卷十一
　　　/太公诛华士论/养素堂文集卷十六
　　　/杜伯论/养素堂文集卷十六
　　　/季札论/养素堂文集卷十七
　　　/伍员论/养素堂文集卷十六
　　　/李斯论/养素堂文集卷十六

　　　　/汉高祖分羹论/养素堂文集卷十七
　　　　/灌婴城考/养素堂文集卷十二
　　　　/老子赞/养素堂文集卷二十七
　　　　/李广赞/养素堂文集卷二十七
孙原湘/荀杨董韩优劣论/天真阁集卷二
钱泰吉/书萧相国世家后/甘泉乡人稿卷三
　　　　/校史记杂识/甘泉乡人余稿卷一
　　　　/跋震泽王氏刻史记/甘泉乡人余稿卷四
　　　　/跋秦藩本史记/甘泉乡人稿卷六
　　　　/跋史记志疑/甘泉乡人稿卷六
　　　　/跋班马字类/甘泉乡人稿卷六
包世臣/论史记六国表序/安吴四种卷九
　　　　/书史记魏其武安传后/安吴四种卷九
　　　　/萧何功第一论/安吴四种卷三十三
　　　　/书东坡晁错论后/安吴四种卷三十三
　　　　/蒯通论/安吴四种卷三十三
姚　莹/贾谊论/东溟文集卷一
沈　涛/史记太初元年岁名辨/十经斋文叙述卷二
刘逢禄/天官书经星补考/刘礼部集卷八
刘文淇/项羽都江都考/青溪旧屋文集卷四
　　　　/驳全谢山九郡答问/青溪旧屋文集卷四
张　琦/魏文侯论/宛邻集卷三
　　　　/商鞅论/宛邻集卷三
　　　　/乐毅论/宛邻集卷三
　　　　/赵奢平原君论/宛邻集卷三
　　　　/范增论/宛邻集卷三
　　　　/留侯论/宛邻集卷三
　　　　/陈平周勃论/宛邻集卷三
胡培翚/孔子编年后序/研六室文钞卷六
　　　　/公羊传孔子生月考误/研六室文钞卷二
纪庆曾/读商君列传/叠翠居文集卷一

金　鹗/史记太初元年岁名辨/诂经精舍文集卷八
　　　/孔子自卫反鲁考/求古录礼说卷四
　　　/颜子三十二岁辨/求古录礼说卷四
　　　/舜崩鸣条考/求古录礼说卷三
　　　/祖甲考/求古录礼说卷四
温曰鉴/孔子谱跋/勘书巢未定稿卷一
　　　/六国论/勘书巢未定稿卷一
俞正燮/史记用盖天论/癸巳类稿卷十
　　　/瓠子下楗解（河渠书）/癸巳类稿卷十一
　　　/主臣解/癸巳类稿卷十一
　　　/史记李延年传书后/癸巳类稿卷十一
　　　/项橐考/癸巳类稿卷十一
　　　/汉少帝本孝惠子考/癸巳类稿卷十一
　　　/百里奚事异同论/癸巳类稿卷十一
　　　/太史公释名义/癸巳类稿卷十一
赵　坦/宋伯姬论/保甓斋文录卷上
　　　/吴季札记/保甓斋文录卷上
管　同/楚昭王论/因寄轩文初集卷二
　　　/范增论二篇/因寄轩文初集卷二
　　　/韩信论/因寄轩文初集卷二
　　　/蒯通论/因寄轩文初集卷二
梅曾亮/平准书书后/柏枧山房文集卷四
　　　/论蔺相如返璧事/柏枧山房文集卷一
　　　/韩非论/柏枧山房文集卷一
　　　/晁错论/柏枧山房文集卷一
　　　/论魏其侯灌夫事/柏枧山房文集卷一
姚　椿/贾生论/晚学斋文集卷一
毕　亨/朱虚侯刘章论/九水山房文存下
龚自珍/太史公书副在京师说/定盦续集卷一
邵　辰/书太史公自叙后/半岩庐遗集卷一
　　　/王宝仁/书信陵君传后/旧香居文稿卷十

　　　　/答问长沮桀溺丈人/旧香居文稿卷一
马国翰/孔子弟子考/玉函山房文集卷五
　　　　/七十子弟考/玉函山房文集卷五
　　　　/孟子弟子考/玉函山房文集卷五
　　　　/伯益考/玉函山房文集卷五
　　　　/夔龙考/玉函山房文集卷五
　　　　/伊尹五就考/玉函山房文集卷五
　　　　/老彭考/玉函山房文集卷五
　　　　/春秋晋文书爵者五说/玉函山房文集卷二
　　　　/晏平仲论/玉函山房文集卷二
蒋湘南/读史记六国表书后/七经楼文钞卷三
　　　　/管叔流言论/七经楼文钞卷四
　　　　/秦始皇焚书论/七经楼文钞卷四
　　　　/驳苏子范增论/七经楼文钞卷四
包慎言/与刘孟瞻论史记周世家书/广英堂遗稿卷一
朱　琦/读酷吏传/怡志堂文初编卷二
顾广誉/俞德甫考定孔子年谱序/悔过斋文集四
张际亮/读项羽本纪/张亨甫文集卷一
　　　　/书史记货殖传后/张亨甫文集卷一
胡　缙/史记太初元年岁名辨/诂经精舍文集卷八
郑　珍/孔子生卒/巢经巢文集卷一
　　　　/书蔡仲杀雍纠事后/巢经巢文集卷六
　　　　/驳朱竹垞孔门门人考/巢经巢文集卷二
蒋　彤/李卫将军骠骑列传后/丹棱文钞卷二
　　　　/李将军论/丹棱文钞卷一
冯桂芬/读史记律书书后/显志堂稿卷十二
　　　　/书东坡范增论后/显志堂稿卷十二
龙启瑞/伊尹五就桀解/经德堂文集卷一
　　　　/论伯夷叔齐/经德堂文集卷一
　　　　/隐公论/经德堂文集卷一
　　　　/宋伯姬论/经德堂文集卷一

/陈平周勃论/经德堂文集卷一

魏　源/孔子年表/古微堂外集卷二
　　　　/孟子年表考第一至第五/古微堂外集卷二
　　　　/孟子年表/古微堂外集卷二
　　　　/孔孟赞/古微堂外集卷二
　　　　/孟子补赞/古微堂外集卷二

黄式三/读狄氏孔孟编年质疑/儆居读子集卷四
　　　　/楚义帝本纪/儆居史说卷五
　　　　/白起柱死说/儆居史说卷五
　　　　/张留侯论/儆居史说卷二

俞　樾/孔子生日考/诂经精舍自课文卷二
　　　　/释孔子弟子三千人/宾萌集卷三
　　　　/释姜嫄/宾萌集卷三
　　　　/释太公望/宾萌集卷三
　　　　/释楚汉五诸侯/宾萌集卷三
　　　　/丹朱商均论/宾萌集卷一
　　　　/周平王东迁论/宾萌集补篇卷一
　　　　/秦穆杀三良论/宾萌集补篇卷一
　　　　/蹇叔论/宾萌集卷一
　　　　/晋文公论/宾萌集卷一
　　　　/晏平仲论/宾萌集卷一
　　　　/先縠论/宾萌集卷一
　　　　/郑杀申侯论/宾萌集卷一
　　　　/伯鲁论/宾萌集卷一
　　　　/季札论/宾萌集卷一
　　　　/越勾践论/宾萌集补篇卷一
　　　　/陈仲子论/宾萌集卷一
　　　　/滕文公论/宾萌集卷一
　　　　/屈原论/宾萌集卷一
　　　　/申韩论/宾萌集卷一
　　　　/秦始皇帝论三篇/宾萌集卷一

　　　　　/项羽论/宾萌集卷一
　　　　　/范增论/宾萌集卷一
　　　　　/韩信论/宾萌集卷一
陈　澧/书天官书后/东塾集卷二
　　　　/书朱竹坨孔子门人考后/东塾集卷二
徐　鼒/伍员论/未灰斋文集卷六
蒋超伯/赵盾论/通斋文集卷二
　　　　/晋悼公论/通斋文集卷二
　　　　/冯煖论/通斋文集卷二
张裕钊/书越世家后/濂亭文集卷一
　　　　/书外戚世家后/濂亭文集卷一
　　　　/归震川平点史记后序/濂亭文集卷一
　　　　/书魏其武安传后/濂亭文集卷一
徐时栋/象论/烟屿楼文集卷三十
　　　　/夷齐让国论/烟屿楼文集卷三十
郭嵩焘/书龙禹门秦论后/养知书屋文集卷八
何秋涛/孟子编年考/一镫精舍甲部稿卷一
戴钧衡/书刘敬传后/味经山馆文钞卷二
　　　　/魏相论/味经山馆文钞卷一
　　　　/伍员论/味经山馆文钞卷一
　　　　/李斯论/味经山馆文钞卷一
　　　　/董江都论/味经山馆文钞卷一
顾栋高/史记越勾践世家与吴越春秋越绝书 竹书纪年所书越事各
　　　　不同论/湖海文传卷五
　　　　/楚子囊城郢论/湖海文传卷五
　　　　/孔子请讨陈恒论/湖海文传卷五
　　　　/楚疆域论/湖海文传卷五
　　　　/秦疆域论/湖海文传卷五
　　　　/宋疆域论/湖海文传卷五
汪继培/史记阙篇补篇考/诂经精舍文集卷八
孙同元/史记阙篇补篇考/诂经精舍文集卷八

金衍绪/史记太初元年岁名辨/诂经精舍文集卷八
方观旭/孔子适周考/诂经精舍文集卷十
王　仁/史记孔子世家弟子列传正误/诂经精舍文集卷三
徐养原/策问史记载尚书孰为今文孰为古文/诂经精舍文集卷十一
邵保和/策问史记载尚书孰为今文孰为古文/诂经精舍文集卷十一
周联奎/策问史记载尚书孰为今文孰为古文/诂经精舍文集卷十一
钟佩诗/蔺相如论/诂经精舍四集卷十六
方　朔/后留侯论/枕经堂文钞卷一
董　醇/留侯论/诂经精舍文续集卷三
陈一麒/留侯论/诂经精舍文续集卷三
冯一梅/王陵陈平论/诂经精舍四集卷十六
路心谦/御览九引史记曰蚩尤氏能征风召雨与黄帝争强帝来之于冀 今本史记无此文说/沅湘通艺录卷二
王元启/校正史记月表序/湖海文传卷二十四
葛其仁/夷齐不食周粟辨/味经斋文集卷一
王先谦/书苏东坡论范增论后/虚受堂文集卷三
刘毓崧/西汉两大儒董子贾子经术孰优论/通义堂文集卷八
程鸿诏/卫武公论答司马迁孔颖达/有恒心斋文卷一
　　　/宏论答韩非司马迁/有恒心斋文卷一
　　　/孔子世家书后/有恒心斋文卷二
　　　/史记弟子列传书后/有恒心斋文卷二
　　　/孔子生卒年月/有恒心斋文卷一
　　　/子路结缨异议/有恒心斋文卷一
　　　/宋襄公使用鄫子辨/有恒心斋文卷一
黄廷鉴/泰伯论/第六弦溪文钞卷一
杨凤苞/管仲乐毅论/秋室集卷一
邹汉勋/屈子生卒年月日考/学艺斋文存卷一
朱学勤/范增论/结一庐遗文下
陆心源/张释之不拜啬夫论/仪顾堂集卷三
　　　/李广论/仪顾堂集卷三
施补华/书苏明允权书论孙武后/泽雅堂集卷七

萧　穆/书留侯世家后/敬孚类稿卷三跋方望溪先生所传录归震川
　　　史记标录/敬孚类稿卷五
　　　/泰伯论/敬孚类稿卷一
　　　/汉高帝论/敬孚类稿卷一
张文虎/校刊史记集解索隐正义札记跋/舒艺室杂著甲编下
强汝询/论秦子婴/求益斋文集卷一
　　　/汉文帝论/求益斋文集卷一
　　　/汉武帝论/求益斋文集卷一
　　　/伯夷论/求益斋文集卷一
　　　/王蠋论/求益斋文集卷一
谢章铤/书归评史记残本/赌棋山庄余集卷一
王　棻/书史记目录后/柔桥文钞卷十一
　　　/补史记三皇本纪/柔桥文钞卷十四
　　　/平津侯论/柔桥文钞卷五
方东树/合刻归震川圈识史记例意
　　　/刘海峰论文偶记跋/仪卫轩文集卷六
方宗诚/成王冠辨/柏堂集前编卷一
　　　/齐桓公论/柏堂集前编卷一
　　　/张良论/柏堂集前编卷一
　　　/贾生论/柏堂集前编卷一
　　　/李陵论/柏堂集前编卷一
李　桢/六国论/畹兰斋文集卷一
　　　/读五宗世家/畹兰斋文集卷一
　　　/读伯夷传/畹兰斋文集卷一
　　　/辨苏氏论商鞅桑宏羊/畹兰斋文集卷一
　　　/读平原君传/畹兰斋文集卷一
　　　/读虞卿传/畹兰斋文集卷一
　　　/读信陵君传/畹兰斋文集卷一
　　　/龟策传书后/畹兰斋文集卷一
龙文彬/季札论/永怀堂文钞卷二
吴汝纶/读项羽本纪/桐城吴先生文集卷四

/鲁庄公纳子纠论/桐城吴先生文集卷四

汪之昌/史记列传编次先后有无义例说/青学斋集卷十四

/史迁尊孔孟说/青学斋集卷十四

/史记殷本纪泰卷陶说/青学斋集卷十三

/史记月表考正/青学斋集卷十三

/史记律书即兵书论/青学斋集卷十三

/孟荀列传书后/青学斋集卷十四

/春秋讥不亲迎解（见外戚世家）/青学斋集卷十

/主臣解/青学斋集卷十四

/汉书无世家说/青学斋集卷十六

/马班异同得失考/青学斋集卷十六

/马班作史年岁考/青学斋集卷十六

/齐人伐燕年代考/青学斋集卷十一

/卫孝公费惠公考/青学斋集卷十一

/晋重耳适诸国论/青学斋集卷十

/楚狂接舆解/青学斋集卷十

/周平王戍申甫许论/青学斋集卷四

/齐恒公侵蔡论/青学斋集卷九

/秦穆袭郑论/青学斋集卷九

/楚灭弦论/青学斋集卷九

/韩令郑国说秦作泾渠论/青学斋集卷十三

/李斯学帝王之术论/青学斋集卷十四

/汉文帝论/青学斋集卷十三

/汉武帝求茂材异等使绝国论/青学斋集卷十五

/四皓论/青学斋集卷十四

/叔孙通起朝仪论/青学斋集卷十四

/鲁两生论/青学斋集卷十四

/留侯论/青学斋集卷十四

/贾生明申商论/青学斋集卷十四

/卜式论/青学斋集卷十六

/项羽王梁楚九郡考/青学斋集卷十三

赵　铭/周公使管叔临殷论/琴鹤山房稿卷一
　　/书吴越世家后/琴鹤山房稿卷一
　　/夏论/琴鹤山房稿卷三
　　/卫出公论/琴鹤山房稿卷三
　　/汉孝惠帝后张氏非鲁元公主亲生女论/琴鹤山房稿卷一
　　/司马迁下蚕室论/琴鹤山房稿卷一
贺　涛/书商君传后/贺先生文集卷一
　　/书史记游侠传后/贺先生文集卷二
　　/吴先生点勘史记序/贺先生文集卷四
劳乃宣/孔子编年朱子年谱安先生年谱合刻序/桐乡劳先生遗稿卷二
孙葆田/书史记校后/校经室文集卷一
　　/孟子编略序/校经室文集卷一
　　/孟子年表序/校经室文集卷一
　　/孟子事实序/校经室文集卷一
杜　贵/平王东迁论/桐华阁文集卷二
　　/廉蔺优劣论/桐华阁文集卷二
钱兆鹏/伊尹论/述古堂文集卷十二
　　/夏后少康论/述古堂文集卷十二
　　/巫咸论/述古堂文集卷十二
　　/傅说论/述古堂文集卷十二
　　/管叔论/述古堂文集卷十二
　　/散宜生论/述古堂文集卷十二
　　/飞廉论/述古堂文集卷十二
　　/郑庄公论/述古堂文集卷十二
　　/颍考叔论/述古堂文集卷十二
　　/鲁隐公论/述古堂文集卷十二
　　/曹刿论/述古堂文集卷十二
张寿荣/范蠡文种论/舫庐文存卷一
缪荃孙/史记跋/艺风堂文漫存卷三
　　/史记集解跋/艺风堂文漫存卷三

陶方琦/许叔重注史记说/汉孳室文钞卷一
　　　/论里克/汉孳室文钞补遗卷一
　　　/读苏子孙武论/汉孳室文钞补遗卷一
李慈铭/纣之不善论/越缦堂文集卷一
　　　/卫定姜论/越缦堂文集卷一
刘恭冕/伍员论/广充室文钞卷一
吴承志/孟子弟子考/逊斋文集卷四
　　　/皋陶庭坚考/逊斋文集卷四
黄以周/读史记秦本纪赞论/儆季史说略卷一
　　　/史越世家补并辨/儆季史说略卷一
　　　/孔子厄陈蔡间考/儆季史说略卷三
　　　/舜禹益禅受说/儆季史说略卷一
　　　/商帝乙考/儆季史说略卷一
　　　/周十五王说/儆季史说略卷一
　　　/管仲子路功烈说/儆季文钞卷一
胡元直/汉高祖善将将论/介堂文笔卷一
胡元玉/孟子受业子思之门人辨/璧沼集卷一
　　　/孔子徒人图法考/璧沼集卷一
张　濬/闵子骞闵子马是否一人考/熔经室集卷一
　　　/孟子弟子考/熔经室集卷一
　　　/伯益柏翳是否一人考/熔经室集卷一
陈玉澍/史记陈涉世家书后/后乐堂文钞卷一
　　　/史记孟子荀卿列传书后/后乐堂文钞续编卷三
　　　/史记货殖传书后/后乐堂文钞续编卷三
　　　/周宣王论/后乐堂文钞续编卷三
　　　/周平王论/后乐堂文钞续编卷三
　　　/秦缪公成郑论/后乐堂文钞卷一
　　　/秦穆公用由余伐戎论/后乐堂文钞续编卷三
　　　/高克好利而不顾其君论/后乐堂文钞续编卷三
　　　/驳吴应箕魏降论/后乐堂文钞续编卷三
　　　/季孙行父论上下篇/后乐堂文钞卷一

/孔子诛少正卯论/后乐堂文钞卷一

/范蠡论/后乐堂文钞续编卷三

/魏文侯论/后乐堂文钞续编卷三

/甘龙杜挚论/后乐堂文钞续编卷三

/吴起相楚废公族疏远者以养战士论/后乐堂文钞续编卷三

/商鞅论/后乐堂文钞卷一

/商鞅募民徙木予五十金论/后乐堂文钞续编卷三

/苏秦为从约长论/后乐堂文钞续编卷三

/芒卯论/后乐堂文钞续编卷三

/赵武灵王胡服骑射论/后乐堂文钞卷一

/楚襄王论/后乐堂文钞续编卷三

/鲁仲连论/后乐堂文钞续编卷三

/孟尝君入秦论/后乐堂文钞续编卷三

/田文召秦人伐齐论/后乐堂文钞续编卷三

/驳唐顺之信陵君救赵论/后乐堂文钞卷一

/毛公薛公论/后乐堂文钞续编卷三

/韩非论/后乐堂文钞续编卷三

/秦论/后乐堂文钞续编卷三

/秦始皇愚黔首论/后乐堂文钞续编卷三

/鞠武请媾单于以图秦论/后乐堂文钞续编卷三

/汉文帝以贾生为长沙王太傅论/后乐堂文钞续编卷四

/项羽论/后乐堂文钞卷一

/项羽杀卿子冠军论/后乐堂文钞续编卷四

/陆贾论/后乐堂文钞卷一

/五百人从齐王入海论/后乐堂文钞卷九

/淮阴侯论/后乐堂文钞卷一

/栾布哭彭越论/后乐堂文钞续编卷四

/樊哙请伐匈奴论/后乐堂文钞卷一

/召信臣论/后乐堂文钞续编卷四

/太王避狄迁歧辨/后乐堂文钞卷二

冯　煦/汲黯好黄老而轻儒论/蒿盦类稿卷二十

傅维森/荀扬优劣论/缺斋遗稿卷一
　　　/申屠嘉召邓通论/缺斋遗稿卷一
刘师培/史记秦始皇本纪伦侯释/左盦集卷五
　　　/伊尹为庖说/左盦集卷五
皮锡瑞/孔子为鲁司寇非大司寇考/经训书院自课文卷三
　　　/秦始皇论/师伏堂骈文卷三
　　　/汉武帝论/师伏堂骈文卷三
　　　/六国论/师伏堂骈文卷三
张锡恭/卫出公论/如荼轩文集卷十一
顾震福/夷齐采薇古义述/隶经杂著乙编上
　　　/五霸考/隶经杂著乙编上
　　　/接舆考/隶经杂著乙编上
马其昶/读封禅书/抱润轩文集卷二
　　　/读伯夷列传/抱润轩文集卷二
　　　/读鲁仲连邹阳传/抱润轩文集卷二
　　　/读蒙恬传/抱润轩文集卷二
　　　/荀卿论/抱润轩文集卷一
梁启超/尧舜为中国中央君权滥觞考/饮冰室文集卷三十五
　　　/黄帝以后第一伟人赵武灵王传/饮冰室文集卷四十一
陈汉章/读史记项羽本纪/缀学堂初稿卷二
　　　/马班作史年岁考/缀学堂初稿卷二
　　　/战国四公子优劣考/缀学堂初稿卷二
　　　/子门再传弟子考/缀学堂初稿卷二
王国维/太史公行年考/观堂集林卷十一
杨树达/李雁晴史记订补序/积微居文录中
罗振玉/古写本史记残卷跋/雪堂校刊群书、叙录下
晏世澍/太史公本纪取式辨/沅湘通艺录卷二
　　　/季布论/沅湘通艺录卷二
柏　秀/书史记滑稽传后/沅湘通艺录卷二
黄之纪/公孙弘议族郭解论/湖海文传卷六

七、唐宋元明笔记中有关史记的条目索引

（一）本纪

【五帝本纪】

五代邱光庭兼明书卷一："诸书五帝"条/丛书集成本

宋王观国学林卷三："史记五帝纪"条/丛书集成本

宋罗璧识遗卷六："史记世系"条/丛书集成本

宋赵与时宾退录卷七："史记黄帝纪神农氏世衰"条/丛书集成本

宋洪迈容斋随笔卷一："史记世次"条/四部丛刊续编本

宋叶适习学记言卷十九："史记五帝三代本纪"条/光绪十年黄体芳刊本

元李冶敬斋古今注卷一："孔安国尚书序曰"条/丛书集成本

元黄溍日损斋笔记辨史："史记黄帝幼而徇齐"条/又："太史公以百家言黄帝其文不雅驯"条/又："史记书轩辕与炎帝战于阪泉之野"条/墨海金壶本

明杨慎术艺杂录："旁罗"条/升庵合集本

五代邱光庭兼明书卷一："诸书放勋重华文命非名"条

宋程大昌考古编卷九："伏生口讹"条/丛书集成本。

宋赵彦卫云麓漫钞卷十："书序云伏生又以舜典合于尧典"条/丛书集成本。

宋王观国学林卷三："同姓"条

宋叶适习学记言卷五："书序孔安国序尧典舜典"条

元李冶敬斋古今注卷三："史记载四凶事"条/又："后稷挚尧四人同为帝喾高辛氏之子"条

【夏本纪】

五代邱光庭兼明书卷五："杂说辛壬癸甲"条

【殷本纪】

宋叶大庆考古质疑卷二："尚书微子篇曰"条/海山仙馆丛书本。

宋洪迈容斋随笔卷七："姜嫄简狄"条/明杨慎史说："殷本纪汤归至于泰卷陶"条

【周本纪】

元李冶敬斋古今黈卷一："西伯戡黎奔告于受"条

  明于慎行读史漫录卷一："本纪曰周武王为天子"条/又："武王伐商至纣死所"条/又："史记周共王游于泾上"条/又："周考王之时封其弟于河南"条/明刊本。

明杨慎史说："周后稷世"条/又："卫康叔布兹"条

明杨慎丹铅杂录卷七："夷羊蜚鸿"条

明胡应麟少室山房笔丛卷廿六艺林学山八："夷羊"条/广雅本。

【秦本纪】

宋叶大庆考古质疑卷一："书之秦誓乃穆公自悔而作尔"条

宋王观国学林卷十："宁宵"条

宋叶适习学记言卷十九："史记秦本纪"条/元李冶敬斋古今注卷三："渭上翁论史记子政说"条

明于慎行读史漫录卷一："史记秦记晋献公以百里奚为秦穆公夫人媵于秦"条

【秦始皇本纪】

宋洪迈容斋随笔卷五："廿卅卌字"条

宋张淏云谷杂记卷一："观泰山石刻益知金石刻之可贵"条/海山仙馆丛书本

宋叶适习学记言卷十九："史记始皇本纪"条

宋袁文瓮牖闲评卷二："汉书项籍传赞载贾生过秦论云"条/丛书集成本

宋吴枋宜斋野乘："过秦论误"条/丛书集成本

明杨慎史说："秦纪史记始皇本纪后有低两字一段"条

【项羽本纪】

五代邱光庭兼明书卷五："杂说江东"条/又："我承其弊"条

宋袁文瓮牖闲评卷二："项梁既追章邯"条

宋洪迈容斋随笔卷九："楚怀王"条
宋叶适习学记言卷十九："史记项羽本纪"条

【高祖本纪】
宋王观国学林卷四："进"条/又卷十："戏下"条/又卷六："京索"条/又卷六："会缶"条
宋吴曾能改斋漫录卷五："京索"条/丛书集成本
宋项安世项氏家说卷八："伯仲季"条/丛书集成本
宋赵与时宾退录卷八："汉高帝封兄子信为羹颉侯"条/又卷九："余前辨刘信羹颉之封"条
宋费衮梁溪漫志卷五："辨高祖卧内夺韩信军"条/丛书集成本
宋洪迈容斋三笔卷九："汉高祖父母姓名"条
宋王楙野客丛书卷十："太上皇名"条/丛书集成本
宋叶适习学记言卷十九："史记高惠文景本纪"条
元黄溍日损斋笔记辨史："汉书沛公引兵至薛"条/又："高纪吾以布衣"条

【吕太后本纪】
宋程大昌考古编卷九："黎明"条
宋程大昌演繁露卷十："黎明"条/续古逸丛书本
宋袁文瓮牖闲评卷二："史记黎明二字"条

【孝文本纪】
宋罗璧识遗卷二："大横"条
宋袁文瓮牖闲评卷二："汉书济北王兴居反"条
元黄溍日损斋笔记辨史："汉文帝纪年有后元"条
明焦竑焦氏笔乘卷二："徐广注误"条/丛书集成本

【孝武本纪】
宋沈作喆寓简卷三："读史者但知武纪封禅书为讥也"条/知不足斋丛书本
宋陈长方步里客谈卷下："司马迁作武帝纪"条/丛书集成本
元黄溍日损斋笔记辨史："史记武帝纪及封禅书所载黄锤史宽舒"条

（二）年　表

【十二诸侯年表】
宋项安世项氏家说卷八："史记十二诸侯乃列十三国者"条
宋叶适习学记言卷十九："史记表"条

【汉兴以来诸侯年表】
宋王观国学林卷六："瓯"条

【高祖功臣侯年表】
宋王观国学林卷六："羹"条/又卷三："汉高功臣"条
宋吴曾能改斋漫录卷一："羹音郎"条

（三）书

【礼书】
宋孔平仲珩璜新论卷二："荀子礼论云"条/丛书集成本
宋叶适习学记言卷十九："史记礼乐律书"条
明杨慎史说："礼书"条

【乐书】
明杨慎史说："乐书"条
明张萱疑耀卷五："司马迁论五音"条/丛书集成本

【律书】
宋程大昌考古编卷九："黄帝合而不死"条
明焦竑焦氏笔乘继集卷三："黄帝合而不死"条
明杨慎史说："律书"条/又："律书注"条

【历书】
宋叶适习学记言卷十九："史记历天官河渠书"条

【封禅书】
宋王观国学林卷七："封禅书"条/又卷二："吴呉"条
宋赵彦卫云麓漫钞卷二："史记武帝纪上巡南郡"条/丛书集成本

【河渠书】
宋王观国学林卷二："壶瓠"条
元李冶敬斋古今黈卷三："沟洫志元光中"条
【平准书】
宋叶适习学记言卷十九："史记平准书"条

（四）世　家

宋叶适习学记言卷十九："史记世家"诸条
【吴太伯世家】
宋王观国学林卷三："文身断发"条
【齐太公世家】
宋叶大庆考古质疑卷三："吴氏漫录云"条
宋吴曾能改斋漫录卷五："非熊"条
宋洪迈容斋五笔卷二："吕望非熊"条
宋罗璧识遗卷十："梦卜"条
明杨慎史说："史记尊王事误"条
【鲁周公世家】
宋王观国学林卷二："桼"条/又卷一："介鸡"条
宋吴曾能改斋漫录卷四："介鸡"条
宋袁文甕牖闲评卷一："左氏传云季郈之鸡斗"条
【燕召公世家】
宋程大昌考古编卷八："民献十夫"条
明王志坚读史商语卷一："史记载燕太子丹"条/明刊本
【陈杞世家】
宋叶大庆考古质疑卷一："温庭筠乾馔子曰"条
宋王观国学林卷三："史互疑"条
【卫康叔世家】
宋车若水脚气集："康诰酒诰梓材断然为武王封康叔之书"条
宋人说部丛书本。涵芬楼排印。
宋洪迈容斋五笔卷十："卫宣公二子"条

【宋微子世家】

宋史绳祖学斋占毕卷二："麦秀之歌"条/丛书集成本

明杨慎丹铅杂录卷一："微子面缚"条

【晋世家】

宋史绳祖学斋占毕卷二："龙蛇之歌"条

明张煊疑耀卷六："龙蛇歌"条

【楚世家】

宋欧阳修集古录跋尾："奉祀巫咸神文"条

欧阳文忠公全集本。四部丛刊初编。

宋叶大庆考古质疑卷一："迁史或于楚世家纪陈事"条

明祁骏佳遁翁随笔卷上："史记吴世家则云"条/仰视一千百二十九鹤斋丛书本。

【越王句践世家】

明张萱疑耀卷三："习流"条

【赵世家】

宋罗璧识遗卷八："饮器"条

宋洪迈容斋随笔卷十："程婴杵臼"条/又四笔卷三："赵杀鸣犊"条

宋朱熹语类卷一百三十四："常疑四十万人死"条/朱子大全本。清刊本。

宋叶适习学记言卷十："左传武从姬氏畜于公宫"条

明周婴卮林卷二："惠后"条/丛书集成本

明焦竑焦氏笔乘续集卷五："左氏史记之异"条

明文林琅琊漫钞："世以史记赵氏孤儿作杂剧"/学海类编本

【魏世家】

宋赵彦卫云麓漫钞卷三："魏世家魏王如姬"条

宋洪迈容斋续笔卷四："中山宜阳"条

【田敬仲完世家】

宋叶大庆考古质疑卷二："大庆旧见一策问云"条

宋陈善扪虱新话卷二："史记不载齐宣伐燕事"条/宋人说部丛书本

宋张淏云谷杂记卷一："史记宰予字子我"条

宋江休复醴泉笔录卷下："司马迁误以子我为宰我"条/学海类编本

宋朱熹语类卷五十一："齐人伐燕胜之章"条/又卷五十四："沈同以其私问章"条

【孔子世家】

宋王观国学林卷一："孔子生"条/又卷二"孔子诔"条

宋朱翌猗觉寮杂记卷上："孔子作春秋"条/丛书集成本

宋罗璧识遗卷四："孔子生年"条

宋吴曾能改斋漫录卷十："尚书孔臧以多为少毛诗太史公以少为多"条

宋史绳祖学斋占毕卷二"孔子诔"条

宋叶适习学记言卷六："诗序周南召南至豳"条/又卷十三："论语"条/又卷十七："孔丛子"诸条/又卷十七："孔子家语"诸条

元李冶敬斋古今黈卷三："家语本姓解云"条

明焦竑焦氏笔乘卷二："年月牴牾"条/又续集卷五："子见南子"条

明张燧千百年眼卷三："南子是南蒯"条/清刊本

明陈恂余庵杂录卷中："孔子生卒年月传记所载不同"条/学海类编本

【陈涉世家】

元李冶敬斋古今注卷三："汉书陈涉传曰"条

明张萱疑耀卷二："颗颐沈沈字义"条/又卷六："张楚"条

【外戚世家】

宋王楙野客丛书卷十一："少翁致神"条

宋张淏云谷杂记卷一："史记外戚世家云"条

【萧相国世家】

唐李匡义资暇集卷上："鄭侯"条/墨海金壶本

宋叶大庆考古质疑卷五："吕居仁诗"条

宋王观国学林卷六："鄭侯"条/又卷三："无害"条

宋王楙野客丛书卷一："文无害"条/又卷七："萧张封地"条
明焦竑焦氏笔乘卷二："酂侯"条
明杨慎史说："萧何封酂"条

【留侯世家】
唐李匡义资暇集卷上："禄里"条
明于慎行读史漫录卷三："温公通鑑不载四皓事"条
明杨慎史记："胡苑"条

【陈丞相世家】
宋宋祁宋景文公笔记卷中考古："汉陈平封曲逆侯"条/丛书集成本
宋程大昌演繁露卷五："曲逆"条
宋孔平仲珩璜新论卷二："陈平封曲逆侯"条
宋叶大庆考古质疑卷五："吴虎臣漫录"条
宋吴曾能改斋漫录卷三："曲逆音去遇"条
宋王观国学林卷六："曲逆"条
宋洪迈容斋三笔卷二："绛灌"条/又四笔卷十二："主臣"条

【绛侯周勃世家】
宋王观国学林卷一："疑异李瀚蒙求曰"条
宋王楙野客丛书卷二："持国秉"条
明王志坚读史商语卷一："吴王濞传言"条/明刊本

（五）列　传

宋叶适习学纪言卷二十："史记列传"诸条

【伯夷列传】
宋朱熹语类卷一百三十四："曹器远说伯夷传"条
宋陈长方步里客谈卷下："伯夷歌云"条/守山阁丛书本
元白珽湛渊静语卷二："伯夷叔齐扣马谏武王"条/知不足斋丛书本
明胡应麟少室山房笔丛卷十五史书占毕三："仲尼曰"条/广雅本
明张燧千百年眼卷一："夷夷辨"条

【管晏列传】
宋叶大庆考古质疑卷二："史记于管仲传云"条

【老子韩非列传】
宋罗璧识遗卷一："孔子师"条
宋人著木笔杂钞卷上："孔子适周"条/学海类编本
宋叶适习学记言卷十五："老子"条
元李冶敬斋古今黈卷三："老子传"条/又卷五："聃字韵注他酣切"条
明周婴卮林卷二："史儋"条
明于慎行读史漫录卷一："太史公书多所牴牾"条

【司马穰苴列传】
宋苏轼东坡志林卷四："史记司马穰苴齐景公时人也"条

【孙子吴起列传】
宋洪迈容斋随笔卷十三："孙膑减灶"条
明张燧千百年眼卷三："孙武入郢之举疑伪"条
明焦竑焦氏笔乘续集卷五："史记吕氏春秋之异"条

【伍子胥列传】
宋吴曾能改斋漫录卷三："倒行逆施"条

【仲尼弟子列传】
宋苏轼东坡志林卷三："常病太史公言"条
宋吴枋宜斋野乘："颜子非二十九岁死"条
宋洪迈容斋随笔卷十五："有若"条/又续笔卷二："卜子夏"条/又卷十五："宰我作难"条
宋袁文甕牖闲评卷二："史记李斯上书谏二世"条
明焦竑焦氏笔乘卷一："申枨"条
明杨慎史说："仲尼弟子世家"条
明郑瑗井观琐言卷下："史记颜回少孔子三十岁"条/学海类编本
明陈继儒群碎录："阚止宰我与田常作乱"条/又："申枨史记作申党"条/学海类编本

【商君列传】
宋洪迈容斋四笔卷六："徙木偾表"条

明焦竑焦氏笔乘卷一："开塞书"条/又卷二："纪传自相矛盾"条

明胡应麟少室山房笔丛卷二十六艺林学山八："小司马索隐注误"条

【孟子荀卿列传】

明张燧千百年眼卷五："史迁文章宾主"条

【孟尝君列传】

宋王楙野客丛书卷二十六："孟尝非谥"条

【乐毅列传】

明周婴卮林卷二："望诸泽天柱山"条

【廉颇蔺相如列传】

元李冶敬斋古今黈卷三："廉颇三遗矢"条

【田单列传】

宋袁文甕牖闲评卷一："田单使人食必祭"条

【鲁仲连邹阳列传】

宋王楙野客丛书卷四："荆轲"条

【屈原贾生列传】

明于慎行读史漫录卷二："史记屈原传"条

宋王观国学林卷九："擱偣"条

明杨慎丹铅杂录卷十："僋擱二字"条

明陈懿典读史漫笔："贾谊晁错"条/学海类编本

【吕不韦列传】

明胡应麟少室山房笔丛卷二十七九流绪论上："吕氏春秋太史以迁蜀后作者"条

【刺客列传】

明张燧千百年眼卷五："太史公权衡"条

明陈懿典读史漫笔："豫让心事最苦"条

【张耳陈馀列传】

宋袁文甕牖闲评卷二："颜师古解汉书"条

【淮阴侯列传】

宋沈作喆寓简卷三："汉淮阴侯归汉"条

宋罗璧识遗卷二:"两韩信非"条
宋陈长方步里客谈卷下:"韩师德曰"条
明于慎行读史漫录卷三:"韩信伐赵"条

【张丞相列传】
宋王观国学林卷四:"方书"条
明王鏊震泽长语卷下:"史记张苍传"条/清刊本

【郦生陆贾列传】
宋袁文甕牖闲评卷二:"颜师古解汉书陆贾传"条
明于慎行读史漫录卷三:"陆贾传"条
明杨慎史说:"数见不鲜"条

【季布栾布列传】
明于慎行读史漫录卷三:"季布传"条

【袁盎晁错列传】
宋袁文甕牖闲评卷二:"汉书袁盎本传"条
宋洪迈容斋随笔卷十:"日饮亡何"条

【张释之冯唐传】
宋沈作喆寓简卷二:"作史者务矜于文"条
宋洪迈容斋续笔卷二:"张释之传误"条
宋洪迈容斋随笔卷二:"孟舒魏尚"条
明焦竑焦氏笔乘续集卷五:"孟舒魏尚"条

【吴王濞列传】
宋袁文甕牖闲评卷二:"吴王濞年二十"条

【魏其武安侯列传】
宋王楙野客丛书卷二十五:"魏其侯传"条
宋王观国学林卷七:"肺附"字
宋袁文甕牖闲评卷二:"史记汉书肺附二字"条
宋邢凯坦斋通编:"汉田蚡杀灌夫事"条/守山阁丛书本
元李冶敬斋古今黈遗卷二:"又蚡以肺附"条/又:"田蚡怒韩安
　国曰"条
明郑瑗井观琐言卷上:"魏其武安等传"条
元李冶敬斋古今注拾遗卷二:"灌夫传"条

【李将军列传】

宋叶大庆考古质疑卷三:"李广传"条

宋宋祁宋景文公笔记卷中考古:"汉书李广传"条

【匈奴列传】

明焦竑焦氏笔乘卷二:"匈奴传赞"条

【卫将军骠骑列传】

宋王观国学林卷四:"留落"条

宋费衮梁溪漫志卷五:"西汉句读"条

元李冶敬斋古今黈卷三:"卫青传"条

明志坚读史商语卷一:"卫青战略"条

明于慎行读史漫录卷三:"卫霍传"条

宋王观国学林卷九:"饮食嫖姚"条

宋叶大庆考古质疑卷二:"汉书霍去病为嫖姚校尉"条

宋王楙野客丛书卷十二:"诛全甲"条

元李冶敬斋古今黈卷三:"霍去病传"条

明陈懿典读史漫笔:"太史公极不满骠骑"条

【平津侯主父列传】

宋程大昌考古编卷六:"汉丞相封侯"条

【南越列传】

宋王观国学林卷三:"戈船"条

宋张淏云谷杂记卷一:"汉书武帝元鼎五年"条

元李冶敬斋古今黈卷三:"尉佗传"条/又:"史记尉佗传太史公曰"条

【司马相如列传】

宋王观国学林卷五:"橐导"条

卷四:"射干"条

宋王楙野客丛书卷二:"率尔狄听"条

宋陈叔方颖川语小卷上:"扬子云后于太史公者也"条/守山阁丛书本

明张燧千百年眼卷五:"史迁不解作赋"条

【淮南衡山列传】

宋洪迈容斋三笔卷十五:"纵臾"条

【循吏列传】

宋人著木笔杂钞卷下:"太史公循吏传"条

【汲郑列传】

宋王观国学林卷十:"他音字史记汲黯传"条

宋程大昌演繁露卷五:"厕"条

宋朱翌猗觉寮杂记卷下:"张敖传"条

【儒林列传】

宋王观国学林卷一:"容颂"条/又:"胥靡"条

宋王楙野客丛书二十一:"董仲舒公孙弘"条

明王鏊震泽长语卷下:"史记董仲舒传不载天人三策"条

【酷吏列传】

唐苏鹗苏氏演义卷上:"汉书注乾没两字云"条/榕园丛书本

宋程大昌考古编卷七:"史记称武帝"条

宋王楙野客丛书卷一:"古者男女相见无嫌"条

宋邢凯坦斋通编:"张汤传"条

明焦竑焦氏笔乘续集卷三:"冯商"条

【大宛列传】

宋王观国学林卷四:"饮器"条/又卷六:"河源"条

明陈恂余庵杂录卷下:"史记不与张骞立传"条

明王鏊震泽长语卷下:"史记不与张骞立传"条

【游侠列传】

明郑瑷井观琐言卷上:"史记游侠传曰"条

明于慎行读史漫录卷三:"史记侯之门仁义存"条

【滑稽列传】

宋洪迈容斋随笔卷十:"水衡都尉二事"条

【龟策列传】

宋赵彦卫云麓漫钞卷三:"龟策传"条

宋洪迈容斋续笔卷四:"汉武心术"条

明周婴卮林卷二:"季历"条

明杨慎史说:"龟策"条

【货殖列传】

宋洪迈容斋续笔卷十六:"计然意林"条

元李冶敬斋古今黈卷三:"史记货殖传"条/又:"史记载陶朱公中男杀人"条

【太史公自序】

宋罗璧识遗卷二:"经根人事作"条

宋黄朝英缃素杂记卷六:"太史"条/学海类编本

宋王观国学林卷十:"茸佴"条

卷二:"春秋经字数"条

宋宋祁宋景文公笔记卷中考古:"卫宏汉仪注曰"条

明于慎行读史漫录卷三:"汉仪注太史公位在丞相上"条

(六) 通 论

唐颜师古匡谬正俗卷五:"史记"条/丛书集成本

宋宋祁宋景文公笔记卷中考古:"易家有蜀才"条/又:"宣献宋公尝谓"条

宋孔平仲珩璜新论卷三:"或疑褚先生"条

宋朱翌猗觉寮杂记卷上:"班孟坚裁史记"条

宋程大昌演繁露续卷五:"史记牴牾"条

宋程大昌考古编卷十:"冯商续史记"条/又:"史记语为汉书所更"条

宋叶大庆考古质疑卷一:"司马迁作史记"条

宋二程外书卷十:"先生曰司马迁为近古"条/四部备要本

宋洪迈容斋随笔卷一:"文烦简有当"条

卷七:"汉书用字"条

卷十五:"云中守魏尚"条

续笔卷七:"迁固用疑字"条

卷九:"史汉书法"条

四笔卷十一:"讥议迁史"条

五笔卷五："史记渊妙处"条
宋陈善扪虱新话卷二："司马迁浅陋"条
宋王观国学林卷四："方俗声语"条
卷三："酎祭夺爵"条
卷二："法言"条
卷一："古文"条
宋吴曾能改斋漫录卷十三："诏史记陞老子传为列传首"条
宋赵彦卫云麓漫钞卷五："司马迁易编年为纪传"条
卷六："班固才不逮司马迁远甚"条
卷二："史记高纪云"条
宋王楙野客丛书卷三："班马史文"条
卷四："张辅妄论班史"条
卷五："后世务省文"条
卷六："诗句用嫖姚事"条
卷十："割名割炙"条
卷十一："郭解剧孟"条
卷十二："史记简略"条
卷十三："二史下即字"条
卷二十："北固甘罗"条
卷二十二："以蒲为脯"条
卷二十五："史文因误"条
卷二十八："名与本传不同"条
卷二十九："檄楚相文"条
宋叶适习学记言卷十八："战国策司马迁史记"条
宋朱熹语类卷一百三十五："王久云武帝不杀司马迁"条
卷一百三十四："因言班固作汉书"条/又："史记亦疑当时不曾得删改脱稿"条/又："司马子长动以孔子为证"条/又："司马迁才高"条
宋周密齐东野语卷十："史记多误"条/宋人说部丛书本
宋陈方步里客谈卷下："太史公有侠气"条
宋人著木笔杂钞卷下："张守节为史记正义云"条/又："司马贞

云"条

元盛如梓庶斋老学丛谈卷上:"史记初看"条/又:"班固尝讥迁"条

卷中:"史记之文"条/又:知不足斋丛书本

元白珽湛渊静语卷二:"司马迁史记于货殖任侠佞倖三传"条

明郑瑗井观琐言卷上:"史记序篇多用四言韵语"条/又:"古史谓庄子"条

卷中:"朱子谓史记"条

明于慎行读史漫录:"史记乃藏山之草"条

明杨慎史说史记:"史记近无善本"条

胡杨慎丹铅杂录卷七:"古人多譬况"条

明胡应麟少室山房笔丛卷十三史书占毕一:"史迁列羽纪也"条/又:"夫史之论赞"条/又:"史之体制迁实创之"条/又:"卫青李广均武夫也"条/又:"子长叙事喜驰骋"条/又:"甚哉三代而上史氏之说不足凭也"条/又:"三代而上史书名氏之讹众矣"条

明焦竑焦氏笔乘卷二:"史记多为后人淆乱"条/又:"史公权衡"条/又:"史公疏漏"条/又:"伊川评班马"条

续集卷三:"徐广索隐注"条

五:"左氏史记之异"条

明张燧千百年眼卷五:"太史公知己"条/又:"史记多为后人淆乱"条

明王鏊震泽长语卷下:"太史公伯夷屈原传"条/又:"史记货殖传议论未了"条/又:"太史公作传亦不必人人备著颠末"条/又:"史记不必人人立传"条

八、取材于史记的戏剧、小说条目

十大功劳/无名氏撰/已佚

王陵/未见

丙吉教子立宣帝/佚
司马相如题桥记/南词叙录著录
孟母三迁/佚
卓氏女鸳鸯会/佚
周勃太尉/佚
范蠡沉西施/未见
孙武子/佚
淮阴记/佚
汉武帝洞冥记/佚
赵氏孤儿报冤记
苏秦衣锦还乡
千金记/明·沈采撰
范雎绨袍记/无名氏撰
张良圯桥进履/佚
减灶记
韩信筑坛拜将/佚
（以上戏文）

昇仙桥相如题柱/元·关汉卿撰/佚
鲁元公主三唊赦/元·关汉卿撰/佚
薄太后走马救周勃/元·关汉卿撰/佚
高祖归庄/元·白朴撰/佚
汉高祖泽中斩白蛇/元·白朴撰/佚
伍子胥弃子走樊城/元·高文秀撰/佚
相府门廉颇负荆/元·高文秀撰/佚
禹王庙霸王举鼎/元·高文秀撰/佚
病樊哙打吕胥/元·高文秀撰/佚
须贾诨范雎/元·高文秀撰/佚
吕太后人彘戚夫人/元·马致远撰/佚
采石渡渔父辞剑/元·郑廷玉撰/佚
汉高祖哭韩信/元·郑廷玉撰/佚

张子房圯桥进履/元·李文蔚撰
汉武帝死哭李夫人/元·李文蔚撰/佚
穷韩信登坛拜将/元·武汉臣/佚
吕太后揍韩信/元·王仲文撰/佚
遇漂母韩信乞食/元·王仲文撰/佚
汉张良辞朝归山/元·王仲文撰
汉高祖濯足气英布/元·尚仲贤撰
歌大风高祖还乡/元·张国宾撰/佚
吕太后使计斩韩信/元·李寿卿撰/佚
吕太后夜锁鉴湖亭/元·李寿卿撰/佚
吕太后祭浐水/元·李寿卿撰/佚
说专诸伍员吹箫/元·李寿卿撰
吕太后醢彭越/元·石君宝撰/佚
张骞泛浮槎/元·王伯成撰/佚
兴刘灭项/元·王伯成撰
冤报冤赵氏孤儿/元·纪君祥撰
吕太后饿刘友/元·于伯渊撰/佚
周亚夫屯细柳营/元·王廷秀撰/佚
秦始皇坑儒焚典/元·王廷秀撰/佚
霸王垓下别虞姬/元·张时起撰/佚
斩邓通/元·费唐臣撰/佚
汉丞相韦贤籯金/元·费唐臣撰/佚
知汉兴陵母伏剑/元·顾仲清撰/佚
荥阳城火烧纪信/元·顾仲清撰/佚
破莺燕蜂蝶庄周梦/元·史樟撰
卓文君白头吟/元·孙仲章撰/佚
灭吴王范蠡归湖/元·赵明道撰/佚
渡孟津武王伐纣/元·赵文敬撰
使河南汲黯开仓/元·宫天挺撰/佚
楼会稽越王尝胆/元·宫天挺撰/佚
放太甲伊尹扶汤/元·郑光祖撰

周亚夫屯细柳营/元·郑光祖撰/佚
秦赵高指鹿道马/元·郑光祖撰/佚
齐景公哭晏婴/元·郑光祖撰/佚
辅成王周公摄政/元·郑光祖撰
周公旦抱子摄朝/元·金仁杰撰/佚
萧何月下追韩信/元·金仁杰撰
燕乐毅黄金台/元·乔吉撰/佚
楚大夫屈原投江/元·睢舜臣撰/佚
孙武子教女兵/元·周文质撰/佚
忠义士豫让吞炭/元·杨梓撰
子房货剑/元·吴弘道撰/佚
楚大夫屈原投江/元·吴弘道撰/佚
孙武子教女兵/元·赵善庆撰/佚
昇仙桥相如题柱/元·屈恭之撰/佚
纵火牛田单复齐/元·屈恭之撰/佚
汉高祖诈遊云梦/元·钟嗣成撰/佚
韩信泜水斩陈馀/元·钟嗣成撰/佚
郎中令袁盎却座/元·王仲元撰/佚
卓文君私奔相如/明·朱权撰
齐桓公九合诸侯/明·朱权撰/佚
汉相如献赋题桥/明·朱有燉撰
淮阴侯/明·陈与郊撰/佚
琴心雅调/明·叶宪祖撰
灌将军使酒骂座记/明·叶宪祖撰
东方朔割肉遗细君/明·许潮撰
脱囊颖/明·徐阳辉撰
饿方朔/明·孙源文撰
秦廷筑/明·茅维撰
伊尹耕莘/元·郑光祖撰
晋文公火烧介子推/元·狄君厚撰
周公摄政/元·郑光祖撰
十面埋伏

火烧阿房宫
打陈平/佚
司马相如归西蜀
田穰苴伐晋兴齐
四公子夷门元宵宴/佚
伍子胥力伏十虎将/佚
伍子胥鞭伏柳盗跖
吴起敌秦挂帅印
东方朔/佚
卓文君驾车/佚
保成公竟赴渑池会
后七国乐毅图齐
冻苏秦衣锦还乡
莽樊哙大闹鸿门宴
汉公卿衣锦还乡
汉相如四喜俱全记/佚
随何赚风魔蒯通
庞涓夜走马陵道
蔺相如夺锦标名/佚
读离骚/清·尤侗撰
汨罗江/清·郑瑜撰
续离骚/清·嵇永仁撰
冯驩市义/清·/周树撰
长门赋/清·/叶奕苞撰
（以上杂剧）

浣纱记/明·梁辰鱼撰
灌园记/明·张凤翼撰
窃符记/明·张凤翼撰
弹铗记/明·车任远撰/佚
三晋记/明·胡文焕撰/佚
奇货记/明·胡文焕撰/佚

八义记/明·徐元撰
五鼎记/明·顾允默撰
绿绮记/明·杨柔胜撰
击筑记/明·王元寿撰/佚
奇货记/明·黄廷俸撰/佚
二胥记/明·孟称舜撰
相如记/明·韩上桂撰/佚
三迁记/明·徐应乾撰/佚
双侠记/明·彭南溟撰/佚
凤求凰/明·陈玉蟾撰
长铗记/明·龙门山人撰/佚
脱颖记/明·汉上公撰/佚
战荆轲/清·袁于令撰/佚
鹓鶵裘/清·袁于令撰
七国记/清·李玉撰
玉麟符/清·薛旦撰/佚
战荆轲/清·薛旦撰/佚
易水歌/清·徐沁撰
十二奇趹记/清·张雍敬撰/佚
火牛阵/清·吴恒宪撰/佚
吊荆卿/清·管世灏撰/佚
荆轲记/清·程琦撰/佚
哭尸记/清·痴窝二痴子撰
完璧记/佚
赤松记
马陵道/佚
楚汉春秋
（以上传奇）

飞将军（近代杂剧）/顾随/排印本。
洗耳记（京剧）
大舜耕田（京剧、桂剧）

首阳山（京剧、汉剧）

管鲍分金（京剧）

搜孤救孤（京剧）

战樊城（京剧）

刺王僚（京剧）

孙武斩美姬（京剧）

西施（京剧）

豫让桥（京剧）

豫让吞炭（汉剧）

豫让吹袍（秦腔）

国士桥（同州梆子）

八义图（汉剧、滇剧、秦腔、晋剧等）

陈英救姑（川剧）

下书路会（汉剧）

出棠邑（川剧、秦腔、河南梆子）

专诸别母（京剧）

斩二姬（川剧）

孙武子演阵（秦腔）

卧薪尝胆（汉剧、越剧）

吴越春秋（川剧）

访西施（秦腔）

河伯娶妇（京剧）

邺水投巫（川剧）

孙膑装疯（京剧）

诈疯（弋腔）

孙庞斗智（秦腔）

骂庞涓（豫剧）

碧天院（同州梆子）

马陵道（京剧、川剧、滇剧等）

六国封相（京剧）

金印记（弋腔）

封相（川剧）

黄金印（川剧）

苏秦（梨园戏）

双义节（京剧）

激友回店（河北梆子）

和氏璧（同州梆子）

孟尝君（京剧）

白狐裘（川剧）

黄金台（京剧、汉剧、徽剧、秦腔等）

火牛阵（京剧）

金台将（川剧）

乐毅伐齐（豫剧）

完璧归赵（京剧）

连城璧（川剧）

和氏璧（秦腔）

渑池会（京剧）

廉颇负荆（京剧、河北梆子）

将相和（京剧）

赠绨袍（京剧）

须贾吃草（河北梆子）

范雎（梨园戏）

绨袍记（川剧）

窃兵符（京剧）

铜符令（川剧、滇剧）

汨罗江（京剧）

荆轲刺秦（京剧）

闹秦庭（川剧）

王翦观营（京剧）

聂荌怨（京剧）

刺侠累（川剧、滇剧、秦腔）

博浪椎（京剧）

博浪沙（川剧）

张良刺秦（秦腔）

圯桥进履（京剧）

三进履（川剧）

圯桥授书（秦腔）

霸王遇虞姬（京剧）

九战章邯（京剧、秦腔）

鸿门宴（京剧、川剧、汉剧、秦腔等）

韩信（京剧）

萧何月下追韩信（京剧、川剧、汉剧、秦腔等）

追信，十面（徽剧）

陵母伏剑（京剧）

取荥阳（京剧）

困荥阳（川剧、豫剧、秦腔）

火化纪信（同州梆子）

霸王别姬（京剧）

九里山（弋腔、豫剧、同州梆子、滇剧）

霸王逼姬（川剧）

亡乌江（粤剧）

别姬（徽剧）

未央宫（京剧、秦腔、川剧、汉剧等）

斩信哭头（湘剧）

吕后斩信（粤剧）

蒯彻装疯（京剧）

油鼎封侯（川剧、滇剧）

烹蒯彻（汉剧、滇剧）

蒯彻扑油锅（秦腔、河北梆子）

斩彭越（京剧）

反长安（京剧）

张良辞朝（京剧）

斩萧何（京剧）

纪母骂刘邦（京剧）

斩戚姬（京剧）

观人彘（川剧）

永汉宫（滇剧）

监酒令（京剧）

盗宗卷（京剧）

兴汉图（晋剧）

淮河营（京剧）

除肉刑（京剧）

缇萦救父（川剧）

文君当垆（京剧）

上元夫人（京剧）

遗芳梦室（京剧）

输财救国（京剧）

赵氏孤儿（新编历史故事戏）

屈原（新编历史故事戏）

棠棣之花（新编历史故事戏）

大风歌（新编历史故事戏）

胆剑篇（新编历史故事戏）

（以上京剧及地方戏曲）

黄帝说/撰人不详/佚

燕丹子/撰人不详/存

汉武帝故事/撰人不详/残

汉武内传/撰人不详/存

汉武洞冥记/郭氏撰/存

伍子胥/撰人不详/残

东方朔传/汉·郭宪撰

伍子胥变文（唐变文）

汉将王陵变文（唐变文）

季布传变文（唐变文）

李陵变文（唐变文）

卓文君

列国志传/明·余邵鱼撰

春秋列国志传十二卷/明·万历间刊本

新列国志一百零八回/明·金阊叶敬池梓本

东周列国志/清·蔡元放评点

列国志辑要八卷/清·杨庸撰

孙庞斗志演义二十卷/明·崇祯刊本

鬼谷四友志三卷/清·杨景淐撰

锋剑春秋十卷/清·无名氏撰

后七国志乐田演义四卷/清·徐震撰

走马春秋四卷/清·无名氏撰

全汉志传十二卷/明·熊大木撰

两汉开国中兴传志六卷/撰人不详

重刻西汉通俗演义八卷/明·甄伟撰

张子房慕道/存

李广世号将军/存

冯唐直谏汉文帝/存

范张鸡黍死生交/存

七国演义

西汉演义

卓文君慧眼识相如（明平话）

张良扶汉（评书）/丁建中整理

伍子胥变文（唐变文）

汉将王陵变（唐变文）

捉季布传文（唐变文）

李陵变文（唐变文）

（以上小说、变文）

第五辑　史记论文编年索引

一、近现代《史记》论文索引（1905—1949）

史记通义/陆绍明/国粹学报/1905年第10.11号
司马迁左氏义叙录/刘师培/国粹学报/1907年第12号
司马迁叙周易义/刘师培/国粹学报/1908年第2号
史记述尧典考/刘师培/国粹学报/1910年第12号
史记新校注自序/张林楷/中国学报/1913年第4、5期
读史记/倪羲抱/国学杂志/1915年第4期
史记先黄老后六经辨/傅以辉/国学/1卷第1期
清梁玉绳之史记志疑/孟真/新潮/1919年1卷第1号
史记本经起于黄帝说/朱希祖/史地丛刊/1卷第1期
史记货殖列传在我国古代经济思想之价值/孔庆宗/北大月刊/
　1922年第9期
论史记之宜读/齐树楷/四存月刊/1923年第18期
史记体例之商榷/胡朴安/国安丛刊/1卷第4期
太史公司马迁之史记/郑鹤声/史地学报/2卷第5期
司马迁平准书中所含的思想/仰庵/时事新报副刊学灯/1923年

10月

司马迁之史学/郑鹤声/史地学报/2卷第6期

史记订补叙例/李笠/东方杂志/22卷第6号

辨史记体例/孙德谦/东方杂志/21卷第19号

补史记箕子世家/郑鹤声/史地学报/3卷第8期

史记版本和参考书/王重民/图书馆学季刊/1卷第4期

司马迁的史记/张寿林/学生杂志/13卷第1号

读史微言/缪凤林/史学与地学/1926年第1期

史汉异同/黄子亭/史地学报/4卷第1期

蜂目考（秦始皇本纪所用"蜂准"的考订）/李笠/文艺/1卷第2期

史记抉疑/李奎耀/清华学报/4卷第1期

司马迁指为韩非所作而未可遽信者/容肇祖/中山大学语历所周刊/1集第4期

史记的研究/许啸天/国故学讨论集/1927年第1集

从史学上观察史记之特色/吴柳隅/文字同盟/1927年第7至9期

司马迁经济思想阐微/王肇鼎/厦大国学周刊/1卷第2期

史记田敬仲世家中邹忌的三段话/大任/国学月刊/1卷第4号

书汲黯传后/张诚/民彝杂志/1卷第1期

读封禅书/马其昶/民彝杂志/1卷第5期

读鲁仲连邹阳传/马其昶/民彝杂志/1卷第5期

读史记/吴兆璜/民彝杂志/1卷第11期

史记残卷校/卫聚贤/中山大学语言历史研究所周刊/5集53—54期合刊

史记集解自序/伍俶/中山大学周刊/2卷第20期

评史记五帝本纪/梁劲/中山大学语历所集刊/1928年二集第16期

史记中之人物描写/周乐山/文学周报/1928年第7卷

史记斠读释例/勒德峻/努力学报/1929年第1期

　　史记屈原考证/L、M/益世报副刊/1929年8月19日

读史记淮阴侯传/张秀民/厦大周刊/1929年第204期

中国三大史家思想之异同/傅振伦/新晨报副刊/1928年11月2日至29日
读史偶识/高步瀛/努力学报/1929年第1期
史记订补之余/李笠/武汉大学文哲季刊/1卷第1号
从史记本书考史记本源/罗根译/北京图书馆馆刊/4卷第2号
史汉研究绪言/郑鹤声/史学杂志/2卷第2期
三史考/李光季/史学杂志/2卷第3.4期
史记之文学研究/袁菖/中央大学半月刊/1卷第13期
史记老子列传辨证/徐震/中央大学半月刊/1卷第16期
司马迁史学的研究/施章/中央大学半月刊/2卷第5期
史记名称之由来及其体例之商榷/靳德峻/师范大学国学丛刊/1卷第1期
读史偶谈/高步瀛//师范大学国学丛刊/1卷第1期
史记太史公自序笺证/高步瀛/女师大学术季刊/1930年第1期
司马迁传/汪定/清华周刊/34卷第1期
司马迁疑年之讨论/素癡/大公报/1930年6月9日
史记越世家注/卫聚贤/说文月刊/2卷第2期
史记伍子胥注/卫聚贤/说文月刊/2卷第5期
中国古代时代经济思想之一斑（史记货殖列传）/徐慎修/采化/1930年第5期
司马迁辩护资本主义/胡适/经济学季刊/2卷第1期
史记版本考/赵澄/史学年报/1931年第3期
六国表订误及其商榷/日本武内义雄著、王古鲁译/金陵学报/1卷第2期
史记屈原贾生列传疏证/苗可秀/东北丛刊/1931年第16期
读史记时对王国维太史公行年考之异议/萧鸣籁/现代史学月刊/1卷第1期
太史公历年考/徐震/国学商兑/1933年第1期
太史公书称史记考/杨明照/燕京学报/1933年第26期
司马迁所见书考叙论/金德建/史学年报/1卷第5期
司马迁崇尚道家说/程金造/师范大学月刊/1933年第2期

史记地名考/杨宗震/师范大学月刊/1933年第6期
中国史界太祖司马迁传略/陈石孚/文化建设月刊/1卷第2期
司马迁论/梁之盘/红豆/2卷第2期
太史公古文尚书说/章太炎/国学论衡/4卷上
马班异同论/陈柱尊/学艺/13卷第7期
史记补注/朱师辙/国学汇编/1934年第2期
史记订补自序/李笠/国学丛刊/2卷第2期
读司马迁年谱/包谦六/出版周刊/1934年第88期
封禅书著作问题/李镜池/中山大学文史研究所月刊/1卷第5期
禹贡职方史记货殖列传所记物产比较表/孙媛贞/禹贡半月刊/1卷第3期
史记里的老子传/唐兰/学文月刊/1卷第1期
史记老子世系考/高亨/国立北平图书馆馆刊/9卷第3号
史记老子传笺证/高亨/北强/1卷第1.2期
考正史记孔子世家/陈朝爵/学风月刊/4卷第8期；安徽大学月刊/2卷第2期
重订考证史记孔子世家/陈朝爵/制言半月刊/1935年第2期
史通论史记语抄撮/管雄/浙江省立图书馆馆刊/4卷第3期
史记新校注序/沈宗元/浙江图书馆馆刊/4卷第6期
史记新校注自序/张森楷/中国学报/4卷第5期
庄荀淮南马班论列诸子异同考/萧奚荧/金陵大学文学院季刊/2卷第1期
史汉论略/姚尹忠/民钟季刊/1卷第1期
略述司马相如与司马迁之文学/罗智强/民钟季刊/1卷第4期
史记六国表订误/杜呈祥/益世报副刊/1935年8月22日；读者周刊/第12期
太史公书亡篇/吕思勉/光华大学半月刊/3卷第6期
史之分析与综合/钱子泉/光华大学半月刊/4卷第3期
论史记老子传之妄证无稽/孙次丹/图书评论/1卷第12期
汉司马迁事略/王儒卿等/陕西乡贤事略/1935年本
太史公名位考/闻惕/安雅月刊/1935年第1期

子长游历的研究/萧远健/蜀铎/1卷第1期

司马迁替商人辩护/胡适/胡适论学近著

夏本纪越王勾践世界地理考实/杨向奎/禹贡半月刊/3卷第1期

史记货殖列传新诠地理正误/贺次君/禹贡半月刊/3卷第4期

史记三家注所引地理书考/徐文珊/禹贡半月刊/4卷第7期

史记三家注引用书目考略叙例/钱永之/国专月刊/1卷第5期

史记三家注所引书目/程金造/师范大学月刊/1935年第18期

史记索隐引书考略/程金造/国立北平图书馆馆刊/10卷第1、2、3号

屈原贾生列传讲记/陈柱/学术世界/1卷第7期

李斯列传讲记/陈柱/学术世界/1卷第10期

史记刊误举例/徐文珊/史学集刊/1936年第1期

史记校/图书季刊/3卷第1、2期

史记校/大公报图书副刊/1936年第1、2、3期

史记读法/齐树楷/四存月刊/第20期

读太史公书/章太炎/制言/1936年第23期

司马迁年表/李奎耀/商职月刊/1936年第5—6期

跋张鹏一君太史公年谱/朱希祖/制言半月刊/1936年第20期

跋张鹏一君改订本太史公年谱/朱希祖/制言半月刊/1936年第20期

史记琐言/李奎耀/商职月刊/3卷第3期

史读考异/张橚/文澜学报/2卷第1、2期；3卷第1期

史记引尚书文考例/张钧才/金陵学报/6卷第2期

史记历书历术甲子篇的读法/子水
  /益世报读书周刊/1936年10月1日第68期

史记五帝本纪讲记/陈柱/学术世界/1卷第9期

臧琳五帝本纪书说正/姚豫太/制言半月刊/1936年第26期

书史记伯夷列传后/高燮/国学丛选/1936年第8集

史记伯夷列传讲记/陈柱/学术世界/2卷第2期

史记老子传奇考证/谭戒甫/武汉大学文哲季刊/5卷第2号

史记的老子传/罗根泽/人生评论/1卷第3期

史记老子传考证/罗根泽/古史辨/第 4 册下
老庄申韩列传讲记/陈柱/学术世界/1 卷第 12 期
商君列传讲记/陈柱/学样世界/2 卷第 1 期
史汉西域传互勘/赵惠人/禹贡半月刊/5 卷第 8—9 期合刊
史记立儒林、游侠、货殖三传论/李澍/学术世界/1 卷第 12 期
史记货殖列传今义/梁启超/饮冰室全集本
读史札记（史、汉书）/王元崇/考文学会杂报/第 1 期
史记订补二续/李笠/广州中山大学语言文学专刊/1 卷 3—4 期合刊
史记体制探源/逸民/学艺/16 卷第 3 期
读孟荀列传后的稽疑及提要/罔周/中法大学月刊/14 卷第 4 期
史记本于公羊传/张鹏一/陕西教育月刊/3 卷第 3—4 期
史记摘谬/林秋/民治月刊/1938 年第 19 期
史记新校注（书评）/彭云生/史学季刊/1940 年 1 卷第 1 期
史记伪篇考/德峻/新东/2 卷第 1 期
太史公书笺证/厉鼎/国学通讯/1940 年第 1 至 7 辑
论太史公书笺证书/柳翼谋/国学通讯/1940 年第 1 辑
关于司马迁的种种问题/杨鸿烈/文学研究/1939 年第 1 至 5 期
汉大作家司马迁的一生/心源/职业与修养/3 卷第 8 期
史记三种秦世系年代之比较/易铁夫/责善半月刊/1 卷第 1 期
读史汉札记/陶元甘/责善半月刊/1 卷第 12.17.18 期
司马迁货殖与班固货殖传之研究/林升平/责善半月刊/1 卷第 14—15 期
读史记札记/魏洪祯/责善半月刊/1 卷第 15 期
司马迁的素封社会论/马非百/力行月刊/1 卷第 2、3、4 期
司马迁的史学/雷海宗/清华学报/13 卷第 2 期
史记发微/汤用彬/国学丛刊/1941 年第 4 册
史记发疑/齐燕铭/中法大学月刊/4 卷第 5 期
论六家要旨与汉志诸子略之比观/聘之/北华月刊/2 卷第 1 期
太史公划分的西汉地理区域/林一岁/世界文化/2 卷第 5 期
太史公书亡补续篇考/余嘉锡/辛巳文录初集

本纪世家皆史记前已有/程芸/齐鲁学报/1941年第2期
春秋史记皆史籍通称/程芸/齐鲁学报/1949年第2期
史记汉王劫五诸侯兵考/朱希祖/齐鲁学报/1941年2卷
斥误据史记以攻左传之妄/冉崇烈/国学丛刊/1卷第4期
史记之抵牾/郑家霖/现代史学/4卷第3期
罗君倬汉十二诸侯年表考证序/钱穆/责善半月刊/2卷第16期
史记吴世家注/卫聚贤/说文月刊/3卷第1、2、3、5期
史记燕世家书后/罗振玉/贞松老人遗稿甲集/1941年版
史记商君列传史料抉原/孙次舟/史学季刊/1卷第2期
货殖传中之经济学说及其时代背景/潘文安
　/上海时事新报副刊学灯13年2月
史记货殖列传之研究/李绍定/史学术林/1941年第1期
太史公书讲记/陈柱尊/真知学报/2卷第4期
史记读法/齐树楷/四存月砷/第20期
史记十二诸侯年表考证自序/罗倬汉/斯文/2卷第17期
史记鲁仲连列传书后/陈瀚年/国学丛刊/1942年第10册
史记西南夷列传考疏/万先法/西南边疆问题研究报告/1942年第1期
论史记孟尝君平原君春申君信陵君/陈瀚年/国学丛刊/1942年第10册
老子传与老子书的问题/张默生/文化先锋/2卷第20期
重订司马迁老庄申韩列传/季月清/中日文化/3卷第1期
读史记项羽本纪札记/张友铭/国文月刊/1943年第20期
史记孙武传注/卫聚贤/说文月刊/第2卷合订本
史记魏公子列传校注/赵西陆/国文月刊/1943年第24期
司马迁在文学批评上的贡献/李长之/苦雾集/第2辑，1943年
司马迁的父亲/李长之/东方杂志/40卷第8期
司马迁生年为建元六年辨/李长之/中国文学/1卷第2期，1944年
太史公行年考辨疑/施之勉/东方杂志/40卷第16期
史记各篇著作先后之可能的推测/李长之/东方杂志/40卷第

22期

史记律书释文/冒广生/学海月刊/1卷第2册

迁史琐言/卷阿/学海月刊/1卷5册至2卷2册

左传国语史记之比较研究/刘节/说文月刊/5卷第1—2期合刊

读史记札记/姜师肱/协大艺文/1944年第16、17期

史记十二诸侯年表考证/师玄/图书月刊/3卷第2期

太史公年岁考/蒋元庆/学海/2卷第1期

司马迁之性格与交游/李长之/东方杂志/41卷第6期

司马迁与李陵案/李长之/东方杂志/41卷第7期

论司马迁的历史学/翦伯赞/中山文化季刊/2卷第1期

论前四史合传附传之例/俞静安/国学月刊/1卷第1期

史官世家司马迁/凡石/上海文化/1946年第4期

司马迁之识与学/李长之/东方杂志/42卷第9期

司马迁及其时代精神（附录：司马迁生年为建元六年辨）/李长之/国文月刊/1946年第47期

司马迁之史学及其他/李长之/东方杂志/42卷第10期

文学史上之司马迁/李长之/文潮月刊/1卷第5、6期

史记的特色/朱子方/文化先锋/5卷第25期

史记之根本认识/檠铭/文艺与生活/3卷第2期

史记斠读/程金造/国立西北师范学院学术季刊/1946年第2期

史记鲁世家拾遗/吴静安/中央日报/1946年12月24日

太史公书亡篇考/余嘉锡/辅仁学志/15卷第1、2期 收入《余嘉锡论学杂著》/中华书局1963年版

司马迁的散文风格之来源/李长之/国文月刊/1947年第51期

史记书中的形式律则/李长之/国文月刊/1947年第52期

史记的建筑结构与韵律/李长之/国文月刊/1947年第54期

史记句调之分析/李长之/国文月刊/1947年第56期

史记文余论/李长之/国文月刊/1947年第58期

司马迁及其史记/杜曲华/前锋/1947年第58期

司马迁及其史记/启之/新生报/1947年5月5日

司马迁的历史观/光/历史社会季刊/1卷第2期

司马迁记事求真的方法与精神/杨翼骧
/经世日报读书周刊/1947年10月1日
史地辨疑/钟凤年/燕京学报/1947年第33期
司马炎的诸子要旨及其用意/侯外庐/大学月刊/6卷第2期
史记周公封于曲阜事质疑/史念海
/天津民国日报副刊史与地/1947年6月9日第20期
卫世家拾遗/吴静安/中央日报/1947年8月18日
史记宋世家拾遗/吴静安/中央日报/1948年6月14日
太史公书体裁探源/王利器/申报/1948年1月3日
太史公史号辨/施蛰存/学原/2卷第5期
史记体例之商榷/胡韫玉/国学丛刊/1卷第4期
释史记中论字/张须/国文月刊/第64期
论司马迁述道家精神专一/程臻/中正大学校刊/6卷第6期
北宋刊南宋补刊十行本史记集解后跋/傅斯年/中央研究院历史语言研究所集刊/1948年第18本北宋刊南宋补刊十行本史记集解后跋/劳干/同上
六国纪年表/陈梦家/燕京学报/1984年第34期
六国纪年表考证（上）/陈梦家/燕京学报/1948年第36期
六国纪年表考证（下）/陈梦家/燕京学报/1948年第37期
史记体例溯源/程金造/燕京学报/1949年第37期
"禁不得祠明星出西方"之诸问题/陈槃/岭南学报/10卷第1期
试论秦始皇何故"禁不得祠明星出西方"/大公报/1949年12月28日

二、当代《史记》论文索引（上）
（1951—1979）

【1951—1955年】

学报：

司马迁生平及其在历史学上的伟大贡献/郑鹤声/山东大学学报/

第2期

其他期刊：

中国历史学的开创者司马迁/翦伯赞/中国青年/总第57期

访《史记》作者司马迁祠墓记/汉林/旅行杂志/第2期

读《鸿门宴》的人物描写及其他/张郁朋/语文学习/第4期

太史公行年考有问题/郭沫若/历史研究/第6期

司马迁生年为建元六年辨/刘际铨/历史研究/第6期

读《司马迁》/孟源/读书月报/第6期

论司马迁及其历史编纂学/卢南乔/文史哲/第11期

略谈司马迁现实主义的写作态度/殷孟伦/文史哲/第12期

报纸：

史记/金兆梓/大公报/4月4日

司马迁史学的新评论/李偶/光明日报/6月24日

司马迁和他的《史记》/季镇淮/文艺报/第9期

斥胡适对伟大的史学家司马迁的污蔑/麦若鹏/光明日报/10月27日

略谈司马迁和他的《史记》/卢振华/青岛日报/11月9日

纪念司马迁诞生二千一百周年/（苏）雅·沃斯科波依尼科夫/光明日报/12月27日

司马迁著作中的思想性和人民性/侯外庐/人民日报/12月31日

我国古代伟大历史学家司马迁/汪篯/人民日报/12月31日

其他：

伟大的现实主义散文作家司马迁/任访秋/长江文艺/第8期

司马迁和《史记》（纪念司马迁诞生二千一百周年）/宗介/少年文艺/第12期

《史记》医学史料汇辑/陈邦贤/中华医史杂志/第1期

【1956年】

学报：

司马迁的斗争精神及其艺术成就/廖秉真/华南师范学院学报/第1期

司马迁及事伏生诵古文尚书辨/包树棠/福建师范学院学报/第1期
纪念司马迁学习司马迁/李落等/沈阳师范学院学报/第2期
史记年表和对近人考订之商榷/岑仲勉/中山大学学报/第3期

其他期刊：
司马迁在祖国文化遗产上的伟大贡献与成就/卢南乔/文史哲/第1期
有关司马迁的两个问题/王岳尘/史学集刊/第1期
司马迁和他的《史记》/张白山/文艺学习/第1期
我国伟大的历史学家司马迁/尚钺/教学与研究/第2期
游踪极广的司马迁/黄展岳/旅行家/第2期
《史记》的思想性与艺术性/高亨/文史哲/第2期
试论司马迁《史记》中的语言/殷孟伦/文史哲/第2期
司马迁赋作的评价/赵省之/文史哲/第2期
读郭沫若先生《太史公行年考有问题》后/王达津/历史研究/第3期
关于司马迁之死/郭沫若/历史研究/第4期
试论司马迁《史记》的思想性/邓潭洲/新建设/第4期
《史记·陈涉世家》的人物描写/张震泽/教学研究集刊/第4期
通过《魏其武安侯列传》来看司马迁《史记》的语言艺术/殷孟伦/文史哲/第6期
司马迁的哲学思想/任继愈/新建设/第6期
太史公书名考/陈直/文史哲/第6期
司马迁是怎样写历史人物的传记的/季镇淮/语文学习/第8期
司马迁在中国文学史上的地位/李长之/语文学习/第8期

报纸：
《史记》产生的历史条件和它在世界史学上的地位/齐思和/光明日报/1月17日
略谈《史记》/庄诵真/光明日报/3月4日
司马迁简传/紫金/新民报晚刊/3月6日至9日
评新版的《司马迁年谱》——兼论司马迁的生年问题/赵燕士等/光明日报/8月16日

日本出版水泽利忠著的《史记会注考证校补》/人民日报/8月16日
司马迁和他的《史记》/游国恩/教师报/9月4日
司马迁祠/范文藻/陕西日报/10月11日

【1957年】

学报：

司马迁在中国史学上的贡献/吴寿棋/安徽师范学院学报/第1期
司马迁的传记文学/姚奠中/山西师范学院学报/第1期
读书偶记（史记律、历本为一书）/丁一/山西师范学院学报/第2期
史记律书的乐律学/王杏东/山东大学学报/第2期
史记的名称/陈愍涛/湖南师范学院学报/第2期
汉晋人对史记的传播及其评价/陈直/四川大学学报/第3期
太史公生年问题/陈监先/山西师范学院学报/第3期

其他期刊：

伟大的史学家司马迁/齐力/中国历史人物论集/第1期
从史记三家注商榷司马迁的生年/程金造/文史哲/第2期
略评《史汉选读》/赵省之/文史哲/第3期
试论司马迁的散文风格/苏仲翔/文学遗产增刊/第4期
司马迁善于灵活的运用虚词/桂秉权/语文学习/第8期
司马迁生年商榷/郝衡/语文教学/第8期
读程金造先生《从史记三家注商榷司马迁的生年》/李仲钧/文史哲/第8期
读《史记·平原君列传》/傅义/语文学习/第8期
读《魏公子列传》志疑/朱东润/语文学习/第8期
从《史记》的整理说到司马迁的卒年/朱似愚/新建设/第10期

【1958年】

学报：

《史记》札余/李笠/复旦学报/第1期

其他期刊：
论泷川资言的《史记会注考证》/程金造/文史哲/第1期
司马迁的讽刺语言艺术/卫仲瑶/文史哲/第2期
关于史记三家注的关系问题（读程金造先生《从史记三家注商榷司马迁的生年》一文以后）/黄烈/文史哲/第4期

报纸：
伟大的史学家和文学家司马迁/杜甫若/陕西日报/11月9日

【1959年】

学报：
据史记看出缅、吉蔑（柬埔寨）、昆仑（克仑）、罗遢等族由云南迁去/岑仲勉/中山大学学报/第3期
《项羽本纪》评论/王文海等/西南师范学院学报/第4期

其他期刊：
读《史记·廉颇蔺相如列传》/魏兴南/语文/第6期
《史记》商兑录/李笠/历史研究/第7期
司马迁的人物特写/冯其庸/新闻战线/第7至10期
读司马迁的《项羽本纪》/刘世德/文学知识/第9期
怎样分析蔺相如、廉颇这两个历史人物/戴危叨/语文/第12期
读《项羽本纪》/林元/新观察/总字第17期

报纸：
《史记》文学成就的评价问题/陈咏/解放日报/4月4日
《史记》文学成就与评价问题/颜簦/解放日报/4月4日
应该怎样来评价《史记》的文学成就/山鹰/解放日报/5月9日
介绍《史记故事选择》/王知伊/解放日报/7月22日
新版《史记》及其他/陈华/北京日报/12月17日

【1960年】

学报：
论司马迁的世界观与创作的关系问题/杨增华/甘肃师范大学学报/第1期

其他期刊：

一段被激赏的奇文——谈《鸿门宴》/洁芒/语言文学/第1期

《史记会注考证》新增正义的来源和正伪/程金造/新建设/第2期

略谈《鸿门宴》的人物和情节/颜学九、董治安/语文教学/第2期

报纸：

《史记》艺术力量的根源/慕义/光明日报/3月13日

对《史记艺术力量来源的根源》的一点意见/廖达/光明日报/8月28日

【1961年】

学报：

论司马迁《史记》编纂的创造性和思想性/卢南乔/山东大学学报/第3期

司马迁寓论断于序事/白寿彝/北京师范大学学报/第4期

报纸：

《史记》中的项羽形象/吴幼源/殷呈祥/光明日报/4月23日

伟大的文史学家司马迁/伊凡/陕西日报/7月29日

司马迁问题/舒尚/文汇报/8月4日

于序事中寓论断/舒离/文汇报/8月13日

司马迁和《史记》/上志/吉林日报/8月20日

对《史记艺术力量的根源》的一点意见/廖达/光明日报/8月23日

《史记》体例的分析/葛一之/文汇报/8月27日

【1962年】

学报：

读《史记·项羽本纪》/金家栋/扬州师范学院学报/第15期

《史记·留侯世家》校读记/李人鉴/扬州师范学院学报/第15期

《史记》校读记/李人鉴/扬州师范学院学报/第16期

其他期刊：

《史记》"已诺"辨/蒋寒扬/文史/第2辑

《陈涉世家》的历史意义和它的写法/倪复贤/青海师范学院论文集/第 2 集
《史记正义》《索隐》关系证/程金造/文史哲/第 6 期

报纸：
《史记》的"多"和"少"/傅国材/文汇报/2 月 27 日
《史记》中的云南——云南各部落的生产生活状况/尤中/云南日报/3 月 9 日
《史记》中的云南——云南与内地早期的来往/尤中/云南日报/3 月 12 日
《史记》中的云南——汉初与关中和巴蜀之间的经济交流/尤中/云南日报/3 月 15 日
从《项羽本纪》谈到评价项羽/郭双成/文汇报/4 月 12 日
司马迁和项羽/何兹全/光明日报/5 月 9 日
司马迁在评价历史人物方面的调查研究工作/李民/天津日报/7 月 4 日
孔子到司马迁的《易》学传授/沈民/光明日报/7 月 6 日
怎样理解"何兴之暴也"/李清怡/文汇报/9 月 4 日
"前四史"及其新校点本/刘乃和/人民日报/12 月 13 日

其他：
伟大的历史学家司马迁/吴晗/人民文学/第 2 期
司马谈和司马迁/翦伯赞/郑天挺/中国通史参考资料古代部分第二册/中华书局
《史记》《汉书》所记各地经济情况/翦伯赞、郑天挺/同上

【1963 年】

学报：
有关司马迁及《史记》种种/孙正容/浙江师范学院学报/第 1 期
鸿桷读史随札/刘蕙孙/福建师范学院学报/第 1 期
对《荆轲传》思想内容的评价/戴志钧/哈尔滨师范学院学报/第 3 期
司马迁与班固/白寿彝/北京师范大学学报/第 4 期

《史记》校读记/李人鉴/扬州师范学院学报/第17期
其他期刊：
司马迁的政治思想/刘炳福/学术月刊/第11期
报纸：
关于《史记》二题/方管/光明日报/1月13日
司马迁笔下的项羽和刘邦/施锡才/辽宁日报/3月18.19日
先秦哲学无"六家"（读司马谈《六家要旨》）/任继愈/文汇报/5月30日
其他：
司马谈作史/顾颉刚/史林杂识（初编）/中华书局
结构、描写、风格——读《项羽本纪》随笔/冯其庸/长春/第4期

【1964年】
学报：
从《陈涉世家》看司马迁对陈涉起义的态度/张微云/浙江师范学院学报/第1期
马班异同论/苏渊雷/哈尔滨师范学院学报/第2期
其他期刊：
司马迁——汉代的史学家和档案工作者/费云东/档案工作/第4期
有关司马迁的政治思想/李星/学术月刊/第6期
试对《史记·游侠列传》中几个主要人物进行阶级分析/李庆善/史学月刊/第11期
《史记·太史公自序》疏证/张正乾/中国文化学院史学所硕士论文
报纸：
司马迁歌颂陈涉起义吗/唐赞功/人民日报/4月26日
关于《史记·游侠列传》人物的评价问题/冉昭德/光明日报/6月3日
游侠到底属于哪个阶级/李庆善/光明日报/10月21日

【1965 年】
其他期刊：

司马迁的史学思想及其阶级性/陈可青/新建设/第1期

应该全面正确地评价司马迁思想/王启兴/文史哲/第3期

论司马迁《史记》研究中的非马列主义倾向/施锡才/文史哲/第4期

如何评价司马迁的道德观/王启兴/文史哲/第5期

司马迁的《游侠列传》有人民性吗？/唐赞功/文史哲/第5期

汲古阁单本《史记索隐》的一些问题/程金造/文史/第4辑

【1966 年—1977 年】
学报：

《史记·李斯列传》评注/新疆大学学报/第1期

《史记·秦始皇本纪》/评论/新疆大学学报/第1期

司马迁《李斯列传》译注/黑龙江大学学报增刊

司马迁《秦始皇本纪》译注/黑龙江大学学报增刊

略论司马迁《史记》道表法里的政治倾向性/张志岳/哈尔滨师范学院学报/第3期

《陈涉起义》浅析/钟固/广西师范学院学报/第7期

论司马迁的《史记》/杨天宇/开封师范学院学报/第4期

漫谈四川的离堆——兼谈《史记》所载李冰凿堆的所在地/许肇鼎/四川大学学报/第3期

读司马迁的《孙膑传》/何法周/开封师范学院学报/第3期

略谈《史记》的几个问题——与杨天宇同志商榷/郁贤皓等/开封师范学院学报/第5期

略谈《陈涉起义》教学中的几个问题/奋起/天津师范学院学报/第6期

其他期刊：

读吕纪随笔/沈迷/中华文史论丛/第2辑

司马迁散文风格探源/郑健民/建设/第3期

《廉颇蔺相如列传》句释拾零/王景浩/教学参考/第6期

《史记·李斯列传》译注/杨炳延/河南历史研究集刊/第 1 期
《秦始皇本纪·三十四年》教学点滴/陈汝法/语文战线/第 4 期
游侠批判/李思延/历史研究/第 4 期
读《陈涉世家》/钟古/新教育/第 9 期
《廉颇蔺相如列传》讨论侧记/陈巧生、蔡金华/教育实践/第 6 期
司马迁与《史记》/广东师范学院中文系《中国文学简史》编写组/新教育/第 4 期

报纸：
司马迁笔下的"循吏"——略谈《史记·循吏列传》/徐朔方/光明日报/1 月 30 日
"守令"与《陈涉世家》说明了什么/文汇报/11 月 8 日
略谈司马迁传记文学的杰出成就/吴汝煜/光明日报/10 月 22 日

【1978 年】

学报：
《鸿门宴》评析/李知文/刘永章/北京师范大学学报/第 1 期
《廉颇蔺相如列传》浅析/享邑/齐齐哈尔师范学院学报/第 3 期
读《屈原列传》/温一凡/江西大学学报/第 3 期
司马迁的崇实精神/韩兆琦/北京师范大学学报/第 4 期
读《史记·太史公自序》——论司马迁的批判精神/王气中/南京大学学报/第 4 期
《鸿门宴》的两条注释/贺德扬/山东师范学院学报/第 4 期

其他期刊：
《鸿门宴》的思想和艺术/王延梯/破与立/第 1 期
《鸿门宴》注解/试骏/教与学/第 1 期
《鸿门宴》试析/吴凤贤/教学研究/第 1 期
《鸿门宴》简析/李岫/语文教学/第 1 期
司马迁和《史记》/孙达人等/陕西教育/第 2 期
不可沽名学霸王——《鸿门宴》的思想和艺术/徐应佩等/语文战线/第 2 期
《鸿门宴》浅析/许正刚/语文教学参考/第 2 期

谈《鸿门宴》中同音近义词的运用/赵永峰/语文教学参考/第2期

《廉颇蔺相如列传》教学中的几个问题/文见人/湖南教育/第2期

关于《廉颇蔺相如列传》的几个问题/周溶泉/语文教学/第2期

略谈司马迁及其《史记》/陆坚/教学与研究/第2期

《廉颇蔺相如列传》简析/李伯齐/语文教学/第2期

浅谈《廉颇蔺相如列传》/高山/语文教学/第3期

蔺相如碎璧真假辨/文新/语文教学研究/第4期

"文王拘而演周易"译注/崤崤/语文战线/第4期

略谈《史记·廉颇蔺相如列传》的特色/王伟民/破与立/第4期

《鸿门宴》的中心是什么/阮志良/语文战线/第4期

关于"王侯将相宁有种乎"/晁福林/历史研究/第5期

《鸿门宴》/吴文治/语文自学讲义/第5期

《鸿门宴》注释辨析三例/汲宗增/语文教学/第6期

《孙膑传》艺术特点浅析/刘宗德/语文教学通讯/第6期

《鸿门宴》艺术探胜/洁芒/语文函授/第6期

《鸿门宴》分析/徐应佩等/新教育/第7期

谈谈讲读教学改革若干问题——以《廉颇蔺相如列传》为例/石韫玉/福建教育/第7期

报纸：

司马迁发愤作《史记》/程度/北京日报/7月25日

其他：

《史记》人物传记给我们的启发/桐华/福建文艺/第1期

司马迁和他的《史记》/李继芬/天津文艺/第4期

司马迁的《史记》/何法周/河南文艺/第12期

谈《史记》一条史料的校勘/武雷/文史/第5辑

【1979年】

学报：

司马迁的世界观与儒法道的关系/周满江/广西师范学院学报/第1期

从司马迁的传记文字看真实人物的再现/虞达文/广西大学学报/第1期

司马迁写《陈涉世家》是想为农民起义立传吗/君奭/吉林师范大学学报/第1期

二十四史译语集录稿（《史记》译语）/谢再善/西北民族学院学报/第1期

《廿二史札记》校正摘录——《史记》《汉书》部分/王树民/河北师范学院学报/第1期

《史记》译语/耿世民/西北民族学院学报/第1期

"褒项贬刘"辨/卢文辉/辽宁师范学院学报/第2期

咏史《七律》——夜读《史记·项羽本纪》有感于楚汉旧事/叶元章/青海师范学院学报/第2期

谈《廉颇蔺相如列传》人物形象的刻划/徐应佩、周浴泉/北京师范大学学报/第2期

《史记》校点本句读商榷/叶幼明/湖南师范学院学报/第2期

史家之绝唱，无韵之离骚（略谈司马迁的《史记》）/刘方元/江西师范学院学报/第2期

司马迁与班固/白寿彝/山西师范学院学报/第3期

略论《史记》人物的心理刻划/朱一清/安徽大学学报/第3期

读《五帝本纪》札记/陈可青/北京师范学院学报/第3期

关于研究司马迁思想的一些浅见/郭双成/郑州大学学报/第3期

试谈《廉颇蔺相如列传》的结构艺术/田素义/菏泽师专学报/第3期

《鸿门宴》注释商榷/余行达/四川师范学院学报/第3期

略谈司马迁的社会观/陆永品/吉林大学学报/第4期

《史记》的思想与艺术/李世刚/辽宁师范学院学报/第4期

礼赞高风亮节，倾吐回肠怨愤——读《史记·屈原列传》/白静生/河北师范学院学报/第4期

对《廉颇蔺相如列传》练习题解答的不同意见/郭庆金/泰安师专学校/第4期

《鸿门宴》中的文言虚词的句式/于永川/辽宁师范学院学报/第

4 期

《鸿门宴》的语言基础知识教学/李庆海/四平师范学院学报/第 4 期

其他期刊：

司马迁的历史哲学/杨向奎/中国史研究/第 1 期

司马迁和《史记》/蒋克/知识丛刊/第 1 期

司马迁与《赵氏孤儿》/赵仲邑/随笔丛刊/第 1 期

司马迁与史传文学/马积高/语文教学/第 1 期

马班史汉异同论/苏渊雷/教学与研究/第 1 期

《史记》和《汉书》中虚词运用的比较/王家纯/语言研究和教学/第 1 期

试论《鸿门宴》/胡一华/教学与研究/第 1 期

《鸿门宴》中一些词句的解释/高哲民/语文辅导/第 1 期

《鸿门宴》的人物描写/张媛等/语文战线/第 1 期

《史记·魏公子列传》评析/吴玛/古典文学/第 1 期

对《屈原列传》某些问题的质疑/王抗敌/教与学/第 1 期

略论司马迁的思想/何世华/陕西师范大学社会科学论文集/第 2 期

史家之绝唱，无韵之离骚——《史记》读后散记/拾遗/宁夏文艺/第 2 期

司马迁与班固/白寿彝/史学史资料/第 2 期

试论司马迁史学的杰出成就/邓瑞/南京大学史学论丛/第 3 期

司马迁世界观初探/陆永品/文学评论丛刊/第 3 期

谈鸿门宴的矛盾转化/黄舜/中学语文/第 3 期

释"很如羊"/蔡国黄/中国语文通讯/第 3 期

司马迁与《春秋》公羊学/赖长扬/史学史资料/第 4 期

司马迁经济思想的进步性/陈其泰/史学史资料/第 4 期

司马迁写历史人物/施丁/史学史资料/第 4 期

司马迁受宫刑/韩兆琦/史学史资料/第 4 期

《史记·西南夷列传》概说/方国瑜/中国史研究/第 4 期

《廉颇蔺相如列传》析/刘子骧/语文教学与研究/第 4 期

"王侯将相宁有种乎"具有天命论色彩吗/高振铎/北方论丛/第4期

"苟富贵,无相忘"释/郭锦华/中国语文通讯/第4期

司马迁的漫游与写作/李敬一/解放军通讯/第4期

关于《史记·商君列传》的一个句读问题/晁福林/北方论丛/第5期

《廉颇蔺相如列传》的艺术手法/黄清土/语文学习/第5期

再谈"沛公旦日从百余骑来见项王"的翻译/李子新/语文教学/第5期

浅谈《鸿门宴》/石声淮/语文教学与研究/第5期

"张楚"非国号辨/鲍善淳/文史哲/第5期

谈《廉颇蔺相如列传》记事和写人的艺术/赵志成/语文教学/第6期

关于《鸿门宴》中的几个句子的解释/王沛霖/中学语文教学/第6期

《鸿门宴》中"东向坐"、"参乘"两词的解释/洪成玉/中学语文教学/第6期

司马迁写当代史/施丁/历史研究/第7期

略谈《史记》的思想性/陈谦豫/语文学习丛刊/第8期

司马迁对历史素材的艺术处理/吴汝煜/语文学习丛刊/第8期

脉胳清新,浑然一体——《廉颇蔺相如列传》结构浅析/朱征难等/教学参考/第10期

谈《史记·大宛列传》叙大宛之役/苏诚鉴/历史研究/第12期

报纸:

刚直不阿,幽而发愤——司马迁受刑前后/陈雪良、余志森/文汇报/7月20日

司马太史祠古建筑群迁建动工/赵连印/陕西日报/7月27日

做执笔不阿的良史——略谈司马迁写《史记》的唯实精神/詹文元等/浙江日报/8月22日

其他:

论《史记》裴骃《集解》司马贞《索隐》张守节《正义》三家注/程金造/文史/第7辑

三、现当代《史记》论文索引（中）
（1980—1990）

【1980 年】

学报：

司马迁和他的《史记》/何世华/陕西师范大学学报/第1期
司马迁生卒年考辨（驳王国维《太史公系年考略》）/李伯勋/兰州大学学报/第1期
司马迁评历史人物/施丁/辽宁大学学报/第1期
《史记》的文学价值/华钟彦/安阳师专学报/第1期
读《史记》描绘人物的艺术/陈兰村/浙江师范学院学报/第1期
试谈《史记》的人物个性化描写/宋嗣廉/吉林师范学院学报/第1期
《鸿门宴》的情节和人物/徐敦忠/四川师范学院学报/第1期
句中无余字，篇外无剩语——谈《鸿门宴》的一个片段/王育新/哈尔滨师专学报/第1期
《鸿门宴》注释商榷/徐建军/郴州师专学报/第1期
《史记》译语/谢再善/西南民族学院学报/第1期
《论六家要指》是大胆的议论吗/王小孚/淮阴师专学报/第2期
论《史记》的民间文学色彩/杨迅/江西大学学报/第2期
司马迁的细节描写/石泉/哈尔滨师专学报/第2期
卓越的史识和高度的艺术概括的结合——谈司马迁对陈胜、项羽、刘邦形象的塑造/吴汝煜/徐州师范学院学报/第2期
《史记》纪传的创立问题/李少雍/四川师范学院学报/第2期
略论司马迁的若干重要经济观点/李守庸/武汉大学学报/第2期
司马迁的李陵之祸与发愤著书说/顾易生/复旦大学学报/第2期
司马迁的通古今之变及其对历史人物的评价/陈可青/北京师范学院学报/第2期
关于《史记选·陈涉世家》几条注文的商榷/张媛/南京师范学院

学报/第2期

"鄙贱之人"解(《廉蔺列传》)/徐帮治/南京师范学院学报/第2期

《屈原列传》散论/张亦鸣/旅大师专学报/第3期

司马迁的历史观——兼与杨向奎等同志商榷/陆永品/河北师范学院学报/第3期

释《报任安书》的几个问题/陈尽忠/厦门大学学报/第3期

司马迁生年考/黄瑞云/安徽大学学报/第3期

向《史记》人物传记学习"文史结合"的经验——附论历史剧创作中史与剧的关系问题/郭双成/郑州大学学报/第3期

司马迁是"揭露""鞭挞"和"批判"吕后吗/李永先/辽宁师范学院学报/第3期

《鸿门宴》结构、人物谈/刘澄岚/济宁师专学报/第3期

试谈《鸿门宴》的主题、人物及其他/李孝堂/齐齐哈尔师范学院学报/第3.4期

《史记选》注释质疑/陈霞村/山西大学学报/第3期

究天人之际,通古今之变——读《史记》札记/汤贵仁/泰安师专学报/第3期

重读《史记·货殖列传》/魏兴南/西南师范学院学报/第3期

论《淮阴侯列传》的思想的艺术——史记散论之二/吴汝煜/徐州师范学院学报/第4期

司马迁传记文学的实录精神/王克韶/延安大学学报/第4期

关于《廉颇蔺相如列传》的几条注释/周自厚/天津师范学院学报/第4期

关于司马迁"李陵之祸"/刘方元/江西师范学院学报/第4期

关于《陈涉世家》中的两条注释/陈涛/天津师范学院学报/第5期

《廉颇蔺相如列传》词语条解/艾阴范等/辽宁师范学院学报/第5期

从寓论断于序事谈起——答李永先同志/李世刚/辽宁师范学院学报/第6期

《鸿门宴》中"竖子"问题一议/李占一/天津师范学院学报/第6期

其他期刊：

司马迁与《史记》/张维华/文史哲/第1期
一部辉煌的史学和文学巨著《史记》/亦涛/历史知识/第1期
宋刊本《史记》记略/杨鉴/史学史资料/第1期
《鸿门宴》教学中的两个问题/陈元胜/语文教学研究/第1期
司马迁寓论断于序事/白寿彝/史学史资料/第1期
司马迁蒙冤作《史记》/金践之/中学通讯/第1期
《史记·孟子荀卿列传》校释/谭戒甫/中国历史文献研究集刊/第1集
论司马迁的通古今之变/施丁/历史研究/第2期
《史记》叙事特色举隅/薛霞吐/教学与进修/第2.3期
《史记》的人民性和艺术性/庄维石/语文教学/第2期
看京剧《司马迁》所想到的/张庚/剧本/第2期
《史记》中的映照手法/唐跃/艺谭/第2期
司马迁刻划人物的笔力/杨子才/新闻战线/第2期
《史记》采用文献史料的特点/孙钦善/文献/第2期
《史记·陈涉世家》的若干问题辨析（一）/晁福林/群众论丛/第2期
论司马迁的史笔/何双生、施丁/学习与探索/第3期
司马迁和他的《史记》/邹越/群众艺术/第3期
《史记》的思想性和文学性/程默/中学历史/第3期
《魏其武安侯列传》三题/可永雪/语言文学/第3期
《史记·陈涉世家》的若干问题辨析（二）/晁福林/群众论丛/第3期
姜太公考——《史记·齐太公世家》探疑/戴乐志/中华文史论丛/第3期
谈谈《鸿门宴》的精练语言/言炎等/教学与进修/第3期
《鸿门宴》中的判断句问题/周昌维、萧士栋/语文战线/第3期
《鸿门宴》中的车骑问题/吴越/教研资料/第3期

《鸿门宴》中的饮食和器物/梁溪苓/教研资料/第3期
与曾三同志谈司马迁的信/郭沫若/档案工作/第3期
关于陈平、周勃的评价问题/文艺报/第4期
"旦日"不是"明日"/沙金成/学术研究/第4期
《史记》《战国策》对照举例/可永雪/语文学习/第4期
新本《史记》等二十四史的校勘/吴树平/读书/第4期
《陈涉世家》的"人奴产子"/陈增杰/中国语文通讯/第5期
妙笔传神，千载生辉——就《廉颇蔺相如列传》略谈《史记》的人物描写/胡永在/语文函授/第5期
论司马迁的文学观/姚凤林/北方论丛/第5期
关于《鸿门宴》的教学/郭双成/教学通讯/第5.6期
《鸿门宴》思想教育意义小议/郑力/语文学习/第6期
《鸿门宴》的思想和艺术/郑英武/语文月刊/第6期
《鸿门宴》读写训练设计/蔡澄清/语文教学通讯/第6期
《陈涉世家》末段串讲法教学设计/宋家淇/语文战线/第6期
再谈"王侯将相宁有种乎"——与高振铎同志商榷/晁福林/北方论丛/第6期
试论司马迁的"究天人之际"/施丁/北方论丛/第6期
司马迁思想研究中的几个问题/何世华/人文杂志/第6期
2000年前万里游（司马迁）/褚斌杰/旅游/第6期
论司马迁历史哲学中的唯物主义观点/赖长扬/史学史资料/第6期
"备行伍"解/陆宗达/语文教学通讯/第8期
"旦日"辨/褚良才/语文战线/第8期
《李将军列传》的启示/劳柯/读书/第8期
《廉颇蔺相如列传》教学札记/黄瑞云/教学与研究/第8—9期
谈谈《廉颇蔺相如列传》的用字/成桂春/中学语文教学/第9期
鸿门宴上的座次/袁蓬/语文学习/第9期
司马迁退回白玉/湘台/随笔丛刊/第11期
谈"戏"与"麾"/陆宗达/语文教学通讯/第11期
谈《鸿门宴》中的樊哙/张霖/教学参考资料/第12期
《廉颇蔺相如列传》标点商榷/张仁贤/语文学习/第12期

报纸：

太史公笔法小议/资中筠/光明日报/4月16日

司马迁的"究天人之际，通古今之变"/凌轩摘/光明日报/10月28日

司马迁对专制主义弊端的批评/陈可青/光明日报/12月9日

其他：

读《史》《汉》随笔/邓绍基/古典文学论丛总1/陕西人民出版社

《史记》《汉书》/朱自清/经典常谈/生活·读书·新知三联书店

《史记》的思想性与艺术性/高亨/文史述林/中华书局

司马迁的人物特写/冯其庸/逝川集/陕西人民出版社

【1981年】

学报：

谈《史记》的人物描写/梁劲/雷州师专学报/第1期

司马迁的发愤著书说及其历史发展/陈子谦/厦门大学学报/第1期

关于司马迁的生年问题（答黄瑞云先生）/李伯勋/安徽大学学报/第1期

随物赋形，著书成春——司马迁的创造力散论/可永雪/内蒙古师范学院学报/第1期

笔补造化，代为传神——略谈《史记》的场面描写/胡晓明/贵州民族学院学报/第1期

《史》《汉》名词解诂/唐文/新疆大学学报/第1期

谈《鸿门宴》的结局/齐子义/南阳师专学报/第1期

《史记·项羽本纪》中的两个"当"字/刘如英/扬州师范学院学报/第1期

《廉颇蔺相如列传》注释四题/周国瑞/安阳师专学报/第1期

一篇具有强烈色彩的传记作品——《屈原列传》/刘鸣周/昌潍师专学报/第1期

《陈涉世家》"火"释疑/鲍不迟/天津师范学院学报/第2期

贵在真实，难在通变——从《史记·陈涉世家》所想到的/凌云

等 /广西师范学院学报/第 2 期

司马迁为陈涉立传就是为汉刘邦立传吗/周国瑞/安阳师专学报/第 2 期

四种明翻刻宋黄善夫本《史记》辨/陈修竑/中山大学学报/第 2 期

读《史记》札记/赵久行/河北师范学院学报/第 2 期

论项羽——《史记》散论之三/吴汝煜/徐州师范学院学报/第 2 期

试论《史记》中传记散文的文史分野/章明寿/淮阴师专学报/第 2 期

司马迁笔下的项羽/刘兴良/绥化师专学报/第 2 期

司马迁笔下的刘邦/聂国栋/四川大学学报/第 2 期

略论《史记》人物刻划及其历史意义/杨松浦/上海海运学院学报/第 2 期

评班氏父子对司马迁及其《史记》的评价/郭双成/郑州大学学报/第 2 期

究天人之际，通古今之变，成一家之言——读《史记》札记/汤费仁 /泰安师专学报/第 2 期

《史记选》注释质疑（续编）/陈霞村/山西大学学报/第 2 期

纪传体产生的原因问题/李少雍/西北大学学报/第 2 期

《屈原列传》注析/南宁师范学院学报/第 2 期

《史记》的场面描写/白静生/河北师范学院学报/第 3 期

司马迁奉使西南设郡考/祁庆富/中央民族学院学报/第 3 期

《史记新证》探瑕/秦进才/河北师范学院学报/第 3 期

司马迁与《陈涉世家》/晁福林/北京师范大学学报/第 3 期

正确处理感情与史实的关系——读《史记》二列传/吕锡生 /浙江师范学院学报/第 4 期

试论司马迁在思想方面的贡献/许绍光/扬州师范学院学报/第 4 期

《李将军列传》艺术谈——《史记》散论之四/吴汝煜/徐州师范学院学报/第 4 期

《报任安书》写作年代辨/黄振民/北京师范学院学报/第4期
《史记》疑义蠡测/颜克述/上海师范学院学报/第4期
读《史记·魏公子列传》/韩兆琦/北京师范大学学报/第6期

其他期刊：
论司马迁的经济思想/石兆奇/江淮论坛/第1期
司马迁（旅行家）/李德清/旅游天地/第1期
关于司马迁的发愤著书说/可永雪/语文学刊/第1期
《屈原列传》试析/周德海/语文教研/第1期
谈《屈原列传》/贾秀英/教学与进修/第1期
谈《史记·屈原列传》/吴汝煜/语文教学园地/第1期
谈司马迁的《屈原列传》/徐应佩等/教学与研究/第1期
司马谈作史补正/赖长杨/史学史研究/第2期
司马迁和他的不朽巨著《史记》/安平秋/文史知识/第2期
司马迁与董仲舒政治思想相通论/施丁/中国史研究/第2期
从《史记》看司马迁的政治思想/来新夏/文史哲/第2期
司马迁的货币思想/刘枫/上海金融研究/第2期
《鸿门宴》的思想意义/侯镇凡/辽宁教育/第2期
"生彘肩"榷疑/朱奕/语文教学/第2期
对《陈涉世家》一个句读的异义/张康宁/语文教学/第2期
《廉颇蔺相如列传》难句分析/张拱贵/语文教学与研究/第2期
《屈原列传》评注/邱涛/中学语文教学参考/第1、2期
略论《屈原列传》的对话描写/陈合汉/教学与通讯/第2期
主观能动作用的奇迹——读《田单列传》/洁芒/语文学刊/第2期
司马迁的《史记》与资料工作/周国全/资料工作通讯/第3期
司马迁经济思想初探/刘含若/学习与探索/第3期
司马迁对"人"的态度/李少雍/学习与思考/第3期
《项羽本纪》的悲剧特色/艾岩/名作欣赏/第3期
论司马迁朴素唯物主义的历史观/吴忠匡/北方论丛/第3期
《史记》校点正误一例/陈铁民/文史/第3辑
谈司马迁对项羽形象的塑造/任致中/文科教学/第3期

也谈《鸿门宴》的主题思想/解广敏/语文教学/第3期

"张楚"词义辨释(《陈涉世家》)/王锁/文史知识/第3期

司马迁的受宫刑及其忍辱其书/韩兆琦/北方论丛/第4期

试论司马迁的政治观——关于稽其成败兴坏之理/施丁/东岳论丛/第4期

论《史记》的讽刺艺术及其对《儒林外史》的影响/赵逵夫/社会科学/第4期

司马迁历史学形成的基础和它在中国史学史上的地位和影响/赖长杨/史学史研究/第4期

《鸿门宴》教学一议/姜光斗等/语文教学/第4期

《鸿门宴》疑难句试释/李正宇/语文学习/第4期

《鸿门宴》教学二题/王向东/语文学习/第4期

活脱脱的西楚霸王/王栋/语文学习/第4期

《廉蔺列传》词语教学二题/周玉成、周国瑞/语文教学/第4期

司马迁和他的《史记》/黄海舟/语文学习/第5期

我国最早的文学家评传——谈《屈原列传》/申建中/语言文学/第5期

简论司马迁的人才思想/肖黎/青海社会科学/第5期

《史记》谤书说驳议/张振珉等/贵州社会科学/第5期

从《鸿门宴》谈古文字词教学的比较方法/吴新华等/中学语文教学/第5期

在抑商政策下司马迁的重商思想/刘枫/社会科学/第6期

论司马迁的历史观/谢仰虞/中学历史教学/第6期

《史记》述评兼论司马迁的艺术手法/段熙仲/社会科学辑刊/第6期

"先破秦入咸阳者王之"辨/周国瑞/语文教学/第6期

《鸿门宴》标点商榷数例/钱丰/语文教学/第6期

《鸿门宴》不宜选作教材/陈永项/语文教学/第6期

从刘项地位看《鸿门宴》中的"背"、"倍"词义/朱奕/语文教学/第6期

《陈涉世家》教学琐议/梁蕙/教研资料/第6期

关于《陈涉世家》的几条注释/谢云秋/语文教学与研究/第6期
陈涉三语榷疑/史谭/语文教学/第6期
怎样讲通古文——以《史记》"遍赞宾客"为例/王泗原/语文教学通讯/第7期
司马迁——我国伟大的天文学家/薄树人/自然杂志/第9期
塑造历史人物的典型——读《陈涉世家》/曹涛/语文教学/第11期
《鸿门宴》浅谈/曹尧熙/语文教学/第12期
陈涉故里考/钱汉东/语文教学通讯/第12期
《史记》"尝逋亡人"为两类适民说/王毓铨/文史/第12辑

报纸：
司马迁的后代姓啥/福建日报/1月26日
《史记》纪传体的文学意义/李少雍/光明日报/1月14日
司马迁为什么给陈涉作世家/朱来常/安徽日报/5月6日
从《货殖列传》看司马迁的经济思想/王明信/河北日报/5月8日
从《史记》管窥汉代以前的新疆/贾应逸/新疆日报/12月19日
把《史记》献给蒙族人民——访《史记》蒙文译者/黑勒等/北京晚报/12月3日

其他：
略论司马迁——在司马迁诞生二千一百周年纪念会上的讲话/齐思和/中国史探研/中华书局
读《史记·货殖传·平准书》——略论司马迁的经济思想/谢天佑、王家范/秦汉史论丛第1辑/陕西人民出版社
伟大的现实主义散文作家司马迁/任访秋/中国古典文学论文集/中州书画社
司马迁行年三事考辨/苏诚鉴/秦汉史论丛第1辑/陕西人民出版社
司马迁是怎样一个人?《史记》的主要内容和历史评价如何/林焕文等/中国史问答/黑龙江人民出版社
司马迁生卒年考辨·辨/张大可/甘肃史学会论文集

《史记》表中的倒文/李解民/学林漫录 3/中华书局

【1982 年】
学报：

谈太史公讽刺之"奇"——《史记》讽刺艺术之一/李世荨/杭州师范学院学报/第 1 期

《史记》创作宗旨浅说/何旭光/绵阳师专学报/第 1 期

论司马迁的世界观/张兆鸾/宁夏教育学院学报/第 1 期

司马迁笔下的酷吏/黎泰锵/广州师范学院学报/第 1 期

"何时为郎"及"可自为郎"——司马迁生卒问题考索/罗芳松/成都大学学报/第 1 期

谈司马迁《报任安书》/裴晋南/齐齐哈尔师范学院学报/第 1 期

《史记》为什么把陈涉列为世家/史介/山东师范大学学报/第 1 期

关于"王侯将相宁有种乎"评价问题的探讨/孟明汉/包头师专学报/第 1 期

就《信陵君列传》谈长篇文言阅读课文的教学/徐永森/阜阳师范学院学报/第 1 期

《屈原列传》难句试析/易重廉/北京师范大学学报/第 1 期

《史记·南越尉陀列传》笺证/余天炽/华南师范学院学报/第 1 期

李广不能封侯辨/杨咸/湘潭师专学报/第 1 期

读司马迁《货殖列传》/张建寅/中南民族学院学报/第 2 期

试论《史记》中的"太史公曰"/俞樟华/浙江师范学院学报/第 2 期

《史记》与公羊学——《史记》散论之五/吴汝煜/徐州师范学院学报/第 2 期

司马迁的历史人本学/方辉旺/武汉师范学院汉口分院学报/第 2 期

司马迁研究中的几个问题/肖黎、张大可/西南师范学院学报/第 2 期

论司马迁思想的基本倾向/徐宗文/苏州大学学报/第 2 期

司马谈作史考/赵生群/南京师范学院学报/第 2 期

从《货殖列传》看司马迁经济思想/魏忠胜/零陵师专学报/第2期

司马迁的审美观/韩兆琦/北京师范大学学报/第2期

《史记》的语言研究/朱星/河北师范学院学报/第2期

读《史记》札记之二/赵久行/河北师范学院学报/第2期

司马迁在历史编写体制上的创造和贡献/许绍光/阜阳师范学院学报/第2期

对中华书局本《史记》的标点和校勘之管见/徐立/南充师范学院学报/第2期

略谈《鸿门宴》的情节结构/沈继常、钱模祥/韩山师专学报/第2期

"举而笑之"不是对待历史的郑重态度——读《史记·六国年表序》/彭久松/四川师范学院学报/第2期

读《淮阴侯列传》拾遗/吴静容/沈阳师范学院学报/第2期

《史记》中"僰中"、"西僰"考/祁庆富/重庆师范学院学报/第3期

司马迁和《史记》/辛安亭/西北师范学院学报/第3期

司马迁的民族一统思想试探/肖黎、张大可/中南民族学院学报/第3期

桑弘羊与司马迁/苏诚鉴/安徽师范大学学报/第3期

汉太史司马迁祠墓沿革/韩城文化馆/陕西师范大学学报/第3期

《史记》残缺与补窜考辨/张大可/兰州大学学报/第3期

《信陵君窃符救赵》的叙述技巧/朱三剑/韩山师专学报/第3期

《史记》中的女性形象/白静生/河北师范学院学报/第3期

司马迁的致富三说及现实意义/黄宝兴/吉林财贸学院学报/第3期

司马迁的究天人之际初探/江淳/广西师范学院学报/第4期

司马迁所遭李陵之祸探讨/吴汝煜/徐州师范学院学报/第4期

司马迁为何被刑/沈伯俊/陕西师范大学学报/第4期

对司马迁生卒年的一些看法/陈尽忠/厦门大学学报/增刊

《史》《汉》语言风格的比较——试析关于项羽、刘邦和苏武的描

述/杨松浦/上海海运学院学报/第4期

《信陵君窃符救赵》浅析/鄢朝让/承德师专学报/第4期

谈《信陵君窃符救赵》的人物刻划/黎流芳/南宁师范学院学报/第4期

《屈原列传》评述/洪波/杭州大学学报/第4期

论司马迁的生年及与此有关的几个问题/吴汝煜/南开学报/第6期

其他期刊：

从《史记》人物评论看司马迁的史学思想/王天顺/南开史学/第1期

司马迁是中国古代杰出的档案学家/李学彬/档案学通讯/增刊

司马迁、常璩与西南古民族/龚荫/民族文化/第1期

谈司马迁运用档案撰写历史/施丁/学习与探索/第1期

《史记》校勘二则/张仲良/社会科学战线/第1期

《鸿门宴》主题异议/张护玺/语文教学之友/第2期

谈谈《鸿门宴》中的樊哙/俞祖平/教研资料/第2期

《史记》琐谈之二/罗庚岭/教与学/第2期

略谈《史记》的体例与版本/卢中岳/赣图通讯/第2期

太史公书凡例考论/陈可青/中国史研究/第2期

《信陵君窃符救赵》简析/徐秉忱/教学与进修/第2期

《屈原列传》的写作特点和篇章结构/刘启林/语文教学/第3期

司马迁史学研究的重要成果——《史记新论》读后/邹贤俊/史学史研究/第3期

司马迁笔下的商人/阿芳/河北学刊/第3期

司马迁译古文/邬国义/史学史研究/第3期

论《史记》对我国古典军事文学的杰出贡献/陈辽/艺讲/第3期

试论司马迁的天文学思想/薄树人/史学史研究/第3期

从《史记》看传记写作/田居俭/人物/第3期

司马迁论韩非之死/晁福林/史学评林/第3—4期

"安刘必勃"辨/嘉泉、碧波/晋阳学刊/第4期

《史记》校记三条/张仲良/社会科学辑刊/第4期

互文见义——司马迁史笔札记/宋怀仁/北方论丛/第4期

司马迁和史传文学/霍松林/陕西教育/第4期

司马迁生于景帝中元五年之一证/何直刚/河北学刊/第4期

太史公生卒年初探/吉春/韩城文艺/第4期

《史记·西南夷列传》皆氏类解/祁庆富/中国史研究/第4期

谈谈《屈原列传》中的议论/毛荣富/教学与研究/第4期

读《信陵君窃符救赵》/何天杰/语文辅导/第4期

《屈原列传》的对话描写/陈合汉/教学通讯/第4期

《屈原列传》补注/王向东/教学通讯/第4期

《屈原列传》中被动句式的分析兼及教学/陈宝庆/语文教学/第5期

《屈原列传》第一大段评注/陈熙/语文学习/第5期

《屈原列传》疑难词句试释/何昭华/语文学习/第5期

司马迁尊奉黄老论/张家顺/中州学刊/第5期

《报任安书》并非作于太始四年考/何世华/人文杂志/第6期

《史记》与《汉书》/贺卓君/历史教学问题/第6期

韩城胜迹之冠——司马迁墓和祠巡礼/高健/文物天地/第6期

司马迁故里龙门寨/贺俊文/文物天地/第6期

司马迁的爱憎/孙正容/历史知识/第6期

司马迁的《史记》与两汉散文/曾余/百花园/第6期

霸王的悲剧——项羽论/可永雪/语文学刊/第6期

司马氏父子的《六家要旨》/施丁/文史知识/第11期

司马迁·档案·《史记》/布英/实践/第12期

司马迁下吏、受刑年考/李开元/文史/第13期

报纸：

司马迁与《史记》/唐季华/重庆日报/4月3日

三十年来《史记》研究初探/肖黎、张大可/光明日报/6月7日

其他：

司马迁和调查访问方法——读《史记》札记之一/漆侠/求实集/天津人民出版社

谈《史记》中的"太史公曰"——读《史记》札记之二/漆侠/

同上

司马迁的"史"的观念与《史记》的文学价值/李文初/古典文学论丛（3）/陕西人民出版社

张弛开合，机抒独运——《鸿门宴》的情节艺术/徐应佩等/中国古典文学名著赏析/山西人民出版社

以事写人，以言传神——谈《廉颇蔺相如列传》人物形象的刻划/徐应佩等/同上

寄心褚墨，借传抒愤——读司马迁的《屈原列传》/徐应佩等/同上

紧扣中心，详略得宜——读《陈涉世家》/徐应佩/同上

司马迁和项羽/何兹全/读史集/上海人民出版社

司马迁《史记》在文学史上的地位/姜书阁/中国文学史四十讲/湖南人民出版社

司马迁及其《史记》/聂石樵/文学遗产增刊（14）/中华书局

百衲本《史记》考略/杨鉴/古籍论丛/福建人民出版社

《史记》"薄将军"钩沉/王岳尘/学林漫录（6）/中华书局版

《屈原列传》辨析/聂石樵/屈原论稿/人民文学出版社

《廉颇蔺相如列传》赏析/姜涛/古代散文名作欣赏/青海人民出版社

《荆轲列传》赏析/姜涛/古代散文名作欣赏/青海人民出版社

【1983年】

学报：

《史记》体制义例简论/张大可/兰州大学学报/第1期

妙题寓旨，匠心独运——《史记》标题管窥/俞樟华/浙江师范学院学报/第1期

引用（《史记》修辞拾零）/王家录/芜湖师专学报/第1期

观其文章，想见其人——从《报任安书》看司马迁/王俊清/鞍山师专学报/第1期

漫谈司马迁的《报任安书》（兼及李陵投降的责任问题）/孟庆林/牡丹江师范学院学报/第1期

试论司马迁的发愤著书说/傅昭生/汉中师范学院学报/第1期

略论司马迁对明君贤臣和酷吏的肯定和歌颂/郭双成/郑州大学学报/第1期

《廉颇蔺相如列传》里两个词的解释/董树文/天津师范大学学报/第1期

《史记》对《战国策》的吸收和改造/毕熙燕/新疆师范大学学报/第1期

"文之道,时为大"——谈《艺概》对《史记》的评述/宋嗣廉/吉林师范学院学报/第2期

对《史记》传记文学的几点异议/徐中文/芜湖师专学报/第2期

《史记》的《离骚》/关四平/绥化师专学报/第2期

试谈魏公子的形象及其塑造——读《史记·魏公子列传》/李才亮/玉林师专学报/第2—3期

共性人物各具个性——《史记》人物画像之一/李继芬/杭州师范学院学报/第2期

谈《史记》文笔之"疏"/李世荨/杭州师范学院学报/第2期

《史记》的人物描写/李孝堂/齐齐哈尔师范学院学报/第2期

司马迁笔下的李斯/周征松/山西师范学院学报/第2期

桃李不言,下自成蹊——《李将军列传》讲析/白静生/河北师范学院学报/第2期

"后广转为边郡太守,徙上郡"释(《史记·李将军列传》)/肖东海/吉安师专学报/第2期

讲《荆轲传》随笔/汪溶/青海民院学报/第2期

《屈原列传》质疑二则/王树功/昆明师范学院学报/第2期

识英雄于贫贱——《魏公子列传》讲析/白静生/河北师范学院学报/第2期

《信陵君窃符救赵》句读、音义辨证/程垂成/天津师范大学学报/第2期

《史记》秦纪年考辨/黄海德/南充师范学院学报/第2期

《史记》断限考略/张大可/西北大学学报/第2期

《货殖列传》与司马迁的经济构思/谢华瞻/江西师范学院南昌分

院学报/第2期

司马迁的经济思想/朱枝富/陕西师范大学学报/第2期

司马迁工商经济思想论述/周怀宇/安庆师范学院学报/第2期

司马迁的民族观/韩兆琦/曲靖师专学报/第2期

简谈滑稽人物的历史作用/郝玉屏/西北民族学院学报/第2期

《史记·项羽本纪》名词用为动词之初探/孔宪辉/广州师范学院学报/第2期

垓下之绝唱和《离骚》/令舟/零陵师专学报/第2期

《鸿门宴》不同注释析/周国瑞/安阳师专学报/第2期

关于《史记》的两个断限/赵生群/兰州大学学报/第2期

《史记》三家注的语法注释浅析/黄宝生/汉中师范学院学报/第2期

《史记》《汉书》传记文学二题/陈庆元/南平师专学报/第3期

《史通》尊班抑马辨/杨绪敏/徐州师范学院学报/第3期

失败的英雄，英雄的失败——读《史记·项羽本纪》/李凤仪/克山师专学报/第3期

论项羽的分封/刘君/大庆师专学报/第3期

《史记》标点商榷一则/施伟忠/淮北煤炭师范学院学报/第3期

千载斯人去，风流亦我师——读司马迁《货殖列传》/姚振生/北京商学院学报/第3期

《鸿门宴》的人物描写/徐克强/牡丹江师范学院学报/第3期

试论司马迁的一家之言/张大可/西北师范学院学报/第3期

《信陵君窃符救赵》评注/张兆鸾/宁夏教育学院学报/第3期

《史记》与汉语成语/黄懋颐/南京大学学报/第3期

司马迁爱国思想简论/陈孝宁/昭通师专学报/第3期

从《史记》看司马迁对汉武帝的态度/王贵福/广西民族学院学报/第3期

司马迁思想基本倾向应是道家/何旭光/昭通师专学报/第3—4期

史迁肯定大赋说献疑/徐宗文/辽宁大学学报/第3期

论《史记》人物传记的浪漫主义/潘啸龙/安徽师范大学学报/第3期

司马迁生于汉景帝五年考/徐朔方/杭州大学学报/第3期
司马迁生年考辨/赵光贤/北京师范大学学报/第3期
《信陵君窃符救赵》注释琐议/陈雪洪/湖南教育学院学报/第3期
史家之绝唱，无韵之离骚——《史记》浅探/何旭光/昆明师专学报/第4期
论《史记》的"成一家之言"/罗文博/阜阳师范学院学报/第4期
略谈《史记》在中国小说史上的地位/陈磊/广西民族学院学报/第4期
《左传》人物描写艺术对《史记》的影响/莫砺峰/南京大学学报/第4期
浅谈《史记》的讽刺艺术/何旭光/南充师范学院学报/第4期
屈原问题考辨/（日）三泽玲尔著、韩基国译/重庆师范学院学报/第4期
读《屈原问题考辨》中涉及的有关《史记·屈原列传》的一些争议问题/黄中模/重庆师范学院学报/第4期
屈原否定论系谱/（日）稻畑耕一郎著、韩基国译/重庆师范学院学报/第4期
司马迁评传/张大可/兰州大学学报/中国古代史论文专辑
司马迁著黄帝于《史记》之首我见/朱枝富/盐城师专学报/第4期
《史记》疑义蠡测/颜克述/湘潭大学学报/第4期
"奏瑟"别解（《廉颇蔺相如列传》）/王靖宇/辽宁师范学院学报/第6期
《廉颇蔺相如列传》主题辨/麻守中/辽宁师范学院学报/第6期

其他期刊：
司马迁的人才观/李培林/历史知识/第1期
从《游侠列传》看司马迁的道德观/郭焕珍/兰州学刊/第1期
《史记》略论/吴忠匡/黑龙江电大/第1期
《史记》互见法浅议/孙秋克/江淮论坛/第1期
司马迁的文学观/李伯敬/教学的进修/第1期

奇特——《史记》语言风格之一/王家录/修辞学习/第1期
传记文学能从《史记》中学到些什么/朱东润/人物/第1期
《史记》人物塑造三题/叶幼明/美育/第1期
响铮铮的顶梁柱——樊哙说/可永雪/语文月刊/第1期
司马迁与纪传体/品涛/夜读/第1期
司马迁为何受宫刑/郭精锐/文学遗产/第2期
《史记》的对比艺术/田汉云/教学与进修/第2期
司马迁的商业人才论/张南/历史知识/第2期
司马迁《货殖列传》中的商业思想/张守军/商业资料/第2期
司马迁的功利观/张仲良/江淮论坛/第2期
《安刘必勃辨》质疑/张义忱/晋阳学刊/第2期
安刘必勃再辨/嘉泉、碧波/晋阳学刊/第2期
太史公释名考辨——兼论《史记》书名之演变/张大可/人文杂志/第2期
从《史记》看司马迁的生死观/洪立平/天津社会科学/第3期
司马迁道德思想简论/肖黎/东岳论丛/第3期
司马迁怎样塑造历史人物/张大可/兰州学刊/第3期
司马迁说过孔子编《诗经》吗/言联抗/人民音乐/第3期
论《史记》的互见法/肖黎、张大可/社会科学辑刊/第3期
试论韩非之死/龚维英/中国史研究/第3期
司马迁笔下的卓文君/陈兰村/三月/第3期
《屈原列传》中的"既"/李功成/语文教学/第3期
《史记·六国年表·晋表》校记/张仲良/晋阳学刊/第3期
司马迁关于"势"的思想/杨燕起/人文杂志/第4期
释太史公自叙成一家之言/程金造/人文杂志/第4期
司马迁本末概念的使用/鹿谞慧/人文杂志/第4期
《史记》的特殊修辞与畸形句例/韩兆琦/北方论丛/第4期
司马迁宫刑析疑/吕锡生/中国史研究/第4期
《史记》的体例与"通变"/杨燕起/史学史研究/第4期
对《李将军列传》的几点认识/聂石樵/自修大学/第4期
骊山刑徒辨析/胡留元等/人文杂志/第4期

读《史记会注考证》识异/李廷先/历史论丛/第4辑
"刑余之人"和他的"一家之言"/曹河/百花园/第4期
凝情铺墨,寄慨悲歌——读《屈原列传》/霜钟/名作欣赏/第5期
曲折回环,情思盎然——读《信陵君窃符救赵》/张补俊/名作欣赏/第5期
《荆轲传》的空白的暗笔/艾岩/名作欣赏/第5期
司马迁传记文释例/季镇淮/名作欣赏/第5期
论司马迁的政治思想/肖黎/北方论丛/第5期
论《史记》取材/张大可/社会科学/第5期
《史记》是用刀刻写成的吗/冯秉文/百科知识/第5期
一个可悲的和事佬——项伯论/可永雪/语文学刊/第5期
建国以来《史记》研究情况述评/肖黎/社会科学研究/第6期
司马迁出生在今山西河津县说/黄乃管/晋阳学刊/第6期
试论司马迁的审美观/韩林德/思想战线/第6期
三十年来《史记》研究述评/张大可/人文杂志/第6期
简评《史记》论赞/张大可/青海社会科学/第6期
读《史记》随笔/闻异/中州今古/第6期
韩信诚蒙冤,谋反亦不诬——读《淮阴侯列传》札记/张大可/江海学刊/第6期
司马迁的经济思想述论/张大可/学术月刊/第10期
《史记》的词句特点/吕桂申/电大语文/第11期
《廉颇蔺相如列传》中的被动句/陆康叔/语文战线/第12期
《报任安书》语言浅析/王纯庵/电大语文/第12期
《史记》中所见秦早期都邑葬地/李零/文史/第20辑

报纸:
司马迁主张"乐观时变"/王明信/甘肃日报/1月24日

其他:
《史记·货殖列传》所记的西汉物价/陈连庆/中国古代史经济论丛
司马迁受宫刑原因辨/郑连保、吴国宁/河北师范大学毕业论文

选集

中国叙事文学的伟大里程碑——《史记》文学价值浅议/刘振东/齐鲁学刊古典文学专号

《释报任安书的几个问题》质疑/予夫/中国古代史论丛/第7辑/福建人民出版社

司马迁评传/季镇淮/中国历史著名文学家评传/第1卷/山东教育出版社

《史记》的思想内容和艺术成就是什么/林传群/古典文学常识百题/岳麓书社

司马迁与史记/曾敏之/文史品味录/花城出版社

读《史记·屈原列传》志疑/张国光/屈原研究论集/长江文艺出版社

《屈原传》流放问题之我见/张杰/屈原研究论集/长江文艺出版社

《史记》体例研究/张大可、肖黎/秦汉史论丛/总第4辑

【1984年】

学报：

从司马迁写当代史看他的政治观/张大可/西北民族学院学报/第1期

简析司马迁的刑法思想/朱枝富/中国政法大学学报/第1期

《史记》散论二题/张大可/宁夏大学学报/第1期

论司马迁朴素唯物主义思想/何世华/汉中师范学院学报/第1期

《史记》三题/吴汝煜/阜阳师范学院学报/第1—2期

试谈司马迁的主要史学成就/赵国华/华中师范学院研究生学报/第1期

论司马迁的经济思想/肖黎/中南民族学院学报/第1期

《史记·河渠书》中的"沫水"考/冯广宏/四川师范学院学报/第1期

读《史记·货殖列传》札记/崔凡芝/山西大学学报/第1期

司马迁在文学方面的成就/许绍光/扬州师范学院学报/第1期

司马迁传记文学艺术成就简论/陆永品/河北师范学院学报/第

1期

漫谈司马迁人物传记的开头和结尾/陈兰村、俞樟华/浙江师范学院学报/第1期

谈司马迁对项羽形象的刻划/宋心昌/济宁师专学报/第1期

谈司马迁的商业经营理论/王炜/山西财经学院学报/第1期

浅谈司马迁的哲学观和历史观：略说司马迁的基本思想观点之一/何旭光/黔东南民族师专学报/第1期

谈《陈涉世家》中的"鸿鹄之志"/刘福余/朝阳师专学报/第1期

"为好会"抑"为好"——关于《史记》的一个标点问题/马锡鉴/温州师专学报/第2期

中华书局本《史记》标点商榷/吴静容/沈阳师范学院学报/第2期

《史记》人物描写的艺术创新——《史记》与《战国策》比较研究/金家兴/孝感师专学报/第2期

《信陵君窃符救赵》词义琐记/何世英、陈斌/青海师专学报/第2期

试论司马迁"发愤著书"说对讽喻文学理论的影响/袁伯诚/固原师专学报/第2期

《史记·货殖列传》中的经济思想漫议/方永耀/泰安师专学报/第2期

关于司马迁生年的考辨/张大可/上海师范学院学报/第2期

谈谈司马迁遭祸受刑的冤狱——兼与王俊清同志商榷/王云/鞍山师专学报/第2期

司马迁的死年死因及其他：讲授《报任安书》引起的疑窦/侯廷章/南阳师专学报/第2期

《史记·屈原列传》非伪作辨/王开富/重庆师范学院学报/第2期

无韵之离骚——浅谈《史记》的抒情特色/王长华/河北师范学院学报/第2期

谈《史记·魏其武安侯列传》的人物和结构/栗凰/青海师范学院学报/第2期

司马迁的人性思想初探/贾行宪/延安大学学报/第2期

论《史记》成书的历史条件/张大可/山西大学学报/第2期

论司马谈创《史记》五体/赵生群/南京师范大学学报/第2期

王国维之司马迁"卒年与武帝相终始"说商兑/袁传璋/安徽师范大学学报/第2期

继春秋又不同春秋——《史记》散论之一/李继芬/杭州师范学院学报/第2期

试论司马迁发愤著书的原因和条件——兼论《史记》成功的原因/袁伯诚/陕西师范大学学报/第2期

《史记》成书浅谈/何传军/南阳师专学报/第2期

关于《史记》标点问题的札记/刘家钰/天津商学院学报/第2期

谈《史记》的人民性/肖彬夫/辽宁商业专科学校学报/第3期

《史记·屈原列传》岂容否定/卢文晖/四川师范学院学报/第3期

试论司马迁的"发愤著书"说对叛逆文学理论的影响/袁伯诚/固原师专学报/第3期

从《项羽本纪》和《廉颇蔺相如列传》看《史记》场面描写的艺术手法/何旭光/固原师专学报/第3期

从《游侠列传》到《水浒传》/郭豫衡/武汉师范学院学报/第3期

"生甗肩"释义/叶晨晖/南京师范大学学报/第3期

《史记·滑稽列传》中一句的句读/宋南仁/西北大学学报/第3期

《史记》的语言艺术/李孝堂/齐齐哈尔师范学院学报/第3期

司马迁受宫刑之年考略/施丁/辽宁大学学报/第3期

司马迁生年考——兼及司马迁入仕考/施丁/杭州大学学报/第3期

史迁是否见过淮南王书的疑问/雪克/杭州大学学报增刊

试谈《报任少卿书》与作者死亡关系/久行/河北师范学院学报/第3期

司马迁成功的启示/李广宏/广州师范学院学报/第3—4期

论司马迁的历史观/张大可/兰州大学学报/第3期

《史记》书法释例/韩兆琦/北京师范大学学报/第3期

钱泰吉《史记》校记三种/令甫/杭州大学学报增刊
《史记》注释考辨二则/丘述尧/华南师范大学学报增刊
谈司马迁道德思想的进步性/李世萼/杭州师范学院学报/第4期
《史记》互见法初探/刘松来/江西师范大学学报/第4期
论《史记·货殖列传》和体例归属/彭久松/四川师范学院学报/第4期
关于《史记》名词性补语的句式特点及其影响/韩陈其/徐州师范学院学报/第4期
《史记·孙武传》的思想和文学特色/赵成文/沈阳师范学院学报/第4期
论《廉颇蔺相如列传》的艺术构思/朱占一、朱景宇/唐山师专学报/第4期
再谈《史记》在中国小说史上的地位/陈星鹤/广西民族学院学报/第4期
试论司马迁的生死观/景明/锦州师范学院学报/第4期
从刀笔吏到开国元勋——《史记·萧相国世空》评说/龚国祥/江汉大学学报/第4期
论司马迁及其《史记》的基本思想倾向/侯绍庄、冷天放/贵州民族学院学报/第4期
《史记》《新序》校勘记/陈尉松/华中师范学院学报/第5期
司马迁与屈原——读《屈原列传》/徐克文/辽宁大学学报/第5期

其他期刊：
《报任安书》"究天人之际"释/程金造/人文杂志/第1期
说"成一家之言"/白寿彝/历史研究/第1期
关于"太史公曰"的几个问题/肖黎/学习与探索/第1期
浅谈司马迁《史记》中的文学实践/王友怀/人文杂志/第1期
金批《水浒》的曲笔与《史记》/卢炘/浙江学刊/第1期
《报任安书》的写作年代与司马迁之死考辨/袁伯诚/青海社会科学/第1期
借鉴《史记》，写好方志人物传/梁滨久/中国地方志通讯/第1期

"重于泰山"、"轻于鸿毛"究何所指（司马迁《报任安书》）/王同策/史学集刊/第2期

评司马迁生于建元六年之新证/张大可/求是学刊/第2期

略谈《史记》的形式/孙正容/历史知识/第2期

论司马迁与儒、道、法之关系/肖黎/人文杂志/第2期

浅谈司马迁的道德观和法律观——司马迁的基本思想观点之二/何旭光/绵阳师专教学与研究/第2期

司马迁的经济地理分区——《史记·货殖列传》读后/冯志毅/兰州学刊/第2期

《史记》中歌谣谚语的思想性及其艺术价值/康学伟/松辽学刊/第2期

《史记》——一道悲剧人物画廊/韩兆琦/北京电大学刊/第2期

无韵之离骚——读《屈原列传》/何新文/中学语文/第2期

革命暴风雨中的企鹅（陈婴论）/洁芒/语文学刊/第3期

为卫宏之司马迁"下狱死说"辨诬补证（太史公卒年考辨之四）/袁传璋/安徽史学/第3期

从《史记·孙子吴起列传》看三名军事家/张瑞昌/松辽学刊/第3期

司马迁的儒道思想辨析/吴汝煜/人文杂志/第3期

《屈原列传》标点疑例/刘新友/社会科学战线/第3期

司马迁生地浅探/吉春/人文杂志/第3期

读《史记·陈涉世家》/李叔毅/史学史研究/第4期

《陈涉世家》助读四题/周建忠/中学语文教学参考

谈司马迁的美学思想/肖黎/松辽学刊/第4期

孔子司马迁治史态度比较/吴汝煜/齐鲁学刊/第4期

司马迁成"一家之言"说/吴忠匡/人文杂志/第4期

论司马迁的经济思想/王明信/中国历史文献研究集刊/第4期

从《左传》和《史记》的比较看《史记》的动补式/何乐士/东岳论丛/第4期

论司马迁之"爱奇"/刘振东/文学评论/第4期

《史记》写战争/施丁/中国历史文献研究集刊/第4期

司马迁的治学精神/陈雪良/中学历史教学/第4期
《史记·平准书》校勘数则述辨/李庆善/古籍整理研究通讯/第5期
关于《屈原列传》的两段议论/赵明政/语文战线/第5期
骚人诗笔写春秋——浅论《史记》兼为文史巨著之由/颜应伯/上海广播电视文科月刊/第5期
爱的丰碑，憎的大纛——《史记·李将军列传》浅析/史英/文科月刊/第5期
喑噁叱咤，勇武超群——《史记·项羽本纪》中的项羽形象/朱碧莲/文科月刊/第5期
《史记》的文学特点/蒋锡康/中文自修/第5期
司马迁的生死观/沈新林、孙应杰/人文杂志/第5期
《屈原列传》备课指要/游国和/语文教学通讯/第5期
关于《屈原列传》两段文字的旧评/易重廉/语文教学通讯/第6期
司马迁批判《老子》了吗？/周怀宇/史学月刊/第6期
治国之道，富民之始——试析司马迁的富民思想/朱枝富/人文杂志/第6期
释韩安国"受《韩子》杂家说"/金德建/齐鲁学刊/第6期
一朵独具异彩的小花：浅谈司马迁《悲士不遇赋》/赵乃增/文学论集/第7辑
人细刻划，独雄千古——论《史记》军事人物传记写作的成就/郭双成/解放军报通讯/第9期
《史记》和汉乐府中的市井人物形象/侯文正/城市文学/第10期
因势利导，富国足民——读《史记·货殖列传》/青名/学习研究/第12期
《史记》纪传体对唐代传奇的影响/李少雍/文学评论丛刊/第18辑

报纸：
《史记》中的"异称"/何文才/读写月报/12月15日

其他：
我国伟大的历史学家司马迁/尚钺/高钺史学论文集/人民出版社

"从倾倒中写出神勇"——司马迁《李将军列传》赏析/刘桐孙/古代散文名篇欣赏/内蒙古人民出版社

论《史记》与《汉书》/吴忠匡/古籍整理论文集/甘肃人民出版社

《史记》——中国史学鼻祖司马迁/郭伯南等/新编中国史话/上海人民出版社

司马迁/杨燕起/百代英杰/北京出版社

试谈《史记·将相表》之"倒书"/施丁/古籍整理论文集/甘肃人民出版社

略论《史记》的"实录"精神与"入情合理"的想象/宋嗣廉/文艺论丛总21/上海文艺出版社

【1985年】

学报：

司马迁法律思想刍议/俞樟华/浙江师范学院学报/第1期

汉武帝和《史记》成书的关系/罗芳松/成都大学学报/第1期

试谈司马迁对人物的褒贬/牟家宽/南充师范学院学报/第1期

读史浅札《史记》/李鼎芳/河北大学学报/第1期

灵活多彩的"太史公曰"/白静生/河北师范学院学报/第1期

司马迁生财求富思想浅析/林友华/宁德师专学报/第1期

于含蓄中见褒贬——《史记》散论之三/李继芬/杭州师范学院学报/第1期

《廉颇蔺相如列传》简析/冷庆满/朝阳师专学报/第1期

源于《史记》的成语/刘治平/广西民族学院学报/第1期

司马迁"发愤著书"说的理论意义——论"愤"在文学创作中的作用/袁伯诚/固原师专学报/第1期

《报任少卿书》的艺术技巧/王发国/西南民族学院学报/第1期

我国史传文学历史渊源初探——《史记》研究之一/叶幼明/湖南大学学报增刊

试论《史记》的编次/田汉云/固原师专学报/第1期

略论司马迁的讽刺手法/萧涤非/泰安师专学报/第1—2期

《史》《汉》句读商榷二则/马晓斌/淮北煤炭师范学院学报/第2期

一本系统研究司马迁的论集问世（读张大可《史记研究》）/柯昌基/西北师范学院学报/第2期

从"厕中鼠"到"仓中鼠"。——小议司马迁对李斯的批判/罗光辉/益阳师专学报/第2期

浅谈《史记》的浪漫主义/何旭光/固原师专学报/第2期

从《史记·赵世家》到《赵氏孤儿》看历史题材作品创作中改的艺术/史淳良/孝感师专学报/第2期

学习和怀念——读李长之先生的《司马迁之人格与风格》/张兆鸾/固原师专学报/第2期

《史记》中的"骑"字/郭芹纳/兰州大学学报/第2期

浅谈《史记》的讽刺艺术/何旭光等/锦州师范学院学报/第2期

传记文学写真实的典范——《史记》/郭定功/青海师范大学学报/第2期

《史记》的"春秋笔法"/杨润英/宜春师专学报/第2期

谈司马迁伦理观的几个问题/姜春隆/长春师范学院学报/第2期

司马迁的"天人之际"学说初探/刘操南/固原师专学报/第2期

谈《史记》的写人物/王春光/内蒙古民族师范学院学报/第2期

谈《史记》及《屈原列传》的史源/吕培成/陕西师范大学学报/第2期

略论班固、司马迁评价屈原、屈赋的分异/刘晓梅/盐城师专学报/第2期

封建社会初期的"官场现形记"——论析司马迁对秦汉官场的批判/朱枝富/阜阳师范学院学报/第2期

《史记》考名补述/罗文博/阜阳师范学院学报/第2期

张楚·楚隐王·《陈涉世家》/曹革成/大庆师专学报/第2期

对《史记》选材的一点异议/高淑华/舟山师专学报/第2期

浅评李广利伐大宛在中西交通史上的作用——读《史记·大宛列传》/赵汝清/宁夏大学学报/第2期

从"曩"与"今"管窥《报任安书》/罗芳松/成都大学学报/第

3 期

孔子、屈原、司马迁——他们奠定中国知识分子立德、立功、立言的优秀传统/杨天堂/暨南大学学报/第 3 期

司马迁论屈原/叶幼明/岳阳师专学报/第 3 期

谈《鸿门宴》中一处未注的词/杨本祥等/云南师范大学学报/第 3 期

浅论《史记》在史学和文学上的成就/企宋/固原师专学报/第 3—4 期

谈谈司马迁的改革观/何旭光/玉林师专学报/第 3 期

浅谈司马迁"农末俱利"四业并举的发展经济观/何旭光/朝阳师专学报/第 3 期

司马迁经济思想在不同历史时期的地位/鹿谓慧/宝鸡师范学院学报/第 3 期

以商品生产为背景的致富之学——读《史记·货殖列传》/程崇仁/安徽财贸学院学报/第 3 期

性格化语言的创造和奠基——《史记》人物语言成就谈/洁芒/内蒙古师范大学学报/第 3 期

《史记》的抒情特征/刘德煌/西南师范学院学报/第 3 期

司马迁笔下的项羽/徐德邻/牡丹江师范学院学报/第 3 期

《史记》的结构特点/李孝堂/齐齐哈尔师范学院学报/第 3 期

《史记》情节的虚构性和传奇性/何旭光/四川师范学院学报/第 3 期

从王国维、郭沫若共认的"先汉纪录"考定司马迁父子的生年/王重九/陕西师范大学学报/第 3 期

从"白登之围"到"马邑之谋"——论高惠文景四代汉朝与匈奴的关系/彭年/四川师范学院学报/第 3 期

从《陈涉世家》看司马迁纪事实录史笔/陈茂同/厦门大学学报/第 3 期

《史记·项羽本纪》语句辨疑/杨晓敏/新疆大学学报/第 3 期

司马迁写《报任安书》年代考/施丁/西南师范学院学报/第 4 期

谈司马迁的创作观和文学观/何旭光/吉安师专学报/第 4 期

《史记》细节描写浅说/何旭光/南通师专学报/第4期

论《史记》创造典型特点——《史记》论稿之一/李志慧/西北大学学报/第4期

司马迁、贾谊、晁错经济思想异同论/鹿谓慧/云南财贸学院学报/第4期

小议司马迁的人才观/祝福泽/中南民族学院学报/第4期

《太史公书》管窥/王利器/湖南教育学院学报/第4期

"天下熙熙皆为利来"（汉初功利观剖析）/钟建民/上海师范大学学报/第4期

《史记》讲录/钱基博讲、吴忠匡记/华中师范大学学报/第5期

货殖浅析/葛贤/山西财经学院学报/第5期

论司马迁的义利观/朱枝富/中国社会科学院研究生院学报/第6期

《史记》中对我国古代科技史的记载/公盾/同上

其他期刊：

略论司马迁的荣辱观/吕锡生/人文杂志/第1期

《史记·殷本纪》中一条史料的辨证/聂玉海/殷都学刊/第1期

浅谈《史记》的成因/廖丽霞/语文园地/第1期

崇高的人格，创新的精神——纪念司马迁诞辰2130周年/张大可/人文杂志/第1期

浅谈司马迁的审美观——略说司马迁的基本思想观点之四/何旭光/阿坝师专教学与研究/第1期

司马迁为什么将陈涉列入世家/叶幼明/中国文学研究/第1期

略论《史记》人物形象的塑造/郝孝忠/自贡教育学院学刊/第1期

浅谈司马迁档案史料的收集和运用/李仕春/成都档案/第1期

读《史记》杂议之一——《陈涉世家》/业衍璋/艺谭/第1期

司马迁的文学思想/李培坤/唐都学刊/第1期

读《史记·货殖列传》杂识/王毓瑚/文史集林/第1辑

《史记·匈奴列传》与《汉书·匈奴传》及其注文新校札注/余胜椿/民族研究/第1期

谈司马迁的思想/方步和/甘肃社会科学/第2期
《史记》非官书论/华钟彦/古籍论丛/第2辑
关于司马迁原名问题/王重九/古籍论丛/第2辑
试析司马迁的经济思想/韩兆琦/人文杂志/第2期
浅谈司马迁的经济观/何旭光/铁岭教育学院院刊/第2期
发展生产，促进流通是治国之道，致富之本——读《史记·货殖列传》/马增善/经济理论与经济管理/第2期
读《史记·淮阴侯列传》/吉书时/史学评林/第1—2期
从《史记》看司马迁与诸家之关系/肖黎/古籍论丛/第2期
司马迁思想中的"天"与"变"/肖黎/晋阳学刊/第2期
《史记·陈涉世家》诂正/王德元/古籍论丛/第2辑
《史记》体例与褒贬/赵生群/人文杂志/第3期
在《史记》千姿百态的人物群像中漫步/韩登庸/语文学刊/第3期
纵横开阖，沉郁曲折：《报任安书》浅析/谌东飙/学习导报/第3期
通过文学遗产窥视古人思想及其演变——日本吹野安《史记·龟策列传小察》译介/董乃斌/中外文学研究参考/第3期
读《史记·货殖列传》杂识/王毓瑚/文史集林/第4期
《史记》编撰体例管见/陈初定/河南图书馆学刊/第4期
略论班固对司马迁思想的批评/朱榴明/人文杂志/第4期
论司马迁撰史宗旨/朱枝富/史学史研究/第4期
从《春秋》看《史记》在古史学上的发展/程金造/中国史研究/第4期
司马迁受宫刑成《史记》/成常福/三月风/第4期
论《李将军列传》/黄永堂/贵州文史论丛/第4期
为"已诺必诚"进一解/王海根/文科通讯/第4期
刘知几关于《史》《汉》体例的评论/许凌云/史学史研究/第4期
读《史记·游侠列传》/韩兆琦/名作欣赏/第4期
《信陵君窃符救赵》的几个问题/陆鼎祥/语文学刊/第4期
《史记》"历诸侯"注释商榷/张仲良/社会科学辑刊/第5期
《史记》与《汉书》/谷建祥/文博通讯/第4—5期

《秦始皇本纪》补疑/茅冥家/中国历史文献研究集刊/第5集

试说《史记》的本纪义例并及史公立项纪的求实意义/谭绪缵/中国历史文献研究集刊/第5集

司马迁的"为百姓言"/杨燕起/中国历史文献研究集刊/第5集

司马迁的"成一家之言"新解/高振铎/贵州社会科学/第5期

再谈《报任安书》的写作年代与司马迁的卒年问题/李伯勋/青海社会科学/第5期

《史记·天官书》论略/宋纹缤/人文杂志/第5期

《史记》三家注韩城地名正误/吉春/人文杂志/第6期

关于司马迁的结局问题/范振国/史学月刊/第6期

《陈涉世家》的几处训诂与陈涉评价/徐流/人文杂志/第6期

《史记》的"表"/杨燕起/甘肃社会科学/第6期

论《史记》十表之结构与功用/张大可/青海社会科学/第6期

《陈涉世家》（教材设计）/朱国强/教学月刊/第6期

为什么说《史记》是"史家之绝唱"/肖黎、陈其泰、杨燕起/文史知识/第9期

司马迁笔下的星汉世界/杜升云/文史知识/第9期

理想、毅力与"名山"之业——重读司马迁的《报任安书》/杨牧之/文史知识/第9期

《史记》《汉书》游侠传试探——兼论两汉社会风尚的变迁/宋超/学术月刊/第10期

司马迁史传文学理论初探/韩湖初/古代文学理论研究/第10辑

《李将军列传》讲析/白静生/应用写作/第10期

报纸：

我国古代杰出的经济思想家——读《史记·货殖列传》范蠡条/余光仁/宁夏日报/1月3日

《史记》与司马迁/肖黎/中国青年报2月27日

司马迁青年时代的经济调查/鹿谞慧/陕西日报/4月3日

司马迁遭宫刑之后/鹿谞慧/西安晚报/8月26日

其他：

《史记》纪传体对我国小说发展的影响/李少雍/中国文学史研究

集/上海古籍出版社
司马迁"法自然"的经济思想/巫宝三/中国经济思想史论/人民出版社
究天人之际/金庸/中国文化研究集/第1辑
司马迁"卒于武帝后之后"斠误/袁传璋/中国古典文学论丛/总第2辑/人民文学出版社

【1986年】

学报：

简评明清学者对《史记》论赞的研究/俞樟华/浙江师范大学学报/第1期
从《评史记》看钟惺的用人观点/何明新/重庆师范学院学报/第1期
论司马迁对人的看法与写法/杨松浦/上海海运学院学报/第1期
《史记》"三家注"校勘注释浅析/黄宝生/汉中师范学院学报/第1期
司马迁对训诂学的贡献/蔡正发/云南民族学院学报/第1期
试论司马迁以"三不朽"说为中心的价值观/黎雪/固原师专学报/第1期
试论司马迁的地理思想/徐日辉/青海师范大学学报/第1期
谈《项羽本纪》的战争描写/李继芬/杭州师范学院学报/第1期
司马迁的辩证思想/何旭光/青海师范大学学报/第1期
略论"太史公笔法"/田林/大连师专学报/第1期
论司马迁的"天道""天命"观/李泉/聊城师范学院学报/第1期
略论《史记》和悲剧特征/孙海洋/湘潭师范学院学报/第1期
再谈《史记》的结局问题——兼论"西汉史学系统"/范振国/河南大学学报/第1期
"史家之绝唱，无韵之离骚"试释/吴汝煜/南通师专学报/第1期
论《史记》的人物描写/潘啸龙/成都师专学报/第1期
司马迁笔下的秦始皇/汪受宽/兰州大学学报/第1期
读《史记·屈原列传》札记二篇/吴小如/河北师范学院学报/第

1期

刘邦是"受命而帝"吗——析《高祖本纪》的神异描写/赵生群/盐城师专学报/第2期

司马迁对世态炎凉、人情"市道"的批判/朱枝富/盐城师专学报/第2期

谈《史记》散文的艺术美——兼谈司马迁的审美观/吴汝煜/苏州教育学院学报/第2期

司马迁对"天命"的矛盾认识/潘啸龙/安徽师范大学学报/第2期

希罗多德与司马迁/胡凤章/衡阳师专学报/第2期

试论介词"于"字在《史记》名词性补语的分布规律/韩陈其/徐州师范学院学报/第2期

《史记》史评略说/穆德全/伊犁师范学院学报/第2—3期

论《史记》与《通鉴》的会通思想/徐景重/西北民族学院学报/第3期

浅谈司马迁笔下的项羽形象/单薇/绥化师专学报/第3期

《报任安书》注释疑义讨论/薛正兴/南京师范大学学报/第3期

论司马迁的民族思想/朱枝富/中央民族学院学报/第3期

论司马迁的曲笔/杨成孚/南开大学学报/第3期

褚续"西门豹治邺"史实的真伪——读《史记·滑稽列传》札记/徐日辉/河北师范大学学报/第3期

对《货殖列传》经营管理思想的探讨/刘厚福/鹿谓慧/云南财贸学院学报/第3期

司马迁生年问题辨析/罗芳松/成都大学学报/第4期

《史记》与《春秋》/赵生群/兰州大学学报/第4期

从系统的观点看董仲舒春秋公羊学与道家在司马迁历史观中的地位与作用/胡大雪/宁夏教育学院学报/第4期

也谈"究天人之际"/何旭光/大庆师专学报/第4期

《史记》谤书辨/周国伟/扬州师范学院学报/第4期

论司马迁的天命思想/王明信/河北师范大学学报/增刊

说《史记·陈涉世家》"守令"、"守丞"/蓝野/山东师范大学学

报/第4期

再论司马迁之死——答李伯勋先生/袁伯诚/固原师专学报/第4期

《司马迁生卒年考辨》的考辨——考辨文章必须尊重前人的成果/魏明安/固原师专学报/第4期

聪以知远,明以察微——谈司马迁之识/徐传武/临沂师专学报/第4期

其他期刊:

论《史记》的基本特征(兼论鲁迅对《史记》的评价)/袁伯诚/宁夏社会科学/第1期

论《史记》军事描写篇章的几个特点/徐传武/人文杂志/第1期

试论封建社会《史记》研究的主线/鹿谞慧/学术月刊/第1期

司马迁的史才和《史记》的体裁/傅郎云、张文喜/古籍整理研究学刊/第1期

简论《史记》的文学性/可永雪/语文学刊/第1期

如何学好《史记》选修课/韩兆琦/北京师范大学中文函授/第1期

太史公龙门遗迹寻访记/王重九/文博/第1期

《史记》"滑稽"解/徐仁甫/文史杂志/第1期

司马迁的时代及其悲剧/一鸣/中国文学研究/第1期

司马迁见过《司马相如集》吗/金德建/人文杂志/第1期

试论司马迁的美学思想/叶幼明/求索/第1期

论司马迁对匈奴关系之见解及对武帝伐匈奴之异议/徐景重/甘肃民族研究/第2期

司马迁不可能生于建元六年/赵克/北方论丛/第2期

《史记》校勘一例/岳庆平/安徽史学/第2期

《史记》与地方志/林衍经/人文杂志/第2期

中国古典文献学的开拓者司马迁/王克奇/中国史研究/第2期

《史记》对《三国志通俗演义》成书影响刍议/赵清永/贵州文史丛刊/第2期

哈尔滨师范大学中文系将《史记》输入电子计算机/仲闻/北方论

丛/第2期

《史记》"蒲将军"辨析/张振佩/贵州社会科学/第2期

为刘邦辨一言——读《史记·项羽本纪》周嘉向/人文杂志/第3期

《史记》的心理描写/刘德萱/语文/第3期

司马迁没有为李陵的投降辩护/倪少敏/贵州文史丛刊/第3期

谈司马迁的才、学、识、德/李新达/贵州文史丛刊/第3期

司马迁论《尧典》述作/金德建/社会科学战线/第3期

《史记》"太史公曰"抉疑/朱榴明/人文杂志/第3期

《史记·乐书》错简发覆举偶/赵季/文献/第3期

读《史记·货殖列传》札记/苏诚鉴/江淮论坛/第3期

论《货殖列传》/周光廊/云梦学刊/第3期

《史记·廉颇列传》注释、标点质疑/詹绪佐/学语文/第3期

熔文史研究为一炉的论集——评《史记评议赏析》/张大可/社会科学评论/第4期

《史记》的时代特色/杨燕起/人文杂志/第4期

论司马迁的"务实"精神/刘旭/城市改革理论研究/第4期

《史记》校勘一则/张艳国/史学月刊/第4期

历代对《史记》提出的疑难问题辨析/高振铎/古籍整理研究学刊/第4期

《史记》在人物形象描写方面的功绩和贡献/洁芒/语文学刊/第4期

司马迁与董仲舒/杨燕起/史学史研究/第4期

略论《史记》三家注体例/赵英翘/北方论丛/第4期

论项羽的背约、分封与"残暴"/文士丹/江西社会科学/第4期

《史记》和"舒愤懑"/王成军、王炎/人物/第5期

《史记》修辞证篇——也谈《史记》修辞之偶疏/罗守坤/修辞学习/第5期

论司马迁所见《尚书》中有分殷之器物/金德建/人文杂志/第5期

司马迁与普鲁塔克/李少雍/文学评论/第5期

《史记》在艺术结构方面的成就和贡献/可永雪/语文教学/第 5 期
辨《史记·酷吏列传》/沈玉成/文学遗产/第 5 期
《史记》中本纪、世家体例/许志刚/文学遗产/第 5 期
论司马迁的史学道德/李克非/道德与文明/第 5 期
《鸿门宴》试析/邹光华/修辞学习/第 5 期
《鸿门宴》评析/卢文晖/大学文科园地/第 6 期
《史记》与《楚汉春秋》/李真瑜/人文杂志/第 6 期
《史记》中的"骚"影/吴汝煜/人文杂志/第 6 期
《史记》里论述的"时"——市场预测/朱明尧/商业研究/第 6 期
《报任安书》与汉武帝的严刑峻法/韩兆琦/古典文学知识/第 6 期
《史记》标点商榷一则/姚之若/史学月刊/第 6 期
《太史公自序》有研究《史记》的钥匙/高振铎/古籍整理研究学刊/第 8 期

报纸：

怎样读《史记》/赵生群/南京师范大学校刊/4 月 30 日
项羽起义前居吴中何地/吴汝煜/光明日报/8 月 27 日
丹青难写是精神——读《司马迁评传》/瞿林东/人民日报/1 月 7 日
龙门有灵秀，钟毓人中龙——访韩城司马迁祠/王忠人、葛增福/光明日报/12 月 6 日

其他：

《史记》引古文本《左传》考/金德建/经今古文字考/齐鲁书社
《史记》引今文本《尚书》考/金德建/经今古文字考/齐鲁书社
论《史记》所称"古文"系司马迁时古文经传/金德建/经今古文字考/齐鲁书社
司马迁所见周官即今王制考/金德建/古籍丛考/中华书局

【1987 年】

学报：

司马迁行年之商榷/张艳国/湖北大学学报/第 1 期
《史记》的总序：《史记·五帝本纪》散论/罗庚岭/怀化师专学报/

第1期

《史记》中的特殊语法现象——关于成分省略/吴静容/沈阳师范学院学报/第1期

司马迁对我国古典传记的贡献及其影响/李世萼/杭州师范学院学报/第1期

司马迁"史评"论项羽/张正鹄/宝鸡师范学院学报/第1期

《屈原列传》叙述矛盾之刍议/叶晨晖/南京师范大学学报/第1期

略述司马迁的经济思想/曹家骜/宝鸡师范学院学报/第1期

一曲爱国主义思想的赞歌——试析《史记·廉颇蔺相如列传》的史学价值/崔凡芝/山西大学学报/第1期

原始察终，见盛观衰：司马迁历史研究方法浅探/鲁尧贤/安庆师范学院学报/第1期

论司马迁的民族平等观/黄君萍/广东民族学院学报/第1期

历史的实录原则与文学表现手法：《史记》的辩证艺术之一/何旭光、李叔毅/信阳师范学院学报/第1期

宣富国富家之道，明生财求利之义——读《史记·货殖列传》/石国瑞/佳木斯师专学报/第1期

《报任安书》"会东从上来"辨证/袁传璋/安徽师范大学学报/第1期

从《孔子世家》浅谈司马迁对孔子的评价/晁广斌/固原师专学报/第1期

笔补造化，代为传神——略谈《史记》的场面描写/胡晓明/贵州民族学院学报/第1期

从司马迁笔下的汉高祖和汉武帝看《史记》的讽刺艺术/何旭光/昆明师专学报/第1期

两司马故乡考察散记/高振铎/山西师范大学学报/第1期

《史记》主观精神管窥/余碧波/常德师专学报/第2期

司马迁笔下的霍去病/庞政梁等/苏州铁道师范学院学报/第2期

《史记》人物形象的细节描写/柯天希/长沙水电师范学院学报/第2期

《史记》太初以后记事考/赵生群/南京师范大学学报/第2期

司马迁班固经济观之歧异及其思考/归青/上海大学学报/第2期

司马迁视陈涉为汉之发端/封五昌/陕西师范大学学报/第2期

司马迁文学观初探/李星/南京大学研究生院学报/第2期

司马迁经济思想发凡/刘伯午/天津财经学院学报/第2期

略谈司马迁的经济思想——读《史记·货殖列传》/艾光国/青海师专学报/第2期

就《史记》《汉书》同一段历史记载之分析比较/阎崇东/内蒙古师范大学学报/第2期

论司马迁的价值观/徐兴海/陕西师范大学学报/第2期

《项羽本纪》的传记文学价值/徐金凤/福建师范大学学报/第2期

从《伍子胥列传》看《史记》再创作的特点/洁芒/内蒙古师范大学学报/第2期

所谓"先汉纪录"并非司马谈史料/陈振民/陕西师范大学学报/第2期

从任安的行迹考定《报任安书》的作年/袁传璋/淮北煤炭师专学报/第2期

角度新颖、见解深刻、论证科学(读张大可同志《史记论赞辑释》/韩兆琦/兰州大学学报/第2期

读《史记》偶得/姚天金/云南教育学院学报/第2期

论司马迁的叛逆思想/祝瑞开/上海大学学报/第2期

论《史记》人物性格的丰富性和整一性/刘玉平、周晓琳/南充师范学院学报/第2期

《史记·萧相国世家》"三家注"分析/黄宝生/汉中师范学院学报/第3期

司马迁父子撰史断限计划管见/朱枝富/汉中师范学院学报/第3期

司马迁笔下的老子与《老子》/李邦国/湖北师范学院学报/第3期

司马迁生年问题辨析(续完)/罗芳松/成都师范大学学报/第3期

析《史记》之"本纪"与"汉书"之"本纪"/张晓松/上饶师专

学报/第3期

汉武帝见过《史记》叙汉事六表说/黄仕忠/中山大学研究生院学报/第3期

从《旧约》与《史记》的比较试探东方文学的一点规律/刘清河/汉中师范学院学报/第3期

谈谈司马迁的人才观/徐明清/云南教育学院学报/第3期

两司马政治思想之异趣/朱枝富/青海师范大学学报/第3期

《史记》的语言特点/何旭光/喀什师范学院学报/第3期

试论杜甫的饮中八仙歌——兼谈《史记》对杜甫的影响/沈成翃/盐城师范学院学报/第3期

小议"秦失其鹿"(《淮阴侯列传》)/杨超/南充师范学院学报/第3期

《史记·货殖列传》注释与解说/万纯棋等/中南财经大学学报/第4期

《史记》读法/吴忠匡/信阳师范学院学报/第4期

评《史记论稿》/俞樟华/徐州师范学院学报/第4期

司马迁笔下的商鞅/徐兴海/河南师范大学学报/第4期

司马迁不是"厚今薄古"历史学家/刘重来/西南师范大学学报/第4期

谈司马迁的非"中和"的审美观/何人可/延边大学学报/第4期

雄健峻洁,自成一家——古代学者论司马迁的风格/俞樟华/济宁师专学报/第4期

浅谈《史记》的历史地位——应建立一门"史记学"/石玉铎、王春光/锦州师范学院学报/第4期

论司马迁的历史变化观/何世华/宝鸡师范学院学报/第4期

试论司马迁《史记》著录人物的标准/滕建明/杭州大学学报/第4期

试论"明《易》道"在《史记》研究中的意义/李叔毅/信阳师范学院学报/第4期

论《史记》传记文学的艺术特色/徐传武/临沂师专学报/第4期

也谈李广难封的原因——与高敏同志商榷/周晓痴/湖北大学学报

/第4期

论司马迁的货殖学说：读《史记·货殖列传》/刘及佳/湖北大学学报/第5期

评明清学者论太史公的叙事笔法/俞樟华/浙江师范大学青年教师论文专辑

其他期刊：

《史记·天官书》和《历书》新注释例/陈之金/自然科学史研究/第1期

《史记》人物传记的思想性及其叙事特点/季镇淮/史学史研究/第1期

《史记》研究领域的新开拓：评吴汝煜的《史记论稿》/高驰/江海学刊/第1期

《报任安书》新探/刘安荣/重庆社会科学/第1期

班马异趣，文史殊途——《鸿门宴》修辞比较/万国政/修辞学习/第1期

错综周密，纤毫毕现——《魏其武安侯列传》的艺术结构/赵山林/中文自学指导/第1期

论孔子对《史记》的影响/赵生群/古文献研究文集/第1辑

《史记》"我"字之我见/陈敏杰/古文献研究文集/第1辑

裴松之驳"武帝不杀司马迁"谰言/高振铎/长白山社会科学/第1期

《史记》的训诂价值/罗庚岭/教与学/第1期

关于司马迁卒年的探讨/王重九/陕西文史研究丛刊/第2期

风采多姿的悲剧英雄人物画廊/韩兆琦/九都社科/第2期

论《史记》的记载失实/罗庚岭/教与学/第1期

《史记会注考证》商榷/柏寒/文献/第2期

《史记》所载韩非《说难》发覆/朱榴明/人文杂志/第2期

司马迁漫游的外境阅历对创伤《史记》的重要意义/袁伯诚/宁夏社会科学/第2期

司马迁笔下的磨难英雄/王安颖/中学历史教学/第2期

《鸿门宴》评析三疑/王怀让/齐鲁学刊/第2期

《史记》标点三则/章也/语文学刊/第2期

释《史记·屈原列传》中"奇""与"二字/张传汉/中国史研究/第2期

试论司马迁的人生价值观念——兼论李陵事件/苏诚鉴/贵州文史丛刊/第3期

《史记》虚词同义连用初探/吴国忠/中国语文/第3期

《史记》所体现的系统观/徐兴海/人文杂志/第3期

《史记》中的俗谚和民谣/鲁金波/贵州文史丛刊/第3期

司马迁不是无神论者/李泉/中国哲学史研究/第3期

司马迁"卒于太始四年说"献疑：太史公卒年辨之三/袁传璋/安徽史学/第3期

从"齐史之书崔杼"到"司马迁之述汉非"（试论我国史学直笔传统的早期发展）/王天顺/人文杂志/第3期

名山之宝谁识得？——谈前人在对《史记》文学性的认识上所走过的路/可永雪/语文学刊/第3期

也谈司马迁没有为李陵投降匈奴辩护/王云/贵州文史丛刊/第3期

从《史记》互见法看其历史价值观/孙绿江/河北学刊/第3期

汉初的一次宫廷斗争——读《魏其武安侯列传》/王魁田/唐都学刊/第3期

在司马迁墓前/王致远/华人世界/第4期

《史记》对武王伐灭商具体时间的记载是完全可信的——兼论其他古代文献的有关记载/孙斌来/松辽学刊/第4期

司马迁生葬地新探/呼林贵/人文杂志/第4期

喜读《司马迁评传》/高敏/史学月刊/第4期

关于司马迁历史散文成就的思考/刘松来/文学遗产/第4期

司马迁的子女/宕复/古典文学知识/第4期

生死而肉骨——从《史记》看传记文学的实与虚/马冀/语文学刊/第4期

试论司马迁的民族思想/宋采义/史学月刊/第5期

"说项依刘"之我见/沙元伟/江海学刊/第5期

一本研究司马迁史论的书——《史记论赞辑释》评价/唐少卿/人文杂志/第5期

《史记》论略/吴忠匡/中文自修/第5期

试比较司马迁与修昔底德的经济史观/夏祖恩/福建论坛/第6期

司马迁高扬垂名思想的历史价值/洁芒/语文学刊/第6期

司马迁思想组合结构论：兼与袁伯诚同志商榷司马迁漫游之目的和意义/魏耕原、张新科/宁夏社会科学/第6期

《史记·陈涉世家》"夥涉为王"考辨/姜可瑜/文史哲/第6期

《史记》勘误一则/张焯/史学月刊/第6期

司马迁的"野合"一词是有意"诬圣"吗/鲁威/新华文摘/第7期

《史记》与我国古代传记文学/韩兆琦/文史知识/第7期

从《史记》看司马迁的创造性思维/朱政惠/百科知识/第9期

《史记》《汉书》比较/瞿林东/文史知识/第12期

让《史记》走上您的案头——向党政干部推荐《史记》/洁芒/实践/第7期

报纸：

从《史记》到"二十五史"/李璘/民主协商报/5月30日

开创《史记》研究新局面的一部力作（读吴汝煜著《史记论稿》）/徐宗文/新书报/7月22日

李波等用微机处理《史记》全文，可为多学科学术研究提供服务/光明日报/6月7日

《史记》/座谈会在京举行/史萃/光明日报/6月17日

【1988年】

学报：

刘邦项羽形象的美学意义/徐兴海/吉林师范学院学报/第1期

《史记》研究的一个新成果：读吴汝煜的《史记论稿》/陈兰村/吉林师范学院学报/第1期

司马迁对法家的否定态度及反专制主义精神/范振国/河南大学学报/第1期

司马迁和班固经济思想比较/胡显中/西北大学学报/第1期

司马迁作《史记》未采《战国策》说：兼论《史记》与《战国策》文章/徐克文/辽宁大学学报/第1期

司马迁"发愤著书"说/赵志成/锦州师范学院学报/第1期

司马迁详近略远方法小议/周一平/苏州大学学报/第1期

《史记》传记作品的情感表现——浅析司马迁的心理世界/朱永锴/汕头大学/第1—2期

《史记·殷本纪》补正/程有为/商丘师专学报/第1期

《史记》刘邦形象新辨——论《史记》对刘邦等人的神化/杨估义/长春师范学院学报/第1期

论《史记》的文化主体意识/骆仁静/荆州师专学报/第1期

《屈原列传》析疑/熊任望/河北大学学报/第1期

《项羽》的写作特点/张兴彦/铁道师范学院学报/第1期

《货殖列传序》析/陶文光/曲靖师专学报/第1期

"实录"——《史记》的精髓/郑勤文/九江师专学报/第1期

司马迁笔下的刘邦——读《史记》札记/徐德邻/牡丹江师范大学学报/第1期

史传文学中人物形象的建立——从《左传》到《史记》/张新科/陕西师范大学学报/第1期

《史》《汉》繁简之我见：司马迁、班固语言风格比较/万国政/承德师专学报/第1期

浅谈司马迁以儒学为主体的历史观/晁广武/固原师专学报/第1期

略论《史记》的艺术成就/顾建华/北方工业大学学报/第1期

喜愕俱泣，叙事入神——说《项羽本纪》/耿森/淮阴教育学院学报/第1期

司马迁发愤著书辨/周国伟/徐州师范学院学报/第1期

《史记》《汉书》熟语歌谣的引用及比较/黄荣发/安庆师范学院学报/第1期

从《五帝本纪》看司马迁的历史观/徐兴海/咸阳师专学报/第2—3期

《史记》与《周易》经传/田汉云/扬州师范学院学报/第2期

从《史记》《汉书》看《淮南子》的成书年代/（日）池田知久/湘潭大学学报/第2期

《史记》是一部百科全书式的历史文学巨著/李炳红/江汉大学学报/第2期

杂谈《白话史记》/陶孝俊/南充师范学院学报/第2期

载笔敢言宗史汉：谈《史记》《汉书》笔法之异/章明寿/淮阴师专学报/第2期

论《史记》当代帝王形象及司马迁当代帝王观/杨佐义/长春师范学院学报/第2期

司马迁父子思想异同之剖析/朱枝富/固原师专学报/第2期

司马迁自请宫刑说/韩兆琦/北京师范大学学报/第2期

司马迁笔下的陈涉——读《陈涉世家》/徐德邻/牡丹江师范学院学报/第2期

《史记》"天人通变"思想蠡测/彭德猷/萍乡教育学院学报/第2期

《史记》心理描写探讨/施伟忠/淮北煤炭师范学院学报/第2—3期

史馆婆娑马与班/邓韶玉/河南大学学报/第2期

论《史记》经济史传/朱枝富/盐城教育学院学报/第3—4期

全国《史记》学术研讨会问题综述/张新科、吕培成/陕西师范大学学报/第3期

论司马迁在中国文化史上的地位/黄新亚/陕西师范大学学报/第3期

《史记·仲尼弟子列传》书后/舒平/中共浙江省委党校学报/第3期

为鼓吹发展生产而实录：读《史记·货殖列传》札记/郑·文/九江师专学报/第3期

《魏其武安侯列传》评析/黄季耕/安徽教育学院学报/第3期

《史记》传记文学写作艺术论纲/姜涛/辽宁大学学报/第3期

司马迁《史记》自注别述/赵英翘/汉中师范学院学报/第3期

司马迁《史记》经讫考/施丁/汉中师范学院学报/第3期

《史记·陈丞相世家》"三家注"分析/黄宝生/汉中师范学院学报/第3期

太史公为官名新证/赵生群/南京师范大学学报/第3期

《司马迁的传说》读后/李子/汉中师范学院学报/第3期

司马迁是怎样写伍子胥报父仇的——读《伍子胥列传》/高振铎/信阳师范学院学报/第3期

司马迁、班固货殖之分野及其历史价值——兼说《货殖列传》非司马迁原题/朱永康/上海师范大学学报/第3期

司马迁怎样写《史记》/刘文源/吉安师专学报/第3期

"太史公"辨/王瑶/绥化师专学报/第3期

《史记》中的妇女形象/谢季祥/福建师范大学学报/第3期

从《史记》看司马迁的妇女观/周文英/信阳师范学院学报/第3期

略谈《史记》中的细节描写/李剑鸣/湘潭师范学院学报/第3期

从《货殖列传》看司马迁的经济思想/智喜君/鞍山师专学报/第3期

司马迁心理学思想简说/周广曾/九江师专学报/第3期

试谈《史记》引诗/王增文/商丘师专学报/第3期

述往思来，承敝通变——谈谈学习司马迁与《史记》/施丁/吉林师范学院学报/第3—4期

司马迁与桑弘羊经济思想比较/朱枝富/吉林师范学院学报/第3—4期

《史记选》注释质疑（补编）/陈霞村/山西大学学报/第4期

太史公笔下有一天下大势：略论《史记》"因人以明史"/易平/江西大学学报/第4期

《史记》"庄周传"不可信据/龚维英/徽州师专学报/第4期

为什么说《史记》是"无韵之离骚"？/何旭光/佳木斯教育学院学报/第4期

激情的宣泄和深化：《史记》议论的臆说/周先民、朱永锴/汕头大学学报/第4期

司马迁的传记理论与传记创作的关系/李世萼/杭州师范学院学报/第5期

关于司马迁写《陈涉世家》的再思考/崔曙庭/华中师范大学学报/第5期

《史记》语言的艺术特征/杨树增/东北师范大学学报/第5期

关于司马迁天人思想的几个问题/王明泽/北京师范大学学报/第6期

全国《史记》学术研讨会纪要/广溶/陕西师范大学学报/增刊

天人感应与神秘思维——司马迁天人观与思维方式论略/霍松林、尚永亮/陕西师范大学学报增刊

论司马迁的思想特征/何世华/陕西师范大学学报/增刊

司马迁思想组合结构之成因/魏耕源、张新科/陕西师范大学学报/增刊

论司马迁"与民族共忏悔"的悲剧精神/宋嗣廉、朱鸿翔/陕西师范大学学报/增刊

司马迁史学思想的几个问题/施丁/陕西师范大学学报/增刊

科学史·史学史·司马迁/赖长扬/陕西师范大学学报/增刊

从美的毁灭中揭示人生的价值/高巨成/陕西师范大学学报/增刊

司马迁反抑商思想初探/何清谷/陕西师范大学学报/增刊

论《史记》的史学框架/党丕经/陕西师范大学学报/增刊

司马迁对秦末起义的社会心理剖析/徐兴海/陕西师范大学学报/增刊

司马迁写汉武帝"兴儒学"/王天顺/陕西师范大学学报/增刊

司马迁——我国医学史的拓荒人/张厚墉、高亚非/陕西师范大学学报/增刊

关于《史记》的"本纪"/杨燕起/陕西师范大学学报/增刊

《史记·黄帝纪》深意探索/赵光勇、许允贤/陕西师范大学学报/增刊

司马迁对于《皋陶谟》述作问题的见解/金德建/陕西师范大学学报/增刊

司马迁生于武帝建元六年新证/袁伟璋/陕西师范大学学报/增刊

《史记》与古代神话/陈兰村/陕西师范大学学报/增刊
《史记》与戏曲/俞樟华/陕西师范大学学报/增刊
试析《史记》的对照映衬手法/白静生/陕西师范大学学报/增刊
对《史记》所述《离骚》创作时间之辨证/吕培成/陕西师范大学学报/增刊
司马迁《报任安书》中的"前辱"解及其他/贾则复/陕西师范大学学报/增刊
《史记·太史公自序》的用韵特点/金德平/陕西师范大学学报/增刊
"媚辞"与"实录"辨析——也论马班史观之异同/魏佐良等/牡丹江师范学院学报/增刊

其他期刊：
司马迁事迹述考/武伯伦/文博/第1期
《史记》对历史盛衰认识的哲理性的时代性/吴怀祺/史学史研究/第1期
《史记》领域的新开拓：评吴汝煜的《史记论稿》/高驰/江海学刊/第1期
略论司马迁在屈原研究上的奠基作用/戴志钧/人文杂志/第1期
司马迁对古代思想文化发展的总结/周一平/史林/第1期
《史记》律、历为一本书说/姚奠中/文献/第1期
试论司马迁的人才观/李钟善/高等教育未来与发展/第1期
评《白话史记》/周保红/古籍整理研究学刊/第1期
《史记今注》评介/聂庆中/古籍整理研究学刊/第1期
《史记今译》简评/李晨光/古籍整理研究学刊/第1期
为司马迁辩一言：与"为刘邦辨一言"作者商榷/赵玉顺/人文杂志/第2期
《史记》标点订误一则/马金斗/人文杂志/第2期
《史记》三家注体例略述/赵英翘/社会科学辑刊/第2期
论"太史公曰"的春秋笔法/唐贤全/上海社科院学术季刊/第2期
论司马迁文化思想的特点/张大同/东岳论丛/第2期

司马迁笔下的刘邦——"实录无隐"与"散见"初探/王树范/松辽学刊/第2期

司马迁天人思想的模糊性/徐兴海/唐都学刊/第2期

俞樾、王闿运《史记》校读录/吴忠匡/中国历史文献研究/第2辑

《史记》中日者、龟策两传读后/姚奠中/文献/第3期

司马迁下狱、宫刑年代之商榷/张艳国/史学月刊/第3期

试谈《史记》的人物塑造/海澄波/教学研究/第3期

论司马迁笔下的刘邦形象/徐德邻/北方论丛/第3期

熔文史于一炉,探千古之隐赜——读《史记论稿》/赵生群/北方论丛/第3期

司马迁对阴阳家思想的取舍/张大同/晋阳学刊/第3期

《鸿门宴》的巧妙布局/骆绍勋/中学语文教学/第3期

司马迁"承敝易变"之思想/赵荣织/西部学坛/第4期

司马迁史学思想的几个问题/施丁/史学理论/第4期

《史记·伯夷列传》新探/彭忠德/方志文萃/第4期

论《史记》人物肖像描写艺术成就/罗文华/人文杂志/第4期

论《项羽本纪》的悲剧性/伏俊连/贵州文史丛刊/第4期

也谈司马迁笔下的刘邦形象/关四平/北方论丛/第4期

龙门家法与韩欧神理/张家英/文学遗产/第4期

从《史》《汉》货殖传看两汉义利观的演变/宋超/求索/第5期

司马迁对古代文化史研究的开拓/赵吉惠/人文杂志/第5期

司马迁的创造性思维/徐兴海/人文杂志/第5期

论司马迁的美学思想与文艺批评/张啸虎/中州学刊/第5期

《史记·游侠列传》探微/苏诚鉴/江淮论坛/第6期

《史记》人物形象的塑造特征/杨树增/江西社会科学/第6期

全国《史记》学术研讨会述评/徐兴海/社联通讯/第8期

司马迁是寓思想于历史的模范:表面尊孔实则反儒/蔡尚思/学术月刊/第9期

《史记》在日本/覃启勋/文史知识/第12期

论《史记》东渐扶桑的史学影响/覃启勋/湖北社会科学/第11期

报纸：
《史记》学术研讨会在陕召开/徐兴海/光明日报/6月10日
司马迁的重商思想/白涛/人民日报（海外版）/1月4日
司马迁后裔之迷/陕西日报/2月17日

【1989年】
学报：
吴楚七国之乱与西汉诸侯王国/唐赞功/北京师范大学学报/第1期
试谈《史记》"太史公曰"的文学特色/王增文/渭南师专学报/第1期
《史记》《汉书》许慎注通考/李尔纲/武汉教育学院学报/第1期
《周易》对司马迁、班固史学的影响初探/林晓平/赣南师专学报/第1期
《史记》老庄申韩合传浅议/王尊/长沙水电师范学院学报/第1期
司马迁和苏格拉底的比较研究——个体生存史及其哲学分析/党艺峰/渭南师专学报/第1期
关于《刺客列传》的再评价/陈星鹤/广西民族学院学报/第1期
浅谈司马迁的朴素唯物史观/但春暄/陕西教育学院学报/第2期
滴泪为墨，研血成字——《史记》与屈赋精神实质纵谈/张新科/汉中师范学院学报/第2期
司马迁立身行事及其他/罗芳松/成都大学学报/第2期
《史》《汉》"西南夷传"比较研究/侯绍庄/贵州师范大学学报/第2期
司马迁与班固经济思想之比较/唐任伍/河北师范大学学报/第2期
"劣固而优迁"抑"甲班而乙马"——试讲《史记》《汉书》的差异/邓韶玉/辽宁教育学院学报/第2期
《史记选集》前言/吴汝煜/吉林师范学院学报/第2期
浅论司马迁的传记文学思想/陈兰村/吉林师范学院学报/第2期
论张良——读《留侯世家》/徐德邻/牡丹江师范学院学报/第

2期

试论《项羽本纪》的语言艺术——《史记》语言艺术探求之一/易国杰/南通师专学报/第2期

司马迁"究天人之际"探微/袁英光、蔡坚/上海教育学院学报/第3期

谈谈《史记》的讽刺艺术/何旭光/齐齐哈尔师范学院学报/第3期

《史记·将相表》倒书义例考辨/易平/安徽师范大学学报/第3期

关于司马迁忍辱求生的原因——"仆又茸以蚕室"的注释问题/李惠昌/汕头大学学报/第3期

著盛衰大指见史公学识——《史记·十表序》述论/陈以鉴/盐城师专学报/第3期

对司马迁文章四处注释之我见/彭望苏/贵阳师专学报/第3期

四十年来台湾的《史记》研究概述/俞樟华、张新科/浙江师范大学学报/第3期

论司马迁对孔子思想的取舍/张大同/聊城师学学报/第3期

太史公笔法论析/陈耀东/浙江师范大学学报/第3期

论司马迁传记文学的情感力量/陈兰村/浙江师范大学学报/第3期

失败者的颂歌——就《项羽本纪》谈司马迁憎爱观/温忠信/抚顺教育学院学报/第3期

爱思奇想与细节描写——读《史记》管见/龚同祥/江汉大学学报/第3期

《史记》研究的全面丰收期/俞樟华、张新科/吉林师范学院学报/第4期

《左传》"日南至"辨证——兼谈《史记·历术甲子篇》冬至的推算/张立楷/贵州教育学院学报/第4期

《史记》《春秋》撰作异同论/袁定基/西南民族学院学报/第4期

《史记》校读札记/赵生群/汉中师范学院学报/第4期

谈司马迁对陈涉起义的态度/罗昌奎/武汉教育学院学报/第4期

《史记·货殖列传》注释与解说/万纯祺等/中南财经大学学报/第

4期

《史记》艺术略论/杨树增/东北师范大学学报/第5期

司马迁的善因论和对治生之学的贡献/石世奇/北京大学学报/第6期

《史记》古注疑义二题/孙香兰/南开大学学报/第6期

试论司马迁描述历史人物的双星结构/朱桂昌/云南教育学院学报/增刊

略谈《史记》的人民性/何旭光/玉林师专学报/第12期

试论《项羽本纪》的语言艺术——《史记》语言艺术探求之一/易国杰/南通师专学报/第2期

司马迁"究天人之际"探微/袁英光、蔡坚/上海教育学院学报/第3期

谈谈《史记》的讽刺艺术/何旭光/齐齐哈尔师范学院学报/第3期

其他期刊：

两种思维冲突与史学家的苦闷——司马迁天人观与思维方式论略/霍松林、尚永亮/人文杂志/第1期

论司马迁"与民族共忏悔"的悲剧精神/宋嗣廉等/社会科学战线/第1期

司马迁的经济理论/孙子文/大学文科园地/第1期

司马迁《史记·货殖列传》中的经济地理思想初探/徐象平/经济地理/第1期

司马迁是不是宦官/冷冬/史学集刊/第1期

评班氏父子对司马迁的批评/赵光贤/史学史研究/第1期

李斯简论/孟祥才/北方论丛/第1期

司马迁怎样总结秦汉之际的历史经验/瞿林东/社会科学辑刊/第2—3期

司马迁的西南之行/赵克/北方论丛/第2期

西安交大西汉墓二十八宿星图与《史记·天官书》/呼林贵/人文杂志/第2期

开创《史记》研究新局面的一部力作——读吴汝煜著《史记论

稿》/徐宗文/人文杂志/第2期

《史记·货殖列传》散论/吕锡生/天津社会科学/第2期

从诵古文、南游、北涉到仕为郎中/司马迁生年及其与当时儒林关系的再探索/苏诚鉴/贵州文史丛刊/第3期

韩信为什么会发展到谋反这一步/国强、洁芒/唐都学刊/第3期

《史记》人物传记艺术手法借鉴/王小宏/中国地方志/第3期

论司马迁的道德观/何世华/唐都学刊/第3期

论萧何——读《萧相国世家》徐德邻/北方论丛/第3期

汉代文坛上的双星——司马相如和司马迁比较试论/刘振东/齐鲁学刊/第3期

悲壮的赞歌，不朽的英魂——《项羽本纪》传主性格谈片/张黛薇/名作欣赏/第4期

司马迁介绍稷下先生为什么不提宋钘、尹文/赵蔚兰/管子学刊/第4期

从《史记》看司马迁的情报能力/徐兴海、陈东玉/情报杂志/第4期

标点本《史记》《汉书》辨误五则/李古寅/中州学刊/第5期

公子婴系秦始皇之子：与蔡尚思同志商榷/周乾溁/学术月刊/第5期

司马迁对诸子百家经济思想的批判与继承/鹿谞慧/山东社联通讯/第5期

由《史记》鲧禹的失统谈鲧禹传说的史影/王宇信/历史研究/第6期

司马迁对历史学作用的认识/杨燕起/人文杂志/第6期

关于《史记》东传日本的时间起点/文史知识/第6期

景帝是个好皇帝吗——从《史记》论景帝之为人/蔡信发/文史知识/第7期

渑池会发微/崔俊靖/中学语文教学/第8期

《史记》的想象与虚构/杨树增/贵州社会科学/第10期

司马迁的"仁义观"——《货殖列传》备课一得/张树岚/中学语

文教学/第 10 期

《货殖列传》注释质疑三题/杜乘庄/中学语文教学/第 11 期

《货殖列传序》注释商榷四则/赵丕杰/中学语文教学/第 11 期

《屈原列传》教学设想/陶麟/中学语文教学/第 11 期

略论司马迁的人物描写/王怀让/齐鲁学刊/增刊

报纸：

《史记》传记文学的选材/薛文/人民日报（海外版）/7 月 4 日

关于《史记·五帝本纪》的歧解与纠葛/龚维英/光明日报/12 月 20 日

【1990 年】

学报：

《史记》《汉书》悲剧人物形象的写作比较/徐金凤/福建大学学报/第 1 期

司马迁对妇女及其对后世文学的影响/陈兰村/汉中师范学院学报/第 1 期

以道家为根基，以儒家为主干——论司马迁的政治思想体系/朱枝富/汉中师范学院学报/第 1 期

《史记》论赞探讨/孙秋克/昆明师专学报/第 1 期

《史记》——一个伟大人格的凝聚/程世和等/新疆大学学报/第 1 期

论《史记》与《战国策》的关系/赵生群/南京师范大学学报/第 1 期

《史记》结构新探/孙缘江/兰州大学学报/第 1 期

司马迁精神及其思想史意义/党艺峰/渭南师专学报/第 1 期

浅议司马迁的经济思想/王志岚、颜家安/渭南师专学报/第 1 期

论司马迁的经济管理思想/朱枝富/渭南师专学报/第 1 期

台湾本《白话史记》译文评议/龚国祥/运城商业专科学校学报/第 1 期

简析司马迁"原始察终"的思想方法/曹海龙/黔东南民族师专学

报/第1期

略论司马迁的经济管理思想/裴倜/四川大学学报/第2期

司马迁的实录观与中国文学的自觉/袁伯诚/青岛师专学报/第2期

略说司马迁的哲学观和历史观/何旭光/九江师专学报/第2期

韩信之死刍议/丁凤来/无锡教育学院学报/第2期

《今上本纪》空白说管见/张胜发/渭南师专学报/第2期

布衣卿相话陈平/张靖兴/平原大学学报/第2期

汉初的稳定发展与司马迁的进步史观/牧野/成都师专学报/第2期

试论《史记》视点的艺术性/施伟忠/淮北煤炭师范学院学报/第2期

《史记》人物描写例释/罗芳松/成都大学学报/第2期

《史记》与地名学/俞樟华/浙江师范大学学报/第2期

国外《史记》研究概述/俞樟华、张新科/陕西师范大学学报/第3期

情深而文挚、气积而文昌：读《项羽本纪》兼论《史记》的文气/郭丹/龙岩师专学报/第3期

《史记》的辩证艺术/何旭光/固原师专学报/第3期

《史记》中的春秋笔法/常德忠/宁夏大学学报/第3期

无韵之离骚——《史记》评论之一/黄季耕/安徽教育学院学报/第3期

历史实录与艺术真实——《史记》散论之七/古非/青岛师专学报/第3期

《周易》与司马迁的变通思想/扈晓红、淑凤/山西大学学报/第3期

论《史》《汉》重叠部分的思想内容和语言艺术的差异/刘一龙/湘潭大学学报/第3期

司马迁史学思想的正统化倾向/赵英/内蒙古大学学报/第3期

《史记注释·孔子世家》失误商榷/高振铎/汉中师范学院学报/第

3期

萧何九章皆沿秦律而来/韩国磐/厦门大学学报/第3期

从《史记》看司马迁的人才思想/胡殿文、陈文英/驻马店师专学报/第3期

司马迁对孔子文学观的继承与发展/谌东飙/长沙水电师范学院学报/第4期

司马迁与郑樵的比较研究/谢贵安/华中师范大学学报/第4期

《史记·封禅书》发微/汪锡鹏/江西师范大学学报/第4期

论司马迁的爱奇/王明信/河北师范大学学报/第4期

《史记·西南夷列传》注疏（上）/王燕玉/贵州师范大学学报/第4期

《史记》的使动用法和"使""令"兼语式/张建中/广西师范大学学报/第4期

从司马迁笔下的执法者看他的法治思想/孙文铟/西南民族学院学报/第5期

谈《史记·货殖列传》中的经营术/王文治/北京财贸学院学报/第5期

司马迁十九岁前在家乡耕读浅探/吉春/北京师范大学学报/增刊

其他期刊：

《史记·屈原列传》关于《离骚》作期矛盾记述的考辨/刘生良/求索/第1期

略论司马迁经济地理思想形成的因素/徐象平/经济地理/第1期

日本《史记》研究概述/张新科、俞樟华/中国史研究动态/第1期

"太史公"与"太史公曰"/金根先/文献/第1期

《史记》描写人物和艺术/何世华/祁连学刊/第2期

《萧相国世家》"钱三钱五"辨/臧知非/中国史研究/第2期

从《左传》到《史记》史传文学的特征/张新科/唐都学刊/第3期

《钱神论》与《货殖列传》形似神异/张南/安徽史学/第3期

关于司马相如的生平和创作/季镇淮/文学遗产/第3期

关于《鸿门宴》的基本情节和几个细节/邱少华/中学语文教学/第3期

司马迁、班固经济思想异同/朱枝富/人文杂志/第4期

司马迁生年补证/崔野/南都学坛/第4期

《史记》永为中国之正史/金达迈/方志天地/第4期

《报任安书》：一个伟大狂狷者的自白/程世和/名作欣赏/第5期

《史记》人物艺术手法借鉴/王小宏/广西地方志/第5期

评论《史记注释》笔会/王利器/古籍整理研究学刊/第5期

也评《史记注释》/李平/古籍整理研究学刊/第5期

《史记注释》释词得失/周建/古籍整理研究学刊/第5期

关于《史记注释·秦始皇本纪》的几个问题/战英/古籍整理研究学刊/第5期

《史记》与《汉书》/俞樟华/高师函授/第6期

试说《史记》选择的抒情功能/周先民/江汉论坛/第6期

血泪凝成的奇文：司马迁《报任安书》评赏/徐敏/名作欣赏/第6期

司马子期的国别与"楚伐中山"的真伪/何浩/河北学刊/第6期

从《货殖列传》看司马迁的经济思想/汤德绍/社会科学/第6期

希罗多德的《历史》与司马迁的《史记》/凌峰/理论学习月刊/第7期

《鸿门宴》的"生彘肩"和两个"再拜"/余行达/中学语文教学/第9期

论《史记》无"微言大义"说/张仲良/江汉论坛/第10期

《货殖列传》评注补正/谢萱/中学语文教学/第10期

谈《鸿门宴》的篇旨/彭达兼/中学语文/第10期

《史通》抑马扬班再辨——与许凌云同志商榷/贾忠文/江汉论坛/第10期

报纸：

《史记索引》的开创性价值/吴小如/光明日报/4月8日

四、现当代《史记》论文索引(下)
(1991—2012)

【1991年】

学报:

《史记》传记结构探索/杨树增/东北师范大学学报/第1期
《史记》描述的抒情功能臆说/永民/青海师范大学学报/第1期
论司马迁评价历史人物的方法/何世华/渭南师专学报/第1—2期
《史记·西南夷列传》注疏/王燕玉/贵州师范大学学报/第1期
司马迁崇势利而羞贫贱辨:读《史记·货殖列传》/张月芬/西藏民族学院学报/第1期
从异文看《史记》的语言锤炼/蔡镜浩/常州工业技术学院学报/第1期
司马迁文学观概述/王景山/承德师专学报/第1期
权力欲与服从欲的二重矛盾人格——李斯人格特质的历史心理学解析/段建海、康少峰/渭南师专学报/第1—2期
《陈涉世家》"守令""守丞"解/陈增杰/温州师范学院学报/第1期
简论司马迁的历史观/朱凤相/西藏民族学院学报/第1期
审美情感在《史记》中的作用及其特点/晓理/陕西师范大学学报/第2期
"史记学"研究的开拓之作/徐兴海/陕西师范大学学报/第2期
"原始察终,见盛观衰":《史记》历史研究法初探/杨振之/云南教育学院学报/第2期
论殷人世系与血缘关系的演变:兼评甲骨金文与《史记·殷本纪》所记殷人世系的异同/陈云鸾/海南师范学院学报/第2期
试论司马迁的史学目的论/赵英/内蒙古大学学报/第2期
《史记》写人艺术评价/秦明/湖北大学学报/第2期
《史记》性质二议/王胜杰/扬州教育学院学报/第2期

《史记》不是对汉武帝的批判书/张仲良/武汉大学学报/第2期

《史记》中"孰与"的用法/方文一/浙江师范大学学报/第2期

从最顽强的事实出发的一部力作——有感于《史记研究史略》出版/宋嗣廉/吉林师范学院学报/第3期

司马迁的道德观和法律/何旭光/自贡师专学报/第3期

论《史记》记事讫于太初/赵生群/汉中师范学院学报/第3期

希罗多德和司马迁/林青/福建师范大学学报/第3期

司马迁写作《史记》的真正动力是什么/李瑞河/九江师专学报/第3期

论司马迁悲剧心态及精神/金荣权/信阳师范学院学报/第3期

司马迁的理想人格、悲剧命运与先秦游士文化的关系/袁伯诚/青岛师专学报/第3期

司马迁思想刍议/段庸生/重庆师范学院学报/第3期

读《史记·乐毅列传》/史礼心/北方工业大学学报/第3期

美即崇高：从《报任安书》看司马迁对美的认识/张胡森/山西大学学报/第4期

《史记》研究领域的新拓展/赵国玺/吉林师范学院学报/第4期

《史记》名篇今注补正/朱维德/衡阳师专学报/第4期

《史记》写人际关系/徐兴海/渭南师专学报/第3—4期

"惊奇人于千秋"：略论司马迁的"爱奇"/陈恂如/河北师范大学学报/第4期

关于《史记》叙述句首"始、已"的点读/陈宗英/汉中师范学院学报/第4期

关于司马迁若干问题研究/何世华/山西财政税务专科学校学报/第4期

司马迁农商并重思想浅论/鹿谓慧/泰安师专学报/第4期

谈谈《史记》的写人艺术/尹云霞/曲靖师专学报/第4期

由书传称引考《诗》的历史形态——兼证司马迁孔子删诗说的可信/邵胜定/上海大学学报/第5期

论《史记》与"江山之助"/宋嗣廉/吉林大学社会科学学报/第5期

论《史记》叙事增饰的形成/施伟忠/淮北煤炭师范学院学报/第3期

其他期刊：

《史记》与古代姓氏/俞樟华/人文杂志/第1期

司马迁社会思想与时代的选择/陈其泰/史学史研究/第1期

论"联想思维"对《史记》一书的影响/（俄）科洛利·尤·里/中国史研究/第1期

不困厄，焉能激：司马迁，一个饱含血泪、忍辱发愤的悲剧英雄/何谷清/文史知识/第1期

司马迁笔下的社会心态：换一个角度看《史记》写人的成就/洁芒/语文学刊学报/第1期

《史记》燕事抉误/常征/北京社会科学/第1期

司马迁的民俗观/陈华民、俞樟华/民俗研究/第1期

屈原与司马迁异同散论/优俊连/中国文学研究/第1期

司马迁重商思想初探/周宏/云南学术探索/第1期

《史记》优秀人物传记的超历史指谓性分析/秦明/云梦学刊/第1期

从《史记·货殖列传》谈司马迁的财富论/徐海宁/山东经济/第2期

试说《史记》人物传记的特点/俞樟华/高师函授/第2期

文献学家：司马迁/桂胜/图书情报论坛/第2期

《吕氏春秋》与《史记》关联探微/洁芒/语文学刊/第2期

《史记》与汉代经学/刘家和/史学史研究/第2期

论司马迁的伦理观/王明信/河北学刊/第2期

司马迁与孔子/金荣权/人文杂志/第2期

楚地"句亶"、"越章"新探/黄锡金/人文杂志/第2期

评司马迁"善者因之"的经济思想/汪锡鹏/江西社会科学/第3期

试论司马迁关于农工商虞的整体构思——读《平准书》和《货殖列传》/姜树/齐齐哈尔社会科学/第3期

论司马迁的爱国主义思想/江洋泉/学术论坛/第3期

论《史记》的三种继承与三个创新/王增恂/人文杂志/第 3 期
近十年来《史记》文学成就研究概述/俞樟华、张新科/文史杂志/第 3 期
司马迁的冤案和汉武帝的私心：兼与刘重来同志商榷/李申/争鸣/第 3 期
司马迁社会思想与时代的选择（续）/陈其泰/史学史研究/第 3 期
司马迁受宫刑而愤书心理分析/成琐/人文杂志/第 4 期
《史记》"爱奇"说考述/曹东方/古籍整理研究学刊/第 4 期
司马迁与孔子：两位文化巨人的学术关系/陈其泰/孔子研究/第 4 期
汉代士的地位变化和司马迁的不遇心态/尚学锋/文学遗产/第 4 期
《史记》中的"蒲将军"究竟是谁/叶永新/争鸣/第 4 期
司马迁经济思想研究综述/俞樟华/文史知识/第 8 期
司马迁写作观念略论/杨广敏/齐鲁学刊/第 5 期
浅谈《史记·留侯世家》中的张良形象/汪耀明/中文自修/第 12 期

报纸：

《史记》研究的新成果/静施/人民日报（海外版）/2 月 11 日
从《史记》看人物传记在史学中的作用/郑家福/光明日报/4 月 10 日
《史记》研究会在京召开/惠云/光明日报/5 月 8 日
对司马迁成一家之言的探索/柳给本、赵忠文/光明日报/7 月 31 日

其他：

史记研究史述略/杨燕起/《史学论衡》/北京师范大学出版社版

【1992 年】

学报：

论《史记》对《水浒传》的影响/俞樟华/浙江师范大学学报/第

1期

论司马迁正统观/陈广武/内蒙古民族师范学院学报/第1期

司马迁与其故里夏阳/石干、郑易/渭南师专学报/第1期

从《伍子胥列传》看司马迁的复仇思想/冯伦/宁德师专学报/第1期

对《读屈原列传志疑》的质疑/廖化津/贵州教育学院学报/第1期

两个晋文公:从《左传》与《史记》的人物差异说开/姚德彬/四川师范学院学报/第1期

论司马迁的文化复仇观/陈桐生/陕西师范大学学报/第1期

浪漫与忧思的变奏——《离骚》《史记》文学精神论略/孙秋克/昆明师专学报/第1期

如何正确评价刘邦和项羽/胡一华/丽水师专学报/第1期

司马迁与儒家思想的关系/张大同/烟台大学学报/第1期

司马迁"发愤著书"说浅论/顾植、王晓枫/山西大学学报/第1期

《秦始皇本纪》讲授研究/布仁图/内蒙古师范大学学报/第1期

浅论纪传体和传记文学/刘凤泉/内蒙古师范大学学报/第1期

《史记》太初以后记事特征初探/赵生群/南京师范大学学报/第1期

三秦出版社出版《史记注释》问题举隅/杨钟贤/天津师范大学学报/第1期

论司马迁的学术个性/刘忠世/烟台师范学院学报/第2期

《史记》的伦理思想管窥/赵国玺/吉林师范学院学报/第2期

《陈涉世家》疏证/陈子侠/淮北煤炭师范学院学报/第2期

论司马迁经济思想中的义利关系/任冠文/山西财经学院学报/第2期

司马迁心态矛盾的构成与作用/查屏球/重庆师范学院学报/第2期

情感与理性的交织——司马迁历史价值哲学论纲/段建海、毛曦/渭南师专学报/第2期

《史记·李将军列传》释疑/王新亚/庆阳师专学报/第2期

《史记》对《战国策》人物形象塑造的继承和发展/布莉华/承德师专学报/第2期

论《史记》中悲剧作品的情节结构/王次梅/吉林师范学院学报/第2期

论司马迁的功利主义文学观/李辉/思茅师专学报/第2期

司马谈的历史贡献/杨燕起/北京师范大学学报/第2期

谋反是假，谋害是真：韩信被诛原因考辨/韩琪/齐齐哈尔师范学院学报/第2期

重读《魏其武安侯列传》：兼论西汉前期统治集团内部矛盾斗争性质/古非清/固原师专学报/第2期

试论司马迁写《史记》的基本原理/何世华/渭南师专学报/第3期

论《史记》女性形象描写/马宝记/信阳师范学院学报/第3期

《史记》《历史》（希罗多德）比较论/晓明/长沙水电师范学院学报/第3期

通古今之变是司马迁修史的主旨——读《史记》十表札记/高立迎/太原师专学报/第3期

《史记·傅靳蒯成列传》研究/（日）町田三郎/北京师范大学学报/第3期

史表之作不始于司马迁/朱端强/云南师范大学学报/第4期

从《史记·天官书》看司马迁的天人观/赵志远/洛阳师专学报/第4期

司马迁"治道"的探求/王积秀/信阳师范学院学报/第4期

论《史记》叙事增饰的艺术性/施忠伟/淮北煤炭师范学院学报/第4期

司马迁所从事的图书资料工作/马光华/西北大学学报/第4期

论班固对司马迁的批评/施丁/中国社会科学院研究生院学报/第4期

司马迁工商业政策思想探析/崔凡芝/山西大学学报/第4期

《史记》书法释例/韩兆琦/北方工业大学学报/第4期

《史记》的辩证艺术/何旭光/渭南师专学报/第4期

有志者事竟成——司马迁《报任安书》读后/大川/渭南师专学报/第4期

司马迁之《史记》与希罗多德之《历史》/阎崇东/内蒙古师范大学学报/第4期

司马迁经济思想推测：《史记·平准书·货殖列传》学习札记/彭清深/青海民族学院学报/第4期

《史记》中妇女形象初探/赵乐人/镇江师专学报/第4期

《屈原列传》解惑——续说汤炳正先生《屈原列传理惑》/廖化津/河北师范大学学报/第4期

刘邦数项羽十罪考评/张子侠/淮北煤炭师范学院学报/第4期

弘扬传统文化 沟通中西学术：钱钟书《史记》研究方法探析/张石鑫、姚金铭/苏州大学学报/第4期

试论太史公目录学：读《史记·太史公自序》/刘洪全/内蒙古大学学报/第4期

奇文信史 独具匠心——谈《魏其武安侯列传》的艺术特色/梅凌/江汉大学学报/第5期

《史记·西南夷列传》及《大宛列传》中"邛竹杖、蜀布"之路考释/张运鹏/四川图书馆学报/第6期

司马迁的雪耻意识与《史记》的创作：读《报任安书》/聂鸿飞/北京师范大学学报/第6期

《史记》"人民性"悖论/谢贵安/华中师范大学学报/第6期

太史公笔下的佞幸群：读《史记·佞幸列传》及其他/龚杏根/宜春师专学报/第6期

天人之际与司马迁的德教思想/王尊/湖南师范大学社会科学学报/第8期

其他期刊：

司马迁与道家思想的关系/张大同/文史哲/第5期

研究司马迁的一个盲点：论李陵之祸对司马迁的影响/刘洪生/江淮学刊/第1期

《史记》与《水浒》/俞樟华/求索/第1期

《史记》写人格/徐兴海/唐都学刊/第1期
经济地理研究的先驱——司马迁/鹿谞慧/山东社联通讯/第1期
《史记》与云南民族史研究/刘春/史学史研究/第2期
以《刺客列传》为例看《史记》再创作的特点/可永雪/古籍整理/第2期
《史记》记事终迄研究/王岳尘/四库全书研究增刊
总结、开掘、功夫——评可永雪《史记文学成就论稿》/陈兰村/语文学刊/第2期
略论《史论》在中国文库发展史上的贡献/舍之/社会科学家/第3期
《史记》人物传与方志人物传辨白/赵宏达/云南方志/第3期
《史记》传记非史笔描写及其文学效应/王长华/文艺理论研究/第3期
简评汉武帝黩武之弊：兼及司马迁的良史之笔/王世英/东疆学刊/第3期
项羽乌江不渡新析/吴仰湘/争鸣/第3期
从考古发现考证司马迁出生地/高增岳/人文杂志/第4期
太史考/陈桐生/人文杂志/第4期
《史记全本新注》评介/钟岱/人文杂志/第4期
太史故理修志——《韩城市志》读后/张桂江/陕西地方志/第4期
论《史记》《汉书》写梦/傅正谷/晋阳学刊/第5期
《史记》曲笔刍论/李运宁/学术论坛/第5期
《吴世家》史源探讨/赵伯雄/古籍整理研究学刊/第5期
《史记》标点正误一则/王强/史学月刊/第6期
从悲剧人物看《史记》/仓晓梅/历史教学问题/第6期
试论《史记》中传记散文的文史分野/章明寿/文学遗产/增刊
以人为鉴，可明得失——《循吏传》读后/姚之若/甘肃理论学刊/第6期
《史记》的学术成就/杨燕起/电大文科园地/第7期
中华民族凝聚力源远流长：谈《史记》的大一统历史观/陈其泰/

群言/第10期

秦汉督责之术比较研究：兼谈李陵与司马迁的冤案/赵志远/文史知识/第10期

《史记》妙笔三例/张中行/读书/第11期

其他：

《史记》的"世家"/杨燕起/《汉唐史籍与传统文化》/三秦出版社版

再论司马迁的经济思想/王明信/《汉唐史籍与传统文化》/三秦出版社版

《史记》民族精神的历史内涵及其现实意义/周少川/《汉唐史籍与传统文化》/三秦出版社版

司马迁的天命鬼神观/李泉/《汉唐史籍与传统文化》/三秦出版社版

司马迁心目中的孔子/邓瑞全/《汉唐史籍与传统文化》/三秦出版社版

《史记》在经学与史学结合中的地位/杨燕起/《历史文献研究》/北京出版社版

司马迁和他的《史记》——纪念司马迁诞生二千一百周年/季镇淮/来之文录

司马迁的传记文/季镇淮/来之文录

司马迁传记文释例/季镇淮/来之文录

司马迁评传/季镇淮/来之文录

司马相如考述/季镇淮/来之文录

《史记》版本述略/陈连庆/《中国古代史研究》/吉林文史出版社版

《史记·平准书·货殖列传》与《汉书》有关部分的对校/陈连庆/《中国古代史研究》

【1993年】

学报：

试论司马迁的道德观/王福利/徐州师范学院学报/第1期

司马迁对历史人物的评价及其实录精神/孙海洋/湘潭师范学院学报/第1期

司马迁个性心理特征及其形成/石玉铎等/锦州师范学院学报/第1期

《史记》的残缺、断限和增补/何世华/渭南师专学报/第1期

《史记》是司马迁的自我形象/刘生良/安庆师范学院学报/第1期

论司马迁的社会管理思想——兼论战国秦汉初年的功利主义社会心态/段化民、段建海/渭南师专学报/第1期

论司马迁的经济人才思想/朱枝富/延安大学学报/第1期

司马迁笔下的西汉游侠/燕经魁等/驻马店师专学报/第1期

春申君黄歇与楚国晚期政治/魏昌/荆州师专学报/第1期

韩文与史记/金顺星/西南民族学院学报/第2期

《周易》与司马迁的史学思想/王记录/河南师范大学学报/第2期

司马迁父子撰史指导思想异同论/朱枝富/渭南师专学报/第2期

论司马迁的货币思想/朱枝富/固原师专学报/第2期

论司马迁的经济地理思想/朱枝富/汉中师范学院学报/第2期

论《史记》武侠散文中的一个审美问题/略云亭/山西大学学报/第2期

司马迁受刑及其对《史记》的影响/李德元/汉中师范学院学报/第2期

《史记》之缺与续补考/赵生群/汉中师范学院学报/第2期

中西早期交往行为的特殊考察——《史记·大宛列传》评说/张三夕/贵州师范大学学报/第2期

鸿门宴楚汉得失之我见/张志坤/信阳师范学院学报/第2期

《史记》的史学特点之成因/石荣伦/盐城教育学院学报/第2期

司马迁下狱、受刑年代辨正/唐启耀/昭通师专学报/第2期

论司马迁的天命崇高思想/陈桐生/陕西师范大学学报/第2期

也谈《史记》的人民性,与谢贵安同志商榷/亡羊/荆门大学学报/第2期

司马迁之《史记》与希罗多德之《历史》/阎崇东/内蒙古师范大学学报/第2期

《史记》体例平议（上）/赵生群/南京师范大学学报/第3期
论宫刑与《史记》的关系/陈桐生/山西师范大学学报/第3期
从《史记》本证论庄蹻非楚庄王苗裔和楚国将军/马曜/云南民族学院学报/第3期
《史记注释》疑义举例/王永宏、王立军/河南师范大学学报/第3期
司马迁与侠义精神/张宏赋/渭南师专学报/第3期
《史记·项羽本纪》疑诂/张家英/汉中师范学院学报/第3期
死，有泰山鸿毛之别——读司马迁《报任安书》/肖兴国/上海大学学报/第3期
《史记》中的数词/张家英/绥化师专学报/第3期
"屈原否定论"产生原因试探/黄刚/上海师范大学学报/第3期
浅析刘邦的功过/罗庆康/益阳师专学报/第3期
"太史公曰"不等于史评论赞/金荣权/安庆师范学院学报/第3期
《史记》与汉代语言及关中方言/朱正义/渭南师专学报/第3期
汉武帝与外戚政治/秦学欣/西南师范大学学报/第3期
司马迁情感心理特征刍议/段建海、党大恩/咸阳师专学报/第4期
刘邦分封列侯初探/罗庆康/益阳师专学报/第4期
"随会奔秦"与"司马氏入少梁"/张胜发/渭南师专学报/第4期
汉高祖刘邦生年考/曾维华/上海师范大学学报/第4期
张良圯桥进履时年几许/杨连富/汉中师范学院学报/第4期
《史记》"本纪"正义/周斌/衡阳师专学报/第4期
姜太公故里在卫辉太公泉——司马迁《史记·齐太公世家》探微/孔德贤等/河南师范大学学报/第4期
刘胜败的个性心理分析/荣文库/辽宁大学学报/第4期
对汉代酷吏的评论应一分为二——读《史记》关于酷吏的记载/谢季祥/福建师范大学学报/第4期
真实的历史人物；成功的文学形象——读《史记项羽本纪》/单微等/齐齐哈尔师范学院学报/第5期
《史记》与神话传说——《史记与文学研究》之一/侯忠义/北京

大学学报/第5期

试论《史记》与《新五代史》的文章/俞樟华/浙江大学报/第6期

其他期刊：

《史记》与政书体/马雅琴/唐都学刊/第1期

《史记》悲剧人物论/江秀玲/唐都学刊/第1期

司马迁撰著《史记》的动机与目的/毛曦、段建海/唐都学刊/第1期

《诗经》和《史记》对《儒林外史》的影响/叶岗/明清小说研究/第1期

游侠及其产生的背景/陈宁/思想战线/第1期

浅谈"太史公曰"的抒情艺术/施开诚/居巢学刊/第1期

司马迁民族批判/星汉、栾睿/殷都学刊/第1期

陕西省司马迁研究会成立/陕西省司马迁研究会通讯/第1期

司马迁与古希腊人的悲剧意识的比较/吴云/齐鲁学刊/第2期

读《左》《史》献疑/陈建初/古汉语研究/第2期

司马迁生年研究综述/赵生群/文教资料/第2期

《太平广记》中的史记人物/邱岭/中国比较文学/第2期

关于陈胜出身问题的探讨/孟明汉等/阴山学刊/第2期

商鞅变法何以能够成功/徐进/山东法学/第2期

荆轲刺秦王试论/吴从松/贵州文史丛刊/第2期

标点本《史记》点校、标点一误/马斗全/人文杂志/第2期

《史记》东方文化史上的一座丰碑——全国《史记》文学及其教学学术研讨会综述/萧燕/陕西省司马迁研究会通讯/第2期

从著作看日本的《史记》研究——古今传录1300年间的变迁/（日）池田英雄著；张新科、朱晓琳译/陕西省司马迁研究会通讯/第2期

赵氏孤儿的故事及其他——《史记》两存异说释例/同上

《史记·日者列传小察》（节选）/张铭洽/同上

论司马迁的悲剧成因和发愤著书/杨东晨/同上

司马迁"崇势力"辨/谭前学/同上

论《史记·扁鹊仓公列传》中的仓公医案谈养生的禁忌/张维慎/
　　同上
《史记》所见秦汉时期自然崇拜对道教神崇拜的影响/文军/同上
《史记》中"通变"思想的体现/叶荣/同上
高山仰止,景行行止——读《史记·孔子世家》/周先民/齐鲁学
　　刊/第三期
《史记》的变通史学思想/周文玫/齐鲁学刊/第三期
《史记》标点辨误（一）/刘家钰/争鸣/第3期
抓住关键线索,搞好《史记》教学/张新科/教学研究/第3期
司马迁论《易》/沈延发/殷都学刊/第3期
略论司马迁的经济思想/胡新中/求是学刊/第3期
一部《史记》,深化秦俑研究/吴永琪/陕西省司马迁研究会通讯/
　　第3、4期
陕西省司马迁研究会首届年会纪要/秘书处/陕西省司马迁研究会
　　通讯/第3、4期
论司马迁对秦始皇的评价/徐卫民/陕西省司马迁研究会通讯/第
　　3、4期
司马迁的人格观念——读《史记·佞幸传》/张文立/陕西省司马
　　迁研究通讯/第3、4期
论司马迁求富的义利观/李淑萍/司马迁研究会通讯/第3、4期
清人论"史公三失"/朱恩红/司马迁研究会通讯/第3、4期
蘸泪直书英雄碑/张宁/司马迁研究会通讯/第3、4期
司马迁笔下的游侠/黄雪美/司马迁研究会通讯/第3、4期
论司马迁《史记》对民谚的运用/周洪/司马迁研究会通讯/第3、
　　4期
司马迁游历路线考/艾冲/司马迁研究会通讯/第3、4期
司马迁经济思想与当代市场经济/韦苇/司马迁研究会通讯/第3、
　　4期
司马迁经济思想价值初探/向永和/司马迁研究会通讯/第3、4期
试析"史家之绝唱,无韵之离骚"/吴光坤/司马迁研究会通讯/
　　第3、4期

司马迁的人格、心态及其悲剧/刘昌安/司马迁研究会通讯/第3、4期

司马迁生地之风水研究/王增斌/司马迁研究会通讯/第3、4期

《史记·儒林列传》一处伪正/成增耀/司马迁研究会通讯/第3、4期

司马迁历史美学思想初探/马强/司马迁研究会通讯/第3、4期

第五届全国《史记》研究/张新科/司马迁研究会通讯/第3、4期

韩国学者李成珪教授的《史记》研究/张新科/司马迁研究会通讯/第3、4期

陈直先生的《史记》研究/黄留珠/司马迁研究会通讯/第3、4期

司马迁行年研究的新收获——评《司马迁行年谱新编》/张新科/司马迁研究会通讯/第3、4期

《史记》研究论著索引（1987—1998.9）/吴有文、陈东玉、杨巧玲等/司马迁研究会通讯/第3、4期

论《史记》求实精神的贯彻程度/陈桐生/人文杂志/第4期

管晏齐名论/赵缊/管子学刊/第4期

从著作看日本先哲的《史记》研究/（日）池田英雄著，张新科等译/唐都学刊/第4—5期

汉武帝暴而不亡论/陈志/福建论坛/第4期

《史记》对比手法初探/王中德/广东社会科学/第4期

《史记》引书异文释例/吴泽顺/古籍整理研究学刊/第4期

《史记》体例与封建社会形态的关系/赵英/内蒙古社会科学/第5期

司马迁最早肯定孔子及儒学的地位/高焕祥/齐鲁学刊/第5期

论司马迁与《史记》的人民性/丁宏宣/图书馆论坛/第5期

1979年以来国内项羽研究概述/吴仰湘等/中国史研究动态/第5期

司马迁班固的民族观及史学实证精神异同论/张新民/民族研究/第6期

《史记》中的传奇心态略论/卢敦基/浙江学刊/第6期

历代对《史记》评价之初探/陆崇泰、张文喜/长白译丛/第6期

《史记》与荷马史诗——中西长篇小说源头比较/李万钧/文艺研

究/第6期
先秦时期的杰出谋略家范蠡/马锋/史志文萃/第6期
司马迁治史价值观新探/周一平/学术月刊/第9期
《史记》中同义词运用的特色/方文一/文史知识/第9期

报纸：
《史记》最早提出黄帝是中华民族的共同祖先/李培栋/社会科学报/第384期
《史记》研究的一项重要成果——读《史记文学成就论稿》/赵生群/内蒙古日报/11月6日
《史记》的书生私见/费孝通/光明日报/3月7日

其他：
《史记》的体例溯源和思想倾向/潘啸龙/楚汉文学综论/黄山书社
论司马迁对天命的矛盾认识/潘啸龙/楚汉文学综论/黄山书社
论《史记》的人物描写/潘啸龙/楚汉文学综论/黄山书社
论《史记》人物传记的浪漫主义/潘啸龙/楚汉文学综论/黄山书社
读司马迁《报任安书》/潘啸龙/楚汉文学综论/黄山书社
《屈原列传》的叙事和诗人的放流/潘啸龙/楚汉文学综论/黄山书社

【1994年】

学报：
司马迁的个性理论和他的个性/徐兴海/陕西师范大学学报/第1期
司马迁创造性思维考辨/段建海、毛曦/陕西师范大学学报/第1期
毅力胜挫折 心血铸长城——从挫折心理学角度看司马迁的创造意识/张新科/陕西师范大学学报/第1期
史记人物传记的符号学特征与阐释/齐效斌/陕西师范大学学报/第1期
《史记集说》初评/高益荣/陕西师范大学学报/第1期

司马迁儒道互补说/刘兴林/华中师范大学学报/第1期

司马迁批判精神探源/过常宝/北京师范大学学报/第1期

司马迁卓越艺术才能再探——史记描写的曲笔和侧笔/朱永锴/贵州大学学报/第1期

《史记·平准书》《汉书·食货志》比较三则/游翔/华中师范大学学报/第1期

司马迁"南游"年岁的有关问题考辨/王重九/渭南师专学报/第1期

略论马班异同的内容与发展历史/张大可/渭南师专学报/第1期

司马迁卓越艺术才能再探/朱永锴/贵州大学学报/第1期

司马迁批判精神探源/过常宝/北京师范大学学报/第1期

《史记》中的同义词语连用/罗正坚/安徽大学学报/第1期

《史记集说》初评/高益荣/陕西师范大学学报/第1期

司马迁的个性理论和他的个性/徐兴海/陕西师范大学学报/第1期

司马迁创造性思维考辨/段建海、毛曦/陕西师范大学学报/第1期

毅力胜挫折，心血铸长城：从挫折心理学角度看司马迁的创造意识/张新科/陕西师范大学学报/第1期

《史记》所言"春秋国语"系指《国语》小考/陈松青/娄底师专学报/第1期

《史记正义》反切考/龙异腾/贵州师范大学学报/第1期

"李陵之祸"及其对司马迁的思想影响/马玉容、蒋经魁/驻马店师专学报/第1期

《史记·平准书》《汉书·食货志》比较三题/游翔/华中师范大学学报/第1期

司马迁儒道互补说/刘兴林/华中师范大学学报/第1期

谈《史记》中"所以"的用法/陈子骄/大庆高等专科学校学报/第1期

司马迁传记文学中的人格理想/陈兰村/浙江师范大学学报/第1期

《史记·礼书、乐书》的标点举误/张家英/绥化师专学报/第1期
论《史记》中哭的叙写/肖振宇/张家口师专学报/第1期
略论马班异同的内容与发展历史/张大可/渭南师专学报/第1期
司马迁"南游"年岁和有关问题考辨/王重九/渭南师专学报/第1期
试比较屈原与司马迁的义利观/翟振业/宝鸡文理学院学报/第1期
《史记》语词新注/孔祥忠/西安外国语学院学报/第2期
司马迁与希罗多德的生平与史著/吴建华/湛江师范学院学报/第2期
司马迁的地域文化观/陶礼天/安徽师范大学学报/第2期
高歌唱大风：刘邦论/可永雪/内蒙古师范大学学报/第2期
廉颇负荆请罪时年龄初考/谢庚生等/盐城师专学报/第2期
《左传》《史记》人物描写比较谈/张玉辉、张玉军/盐城师专学报/第2期
《史记·高祖本纪》疑诂/张家英/哈尔滨师专学报/第2期
司马迁之货殖论/田德明/江汉大学学报/第2期
《史记》《汉书》对读评议/李廷先/扬州师范学院学报/第2期
比较司马迁与希罗多德的生平与史著/吴建华/湛江师范学院学报/第2期
论哲学窗口下的司马迁/罗仲祥/毕节师专学报/第2期
浅析司马迁的经济是思想/于云洪/昌潍师专学报/第2期
范增不是项羽的亚父/吴仰湘/湖南师范大学社会科学学报/第2期
《管晏列传》与司马迁的隐衷/安徽教育学院学报/第2期
《史记·晋世家》标点举误/张家英/山西师范大学学报/第2期
《史记》体例平议（下）/赵生群/南京师范大学学报/第2期
太史公"河山之阳"辨释/任俊潮/渭南师专学报/第2期
《司马迁史记名言录》序/张登弟/渭南师专学报/第2期
《司马迁史记名言录》序/张登第/渭南师专学报/第2期
论《史记》中的凡人悲剧/伏俊连/西北师范大学学报/第3期

《史记》是一部宏伟的史诗/张新科/宝鸡文理学院学报/第3期

《汉书·匈奴传》与《史记·匈奴传》对校刍议/阿其图/内蒙古师范大学学报/第3期

论《史记》的戏剧美/肖振宇/张家口师专学报/第3期

关于司马迁的卒年和《史记》的断限、残缺问题/何世华/新疆师范大学学报/第3期

《史记·项羽本纪》疑诘/张家英/汉中师范学院学报/第3期

简论司马迁的人才观/李玲/成都大学学报/第3期

司马迁笔下的方志雏形/朱积孝/中国图书馆学报/第3期

《史记》中的"庄周传"难以信据/龚维英/绥化师专学报/第3期

清人论史公三失/朱神思红/渭南师专学报/第3期

司马迁与《诗经》研究的建议/蒋立甫/安庆师范学院学报/第3期

略论司马谈的思想转变/杜玉俭/广州教育学院广州师专学报/第3期

《报任少卿书》释义补正/易健贤/贵州教育学院学报/第3期

《史记》混淆了《康诰》与《康王之诰》/徐万发等/西藏民族学院学报/第3期

司马迁认为孟子迂阔吗?/王恩御/淮北煤炭师范学院学报/第3期

《史记》的讽刺美/何徐光/延边大学学报/第3期

浅谈《史记》的人物塑造方法/王朝忠/德州师专学报/第3期

关于《史记》几篇选文的教学刍议/李骏斌/九江师专学报/第3.4期

试论司马迁的人格结构特质/高益荣/吉林师范学院学报/第4期

论司马迁的商业思想/徐卫民/汉中师范学院学报/第4期

中华点校本《史记》标点举误(续二)/张家英/吉林师范学院学报/第4期

司马迁师承董仲舒说质疑/陈桐生/山西师范大学学报/第4期

太史公新论/赵国熙/吉林师范学院学报/第4期

司马迁的道德评价与墨子的"合志而观"/宋嗣廉/渭南师专学报

/第4期
驳《汉高祖刘邦生年考》/张振台/河南师范大学学报/第4期
有关《史记》研究三题/马晋宜/山西师范大学学报/第4期
司马迁与阴阳家/王明信/河北师范大学学报/第4期
论戴名世与司马迁/俞樟华/浙江师范大学学报/第4期
论《史记》的戏剧美/肖振宇/淮北煤炭师范学院学报/第4期
从《史记·循吏列传》看司马迁政治思想的局限性/孙海洋、陈永庆/湘潭师范学院学报/第4期
中华点校本《史记》标点举误/张家英/哈尔滨师专学报/第4期
司马迁《春秋》文指之论发微/李贤臣/河南大学学报/第5期
再论司马迁为李陵辩护的是非及汉武帝判以重刑的心理原因/李恩江/郑州大学学报/第6期
论司马迁的家学传统/雷戈/河南师范大学学报/第6期
《源氏物语》里的孝与不孝：从与《史记》的关系谈起/田中隆昭/天津师范大学学报/第6期
《史记》与《历史》的文学性比较/李晓卫/西北师范大学学报/第6期

其他期刊：
殉道与超越——论史记的悲剧精神/韩兆琦、王齐/文史知识/第1期
史记成书年代及司马迁死因考/罗庚岭/人文杂志/第1期
论史记的实录精神/张大可/天人古今/第1期
史记上溯性比较论说/可永雪、刘凤泉/天人古今/第1期
中华史圣（司马迁）/天人、天恩/天人古今/第1期
司马迁《货殖列传》中的商贾思想/刘民立/天人古今/第1期
货殖杂谈（之一）/内因/天人古今/第1期
黄帝的故事/张胜发/天人古今/第1期
关于史记的性质及其他/韩兆琦/语文学刊/第2期
学术性与师范性相结合的尝试——从《史记与中学古文》谈起/宋嗣廉/语文学刊/第2期
司马迁的"成一家之言"/杨燕起/语文学刊/第2期

简说《史记》对《三国演义》的影响/俞樟华/语文学刊/第2期
《史记》文学性界说之实证/可永雪/语文学刊/第2期
谈杜甫似司马迁——兼谈史迁良史"识""德"修养里的诗家情质/王友怀/人文杂志/第2期
《史记》峻洁论/俞樟华/天人古今/第2期
外戚功罪评说/孙尔慧/天人古今/第2期
《货殖列传》中的多种经营思想/刘民立/天人古今/第2期
最下之策（货殖杂谈之二）/内因/天人古今/第2期
颛顼、帝喾、唐尧、虞舜的故事/张胜发/天人古今/第2期
李陵之祸三题/施丁/天人古今/第3期
《史记》的特质/阮芝生/天人古今/第3期
《苏秦列传》史料价值不容怀疑/赵生群/天人古今/第3期
《货殖列传》中的义利观/刘民立/天人古今/第3期
货殖杂谈（之三）/内因/天人古今/第3期
《史记》书的演变/张天恩/天人古今/第3期
司马氏"去周适晋"/张胜发/天人古今/第3期
秦始皇的悲恨/林剑鸣/人文杂志/第3期
刘邦《大风歌》情感底蕴新探——兼论汉初翦灭异姓诸侯王之得失/范天成/人文杂志/第3期
试论韩信《汉中对》的战略决策思想及其历史地位/徐勇、黄朴民/人文杂志/第4期
重评司马迁的"通古今之变"/陈桐生/人文杂志/第4期
中国史官文化与《史记》/陈桐生/文学遗产/第1期
司马迁的人才思想/王守雪/殷都学刊/第1期
论《史记》中的商贾形象/谢季祥/福建论坛/第1期
试论李广终不得封的原因/张继文/殷都学刊/第1期
项羽失败的人才因素探析/姜毅/组织人事学研究/第1期
刘邦用人之道研究/韩雪风/探索/第1期
《史记·项羽本纪》与《太平记》中的楚汉故事/邱岭/外国文学研究/第1期
殉道与超越：论《史记》的悲剧精神/韩兆琦、王齐/文史知识/

第1期

汉文帝二三事述评/洁芒/阴山学刊/第1期

重评韩信的灭齐之战/范学辉/江海学刊/第1期

论《史记》的实录精神/天人古今/第1期

《史记》上溯性比较论说/可永雪/天人古今/第1期

司马迁的《史记》与班固的《汉书》比较/刘筱红/高师函授学刊/第1期

《史记》尊孔重儒论/方铭/北京大学研究生学刊/第1.2期

《史记》人物传记的文学倾向/王兰英/文科教学/第2期

论司马迁的史评杂文/刘洪仁/求索/第2期

《史记》峻洁论/俞樟华/天人古今/第2期

简说《史记》对《三国演义》的影响/俞樟华/语文学刊/第2期

关于《史记》的性质及其他/韩兆琦/语文学刊/第2期

《史记》文学性界说之实证/可永雪/语文学刊/第2期

司马迁的"成一家之言"/杨燕起/语文学刊/第2期

学术性与师范性相结合的尝试：从《史记与中学古文》谈起/宋嗣廉/语文学刊/第2期

《史记》饮食动词分析/李炜/古汉语研究/第2期

试评《陈胜传》对《陈涉世家》的改动/樊琪/贵州文史丛刊/第2期

《史记》三家注之开合现象/黄坤尧/中国语文/第2期

谈杜甫"似司马迁"/王友怀/人文杂志/第2期

耐人思索的史传文学：读《史记·淮阴侯列传》/艾岩/名作欣赏/第2期

司马迁笔下的两个贤相形象：读《史记·管晏列传》/田渝生/名作欣赏/第2期

《史记·循吏列传》随想/徐忠明/中外法学/第2期

《史记·三晋世家》注释商兑/谢孝苹/晋阳学刊/第2期

论司马迁的论断语言艺术/杨松岐/殷都学刊/第2期

司马迁思想的时代特色/许凌云/史学史研究/第2期

略论司马迁及其《史记》/袁冠立/金融管理与研究/第2期

司马迁"究天人之际"初探/白国斌/河洛春秋/第2期

司马迁对市场作用的揭示/沈端民/求索/第3期

读《史记·封禅书》札记/王守成/安徽史学/第3期

张仪史事辨/晁福林/江汉学刊/第3期

范蠡所居陶地考/张守德等/齐鲁学刊/第3期

《史记》的特质/天人古今/第3期

中国史官文化与《史记》/陈桐生/中国史研究/第3期

与司马迁同行，窥古文化神韵：读《中国史官文化与史记》/蓝英/中国图书评论/第3期

读《读书杂志·史记杂志》/张家英/蒲峪学刊/第3期

论《史记》的兼容性/陈友冰/学术界/第3期

商鞅变法史事考/晁福林/人文杂志/第4期

重评司马迁的"通古今之变"/陈桐生/人文杂志/第4期

陈平在楚汉战争中的作用/朱顺玲/南都学坛/第4期

《史记》思维方式初探/刘忠世/东方论坛/第4期

论黄善夫本《史记》及其涵芬楼影印本/杜泽逊/古籍整理出版情况简报/第4期

《汉书》继承改动《史记》的得与失/韩兆琦/天人古今/第4期

书《史记·伯夷列传》后/赵光贤/天人古今/第4期

司马迁所受的家教/徐兴海/天人古今/第4期

司马迁的家教与师承/陈天琦/天人古今/第4期

再论司马迁的论断语言艺术/杨松岐/殷都学刊/第4期

读《史记·货殖列传》札记之二/邓福秋/中国经济史研究/第4期

《史记》《汉书》研究文献目录（日本篇）/日·藤田胜久/天人古今/第4期

谈《左传》《史记》的人物描写成就/中文自学指导/第4期

司马迁经营思想浅析/王永烈/工业技术经济/第5期

谈司马迁之货殖论/田德明/高师函授学刊/第5期

《史记》峻洁论/俞樟华/浙江社会科学/第6期

读.《史记》/牧惠/雨花/第6期

《史记》人物悲剧管窥/弈明/名作欣赏/第6期
司马迁马陵之战撰写臆断/樊琪/河北学刊/第6期
司马迁历史美学观初探/马强/人文杂志/第6期
《史记》世家歧义辨析/谢季祥/福建论坛/第6期
论司马迁史学的继承性/毛曦/唐都学刊/第6期
论孔子对司马迁及其《史记》的影响/李颖科/唐都学刊/第6期
司马迁的"大一统"思想/周文玖/唐都学刊/第6期
司马迁历史哲学论纲/段建海/唐都学刊/第6期
评司马迁的经济思想/周成名/财经论丛/第6期
略论司马迁与《诗经》研究/蒋立甫/人文杂志/第6期
《史记》刻画人物方法探索/刘承汉/高师函授学刊/第6期
《史记》货币思想浅探/范泽宇等/北京金融/第7期
论孔子对司马迁及《史记》的影响/李颖科/唐都学刊/第10期
论司马迁史学的继承性/毛曦/唐都学刊/第10期
司马迁历史哲学论纲/段建海/唐都学刊/第10期
司马迁的大一统思想/周文玟/唐都学刊/第10期
从《史记》看政治精英与政治变革/郑凯/南京社会科学/第12期

报纸：
司马迁是良史吗/何其亮/羊城晚报/2月13日
《史记》为什么没有《武帝本纪》/汪金/中国教育报/6月12日
司马迁是良史吗/何其亮/羊城晚报/2月13日

【1995年】

学报：
论司马迁的政治观/邓晋东/辽宁大学学报/第1期
《史记》相术思想述评/郑建明/宜春师专学报/第1期
浅谈《史记》中下层社会历史人物/赵佳丽/宁夏教育学院、银川师专学报/第1期
《史记》《汉书》对读评议（续）/李廷先/扬州师范学院学报/第1期
《史记》中的妇女形象探析/杨钰侠/淮北煤炭师范学院学报/第

1期

《史记》情感抒发之表现及其特征/韩洪、何明新/重庆师范学院学报/第1期

试论《史记》的美育功能/陈振华/浙江师范大学学报/第1期

《史记》悲剧性散议/隽克/张家口大学学报/第1期

司马迁《史记》终讫再考/施丁/汉中师范学院学报/第1期

《史记·货殖列传》札记/陈国生、李映辉/益阳师专学报/第1期

《史记》与中国古典传记（一）/张新科/渭南师专学报/第1期

《司马迁与华夏文化丛书》序/董继昌/渭南师专学报/第1期

论司马迁史记对民谚的运用/周洪/西安外国语学院学报/第1期

试论《史记》创作的文化氛围/李衡眉、王仁厚/烟台师范学院学报/第1期

论《史记》悲剧场境描写/马宝记/信阳师范学院学报/第1期

《史记》《汉书》游侠考述/韩云波/川东学刊/第1期

张守节《史记正义》中的重纽/游尚功/黔南民族师专学报/第1期

司马迁成一家之言新论/朱枝富/渭南师专学报/第1期

司马迁班固史学观的对比论/吴绍礼/齐齐哈尔师范学院学报/第1期

《史记》编辑思想初探/张宽信/湖南师范大学社会科学学报/第2期

《史记》的写人艺术/王增文/渭南师专学报/第2期

论司马迁的"发愤著书说"及其影响/俞绵超/安徽商业高等专科学校学报/第2期

司马迁班固史学观的对比论（续）/吴绍礼/齐齐哈尔师范学院学报/第2期

论《史记》人物形象的塑造/徐敬/固原师专学报/第2期

《史记》中的外来词/王东明/西安外国语学院学报/第2期

《史记·五帝本纪》疑诂/张家英/海南大学学报/第2期

《史记》互见法新论/周斌/喀什师范学院学报/第2期

略论史记的悲剧色彩与讽刺手法/陈永光/乐山师专学报/第2期

论司马迁对李斯的人格评价/张志合/绥化师专学报/第2期
《史记》年表部分标点举误/张家英/哈尔滨师专学报/第2期
司马迁《史记》与传记小说/诸子/汉中师范学院学报/第2期
略谈司马迁人格的文化成因/段建海、党大恩/汉中师范学院学报/第2期
中西史学之父著史的共同特色/挩晓红/山西师范大学学报/第2期
《史记》与地方志/念白、庆余/佳木斯师专学报/第2期
论《史记》的对比艺术/肖振宇/张家口师专学报/第2期
《史记》文学性界说/可永雪/内蒙古师范大学学报/第3期
司马迁的治国之道、富民为先的经济思想启示/周达斌/湖南税务高等专业学校学报/第3期
论《史记》人物性格的美学特征/肖振宇/张家口师专学报/第3期
"司马迁为李陵辩护"辨/梁建邦/渭南师专学报/第3期
论《战国策》对《史记》的影响/程远芬/山东教育学院学报/第3期
从"太史公曰"看司马迁的人才观/邱伯桃/益阳师专学报/第3期
试释司马迁考信于六艺说的真谛/朱本源/陕西师范大学学报/第3期
《史记·封禅书》的几个理论问题/陈桐生/陕西师范大学学报/第3期
《史记》与"一代文学"汉赋/宋嗣廉/陕西师范大学学报/第3期
论司马迁的人生价值观/曹东方/延边大学学报/第3期
司马迁与李维之比较/张晓松/漳州师范学院学报/第3期
从史记的成就看史学思想解放的重要性/夏祖恩/福建师范大学福清分校学报/第3期
读《史记·货殖列传》,谈司马迁的经济思想/李立宝/太原师专学报/第3期
《史记》在人物描写上的成就/汪耀明/淮阴师专学报/第3期

《史记》三家注通假琐议/方心棣/安徽教育学院学报/第3期
《史记》选本若干注释斠误/夏松凉/绥化师专学报/第3期
试论《史记》人物传记的价值取向/陈友冰/安徽师范大学学报/第3期
《史记》与中国古典传记（二）/张新科/渭南师专学报/第3期
论《史记》的对比艺术/肖振宇、耿光华/锦州师范学院学报/第3期
试谈司马迁的经济思想：读《史记·货殖列传》/李立宝/运城高专学报/第3期
《史记》里的方志学体系/念白/赣南师范学院学报/第4期
纪念司马迁诞辰2140周年国际学术讨论会综述/张新科/陕西师范大学学报/第4期
日本新屈原否定论产生的历史背景与思想根源初探/赵逵夫/西北师范大学学报/第4期
一本系统研究司马迁史学思想的学术专著——评毛曦、段建海著《司马迁的历史学》/党大恩/渭南师专学报/第4期
评《史记·大宛列传》的真伪问题/徐朔方/杭州大学学报/第4期
《史记·孔子世家》标点举误/张家英/哈尔滨师专学报/第4期
宋人对《史记》的研究/俞樟华/浙江师范大学学报/第4期
司马迁经济伦理思想简论/曹桂华、李理/中国人民大学学报/第4期
司马迁与历史教育/张显传/首都师范大学学报/第5期
《史记》与中国古典传记（三）/张新科/渭南师专学报/第6期
《史记》互见法两例辩证/张兴成/西北师范大学学报/第6期
司马迁的互见法及其渊源/孙以昭/安徽大学学报/第6期

其他期刊：

司马迁崇势力而羞贫贱思想辨析/智芬/河北学刊/第1期
司马迁经济思想的核心是商品经济思想/李映青、李瑞娥/当代经济科学/第1期
《史记》不为惠帝立纪/崔曙庭/天人古今/第1期

《史记》与中国浪漫主义文学/张新科/天人古今/第1期
"在20世纪仍值得信赖":阿里·玛扎海里论《史记》/彭树智/天人古今/第1期
《论六家要指》"省不省"新解/刘兴林/南都学坛/第1期
司马迁《史记》终讫再考/施丁/福建经济/第1期
司马迁的地域文化观/陶礼天/中国文化研究/春之卷
希罗多德与司马迁/凌峰/学术研究/第1期
略论《史记·货殖列传》中的商业观/尹晓晨/经济论坛/第1期
《史记》中记载的三次背水战刍议/杨爱国/军事历史/第1期
司马迁的《史记》与中国史学的自觉/杨燕起/史学史研究/第1期
司马迁的"崇势利而羞贫贱"思想辨析/智芬/河北学刊/第1期
前三史与诗歌/丁毅华/文献/第1期
《史记·封禅、河渠、平准书》标点举误/张家英/蒲峪学刊/第1期
浅说《史记》人物纪传的表现形式/阮忠/高师函授学刊/第2期
司马迁工商政策思想及其局限性/崔凡芝/孔子研究/第2期
试论司马迁的富利观/罗光辉/财经理论与实践/第2期
司马迁与《史记》/曹之/图书情报论坛/第2期
《史记》和《汉书》中的数词/（日）牛岛德次/语言教学与研究/第2期
谈《史记》的结构和体例/何世华、尹迪/天人古今/第2期
太史公笔下的一个小丑形象/武原/天人古今/第2期
《史记》的人物塑造/蒋希正/天人古今/第2期
司马迁的经济思想/笛鸣/商业文化/第2期
郭沫若与《史记》/周九春/郭沫若学刊/第2期
用孙子兵法探讨经商规律的历史先驱:司马迁/张守军/商业研究/第2期
论《史记》汉初三杰形象的典型意义/陈兰村、张金菊/浙江社会科学/第2期
略说《史记》与《汉书》的异同/韩兆琦、俞樟华/古典文学知识/第3期

《史记新探》序/张大可/天人古今/第3期

司马迁的气质精神/冯光波/天人古今/第3期

纪念司马迁2140周年诞辰/高康宁/天人古今/第3期

我所敬重的一位汉学家：史记俄译本译者维亚特金博士/邱桂荣/现代国际关系/第3期

尽善尽美的理想帝王：读《史记·五帝本纪》/周先民/文学遗产/第3期

《史记》的悲剧性/蔡孝莲/求是学刊/第3期

司马迁的良将观/谢季祥/福建论坛/第3期

从《李斯列传》看司马迁的写人手法/王欣/渤海学刊/第3期

《史记》与《诗经》的三种关系/陈桐生/社会科学辑刊/第3期

班氏父子与《史记》的学术命运/张子侠/史学史研究/第4期

《史记》实录新探/易宁、易平/史学史研究/第4期

应当实事求是地评价司马迁的《天官书》/侯云龙/松辽学刊/第4期

《史记会注考证》所辑《正义》真伪辨/李若晖/武陵学刊/第4期

关于《史记》所载苏秦史料的真伪/高云海/古籍整理研究学刊/第4期

读《史记·滑稽列传》/田长山/唐都学刊/第4期

史记词诂/郭芹纳/古汉语研究/第4期

司马迁悲剧心理探幽/李建中/唐都学刊/第4期

《伯夷列传》析论/阮芝生/天人古今/第4期

司马迁生地漫谈/张天恩/天人古今/第4期

司马迁的农业思想/张艳/天人古今/第4期

司马迁与图书馆/刘玉生/煤图学刊/第4期

《史记·匈奴列传》札记/谢孝苹/中亚学刊/第4期

关于司马迁的政治观/邓晋东/冀东学刊/第4期

西周共和前诸侯年纪追溯：为纪念司马迁诞辰2140年而作/李仲操/文博/第4期

《史记》与汉语成语/俞樟华/成人高等教育/第4期

《史记》的比较研究"新探"——读俞樟华的《史记新探》/宋嗣

廉/天人古今/第5期
关于《史记》的编次/（日）今鹰真/天人古今/第5期
《史记》在西洋（1895—1995）/（美）倪豪士/天人古今/第5期
论司马谈由道而儒的转变/陈桐生/人文杂志/第5期
《史记》与司马迁之愤/刘振东/人文杂志/第5期
《史记》的志怪和司马迁的思想/袁达/南都学坛/第5期
司马迁的贫富观/丁毅华/学术月刊/第5期
近年来日本的史记研究/（日）藤田胜久/古籍整理研究学刊/第5期
"究天人之际，通古今之变"：史记的灵魂与终极目的/佘树声/陕西史志/第5期
司马迁妇女观研究综述/张焕宗/高校社科信息/第6期
司马迁的工商经济思想/辛战军/经济论坛/第6期
《史记》标点商榷/孙愫婷/古籍整理研究学刊/第6期
《史记》及三家注引语断限指误/陈冠明/古籍整理研究学刊/第6期
热爱司马迁/田长山/延河/第7期
浅谈司马迁史记的文学价值/李逸津/历史学习/第10期

报纸：
开掘新题，成一家言——读《史记新探》/于潜/浙江日报/5月5日
无韵离骚的歌唱者（读《史记新探》）/洪淳生/建德报/5月27日
司马迁精神的启示：纪念司马迁诞辰2140周年/肖黎/光明日报/9月25日
纪念司马迁诞辰2140周年国际学术讨论会召开/张新科/社会科学报/10月19日
太史简·董狐笔：看《司马迁》/童道明/文艺报/12月22日

【1996年】
学报：
"太史公曰"的抒情艺术/施开诚/淮北煤炭师范学院学报/第1期

《报任安书》疑义试解/焦绪霞等/西南民族学院学报/汉语言文学研究专辑

《史记》的语言特色小议/王朝忠/德州师专学报/第1期

鲁迅论司马迁/段国超/渭南师专学报/第1期

《史记》与我国古代小说/韩兆琦/渭南师专学报/第1期

从黄老之学到小国寡民：再论司马迁的悲剧/田启凛/哈尔滨师专学报/第1期

《史记》《汉书》对读评议/李廷先/扬州师范学院学报/第1期

《史记·匈奴列传》中的冒顿单于的形象浅论/梦河纳仁/内蒙古民族学院学报/第1期

从《史记·货殖列传》看司马迁的商品经济思想/孙亚利、马琪山/庆阳师专学报/第1期

《屈原列传》通解/李增林/西北第二民族学院学报/第1期

太史公曰的抒情艺术/施开诚/淮北煤炭师范学院学报/第1期

《汉书补注》和《史记》、《汉书》中有关天文的一处误读及其误译/欧阳楠/娄底师专学报/第1期

《史记》《汉书》比较简论/傅正义/渝州大学学报/第1期

中国古代思想家"碑林"中的一座丰碑：读张大可的《司马迁评传》/宋嗣廉/渭南师专学报/第1期

司马迁经济思想研究中的几个问题/曹应旺/苏州大学学报/第1期

《史记·儒林列传》评说/张三夕/海南大学学报/第1期

史记的训诂价值与传统训诂学的发展/刘阳仁/怀化师专学报/第1期

《汉书补注》和《史记》《汉书》中有关天文的一处误读及其误译/欧阳楠/娄底师专学报/第1期

论吕不韦/洪家义/南京大学学报/第2期

《史记》书法六题/阎晓丽/内蒙古民族师范学院学报/第2期

司马迁所见书新考/赵生群/南京师范大学学报/第2期

论汉代文雄两司马（司马迁、司马相如）/赵国玺/延安教育学院学报/第2期

中西文化异同与司马迁的人文观/王成军/陕西师范大学学报/第2期

当代文化语境中的司马迁精神/崔康柱/渭南师专学报/第2期

《魏其武安侯列传》的人物描写艺术/李军/攀枝花大学学报/第2期

《史记索隐》注太史令有问题/施丁/中国社会科学院研究生院学报/第2期

走出司马迁天人思想研究的误区/郎宝如/内蒙古大学学报/第2期

"仓中鼠"哲学的悲剧：读《史记·李斯列传》/张永刚/内蒙古师范大学学报/第2期

试论司马迁历史观的出发点/崔康柱/临沂师专学报/第2期

《史记》人物传记论/何明新/重庆师范学院学报/第2期

《史记》勘误七则/梁建邦/渭南师专学报/第2期

从《李将军列传》看《史记》的悲剧色彩/肖晓玲/宁波大学学报/第2期

寓优秀文化传统教育于《史记》教学之中/陈桐生/汕头大学学报/第2期

《屈原列传》通解（续）/李增林/西北第二民族学院学报/第2期

《史记》《汉书》对读评议（续三）/李廷先/扬州师范学院学报/第3期

洪迈在《史记》研究上的贡献/可永雪/内蒙古师范大学学报/第3期

《史记》与西汉前期游侠/韩云波/西南师范大学学报/第3期

司马迁的社会心理研究述略/党大恩/益阳师专学报/第3期

再从"太史公曰"看司马迁的人才观/邱伯桃/益阳师专学报/第3期

《史记》与《楚辞》/张家英/哈尔滨师专学报/第3期

司马迁的义利观/王福利/徐州师范学院学报/第3期

略论鲁迅对《史记》的评述/钱茂竹/绍兴文理学院学报/第3期

《吴晗传》与《史记》的实录精神/方竟成/浙江师范大学学报/第

3期

论司马迁传记文学的命运哲理/陈兰村/浙江师范大学学报/第3期

《史记》中的张骞/向红/新疆师范大学学报/第3期

司马迁所读之《招魂》是《大招》吗/李春芳/山西师范大学学报/第3期

试论司马迁的零年观/温储基/山西大学学报/第3期

《史记》与中国神秘文化/马强/汉中师范学院学报/第3期

论司马迁的政治理想国/党艺峰/渭南师专学报/第3期

司马迁《儒林列传》与吴敬梓《儒林外史》简论/吴莺莺/合肥教育学院学报/第3期

中西史学思想潮流的发展趋向及省思（兼谈司马迁和章学诚之史学思想）/（韩）金甲均/东北师范大学学报/第3期

"史家之绝唱，无韵之离骚"新解/段国超/辽宁教育学院学报/第3期

《史记》人物传记开头简论/肖振宇/张家口师专学报/第3期

论司马迁的交际观/陈广武/内蒙古民族学院学报/第3期

《魏其武安侯列传》注释商榷/王昱昕/贵州师专学报/第4期

《史记·屈原列传》疑误新证/郭瑞林/湘潭师范学院学报/第4期

司马迁一家之言被冷落的原因试析/俞樟华/浙江师范大学学报/第4期

《史记》"且"字虚词用法统计分析/李春普/佳木斯师专学报/第4期

《史记》的写人成就/朱黎辉/牡丹江师范学院学报/第4期

《屈原列传》一处标点文字之管见/杨慧君/贵州教育学院学报/第4期

论《史记》中的人文主义/张伟勋/渭南师专学报/第4期

对《司马迁与历史教育》两则引文训释的辩证/许廷桂/首都师范大学学报/第4期

《史记》八书题名新探/徐日辉/西北师范大学学报/第4期

试论《史记》的妇女观/郑建明/宜春师专学报/第4期

鸿门宴座次新解/黄伟达/九江师专学报/第4期
司马迁经济思想述论/区永圻/武汉教育学院学报/第4期
开拓新领域，提供新视角——简评《司马迁与宗教神话》/李静/苏州大学学报/第4期
超越死亡：司马迁的著史心态/朱发建/湘潭大学学报/第5期
《史记·滑稽列传》四论/陈桐生/汉中师范学院学报/第5期
《报任安书》的美学价值简析/王连娣/齐齐哈尔师范学院学报/第5期
西汉大赋与《史记》/杨波/吉林师范学院学报/第7期
司马迁与《史记·太史公自序》为自己树碑立传/赵国熙/吉林师范学院学报/第9期
《史记》为历史人物代言、拟言的艺术成就/黄秀坤/吉林师范学院学报/第9期
略说司马迁的折中于夫子/田志勇/北京师范大学学报/增刊

其他期刊：
巫史子文化的承传与重构：司马迁历史哲学论纲/俞樟华、梅新林/东方丛刊/第1期
《史记》与中国古典诗歌/俞樟华/天人古今/第1期
《史记人生百态》序言/段国超/天人古今/第1期
谈谈《索隐》"年二十八"/施丁/天人古今/第1期
论司马迁的成一家之言/施丁/中国史研究/第1期
司马迁对法的认识/徐万发/唐都学刊/第1期
赚煞英雄谈面背，藏弓烹狗悔未迟：《史记·留侯世家》读识/林润宣/理论界/第1期
《史记》里的方志学体系/念白/河北科技图苑/第1期
究天人之际，通古今之变：《史记》的灵魂与终极目的/佘树声/陕西史志/第1期
《史记·律书历书》考释/刘操南/古籍整理研究学刊/第1期
《史记》是体大思精的百科全书/俞樟华/成人高等教育/第2期
内容全，钻研深，评价准——读张新科的《史记与中国文学》/俞樟华、张文飞/天人古今/第2期

《史记》中的建筑思想/赵安启/天人古今/第2期
论《史记》女性形象描写/李春桢/天人古今/第2期
于叙事中寓论断：《史记·李将军列传》的笔法/张崇琛/天人古今/第2期
《史记·留侯世家》地名三考/张清吉/东南文化/第2期
《史记》衍脱举正/陈冠明/文献/第2期
试析司马迁的经济观和干支论/温储基/经济经纬/第2期
战国秦汉工商业家多兼营农业小考：读《史记·货殖列传》札记/耕播/中国经济史研究/第2期
《史记·天官书》献疑（一）/马玉山/黄淮学刊/第2期
司马迁悲剧意识浅探/孙进/青年工作论坛/第2期
司马迁史学思想新探/王成军/人文杂志/第2期
"究天人之际，通古今之变"：《史记》的灵魂与终极目的（续）/佘树声/陕西史志/第2期
司马迁政治思想渊源研究综述/张焕宗/高校社科信息/第2期
论司马迁的道德价值观/王成军/江苏社会科学/第2期
《史记》研究方法论管见/齐效斌/唐都学刊/第2期
《史记》中辩士的分布规律及其成因/贾俊侠/唐都学刊/第2期
略论《史记》中的谏/马临漪、蒋经魁/天中学刊/第2期
读《太史公书研究》/张大可/文教资料/第2期
从司马迁"厥协六经异传，整齐百家杂语"谈起/陈桐生/著作权/第2期
史记中的商人形象/何德乾/凉山文学/第2.3期
司马迁卒年及死因考释/赵德政/渤海学刊/第3期
《史记》探"勇"/林亦修/天人古今/第3期
《史记·循吏列传》诠析/冯光波/天人古今/第3期
司马迁藏书的得与失/文胜子/天人古今/第3期
司马迁所见书新考/赵生群/天人古今/第3期
"善因论"：司马迁的经济理论/刘社建/唐都学刊/第3期
略论司马迁的经济伦理思想/丁祖豪/山东社会科学/第3期
司马迁与先秦士风之终结/韩兆琦/古典文学知识/第3期

司马迁的吏治思想及其现代启示/陈国生等/华夏文化/第3期

"魏王恐"析：《史记·魏公子列传》札记之一/田宜弘/高师函授学刊/第3期

历史的审美与诗化：司马迁历史美学观初探/马强/史学理论研究/第3期

司马迁对儒家思想的扬弃/苗威/东疆学刊/第3期

略论司马迁的廉政思想/陈兰村/天人古今/第4期

《史记》的地震记载/高继宗/天人古今/第4期

《史记》三家注考论/吴忠匡/天人古今/第4期

《史记》"因河为塞"说与秦始皇万里长城西段首起地/侯丕勋/中国边疆史地研究/第4期

新发现的《史记正义》佚文考/田大宪/人文杂志/第4期

垂名不朽的忧思：司马迁的价值追求/高飞卫/人文杂志/第4期

唐宋八大家与《史记》/俞樟华/江苏社会科学/第4期

马班史学思想差异/刘祖眉/社会纵横/第4期

司马迁对历史发展趋势的卓识/陈其泰/史学史研究/第4期

司马迁真有侍妾随清娱吗/程章灿/中国典籍与文化/第4期

从项羽形象塑造看《史记》互见法的作用/何明新/天府新论/第4期

司马迁政治思想研究综述/张焕宗/历史教学/第4期

司马迁的人生观、生死观/韩兆琦/古典文学知识/第4期

从《史记》八书与《汉书》十志之比较看司马迁班固史学思想的差异/孙祖眉/社会纵横/第4期

《史记》评变略渐的历史研究法/杨振之/文史杂志/第4期

司马迁笔下的西汉疆域/高泳源/传统文化与现代化/第4期

论乾嘉学派考证《史记》的成果/俞樟华/古籍整理研究学刊/第5期

司马迁的哲学观/徐兴海/天人古今/第5期

《史记》中的恩仇观念/梁晓云/天人古今/第5期

司马迁的社会整合思想/李禹阶/重庆社会科学/第5期

重本逐末，义利相兼：读《史记·货殖列传》感怀/王玮光/学习

与交流/第5期

一部探求中国古代经济理论的力作：《司马迁经济思想研究》读后/张大可/人文杂志/第5期

史记研究的最新成果：读张大可先生《司马迁评传》/来可泓/人文杂志/第5期

司马迁的王权制约思想/张天恩/山东人事/第5期

统一的多民族国家的诗篇：读《史记·西南夷列传》/吴云/历史教学/第5期

评日本学者平势隆郎所著《新编史记东周年表》/周振鹤/中国史研究动态/第5期

洪迈论《史记》/俞樟华、张文飞/天人古今/第6期

《货殖列传》成书的历史条件/高良田等/天人古今/第6期

司马迁为何愿为晏子执鞭/文胜子/天人古今/第6期

略论司马迁的经济地理观/官悠房/昆明社会科学/第6期

《史记》在韩国的译介与研究/诸海星/文史知识/第8期

司马迁的礼乐思想及其历史地位/华友根/学术月刊/第8期

货殖何罪/葛剑雄/读书/第9期

司马迁后人今安在/李镜/炎黄春秋/第10期

《史记》八书序列新论/徐日辉/学术月刊/第10期

司马迁哲学观学术讨论会综述/徐兴海/社科信息/第10期

报纸：

《司马迁》为何迟迟不播/李建宁/钱江晚报/4月6日

中华人格的凝聚：谈《史记》研究的现状和走向/张大可/社会科学报/11月14日

刺绣文与倚市门：谈司马迁论求富之道/翟廷晋/社会科学报/11月14日

【1997年】

学报：

再论走出司马迁天人思想研究的误区/郎宝如/内蒙古大学学报/第1期

西方新史学观照中的《史记》范型/朱玉麟/南京师范大学学报/
  第1期
《史记》人民性思想探微/王云林/淮阴师专学报/第1期
《史记·周本纪》疑诂/张家英/哈尔滨师专学报/第1期
论司马迁的"究天人之际、成一家之言"/左宏阁/西北第二民族
  学院学报/第1期
刘安评屈骚辨（兼对《史记》引刘安语的认识）/孙克强/信阳师
  范学院学报/第1期
《史记》法制思想述论/郑建明/宜春师专学报/第1期
关于司马迁发愤说的重新思考/党大恩等/渭南师专学报/第1期
司马迁的史学原理本于六经/朱本源/陕西师范大学学报/第1期
司马迁羞贫贱源于孔子论/杜玉俭/广州师专学报/第1期
议《史记》文辞的某些疵病/朱钟颐/湖南教育学院学报/第1期
《史记》人物形象刻划技法谈/杨丁友/玉林师专学报/第1期
《史记》与《左传》《国语》所记之吴越历史的比较研究/梁晓云/
  河南大学学报/第1期
《史记》中的程度副词"颇"/洪成玉/首都师范大学学报/第1期
试论司马迁的创作主张/李贤民/山东师范大学学报/增刊
从《史记》十二本纪看司马迁的天人观/崔荣华/南通师专学报/
  第2期
试论《史记》的悲壮美/许世荣/成都大学学报/第2期
太史公爱奇试说/赵素蓉/成都大学学报/第2期
《史记》与《聊斋志异》行侠复仇题材之比较/刘维芬、康清莲/
  临沂师专学报/第2期
韩信：一个悲剧人物：重读《史记·淮阴侯列传》断想/王世英、
  金宪淑/延边大学学报/第2期
《史记》词语考辨举例/敏春芳/西北第二民族学院学报/第2期
《史记·刺客列传》评说/张三夕/海南大学学报/第2期
老子之辨与《史记》的书法体例及附传/李贤臣/河南大学学报/
  第2期
司马迁三不朽的价值观/李彤/长沙电力学院社会科学学报/第

2期

司马迁史学理论的构成/朱本源/汉中师范学院学报/第2期

名曰"列传"，实乃杂文：读《史记·伯夷列传》/刘洪仁/四川教育学院学报/第2期

论司马迁的大历史史观/黄留珠/汉中师范学院学报/第2期

也谈司马迁的成一家之言/郑振邦等/渭南师专学报/第2期

司马迁历史观讨论综述/徐兴海/汉中师范学院学报/第2期

六朝新文学理论的先声：司马迁对魏晋南北朝文论影响三题/张新科/陕西师范大学学报/第2期

《读书杂志·史记杂志》札记/张家英/绥化师专学报/第2期

老子之辨与《史记》的书法体例及附传/李贤臣/河南大学学报/第2期

老子之辨与《史记》的书法体例及附传（续）/李贤臣/河南大学学报/第3期

《史记》的历史分期研究法/杨振之/四川师范大学学报/第3期

司马迁的思维逻辑与《史记》的符号空间/齐效斌/陕西师范大学学报/第3期

司马迁的学术倾向及其天人观略议/刘学智/陕西师范大学学报/第3期

从《史记》看司马迁的民族思想/杨明/重庆师范学院学报/第3期

浅探司马迁在中国民族史上的作用和贡献/阎崇东/内蒙古师范大学学报/第3期

寓言还是历史：阅读视野嬗变中的《伯夷列传》/齐效斌/海南师范学院学报/第3期

论司马迁的妇女观/温原/宝鸡文理学院学报/第3期

司马迁：中华民族传统爱国主义精神的历史丰碑/曲哲、庄啸/渭南师专学报/第3期

老子之辨与《史记》的书法体例及附传（续）/李贤臣/河南大学学报/第3期

从《史记》看司马迁的人生价值观/胡安莲、金荣权/信阳师范学院学报/第3期

二十世纪的《史记》研究与文献价值（一）/张大可、郑之洪/渭南师专学报/第3期

二十世纪的《史记》研究与文献价值（二）/张大可、郑之洪/渭南师专学报/第4期

项羽、韩信、窦婴命运试论/李仁守/海南师范学院学报/第4期

略论《史记》通变观与易道的关系/叶文举/安徽师范大学学报/第4期

论司马迁的悲剧思想/曹庆鸿/广西师范大学学报/第4期

郑樵评《史记》之我见/蒋保平/重庆教育学院学报/第4期

《史记》的叙事话语：追求和创造整体艺术效果/纪丽真/烟台大学学报/第4期

论《史记》取材于诗/陈桐生/韩山师范学院学报/第4期

《史记》旨趣新说/石荣伦/连云港教育学院学报/第4期

司马迁运用民间传闻的内在心象/张宗奇/宁夏大学学报/第4期

从乱世之《春秋》到治世之《史记》/雷戈/西北师范大学学报/第4期

太史公考释/程远芬、赵沛峤/山东教育学院学报/第5期

对司马迁的再认识/陈晓芬/华东师范大学学报/第5期

司马迁论商场成功之道/王鑫义/安徽大学学报/第5期

从《史记》传赞首篇看司马迁的文化思想倾向/荆忠岭等/山东师范大学学报/增刊

试论司马迁的怀疑精神/刘重来/西南师范大学学报/第6期

《史记》人物性格论/肖振宇/齐齐哈尔师范学院学报/第6期

自古英雄尽解诗：《史记》刘邦形象别议/杨俊才/浙江师范大学学报/第6期

自我实现的内在人格：论《史记》中刘邦形象的审美意蕴/陈瑾/浙江师范大学学报/第6期

《史记》"联珠格"运用之艺术成就初探/何凌风/宜春师专学报/第6期

其他期刊：

《史记》注疏译述略/马临漪、蒋经魁/天中学刊/第1期

《史记》中的体育活动/张琴、晓杲/体育文史/第1期
构建"史记通论"的学术著作：读杨燕起《史记的学术成就》/张大可/天人古今/第1期
《史记》刻划人物的手法/熊慕鸿、李儒科/天人古今/第1期
《史记》和人在历史发展中的主体地位/杨燕起/史学史研究/第1期
《史记》与司马迁的历史观/王双怀/华夏文化/第1期
汉家改制与《史记》/陈桐生/唐都学刊/第1期
浅析司马迁对项羽形象的塑造/王子荣/川东学刊/第1期
论《项羽本纪》/周振甫/文学遗产/第1期
联系修志工作谈司马迁的事业感与史学思想/农应忠/云南史志/第1期
《史记·天官书》献疑（二）/马玉山/黄淮学刊/第1期
司马迁刑德理论发微/陈国生/天府新论/第1期
试论司马迁的经济思想：重读《史记·货殖列传》札记/汪悦/天津党校学刊/第1期
司马迁列孔子于世家而列老子于列传思想抉微/刘蕴之/人文杂志/第1期
司马迁人格价值论/徐延庆/东疆学刊/第1期
《史记》中的"以"字析论/张福德/古汉语研究/第1期
漫议《史记》与修志/周永光/广西地方志/第1期
司马迁先黄老而后六经析论/汪涌豪/殷都学刊/第2期
孔子司马迁史学思想的传承及启示/张小平/安徽史学/第2期
《史记》对史传散文的继承和影响/何世华、尹迪/天人古今/第2期
司马迁笔下的女性形象/关雷/天人古今/第2期
《史记》中人物命运悲剧归因浅析/徐延庆/东疆学刊/第2期
论司马迁写当代史成一家之言/易平/史学理论研究/第2期
《史记》中"焉"字用法研究/连元/北方论丛/第2期
司马迁学术渊源谈/吴锐/史学史研究/第3期
试论司马迁的经济管理思想及其借鉴价值/天辉/燧石/第3.4期

论司马迁在受命、革命问题上的矛盾/王培华/晋阳学刊/第3期
论司马迁的大历史史观/黄留珠/人文杂志/第3期
司马迁对中国古代商业地理学的贡献/王鑫义/中国史研究/第3期
《史记》的现实主义特色/李春祯/天人古今/第3期
试论司马迁的商品经济思想/刘建萍/福建论坛/第3期
微观搞活，宏观管住：《史记·平准书》宏观治国的经济思想/刘民立/天人古今/第3期
司马迁与《周易》/徐兴海/人文杂志/第4期
"道之吏"与"史之道"：《春秋》《史记》比较/陈国灿/天人古今/第4期
"淮阴侯族灭案"考辨/徐荣信/天人古今/第4期
论董仲舒与司马迁《史记》著述之关系/王保顶/河北学刊/第4期
司马迁与《史记》/艾溪芸/攀登/第4期
询问司马迁/林非/散文天地/第4期
试论司马迁"善因"主张在西汉不可行的原因/吴青/南开经济研究/第4期
穷形尽相，入木三分：对《史记》人物哭相的文学分析/解国旺/殷都学刊/第4期
《太史公书》何时以"史记"命名/沈有珠/贵州文史丛刊/第5期
司马迁师承安国说考辨/陈桐生/学术研究/第5期
论司马迁善因主张/吴青/天人古今/第5期
班马抑扬新探/邱江宁/天人古今/第5期
龙门功臣，考证渊海：梁玉绳的《史记志疑》/苏杰/天人古今/第5期
《红楼梦》与《史记》：实录精神与托愤精神的二重变奏/梅新林、俞樟华/浙江社会科学/第5期
桐城义法源于《史记》/张文飞/天人古今/第6期
于细微处见精神：《史记》的细节描写/天人古今/第6期
《史记·廉颇蔺相如列传》的用字艺术/章怡红/天人古今/第6期

司马迁对李陵之降的辩护有失偏颇/李蕾、甄翠娥/黑龙江社会科学/第6期
《史记·司马穰苴列传》点注/何善周/古籍整理研究学刊/第6期
《史记》标题新论/赵生群/江苏社会科学/第6期
司马迁的善因论述评/陈世陔/江汉论坛/第6期
司马迁《货殖列传》中若干经济观点评析/尹世玮/现代财经/第7期

报纸：

司马迁的历史观/刘学智/光明日报/5月6日
从《史记》看传统史学的自觉精神/邓鸿光/光明日报/10月7日

其他：

三苏与《史记》/俞樟华/《聂石樵教授七十寿辰学术纪念文集》/巴蜀书社出版社/11月出版

【1998年】

学报：

司马迁笔下的汉代帝王/蔡孝莲/黑龙江教育学院学报/第1期
《史记》的史学特点之成因/石荣伦/江苏教育学院学报/第1期
司马迁的社会整合与社会组织思想/李禹阶/重庆师范学院学报/第1期
网罗天下放失旧闻：略评司马迁的社会历史调查/吕建昌/上海大学学报/第1期
《史记·货殖列传》札记/李埏/云南教育学院学报/第1期
性格之舵与命运之舟：项羽文化心理探微/杨利展/辽宁师范大学学报/第1期
滴血心灵的倾诉：《报任少卿书》解读心得/可永雪/广播电视大学学报/第2期
《史记十二诸侯年表》文不对题原因考辨/王茜/河南师范大学学报/第2期
司马迁的侠义精神/李世萼/杭州师范学院学报/第2期
论王世贞《弇山堂别集》对《史记》的模拟/孙卫国/南开学报/

第2期

略论朱枝富的司马迁与《史记》研究/陈以鉴/盐城师专学报/第3期

《史记》人物传记的结构方式及其意义/可永雪/内蒙古师范大学学报/第3期

于细微处见精神：《史记》人物描绘艺术/张梦新/浙江师范大学学报/第3期

司马迁历史哲学论纲/党艺峰/渭南师专学报/第3期

谈鸿门宴的悲剧因素/吴世敏/怀化师专学报/第3期

论《史记》在中国史学发展中的作用/吴凤霞、刘伟/内蒙古民族师范学院学报/第3期

从《史记》《汉书·匈奴传》看汉匈民族关系/向敏功/昆明师专学报/第4期

《春秋》与《史记》历史观之比较研究/申友良/湛江师范学院学报/第4期

我国传记文学史上的第一篇自传及其影响：从《太史公自序》谈起/宋嗣廉、钟岚/渭南师专学报/第4期

悲壮：《史记》之美/魏良韬/南京大学学报/第4期

《史记》人物称谓漫议/张传良、梁颂成/晋东南师专学报/第4期

《史记·孝武本纪》探赜/蒙金含/西南民族学院学报98专辑

危难之处显智勇：谈蔺相如人物性格的刻画/杨静/内蒙古民族师范学院学报/第4期

《史记》修辞艺术探微（下）/江秀玲/陕西教育学院学报/第4期

《史记》的体制改革反映了司马迁民族大一统思想/池万兴/渭南师专学报/第4期

《史记·屈原列传》上官夺稿事件解/林家骊/杭州大学学报/第4期

解开《屈原列传》的疙瘩/丘述尧/华南师范大学学报/第5期

略论司马迁的历史观/张文安/渭南师专学报/第6期

司马迁的古代历制研究/郭书兰/郑州大学学报/第6期

论《史记》的讽刺艺术/何梅琴/宜春师专学报/第6期

旁搜博采，去伪存真：评李人鉴先生《太史公书校读记》的校勘特点/班吉庆/扬州大学学报/第6期

其他期刊：

司马迁笔下的汉高祖形象/胡安莲/南都学坛/第1期

中国传统史学的自觉精神与社会进步：以《史记》为例的研究与思考/邓鸿光/江汉论坛/第1期

《史记·太史公自序》"王子"所指/东湖/中国历史地理论丛/第1期

《史记正义》纠谬/王洪瑞/中国历史地理论丛/第1期

论《史记》在体例编辑上的特点/赵明建/河南社会科学/第2期

司马迁的大禹治河论/袁建平/大自然探索/第2期

《史记》中的交通文化撷要/戴生岐/人文杂志/第2期

试论《史记》的义利观/张祥涛/人文杂志/第2期

《史记》叙事是否真实/内因/天人古今/第2期

论元杂剧中的史记戏/许菁频/天人古今/第2期

司马迁尚侠的心理阐述/邓飞龙/天人古今/第2期

试论司马迁的生死观/蔡孝莲/天人古今/第2期

司马迁的传说/（日）青木五郎/天人古今/第2期

《史记》蕴含的人格魅力/刘雅杰/东疆学刊/第2期

读《淮阴侯列传》札记/沈惠/长白学刊/第3期

《史记》研究应走出误区/张新科/学术月刊/第3期

《史记》寓主意于客位的历史方法/杨振之/文史杂志/第3期

批评《史记》何故/徐村/天人古今/第3期

父权制社会里的女性写作——浅析司马迁的女性观/刘胜利/天人古今/第3期

求真 扬善 显美 贬恶——试析《史记》度事论人的标准/尹迪/天人古今/第3期

《史记》名言典故选释/鱼智勇/天人古今/第3期

《史记·鲁周公世家》引《尚书·金縢》经说考论/易宁/中国史研究/第4期

《史记》在史学上的划时代意义的再认识/邓鸿光/史学月刊/第4期

略说司马迁对霍去病的评价/刘家钰/中国典籍与文化/第4期
司马迁的义利观/宁东俊/华夏文化/第4期
论《史记》的复笔/俞樟华 邱江宁/天人古今/第4期
历史史实与合理想象的结合——曹尧德同志《司马迁传》序言/宋嗣廉/天人古今/第4期
《史记》名言典故选释/鱼智勇/天人古今/第4期
《游侠列传》新议/李绍华/学术论坛/第4期
中华三千年的女性扩写：《史记》中女性形象类型描述/宫东红/吕梁学刊/第4期
司马迁的王权制约思想/张天恩/天人古今/第5期
《史记》的成书原因/章怡虹/天人古今/第5期
《史记》名言典故选释/鱼智勇/天人古今/第5期
论司马迁的帝王史观/张强/江苏社会科学/第5期
体异而神髓通：屈原之与司马迁论略（之二）/戴志钧/北方论丛/第5期
论"三不朽"说对司马迁及《史记》创作的影响/王绍东/内蒙古社会科学/第5期
司马迁研究的研究/李子/天人古今/第6期
《史记》名言典故选释/鱼智勇/天人古今/第6期
司马迁是山西河津龙门人考略/徐崇寿、邱文选/山西文献/第51期

【1999年】

学报：

文史兼备，成一家言：从《史记》中看司马迁的写人标准/左宏阁/西北第二民族学院学报/第1期
《史记》中的长者与其在汉初的地位/侯海英/陕西师范大学学报/第1期
司马迁自然哲学与《史记》社会哲学/霍有光/陕西师范大学学报/第1期
刘知几对《史记》的批评/徐兴海/陕西师范大学学报/第1期
司马迁哲学思想体系初探/崔康柱/陕西师范大学学报/第1期

试论司马迁的经济思想/焦雅君/辽宁大学学报/第1期

司马迁《史记》的哲学观与史学观/姜晓霞/成都行政学院学报/第1期

司马迁评屈论骚的方法论失误/范卫平/青海师专学报/第1期

《陈涉世家》三处注释辨疑/王长汉 韩世龄/承德民族师专学报/第1期

《史记》《汉书》《后汉书》注札记/力之/内蒙古大学学报/第1期

《史记》的叙事结构/纪丽真/烟台大学学报/第1期

神龙见首不见尾：读《史记伯夷列传》的章法与词之若隐若见的美感特质/叶嘉莹/天津大学学报/第1期

研究司马迁思想体系的几个问题/屈哲、观潮/渭南师专学报/第1期

"发愤著书"说在唐宋时期的新发展/马雅琴、王麦巧/渭南师专学报/第1期

司马迁的史学创新意识/汪高鑫/淮北煤炭师范学院学报/第1期

《史记》的语言艺术/朱黎辉/呼兰师专学报/第1期

王国维《太史公行年考》补证三则/张家英/哈尔滨师专学报/第1期

博览群书，探真求实：读《史记十二本纪疑诂》/王育新/哈尔滨师专学报/第1期

《史记》《汉书》校勘与词义考释/黎千驹/郴州师专学报/第1期

研究司马迁思想体系的几个问题/曲哲、观潮/渭南师专学报/第1期

司马迁与司马相如论略/张新科/陕西师范大学成人教育学院学报/第1期

司马迁的富民思想初探/魏晓明/广州教育学院学报/第1期

试论司马迁与儒道思想的关系/曹东方、徐淑梅/吉林师范学院学报/第2期

论《史记》中人情世态描绘的特点及其成因/江文贵/郑州大学学报/第2期

《史记·货殖列传》时代略论/李埏/中国人民大学学报/第2期

时代审美特征的载体:论《史记》的雄豪风格/陈刚、吴象枢/固原师专学报/第2期
司马迁与文学的主体性/张勤继/固原师专学报/第2期
刘向班固所见《太史公书》考/易平/南昌大学学报/第2期
《史记儒林列传》写作旨趣考辨/张文安/陕西师范大学学报/第2期
《史记》讽刺艺术管窥/鞠传文、史云芬/泰安师专学报/第2期
博览群书,自铸伟辞:司马迁运用图书文献写《史记》管见/许秀臣/汕头大学学报/第2期
《史记》中项羽、刘邦形象比较/邓翠萍/江汉大学学报/第2期
关于司马迁与班固对屈原批评的思考/吴瑞霞/华中理工大学学报/第2期
司马迁编纂史记过程中对图书文献的考订和运用/李志清、许秀臣/大学图书馆学报/第3期
《史记》语言审美特征初探/江秀玲/陕西教育学院学报/第3期
司马迁的德治思想与宗教神学/张强/淮阴师范学院学报/第3期
论司马迁的《诗》学批评观/陈桐生/淮阴师范学院学报/第3期
论《史记》的复笔/俞樟华、邱江宁/汉中师范学院学报/第3期
胸中意匠巧经营——漫议《史记》人物传记的结构//俞樟华/淮阴师范学院学报/第3期
《杜周传》与"司马迁去世的时间"/叶小草/淮阴师范学院学报/第3期
论司马迁解读屈原悲剧的文化视角/陈立强/渭南师专学报/第3期
《史记》人物传记的结构艺术/赵厚均/渝州大学学报/第3期
司马迁《悲士不遇赋》二题/赵怀忠/渭南师专学报/第3期
论司马迁的乐学思想/张强/东南大学学报/第3期
论金批《史记》/孙秋克/昆明师专学报/第3期
鸿门宴上的座位安排与项羽性格的关系/吴全忠/承德民族师专学报/第3期
鸿门宴人物的对比艺术散论/苍蔼琦、张婷/齐齐哈尔大学学报/

第 3 期

司马迁怎样为韩信鸣冤/梅凌、曹海/江汉大学学报/第 4 期

司马迁班固著史宗旨比异/王萍/山东大学学报/第 4 期

《史记》人物出场艺术/杨鉴生/宁德师专学报/第 4 期

《史记》对偶运用之艺术成就初探/何凌风/宜春师专学报/第 4 期

司马迁"发愤著书"说在清代的发展/马雅琴/渭南师专学报/第 4 期

《史记·殷本纪》释《尚书·高宗肜日》考论/易宁/北京师范大学学报/第 4 期

传神写照与写照传神:《史记》《水浒传》人物塑造方法比较/郭鹏/山西大学学报/第 4 期

司马迁经济思想简论/于振波/江西财经大学学报/第 4 期

《史记》《汉书》所见西域里数考述/余太山/西北第二民族学院学报/第 4 期

司马迁与赋的情结/赵怀忠/阜阳师范学院学报/第 4 期

家世传统与司马迁的人格精神/张斌荣/烟台师范学院学报/第 4 期

略论司马迁传记文学的辩证手法/孙玉峰/沧州师专学报/第 4 期

社会变革与《史记》主题/白雪/山西教育学院学报/第 4 期

《史记》的编排特色及其影响/佘斯勇/咸阳师专学报/第 5 期

司马迁的生命意识与《史记》悲剧精神/刘兴林/武汉大学学报/第 6 期

司马迁《悲士不遇赋》摭谈/赵怀忠/渭南师专学报/第 6 期

中国文明史的开端,《史记》的总纲:《史记·五帝本纪》散论/刘阳仁/怀化师专学报/第 6 期

读《史记》三题/万静/西南民族学院学报/99 增刊

西汉初贵族生活浅论:从《七发》《史记》等文献看西汉初贵族物质文化生活水平/白俊奎/西南民族学院学报/99 增刊

《史记》人物形象的塑造/陈向东/益阳师专学报/99 增刊

论司马迁《史记》中的人才观/方艳/广西师范学院学报/99 增刊

其他期刊:

《史记》西周世系辨误/王恩田/文史哲/第 1 期

司马迁与黄老思想/李小成/唐都学刊/第1期
经济自由思想——司马迁与亚当·斯密/鲁明学/天人古今/第1期
《史记集解索隐》二注合刻本考/张玉春/古籍整理研究学刊/第1期
《史记》的荒诞艺术及其他/余锦雄/民族艺术/第1期
司马迁是山西河津龙门人考略/邱文选、徐崇寿/中国方域——行政区划与地名/第1期
《春秋》《史记》比较论/陈国灿/史学理论研究/第1期
论司马迁的儒学思想/许凌云/史学史研究/第1期
读《史记·五帝本纪》札记/郭维森/南京社会科学/第2期
司马迁悲剧与结局新释/孟祥才/齐鲁学刊/第2期
《史记》蕴含的人格魅力/刘雅杰/东疆学刊/第2期
从对神话传说的处理看司马迁的神话思想/赵沛霖/天津社会科学/第2期
《史记》表现的新情/司全胜/语文学刊/第2期
评《史记与今古文经学》/刘怀荣/东方论坛/第2期
今本《史记·老子传》质疑/孙以楷/中国哲学史/第2期
《史记》标点正误一则/亿里/中国历史地理论丛/第2期
司马迁：中国古代一位杰出的档案家/韩开琪/湖南档案/第2期
《史记货殖列传》时代略论/李埏/思想战线/第2期
《史记》与秦汉富豪/施丁/史学史研究/第3期
司马迁与西域文史的构建/张玉声/西域研究/第3期
司马迁的易学思想/张涛/史学史研究/第3期
《史记》为何从黄帝开始/高强/华夏文化/第3期
浅探《史记》中的浪漫主义因素/段学红/唐都学刊/第3期
深情叹荣辱，巨笔绘兴衰：司马迁班固对家族史的研究/李炳海/社会科学辑刊/第3期
《史记货殖列传》引老子疑义试析/李埏/历史研究/第4期
略说司马迁对霍去病的评价/刘蕴之/华夏文化/第4期
浅谈《史记》人物的悲剧美与司马迁审美理想的形成/解明/甘肃

社会科学/第 4 期

读《史记》一惑/白渔/青海社会科学/第 5 期

《史记》不是谤书/张玲/福建论坛/第 5 期

离合缘贵贱，聚散见交情：《史记》人际交往画面蠡测/李炳海/中州学刊/第 5 期

以秦鉴汉，贯通古今：司马迁对秦亡历史教训的总结/李炳海/天府新论/第 5 期

明廖铠刊《史记》三家注本版本系统/张玉春/古籍整理研究学刊/第 6 期

《史记》体例系统的整体特征/李贤民/学习论坛/第 6 期

梁启超与《史记》/张慧禾/天人古今/第 6 期

《史记》编次问题/蒋文杰/天人古今/第 6 期

《赵氏孤儿》与《史记·赵世家》/李金海/戏友/第 6 期

《史记》与《燕丹子》荆轲形象塑造之比较/张蕾/河北学刊/第 6 期

司马迁精神的几点启示/马绪超/南京档案/第 6 期

儒的崇高：谈司马迁对儒家理论的实践及其意义/蓝家勇/语言研究/99 增刊

报纸：

汉代文章两司马/韩兆琦/光明日报/5 月 3 日

【2000 年】

学报：

寻找生命的尊严——论司马迁悲壮浓烈的人生构建/康清莲/四川师范学院学报/第 1 期

试论司马迁《史记》对女性人物的记载/田文红/华北电力大学学报/第 1 期

浅谈司马迁的美学观及表现/周曙光/河南机电高等专科学校学报/第 1 期

在历史的理性和感性之间——从《项羽本纪》《高祖本纪》看司马迁的史家主体意识/叶瑞斯/晋东南师范专科学校学报/第

1期

论司马迁的审美观/孙纪文/龙岩师专学报/第1期

司马迁反暴主题构思浅探/任刚/内蒙古师范大学学报/第1期

浅论《司马迁评屈论骚的方法论失误》——与范卫平同志商榷/廖贞/青海师专学报/第1期

论司马迁对秦历史作用的评说/梁向明、黄树宏/辽宁师范大学学报/第1期

司马迁经济思想核心——义利观研究/贺煜、党发龙/陕西省经济管理干部学院学报/第1期

汉代杰出的文献学家——司马迁/刘玉生/新疆师范大学学报/第1期

舒愤·警悟·赏玩——司马迁、曹丕、萧统著述思想差异比较谈/刘畅/西北民族学院学报/第1期

司马迁规划的农牧地区分界线在黄土高原上的推移及其影响/史念海/运城高等专科学校学报/第1期

从伯嚭透视《史记》撰述先秦人物的特征/陈曦/河南师范大学学报/第1期

《史记》的民族凝聚力与研究现状/张大可/西北师范大学学报/第1期

20世纪史记学的发展道路/张新科、王刚/淮阴师范学院学报/第1期

《史记》"孔子生年"索源/金友博/宁波大学学报/第1期

论《史记》在叙事上对《左传》的继承和发展/可永雪/内蒙古师范大学学报/第1期

读《史记·匈奴列传》/俞樟华/内蒙古师范大学学报/第1期

《史记》引文札记与后世引文问题说略——兼说"刘向明不歌而颂"为以引者所引为引者语/力之/内蒙古师范大学学报/第1期

试论赵翼对《史记》、《汉书》的研究/徐家骥/内蒙古师范大学学报/第1期

从尧舜禅让到"以暴易暴"——读《史记·伯夷列传》/虚舟/南

京理工大学学报/第1期

浅谈《史记·滑稽列传》/张宝林、郁凤环/克山师专学报/第1期

雄奇沉郁 慷慨悲壮——简析《史记》人物的悲剧美/朱鸿勋、张玉玲/山东广播电视大学学报/第1期

略论《史记》历史观的二律背反现象/贾行宪/陕西广播电视大学学报/第1期

试析《史记》对偶艺术/何凌风/广西师范学院学报/第1期

《史记》记事断限与成书关系考/裘新江/渭南师范学院学报/第1期

《史记》"八书"阐述宇宙发生/吴象枢/运城高等专科学校学报/第1期

《左传》与《史记·晋世家》同义介宾结构比较研究/赵惠君/株洲工学院学报/第1期

《史记》《战国策》人物描写艺术比较/江文贵/滁州师专学报/第1期

论《史记》对于人物通讯写作的借鉴意义/张丽萍/内蒙古大学学报/第S1期

太史公笔下的项羽/张桂英/绵阳师范高等专科学校学报/第1期

论司马迁史学思想中的变与常/刘家和/北京师范大学学报/第2期

杰思一字无空设 高论千古横青云——试论司马迁史论之贡献/杨松岐/开封教育学院学报/第2期

民族精神历久弥坚——试论司马迁《史记》"大一统"的历史观/李莲/思茅师范高等专科学校学报/第2期

司马迁编纂《史记》的史料来源考辨/吕芸芳/岱宗学刊（泰安教育学院学报）/第2期

司马迁与西汉礼治思想/张强/盐城师范学院学报/第2期

发愤著书/光耀千古——从《报任安书》看司马迁的悲剧意识及创作心态/岑玲/遵义师范学院学报/第2期

司马迁评屈论骚的方法论失误的延伸论略/范卫平/青海师专学报

/第2期

《史记》附传探微/李贤民/河南师范大学学报/第2期

《史记》"徐州"释辨/肖爱玲/陕西师范大学学报/第2期

《史记》"省略例"补议/大明/四川师范大学学报/第2期

从《史记》看文史关系/任冠文/广西师范大学学报/第2期

从《左传》《史记》《三国演义》看古代军事文学的发展/刘贵华/湖北师范学院学报/第2期

世纪末的总结——"1999年中国·开封《史记》暨汉代文学研讨会"综述/王立群/河南大学学报/第2期

《史记会注考证新增正义的来源和真伪》辨正——程金造《史记》三家注研究平议之三/袁传璋/河南大学学报/第2期

《史记》的生命人学主题/田劲松/哈尔滨工业大学学报/第2期

论《史记》对世态炎凉的感叹与批判/赵乐人/陕西广播电视大学学报/第2期

《史记》《汉书》民族史的撰述及意义/郎华芳/温州师范学院学报/第2期

论《史记》中的人物形象塑造/朱芳/新疆石油教育学院学报/第2期

"原始察终，见盛观衰"与《史记》写作/张强/镇江师专学报/第2期

从《史记·货殖列传》看司马迁的经济思想/肖波/山西财经大学学报/第S2期

从《货殖列传》看司马迁的经济思想/夏京春/北京商学院学报/第3期

司马迁"成一家之言"新论/汪高鑫/安徽大学学报/第3期

司马迁对《战国策》史料的取舍原则/江文贵/安庆师范学院学报/第3期

司马迁心态流程探幽/孙海洋/河南大学学报/第3期

由《史记》看司马迁的人生追求/张振龙/洛阳师范学院学报/第3期

论"李陵之祸"对司马迁思想的影响/梁建邦/陕西广播电视大学

学报/第 3 期

司马迁的"发愤著书说"及其影响/俞绵超/皖西学院学报/第 3 期

《史记》中历史评价与道德评价的二元对立——以法家人物传记为例/刘国民/湖北大学学报/第 3 期

浩浩其志通千古——《史记·屈原列传》"悲其志"探微/杨玲/兰州大学学报/第 3 期

孔子神韵的独特演绎——《史记·孔子世家》探微/陈曦/郑州大学学报第 3 期

从《史记》的梦异看中国早期梦文化心理/杨波/北华大学学报第 3 期

宋代《史记》人物史评与诗评之比较举隅/黄秀坤/北华大学学报/第 3 期

《史记·屈原列传》窜入文字之我见/王祖芳/湖北三峡学院学报/第 3 期

《史记》、《汉书》中的译名"秦人"问题/李志敏/喀什师范学院学报/第 3 期

浅论《史记》人物描写中的性格对比/李瑞芬/莱阳农学院学报/第 3 期

《史记》纪传的人物选择与缺漏/杨旭升/绵阳师范高等专科学校学报/第 3 期

论《史记》的细节描写/何梅琴、李爱红/平顶山师专学报/第 3 期

理想 信念 毅力——《史记》悲剧人物简论/江秀玲/陕西教育学院学报/第 3 期

徐日辉《史记八书与中国文化研究》一书出版/《天水师范学院学报》编辑部/天水师范学院学报/第 3 期

论《史记》人物传记写作的几点失误/王关成/渭南师范学院学报/第 3 期

《史记》:一部以人为中心的伟大史著/段国超/渭南师范学院学报/第 3 期

《史记》创作与意志/徐兴海/无锡教育学院学报/第3期

《史记》语言艺术新探/朱江玮/新疆教育学院学报/第3期

《史记》总括范围副词研究（上）/白银亮/燕山大学学报/第3期

谈《史记》中的范蠡形象/韩兆琦、陈曦/周口师范高等专科学校学报/第3期

论《史记》生命主题的表现形式/田劲松/湖北广播电视大学学报/第3期

大写的"人"——读《史记·孔子世家》/赵志方、朱晶松/广西大学学报/第S3期

司马迁天人观的多重性及其原因初探/陈业新/湖北大学学报/第4期

主体预期与客体结果相悖的悲剧——浅论司马迁为李陵辩护的性质及其思想基础/夏中权/山西师范大学学报/第4期

论司马迁的商品经济思想/吴运生/长沙电力学院学报/第4期

从《货殖列传》看司马迁的经济思想/许碧晏/广西教育学院学报/第4期

论司马迁和班固之孰优——《史记》、《汉书》同篇目比照评述/冯家鸿/金陵职业大学学报/第4期

以继《春秋》为己任 发述往思来之幽情——司马迁与孔子史学学术的关联/李莲/思茅师范高等专科学校学报/第4期

从《报任安书》看司马迁的生死观/肖兴国/邵阳师范高等专科学校学报/第4期

浅谈司马迁融民族史传于大一统的历史观/谢军鹏/乌鲁木齐成人教育学院学报/第4期

建国以来司马迁经济思想研究综述/朱枝富/渭南师范学院学报/第4期

司马迁对构建民族精神的重大贡献/陈兰村/浙江师范大学学报/第4期

生命悲剧的形象展示——《史记·高祖本纪》新解读/赵明正/山西大学师范学院学报/第4期

树传记高标 扬悲剧精神——《史记》导读/刘兴林/高等函授学

报/第 4 期

《史记》悲剧人物结局的美感形态/余意/高等函授学报第 4 期

于叙事中寓论断——《史记·李将军列传》笔法探析/张宇/甘肃高师学报/第 4 期

《史记题评》三则/韩兆琦/淮阴师范学院学报/第 4 期

《史记》旨趣新说/石荣伦/淮阴师范学院学报/第 4 期

《史记》悲剧艺术新论/陈曦/解放军艺术学院学报/第 4 期

论《史记》中的智者人格/陈洪波/湖北教育学院学报/第 4 期

论"李陵之祸"对《史记》创作的影响/梁建邦/渭南师范学院学报/第 4 期

《史记》人物创作的技巧性阐释/严波/咸阳师范专科学校学报/第 4 期

帝尧其人——兼探《史记》帝尧史料源流/尚恒元、荆惠萍/运城高等专科学校学报/第 4 期

《史记》总括范围副词研究（下）/白银亮/燕山大学学报/第 4 期

对项羽乌江自刎的一种解读——小议"项王乃欲东渡乌江"/吴雄/龙岩师专学报/第 4 期

"通变"理论与《史记》艺术结构/王慧、马宝记/郑州工业大学学报/第 4 期

论司马迁《史记》的人民性/林志杰/广西民族学院学报/第 5 期

浅议司马迁治史动机的嬗变/陈颖/常德师范学院学报/第 5 期

论司马迁"究天人之际、通古今之变"思想的形成/朱钟颐、罗炳良/固原师专学报/第 5 期

司马迁创作主张刍议/李贤民/湘潭师范学院学报/第 5 期

《史记》词语辨释二则/黑维强/运城高等专科学校学报/第 5 期

《史记·本纪》中比喻的结构和功能/周毅/浙江师范大学学报/第 5 期

《史记·天官书》星象——天人合一的幻想基准/伊世同/株洲工学院学报/第 5 期

论司马迁的复仇表现与超越/杨宁宁/广西民族学院学报/第 6 期

司马迁的礼学思想/李小成/渭南师范学院学报/第 6 期

《世说新语》的语言特色——《世说新语》与《史记》名词作状语比较/何乐士/湖北大学学报/第6期
21世纪《史记》研究什么/陈桐生/淮阴师范学院学报/第6期
略论《史记》中的妇女形象/赵乐人/淮阴师范学院学报/第6期
《史记·天官书》星象——天人合一的幻想基准/伊世同/株洲工学院学报/第6期
浅论司马迁的成才对大学生的启示/王晶冰/山西高等学校社会科学学报/第8期

其他期刊：

共同悲剧命运 异代相连高峰——屈原之与司马迁论略（之三）/戴志钧/学术交流/第1期
司马迁笔下子路之死探微/陈曦/管子学刊/第1期
司马迁的义利观/黄静/晋阳学刊/第1期
司马相如与司马迁创作道路之比较/周明侠/理论与创作/第1期
用亲切目光关注我们生存的世界——评两部关于《史记》的论著/邱江宁/中国图书评论/第1期
《史记》中具礼制价值的"死"义词语语用选择的复杂性及其原因/池昌海/修辞学习/第1期
读《史记·伯夷列传》/占骁勇/古典文学知识/第1期
《史记》记事断限与成书关系考/袭新江/贵州文史丛刊/第1期
权威的颠覆，想像的反抗：读《史记·游侠列传》札记/曹晋/古典文学知识/第1期
"世家"解/郑慧生/史学月刊/第1期
司马迁论孔子与《春秋》/罗新慧/学习与探索/第2期
灵与肉的对话——赏读《史圣司马迁》/于志斌/中国图书评论/第2期
论司马迁的传记文学理论/俞樟华/学术论坛/第2期
从《史记》看同义词"孰""谁"在上古的发展演变/管锡华/古汉语研究/第2期
读《史记·货殖列传》札记三篇/李埏/思想战线/第2期
《史记》百年文学研究述评/曹晋/文学评论/第2期

从《史记》看上古几组同义词的发展演变/管锡华/语言研究/第2期

论中国古代商人阶级的兴起——读《史记·货殖列传》札记/李埏/中国经济史研究/第2期

张晏《史记》十篇亡佚说质疑/王于飞/东南学术/第2期

《史记》《汉书》校读札记/周俊勋/古籍整理研究学刊/第2期

"发愤"与"发奋"——司马迁"发愤著书"说的双重内涵及其超越时代的意义/张峰屹/文学前沿/第2期

从《太史公自序》行文考司马迁生年/陈必超/文教资料/第2期

黄老思想与《史记》中的范蠡、张良/韩兆琦、陈曦/文史知识/第3期

谈谈如何读《史记》/韩兆琦/古典文学知识/第3期

明南北国子监刊《史记》三家注合刻本版本系统考/张玉春/文献/第3期

孔子、董仲舒、司马迁三人论富评议/周桂钿/福建论坛/第3期

建国以来司马迁哲学思想研究综述/张文安/中国史研究动态/第3期

关于《汉书》不著司马迁生卒年和死因的初步探索/栾继生/黑龙江社会科学/第3期

司马迁人格特征及其成因探析/史瑞玲/山东社会科学/第3期

读《史记·项羽本纪》三题/苏兴、苏铁戈/史学集刊/第3期

《史记》文献学丛稿/王浩/中国典籍与文化/第3期

浅谈司马迁的货币经济思想/陈新岗/北方经济/第3期

五幕歌剧司马迁/当代戏剧/第3期

试论司马迁与任安的关系/周洪/历史教学/第4期

略论司马迁的道家思想/王萍/齐鲁学刊/第4期

《史记·秦本纪》标点纠误两则/朱永杰/中国历史地理论丛/第4期

《史记》的悲剧美/王刚/贵州文史丛刊/第4期

秦汉时代精神世界的再现——读《〈史记〉的文化发掘》/赵瑞民/南都学坛/第4期

《史记》注释异文考辨一则/陈静/文教资料/第4期

从《史记·鲁世家》看西周积年与武王克商年代/曹定云/殷都学刊/第4期

从《史记》看西汉中期以前的妇女地位/路育松/浙江学刊/第4期

期期艾艾 发愤图强——关于太史公"发愤著书说"的闲话/李乔/文史杂志/第4期

《鸿门宴》项伯人物形象分析/张生平、孙德浩/兰州学刊/第4期

是反抗强暴,还是统治者的杀手——对司马迁《刺客列传》的再认识/杨宁宁/内蒙古社会科学/第4期

司马迁后人考/李镜/丝绸之路/第5期

《史记·乐书》中的一处矛盾——《两汉全书》整理札记之二/唐子恒/齐鲁学刊/第5期

释《史记·货殖列传》中的"倚市门"/曾维华/学术月刊/第5期

《史记与新闻学》出版/彭震/中国记者/第5期

试论《史记》传记文学的真实性/赵华、孙志勇/北方论丛/第5期

从鸿门宴项羽泄密说起/刘锡德/山东档案/第5期

略论司马迁笔下的礼乐制度/徐日辉/学术月刊/第6期

《史记·货殖列传》所展示的分工与商品经济发展析论/缪坤和/思想战线/第6期

凝神采于一点——《鸿门宴》琐谈/王恺/古典文学知识/第6期

从"鸿门宴"看秘书参谋咨询作用的发挥/张俊峰/秘书工作/第8期

张汤的"审判艺术"/王亚非/政府法制/第9期

《史记》八书考源/陈桐生/学术研究/第9期

《史记》人物魅力探析/孙建英/现代中小学教育/第12期

报纸:

司马迁留给后人的启示/瞿林东/光明日报/2月18日

从《正义》佚文考定司马迁生年/赵生群/光明日报/3月3日

司马迁在写历史，还是在写小说/唐德刚/中华读书报/3月22日

司马迁生年考证中的史料鉴别问题/易平/光明日报/4月

其他：

司马迁在中国文化史上的崇高地位/陈其泰/司马迁与史记论集（四）/陕西人民出版社

收功实者常于西北——漫说十年来陕西《史记》研究之新进境与新特点及其它/尚永亮/司马迁与史记论集（四）/陕西人民出版社

吟咏《史记》人物的诗歌也是《史记》研究的一种表现形式/宋嗣廉/司马迁与史记论集（四）/陕西人民出版社

探索司马迁的道德观/冯光波/司马迁与史记论集（四）/陕西人民出版社

关于《史记》文学特质的思考/张新科/司马迁与史记论集（四）/陕西人民出版社

《史通》论《史记》/徐兴海/司马迁与史记论集（四）/陕西人民出版社

司马迁的史学意识简论/张文立/司马迁与史记论集（四）/陕西人民出版社

《史记》的悲剧色彩与司马迁的悲剧精神/吕培成/司马迁与史记论集（四）/陕西人民出版社

司马迁的功名观/高巨成/司马迁与史记论集（四）/陕西人民出版社

《史记》的重复修辞/梁建邦/司马迁与史记论集（四）/陕西人民出版社

个体人格形成和发展的悲壮历史——司马迁人学管窥/崔康柱/司马迁与史记论集（四）/陕西人民出版社

《史记》"以歌诗入文"写作技巧探析——兼论司马迁诗歌观/吕蔚/司马迁与史记论集（四）/陕西人民出版社

《史记》人物悲剧论/张晓明/司马迁与史记论集（四）/陕西人民出版社

《史记》与《水浒》悲剧精神之比较/彭瑾/司马迁与史记论集

（四）/陕西人民出版社

《史记》人物心灵世界点滴/张桂萍/司马迁与史记论集（四）/陕西人民出版社

漫谈司马迁语言的大众化/王东明/司马迁与史记论集（四）/陕西人民出版社

论项羽悲剧性格的文化因素/杨波/司马迁与史记论集（四）/陕西人民出版社

浅论《史记》对神话传说悲剧精神的继承和弘扬/韦爱萍/司马迁与史记论集（四）/陕西人民出版社

冲破逆境的伟人——对司马迁精神与《史记》的几点认识/丁文德/司马迁与史记论集（四）/陕西人民出版社

试论《史记》处理史学纪实与文学创作矛盾的缺憾/王关成/司马迁与史记论集（四）/陕西人民出版社

《史记·滑稽列传》的幽默艺术/葛刚岩/司马迁与史记论集（四）/陕西人民出版社

性格的闪光：《史记》人物语言的个性色彩/赵厚均/司马迁与史记论集（四）/陕西人民出版社

试论《史记》的叙事成就/范永红/司马迁与史记论集（四）/陕西人民出版社

从《史记·吕太后本纪》看吕后的变态心理和性格特征/阎璟/司马迁与史记论集（四）/陕西人民出版社

史料学的始祖——司马迁/黄尧力/司马迁与史记论集（四）/陕西人民出版社

《史记》中的长者与其在汉初的地位/侯海英/司马迁与史记论集（四）/陕西人民出版社

历史舞台中别开生面的角色——试谈《史记》中的小人物/杨鉴生/司马迁与史记论集（四）/陕西人民出版社

《史记》"养士"及门客形象透视/王芳/司马迁与史记论集（四）/陕西人民出版社

司马迁与西域文史的构建/张玉声/司马迁与史记论集（四）/陕西人民出版社

司马迁的灾害地理观/王元林/司马迁与史记论集（四）/陕西人民出版社

《史记·天官书》解读/吴象枢/司马迁与史记论集（四）/陕西人民出版社

《史记·秦本纪》中天水附近秦都邑地望考/徐卫民/司马迁与史记论集（四）/陕西人民出版社

秘祝考释：《封禅书》研究之一/党艺峰/司马迁与史记论集（四）/陕西人民出版社

吕后的个性心理特征及其形成——读《吕太后本纪》/刘昌安/司马迁与史记论集（四）/陕西人民出版社

《史记·儒林列传》写作主旨考辨/张文安/司马迁与史记论集（四）/陕西人民出版社

论李陵之祸前后司马迁的性格和形象——读《太史公自序》与《司马迁传》/杨东晨/司马迁与史记论集（四）/陕西人民出版社

论李陵北征路线及相关问题/艾冲/司马迁与史记论集（四）/陕西人民出版社

汉文帝的历史地位——读《史记·孝文本纪》/向晋卫/司马迁与史记论集（四）/陕西人民出版社

筑陵筑墓皆筑怨——秦陵厚葬与秦短祚/李淑萍、孟剑明/司马迁与史记论集（四）/陕西人民出版社

司马迁的"区域经济学"与当代西部经济发展/韦苇/司马迁与史记论集（四）/陕西人民出版社

司马迁笔下的风俗区与风俗文化/肖爱玲/司马迁与史记论集（四）/陕西人民出版社

东晋徐广注阴山之文及其连带问题/侯甬坚/司马迁与史记论集（四）/陕西人民出版社

也说孔子"删诗"——《史记》史料信疑录之一/张燕婴/司马迁与史记论集（四）/陕西人民出版社

《史记·封禅书》记载的宗教地理/吴宏岐/司马迁与史记论集（四）/陕西人民出版社

古夏阳考/王士哲/司马迁与史记论集（四）/陕西人民出版社

司马迁的生地——高门/冯庄/司马迁与史记论集（四）/陕西人民出版社

司马迁"发愤著书"说在清代的发展/马雅琴/司马迁与史记论集（四）/陕西人民出版社

对《五帝本纪》黄帝的注解质疑及辨析——各家注解抵牾而率忽/冯光波/司马迁与史记论集（四）/陕西人民出版社

再探"长无乡曲之誉"的含义——与袁传璋《太史公"二十岁前在故乡耕读说"商榷》的商榷/吉春/司马迁与史记论集（四）/陕西人民出版社

【2001年】

学报：

谈司马迁之"爱奇"/邸艳姝/北京大学学报/第1期

论司马迁对历史档案学的贡献/吴荣政/广西民族学院学报/第1期

司马迁《屈原贾生列传》的再认识——兼评屈原否定论者对历史文献的误读/赵敏俐/鞍山师范学院学报/第1期

《河渠书》中司马迁的水利思想/董力三/长沙电力学院学报/第1期

试论司马迁思想与西汉文化风尚之关系/丁琴海/国际关系学院学报/第1期

试论司马迁的经济思想/张玉霞/宁夏大学学报/第1期

承先继圣 惜死立名——司马迁"发愤著书"说及其对中国文学的深远影响/杨立军/陕西广播电视大学学报/第1期

司马迁两个断限之重探/赵昌文/陕西广播电视大学学报/第1期

论司马迁"究天人之际"的人文史观/李莲/思茅师范高等专科学校学报/第1期

司马迁受刑原因再认识/郑连保/石家庄师范专科学校学报/第1期

"郧阳"语源与司马迁——"郧阳"得名种种说法考略/王一军/

十堰职业技术学院学报/第1期

论司马迁的悲剧意识/张晨/海南大学学报/第1期

略论司马迁《史记》的悲剧性/曹迎/玉林师范学院学报/第1期

论司马迁的人格魅力/张玉玲/淄博学院学报/第1期

《史记·项羽本纪》"河南郡"地名纠谬/朱永杰/陕西师范大学学报/第1期

华夏文化的两部集大成之作——《史记》、《红楼梦》比较谈/严安政/安康师专学报/第1期

生命主题的范本——试论《史记》生命主题的艺术表现/何颖、田劲松/佳木斯大学社会科学学报/第1期

史记学：21世纪研究之展望/张新科、蒋文杰/河南大学学报/第1期

类同而神异——《史记》人物个性的区分/杨旭升/绵阳师范高等专科学校学报/第1期

论《史记》生命主题的表现形式/田劲松/绵阳师范高等专科学校学报/第1期

《史记》研究资料整理和索引编制概述/俞樟华/西安建筑科技大学学报/第1期

略谈元代杂剧对《史记》写人文学的继承/赵心瑞/雁北师范学院学报/第1期

圣战：《史记·匈奴列传》研究/党大恩、党艺峰/商洛师范专科学校学报/第1期

《史记》的小说性/赵明正/山西大学学报/第1期

也谈《史记》的悲剧性/余斯勇/渭南师范学院学报/第1期

范蠡致富与儒商文化/刘凌/菏泽师专学报/第1期

项羽败因论/吴夏平/江西教育学院学报/第1期

与余英时先生论鸿门宴坐次尊卑/汪少华/华东师范大学学报/第1期

浅谈司马迁"究天人之际"的思想渊源——兼谈其历史哲学及"天人"认识的矛盾性/刘银昌/陕西师范大学学报/第S1期

从《史记·货殖列传》看司马迁的道德观/金久红/淮北煤炭师范

学院学报/第Z1期

论司马迁和波利比乌的历史思想/易宁/北京师范大学学报/第2期

论司马迁的货殖思想/吕庆华/福建师范大学学报/第2期

司马迁与《史记》国际学术研讨会综述/王刚/陕西师范大学学报/第2期

司马迁的心理障碍/方正己、徐艳珍/北华大学学报/第2期

浅谈司马迁的崇高体验/杨光熙/浙江海洋学院学报/第2期

从对汉高祖神话材料的处理看司马迁的历史观/张筠/康定民族师范高等专科学校学报/第2期

司马迁之民族观及其根源与价值/王永/宁夏大学学报/第2期

"老鼠哲学"引发的悲剧人生——谈司马迁笔下李斯之处世得失/何颖/齐齐哈尔大学学报/第2期

从《史记》透视司马迁的情感因素和历史观/王桦/喀什师范学院学报/第2期

论司马迁的文化学术史观/陈桐生/汕头大学学报/第2期

司马迁的生命意识、悲剧精神与《史记》的人文理想色彩/邓新跃/益阳师专学报/第2期

中国古典人文主义与司马迁思想/冯一下/成都教育学院学报/第2期

试论《史记》"跨层"艺术对其价值的影响/段海蓉/新疆大学学报/第2期

史家之绝唱 无韵之离骚——《史记》评述/张实/长沙电力学院学报/第2期

《史记》首著黄帝用意之探析/徐健/池州师专学报/第2期

角色塑造与作者本位意识——浅析《史记》中的人物描写/沈秀芳/无锡教育学院学报/第2期

论《史记》叙事法中的虚拟性特征/张宏军/新疆师范大学学报/第2期

论《史记》人物传记的艺术表现手法/林苹/福建商业高等专科学校学报/第2期

《史记正义佚存》真伪辨/尤德艳/南京师范大学文学院学报/第2期

论《史记》的细节描写/邹然、宋初健/江西教育学院学报/第2期

《史记》的避讳/梁建邦/陕西广播电视大学学报/第2期

论《史记》与民间文学的关系/曲杏春/山东广播电视大学学报/第2期

《史记》与《荀子》/陈桐生/苏州铁道师范学院学报/第2期

论《史记》的悲剧人物/张薇/辽宁师专学报/第2期

关于《史记》"互见法"的一些思考/祝秀权/陕西师范大学继续教育学报/第2期

浅析中学文言文《史记》选篇中的人物/袁一萍/甘肃教育学院学报/第S2期

论司马迁的经济伦理思想/温冠英、朱林/南昌大学学报/第3期

质文替变论：司马迁"变"的理论内核/李传印/安庆师范学院学报/第3期

对生命本体的认识——司马迁积极壮烈的生死观窥探/田劲松、孔令升/沧州师范专科学校学报/第3期

从《平准书》和《货殖列传》看司马迁的自由经济思想/加晓昕/达县师范高等专科学校学报/第3期

应科学地评价《史记》和司马迁的史学成就/钱宗范/广西师范大学学报/第3期

试论司马迁撰写《史记》的历史渊源/李长静/黑龙江教育学院学报/第3期

司马迁的生命体验/杨光熙/南通师范学院学报/第3期

司马迁与汉武帝时期的"罢黜百家、独尊儒术"/康清莲/四川教育学院学报/第3期

司马迁的悲剧意识/董志广/天津师范大学学报/第3期

司马迁历史变易思想探析/汪高鑫/皖西学院学报/第3期

尊重史实 合理想象——评曹尧德《司马迁传》/徐兴海/无锡教育学院学报/第3期

贫困时代的抵抗和希望——司马迁和汉代社会关系简论/党艺峰、党大恩/延安大学学报/第3期

从《史记·货殖列传》看司马迁进步的经济思想/张国强/职大学报/第3期

《史记》隐喻叙述研究纲要/党大恩、党艺峰/山西师范大学学报/第3期

论《史记》的象征主义倾向/赵明正/山西师范大学学报/第3期

《史记》与《聊斋志异》/肖振宇/贵州民族学院学报/第3期

浅谈《史记》的评论艺术/李向明/内蒙古民族大学学报/第3期

走向边缘与矛盾反弹——《史记》《汉书》的梦幻话语/南生桥/陕西教育学院学报/第3期

略论《史记》中的经济管理思想/朱瑾/山东科技大学学报/第3期

《史记》中母亲形象散论/张乃鉴/天津职业技术师范学院学报/第3期

关于《史记》纪传体例的认识/董海欣/唐山高等专科学校学报/第3期

诗评《史记》人物的历史轨迹/宋嗣廉、张琳琳/渭南师范学院学报/第3期

《史记》的悲剧性/王丽波/职大学报/第3期

一个孤独而倔强的灵魂——从《报任安书》看司马迁的情感世界/刘立杰/牡丹江师范学院学报/第3期

试论《鸿门宴》人物形象的塑造/徐李平/甘肃广播电视大学学报/第3期

司马迁生年及相关问题考辨/赵生群/南京师范大学学报/第4期

司马迁的政治理想/康清莲/四川师范学院学报/第4期

"四叹一哭"入骨入髓——试析司马迁笔下的李斯/王航/内蒙古广播电视大学学刊/第4期

司马迁眼中的政府职能及其现代启示/王小健/辽宁师范大学学报/第4期

司马迁的传记文学观/周旻/西安交通大学学报/第4期

情感是《史记》永久的魅力/宋阿娣/昌吉学院学报/第4期

浅议《史记》互见法/韩磊/山西教育学院学报/第4期

《史记》中的修辞手法：顶真与反复/张婷婷/山西教育学院学报/第4期

《汉书》与《史记》相比较在编纂体例上的创新/许正文/天水师范学院学报/第4期

《史记》的夸张修辞/梁建邦/渭南师范学院学报/第4期

试论《史记》写作前后期的不同动力/姜洁/山东省农业管理干部学院学报/第4期

司马迁天人观的二重性/马晓英/固原师专学报/第5期

司马迁大一统思想析论/汪高鑫/北淮北煤炭师范学院学报/第5期

试论司马迁的"善因论"对我国农业产业化的借鉴意义/毋俊芝、安建平/中共山西省委党校学报/第5期

《史记》与汉代民俗/徐晓青、邓文琪/聊城师范学院学报/第5期

遮蔽与澄明——《史记·张丞相列传》探微/盖翠杰/荆门职业技术学院学报/第5期

论黥布之悲剧/江俐蓉/浙江师范大学学报/第5期

《史记》"勿听治"别解/于智荣/长春师范学院学报/第6期

司马迁对历史学的认识与实践/汪高鑫/辽宁教育学院学报/第7期

孔子与司马迁神话观之比较/张筠/西南民族学院学报/第8期

从《孔子世家》对神话材料的处理看司马迁的历史观/张筠/西南民族学院学报/第10期

其他期刊：

由司马迁笔下的儒生到《儒林外史》群像/吴莺莺/明清小说研究/第1期

司马迁写西汉官场风气/施丁/史学史研究/第1期

司马迁是河津人/任罗乐、王应立/沧桑/第1期

刍识中国《建筑基因库》——读司马迁《史记》本纪/王洪涛/南方建筑/第1期

司马迁天人思想再探讨/丁琴海/山东社会科学/第1期
也谈司马迁生年考证中的史料鉴别问题/尤德艳、赵生群/文教资料/第1期
《史记》中华书局标点四则/司马朝军/古汉语研究/第1期
百年《史记》研究的回顾与前瞻/陈桐生/文学遗产/第1期
《《史记·项羽本纪》"背关怀楚"新解/吴宏岐/中国史研究/第1期
日本藏《史记》唐写本研究/张玉春/中国典籍与文化/第1期
试解"或者之惑"——读《史记·伯夷列传》/李英华/管子学刊/第1期
从"太史公曰"到"臣光曰"——略论二"司马"史论义例之异同/郦波/学海/第1期
"二十四史"《循吏》、《酷吏》列传与中国古代监察官的选任/程遂/北方论丛/第1期
由司马迁笔下的儒生到《儒林外史》的群像/吴莺莺/明清小说研究/第1期
论司马迁的自由经济思想及对儒道的态度/马涛/河北学刊/第1期
论《史记》"厥协六经异传"/陈桐生/文献/第1期
论司马迁的人格魅力/张玉玲/理工高教研究/第2期
也谈司马迁不得"圣人级待遇"/万光治/中华文化论坛/第2期
敦煌莫高窟藏《史记》唐写本考/张玉春/敦煌研究/第2期
论《史记》释《尚书·西伯戡黎》/易宁/史学史研究/第2期
论民间文学对《史记》取材的影响/肖振宇/民俗研究/第2期
论司马迁复仇情结的产生/杨宁宁/社会科学家/第3期
谈司马迁笔下的奇人及其创意/邸艳姝/松辽学刊/第3期
司马迁与现代性/常春/唐都学刊/第3期
《史记》"所至上食"解/王文晖/复旦大学古籍所/古汉语研究/第3期
日本大阪杏雨书屋藏《史记集解》（残本）研究/张玉春/史学史研究/第3期

《史记》西周共和以后及东周年表初探/陈美东/自然科学史研究/第3期

历代《史记》版本著录考论/张玉春/古籍整理研究学刊/第3期

深意远神 不拘一格——论《史记》的"太史公曰"/张颖/江淮论坛/第3期

《鸿门宴》质析/尤屹峰/名作欣赏/第3期

一部文史牵手的佳作——评《司马迁传》/安家正/理论学刊/第4期

庸人宦达的渊薮——读《史记·万石张叔列传》札记/刘蕴之/民族艺术/第4期

2000年司马迁与《史记》国际研讨会综述/王芳、葛刚岩/中国史研究动态/第4期

司马迁笔下子贡形象探微/陈曦/管子学刊/第4期

《史记·赵世家》标点及译文商榷/惠富平/中国农史/第4期

《史记》六朝残本考/张玉春/中国典籍与文化/第4期

《史记》辨旨——关于《史记》创述宗旨三种观点的现代解读/丁琴海/东岳论丛/第4期

《史记·游侠列传》的文化学研究/陈向春/古籍整理研究学刊/第4期

淮南狱辨正/姚治中/安徽史学/第4期

试论司马迁的《诗经》观——兼及《史记》与《诗经》之关系/张晨/北方论丛/第5期

司马迁的家族意识、生命体验及对史学传统的超越/孙绿江/社科纵横/第5期

弘扬人文精神 推进《史记》研究/简大钧/江南论坛/第5期

对《〈鸿门宴〉质析》一文的商榷/黄贵强/名作欣赏/第5期

歌剧《司马迁》亮相古城——李建国程安东栗战书潘连生观看演出/王淑玲当代戏剧/第6期

歌剧《司马迁》轰动上海国际艺术节/当代戏剧/第6期

文化部、中国剧协、上海国际艺术节组委会部分领导专家在歌剧《司马迁》审查演出后座谈纪要/当代戏剧/第6期

传统与现代交融/民族与世界互渗——评大型歌剧《司马迁》/孙豹隐/当代戏剧/第6期

史魂 诗魂 剧魂——歌剧《司马迁》赏析/田涧菁/当代戏剧/第6期

欧式歌剧中国化的成功探索——歌剧《司马迁》的审美特征/安琪/当代戏剧/第6期

《司马迁》：国歌剧的世纪霞光/樊兆青/当代戏剧/第6期

歌剧《司马迁》指挥札记/冯学忠/当代戏剧/第6期

歌剧《司马迁》/当代戏剧/第6期

司马迁的人格魅力——读《报任安书》有感/李静/语文学刊/第6期

历代《史记》版本著录考论（续）/张玉春/古籍整理研究学刊/第6期

刘邦汉国号考原/胡阿祥/史学月刊/第6期

《报任安书》中的几个训诂问题/朱城/古籍整理研究学刊/第6期

谈《本草纲目》与《史记》的相似之处/章丽华、王旭光/时珍国医国药/第7期

司马迁与《史记》/闻超/肉品卫生/第8期

君·吏·士——解读《史记·酷吏列传》/余杰/社会科学论坛/第8期

传统与现代交融 民族与世界互渗——评大型歌剧《司马迁》/孙豹隐、樊兆青/中国戏剧/第10期

【2002年】
学报：

《史记》词语古今释义考正/管锡华/四川师范大学学报/第1期

《史记》同义词运用的特殊修辞功能/池昌海/浙江大学学报/第1期

"苍生"与"鬼神"——一段被误解的《史记》/勾承益/成都大学学报/第1期

《史记》中的复仇故事刍论/杜松柏/四川师范学院学报/第1期

千锤百炼出"深山"——简析《史记》的著述目的/王健/南通纺织职业技术学院学报/第1期

读梁建邦《史记论稿》/杨保建/陕西广播电视大学学报/第1期

《史记》"游侠"略析/胡鹏/山东科技大学学报/第1期

由明清小说评点话语探《史记》对明清长篇小说叙事的影响/赖祥亮/三明高等专科学校学报/第1期

论《史记》的言外之旨/刘培/商丘职业技术学院学报/第1期

《史记》的讳饰修辞/梁建邦/山西广播电视大学学报/第1期

《史记》标点献疑/冯玉涛、蒋晓兰/西北第二民族学院学报/第1期

《史记》的抒情特质/赵厚均/新乡师范高等专科学校学报/第1期

从《史记·刺客列传》看战国时刺客的精神特征/徐裕敏/浙江师范大学学报/第1期

厥协六经异传 整齐百家杂语——试论司马迁的学术整合思想/张丽萍、郎宝如/内蒙古大学学报/第1期

由《报任安书》看司马迁的生死观/许振东/廊坊师范学院学报/第1期

欧阳修与司马迁/马雅琴/渭南师范学院学报/第1期

试论司马迁崇高人格的成因/高益荣/西安建筑科技大学学报/第1期

司马迁人格特征及成因的心理传记学研究/杨波/浙江师范大学学报/第1期

司马迁对先秦哲学"侠者意识"的继承与发展/张乃鉴/天津职业技术师范学院学报/第1期

灵魂的四重奏——司马迁心路历程初探/王双/唐山师范学院学报/第1期

《史记》点校四则/张俊之/四川师范大学学报/第2期

《史记》乃"无韵之《离骚》"的文本阐释/刘生良/陕西师范大学学报/第2期

《史记》、《汉书》书、志序列比较研究/徐日辉/陕西师范大学学报/第2期

论《史记》对元杂剧的沾溉/高益荣/陕西师范大学学报/第2期

《史记》与《淮南子》/陈桐生/东南大学学报/第2期

勘正点校本《史记》专名线误用两则/黄震/桂林师范高等专科学校学报/第2期

《史记》隐含叙述探索/陈曦/解放军艺术学院学报/第2期

从《史记·货殖列传》看秦汉之际的商品经济及其特色/吴小凤/广西师范学院学报/第2期

《史记》中的述补结构/夏凤梅/江汉大学学报/第2期

论《史记》与古代诗歌/俞樟华/浙江师范大学学报/第2期

司马迁哲学史学思想述略/郑万耕/北京师范大学学报/第2期

试析司马迁史家主体意识的形成过程/叶瑞昕/北京青年政治学院学报/第2期

司马迁人才思想探赜/李彤/长沙电力学院学报/第2期

司马迁《史记》创作动因论——从《太史公自序》说起/鲁云华/金华职业技术学院学报/第2期

司马迁对女性的赋形——浅论《史记》中的女性形象意义/蒋建梅/零陵师范高等专科学校学报/第2期

论司马迁"反暴抗虐"思想的形成过程与体现/雷建平/兰州工业高等专科学校学报/第2期

论司马迁《史记》人物形象的悲剧情结/何亚军/兰州铁道学院学报/第2期

司马迁故里韩城门额题字文化阐释/杨雅丽/西北大学学报/第2期

论司马迁的文化性格/童光侠、吴晓棠/伊犁师范学院学报/第2期

《屈原列传》中的"夺"和"与"/吴大忠/滁州师专学报/第2期

司马迁"以德治国"的思想内涵/沈治浩/湖北函授大学学报/第2期

《史记》、《汉书》"以事写人"方法的比较/任刚/内蒙古师范大学学报/第S2期

《史记》现实主义特色形成原因初探/吴玉玲/渭南师范学院学报

第S2期

李白与《史记》人物情结之接受美学透视/宋嗣廉/北华大学学报/第3期

《史记》吴太伯楹联形象阐释/杨波/北华大学学报/第3期

唐末周昙、胡曾诗的《史记》渊源解析/黄秀坤、杨桂平/北华大学学报/第3期

从《廉颇蔺相如列传》看《史记》人物传记的文学成就/王兆荣/保山师专学报/第3期

《汉书》果真没有抄《史记》吗——兼与复旦大学博导葛剑雄教授商榷/鲜于煌/重庆师范学院学报/第3期

英雄的哀歌——《史记》"项羽式"悲剧英雄原型初探/黄丹/河西学院学报/第3期

关于《史记》悲剧的界定/史荷丹/晋东南师范专科学校学报/第3期

《史记》徐广注研究/张玉春/暨南学报/第3期

《史记》与中国叙事传统/党大恩/渭南师范学院学报/第3期

绝望者的反抗神话——《史记》复仇形象的原型分析/尚显成、赵黎明/襄樊学院学报/第3期

《史记》的"复笔"艺术/邱江宁/浙江师范大学学报/第3期

司马迁民族相处原则评议/吴淑玲/保定师范专科学校学报/第3期

渗透在生命中的美：司马迁奏出的二重曲/叶美芬/宁波职业技术学院学报/第3期

论司马迁的复仇观/何梅琴/平顶山师专学报/第3期

试论《史记》司马迁的理念审美理想/黄亚卓/聊城大学学报/第3期

司马迁经济思想简论/冯务中/渭南师范学院学报/第3期

司马迁与曹雪芹悔罪意识比较/张乃良/延安教育学院学报/第3期

《史记》所记之吴太伯及寓含的意义/徐兴海/江南大学学报/第4期

《史记》的叙事结构/刘宁/西安教育学院学报/第4期

《史记》在中国与世界传记文学史上的地位/韩兆琦/重庆教育学院学报/第4期

如何对待《史记》中的抵牾与疏略/安平秋、赵生群/重庆教育学院学报/第4期

《史记》纪传体的重要意义/崔凡芝/重庆教育学院学报/第4期

《史记》人物传记特点二题/俞樟华、邓瑞全/重庆教育学院学报/第4期

《史记》个性化人物语言论略/可永雪、张新科/重庆教育学院学报/第4期

《史记》构建大一统历史观的意义/李家发/重庆教育学院学报/第4期

《史记》说略/张大可/重庆教育学院学报/第4期

"遥体人情,悬想事势"——文笔在《史记》中的运用/邹然、宋初健/江西师范大学学报/第4期

《史记》神学目的论质疑/张筠/康定民族师范高等专科学校学报/第4期

从《史记·李将军列传》看"李广难封"/颜吾芟/洛阳师范学院学报/第4期

说《史记》的长句/可永雪/内蒙古师范大学学报/第4期

论《史记》的心态描写/陈桐生/汕头大学学报/第4期

《史记》、《汉书》正误六则/徐晓青/山东教育学院学报/第4期

司马迁、李贽比较/李彤/长沙电力学院学报/第4期

司马迁"以德治吏"思想探析/沈治浩/湖北商业高等专科学校学报/第4期

论宋玉的人格——自司马迁对宋玉评介的客观依据与主观倾向谈起/刘刚/鞍山师范学院学报/第4期

从《货殖列传》看司马迁的经济思想/陶家柳/上饶师范学院学报/第4期

司马迁的"隐忍建功论"/张乃鉴/天津职业技术师范大学学报/第4期

论司马迁的爱奇心态/王双/唐山师范学院学报/第4期

司马迁精神与当代知识分子/向晋卫/渭南师范学院学报/第4期

"太史公曰"的史论价值/刘春梅/重庆教育学院学报/第4期

《论六家要旨》刍议/马荣良/泰安师专学报/2002年4期

勘正点校本《史记》专名线误用两则/黄震/楚雄师范学院学报/第5期

《史记》同一篇中有关矛盾记述通释/刘生良/东南大学学报/第5期

谈《史记》论赞中的情感/崔积宝/哈尔滨学院学报/第5期

论唐代诗人对《史记·李将军列传》的接受/俞樟华、赵霞/汉中师范学院学报/第5期

《史记》三家注引《说文》校补/冯玉涛/宁夏大学学报/第5期

《史记》"太伯奔吴"说质疑/崔凡芝、张莉/山西大学学报/第5期

《史记》中的人文精神/苏高岩、刘春芳/泰安师专学报/第5期

《史记》歌谣谚功能浅论/陈才训/张家口师专学报/第5期

司马迁的经济思想与亚当·斯密的经济自由主义/李爱军、于淳善/东北财经大学学报/第5期

论司马迁《史记》的"扬名"思想/韦海云/皖西学院学报/第5期

李陵事件和司马迁的童年经验/党大恩/咸阳师范学院学报/第5期

《史记·秦本纪》"鸟身人言"辨/王明信/河北师范大学学报/第6期

走向《史记》接受史研究/俞樟华、虞黎明/淮阴师范学院学报/第6期

《史记》新整理本刍议/赵生群、王华宝/淮阴师范学院学报/第6期

《史记·天官书》献疑（三）/马玉山/商丘师范学院学报/第6期

试论《史记》自注/刘治立/渭南师范学院学报/第6期

《史记》终于天汉考论/顾克勇/许昌师专学报/第6期

司马迁与新史官文化/张强/南京师范大学学报/第6期
司马迁"宫刑"小考/王正权/涪陵师范学院学报/第6期
司马迁的史评与新闻评论的起源/涂丽玲、李敬一/武汉科技学院学报/第6期
《报任安书》的文献价值/赵生群/南京师范大学学报/第6期
论司马迁的经济思想与汉武帝时期的经济措施/康清莲/四川教育学院学报/第7期

其他期刊：

太史公论庶人之富——读《史记·货殖列传》札记/李埏/思想战线/第1期
《史记》早期版本源流研究/张玉春/史学史研究/第1期
《史记》中的若干农学问题/惠富平/农业考古/第1期
《史记》人物传记叙事视角模式/高萍/唐都学刊/第1期
通古今之变 成档案大业——重温周恩来总理关于"档案工作人员要学习司马迁，当司马迁"教诲的体会/肖正德/档案与建设/第1期
司马迁《报任安书》校读札记/熊飞/语文研究/第1期
蒲松龄与司马迁的商业思想比较研究/程美秀/蒲松龄研究/第1期
司马迁贫富观的历史考察/姜建设/河南社会科学/第1期
《史记》三家注中所反映的浊音清化现象/（韩）申雅莎/语言研究/第S1期
司马谈与《史记》/汪高鑫/安徽史学/第2期
《史记》副词"最"特殊句法位置试析/宋洪民/古汉语研究/第2期
略论白寿彝先生对《史记》的研究/张剑平/回族研究/第2期
论单行本《史记索隐》的唐写本特点/张玉春/史学集刊/第2期
关于《史记·将相表》的倒书/丁波/史学史研究/第2期
《史记》与先秦历史散文人物描写艺术比较/金明生/图书馆建设/第2期
从吴文化记载看《史记》的文化综合特点/张新科/文史哲/第

2期

方志经济部类人物撰写谈——读《史记·平准书》的几点体会/李大晋、李明/中州今古/第2期

从《史记》看司马迁对文献学的贡献/王纯/图书与情报/第2期

试论司马迁的人生价值观/程捷/人文杂志/第2期

论司马迁对《周易》的范式践履/韩伟表/周易研究/第2期

司马迁的妇女观/肖振宇/民俗研究/第2期

"非死者难，处死者难"——司马迁的死亡之思/刘国民/文学前沿/第2期

《史记》的传播艺术/朱春阳/新闻爱好者/第3期

试论《诗经》对《史记》的影响/陈虎/晋阳学刊/第3期

司马迁经济理论刍议/冯世泽/生产力研究/第3期

《史记》与《战国策》的异文研究/秦淑华/汉字文化/第4期

《史记》标点校勘再商/周文德/古籍整理研究学刊/第4期

《史记》叙事的矛盾与夸张/唐子恒/晋阳学刊/第4期

子贡形象的重塑与司马迁的道德追求/刘玲娣/河北学刊/第4期

试论司马迁的写作意识/张桂萍/河南社会科学/第4期

司马迁对汉民族形成的影响/高强/华夏文化/第4期

怨与愤：司马迁对文学抒情的认识/何涛/南都学坛/第4期

"鸿门宴"事件中泄密的教训/古天/国家安全通讯/第4期

《史记》与春秋公羊学/陈桐生/文史哲/第5期

谈《史记》中的人物称谓问题/张兴吉/古籍整理研究学刊/第5期

不仅仅是推敲《史记》/林染/中州今古/第5期

司马迁与司马光史学思想之异同/武少民/社会科学辑刊/第5期

论司马迁的德教与政刑的思想/华友根/政治与法律/第5期

"戴盆"意何指？/马赫/同舟共进/第5期

《史记》误读一例/谢秉洪/江海学刊/第6期

《史记》人物传记叙事时间模式研究/高萍/社会科学研究/第6期

"2002年中国·咸阳司马迁与班固文化比较学术研讨会"召开/吕培成、毛金霞/文学遗产/第6期

司马迁与帝王天命神话的终结——《高祖本纪》和《赵世家》的神话学审视/赵沛霖/天津社会科学/第6期

《史记》与《论语》/陈桐生/孔孟月刊/第6期

勘正点校本《史记》地名线误用两则/黄震/学术研究/第7期

民间企业的"史记"及其遗憾/李岷/中国企业家/第7期

智勇仁强、商战"四要"——司马迁的商战论之一/安吾/北京经济瞭望/第7期

歌剧《司马迁》的成功与缺憾/孙焕英/上海戏剧/第7期

从《史记·司马相如列传》说起/徐炳孚/文化时空/第8期

"旱则资舟,水则资车"——司马迁的商战论之二/安吾/北京经济瞭望/第8期

来自西部的中国歌剧——《司马迁》及陕西歌剧现象/樊兆青/人民音乐/第8期

由"鸿门宴"说到保守军事秘密/吕明武、史爱清/国防/第8期

其实是"明烧栈道"/何金/新闻三昧/第8期

《太史公行年考》商榷/赵生群/中国文哲研究通讯/第9期

司马迁/河砚/中国供销合作经济/第10期

关于《史记》中一段话的标点/徐健/历史教学/第11期

司马迁写特殊历史人物的独特理论视角/陈桐生/学术研究/第11期

试论《史记》历史性与文学性高度融合的必然性/丁佐湘、礼祥/江西社会科学/第12期

谈《史记》的篇章排列顺序/杨光熙/史学月刊/第12期

司马迁的审美观浅析/李向引/理论导刊/第12期

氛围描写和个性化语言的经典之作——浅论《鸿门宴》的艺术表现力/曹润生/教学与管理/第12期

关于《屈原列传》中的一处注释/明道树/语文教学与研究/第17期

《屈原列传》/胡家忠/语文教学通讯/第24期

从《史记》看汉代的避讳/周振风/江西省语言学会第五届会员大会暨2002年学术年会论文集/2002

其他：

史记学：21世纪研究之展望/张新科、蒋文杰/司马迁与史记论集（五）/陕西人民出版社

司马迁视野中的西部——读《史记·六国年表》劄子/张文立/司马迁与史记论集（五）/陕西人民出版社

司马迁德治思想的来源/张强/司马迁与史记论集（五）/陕西人民出版社

司马迁人学思想概论/张晓明/司马迁与史记论集（五）/陕西人民出版社

试论司马迁的农业经济思想/惠富平/司马迁与史记论集（五）/陕西人民出版社

司马迁——中国古代伟大的经济学家/何炼成/司马迁与史记论集（五）/陕西人民出版社

司马迁和中国文书学/（日）小泽贤二、黄雪美/司马迁与史记论集（五）/陕西人民出版社

司马迁对华夏建筑文化的伟大贡献/赵安启、王宇慧/司马迁与史记论集（五）/陕西人民出版社

论司马迁的悲剧意识/张晨/司马迁与史记论集（五）/陕西人民出版社

司马迁之《诗经》学/张立志/司马迁与史记论集（五）/陕西人民出版社

司马迁与先秦优秀士人/何梅琴/司马迁与史记论集（五）/陕西人民出版社

司马迁与中国古代自传文学的渊源/许菁频/司马迁与史记论集（五）/陕西人民出版社

我国封建社会前后两大文化巨人——司马迁与徐霞客/吕锡生/司马迁与史记论集（五）/陕西人民出版社

欧阳修与司马迁/马雅琴/司马迁与史记论集（五）/陕西人民出版社

论司马迁复仇情结的产生/杨宁宁/司马迁与史记论集（五）/陕西人民出版社

司马迁对庄、屈之接受及《史记》二传的文献价值/尚永亮/司马迁与史记论集（五）/陕西人民出版社

司马迁朴素唯物史观浅论/刘宏伟/司马迁与史记论集（五）/陕西人民出版社

司马迁笔下的扁鹊形象/田静/司马迁与史记论集（五）/陕西人民出版社

诗评《史记》人物的历史轨迹/宋嗣廉、邵天威/司马迁与史记论集（五）/陕西人民出版社

试论《三代世表》及《六国年表序》的疑义/李伟泰/司马迁与史记论集（五）/陕西人民出版社

《史记》阙《艺文书》探究/徐日晖/司马迁与史记论集（五）/陕西人民出版社

《史记》乃"无韵之《离骚》"的文本阐释/刘生良/司马迁与史记论集（五）/陕西人民出版社

从《史记·封禅书》看秦汉之际的神灵崇拜/张铭洽/司马迁与史记论集（五）/陕西人民出版社

论司马迁对黄帝至秦政治文明成就的系统总结——读《史记》前六本纪及诸表断想/覃启勋/司马迁与史记论集（五）/陕西人民出版社

绕不开的《史记》——反思后代史传无法超越《史记》的根源/邱江宁/司马迁与史记论集（五）/陕西人民出版社

太史情志 汉卿风骨——论《史记》对元杂剧的沾溉/高益荣/司马迁与史记论集（五）/陕西人民出版社

华夏文化的两部集大成之作——《史记》、《红楼梦》比较谈/严安政/司马迁与史记论集（五）/陕西人民出版社

论"《金瓶梅》是一部《史记》"/俞樟华/司马迁与史记论集（五）/陕西人民出版社

是非成败铸英雄——项羽和阿喀琉斯形象之比较/黄秀坤/司马迁与史记论集（五）/陕西人民出版社

程婴救孤和松王丸救孤的文化阐释/杨波/司马迁与史记论集/陕西人民出版社

晚唐咏史三家与《史记》/赵望秦/司马迁与史记论集（五）/陕西人民出版社

《史记·论六家要指》的文本解读与研究/赵吉惠/司马迁与史记论集（五）/陕西人民出版社

《史记》兵法考察/张文安/司马迁与史记论集（五）/陕西人民出版社

《史记》伦理文化的双重精神/王芳/司马迁与史记论集（五）/陕西人民出版社

刘勰《文心雕龙》于《史记》衡鉴之探析/叶文举/司马迁与史记论集（五）/陕西人民出版社

从"富无经业，货无常主"看创新经营思想/黄新华/司马迁与史记论集（五）/陕西人民出版社

"酷吏"之"酷"辩——兼及传统法律文化批判/王绪霞/司马迁与史记论集（五）/陕西人民出版社

《史记》的长句/可永雪/司马迁与史记论集（五）/陕西人民出版社

"技"与"道"的张力——《史记》叙事的修辞学浅谈/王静/司马迁与史记论集（五）/陕西人民出版社

《史记》的夸张修辞/梁建邦/司马迁与史记论集（五）/陕西人民出版社

论《史记》人物形象的悲剧性崇高/葛刚岩、杨念田/司马迁与史记论集（五）/陕西人民出版社

论《史记》中哭的叙写/肖振宇/司马迁与史记论集（五）/陕西人民出版社

析"非天下所以存亡，故不著"/江文贵/司马迁与史记论集/陕西人民出版社

男权政治下的女主形象——《史记·吕太后本纪》解读/毛金霞/司马迁与史记论集（五）/陕西人民出版社

可叹的人格，可怜的人生——读《史记·佞幸列传》/孙文阁/司马迁与史记论集（五）/陕西人民出版社

读《酷吏列传》隐含的悲剧意识/孙春青/司马迁与史记论集

（五）/陕西人民出版社

论司马迁生于建元六年/赵生群/司马迁与史记论集（五）/陕西人民出版社

司马迁的生年与二十南游/（日）藤田胜久/司马迁与史记论集（五）/陕西人民出版社

程金造之《史记正义佚存》平议/袁传璋/司马迁与史记论集（五）/陕西人民出版社

《史记·淮阴侯列传》"功高不赏"解/王立群/司马迁与史记论集（五）/陕西人民出版社

少昊考疑/刘庞生/司马迁与史记论集（五）/陕西人民出版社

《史记·秦本纪》崤战史实之考辨/贾俊侠/司马迁与史记论集（五）/陕西人民出版社

《史记》札记二则/王关成/司马迁与史记论集（五）/陕西人民出版社

从《史记》记载看荥阳、成皋二城之历史地位/陈万卿、梁西乾/司马迁与史记论集（五）/陕西人民出版社

司马迁父子居住茂陵考/吉春/司马迁与史记论集（五）/陕西人民出版社

司马迁笔下的秦始皇陵园/杨念田/司马迁与史记论集（五）/陕西人民出版社

《史记》所述周初纪年勘证/王晖/司马迁与史记论集（五）/陕西人民出版社

《史记·日者列传》小察/张铭洽/司马迁与史记论集（五）/陕西人民出版社

《史记·货殖列传》人物传述别论/周德仓/司马迁与史记论集（五）/陕西人民出版社

《史记》《汉书》游侠之比较/贾俊霞/司马迁与史记论集（五）/陕西人民出版社

试析"史家之绝唱，无韵之离骚"/吴光坤/司马迁与史记论集（五）/陕西人民出版社

论《史记》中的女性形象——兼谈司马迁的妇女观/高飞卫/司马

迁与史记论集（五）/陕西人民出版社

从《扁鹊仓公列传》中的仓公医案谈养生的禁忌/张维慎/司马迁与史记论集（五）/陕西人民出版社

蘸泪直书英雄碑——读《项羽本纪》札记/张宁/司马迁与史记论集（五）/陕西人民出版社

《史记》所载韩城政区历史起源探疏/冯光波/司马迁与史记论集（五）/陕西人民出版社

《史记》正本藏何处/冯学忠/司马迁与史记论集（五）/陕西人民出版社

中华点校本《史记》标点举误（续一）/张家英/司马迁与史记论集（五）/陕西人民出版社

《史记》词诂/郭芹纳/司马迁与史记论集（五）/陕西人民出版社

论陈直先生的《史记》研究/黄留珠/司马迁与史记论集（五）/陕西人民出版社

在美国看近几年的《史记》研究/（美）倪豪士/第二届先秦两汉学术研讨会：纪实与浪漫——《史记》国际研讨会会议论文集/台北洪叶文化事业有限公司

俄国人翻译司马迁《史记》二三事/刘克甫/第二届先秦两汉学术研讨会：纪实与浪漫——《史记》国际研讨会会议论文集/台北洪叶文化事业有限公司

日本的《史记》研究/［日本］连清吉/第二届先秦两汉学术研讨会：纪实与浪漫——《史记》国际研讨会会议论文集/台北洪叶文化事业有限公司

盛乎？衰乎？——略谈韩国中文系的古典教育/（韩）李康范/第二届先秦两汉学术研讨会：纪实与浪漫——《史记》国际研讨会会议论文集/台北洪叶文化事业有限公司

大陆《史记》研究现状概述/陈桐生/第二届先秦两汉学术研讨会：纪实与浪漫——《史记》国际研讨会会议论文集/台北洪叶文化事业有限公司

国际先秦两汉学术研究概况·台湾四十年史记研究概况/齐晓枫/第二届先秦两汉学术研讨会：纪实与浪漫——《史记》国际研

讨会会议论文集/台北洪叶文化事业有限公司

《史记》叙战之义法——兼谈与《左传》叙战之关系/张高评/第二届先秦两汉学术研讨会：纪实与浪漫——《史记》国际研讨会会议论文集/台北洪叶文化事业有限公司

从《史记》志韩非谈太史公之纪实与浪漫/王初庆/第二届先秦两汉学术研讨会：纪实与浪漫——《史记》国际研讨会会议论文集/台北洪叶文化事业有限公司

《史记》VS当代文化产物——从《史记》的三种译本谈起/康士林/第二届先秦两汉学术研讨会：纪实与浪漫——《史记》国际研讨会会议论文集/台北洪叶文化事业有限公司

《史记》中所表现的死亡观试探/孙映逵/第二届先秦两汉学术研讨会：纪实与浪漫——《史记》国际研讨会会议论文集/台北洪叶文化事业有限公司

激进乎？保守乎？——《史记》中刺客与游传的价值观/［台湾］林聪舜/第二届先秦两汉学术研讨会：纪实与浪漫——《史记》国际研讨会会议论文集/台北洪叶文化事业有限公司

读《史记·酷吏列传》论汉武帝与酷吏/徐汉昌/第二届先秦两汉学术研讨会：纪实与浪漫——《史记》国际研讨会会议论文集/台北洪叶文化事业有限公司

《史记·天官书》的天象占候及其礼治思想/钟宗宪/第二届先秦两汉学术研讨会：纪实与浪漫——《史记》国际研讨会会议论文集/台北洪叶文化事业有限公司

日本京都中国学派的《史记》评论/（日）连清吉/第二届先秦两汉学术研讨会：纪实与浪漫——《史记》国际研讨会会议论文集/台北洪叶文化事业有限公司

《史记》的学术根基/陈桐生/第二届先秦两汉学术研讨会：纪实与浪漫——《史记》国际研讨会会议论文集/台北洪叶文化事业有限公司

《史记》岂不载有用之文/蔡信发/第二届先秦两汉学术研讨会：纪实与浪漫——《史记》国际研讨会会议论文集/台北洪叶文化事业有限公司

《史记》"不连贯句子"和司马迁撰著方法/(美)倪豪士/第二届先秦两汉学术研讨会：纪实与浪漫——《史记》国际研讨会会议论文集/台北洪叶文化事业有限公司

梁玉绳之《志疑》与崔东壁之《考信》/(韩)李康范/第二届先秦两汉学术研讨会：纪实与浪漫——《史记》国际研讨会会议论文集/台北洪叶文化事业有限公司

《六家要旨》的思想倾向/陈丽桂/第二届先秦两汉学术研讨会：纪实与浪漫——《史记》国际研讨会会议论文集/台北洪叶文化事业有限公司

黄老思想与《史记》中的范蠡、张良/韩兆琦/第二届先秦两汉学术研讨会：纪实与浪漫——《史记》国际研讨会会议论文集/台北洪叶文化事业有限公司

《史记·封禅书》的宇宙图/郑志明/第二届先秦两汉学术研讨会：纪实与浪漫——《史记》国际研讨会会议论文集/台北洪叶文化事业有限公司

上古汉语中"VP之NP"的句法结构及其语义功能——兼论《史记》中虚词"之"的结构与功能/方环海/第二届先秦两汉学术研讨会：纪实与浪漫——《史记》国际研讨会会议论文集/台北洪叶文化事业有限公司

两汉时代文字的东传/(日)高仓洋彰/第二届先秦两汉学术研讨会：纪实与浪漫——《史记》国际研讨会会议论文集/台北洪叶文化事业有限公司

【2003年】

学报：

司马迁爱奇别解/曹晋/清华大学学报/第1期

司马迁的忧患意识及其消解/沈有珠/贵州民族学院学报/第1期

论司马迁《史记》对六朝史学的影响/郝润华/淮阴师范学院学报/第1期

从《史记》悲剧形象看司马迁的审美观/邱蔚华/龙岩师专学报/第1期

论司马迁的生存精神/虞黎明/渭南师范学院学报/第1期

善恶爱憎：评司马迁的褒贬笔法/梁建民/咸阳师范学院学报/第1期

司马迁班固生态观试比较/王子今/周口师范学院学报/第1期

试析司马迁的经济思想/孙志敏/昭乌达蒙族师专学报/第1期

以神勇之笔写神勇之人——司马迁《史记》的艺术手法/吕琛/白城师范学院学报/第1期

建国以来《史记》人物研究综述/杨宁宁/广西民族学院学报/第1期

论《史记》的喜剧美/赵明正/太原师范学院学报/第1期

《史记》训诂三则/杨白云/福建教育学院学报/第1期

《史记》《汉书》用字异对应分析/相宇剑、王海平/淮北煤炭师范学院学报/第1期

论后代传记文学无法超越《史记》的原因/俞樟华/荆门职业技术学院学报/第1期

《史记》的真实性与新闻的真实性/彭勃/江西农业大学学报/第1期

汉代知识状况、《史记》及其他——《〈史记〉与古代知识分子的自我造型》导论/党大恩、党艺峰/武警工程学院学报/第1期

从《史记》、《汉书》透视西汉初年同姓王的政治生活/杜振虎/西安电子科技大学学报/第1期

谈《史记》的悲剧精神/温小兵/许昌学院学报/第1期

当代《史记》研究的发展趋势/李家发/重庆教育学院学报/第1期

"史记学"与现实社会/张新科/信阳师范学院学报/第1期

《屈原列传》的错排与《离骚》的写作年代/钱玉趾/南通师范学院学报/第1期

从《西南夷列传》和考古资料看两汉时期的滇国社会/杨文顺/楚雄师范学院学报/第1期

计然其人姓名及其思想考订/王文清/绍兴文理学院学报/第1期

《报任安书》生命意蕴探微/刘伟生/渭南师范学院学报/第1期

"论大道则先黄老而后六经"再评议/宋超/周口师范学院学报/第1期

韩信形象浅析——读《史记·淮阴侯列传》/郑庆民/渭南师范学院学报/第S1期

司马迁"立名"及其《史记》的史性与诗性/阮忠/高等函授学报/第2期

略论司马迁的好奇与《史记》叙事之奇美/王渭清/河南科技大学学报/第2期

简论司马迁的经济管理思想/贾明远/西安邮电学院/西北大学学报/第2期

司马迁经济思想四题/施丁/中国社会科学院研究生院学报/第2期

论司马迁的著史精神对新闻记者的影响/赖斯捷/湖南大众传媒职业技术学院学报/第2期

《史记》义例发微/杨光熙/浙江海洋学院学报/第2期

浅谈《史记》中某些篇章的写作艺术/翟富生、王红云/濮阳教育学院学报/第2期

略论宋人对《史记·管晏列传》中的管仲的接受/施春晖/黔东南民族师范高等专科学校学报/第2期

言人人殊——《史记论文》的传记文学理论片谈/黄建军/齐齐哈尔大学学报/第2期

《三国史记》、《三国遗事》的始祖神话——古代朝鲜、日本及中国神话之比较/（日）犬饲公之、郝蕊（译）/天津师范大学学报/第2期

2002年司马迁与班固文化比较学术研讨会综述/吕培成、毛金霞/陕西师范大学学报/第3期

论作者传记批评的发端及其意义——司马迁《史记》中的作者意识和作者批评意识的觉醒/张利群/中南民族大学学报/第3期

司马迁、班固"实录"精神异趣探源/张光全/安徽大学学报/第3期

司马迁对"六经"与史学关系的认识/朱发建/常德师范学院学报

/第3期

司马迁与班固眼中的司马相如——两汉文人的价值观演化之管窥/蒋方、张忠智/湖北大学学报/第3期

隐忍与抗争——司马迁研究系列论文之一/张克锋/甘肃教育学院学报/第3期

试论司马迁史学思想/程郁/淮阴师范学院学报/第3期

司马迁笔下的子贡形象及其现实意义/杜薇/洛阳师范学院学报/第3期

司马迁《史记》塑造人物爱奇的审美取向/付以琼/江西科技师范学院学报/第3期

试析司马迁的重商思想/杨华星/广西师范学院学报/第3期

从文与人看司马迁的文学意识/何涛/新疆师范大学学报/第3期

试论司马迁对生命价值的探索/郑建明/宜春学院学报/第3期

《史记》排比运用之艺术成就初探/何凌风/山东大学学报/第3期

论《史记》的人文精神/赵明正/西南民族大学学报/第3期

谈《史记·酷吏列传》隐含的悲剧意识/孙春青/长春师范学院学报/第3期

梁启超对《史记》的阐发/李彤/长沙电力学院学报/第3期

《史记》的谦敬词研究/刘敏、尤绍锋/洛阳师范学院学报/第3期

略论《史记》的"海内为一"观念/正泉/渭南师范学院学报/第3期

《史记》疑难词语考释/冯玉涛/西北第二民族学院学报/第3期

读《史记·秦本纪》札记六则/刘占成、史党社/咸阳师范学院学报/第3期

司马迁"著书立言"说的审美视点/张坤晓/渭南师范学院学报/第4期

论司马迁"发愤著书"与对屈原人格精神的认同/孟修祥/咸宁学院学报/第4期

司马迁与董仲舒夷夏观之比较/汪高鑫/云南民族大学学报/第4期

论司马迁的愤世心态/王双/陕西师范大学继续教育学报/第4期

略论《史记》对远古传说的采用/陈虎、满涛/山东大学学报/第4期

据《夏商周年表》估定舜帝纪年——兼谈《史记·五帝本纪》和《今本竹书纪年疏证》/尤慎/零陵学院学报/第4期

试论《红楼梦》与《史记》《离骚》的关系/张小泉/雁北师范学院学报/第4期

《史记》人文精神溯源/赵明正/烟台师范学院学报/第4期

简论《史记》叙事中的议论/肖振宇/张家口师专学报/第4期

《史记》语言研究述评/朱江玮/温州职业技术学院学报/第4期

爱国情报国志永垂史册——《史记·屈原列传》"悲其志"探赜/赵乐人/镇江高等专科学校学报/第4期

用史实阐释的"人本"哲学——略论司马迁《史记》的"人本"思想/赵玉柱/德州学院学报/第5期

《史记》整理平议/王华宝/南京师范大学学报/第5期

《史记》写人艺术新探——遵循人性逻辑来表现人/赵明正/湖北民族学院学报/第5期

从人物临终语言看《史记》的悲剧美/赵明正/山西大学学报/第5期

司马迁的经济伦理思想探析/杨华星/西南师范大学学报/第5期

《史记》之悲情美/申云玲/忻州师范学院学报/第5期

《史记》论赞议论特点浅议/肖振宇/张家口师专学报/第5期

《史记》是日本汉学教科书/魏爱莲/湖北成人教育学院学报/第5期

从董仲舒、司马迁、东方朔的赋看汉武帝时代的"士不遇"现象/杨霞/山东省经济管理干部学院学报/第6期

从《史记》"志怪笔法"透视司马迁的情感因素/赵明正/云南师范大学学报/第6期

客观求实 秉笔直书——司马迁及其《史记》对新闻工作者的启示/张菊样/宁夏大学学报/第6期

司马迁对老庄思想的承继与发展/罗建军/绵阳师范学院学报/第6期

论《史记》之奇美/王渭清/渭南师范学院学报/第6期
谈《史记》人物传记的衬托艺术/黎艳/周口师范学院学报/第6期
解读《史记·樊郦滕灌列传》透析刘邦用人之道/刘汉东/广州大学学报/第10期

其他期刊：
论司马迁对史官文化的修复/张强/社会科学战线/第1期
司马迁笔下的"正直敢言"与"行侠尚义"/韩兆琦/社会科学战线/第1期
司马迁的民族一统思想/张大可/社会科学战线/第1期
悲剧英雄的内心独白——读司马迁《报任安书》/陆精康/中学语文教学/第1期
司马迁的求实精神/王绍东/档案管理/第1期
司马迁的市场经济思想及其现代意义/冯华/齐鲁学刊/第1期
从《货殖列传》看司马迁的生产经营思想/张文明/贵州文史丛刊/第1期
司马迁与《史记》/卢素梅/税收科技/第1期
论司马迁对柳宗元的影响/曾日升/云梦学刊/第1期
司马迁受"幽闭"？/鲁萍/咬文嚼字/第1期
从《史记》对始祖神话材料的处理看司马迁的历史观/张筠/中华文化论坛/第1期
《史记》所体现的创新精神/张新科/社会科学战线/第1期
《史记》三家注音切疑误辨正/王华宝/中国典籍与文化/第1期
《史记·酷吏列传》之我见/何春环、何尊沛/贵州社会科学/第1期
《史记》中的千里马原是有病的汗血马考注/冯洪钱/农业考古/第1期
礼生于有而废于无——论《史记·货殖列传》之伦理学价值/贺信民/唐都学刊/第1期
二十年来项羽失败原因研究述评/阎盛国/高校社科信息/第1期
"富者必用奇胜"的启示/成名/北方经济/第1期

《报任安书》的审美内涵及教学策略/朱昌元、黄加文/中学语文教学/第1期

视死如归的豪侠义士田横/巴兆成、李民辉/管子学刊/第1期

《史记·秦始皇本纪》中李斯奏议与君主专制主义/乔健/高等理科教育/第S1期

论司马迁对法家人物悲剧命运的表现和评价/刘国民/社会科学辑刊/第2期

孔子整理六艺文献对司马迁著述《史记》的影响/王纯/大学图书情报学刊/第2期

李陵之祸对司马迁的正负效应/刘洪生/江淮论坛/第2期

司马迁与荆楚文化/孙海洋/求索/第2期

《史记》与《周易》六论/陈桐生/周易研究/第2期

绌典册网放佚靡遗巨细考六艺齐百家熔铸宏篇——论《史记》的材料来源与整理/张玉春/中国典籍与文化/第2期

《〈史记〉学史》(汉至唐)/杨海峥、费振刚/中国典籍与文化/第2期

《史记·河渠书》"蜀守冰凿离堆"指的不是都江堰离堆吗？——评《辞海》"离堆"①、②及相关词条注文/刘星辉/四川水利/第2期

《史记》阙"刑法书"探微/徐日辉/浙江学刊/第2期

司马迁与自然之道/李彤/船山学刊/第3期

史学史研究：儒学与史学的双向考察——以司马迁《史记》为中心/陈其泰/江海学刊/第3期

贾谊史论对司马迁史学的影响/宋馥香/史学理论研究/第3期

司马迁的人格精神探析/田平/南都学坛/第3期

《史记》学术史传研究——春秋至西汉中叶的士人状况/党大恩、党艺峰/人文杂志/第3期

《史记》与兵书、兵法/张文安/史学史研究/第3期

《史记》、《汉书》"家人"解/赵彩花/语文研究/第3期

《史记·孙子吴起列传》疑难词语索解/牟维珍/北方论丛/第3期

清人《史记》研究的成就/(韩)徐元南/中国典籍与文化/

3期
《史记》校点本讹误辨正/王华宝/古籍整理研究学刊/第3期
我读《史记》/李零/新东方/第3期
《史记》人物传记叙事结构模式解析/高萍/唐都学刊/第3期
《史记》、《汉书》"以事写人"方法的比较/任刚/语文学刊/第3期
寻觅司马迁的后代/黄复/旅游/第4期
论司马迁道德观及其现实价值/蒋朝莉/中华文化论坛/第4期
司马迁、班固民族思想之比较/刘春华/西域研究/第4期
特异性追求：《史记》的叙事策略/纪丽真/齐鲁学刊/第4期
试论汉赋对《史记》创作的影响/乔治忠、王盛恩/史学月刊/第4期
《史记·老子列传》中的老子世系考辨/孙海辉/管子学刊/第4期
《史记》中副词"弗"的功能分析/池昌海/古汉语研究/第4期
《史记·司马相如列传》校读札记/王华宝/中国典籍与文化/第4期
张文虎与金陵书局本《史记》/邓文锋/中国编辑/第4期
由张家山汉简《史律》考司马迁事迹一则/梁方健/齐鲁学刊/第5期
从比较史学论《史记》和《汉书》/易孟醇/贵州社会科学/第5期
司马迁、班固游侠思想比较/张光全/史学月刊/第6期
"马迁"即司马迁/一苇/文史杂志/第6期
始于司马迁——财经散文之联想/吴俊/当代作家评论/第6期
大一统：《史记》十表的共同主题/张新科/学术月刊/第6期
论《史记》塑造人物的艺术手段/梁轶芳/理论观察/第6期
《报任安书》——《史记》的篇外之篇/王文元/学问/第6期
纪传体与《史记》/李申/群言/第9期
司马迁重商思想探讨/龚启耀/北方经贸/第8期
司马迁属什么"家"？/刘小枫/读书/第8期
《史记》电子资源述评/刘伟、胡海香/史学月刊/第10期

《史记》与炎黄子孙/王文元/文史天地/第10期

司马迁为李广受酷刑？/孤闻/咬文嚼字/第12期

其他：

从《史记》《汉书》透视西汉初年刘姓诸侯王的政治生活/杜振虎/司马迁与史记论集（第六辑）/陕西人民出版社

《史记》中的"节用观"初探/刘宏伟/司马迁与史记论集（第六辑）/陕西人民出版社

《史记》：形象化的兵典/刘军华/司马迁与史记论集（第六辑）/陕西人民出版社

《史记·货殖列传》思想价值通论/沈传河/司马迁与史记论集（第六辑）/陕西人民出版社

论《史记》的实中求奇/谢静/司马迁与史记论集（第六辑）/陕西人民出版社

论《史记》叙事风格的反差修辞/杨亚娟、吕蔚/司马迁与史记论集（第六辑）/陕西人民出版社

论《史记》人物传记的衬托艺术/黎艳/司马迁与史记论集（第六辑）/陕西人民出版社

论《史记》行文之"重沓"与艺术之形神/李巍/司马迁与史记论集（第六辑）/陕西人民出版社

简论《史记》细节描写的多样性/方蕴华/司马迁与史记论集（第六辑）/陕西人民出版社

谈谈唐人诗歌对李广形象的接受/曾晓梦/司马迁与史记论集（第六辑）/陕西人民出版社

《史记》对李白咏侠诗的影响/侯长生/司马迁与史记论集（第六辑）/陕西人民出版社

《史记·秦本纪》史地杂考/刘占成、史党社/司马迁与史记论集（第六辑）/陕西人民出版社

论《史记》、《汉书》中的"七"与"十"/董艳秋/司马迁与史记论集（第六辑）/陕西人民出版社

从《史记》看上古汉语中"维"字用法的演变/柯西钢/司马迁与史记论集（第六辑）/陕西人民出版社

试论司马迁笔下的汉武帝/吕新锋/司马迁与史记论集(第六辑)/陕西人民出版社

学儒、变儒、弃儒：李斯与战国末期儒家精神/阳清/司马迁与史记论集(第六辑)/陕西人民出版社

文学比较的有识之作——评吕培成《司马迁与屈原和楚辞学》/马家骏/司马迁与史记论集(第六辑)/陕西人民出版社

二十年来《史记》研究的审视与思考/吕培成/司马迁与史记论集(第六辑)/陕西人民出版社

司马迁、班固民族思想之比较研究/刘春华/司马迁与史记论集(第六辑)/陕西人民出版社

两汉文化与马班思想/孙海洋/司马迁与史记论集(第六辑)/陕西人民出版社

司马迁、班固生态观试比较/王子今/司马迁与史记论集/(第六辑)/陕西人民出版社

司马迁与班固的"义利观"之比较——以《史》、《汉》货殖传为中心/刘华祝/司马迁与史记论集(第六辑)/陕西人民出版社

从为仓公立传管窥马班文化同中之异/宋嗣廉/司马迁与史记论集(第六辑)/陕西人民出版社

马班之气质与文质探源/李志慧/司马迁与史记论集(第六辑)/陕西人民出版社

《史记》和《汉书》比较研究的状况(讲义)/(美)倪豪士/司马迁与史记论集(第六辑)/陕西人民出版社

司马迁与班固眼中的司马相如——两汉文人的价值观演化之管窥/蒋方/司马迁与史记论集(第六辑)/陕西人民出版社

马班命运浅识/吉春/司马迁与史记论集(第六辑)/陕西人民出版社

试论司马迁"究天人之际"的历史价值和现实意义/严安政/司马迁与史记论集(第六辑)/陕西人民出版社

论司马迁的天人观和德治思想/刘彦彦/司马迁与史记论集(第六辑)/陕西人民出版社

论《史记》"虽背《春秋》之义"/董运庭/司马迁与史记论集

（第六辑）/陕西人民出版社

司马迁和《史记》的爱国思想/梁建邦/司马迁与史记论集（第六辑）/陕西人民出版社

"论大道先黄老而后六经"再评议/宋超/司马迁与史记论集（第六辑）/陕西人民出版社

论司马迁的生命意识/曾军/司马迁与史记论集（第六辑）/陕西人民出版社

司马迁对宋玉评介的客观依据与主观倾向——兼论宋玉的人格/刘刚/司马迁与史记论集（第六辑）/陕西人民出版社

2002年中国·咸阳司马迁与班固文化比较学术研讨会会议综述/吕培成、毛金霞/司马迁与史记论集（第六辑）/陕西人民出版社

司马迁及其《史记》评介/张大可/史记论丛（第一集）/陕西人民出版社

《史记》民族精神的历史内涵与现实意义/周少川/史记论丛（第一集）/陕西人民出版社

《史记》与中华文明/王炜民/史记论丛（第一集）/陕西人民出版社

《史记》"整齐百家杂语"浅谈/陈桐生/史记论丛（第一集）/陕西人民出版社

《史记》十表的共同主题——大一统/张新科/史记论丛（第一集）/陕西人民出版社

《史记》纪传体的特点/崔凡芝/史记论丛（第一集）/陕西人民出版社

《史记》三家注简论/安平秋/史记论丛（第一集）/陕西人民出版社

《史记》中华书局本点校商榷/韩兆琦/史记论丛（第一集）/陕西人民出版社

《史记》版本研究略论/张玉春/史记论丛（第一集）/陕西人民出版社

《史记》在宋代时期的校勘与著录/史明文/史记论丛（第一集）/

陕西人民出版社

论《日知录》对《史记》研究的贡献/刘伟/史记论丛(第一集)/陕西人民出版社

编纂《史记》新整理本刍议/王华宝/史记论丛(第一集)/陕西人民出版社

金天羽批校本《史记集解》研究/刘蔷/史记论丛(第一集)/陕西人民出版社

太初·麟止·于兹/袁传璋/史记论丛(第一集)/陕西人民出版社

出土诸器与《史记·夏本纪》研究/徐日辉/史记论丛(第一集)/陕西人民出版社

简评《漫画史记》/周鹏飞/史记论丛(第一集)/陕西人民出版社

建国以来《史记》人物研究综述/杨宁宁/史记论丛(第一集)/陕西人民出版社

司马迁《史记》对六朝史学的影响/郝润华/史记论丛(第一集)/陕西人民出版社

司马迁《史记·西南夷列传》述论/吕幼樵/史记论丛(第一集)/陕西人民出版社

《史记》写人文学论纲/可永雪/史记论丛(第一集)/陕西人民出版社

《史记》"体圆用神"特点的领悟/王鑫义/史记论丛(第一集)/陕西人民出版社

《史记》与《书教下》/杨燕起/史记论丛(第一集)/陕西人民出版社

《史记》文笔刍议/邹然/史记论丛(第一集)/陕西人民出版社

《史记》文学法则的意义/王守雪/史记论丛(第一集)/陕西人民出版社

《史记》的讳饰修辞艺术/梁建邦/史记论丛(第一集)/陕西人民出版社

《史记》部分语词疏解献疑/朱钟颐、杨华文/史记论丛(第一

集)/陕西人民出版社

《史记》人物之死描写论/马宝记/史记论丛(第一集)/陕西人民出版社

《史记》对元杂剧影响浅探/窦楷、任孝温/史记论丛(第一集)/陕西人民出版社

散曲《项羽自刎》赏析/马素娟/史记论丛(第一集)/陕西人民出版社

《史记·论六家之要指》文本解读与比较研究/赵吉惠/史记论丛(第一集)/陕西人民出版社

《史》、《汉》论赞异曲同工例/李伟泰/史记论丛(第一集)/陕西人民出版社

《史记》五体结构得失管窥/罗芹/史记论丛(第一集)/陕西人民出版社

《史记》禅让说商榷/顾吉辰/史记论丛(第一集)/陕西人民出版社

《史记》载"穿三泉、下铜而致椁"新解/朱思红、王志友/史记论丛(第一集)/陕西人民出版社

《史记·秦始皇本纪》中的"北山"解析/蒋文孝/史记论丛(第一集)/陕西人民出版社

《史记·天官书》与传统儒教/董恩林/史记论丛(第一集)/陕西人民出版社

《史记·伯夷列传》析论/赖明德/史记论丛(第一集)/陕西人民出版社

《史记·叔孙通传》的真实旨趣与论赞脱误补正/周斌/史记论丛(第一集)/陕西人民出版社

《史记·货殖列传》与风俗史/张文华、刘培玉/史记论丛(第一集)/陕西人民出版社

《史记》和《周易》关系三论/王记录/史记论丛(第一集)/陕西人民出版社

《史记》的人生观、夫妇观与《周易》/叶文举/史记论丛(第一集)/陕西人民出版社

《史记·律书》天象研究/杜升云/史记论丛（第一集）/陕西人民出版社

《史记·扁鹊列传》的文化阐释/王立群/史记论丛（第一集）/陕西人民出版社

《史记》《汉书》对中国古代医学的贡献简论/徐家骥/史记论丛（第一集）/陕西人民出版社

吴太伯奔吴考/刘宏伟/史记论丛（第一集）/陕西人民出版社

《史记》所记之吴太伯及寓含的意义/徐兴海/史记论丛（第一集）/陕西人民出版社

太伯三让天下解/盖翠杰/史记论丛（第一集）/陕西人民出版社

"泰伯奔吴"三论/张永初/史记论丛（第一集）/陕西人民出版社

太伯、季札"让王"论/吕锡生/史记论丛（第一集）/陕西人民出版社

江南第一个杰出外交家——延陵君季札/薛仲良/史记论丛（第一集）/陕西人民出版社

《项羽本纪》接受史综论/俞樟华/史记论丛（第一集）/陕西人民出版社

"项羽烧秦宫室，掘始皇帝冢"辨/武丽娜/史记论丛（第一集）/陕西人民出版社

三苏父子论刘邦、项羽/林聪舜/史记论丛（第一集）/陕西人民出版社

司马迁笔下各种角色的吕后/彭忠德、赵骞/史记论丛（第一集）/陕西人民出版社

司马迁笔下鼠性哲学的李斯/何梅琴/史记论丛（第一集）/陕西人民出版社

《史记》启示录二则/吴淑玲/史记论丛（第一集）/陕西人民出版社

可叹的人格、可怜的人生——读《史记·佞幸列传》札记/孙文阁/史记论丛（第一集）/陕西人民出版社

曾国藩与《史记》/孙海洋/史记论丛（第一集）/陕西人民出版社

董仲舒对策时间考/赵生群/史记论丛（第一集）/陕西人民出版社

赵氏孤儿史实考略/李鸣/史记论丛（第一集）/陕西人民出版社

成皋城考/陈万卿/史记论丛（第一集）/陕西人民出版社

《三皇本纪·伏牺传》解/刘春梅/史记论丛（第一集）/陕西人民出版社

走过千秋——唐代诗人话西施/黄秀坤/史记论丛（第一集）/陕西人民出版社

司马故里的文化资源及其开发/张胜发/史记论丛（第一集）/陕西人民出版社

从城市战略角度认识文化遗产转化文化产业的重大意义/李昱熹/史记论丛（第一集）/陕西人民出版社

司马迁的人生价值观刍议/赵安启/史记论丛（第一集）/陕西人民出版社

司马迁之悲剧情怀初探/阎崇东、李吉光/史记论丛（第一集）/陕西人民出版社

司马迁的功名心态简论/王双/史记论丛（第一集）/陕西人民出版社

司马迁综合素质浅论/王锦贵/史记论丛（第一集）/陕西人民出版社

司马迁"折中于夫子"发微/田志勇/史记论丛（第一集）/陕西人民出版社

司马迁好奇探微/李绍平、李安/史记论丛（第一集）/陕西人民出版社

司马迁"发愤著书"理论在唐宋时期的新发展/马雅琴/史记论丛（第一集）/陕西人民出版社

司马迁死因新探/高巨成/史记论丛（第一集）/陕西人民出版社

司马迁"一家言"之核心/郎震/史记论丛（第一集）/陕西人民出版社

司马迁史学思想试论/程郁/史记论丛（第一集）/陕西人民出版社

司马迁与新史官文化/张强/史记论丛（第一集）/陕西人民出版社

司马迁的经济伦理思想浅析/张海英/史记论丛（第一集）/陕西人民出版社

司马迁的"利""义"取向简论/邓瑞全/史记论丛（第一集）/陕西人民出版社

司马迁《史记》教育思想初探/唐群/史记论丛（第一集）/陕西人民出版社

司马迁注重人才治国的思想及其现实意义/殷小燕/史记论丛（第一集）/陕西人民出版社

司马迁的王权制的思想/张天恩/史记论丛（第一集）/陕西人民出版社

司马迁的法治理想与君主专制制度的碰撞/宋嗣廉/史记论丛（第一集）/陕西人民出版社

司马迁写汉儒/王信明/史记论丛（第一集）/陕西人民出版社

司马迁笔下的汉代前期"士"之精神走向/杨波/史记论丛（第一集）/陕西人民出版社

司马迁之民族史观与汉武帝的对外战争/康清莲/史记论丛（第一集）/陕西人民出版社

司马迁西部开发的实践和思想/汪受宽/史记论丛（第一集）/陕西人民出版社

司马迁和班固对游侠之不同态度/李岭/史记论丛（第一集）/陕西人民出版社

司马迁与孔子崇古意识之比较/陈曦/史记论丛（第一集）/陕西人民出版社

司马迁的史学与易学/张涛、宗静/史记论丛（第一集）/陕西人民出版社

马班在"本纪""世家"上的差异试论/杨昶、谭汉生/史记论丛（第一集）/陕西人民出版社

【2004年】
学报：

《史记学概论》评介/李浩/陕西师范大学学报/第1期

《史记》早期文献中的一个根本问题——《太史公书》"藏之名

山，副在京师"考/易平、易宁/南昌大学学报/第1期

尊重历史 尊重女性——浅议《史记》中女性形象/张莺/安康师专学报/第1期

《史记》悲剧人物形象的塑造/温瑞萍/太原大学学报/第1期

《史记》中的预叙及其叙事效果/刘卫华/渭南师范学院学报/第1期

汉武帝封禅与司马谈之死/郑振邦、郑红娟/渭南师范学院学报/第1期

《史记》动词作状语考察/章新传/江西教育学院学报/第1期

位卑未敢忘忧国——读《春秋》《史记》看士人的救世与自救/李耘/武汉冶金管理干部学院学报/第1期

读《史记·东越列传》/马骏鹰/北京广播电视大学学报/第1期

一抔信陵坟上土，便如碣石累千金——论唐代诗人对《史记·魏公子列传》的接受/顾世严/金华职业技术学院学报/第1期

论唐代诗人对《史记·留侯世家》的接受/曾礼军/呼兰师专学报/第1期

20世纪《史记》"太史公曰"研究述评/刘猛/南京师范大学文学院学报/第1期

《史记》与《汉书》——吐鲁番出土文献札记之一/荣新江/新疆师范大学学报/第1期

《史记》中的遗民问题/郁辉/浙江传媒学院学报/第1期

"善者因之"——司马迁经济伦理思想研究/唐凯麟、陈科华/湖南师范大学社会科学学报/第1期

生命极限的超越——试论司马迁理性生命观/何颖、田劲松/佳木斯大学社会科学学报/第1期

简论司马谈对司马迁的影响/李福燕/南平师专学报/第1期

从《史记》看司马迁的礼学思想/杨宏/渝西学院学报/第1期

司马迁的民族观及其对民族融合的影响/王盛恩/河南大学学报/第1期

略论司马迁的经济思想及其渊源——兼论其对政治革新家的态度与评价/刘蕴之/天津商学院学报/第1期

司马迁经济思想新论/叶世昌/上海立信会计学院学报/第1期

司马迁文学思想对汉儒文学观的传承与超越/任群英/红河学院学报/第1期

从《史记》看司马迁的生死观/任家帝/西安石油大学学报/第1期

论司马迁的商品经济创新思想/于云洪/潍坊学院学报/第1期

从司马迁的作品看其人生情趣/刘国庆/黄冈职业技术学院学报/第1期

浅析司马迁的市场经济思想/关连芳/克山师专学报/第1期

说刘讲项论史迁/王潜生/伊犁师范学院学报/第1期

《报任安书》对《报孙会宗》的影响/张伟芳/常州师范专科学校学报/第1期

"司马谈作史"说质疑/易宁、易平/北京师范大学学报/第1期

《史记》是以写人为中心吗？/陈桐生、刘奕华/东南大学学报/第2期

从历史散文的嬗变看《史记》的四栖形态/赵明正/湖南大学学报/第2期

豫让形象分析——兼论《史记》悲剧色彩/谢模楷/安康师专学报/第2期

20世纪《史记》"太史公曰"述评/刘猛/江西教育学院学报/第2期

《史记》先秦纵横家政治伦理观初探/张乃鉴/天津职业技术师范学院学报/第2期

浅谈《史记》对文学批评的影响/蒋朝军、朱德祥/宜宾学院学报/第2期

《史记》徐广注版本考/李智耕、龙剑平/阿坝师范高等专科学校学报/第2期

谈《史记》的写人艺术/张秀英、赵国玺/大连教育学院学报/第2期

论《史记》的故事情节/刘猛/西北工业大学学报/第2期

《史记》中的诗因素/周国新/宁波服装职业技术学院学报/第2期

论《史记》的叙事时间/刘宁/西安教育学院学报/第2期

《史记》标点商榷/陈涛/盐城工学院学报/第2期

优美形象的悲剧意蕴——《史记》张良形象分析/张振元/黄河水利职业技术学院学报/第2期

《史记》中"看"义类单音动词的历史比较/卜师霞/北华大学学报/第2期

从《史记》看先秦史官的优良传统及其对现代秘书工作的影响/张春红、陈海丽/克山师专学报/第2期

《古本竹书纪年》校正《史记》举例/岳宗伟/上海青年管理干部学院学报/第2期

《史记》"小人物"与哲理意蕴/杨鉴生、石求端/宁德师专学报/第2期

"李陵之祸"与《史记》创作的关系——兼谈司马迁人格的发展与完善/张军/江苏广播电视大学学报/第2期

西汉"过秦"思潮的发生和发展——从陆贾到司马迁/张强/淮阴师范学院学报/第2期

论司马迁的编辑思想/赵志坚/北京教育学院学报/第2期

略谈司马迁的经济思想/杨春凌/承德民族职业技术学院学报/第2期

浅议司马迁"通古今之变"的方法/许迅/江苏教育学院学报/第2期

论司马迁与韩信的精神契合/王群英/临沂师范学院学报/第2期

从司马迁《史记》看新闻记者的素养/刘畅/郧阳师范高等专科学校学报/第2期

试析《鸿门宴》中项羽的形象特征/张华真、郝富安/胜利油田师范专科学校学报/第2期

论司马迁的德治与法治思想/刘军华/陕西师范大学学报/第S2期

司马迁的法治理想与君主专制制度的碰撞/宋嗣廉/渭南师范学院学报/第3期

《史记》中的"功成身退"理想/常昭、常青/渭南师范学院学报/第3期

论《史记》"虽背《春秋》之义"/董运庭/西南民族大学学报/第3期

《史记》、《汉书》失载西南夷若干史实考辨/方铁/中央民族大学学报/第3期

论《史记》"鸿门宴"的戏剧化/康清莲/重庆工商大学学报/第3期

秦国初期史的诸问题考辨——兼释《史记》对秦初史记载的疑点/杨东晨、杨建国/南通师范学院学报/第3期

《史记》与姓氏名字/孙绿江/甘肃联合大学学报/第3期

《史记》中道家思想占主导/纪晓建/株洲师范高等专科学校学报/第3期

《史记》中"太史公曰"史评形式初探/冯万里/绥化师专学报/第3期

试析《史记》对中国古典小说创作的影响/戴红/华北水利水电学院学报/第3期

关于《史记·货殖列传》中的经济区划问题——读《货殖列传》札记/张文华/菏泽师专学报/第3期

要正确对待自己的研究对象——评《史记教程》的一个论点/宋子润/集美大学学报/第3期

论儒家思想在司马迁性格中的地位——兼与李长之先生商榷/米文佐、傅满仓/甘肃高等师范专科学校学报/第3期

由司马迁任职情况看汉武帝时期的官制变革/李彤/咸阳师范学院学报/第3期

论司马迁的义利观/梁建民/咸阳师范学院学报/第3期

究天人之际——司马迁历史哲学思想引论/崔存明/北京印刷学院学报/第3期

论司马迁之天命观及神义论问题的解决/杨光熙/浙江海洋学院学报/第3期

美刺与教化：也谈司马迁对文学社会功能的认识/何涛/新疆师范大学学报/第3期

司马迁文学思想概观/闫红翔/职大学报/第3期

司马迁"通变"思想和郑樵"会通"思想新探/丁希勤/池州师专学报/第3期

子家司马迁与史家司马迁/张京华/河南科技大学学报/第3期

从《史记》看司马迁经济思想的进步性/聂翔雁/白城师范学院学报/第3期

司马迁"究天人之际"的历史价值和现实意义/严安政、成荣强/渭南师范学院学报/第4期

简论《史记》中的"黄老"/张连伟/渭南师范学院学报/第4期

历史中的文学品格——《史记》人物描写艺术新视角/王宇/郧阳师范高等专科学校学报/第4期

简论《史记》细节描写的特异性/方蕴华/西北大学学报/第4期

浅谈《史记》描写人物的艺术手法/宁皖平/玉林师范学院学报/第4期

韩信悲剧之再认识——读《史记·淮阴侯列传》/刘玲娣、孙建虎/保定师专学报/第4期

《史记》对"《春秋》笔法"的渊承与创新（下）/赵彩花/湘南学院学报/第4期

"史记学"的理论构建——读张新科教授的《史记学概论》/侯立兵/陕西师范大学继续教育学报/第4期

《史记》所记自杀现象初探/朱江玮/温州职业技术学院学报/第4期

追溯匈奴的前史——兼论司马迁对"史道"的突破/姚大力/复旦学报/第4期

司马迁的自白——《报任安书》的思想内蕴析/张喜贵/克山师专学报/第4期

司马迁商业经济思想探讨/吕庆华/山西财经大学学报/第4期

试论司马谈临终遗命对司马迁撰述《史记》的影响/王兆才/山东教育学院学报/第4期

司马迁的叙述特色与项羽形象/杨丁友/玉林师范学院学报/第4期

《屈原列传》指瑕/杨凤民/商丘职业技术学院学报/第4期

略谈《文心雕龙》"史记论"之失/王志民/内蒙古师范大学学报/第5期

关于《史记》流动视角的几点研究/丁琴海/国际关系学院学报/第5期

女性生命悲剧的形象展示——《史记·吕太后本纪》新解读/孙佰玲/汕头大学学报/第5期

司马迁的消费思想及其启示/刘社建、李振明/兰州交通大学学报/第5期

韩信"谋反"被杀之我见/郭广生/石家庄职业技术学院学报/第5期

试论汉代诸子的经济自由思想/陈新岗/山东大学学报/第5期

从鸿门宴看项羽的悲剧/娄性诚/黔东南民族师范高等专科学校学报/第5期

《史记》研究的新创获——评张新科教授的《史记学概论》/陈刚/渭南师范学院学报/第6期

司马迁心目中的孔子/李剑清/渭南师范学院学报/第6期

司马迁写夜郎当代史/张祥光/贵州师范大学学报/第6期

今用历谱与《史记》汉初历日不合例证举隅/罗见今、关守义/内蒙古师范大学学报/第6期

再说司马迁对传主"为人"的关注/可永雪、赵伟/内蒙古师范大学学报/第6期

也谈司马迁的悲剧意识/崔占华/内蒙古师范大学学报/第6期

小议《史记·货殖列传》中的岩穴奇士/王尔春/长春师范学院学报/第9期

其他期刊：

《史记》创作的心理学分析/陈国生/理论与创作/第1期

不是六艺 胜似六艺——谈《史记》与《论语》的学术关系/陈桐生/孔子研究/第1期

《史记》与中国史学的实录传统/张桂萍/学习与探索/第1期

"史记学"体系的建立及其意义/张新科/中国典籍与文化/第1期

元刻《史记》彭寅翁本研究/张兴古/中国典籍与文化/第1期

论司马迁思维模式的超前性/赵明正/青海社会科学/第1期

《史记·叔孙通传》的真实旨趣与论赞脱误补正/周斌/史学月刊/第2期

《史记·汉兴以来将相名臣年表》倒文考论/赵国玺/社会科学辑刊/第2期

《史记索隐》辨误/萧文/文学遗产/第2期

《史记》"三家注"对谓语结构中名动语义关系的分析——谈古代注释书释义之传统/张茂华、孙良明/古籍整理研究学刊/第2期

今本《史记》校读记/张玉春/史学史研究/第2期

《史记》标点校勘三则/周文德/古汉语研究/第2期

《史记》中助动词"可"和"可以"语法功能差异初探/池昌海/语言研究/第2期

究天人之际/通古今之变——读《史记》札记/何兹全/历史教学问题/第2期

《史记》中副词"弗"修辞功能的计量分析/池昌海/修辞学习/第2期

《史记》、《旧约》与华夏文明/陈强/史林/第2期

《史记》与《三国演义》传承关系初探/吴泓/中山大学学报论丛/第2期

冷与热——司马迁独特而丰富的情感世界/张克锋/社科纵横/第2期

项羽火烧阿房宫是历史冤案/许卫红/文博/第2期

"吴中"地名考/王瘦梅/中国地名/第2期

哀项羽——闻"项羽未焚阿房宫"随感/舒展/随笔/第2期

论《史记》"整齐百家杂语"/陈桐生/文史哲/第3期

《史记志疑》点校举疑/李淑燕/古籍整理研究学刊/第3期

《史记》中的占卜者形象/李彤/船山学刊/第3期

试论《史记》三家注的价值及其影响/应三玉/中国典籍与文化/第3期

《史记》中的时量、时点和时段/陈海波/语言研究/第3期

《儒林外史》的类传形式——兼谈与《史记》类传的联系/韩石/明清小说研究/第3期

司马迁主要经济思想一览/叶圣利/经济论坛/第3期

论司马迁的命运观/李彤/广西社会科学/第3期

司马迁与中国史学的良史思想传统/张桂萍/学术研究/第3期

论司马迁的西部人文地理思想/马强/云南社会科学/第3期

司马迁的义利观对"三个文明"协调发展的启示/刘光岭/唐都学刊/第3期

项羽所立西魏国封域考辨/叶永新/中国历史地理论丛/第3期

《史通》《文史通义》有关《史记》评论之比较研究/杨绪敏/徐州历史教学/第4期

《史记·封禅书》所记秦雍州杂祠考/杨英/人文杂志/第4期

论韩信人格的悲剧意蕴——读《史记·淮阴侯列传》/刘玲娣/阴山学刊/第4期

试辨《史记》的补窜争讼/李贤民/河南图书馆学刊/第4期

《史记》与《周易》/郑万耕/史学史研究/第4期

司马谈是司马迁的祖父吗/温珍琴/咬文嚼字/第4期

陕西司马迁研究会的《史记》研究活动/吕培成/文学遗产/第4期

司马迁和鲁迅悲剧精神之比较论/李福燕/东南学术/第4期

我读郭沫若《太史公行年考有问题》/李中/贵州社会科学/第4期

《太史公书》"藏之名山"新解/易平/历史教学/第4期

论《报孙会宗书》与《报任安书》的异同/刘周堂/中国文学研究/第4期

《史记》与提高大学生人文素质/廖曰文/思想教育研究/第5期

《聊斋志异》对《史记》的继承与发展/张慧禾/语文学刊/第5期

从古籍研究到学科建设——评张新科的《史记学概论》/陈桐生/江汉论坛/第5期

略论前代学者在元刻《史记》彭寅翁本著录中的得失/张兴吉/求是学刊/第5期

《史记》中的老聃与太史儋/尹振环/贵州社会科学/第5期
论《离骚》与《史记》内在精神的一致性/吕特/云梦学刊/第5期
司马迁的启示/吴素华、桑素华/兰台世界/第5期
司马迁与古代史研究/张强/江海学刊/第5期
论司马迁的"一家之言"/赵明正/云梦学刊/第5期
司马迁与西汉学术思想/张强/学海/第6期
《史记》中"刺客""游侠"之比较/栾为/边疆经济与文化/第6期
《史记·项羽本纪》探微/李明/语文学刊/第6期
《史记·日者列传》作者质疑/杨永康/晋阳学刊/第6期
论司马迁对中国文献学的开拓之功/黄群/理论导刊/第6期
从《外戚世家》看司马迁之妇女观/章玳/语文学刊/第7期
浅谈司马迁的美丑观/张碧/中学历史教学参考/第7期
秦二世是被李斯杀掉的吗/曾史/咬文嚼字/第8期
让"太史公"魂归故里/周敬飞/文史月刊/第9期
司马迁的"藏之名山、传之其人"/张天定/史学月刊/第10期
成功的演说——简析《史记·陈涉世家》中的一段演说辞/尤文贤/语文教学通讯/第11期
浅谈《史记》"本纪"中的孔子思想——在纪日方式变化中的体现/冯林军/甘肃农业/第11期
从《游侠列传》看司马迁的"侠"情结/栾合明/语文教学与研究/第11期
关于"鸿门宴"选文的建议/王立群/语文建设/第11期
春秋理财谋士计然/王贤辉/产权导刊/第11期
《鸿门宴》"刘邦逃宴"小议/许国申/语文学习/第12期

【2005年】

学报：

《史记》中的"（唯）宾是谓"句式研究/王艳华/黑龙江教育学院学报/第1期

采笔点睛 史迁心声——也观《史记》之"太史公曰"/范昕/太原教育学院学报/第1期

浅析《史记》中刘邦的"形""神"和谐之道/吴象枢/长春工业大学学报/第1期

《史记》历史虚构探索——兼论中国古代历史文学的虚构传统/陈曦/解放军艺术学院学报/第1期

《史记·列传》引文浅析/李亚峰/河南广播电视大学学报/第1期

当代"史记学"的开山之作——评张新科先生的专著《史记学概论》/俞樟华/固原师专学报/第1期

《史记》与《清史稿》人物叙述异同——以《高祖本纪》和《太祖本纪》为个案/李国新/大庆高等专科学校学报/第1期

《史记》三"书"评议/安东/浙江工商大学学报/第1期

"河西"辨与《史记·大宛列传》、《汉书·张骞传》标点勘误/梁乃斌/陕西师范大学学报/第1期

"太白则《史记》"解绎/康怀远/重庆三峡学院学报/第1期

论钱钟书的《史记》研究/王兵/辽宁工程技术大学学报/第1期

《史记》中的处所词语作状语/余贞洁/江西教育学院学报/第1期

《史记》民族列传的价值/张新科/湖北大学学报/第1期

从《史记》看司马迁的生死观/张黎/渭南师范学院学报/第1期

《史记》叙事和汉武传说系统/党艺峰/渭南师范学院学报/第1期

论《史记》和《浮士德》的悲剧超越意识/胡梅仙/宁夏大学学报/第1期

评《史记学概论》/徐兴海/东南大学学报/第1期

论司马迁对蒲松龄的影响/马雅琴/陕西师范大学继续教育学报/第1期

司马迁悲剧人格论/李剑锋/山东师范大学学报/第1期

司马迁的人性论及其经济观点探析/米咏梅/莱阳农学院学报/第1期

司马迁有没有突破传统民族思想/陈桐生/湖北大学学报/第1期

司马迁论汉初民族政策的得失/俞樟华/湖北大学学报/第1期

司马迁的民族观/韩兆琦/湖北大学学报/第1期

"和光同尘"——浅论司马迁的道家思想/邢璐/太原教育学院学报/第S1期

试论刘勰的史学观——以《史传》对司马迁和《史记》的评价为中心/石天飞/江南社会学院学报/第2期

司马迁的游历与《史记》创作/张映梦/内蒙古大学艺术学院学报/第2期

论归有光抒情小品中的史记精神和史记笔法/冯艳/平顶山工学院学报/第2期

《汉书》矫正《史记》举隅/崔军伟/河南科技大学学报/第2期

超迈前贤的集大成之作——评韩兆琦教授的新著《史记笺证》/宋钢/江西师范大学学报/第2期

《史记·日者列传》语词札记/漆灏/湖南科技学院学报/第2期

对《史记·汉兴以来将相名臣年表》中倒书现象的分析/李年群/湖南科技学院学报/第2期

《史记学概论》的出版与"史记学"的建立——评《史记学概论》/池万兴/西藏民族学院学报/第2期

古文义法今论——徐复观"《史记》研究"之扩展/王守雪/山西师范大学学报/第2期

论《史记》描写传主轶事的意义/詹漪君/荆门职业技术学院学报/第2期

《史记》札记/王彦坤/广州大学学报/第2期

《左传》的叙事特色对《史记》创作的影响/吴美卿/广西教育学院学报/第2期

李陵之祸与司马迁的人生之歌/崔荣华/长春工业大学学报/第2期

论司马迁的文学创作思想/刘凤泉/昆明理工大学学报/第2期

司马迁笔下的鞭笞之罚/张维慎/河南科技大学学报/第2期

融通与超越——评《司马迁学术思想探源》/郝润华/淮阴师范学院学报/第2期

历史观念史:国病与身病——司马迁与扁鹊传奇/朱维铮/复旦学报/第2期

论司马迁价值评价的片面性/刘国民/中国青年政治学院学报/第2期

论司马迁天人观与文学思想之关系/刘怀荣/东南大学学报/第2期

浅论古代文言小说对"太史公曰"论赞形式的继承/董玉洪/阜阳师范学院学报/第2期

《庐山典籍史》误解《史记》一则/李勤合/九江学院学报/第3期

《史记》言外之意的语用分析/朱江玮/温州师范学院学报/第3期

解读《史记》中"发奋自强"之精神/张丽娜/兵团教育学院学报/第3期

从关注"为人"到"心灵"大师——司马迁对人心人性的探究/可永雪/渭南师范学院学报/第3期

简论《史记》中的女性人物/王晓红/渭南师范学院学报/第3期

《史记》人物之死描写论/马宝记/重庆工商大学学报/第3期

《史记》所载博士及其对民族文化传承与发展的贡献/胡建军/聊城大学学报/第3期

"居上常有云气"及其他——《史记·高祖本纪》神怪之笔探源/李明/湖州师范学院学报/第3期

关于屈原生平事迹的总体廓清——再读汤炳正先生《〈屈原列传〉理惑》/董运庭/重庆师范大学学报/第3期

简论司马迁的人生价值观/赵安启/西安建筑科技大学学报/第3期

从司马迁写人物看其历史视野/崔存明/北京印刷学院学报/第3期

试论司马迁的人学思想/梁安和/咸阳师范学院学报/第3期

浅谈司马迁的人格力量/王鹏里/山西广播电视大学学报/第3期

论司马迁的悲悯情怀（上）/张克锋/甘肃联合大学学报/第3期

从《伯夷列传》看司马迁的社会理想/王勇/太原城市职业技术学院学报/第3期

《史记》神话与司马迁的史学思想/孙娟/淮阴师范学院学报/第3期

意赡文约 思精体善——读可永雪《〈史记〉文学成就论说》/李川/钦州师范高等专科学校学报/第4期

略论司马贞《史记索隐》的批判精神/范景斌/华北水利水电学院学报/第4期

"史记学"史述略/张新科/固原师专学报/第4期

论《史记》中引用修辞的艺术价值/马雅琴/西安文理学院学报/第4期

《史记》医史文献价值管窥/侯小宝/山西医科大学学报第4期

史记笺证：人类精神家园中深沉而宏博的精神吞吐/于东新/内蒙古民族大学学报/第4期

《史记》量词用法探析/方琴/嘉应学院学报/第4期

近十年来《史记·货殖列传》研究综述/张文华/淮阴师范学院学报/第4期

浅论韩愈传记文的《史记》笔法/王永环/周口师范学院学报/第4期

《史记》注释的新收获——说《史记笺证》/牛鸿恩/渭南师范学院学报/第4期

论《史记》中的"宣汉"思想/郭炳洁/渭南师范学院学报/第4期

用理想之光照亮历史——简论《史记·吴太伯世家》/陈桐生/济南大学学报/第4期/

韩兆琦的《史记笺证》集《史记》校注笺译之大成/谭家健/北京师范大学学报/第4期

司马迁"发愤著书"说的再认识/潘定武/陕西师范大学继续教育学报/第4期

司马迁的人格魅力/张晶、梁建邦/陕西广播电视大学学报/第4期

司马迁人才思想探赜/李长松/烟台师范学院学报/第4期

有限对无限的超越：司马迁时空观初探/白兴华/北京行政学院学报/第4期

论司马迁对屈原研究的历史贡献/徐翠先/忻州师范学院学报/第

4期

司马迁的通变观与五德终始说/张强/南京师范大学学报/第4期

论司马迁仁学思想的来源与帝王批判/张强/苏州大学学报/第4期

司马迁与《春秋》学之关系论/张强/南京大学学报/第4期

从《史记·天官书》解读司马迁的思想/吴象枢/常州工学院学报/第4期

《史记》与汉代楚歌/周建江/广东技术师范学院学报/第5期

《史记》标点研究史简论/赵继宁/西华大学学报/第5期

论《史记》中的谋士形象/李建霞/黑龙江教育学院学报/第5期

从《史记》看司马迁的自由精神/张克锋/青海师专学报/第5期

从《左传》与《史记》称《诗》引《诗》的对比研究看《毛序》的作期/王洲明/河北师范大学学报/第5期

"爱奇"——司马迁独特的审美情趣/杨睿/湘潭师范学院学报/第4期

纪念司马迁诞辰2150周年暨国际学术会议在我校召开/师云/陕西师范大学学报/第5期

"春秋笔法"与"太史公笔法"之比较/王长顺/宝鸡文理学院学报/第5期

《史记》的抒情意蕴/张浏森/许昌学院学报/第6期

论《史记·李将军列传》的虚美/黄觉弘/阜阳师范学院学报/第6期

论《三国演义》对《史记》笔法的继承/张次第/河南师范大学学报/第6期

《史记》"太史公曰"的文体辨析——兼与张大可先生商榷/刘猛/渭南师范学院学报/第6期

司马谈、司马迁思想异同辨/严安政/渭南师范学院学报/第6期

渭南师范学院编辑的《司马迁与〈史记〉研究年鉴》(2004年卷)出版发行/詹歆睿/渭南师范学院学报/第6期

《史记》"本纪"、"八书"标点商榷/赵继宁/新乡师范高等专科学校学报/第6期

《史记》断限与缺补疑案之梳理/张新科/西南民族大学学报/第6期

在广阔的学术维度中寻找司马迁——评张强教授的《司马迁学术思想探源》/方铭/淮阴师范学院学报/第6期

谈司马迁"求真"的实践/靳玲/赤峰学院学报第5期

司马迁创作心理刍论/潘定武/陕西师范大学学报/第6期

因果判断与价值判断的冲突与统一——司马迁与古希腊罗马史学观念之比较/王成军/陕西师范大学学报/第6期

论《史记》中英雄传奇的美学价值/马雅琴/西南民族大学学报/第7期

司马迁的爱国主义思想探析/周要/哈尔滨学院学报/第9期

《史记》《汉书》疑问代词"孰"与"谁"比较/胡继明/西南民族大学学报/第11期

其他期刊：

《史记·孟子荀卿列传》载墨子传记为残篇说/郑杰文/中国文化研究/第1期

《史记》所用"我"字说/张循/史学史研究/第1期

从《史记》研究到《史记》学研究——《史记学概论》与《史记》学研究的新起点/方铭/中国文化研究/第1期

《史记》与新闻/李理/新闻前哨/第1期

从《货殖列传》看现代人力资源管理/雷豪/农业与技术/第1期

论子夏在中国经学史上的地位——从《史记·孔子世家》"六艺"的本义说起/裴传永/中国哲学史/第1期

学习司马迁精神提高档案工作者自身素质/牛蕊/机电兵船档案/第1期

司马迁与《尚书》之关系考论/张强/中国文化研究/第1期

司马迁的"与时俯仰"经济观/丁光勋/学术月刊/第1期

探骊得珠，后来居上——《司马迁学术思想探源》评介/卞孝萱/江海学刊/第1期

秦始皇陵被盗之谜/王劲/文史春秋/第1期

从《李将军列传》看《史记》的文学性/金智学/新疆社科论坛/

第2期

计然是人名还是书名？——关于《史记·货殖列传》一处断句争论之我见/孙开泰/管子学刊/第2期

在传奇与现实之间——重读史记《李将军列传》/黄意明/中文自学指导/第2期

归有光《史记》评点研究/贝京/中国文学研究/第2期

《史记集解》考/应三玉/古籍整理研究学刊/第2期

从《史记·货殖列传》看司马迁进步的经济思想观/赵利伟/北方经济/第2期

司马迁这句台词不宜重现/陈姝/北京档案/第2期

司马迁对图书文献的考订与运用/袁红军/边疆经济与文化/第2期

论司马迁的诗学观/刘宁/唐都学刊/第2期

今存《史记》版本简明目录/张兴吉/国学研究/第2期

韩城徐村"暗八景"和司马迁后裔的"暗祭"/尚金陵/西部民俗/第2期

《史记·张丞相列传》勘误三则——兼论六朝写本裴注《史记》残卷的校勘价值/易平/中国典籍与文化/第3期

《史记》对汉初人口状况的记载分析/庞慧/管子学刊/第3期

《史记》问世揭示的真谛/董鹏昭/陕西档案/第3期

《史记·项羽本纪》"重言"的运用/叶文举/学语文/第3期

《史记》终于太初四年考/刘志平/史学月刊/第3期

《史记》的悲剧意蕴/吕逸新/社会科学家/第3期

"史记学"的理论奠基/张玉春/中国图书评论/第3期

打开《史记》"心灵"的钥匙——浅谈《报任安书（节选）》对《史记》单元学习的启发/曹振荣/语文教学通讯/第3期

汉惠帝新论——兼论司马迁的错乱之笔/郑晓时/中国史研究/第3期

司马迁生于汉景帝中五年/施丁/史学史研究/第3期

在超越与探索中行进——评张强教授的新著《司马迁学术思想探源》/刘冬颖/学术界/第3期

是司马迁笔下的汉武帝?——《汉武大帝》感言二三/黄大川/艺术评论/第 3 期

从《春秋》和《史记》看新闻的真实性/赵振军/采．写．编/第 4 期

从《史记》看司马迁的辩证思维——司马迁研究系列论文之三/张克锋/甘肃理论学刊/第 4 期

亘古未有第一传——从司马迁《史记·伯夷列传》谈起/竺洪波/作文世界/第 4 期

"爱奇"——司马迁独特的审美情趣/杨睿/湖湘论坛/第 4 期

司马迁故乡行（英文）/黄复/Women of China/第 4 期

新闻工作者应该向司马迁学些什么——读《史记》随想/郑宗群/军事记者/第 4 期

由司马迁受宫刑想到的——刑罚的文明/方志勤/思想政治课教学/第 4 期

《〈报任安书〉作于汉武帝太始四年补说》献疑/许勇强、李浩淼、张千友/晋阳学刊/第 4 期

《史记》传记人物悲剧论略/王次梅/北方论丛/第 5 期

《史记》的遭遇/司马心文/优秀作文选评/第 5 期

论司马迁在编辑学领域的原创性贡献/王锦贵/中国出版/第 5 期

司马迁与古希腊罗马史学观念之比较/王成军/人文杂志/第 5 期

从《史记》看汉代的文献传播过程及影响因素/王国强/图书情报知识/第 5 期

"每下愈况"与 U 型转换——《报任安书》钱说质疑与补充/胡小宁/语文学习/第 5 期

《报任安书》注释指瑕/盛丽萍、仇桢/中学语文园地/第 5 期

《史记·本纪》述《左传》辨疑/黄觉弘/唐都学刊/第 6 期

《史记》易学管窥/刘银昌/云南社会科学/第 6 期

《史记》体系再考察/谢保成/求是学刊/第 6 期

《史记》所见"胡"与"匈奴"称谓考/陈勇/民族研究/第 6 期

《归评史记》对《史记》的接受/王齐/文艺研究/第 6 期

《史记》中的诗色彩/周国新/理论月刊/第 6 期

《报任安书》注、译辨析（六则）/陆精康/语文学习/第6期
《货殖列传》词语校释三则/闵爽/求索/第7期
关于《史记》作品教学的几点意见/韩兆琦/中学语文教学/第7期
司马迁与亚当·斯密经济思想比较研究/储丽琴/学术论坛/第7期
"齐临菑十万户"辨/张继海/史学月刊/第7期
仓公狱事解析——《史记·仓公传》研读札记/苏卫国/理论界/第8期
补司马迁《史记》之阙/林辰/中国图书评论/第8期
论司马迁冤狱/戚文/炎黄春秋/第9期
千年的回响——论《史记》游侠精神在元杂剧中的嬗变/杨秋红/学术论坛/第9期
《史记》文学价值探源/朱光宝/求索/第9期
《屈原列传》注释指瑕/陈小琴/现代语文/第10期
司马迁的悲剧意识及其笔下的悲剧人物/王增斌/语文学刊/第10期
试论司马迁生平遭遇对其写作《史记》的意义/何锦旭/现代语文/第10期
司马迁编辑风格初探/高治军/新闻爱好者/第10期
《史记》细节描写的艺术特点/付婷婷/阅读与写作/第11期
在历史与理想之间：对《史记》中尧、舜、禹时期政治形态的解读/刘明涛/探索与争鸣/第11期
谈《史记》中的几个女性形象/于兰/语文天地/第11期
《报任安书》注释商榷二则——"与""负"/侯志杰/语文建设/第11期
"刑不上大夫"辨/赵晋全/语文学习/第11期
发愤著书的心路历程的真诚剖析——解读司马迁的《报任安书》/高彤心/名作欣赏/第12期
司马迁故里在陕西韩城还是山西河津/科学大观园/第13期
史圣司马迁/胡序知/山东教育/第14期

司马迁义利思想浅析及其对市场经济建设的借鉴/徐红/中国科技信息/第16期

《屈原列传》"夺稿"之我见/陈小琴/中学语文/第21期

从《史记·伯夷列传》看司马迁的幽愤之思/李仲先/中国科技信息/第20期

司马迁留下的夜郎国悬案/秦亚洲/瞭望/第26期

从《史记·廉颇蔺相如列传》看文秘学生心理品质培养/邓慧/教育与职业/第29期

论《史记》"快意恩仇"的基本类型/刘志毅/文教资料/第31期

《史记》绝唱/马刺/中学生百科/第32期

《史记》中的民间信仰与汉初思想/郭院林/中国俗文化研究/第3辑

其他:

2004年司马迁与《史记》"研究览观"/梁建邦/司马迁与《史记》研究年鉴(2004年卷)/陕西人民出版社

司马迁与《史记》研究年鉴(2004年卷)序言/庞德谦/司马迁与《史记》研究年鉴(2004年卷)/陕西人民出版社

2004年司马迁与《史记》"研究动态"/严安政、梁建邦/司马迁与《史记》研究年鉴(2004年卷)/陕西人民出版社

2004年有关《史记》研究的"考古发现"/杜振虎/司马迁与《史记》研究年鉴(2004年卷)/陕西人民出版社

2004年《史记》"版本整理与文献研究"/梁建邦/司马迁与《史记》研究年鉴(2004年卷)/陕西人民出版社

2004年司马迁与《史记》"研究专著与论文集"/韦爱萍、王晓红/司马迁与《史记》研究年鉴(2004年卷)/陕西人民出版社

2004年司马迁与《史记》研究"部分论文摘要"/韦爱萍、王晓红/司马迁与《史记》研究年鉴(2004年卷)/陕西人民出版社

《史记》在韩国的流传及影响/凌朝栋/司马迁与《史记》研究年鉴(2004年卷)/陕西人民出版社

日本（《史记》）研究论著与论文/凌朝栋/司马迁与《史记》研究年鉴（2004年卷）/陕西人民出版社

司马迁与《史记》研究"学术组织介绍"/马雅琴/司马迁与《史记》研究年鉴（2004年卷）/陕西人民出版社

《渭南师范学院学报》"司马迁与《史记》研究"栏目介绍/詹歆睿/司马迁与《史记》研究年鉴（2004年卷）/陕西人民出版社

有关司马迁研究论文目录（1994—2004年）/詹歆睿/司马迁与《史记》研究年鉴（2004年卷）/陕西人民出版社

有关《史记》研究论文目录（1994—2004年）/赵怀忠/司马迁与《史记》研究年鉴（2004年卷）/陕西人民出版社

司马故里将隆重举办纪念司马迁诞辰2150周年/刘新兴/龙门论坛（《史记论丛》第二集）/华文出版社

纪念司马迁诞辰2015周年献辞/姚双年/龙门论坛（《史记论丛》第二集）/华文出版社

祭史圣司马迁文/安平秋/龙门论坛（《史记论丛》第二集）/华文出版社

《史记》是百科全书/张大可/龙门论坛（《史记论丛》第二集）/华文出版社

司马迁创作《史记》主旨的演变/梁建邦/龙门论坛（《史记论丛》第二集）/华文出版社

当代学术主流和《史记》研究的语言论转向/党大恩、党艺锋/龙门论坛（《史记论丛》第二集）/华文出版社

赵翼论正史编撰/张爱芳/龙门论坛（《史记论丛》第二集）/华文出版社

《史记》之"本纪"体例探究/吴燕真/龙门论坛（《史记论丛》第二集）/华文出版社

《史记》论赞与古代杂文文体/谵东飚/龙门论坛（《史记论丛》第二集）/华文出版社

司马迁的读书与《史记》成书——论司马迁的治学精神/任喜来/龙门论坛（《史记论丛》第二集）/华文出版社

《史记》点校本勘误/汪受宽/龙门论坛（《史记论丛》第二集）/华文出版社

《史记》南化本解说/〔日〕小泽贤二/龙门论坛（《史记论丛》第二集）/华文出版社

《史记》的隐微写作/郭全芝/龙门论坛（《史记论丛》第二集）/华文出版社

略论《史记》所记载的秦会稽刻石/龚剑锋/龙门论坛（《史记论丛》第二集）/华文出版社

《报任安书》的写作时间及"会东从上来"之我见/王明信/龙门论坛（《史记论丛》第二集）/华文出版社

王若虚批评《史记》论述/史明文、曹志敏/龙门论坛（《史记论丛》第二集）/华文出版社

司马迁的文化渊源——以天人观为中心/杨永康/龙门论坛（《史记论丛》第二集）/华文出版社

司马迁的文艺思想/邹然、石吉梅/龙门论坛（《史记论丛》第二集）/华文出版社

司马迁文学思想之主体性/刘凤全/龙门论坛（《史记论丛》第二集）/华文出版社

司马迁所体认之"苦闷的象征"/赖明德/龙门论坛（《史记论丛》第二集）/华文出版社

《史记》的视觉艺术/丁琴海/龙门论坛（《史记论丛》第二集）/华文出版社

谋官与谋事——《史记》李广、石氏父子形象略论/郑天一、郑志惠/龙门论坛（《史记论丛》第二集）/华文出版社

《史记》的言外之旨浅说/刘培/龙门论坛（《史记论丛》第二集）/华文出版社

《史记》"表述"的思索/崔晓耘/龙门论坛（《史记论丛》第二集）/华文出版社

《史记》所见"春秋"词义初探/蔡嘉章/龙门论坛（《史记论丛》第二集）/华文出版社

《史记》中英雄传奇的美学价值/马雅琴/龙门论坛（《史记论丛》

第二集）/华文出版社

《史记·列传》中的反问/王麦巧/龙门论坛（《史记论丛》第二集）/华文出版社

《史记》的谣谚/杨代欣、王珏/龙门论坛（《史记论丛》第二集）/华文出版社

《史记》中典故因素和小说特点/朱学忠/龙门论坛（《史记论丛》第二集）/华文出版社

《史记》对明清长篇小说体例的影响/詹漪君、赖祥亮/龙门论坛（《史记论丛》第二集）/华文出版社

从《史记》写人看司马迁对人的研究/可永雪/龙门论坛（《史记论丛》第二集）/华文出版社

随物赋形 首尾相应——《史记》人物传记"引入法"的艺术特征/马宝记/龙门论坛（《史记论丛》第二集）/华文出版社

霸业困局中项羽项羽性格的转变/林聪舜/龙门论坛（《史记论丛》第二集）/华文出版社

谀乎？权乎？论叔孙通的性格/刘锦源/龙门论坛（《史记论丛》第二集）/华文出版社

《伍子胥列传》复仇意识探微/陈曦/龙门论坛（《史记论丛》第二集）/华文出版社

研究《伍子胥列传》的新材料/陈桐生/龙门论坛（《史记论丛》第二集）/华文出版社

时势与命运——《史记》李广人物类型研究/简秀娟/龙门论坛（《史记论丛》第二集）/华文出版社

徒有虚名的李广——从汉匈战争中认识真实的李广/杨宁宁/龙门论坛（《史记论丛》第二集）/华文出版社

司马迁写女性略析/彭忠德、赵骞/龙门论坛（《史记论丛》第二集）/华文出版社

《史记》中的女性人物简论/王晓红/龙门论坛（《史记论丛》第二集）/华文出版社

司马迁名字释义及相关问题/曾志雄/龙门论坛（《史记论丛》第二集）/华文出版社

司马迁与董仲舒的学术关联/张涛、董焱/龙门论坛（《史记论丛》第二集）/华文出版社

司马迁"一家之言"的核心是治国之道/高巨成/龙门论坛（《史记论丛》第二集）/华文出版社

司马迁"一家之言"的爱国理念/冯学忠/龙门论坛（《史记论丛》第二集）/华文出版社

司马迁所称"共和"之趣旨探微/杨皑/龙门论坛（《史记论丛》第二集）/华文出版社

司马迁尚、崇孝、重义的精神品质/栾继生、李年群/龙门论坛（《史记论丛》第二集）/华文出版社

司马迁的礼治思想略论/徐日辉/龙门论坛（《史记论丛》第二集）/华文出版社

司马迁的法治观浅论/王有旺、程晓杰/龙门论坛（《史记论丛》第二集）/华文出版社

司马迁机遇思想论略——历史视域的开启与拓展/齐晓斌/龙门论坛（《史记论丛》第二集）/华文出版社

司马迁之发愤精神/郎震/龙门论坛（《史记论丛》第二集）/华文出版社

《史记》大一统思想析论/孙文阁/龙门论坛（《史记论丛》第二集）/华文出版社

《史记》天人思想刍议/谭汉生、杨昶/龙门论坛（《史记论丛》第二集）/华文出版社

《史记》中的民间信仰与汉初思想/郭院林/龙门论坛（《史记论丛》第二集）/华文出版社

《平准书》是汉武帝时期的战时经济专史/程永庄/龙门论坛（《史记论丛》第二集）/华文出版社

司马迁写汉武帝时代筹措军费的措施/徐家骥/龙门论坛（《史记论丛》第二集）/华文出版社

司马迁工商业政策思想再探讨——解析牛运震对《平》《货》两专的评注/崔凡芝/龙门论坛（《史记论丛》第二集）/华文出版社

《史记·货殖列传》中的"贫富莫夺"论及其对后代学者反抑兼并思想的影响/韦苇/龙门论坛（《史记论丛》第二集）/华文出版社

司马迁《货殖列传》的经济思想及社会理想略论/张韩荣/龙门论坛（《史记论丛》第二集）/华文出版社

近十年来《货殖列传》研究综述/张文华/龙门论坛（《史记论丛》第二集）/华文出版社

司马迁与班固士道观的歧异及其成因/刘丽文/龙门论坛（《史记论丛》第二集）/华文出版社

司马迁与班固民族观之比较/李泉/龙门论坛（《史记论丛》第二集）/华文出版社

评乾嘉学者的班马异同论/王记录、王青芝/龙门论坛（《史记论丛》第二集）/华文出版社

《史》《汉》论赞比较四则/李伟泰/龙门论坛（《史记论丛》第二集）/华文出版社

《尚书》与《史记》/杨燕起/龙门论坛（《史记论丛》第二集）/华文出版社

《文选》与《史记》三题/王晓东/龙门论坛（《史记论丛》第二集）/华文出版社

司马迁与西部文化/孙海洋/龙门论坛（《史记论丛》第二集）/华文出版社

《史记》蕴藏新闻学/刘宏伟/龙门论坛（《史记论丛》第二集）/华文出版社

司马迁出生地详考/孙新征、张县鹏/龙门论坛（《史记论丛》第二集）/华文出版社

"项羽烧秦宫室，掘始皇帝冢"再辨/武丽娜/龙门论坛（《史记论丛》第二集）/华文出版社

豳都地望与相关问题/陈万卿/龙门论坛（《史记论丛》第二集）/华文出版社

周公"摄政"质疑/陈惠玲/龙门论坛（《史记论丛》第二集）/华文出版社

"野和而生孔子"与"生孔子空桑"考/王政/龙门论坛(《史记论丛》第二集)/华文出版社

韩非的始祖在韩城/吉春/龙门论坛(《史记论丛》第二集)/华文出版社

读《史记》札记一则/李鸣/龙门论坛(《史记论丛》第二集)/华文出版社

淮南王刘安谋反真的是铁证如山吗/康清莲、李晓婉/龙门论坛(《史记论丛》第二集)/华文出版社

《史记》——"侠义"精神的源头/王岳欣/龙门论坛(《史记论丛》第二集)/华文出版社

司马迁论刘邦取天下的战略战术/张天恩/龙门论坛(《史记论丛》第二集)/华文出版社

略论司马迁对开发西南夷的贡献/许敏/龙门论坛(《史记论丛》第二集)/华文出版社

形式的流传,内容的蜕变——从《史记》看春秋战国时代的渐变/周洪/龙门论坛(《史记论丛》第二集)/华文出版社

司马迁对生与死的选择/刘玲/龙门论坛(《史记论丛》第二集)/华文出版社

游侠的没落——读《史记·游侠列传》杂感/张勇/龙门论坛(《史记论丛》第二集)/华文出版社

论司马迁在编辑学领域的原创性贡献/王锦堂/龙门论坛(《史记论丛》第二集)/华文出版社

从《史记》看司马迁情感的冷与热/张克锋/龙门论坛(《史记论丛》第二集)/华文出版社

《史记》中引入人物自创诗歌论析/叶文举/龙门论坛(《史记论丛》第二集)/华文出版社

从《史记》引逸诗看司马迁的孔子删诗观/凌朝栋/龙门论坛(《史记论丛》第二集)/华文出版社

论宋代诗歌与《史记》/俞樟华、虞黎明/龙门论坛(《史记论丛》第二集)/华文出版社

李白对《史记》的接受研究/韦爱萍/龙门论坛(《史记论丛》第

二集）/华文出版社

韩城市司马迁学会/张天恩/龙门论坛（《史记论丛》第二集）/华文出版社

陕西省司马迁研究会/张新科/龙门论坛（《史记论丛》第二集）/华文出版社

全国《史记》研讨会联络组/韩兆琦/龙门论坛（《史记论丛》第二集）/华文出版社

中国史记研究会/邓瑞全/龙门论坛（《史记论丛》第二集）/华文出版社

一个系统研究司马迁的论集问世——读张大可《史记研究》/柯昌基/龙门论坛（《史记论丛》第二集）/华文出版社

史记研究的新成果——评介张大可的《史记研究》/唐少卿/龙门论坛（《史记论丛》第二集）/华文出版社

中国古代思想家"碑林"中的一座丰碑——读张大可的《司马迁评传》/宋嗣廉/龙门论坛（《史记论丛》第二集）/华文出版社

富有特色的《司马迁评传》/韩兆琦/龙门论坛（《史记论丛》第二集）/华文出版社

读《史记全本新注》/钟岱/龙门论坛（《史记论丛》第二集）/华文出版社

"从最顽强的事实出发"的一部力作——有感于《史记研究史略》出版/宋嗣廉/龙门论坛（《史记论丛》第二集）/华文出版社

有益的开拓 可贵的探索——评《史记新探》/韩兆琦、赵志远/龙门论坛（《史记论丛》第二集）/华文出版社

《史记》校注笺评之集大成——读韩兆琦《史记笺证》/谭家健/龙门论坛（《史记论丛》第二集）/华文出版社

"史记学"发展史上一座新的里程丰碑——《史记笺证》简评/周晓军/龙门论坛（《史记论丛》第二集）/华文出版社

"开拓学术之区宇，补前修所未逮"——评韩兆琦先生的《史记笺证》/于东新/龙门论坛（《史记论丛》第二集）/华文出版社

《史记笺证》序一/安平秋/龙门论坛（《史记论丛》第二集）/华文出版社

《史记笺证》序二/张大可/龙门论坛（《史记论丛》第二集）/华文出版社

民族文化的宝贵财富——出版《史记研究集成》序/吴修书/龙门论坛（《史记论丛》第二集）/华文出版社

中华人格的凝聚——组织《史记研究集成》缘起序/张大可/龙门论坛（《史记论丛》第二集）/华文出版社

《史记》文献学丛稿序/徐复/龙门论坛（《史记论丛》第二集）/华文出版社

史记"藏之名山"在司马故里的传说/张胜发、王岳欣/龙门论坛（《史记论丛》第二集）/华文出版社

【2006年】

学报：

司马迁经济观的现代启示/李大敏/延安教育学院学报/第1期

谈司马迁折合几说为一说的采撰方法/金久红/廊坊师范学院学报/第1期

从《管晏列传》到《管子传》——司马迁与梁启超传记思想比较研究/李莹莹/芜湖职业技术学院学报/第1期

从司马迁到梁启超——兼析《〈史记·货殖列传〉今义》的经济思想/李秀丽/连云港师范高等专科学校学报/第1期

从《史记》中苏秦、张仪形象看司马迁对《战国策》史料的运用/向玉露/萍乡高等专科学校学报/第1期

编写《史记笺证》的若干尝试/韩兆琦/渭南师范学院学报/第1期

2005年中国西安纪念司马迁诞辰2150周年暨国际学术研讨会会议综述/吕培成/渭南师范学院学报/第1期

析司马迁的历史是非观/郑振邦/渭南师范学院学报/第1期

司马迁对汉代经学的传承与超越/刘松来/中国人民大学学报/第1期

浅论汉武帝法律思想的灵魂——从司马迁受宫刑说起/彭芬/湖北成人教育学院学报/第1期

司马迁与汉代改制之关系考论/张强/南京政治学院学报/第1期

《史记》"太史公曰"的文学特征刍议/刘猛/江门职业技术学院学报/第1期

游走于"崇儒"与"爱奇"之间——《史记》战争叙述探索/陈曦/解放军艺术学院学报/第1期

对《史记》中梦占的思考/吴象枢/内蒙古农业大学学报/第1期

论《史记》中孔子形象的再塑造/廖昕/长治学院学报/第1期

从"诗言志"到"史言志"——《史记》文学发生论/高志明/襄樊学院学报/第1期

顾颉刚论《史记》/王俊/皖西学院学报/第1期

古文批评的"神"论——茅坤《史记钞》初探/邓国光/首都师范大学学报/第1期

先秦史官的演变与"史记"/丁波/牡丹江师范学院学报/第1期

《史记》采《战国策》略论/董常保/阿坝师范高等专科学校学报/第1期

论《史记》的人物描写/罗培深/湖南广播电视大学学报/第1期

《史记》双宾动词的配价研究/许敏云/惠州学院学报/第1期

论《史记》中李斯的思想性格及其人生悲剧/张净秋/黑龙江教育学院学报/第1期

《史记》所见辞书未收词语续释/王彦坤/佛山科学技术学院学报/第1期

《史记》异文考释六则/黄震/长春师范学院学报/第1期

《史记》性质的另类审视——作为中国第一部学术史专著/陈桑/湖南科技学院学报/第1期

刚柔兼济,大智若愚的小人物——谈《史记·项羽本纪》中的樊哙/韩书文/北京宣武红旗业余大学学报/第1期

浅论司马迁的侠义精神/张立海/陕西师范大学继续教育学报/第S1期

司马迁《报任安书》读札/王昭义/陇东学院学报/第2期

略论司马迁的民族观/王平/白城师范学院学报/第2期

综述历史考证方法论的局限性——以考证司马迁《史记》"申侯

与弑幽王"之说为例/罗炳良/廊坊师范学院学报/第2期

司马迁诗乐思想发微/胡淑冰/郑州航空工业管理学院学报/第2期

试析管仲、《管子》对司马迁的思想影响/于艳秋/牡丹江教育学院学报/第2期

司马迁对先秦儒家义利观的继承与创新/彭昊/湖南师范大学社会科学学报/第2期

论司马迁的悲悯情怀（下）——司马迁研究系列论文之四/张克锋/甘肃联合大学学报/第2期

基于人性自利观的"因导"消费思想——司马迁消费思想考察/郭旸/东北财经大学学报/第2期

高尚而独立的人格——读司马迁《报任少卿书》/李俊/集宁师专学报/第2期

异史氏与太史公/王秀亮/淄博师范高等专科学校学报/第2期

司马迁《史记》艺术论略/刘小林/巢湖学院学报/第2期

读司马迁《报任安书》——兼评许嘉璐主编《古代汉语》/张京华/湖南科技学院学报/第2期

《史记·货殖列传》中的"商品世界"——重读中国史之三/武守志/兰州教育学院学报/第2期

从《鸿门宴》看《史记》的写人艺术/王向萍/邯郸职业技术学院学报/第2期

《史记》的抒情性与歌诗音乐的作用/冯伦/宁德师专学报/第2期

《史记》实录精神与新闻真实性/刘景泰/牡丹江师范学院学报/第2期

论《史记》的经世作用/靳玲/呼伦贝尔学院学报/第2期

《史记·货殖列传》中的人物形象/赵南楠/郧阳师范高等专科学校学报/第2期

《史记》与神秘文化因缘浅论/吴象枢/唐山学院学报/第2期

史家之绝唱，无韵之《离骚》——关于鲁迅论《史记》的一点思考/李海涛/天津师范大学学报/第2期

论《史记·十二诸侯年表》之"十二"/许勇强/乐山师范学院学

报/第2期

《史记》在目录学上的开创之功/张晓光/佳木斯大学社会科学学报/第2期

简论《史记》世家的"提顿之笔"/许勇/重庆师范大学学报/第2期

《史记·五帝本纪》五帝谱系合理性探究/孙锡芳/云南民族大学学报/第2期

略论《史记》的人物类传/周旻/沈阳师范大学学报/第2期

"直书"与"曲笔"——《史记》艺术中的一体两翼/赵利伟/内蒙古大学学报/第2期

再论《毛序》之作期晚于《史记》——兼与王洲明同志商榷/张启成/河北师范大学学报/第2期

《史记》中"酷吏"词义的文化解读/王绪霞/郑州大学学报/第2期

司马迁《史记》艺术论略/刘小林/巢湖学院学报/第2期

论项羽"重瞳子"/郭明友/无锡商业职业技术学院学报/第2期

史料的另一种解读：现代意识中的项羽形象/于荣/广西大学学报/第S2期

刺客成因初探——以《史记·刺客列传》中的刺客为例/曹继华/广西民族大学学报/第S2期

司马迁对先秦人本思想的继承与发展/卜超/青岛大学师范学院学报/第3期

司马迁的"士人"思想/孔黎兰/咸阳师范学院学报/第3期

试论司马迁《史记》反强暴的历史观/罗高兴/江西青年职业学院学报/第3期

司马迁写老子/陈桐生/广东外语外贸大学学报/第3期

论鲁迅对司马迁的认同与超越/王吉鹏/盐城师范学院学报/第3期

视角新颖 考论精湛——读《司马迁学术思想探源》/林家骊/淮阴师范学院学报/第3期

司马迁研究的新亮点——评张强《司马迁学术思想探源》/刘立

志/淮阴师范学院学报/第3期

论司马迁对中国楚辞学和中国赋学研究的贡献/踪凡/济南大学学报/第3期

承继与发展：司马迁与董仲舒的学术关联/宋馥香/郑州大学学报/第3期

从司马迁对历史人物的评价看其学术思想/邹军诚/渭南师范学院学报/第3期

《诗》亡然后《春秋》作——关于史记学论域及其学术文化价值的历史思考/党艺峰/渭南师范学院学报/第3期

《史记·孝文本纪》散论/杨燕起/渭南师范学院学报/第3期

《史记》对士之弘毅精神的继承和阐扬/常昭/淄博师范高等专科学校学报/第3期

公羊学"天子一爵"说与《史记》的意义/卫晓辉/陕西师范大学继续教育学报/第3期

明清长篇小说塑人艺术的《史记》渊源——从小说评点话语谈起/赖祥亮/三明学院学报/第3期

《史记》"尚奇"的深层原因初探/蒋玉斌/海南大学学报/第3期

《史记》中人物肖像描写方法的现代意义/马玉琛/陕西广播电视大学学报/第3期

试探《史记》动词的叙事艺术/高志明/莱阳农学院学报/第3期

试论司马迁《史记》反强暴的历史观/罗高兴/江西青年职业学院学报/第3期

简论太史公"笔法"——以《史记·外戚世家》为例/汪春泓/广东外语外贸大学学报/第3期

试析《史记》中的论赞功用/惠嘉/榆林学院学报/第3期

《史记》中的"刁斗"与"刀斗"辨析/孙熙春/沈阳大学学报/第3期

《史记》语言的四字格结构/高志明/襄樊学院学报/第3期

典故在《史记》人物塑造中的作用/张浏森/许昌学院学报/第3期

《左传》、《史记》判断句比较研究/解植永/重庆文理学院学报/第

3期

《史记》"卜筮决于天命"思想浅析/吴象枢/长春大学学报/第3期

对《史记·伯夷列传》的一点看法/唐平/和田师范专科学校学报/第3期

《诗》亡然后春秋作——关于史记学论域及其学术文化价值的历史思考/党艺峰、党大恩/渭南师范学院学报/第3期

从经济人本性谈中国经济的和谐发展——孔子、司马迁和斯密经济思想之比较/肖辉/长春金融高等专科学校学报/第4期

屈原、司马迁悲剧性人生之对比/任柯/红河学院学报/第4期

浅析司马迁"八书"中体现的宇宙观/吴象枢/湖南人文科技学院学报/第4期

汉兴百年与司马迁对当代史的研究/张强/陕西师范大学学报/第4期

司马迁《史记》引用《诗经》论略/凌朝栋/渭南师范学院学报/第4期

《史记》的侠义精神及其对金庸武侠小说的影响/黄鹏丽/柳州职业技术学院学报/第4期

论《史记》手法与新闻写作的相通性/陈红梅/江西农业大学学报/第4期

酷吏制:是耶？非耶？——解读《史记·酷吏列传》/王思远/信阳农业高等专科学校学报/第4期

《史记》中的"夫"/赵均/河南教育学院学报/第4期

《史记》"为人"的叙事视角探析/任刚/内蒙古大学学报/第4期

《史记》与神秘文化因缘浅论/吴象枢/怀化学院学报/第4期

《史记》用典的文化与艺术价值/张浏森/河南师范大学学报/第4期

关于《史记·魏其武安侯列传》的"引绳批根"/吴晓燕/绥化学院学报/第4期

略谈《史记·列传》的反问/王麦巧/渭南师范学院学报/第4期

司马迁《史记》引用《诗经》论略/凌朝栋/渭南师范学院学报/

第4期

《史记·五帝本纪》五帝说浅析——兼论先秦时代产生的两种五帝说/孙锡芳/山西师范大学学报/第4期

论《本纪》在《史记》中的地位和作用——兼论《史记》以《五帝本纪》为开篇的原因/张强/河北师范大学学报/第4期

《史记》"动＋之＋名"句式探析/邓先军/湖南科技学院学报/第4期

"鸿门宴"与"鸿门会"/梁建邦/陕西广播电视大学学报/第4期

楚汉胜败原因分析/王爱玲/吕梁教育学院学报第4期

论项羽"不肯过江东"的虚构/罗培深/湖南广播电视大学学报/第4期

试论司马迁的臣道观/王津/石河子大学学报/第5期

司马迁对天道的怀疑与信仰/张克锋/甘肃联合大学学报/第5期

论《史记》教学中的人文素质教育/李晓婉/广东经济管理学院学报/第5期

《史记》中的"是"字研究/刘晓玲/孝感学院学报/第5期

试论《史记》强烈的抒情性/霍雅娟/赤峰学院学报/第5期

《史记》预测文化研究：以人物品鉴为例/胡钢/西安电子科技大学学报/第5期

十年磨剑著力作，《史记》研究结硕果——评杨树增教授的《史记艺术研究》/王立/十堰职业技术学院学报/第5期

六朝后期《史记》版本的一次重大变化——六朝写本《史记》"散注入篇"考/易平/南昌大学学报/第5期

《史记》"太史公曰"的文学特征刍议/范爱荣/兰州交通大学学报/第5期

谈《史记会注考证附校补》印行中存在的问题——兼论书籍翻印中应注意的事项/王裕秋/海南师范学院学报/第5期

论乾嘉时期对《史记》的评论性研究/王青芝/郑州航空工业管理学院学报/第5期

《史》、《汉》论赞比较十三则/李伟泰/台大文史哲学报/第5期

发愤亦发奋也——也看司马迁《史记》的创作动因/黄贤/长治学

院学报/第6期
略论司马迁天人思想的特点及其成因/刘建民/辽宁大学学报/第6期
司马迁《报任安书》词语训注补正/方有国/西南师范大学学报/第6期
司马迁"发愤著书说"的心理美学内涵探析/王长顺/渭南师范学院学报/第6期
《史记》中所见的关中方言词语/曹强/渭南师范学院学报/第6期
《史记》与魏晋六朝志怪小说/马雅琴/渭南师范学院学报/第6期
试论司马迁的学术思想与儒学的关系/王小块/商丘师范学院学报/第6期
司马迁之文学观小考/巨虹/和田师范专科学校学报/第6期
论司马迁与普鲁塔克人物传记中的历史比较/王成军/北京师范大学学报/第6期
试论司马迁心中的君子儒/杨帆/哈尔滨学院学报/第6期
论《太史公书》之"因情生事"/李琳/黑龙江生态工程职业学院学报/第6期
从《史记》看我国早期商人形象/蔡建满/湖南商学院学报/第6期
《史记》十表总论/韩兆琦/上海大学学报/第6期
《史记》的语气副词"其"/杨海峰/重庆三峡学院学报/第6期
西汉今文经学对《史记》本纪写作的影响/张鹏/西安电子科技大学学报/第6期
勿以成败论英雄——《史记·项羽本纪》中的项羽形象分析/高文盛/西北农林科技大学学报/第6期
《史》、《汉》论赞比较十四则/李伟泰/台大文学学报/第6期
《史记》受事"者"字结构研究/李贵生/湖北经济学院学报/第7期
高山仰止 景行行止——试论司马迁对孔子及儒家思想的推崇与传承/张浏森/南阳师范学院学报/第8期
司马迁悲剧心理初探/李浩森/乐山师范学院学报/第8期

程婴救孤故事的记述与司马迁的人生体验/王利锁/南阳师范学院学报/第10期

对《史记》中吕后形象一种读解/郭志刚/湖北教育学院学报/第10期

《史记》天人观新探/杨昶/韶关学院学报/第11期

司马迁与微时刘邦/王尧/南阳师范学院学报/第11期

其他期刊：

司马迁的败笔/罗发武/现代语文/教学研究版/第1期

谈司马迁是河津人/澹台世哲/文史月刊/第1期

论司马迁的文献学成就/纪丽真/齐鲁学刊/第1期

《史记》《后汉书》注引《说文》刍议/徐前师/云梦学刊/第1期

"普世史"与《史记》通史观念之比较/王成军/江苏社会科学/第1期

新中国《史记》《汉书》民族思想比较研究综述/夏民程/贵州民族研究/第1期

《史记》地名正误一则/叶永新/中国历史地理论丛/第1期

《史记·秦本纪》"鸟身人言"刍议/杨大忠/文史杂志/第1期

善用对比 塑造形象——《廉颇蔺相如列传》中对比手法的运用/桑进林/语文教学之友/第1期

含蕴深婉 环环相扣——读《伯夷列传》/廖群/中学生阅读/第1期

《屈原列传》"称、道、述"注释我见/王珏/中学语文/第1期

为情造文 独具一格——从《屈原列传》看"文无定法"/陈其茂/现代语文/第1期

试论司马迁的进步历史观/杨树增/南方论丛/第2期

司马迁笔下的李广家族/贾江伟/石家庄联合技术职业学院学术研究/第2期

从司马迁编史看现代档案编研工作/柳淑珍/黑龙江档案/第2期

司马谈、司马迁父子思想之异同/王凤英/理论导刊/第2期

再论司马迁的天人观/汪高鑫/南都学坛/第2期

治史需有"识"——从司马迁、司马光治史想到的/孙业礼/党的

文献/第2期
司马迁的"政绩观"/陈鲁民/前线/第2期
归有光散文与《史记》关系辨析/贝京/中国文化研究/第2期
多元与整合：从《自序》看《史记》的文化意蕴/张新科/中国文化研究/第2期
《史记》西汉史中天命神怪思想初探/杨大忠/船山学刊/第2期
试论《史记》中的"天人感应"观念/曹瑞娟/现代语文/第2期
宋代校勘《史记》初探/史明文/图书馆理论与实践/第2期
《史记·卫康叔世家》考证一则/林小云/古籍整理研究学刊/第2期
《史记》的命运/胡宝国/读书/第2期
《史记》感生神话与司马迁表现艺术/孙娟/唐都学刊/第3期
从《史记·货殖列传》到《汉书·货殖传》看司马迁与班固经济思想的对立/肖波/晋阳学刊/第3期
司马迁的"政绩观"/陈鲁民/今日浙江/第3期
《史记》风俗习性的记写特点/肖振宇、郑秀真/民俗研究/第3期
《史记》感生神话与司马迁表现艺术/孙娟/唐都学刊/第3期
论史记文学成就 寄自由独立思想——可永雪与《史记》研究/丁功谊/沧桑/第3期
论《史记》的修辞与"不隐恶、不虚美"的关系/王晓红/社会科学辑刊/第3期
从《史记·货殖列传》到《汉书·货殖传》看司马迁与班固经济思想的对立/肖波/晋阳学刊/第3期
历代《史记》叙事研究综述/刘宁/江淮论坛/第3期
《史记》、《汉书》正误一则/董树利/古籍整理研究学刊/第3期
从《史记》谈中华文明的源流/王艳玲/社科纵横/第3期
《史记》名句默写/王珏/语文知识/第3期
从《史记》仓公传考察汉初诊法水平/曾高峰/辽宁中医杂志/第3期
为情造文 独具一格——从《屈原列传》看"文无定法"/陈其茂/中学语文/第3期

烘云托月 本色尽显——《廉颇蔺相如列传》导读/陈谋韬/语文天地/第3期

"三户"考/訾永明/文史杂志/第3期

忍辱负重 震古烁今——司马迁《报任安书》读后/林成玉/青海教育/第Z3期

司马迁的天命鬼神思想探源/张文祥/宝鸡社会科学/第4期

从《史记》看司马迁的档案文献编纂原则/贺玲/管子学刊/第4期

司马迁的死亡情结与悲剧意识——《史记》人物传记的死亡叙事分析/罗维/船山学刊/第4期

从《史记》采撰特点看司马迁的史学思想/金久红/北方论丛/第4期

司马迁《报任少卿书》"比数"新解/董志翘/古籍整理研究学刊/第4期

辨正与司马迁世系有关的几个问题/秦静/求索/第4期

从《史记》看司马迁的档案文献编纂原则/贺玲/管子学刊/第4期

史记三家注札记（二）/王永吉/中国典籍与文化/第4期

《史记》在西方：译介与研究/李秀英/外语教学与研究/第4期

古文批评的"神"论——茅坤《史记钞》初探/邓国光/文学评论/第4期

从《史记》采撰特点看司马迁的史学思想/金久红/北方论丛/第4期

浅谈项羽的悲剧性格特征及其表现出的《史记》的悲剧精神/张明/现代语文/第4期

《史记·苏秦列传》解读/游明/现代语文/第4期

品读《史记》/荆健/同学少年/第4期

从司马迁故里看弘扬中华文明/王炜民/阴山学刊/第5期

司马迁的政绩观/陈鲁民/共产党人/第5期

现世的悲歌 生命的颂歌——从《报任安书》看司马迁的生死观/曹继华/文教资料/第5期

日本文学中子路形象的变异与《史记》/李俄宪/外国文学研究/第5期

论《史记》的"太史公曰"和"互见法"/过常宝/唐都学刊/第5期

《史记》研究点滴辩/秦静/史学月刊/第5期

《史记·货殖列传》与风俗史/张文华/理论学刊/第5期

《史记》与民族精神/王双/语文学刊/第5期

不彰不显,其威自现——《廉颇蔺相如列传》中"秦王"形象解读/陈煜/现代语文/第5期

《燕丹子》与《荆轲列传》人物塑造之比较/周诗高/语文学刊/第5期

高中语文《史记》选修课的教学实践与思考/孙富中/中学语文/第5期

从《史记·货殖列传》看司马迁的贫富观/高旭/沧桑/第6期

司马迁的多爱精神初探/杨茂林/社科纵横/第6期

《后汉书》误为《史记》/白京/咬文嚼字/第6期

简述《史记》诞生的社会土壤和人文环境/孙金玲/现代语文/文学研究版/第6期

汉唐间《史记》的传布与研读/陈纪然/学术交流/第6期

不朽实录——论《史记》的求实精神/刘琦/科教文汇/第7期

论《史记·管晏列传·管仲》/戎维贞/科教文汇/第7期

浅论太史公对"让"的见解/裴雅辉/读与写/教育教学刊/第7期

失败的英雄——读《史记·项羽本纪》/楚欣/炎黄纵横/第7期

司马迁《诗》学体系试析/王胜明/重庆社会科学/第7期

新邑易建 民俗难迁——由《史记》有关记载谈法律移植之艰难/王运红/兰台世界/第7期

善用对比 塑造形象——《廉颇蔺相如列传》中对比手法的运用/桑进林/语文天地/第7期

中华本《史记》诸表校勘札记/王永吉/图书馆杂志/第8期

《史记》小议/邹万银/前沿/第8期

浅论《史记·河渠书》的艺术特点和史学价值/曹歌/科教文汇/

第 8 期

司马迁、班固与游侠/朱萍/安徽文学/第 8 期

司马迁怎样"画"眼睛/卓厚宝/语文知识/第 9 期

司马迁为何受宫刑/唐锡铭/语文天地/第 9 期

华兹生英译《史记》的叙事结构特征/李秀英/外语与外语教学/第 9 期

《史记》校读札记/胡伟/语文学刊/第 9 期

司马迁为什么自称"太史公"/阅读与鉴赏/第 10 期

司马迁也非"严肃史学家"/十年砍柴/中学生读写/第 10 期

谈乾嘉学者对《史记》的考据性研究/王青芝/兰州学刊/第 10 期

《史记》成语研究/李娟/现代语文/语言研究版/第 10 期

《史记》的抒情特色/钱德宝/语文教学与研究/第 10 期

生花妙笔 再现完美人格——读《廉颇蔺相如列传》的一点感悟/张灏/考试/第 10 期

司马迁经济思想的深层剖析/李倩/江汉论坛/第 11 期

论《史记》对魏晋六朝志怪小说的沾溉/马雅琴/理论导刊/第 11 期

心灵稚嫩的硬汉 历史人物病态心理解析系列之项羽篇/李鹏/健康大视野/第 11 期

《史记·项羽本纪》赏析/李芳/现代语文/文学研究版/第 12 期

论明清长篇小说体例的《史记》渊源——从小说评点话语谈起/赖祥亮/语文学刊/第 13 期

司马迁的胡子/李峻霆/语文天地/第 14 期

从《史记》看人事档案管理/朱晓莉/兰台世界/第 14 期

小议《史记》中的三种反问形式/郑弘/文教资料/第 14 期

漫谈《史记》选修课的开设/虞黎明/语文教学与研究/第 14 期

《屈原列传》字义求正六则/陈柏华/语文学刊/第 14 期

拥有与智取——《司马迁发愤写〈史记〉》教学有感/陈珏/江苏教育/第 18 期

论韩信悲剧命运的必然——读《史记·淮阴侯列传》/马麦贞/名作欣赏/第 19 期

《史记》列传、世家中使动用法的研究/陈蓓/文教资料/第19期
司马迁生卒年及出生地之争议综述/杜振虎/兰台世界/第20期
司马迁是河津人吗/王锐/文教资料/第20期
超越悲壮崇高的英雄哀歌——《史记》项羽、韩信、李广式悲剧英雄原型探析/林尔/语文学刊/第20期
论《史记》对《聊斋志异》的影响/杜艳红/语文学刊/第21期
司马迁怎样营造历史现场感/邹文贵/教育/第23期
《屈原列传》的研究性学习/赵国卿/语文教学与研究/第23期
司马迁的经营理念/王雪梅/集团经济研究/第25期
一字一词关乎情——辨析《孟子》《史记》中的几个词义/钱兴地/文教资料/第27期
《史记》世家札记/蔡德龙/文教资料/第36期

其他：

《史记·晋世家》三个问题初探/（美）倪豪士/司马迁与史记论集（第七辑）/陕西人民出版社
《史记》叙事中的口述传承——司马迁与樊他广和杨敞/（日）李开元/司马迁与史记论集（第七辑）/陕西人民出版社
《史记·五帝本纪》浅析/（日）大野圭介/司马迁与史记论集（第七辑）/陕西人民出版社
《史记·殷本纪》与马王堆帛书《九主》/（日）广濑薰雄/司马迁与史记论集（第七辑）/陕西人民出版社
《垓下歌》《大风歌》与项羽、刘邦的传说——试论《史记》中的歌谣与传说/（日）谷口洋/司马迁与史记论集（第七辑）/陕西人民出版社
误解的匡正——读《史记》，识阿房/王学理/司马迁与史记论集（第七辑）/陕西人民出版社
《史记》关于秦"止从死"/张仲力/司马迁与史记论集（第七辑）/陕西人民出版社
从秦始皇陵兵马俑看《史记·秦始皇本纪》/刘谦功/司马迁与史记论集（第七辑）/陕西人民出版社
为叔孙通正名——对《史记》中一些人物的新思考之一/肖振宇/

司马迁与史记论集（第七辑）/陕西人民出版社

《史记·正义》引《括地志》标点隶正一识/王宏波/司马迁与史记论集（第七辑）/陕西人民出版社

《史记·十表》三辨/栾继生、李年群/司马迁与史记论集（第七辑）/陕西人民出版社

司马迁笔下吕后的政治才能评议/丁晓雯/司马迁与史记论集（第七辑）/陕西人民出版社

《史记》中的汉景帝形象/方原/司马迁与史记论集（第七辑）/陕西人民出版社

关于司马迁笔下"白金三品"货币考辨/张振龙、张宏/司马迁与史记论集（第七辑）/陕西人民出版社

读《史记·五帝本纪》，推上古五帝历史/于春雷/司马迁与史记论集（第七辑）/陕西人民出版社

司马迁《史记》引用《诗经》论略/凌朝栋/司马迁与史记论集（第七辑）/陕西人民出版社

金批《史记》批评视角/马荣江、陈传君/司马迁与史记论集（第七辑）/陕西人民出版社

从《史记》看秦汉之际的审美文化特征/刘凤琴/司马迁与史记论集（第七辑）/陕西人民出版社

《史记》的尚奇意识论略——以《淮阴侯列传》为个案/蒋玉斌/司马迁与史记论集（第七辑）/陕西人民出版社

韩非的始祖在韩城——读《史记·韩非列传》/吉春/司马迁与史记论集（第七辑）/陕西人民出版社

随物赋形 首尾相应——《史记》人物传记"引入法"艺术特征论/马宝记/司马迁与史记论集（第七辑）/陕西人民出版社

《史记》"尚让"思想探究/余英华/司马迁与史记论集（第七辑）/陕西人民出版社

《史记》中的怒与讽/张佩/司马迁与史记论集（第七辑）/陕西人民出版社

论《史记》叙事的辨证艺术/李曙光/司马迁与史记论集（第七辑）/陕西人民出版社

"豹尾"正堪"续貂"——简评《史记》中"太史公曰"/吴玲玲/司马迁与史记论集（第七辑）/陕西人民出版社

说刺客——读《史记·刺客列传》/于雪芳/司马迁与史记论集（第七辑）/陕西人民出版社

《史记》易学与数术发微/刘银昌/司马迁与史记论集（第七辑）/陕西人民出版社

论《史记》抒情性及其得失/李巍/司马迁与史记论集（第七辑）/陕西人民出版社

从《史记·项羽本纪》中看项羽/董小改/司马迁与史记论集（第七辑）/陕西人民出版社

政治权势中的婚姻、情感、伦理关系——解读《史记·外戚世家》/王芳/司马迁与史记论集（第七辑）/陕西人民出版社

2005年中国·西安纪念司马迁诞辰2150周年暨国际学术研讨会综述/丁晓雯、高一萍、吕新峰/司马迁与史记论集（第七辑）/陕西人民出版社

司马迁与汉太史令——《史记》的素材与出土材料/（日）藤田胜久/司马迁与史记论集（第七辑）/陕西人民出版社

论司马迁的历史辩证法/庞天佑/司马迁与史记论集（第七辑）/陕西人民出版社

历史视域的开启与拓展——司马迁机遇思想论略/齐效斌/司马迁与史记论集（第七辑）/陕西人民出版社

司马迁神化刘邦之原因初探/高一萍/司马迁与史记论集（第七辑）/陕西人民出版社

论司马迁人生的价值取向/李志慧/司马迁与史记论集（第七辑）/陕西人民出版社

从司马迁到白嘉轩——浅议司马迁对秦人风格的影响/李惠、李鸿帅/司马迁与史记论集（第七辑）/陕西人民出版社

疏离与消弭：天道自然"迁逝"的体认和个体生命超越方式的分途——以屈原、司马迁、陆机为中心的考察/李剑清/司马迁与史记论集（第七辑）/陕西人民出版社

西汉文章两司马——《史记·司马相如列传》考论/马予静/司马

迁与史记论集（第七辑）/陕西人民出版社

司马迁的人格魅力/张晶、梁建邦/司马迁与史记论集（第七辑）/陕西人民出版社

司马迁在李陵事件中的心理动机浅探/眭公昭/司马迁与史记论集（第七辑）/陕西人民出版社

司马迁称周厉、周宣之际为"共和"趣旨探微/杨皑/司马迁与史记论集（第七辑）/陕西人民出版社

司马迁的文艺思想/邹然、石吉梅/司马迁与史记论集（第七辑）/陕西人民出版社

司马迁经济思想的多维建构/李倩/司马迁与史记论集（第七辑）/陕西人民出版社

司马迁《报任少卿书》"太史公牛马走"辨正/林礽乾/逐鹿中原/陕西人民教育出版社

萧条同代不同"悲"——读《士不遇赋》和《悲士不遇赋》札记/赵永建/逐鹿中原/陕西人民教育出版社

略论司马迁的史料观/陈美玲/逐鹿中原/陕西人民教育出版社

司马迁与中华文明论略/袁传璋/逐鹿中原/陕西人民教育出版社

论司马迁著述思想的转变——由"述而不作"到"发愤著书"/杨永康/逐鹿中原/陕西人民教育出版社

司马迁的经济思想/赖明德/逐鹿中原/陕西人民教育出版社

司马迁超越传统理念的重商观/张晓梅/逐鹿中原/陕西人民教育出版社

司马迁"法治"思想浅析/史振卿/逐鹿中原/陕西人民教育出版社

司马迁与"李广难封"/王双庆/逐鹿中原/陕西人民教育出版社

纪念司马迁诞辰2150周年国际史记学术研讨会综述/邓瑞全/逐鹿中原/陕西人民教育出版社

楚汉战争的序幕——刘邦出定三秦/汪受宽/逐鹿中原/陕西人民教育出版社

略论楚汉战争中刘邦方面"人谋"的作用/王明信、王维澜/逐鹿中原/陕西人民教育出版社

略论韩信在楚汉战争中对"地利"的利用/龚剑锋、许锴杰/逐鹿中原/陕西人民教育出版社

谈楚汉战争的组构手段/王麦巧/逐鹿中原/陕西人民教育出版社

荥阳大战与"民以食为天"/徐兴海/逐鹿中原/陕西人民教育出版社

楚汉荥阳战场的粮食问题/冯灵渊/逐鹿中原/陕西人民教育出版社

广武对话:楚汉决战前夕的一场历史性政治谈判/宋宛虹、宋嗣廉/逐鹿中原/陕西人民教育出版社

论刘项胜负的根本原因/李伟泰/逐鹿中原/陕西人民教育出版社

历史的偶然性和必然性——楚汉荥阳之战有感/杨波/逐鹿中原/陕西人民教育出版社

《史记》战争叙事的复调结构与思想内涵论纲/党艺峰、党大恩/逐鹿中原/陕西人民教育出版社

足智多谋 运筹帷幄——论楚汉相争时期的谋士/高祯霙/逐鹿中原/陕西人民教育出版社

论萧何的政治智慧/韦爱萍/逐鹿中原/陕西人民教育出版社

精于计谋 疏于政治:范增论/姚军/逐鹿中原/陕西人民教育出版社

项羽"背关怀楚"新解/孙文阁/逐鹿中原/陕西人民教育出版社

悲剧中的英雄项羽/陈娜/逐鹿中原/陕西人民教育出版社

从人格心理学论韩信悲剧的自身成因/常昭、段现成/逐鹿中原/陕西人民教育出版社

《史记·五帝本纪》校勘心得/张兴吉/逐鹿中原/陕西人民教育出版社

《史记》疑义新证(本纪上)/赵生群/逐鹿中原/陕西人民教育出版社

《史记·五帝本纪》之皇帝考疏/徐日辉/逐鹿中原/陕西人民教育出版社

《史记·夏本纪》:"声为律,身为度,称以出"司马贞索隐浅释/陈惠玲/逐鹿中原/陕西人民教育出版社

《史记·河渠书》校点误例辨证——浊漳源头考/张衍田/逐鹿中原/陕西人民教育出版社

《史记》的一处校勘/李开升/逐鹿中原/陕西人民教育出版社

《史记》三家注对文献"辑佚"的贡献——以谯周《古史考》辑佚为例/叶文举/逐鹿中原/陕西人民教育出版社

侯嬴与魏齐史实考辨/李鸣/逐鹿中原/陕西人民教育出版社

项羽避仇吴中的确切地点在湖州/吕锡生/逐鹿中原/陕西人民教育出版社

"秦七攻魏,五入囿中"补证/杨昶/逐鹿中原/陕西人民教育出版社

释"合肥受南北潮"/张文华/逐鹿中原/陕西人民教育出版社

秦国早期四地名今址考辨/白雪杆/逐鹿中原/陕西人民教育出版社

纪信籍贯蠡测/袁延胜/逐鹿中原/陕西人民教育出版社

"赵氏孤儿"新辨——《史记》与《左传》文本之比较/丁波/逐鹿中原/陕西人民教育出版社

嫘祖故里探原——桑梓峪访玉仙/陈玮/逐鹿中原/陕西人民教育出版社

战国荥地韩币四考/王琳/逐鹿中原/陕西人民教育出版社

他植下了中华民族的根——简论《五帝本纪》/陈桐生/逐鹿中原/陕西人民教育出版社

此身合是诗人未?——《项羽本纪》的另一种解读/陈曦/逐鹿中原/陕西人民教育出版社

以雄健之笔写神勇之人——读《项羽本纪》/薛希婷/逐鹿中原/陕西人民教育出版社

略论汉文帝之"明主"形象/陈佩琪/逐鹿中原/陕西人民教育出版社

略论公孙弘之人物形象/黄世锦/逐鹿中原/陕西人民教育出版社

为小人物立传的《史记》——读《伯夷列传》/宋淑洁/逐鹿中原/陕西人民教育出版社

一个利己主义者的悲剧——读《李斯列传》/岳蕾/逐鹿中原/陕

西人民教育出版社

司马迁在《史记》中的再创作示例二题/可永雪/逐鹿中原/陕西人民教育出版社

司马迁所创纪传体对实录体的影响/谢贵安/逐鹿中原/陕西人民教育出版社

《史记·吕后本纪》与《汉书·高后纪》较析/许淑华/逐鹿中原/陕西人民教育出版社

《史记》十表总论/韩兆琦/逐鹿中原/陕西人民教育出版社

《史记》人物合传论/肖振宇/逐鹿中原/陕西人民教育出版社

《史记·万石君列传》"醇谨与巧佞"的叙述分析/简秀娟/逐鹿中原/陕西人民教育出版社

《史记》修辞与"不隐恶，不虚美"关系探微/王晓红/逐鹿中原/陕西人民教育出版社

论《史记》中引用修辞的艺术价值/马雅琴/逐鹿中原/陕西人民教育出版社

《史记》所记自杀现象探析/何梅琴/逐鹿中原/陕西人民教育出版社

《平准书》辨析/张韩荣、綦松波/逐鹿中原/陕西人民教育出版社

《史记·货殖列传》对治生经济的看法/杨钦栋/逐鹿中原/陕西人民教育出版社

王应麟对《史记》的研究/史明文、曹志敏/逐鹿中原/陕西人民教育出版社

《史记》宣示"孔子智慧"的价值/杨燕起/逐鹿中原/陕西人民教育出版社

论《太史公自序》的公羊意识/刘锦源/逐鹿中原/陕西人民教育出版社

论《史记》援引"世子、文士"诗歌之思想意蕴/郑垣玲/逐鹿中原/陕西人民教育出版社

《史记》历史文学之我见/彭忠德、周军/逐鹿中原/陕西人民教育出版社

《史记》人文精神与青少年教育/张晶、梁建邦/逐鹿中原/陕西人

民教育出版社

评张良的黄老之术——兼与范蠡比较/康清莲、李晓婉/逐鹿中原/陕西人民教育出版社

周亚夫平吴楚——刘邦灭项羽战略思维的复制/林聪舜/逐鹿中原/陕西人民教育出版社

从《史记》看春秋战国时期的食客群体/杨宁宁/逐鹿中原/陕西人民教育出版社

从《史记》汉表试析汉武帝对诸侯王的处置/张振利/逐鹿中原/陕西人民教育出版社

简论王念孙《史记杂志》——兼与《史记志疑》、《史记考异》比较/董恩林、郝润华/逐鹿中原/陕西人民教育出版社

刘咸炘的《太史公书知意》及其史学成就/杨代欣/逐鹿中原/陕西人民教育出版社

论韩信戏/俞樟华、刘海霞/逐鹿中原/陕西人民教育出版社

读袁传璋先生《太史公生平著作考论》/韩兆琦/逐鹿中原/陕西人民教育出版社

《史记疏证》凡例（讨论稿）/《史记疏证》编委会/逐鹿中原/陕西人民教育出版社

古籍今译略论/张大可/逐鹿中原/陕西人民教育出版社

《史记》疏证卷一·五帝本纪第一/张大可、邓瑞全、许盘清/逐鹿中原/陕西人民教育出版社

《史记》中的荥阳/曾志雄/逐鹿中原/陕西人民教育出版社

古战场荥阳与商都郑州/许满长/逐鹿中原/陕西人民教育出版社

古荥泽二题/陈隆文/逐鹿中原/陕西人民教育出版社

汴水溯源/吴爱云/逐鹿中原/陕西人民教育出版社

鸿沟源头的变迁/陈玮/逐鹿中原/陕西人民教育出版社

荥阳与郑州的历史渊源及其境内重大战争/李豫州/逐鹿中原/陕西人民教育出版社

从楚汉成皋之战看荥阳的战略地位/李成峰、李豫州/逐鹿中原/陕西人民教育出版社

虎牢关历史地位沉浮/许满长/逐鹿中原/陕西人民教育出版社

楚汉中原逐鹿与象棋文化/陈玮/逐鹿中原/陕西人民教育出版社

《史》、《汉》论赞比较八则/李伟泰/屈万里先生百岁诞辰国际学术研讨会论文集/台湾 2006 年版

2005 年司马迁研究综述/党艺峰/司马迁与《史记》研究年鉴（2005 年卷）/陕西人民出版社

2005 年《史记》研究综述/梁建邦/司马迁与《史记》研究年鉴（2005 年卷）/陕西人民出版社

近十年来《货殖列传》研究综述/张文华/司马迁与《史记》研究年鉴（2005 年卷）/陕西人民出版社

司马迁、《史记》与韩城地方文化研究综述/严安政/司马迁与《史记》研究年鉴（2005 年卷）/陕西人民出版社

2005 年有关《史记》的考古发现/杜振虎/司马迁与《史记》研究年鉴（2005 年卷）/陕西人民出版社

2005 年《史记》考古发现的研究/杜振虎/司马迁与《史记》研究年鉴（2005 年卷）/陕西人民出版社

2005 年《史记》校读研究与史实考证/杜振虎/司马迁与《史记》研究年鉴（2005 年卷）/陕西人民出版社

2005 年《史记》版本及注本研究/杜振虎/司马迁与《史记》研究年鉴（2005 年卷）/陕西人民出版社

2005 年司马迁与《史记》"研究著作与论文集"/韦爱萍/司马迁与《史记》研究年鉴（2005 年卷）/陕西人民出版社

2005 年司马迁与《史记》研究"部分论文摘要"/马雅琴/司马迁与《史记》研究年鉴（2005 年卷）/陕西人民出版社

纪念司马迁诞辰 2150 周年韩城国际《史记》学术研讨会综述/党大恩、韦爱萍/司马迁与《史记》研究年鉴（2005 年卷）/陕西人民出版社

纪念司马迁诞辰 2150 周年西安国际《史记》学术研讨会综述/党大恩/司马迁与《史记》研究年鉴（2005 年卷）/陕西人民出版社

韩城举行司马迁诞辰 2150 周年"风追司马"活动/王晓红/司马迁与《史记》研究年鉴（2005 年卷）/陕西人民出版社

1993年吉林"全国《史记》文学及其教学学术研讨会"/党大恩/司马迁与《史记》研究年鉴（2005年卷）/陕西人民出版社

司马迁与《史记》研究"学术组织介绍"/梁建邦/司马迁与《史记》研究年鉴（2005年卷）/陕西人民出版社

2005年《史记》研究论文目录/詹歆睿/司马迁与《史记》研究年鉴（2005年卷）/陕西人民出版社

司马迁与《史记》研究论文目录补遗（1994—2004年）/梁建邦、詹歆睿/司马迁与《史记》研究年鉴（2005年卷）/陕西人民出版社

司马迁与《史记》研究著作目录（1949—2005年）/赵怀忠/司马迁与《史记》研究年鉴（2005年卷）/陕西人民出版社

【2007年】

学报：

司马迁《史记》批判精神探源/王长顺、陈明芳/咸阳师范学院学报/第1期

《史记》"奇气"论/杜艳红/琼州大学学报/第1期

论《史记》以人为本的取人原则与价值取向/池万兴、刘鹏/西藏民族学院学报/第1期

《史记》三家注标点辨误九则/王永吉/渭南师范学院学报/第1期

元曲"接受"《史记》人物方式举隅/宋嗣廉、宋宛虹/渭南师范学院学报/第1期

特色突出 更上层楼——"司马迁与《史记》研究"专栏巡礼/张大可/渭南师范学院学报/第1期

"司马迁与《史记》研究"栏目的建设与发展/党大恩、詹歆睿/渭南师范学院学报/第1期

司马贞补《史记》及其对《史记》版本的影响/王涛/山东教育学院学报/第1期

《史记》老子韩非合传与老子的"道"/伏俊琏/河西学院学报/第1期

《史记》与《世说新语》人称代词比较/刘汉生/天中学刊/第1期

《史记·李将军列传》的真善美/潘东明/淮北职业技术学院学报/第1期

从《史记》看西汉老子角色的转化/刘玲娣/孝感学院学报/第1期

论《史记》中的失败英雄形象对后世文学的影响/赵新华/太原大学教育学院学报/第1期

《史记》中的项伯形象评议/姚军/濮阳职业技术学院学报/第1期

司马迁与《史记》研究的一部力作——评《太史公生平著作考论》/赵生群/安徽师范大学学报/第1期

论《通志》对《史记》的继承与扬弃——以《游侠传》为例/巨虹/宁夏师范学院学报/第1期

史记"三户"考/段黎明/湖南农业大学学报/第1期

《史记》刊误一则/方原/陕西师范大学学报/第1期

20世纪中后期美国对外文化战略与《史记》的两次英译/李秀英/大连海事大学学报/第1期

《史记》与《诗》学传统/杨永康/山西师范大学学报/第1期

从学术史角度考察《史记》"五帝""三代"本纪史料价值的得与失/江林昌/烟台大学学报/第1期

试析《刺客列传》中刺客行为的心理动机/黄莹、裴宏江/渭南师范学院学报/第1期

论《史记》中的失败英雄/赵新华/新疆教育学院学报/第2期

《史记》悲剧人物探微/饶艳/郧阳师范高等专科学校学报/第2期

从用典谈《史记》对唐代边塞诗的影响/李宜/西藏民族学院学报/第2期

从《史记·绛侯世家》看太尉与君权的矛盾/向红伟/太原大学学报/第2期

读史地图的光辉典范——简评《史记列传图志》/马正林/陕西师范大学继续教育学报/第2期

《史记》札记之一/苏晓威/钦州学院学报/第2期

"其文直,其事核"——《史记》叙事特点研究/杨丁友/玉林师范学院学报/第2期

论《史记》取材——以《五帝本纪》为例/任刚/内蒙古大学学报/第2期

《史记》与陶渊明的政治理想/吴国富/南昌大学学报/第2期

《史记》、《汉书》文风考论/汪耀明/绥化学院学报/第2期

《史记》语义复现分析/李迎新/齐齐哈尔大学学报/第2期

司马迁经济自由主义新诠：宏旨、结构及困境/杜长征/贵州财经学院学报/第2期

英雄形象的构建——《项羽本纪》与《苏武传》人物描写的对比艺术比较/蔡振宇/湖南工业职业技术学院学报/第2期

从朗加纳斯的《论崇高》看司马迁的《史记》/王颖/江西科技师范学院学报/第3期

论《史记》的民间语体色彩/高志明/中南民族大学学报/第3期

《史记》"戏剧性笔法"探析/李晓风/平原大学学报/第3期

从《淮阴侯列传》等看《史记》的写史手法/乔云峰/六盘水师范高等专科学校学报/第3期

《史记》编纂体例之数的意义/向燕南/南开学报/第3期

《史记》首著黄帝用意探析/徐健/安徽农业大学学报/第3期

日藏唐写本裴注《史记·河渠书》残卷末《集解》来历新证/易平/华中科技大学学报/第3期

《史记》中的赋话与赋论/刘伟生/渭南师范学院学报/第3期

先锋叙事中的项羽及其他——《史记·项羽本纪》和《重瞳》的互文性阅读/党艺峰/渭南师范学院学报/第3期

《史记测议》说/谭佚/苏州大学学报/第3期

随物赋形 首尾相应——《史记》人物传记"引入法"艺术特征论/马宝记/许昌学院学报/第3期

《史记》地理学研究的一部佳作——吴宏岐、王元林等著《司马迁与中国地理》评介/晏波/天水师范学院学报/第3期

《史记》中的"何"字复合虚词/彭旭军/怀化学院学报/第3期

《史记·儒林列传》与《汉书·儒林传》的比较研究/张家国/怀化学院学报/第3期

从《汉书》称《诗》论定《毛诗序》基本完成于《史记》之

前——兼答张启成先生的商榷/王洲明/河北师范大学学报/第3期

楚汉相争中的宣传战——汉高祖刘邦传播活动研究/田文红/四川教育学院学报/第3期

论司马迁对先秦仁学的继承和改造/周永刚、向德富/北京化工大学学报/第4期

司马迁心态研究/姚军/西藏民族学院学报/第4期

驳"司马迁'心折长卿之至'"论/王丹/渭南师范学院学报/第4期

伍子胥、勾践、夫差复仇比较——《史记》中复仇意识管窥/黄敏/滨州职业学院学报/第4期

《史记·孝文本纪》误（失）注词句辨析/汪贞干/黄石理工学院学报/第4期

《太平御览》引《史记》校札/龚碧虹/江西科技师范学院学报/第4期

《史记》的写人艺术略论——以细节描写和互见法为例/王保兴、于素香/长沙通信职业技术学院学报/第4期

试论从《左传》到《战国策》再到《史记》人物刻画艺术的历史演变/刘春丽/辽宁行政学院学报/第4期

《项羽本纪》复笔作用撼谈/张丽娜/南通航运职业技术学院学报/第4期

司马迁塑造项羽人物形象的主观命意与文学特质及客观实效/温继东/牡丹江教育学院学报/第5期

浅探司马迁写悲剧人物缺失的缘由/崔晓耘/赤峰学院学报/第5期

司马迁与孔子——同是天涯沦落人 高山流水觅知音/孙明霞/成都大学学报/第5期

司马迁与班固历史观的异同/李宏/渤海大学学报/第5期

论《史记》批判性的表现形式/王长顺、姜村/咸阳师范学院学报/第5期

《史记》的叙事艺术刍议/杜朴/黑龙江教育学院学报/第5期

历史的浪漫：司马迁的蔺相如叙事/蔡先金、孙东华/重庆交通大学学报/第6期

"孝道"思想对司马迁著史的影响/李杰/甘肃高师学报/第6期

司马迁怎样写历史/张大可/红河学院学报/第6期

巫蛊之祸与司马迁卒年问题考论/陈曦/淮阴师范学院学报/第6期

《史记》抒愤的基本方法/李贤民/中共郑州市委党校学报/第6期

《史记》与《三国志》考辩/陈颖、朱韬/成都大学学报/第6期

从塑造人物的角度看《左传》与《史记》的传承/谢立峰、刘春雪/绥化学院学报/第6期

论司马迁著《史记》时的流泪垂涕和废书而叹/蔡慧/绥化学院学报/第6期

也论《史记·律书》中的律数/关晓武/内蒙古师范大学学报/第6期

《史记》的"好奇"与"成一家之言"关系探颐/王保兴/内蒙古农业大学学报/第6期

白寿彝先生和《史记》研究/杨倩如/淮阴师范学院学报/第6期

论《史记》中汉武帝"以广儒墨"/陈金霞/延边大学学报/第6期

《史记》的乐学思想/聂影/黑龙江教育学院学报/第6期

论《史记》中的女性形象/董继伟/牡丹江大学学报/第7期

关于司马迁"沛丰邑"本旨及丰县成县时间——与安作璋教授商榷/王尧、靳允良/徐州工程学院学报/第11期

其他期刊：

《太史公书》的心灵图式——司马迁的审美理想和人格精神/曹清林、郭永朝/社科纵横/第1期

《史记》中的悲剧人物特点分析/刘刚/时代文学/第1期

《史记》立言创意之崇高美/郭永朝、刘晓清/时代文学/第1期

《史记》论赞对古代杂文文体的影响/谌东飚/云梦学刊/第1期

《史记》校诂/蔡德龙/图书馆杂志/第1期

论司马迁《史记》中的档案思想/肖文建、钟国文、王述球/档案

学研究/第1期

华夷衍变与大一统思想框架的构筑——以《史记》有关记述为中心/于逢春/中国边疆史地研究/第2期

司马迁要表现蔺相如的"勇"吗?——《廉颇蔺相如列传》备课思考/王泽清/中华活页文选/第2期

《史记索隐》"郿县"地名校议/王永吉/中国历史地理论丛/第2期

世界历史观念下的"普世史"与《史记》的史学观/王成军/史学理论研究/第2期

《史记》《汉书》人物个性比较/刘德杰/河南社会科学/第2期

论《史记》叙事中的三类情节及其组合意义/刘宁/社会科学家/第2期

《史记》三家注对文献"辑佚"和《史记》考实的贡献——以谯周《古史考》辑佚为例/叶文举/新世纪图书馆/第2期

《史记·孟尝君列传》司马贞索引误训一例指正/张仕增、朱香云/现代语文/第2期

此身合是诗人未?——《史记·项羽本纪》的另一种解读/陈曦/名作欣赏/第2期

司马迁为何给项羽立《本纪》/张缪斯/文史杂志/第2期

《史记》中吕雉的形象/丁治刚/天府新论/第S2期

法藏敦煌卷子本裴注《史记·管蔡世家》残卷重文研究——敦煌本与《索隐》本、景祐本《史记》传承关系考略/易平/敦煌学辑刊/第3期

邵晋涵与《史记辑评》/汤城/东岳论丛/第3期

从《淮阴侯列传》看非文字材料对《史记》的影响/任刚/甘肃社会科学/第3期

司马迁笔下的孟尝君:《史记》对《战国策》的取舍与改造/蔡先金、张林明/理论学刊/第3期

《史记》共有多少篇/宋桂奇/咬文嚼字/第3期

关于《史记·司马相如列传》与司马相如《自叙》关系之探讨/房锐/中华文化论坛/第3期

试释"亚父"/罗献中/汉字文化/第3期

扬雄评司马迁之意义/施丁/求是学刊/第4期

司马迁"发愤著书"说的艺术心理学解读/吴金涛/沧桑/第4期

点校本《汉书》、《史记》中的一个句读勘误/贾丽英/中国史研究/第4期

李广两任上郡太守考论——兼论《史记》、《汉书》互校/赵满海/中国典籍与文化/第4期

也谈《史记·伯夷列传》的疑天观念/李锐/史学史研究/第4期

存亡继绝 开拓创新——论司马迁著《史记》对档案文献保存之贡献/王云庆、张翠平、刘衍通/档案学研究/第4期

《史记·高祖本纪》志疑一则/叶永新/晋阳学刊/第4期

论梁玉绳的《史记志疑》/张自然/南都学坛/第4期

清代《史记》的研究成就/董焱/社会科学论坛/第4期

从《史记·李斯列传》论中国古代人力资源市场的职业悲剧/江旺龙/职业时空/第4期

"传形摩神,于载如生——《史记》的人物刻画艺术"专题教学设计/陈绍忠/中学语文教学参考/第4期

司马迁笔下的李广形象/崔晓耘/阴山学刊/第5期

愤怒出诗人——《史记·屈原传》/楚欣/炎黄纵横/第5期

谁为《史记》定书名/徐玲/山西老年/第5期

《史记》记事"抵牾"简析——兼及《史记》的"实录"问题/许勇强/求索/第5期

论司马迁的文献批判思想/易宁/安徽史学/第6期

"江南本"《史记》考略/易平/安徽史学/第6期

《史记》伦理文化的人文精神/袁培尧/现代语文/第6期

《史记》所弘扬的人文精神浅探/王金辉/现代语文/第6期

从《史记》中的乐器看中国上古时期乐器文化/王涛/求索/第6期

浅谈《史记》对新闻报道的借鉴作用/吴海波/今日科苑/第6期

"袴下之辱"何以成为大丈夫行为——读《史记·淮阴侯列传》/雷建军/书屋/第6期

追求文言、文学和文化的和谐统一——以苏教版选修教科书《史记选读》为例/曹勇军/语文教学通讯/第 6 期

《史记》不严谨吗/清明/文史天地/第 7 期

芝川，司马迁的身后事/三清川/世界博览/第 8 期

从《伯夷列传》看司马迁的著史理念/邵晓岚、代瑞娟/科教文汇/第 8 期

出土文献中经脉病候"热中"的由来与演变——从《史记·扁鹊仓公列传》"中热"的相关记载说起/杨峰、赵京生/中国针灸/第 8 期

片鳞只爪 文采毕现——例谈《史记》虚词的运用特色/高慧林/阅读与鉴赏/第 8 期

说赵高不是宦阉——补《史记·赵高列传》/（日）李开元/史学月刊/第 8 期

《史记·晋世家》与《左传》相关记载之比较/代瑞娟、邵晓岚/科教文汇/第 8 期

论《史记》中的为"自我"复仇者形象/陈春丽/安徽文学/第 8 期

《〈史记〉选读》教学中应处理好的几个关系/田浩东/现代语文/第 8 期

《史记》体例中的"互见法"略谈/刘刚/甘肃教育/第 9 期

司马迁所居"夏阳"城址考辨/吴朋飞、张慧茹/求索/第 10 期

从《廉颇蔺相如列传》看司马迁的人才观/张连法/现代语文/第 10 期

细节描写再现英雄风姿——司马迁《垓下之围》赏析/蒋红梅/阅读与鉴赏/第 10 期

气冲霄汉 光耀千古——从《报任安书》中解读司马迁/梅红曼/现代语文/第 10 期

司马迁与《河渠书》/渭水/水利天地/第 10 期

读《史记》所想到的/李工/青岛文学/第 10 期

毛遂自荐《史记·平原君虞卿列传》/张大文/美文/第 10 期

《史记》的礼治思想探析/陈纪然、孙树勇/学术交流/第 11 期

我读《史记》/李零/新语文学习/第11期
史记学:一门延续了两千年的学问/新语文学习/第11期
想起那年那月读《史记》/刘克苏/新语文学习/第11期
从《史记》中的虞姬看女性之存在/余波/消费导刊/第11期
司马迁史学思想中对人的认识/王锐、王敏之/广西社会科学/第12期
略论司马迁写人探史/李明/安徽文学/第12期
司马迁为何自称"太史公"/薛吉辰/阅读与写作/第12期
司马迁与徐霞客/赵筠/阅读与写作/第12期
试论文化开创者的一种心理:名山事业——以司马迁等为例/倪勤丰、刘清花/现代语文/第12期
司马迁经济思想述评/熊伟业/全国商情/第12期
试论《史记》的人文精神/朱圣明/文学教育/第12期
阅读训练十:《刺客列传》、《豫让论》/陆新前/新高考/第12期
项羽新论/战学成/现代语文/第12期
《史记》"寓论断于序事"的借鉴意义/王德华/青年记者/第14期
一个具有人格魅力的悲剧英雄——解读《史记·项羽本纪》中的项羽形象/马雅琴/名作欣赏/第14期
中学语文《史记》选文的几个问题/邝永辉/文教资料/第14期
《货殖列传》的市场理论与理财观念/王兆祥/商场现代化/第15期
"纤啬"词义辨析/熊飞/语文教学与研究/第17期
司马迁与亚当·斯密经济自由思想研究/朱琳/北方经济/第18期
论司马迁档案文献编纂的理论所在/王晓红/兰台世界/第20期
"面向"?"背向"?——对"马童面之"注释的探讨/毛林/中学语文/第21期
史家当如司马迁/雷颐/世界知识/第22期
档案利用的大家——司马迁/郭江惠、徐淑霞、李芊、徐晓红/兰台世界/第22期
《货殖列传》的经营思想与商业谋略/王兆祥/商场现代化/第23期

"三户亡秦"的"三"/夏利亚/语文学刊/第24期
"千古一相"的荣辱起伏——读《史记·李斯列传》感言/段沁雪/学习月刊/第24期
论《史记》的悲剧性/余毅/考试周刊/48期

【2008年】
学报：
浅析司马迁的民族思想/石瑾、王东仓/延安教育学院学报/第1期
司马迁学术思想中的"道""术"观/汤文华/江南大学学报/第1期
司马迁进步妇女观原因探析/韦丹/南宁师范高等专科学校学报/第1期
从《货殖列传》看司马迁对社会经济规律的认识/蹇福阔/重庆职业技术学院学报/第1期
"天道"的统一性与解读对象的二元性——司马迁对"天道"疑惑的原因及其理论意义/田耕滋/陕西理工学院学报/第1期
司马迁笔下的汉水流域及其汉中行踪/孙启祥/陕西理工学院学报/第1期
司马迁政治思想的特殊表现/杨青/南通大学学报/第1期
论司马迁的民本思想/庞天佑/湛江师范学院学报/第1期
从刍荛鄙说到竹帛正言——略论司马迁对口传史料的考订取舍/金久红/上海大学学报/第1期
英布其人——司马迁与尚仲贤的论赞及其他/吴莺莺/渭南师范学院学报/第1期
使《史记》得以公开面世的杨恽/段国超/渭南师范学院学报/第1期
从《汉书》对《史记》材料的挪置比较马班的叙事手法/沙志利/渭南师范学院学报/第1期
中国散文学视野中的司马迁/罗书华/上海师范大学学报/第1期
读《史记》《汉书》札记六则/高敏/咸阳师范学院学报/第1期

《史记》"太史公曰"文学特质浅谈/王建安/江门职业技术学院学报/第1期

晋文公重耳逃亡故事在《左传》与《史记》中的比较/陈鑫/淮南师范学院学报/第1期

书、剑与酒及侠之大者——解读《史记·刺客列传》中荆轲形象的文化内涵/唐红/攀枝花学院学报/第1期

无鱼作罟 习非成是——再谈项羽殉难于何地兼与计正山、冯其庸先生商榷/呼安泰/南通大学学报/第1期

试析《史记》中的"于"、"以"结构/许敏云/南昌师范高等专科学校学报/第1期

《史记·秦本纪》"新城"注释辨正/董常保、戴婕/南昌大学学报/第1期

《史记》与唐传奇中侠客形象之比较/张宇飞/齐齐哈尔师范高等专科学校学报/第1期

《史记》、《通志》中之"刺客列传"比较谈/巨虹/兰州教育学院学报/第1期

牂柯江流何处寻？——《史记》中的牂柯江/颜建华/贵阳学院学报/第1期

陈曦《〈史记〉与周汉文化探索》序/张大可/解放军艺术学院学报/第1期

《史记》使成式的考察与研究/魏胜艳/海南广播电视大学学报/第1期

《史记·佞幸列传》发覆/王晓东/北京教育学院学报/第1期

论上古汉语军事同义词语的发展——从《左传》与《史记》中的军事同义词语的比较谈起/赵岩、张世超/长春师范学院学报/第1期

《史记》中的"莫"/周朋升/大庆师范学院学报/第1期

试论《史记》的动词连用/魏胜艳/邢台学院学报/第1期

《史记》中"太史公曰"之人文观照/张浩兰/内蒙古大学学报/第1期

《史记》未著录《淮南子》原因及作者问题考论/漆子扬/兰州大

学学报/第1期

《史记》史传体篇章结构修辞模式对传奇小说的影响/吴礼权/福建师范大学学报/第1期

试论《史记》人物传记对《水浒传》叙事的影响/许勇强、李蕊芹/四川理工学院学报/第1期

刘邦起义疑云研究综述/王思乐/徐州工程学院学报/第1期

"安刘必勃"略考/石国辉/皖西学院学报/第1期

浅析司马迁创作复仇故事的特点/潘法宽/厦门广播电视大学学报/第2期

试论司马迁笔下的汉武帝对外战争/陈曦/解放军艺术学院学报/第2期

从"养士"的异质看司马迁的人文关怀/钟云星/重庆广播电视大学学报/第2期

司马迁的天人思想分析/魏丽/商丘师范学院学报/第2期

司马迁对中国文学的贡献/张大可/信阳师范学院学报/第2期

从历代艺术表演形式看《史记》的传播与接受/张玉春、江君/暨南学报/第2期

从《史记》看刘邦的用人艺术/李波/文山师范高等专科学校学报/第2期

"利令智昏"——《史记》平原君列传新解/李芳瑜/河南工程学院学报/第2期

论《史记》"互见法"的艺术价值/杨丁友/玉林师范学院学报/第2期

对《天问》与《史记》所述三代史的异同比较/董常保、熊刚/成都理工大学学报/第2期

《史记》传记式句子里的"者"/侯兰笙/甘肃广播电视大学学报/第2期

丹麦文《史记》的翻译者——古诺·斯万先生/张纯/云南师范大学学报/第2期

《史记》校读记/刘如瑛/扬州大学学报/第2期

试论《史记》人物传记对《水浒传》叙事的影响/许勇强、李蕊

芹/宜宾学院学报/第2期

《史记》中常规双宾语句语义探析/王丹凤/山西农业大学学报/第2期

《史记》纪传体中的求真/刘建民/湖北师范学院学报/第2期

《史记》"动＋之＋名"结构分析/许敏云/辽东学院学报/第2期

刘邦、刘秀之比较——从诸葛亮驳难曹植谈起/马艳辉/郑州大学学报/第2期

明代的《汉书》经典化与刘邦神圣化的现象、原因与影响/谢贵安/长江大学学报/第2期

项羽死于乌江考/袁传璋/淮阴师范学院学报/第2期

司马迁的君臣观/李建英/湖南第一师范学报/第3期

司马迁《庄子传》的文艺思想及其批评史价值/邓涛、刘杰/湖北民族学院学报/第3期

近十年司马迁思想研究综述（1997—2006）/卜超、金家诗、王琳琳/渭南师范学院学报/第3期

《五帝本纪》中司马迁的话语批评/徐军义/渭南师范学院学报/第3期

作为民族心灵史来看的《史记》/可永雪/渭南师范学院学报/第3期

论司马迁对屈骚传统的接受/马雅琴/渭南师范学院学报/第3期

《史记》中的"奈何"与相关句式及其先秦来源/彭旭军/湖南人文科技学院学报/第3期

《史记》中保存的一篇先秦俗赋/伏俊琏/西北成人教育学报/第3期

《史记·淮阴侯列传》"怀诸侯之德"辨/李振东、张丽梅/绥化学院学报/第3期

读《史记·五帝本纪》论黄河中游早期国家形成的时间/王奇伟/河南科技大学学报/第3期

论《史记》对《聊斋志异》的影响/王惠民/安康学院学报/第3期

《史记》三家注在保存文献及收集史料方面的贡献/郑旭东/忻州

师范学院学报/第3期

《史记》所记自杀现象的文化内涵/王长顺、张鹏/咸阳师范学院学报/第3期

《尚书》周初文献与《史记》引文对比研究初探/严宝刚/宁夏大学学报/第3期

论《史记》历史叙事的文学性特点/杨丁友/广西民族大学学报/第3期

论《史记》对汉初最高统治者的贬斥/栾嘉、董运庭/重庆邮电大学学报/第3期

岂止是两代人的悲剧?——解读《史记·绛侯周勃世家》/范璠/湖北经济学院学报/第3期

道家与刘邦集团的军事艺术/周晓露/湖南科技学院学报/第3期

项羽"羞"见江东之谜新解读/王继宗/江苏工业学院学报/第3期

浅谈《项羽本纪》中主人公称谓问题/许伟、祁培/湖北广播电视大学学报/第3期

论萧何的明哲保身策略/陈改娟/湖南工业职业技术学院学报/第3期

三论司马迁屈原研究的历史贡献/徐翠先/忻州师范学院学报/第4期

从角色理论看司马迁笔下的吕后/赵骞、彭忠德/咸宁学院学报/第4期

从《李将军列传》看司马迁对所喜爱人物的撰写方法/肖振宇/渭南师范学院学报/第4期

《史记·秦本纪》与年表矛盾之处及校勘/刘勤/渭南师范学院学报/第4期

论《史记》中的"梦"/文晓华/渭南师范学院学报/第4期

司马迁和班固的编辑思想比较/赵连稳/首都师范大学学报/第4期

"太史公"名义再考/石爱华/滁州学院学报/第4期

《史记》合传艺术/刘军华/长安大学学报/第4期

论司马谈对《史记》的贡献/梁建邦、张晶/陕西广播电视大学学报/第4期

论《史记》中的平民女性形象/吴美卿、林序娜/长春工业大学学报/第4期

论《史记》悲剧意识的心理流程及其文学史意义/刘伟安/文山师范高等专科学校学报/第4期

论宋代对《史记》中管仲形象的接受/石红晓/西南农业大学学报/第4期

《史记》刘邦形象浅析/许晓燕/汕头大学学报/第4期

《读〈史记〉杂志》引书蠡说/程艳梅/常州工学院学报/第4期

论《史记》滑稽人物的讽谏艺术/毛丽/湖南文理学院学报/第4期

史公和时势——论《史记》对武帝时政的委曲批评/（美）倪豪士/北京大学学报/第4期

《史记·孝景本纪》举误三例/陈亮旭/云南民族大学学报/第4期

《读书杂志·史记杂志》小札/刘芳/怀化学院学报/第4期

武者的悲歌——楚汉相争说项羽/金白梧/湖北广播电视大学学报/第4期

劳而无功的《项羽不死于乌江考》/可永雪/淮阴师范学院学报/第4期

生命因结束而走向永生——试论司马迁笔下舍生择死者群像的审美意蕴/陈长红/宜春学院学报/第5期

浅析司马迁创作复仇故事的特点/潘法宽/新余师范高等专科学校学报/第5期

政行简易 礼让为国——论司马迁的"争"、"让"思想/余英华/重庆文理学院学报/第5期

文与史的对立与交融——司马迁与普鲁塔克传记史学真实观之比较/王成军/陕西师范大学学报/第5期

从《太史公司马迁自序》看司马迁的人格精神/达正岳、尹顺民/青海师专学报/第5期

司马迁的理想人物/曾朝阳/重庆科技学院学报/第5期

浅谈《论六家要指》对司马迁学术融通思想的影响/姚雪梅/黑龙江教育学院学报/第5期

《史记》民族列传史料来源考辨/谢皆刚/思茅师范高等专科学校学报/第5期

《史记》自杀模式描写及原因探析/何梅琴/山东师范大学学报/第5期

论《史记》中的"于"和"於"/王其和/山东教育学院学报/第5期

彰显楚汉人物深化史记研究——楚汉人物研究学术讨论会暨中国史记研究会第七届年会综述/范新阳/淮阴师范学院学报/第5期

张守节《史记正义》声类考/萧黎明/铜仁学院学报/第5期

宋词对《史记》中"范蠡"形象的接受/薛瑾、张桂萍/西南农业大学学报/第5期

同义连用形成的机制与原因——以《国语》、《史记》中的同义连用为例/宋积良/安顺学院学报/第5期

试论太史公在《史记》中对高祖君臣的隐讽/蒋将/太原城市职业技术学院学报/第5期

《史记》"天"之观念的与时递嬗/王振红/湖南科技学院学报/第5期

《史记》采《左传》材料特点/廖颖/怀化学院学报/第5期

《史记》引《诗》考/孙亮/黑龙江教育学院学报/第5期

司马迁文艺思想简论/吴象枢/湖南工业大学学报/第6期

论司马迁的游侠观/刘飞滨/四川师范大学学报/第6期

司马迁的天道体认方式/李剑清/渭南师范学院学报/第6期

论司马迁的家族荣誉感/赵新华/湖北经济学院学报/第6期

《史记》影响下的唐宋史学与文学繁荣——读俞樟华等《唐宋史记接受史》/凌朝栋、王凤英/渭南师范学院学报/第6期

《史记·孔子世家》辨惑/倪晋波/渭南师范学院学报/第6期

关于司马迁的"发愤著书"之再解读/胡以娜/重庆科技学院学报/第6期

富贵而骄自遗其咎——论《史记·淮阴侯列传》中的韩信形象/高岩/绥化学院学报/第6期

《史记》述"天"与历史理性的萌生/王振红/湖北师范学院学报/第6期

《史记》"互见法"再论/郭明友/云南民族大学学报/第6期

是谁在误读《史记》——与冯其庸先生商榷兼质疑卞孝萱先生/田志勇/红河学院学报/第6期

汉初宫廷斗争的见证：刘邦及其子孙的楚歌/姚军/哈尔滨学院学报/第7期

悲剧英雄陈胜与项羽的比较分析/罗鉴晨/赤峰学院学报/第7期

清吴见思"《史记》序事意在作文"论发覆/张富春/吉林省教育学院学报/第7期

浅析《史记》存在大量"非实录"史料之原因/张宇/福建教育学院学报/第7期

《史记》文字斠例五则/许巧云/西南民族大学学报/第8期

孔子言行考两则——以《史记·孔子世家》为中心/田率/湖南科技学院学报/第9期

《史记》十表的文献价值与特色/王勃/高等函授学报/第10期

《史记》"马骑"小考/管锡华/西南民族大学学报/第10期

司马迁文学思想体系及价值评述/何永福/大理学院学报/第11期

《汉语大词典》错解《史记》例句一则/袁雪梅/西南民族大学学报/第12期

从《货殖列传》中的商人形象看司马迁的经济思想/王婧、李雁蓉/赤峰学院学报/第12期

其他期刊：

生与死的抉择——从《报任安书》看司马迁的生死观/刘吉平/新高考/第1期

司马迁人物传记对新闻通讯的启示/樊艳丽/新闻窗/第1期

狭隘的气节观与大义的荣辱观之阐释——评伯夷、叔齐的气节观和韩信、司马迁的荣辱观/肖九根/时代文学/第1期

司马迁仕为郎中年月及原因考/卢献锁/语文学刊/第1期

司马迁构建完整性历史方法浅论/杨丁友/学术界/第1期
一个文学批评家的史识——读李长之《司马迁之人格与风格》/张桂萍/古典文学知识/第1期
司马迁遭受宫刑原因新说/范子烨/文学遗产/第1期
项羽羞见江东之谜/王继宗/江苏地方志/第1期
项羽何以输给刘邦？/易中天/半月选读/第1期
《项羽本纪》自主阅读教学课例/蒋小萍/文学教育/第1期
从《史记·平准书》看汉初民间公开铸钱对农业生产的影响/张胡玲/华夏文化/第1期
《史记》400年后定书名……/陆茂清/国学/第1期
《史记》人物容貌品评与人物形象类型化刍议/江君、张玉春/贵州文史丛刊/第1期
《今本〈史记〉校读记》商榷/龚碧虹/现代语文/第1期
《史记·荆轲列传》赏析/姜涛/中华活页文选/第1期
读《史记·孔子世家》谈孔子形象的悲剧色彩/陈移瑜/中国校外教育/第1期
论"史记戏"带给观众的心理满足/江君/中国文学研究/第1期
如何在选修阶段指导学生写作——以《史记选读·李将军列传》小论文写作为例/王夫成/中学语文教学/第1期
《论语》、《史记》、《世说新语》中"于"的研究/谢雯瑾/语文学刊/第1期
中华书局标点本《史记》校误12例/王承略/图书馆杂志/第1期
《史记》选修课程的人文精神教学探索/徐江宁/科学大众/第1期
论《史记》的政治史性质/杨青、许富宏/广西社会科学/第1期
论道家思想在《史记》"一家之言"中的特殊地位/郭明友/学术界/第1期
刘邦在鸿门宴中何以成功逃席/杜万伦、李强/文学教育/第1期
刘邦用人的两面性/张勇/廉政瞭望/第1期
娄敬一言为刘邦定都长安/安广禄/文史天地/第1期
豫让复仇故事在后代的接受及其争议/王立、潘林/甘肃社会科学/第1期

浅论司马迁美学观的表现及成因/王志民/河南社会科学/第 S1 期

孔子形象的悲剧色彩——读《史记·孔子世家》/陈移瑜/中国校外教育/第 S1 期

说富道富 为国为民——试析司马迁的崇富思想/佚名/中学历史教学研究/第 Z1 期

司马迁是一种生产资料/巩北田/中文自修/第 Z1 期

司马迁的生死抉择/冯霄明/阅读与作文/第 Z1 期

二十岁出门远行——司马迁的人生地理/丁国强/阅读与作文/第 Z1 期

感受刘邦和项羽的英雄之美——网络课《鸿门宴》教学设计/张琳/中小学信息技术教育/第 Z1 期

从《报任安书》看司马迁的心路历程/王秀丽/作文教学研究/第 2 期

论"太史公"与"经济学之父"的不谋而合——司马迁与亚当·斯密经济思想的相似性及其原因探析/景春梅/江西社会科学/第 2 期

试论司马迁对档案文献鉴辨的开创之功/何庄/档案学通讯/第 2 期

中华民族精神的复活——浅论司马迁精神及其现代意义/袁媛/阅读与鉴赏/第 2 期

谈班固在评价屈原、司马迁时的矛盾心理及原因/郭艳珠、徐新民/语文学刊/第 2 期

论司马迁的因俗变迁经济观及现代价值/张俊/上海经济研究/第 2 期

略论司马迁经济思想的先进性/陈小赤/理论导刊/第 2 期

司马迁笔下的儒学史/李波、赵丽/文教资料/第 2 期

论"李陵之祸"后司马迁价值观的转变及其文学表现/高晓庆/安徽文学/第 2 期

"跟毛泽东学历史"系列文章之二：受到错误处理不可失其志——毛泽东读司马迁《报任安书》/陈晋/秘书工作/第 2 期

《太史公书》由"子"入"史"考/李纪祥/文史哲/第 2 期

读《史记》有感/张瑜林/吐鲁番/第2期

阿房宫：未被项羽"付之一炬"/陈景元/科技潮/第2期

《史记（选读）》第二模块译文的几处新认识/洪兆颖/新语文学习/第2期

《史记》与档案文献/吕利平/河南图书馆学刊/第2期

《史记》"四裔传"与秦汉时期的边疆民族史研究/王文光、仇学琴/思想战线/第2期

《史记》时间寓言试解读：神秘的"四十六日"/王子今/人文杂志/第2期

《史记》与《释名》声训比较研究/寇占民/北方论丛/第2期

《〈史记·大宛列传〉的错简》献疑/许勇强、李蕊芹/科教文汇/第2期

《史记·货殖列传》中的商人阶层/钟放/历史教学/第2期

刘邦是在"戏弄其父"吗/魏锴/新语文学习/第2期

论刘邦的军事指挥艺术/贾东荣/英才高职论坛/第2期

向刘邦借鉴"带班"艺术/曹维平/各界/第2期

知人与善任——谈刘邦与诸葛亮的用人之道/邓子纲/企业家天地/第2期

刘邦的用人之道/易中天/发现/第2期

从《垓下之战》看项羽的悲剧/李兰/成功/第2期

司马迁人生抉择的文化价值——再读《报任安书》所想到的/王爱国/新语文学习/第3期

从司马迁《报任安书》中看古语词"比数"之义项/李景泉/汉字文化/第3期

司马迁的一次失职/马执斌/文史知识/第3期

司马迁缘何受宫刑/秦静/文史杂志/第3期

一次影响深远的史学辩论——司马迁与壶遂对话的再认识/阎静/历史教学/第3期

《史记》校诂（二）/蔡德龙/图书馆杂志/第3期

《史记》"小序"漫议/阎静/历史档案/第3期

黄老·游侠·循吏——《史记·汲郑列传》探微/陈曦/管子学刊

/第3期

关于《史记》"贬天子"问题的解读/赵永磊/史学史研究/第3期

《史记》中的船和舟/李波/中国典籍与文化/第3期

趣说《史记》人物/郭灿金/爱情婚姻家庭/第3期

《史记》的历史文化认同意识/汪高鑫/史学理论研究/第3期

两手分书一喉异曲——谈"互见法"对刘邦、项羽形象的塑造/陆精康/中学语文教学/第3期

从《孙子》看项羽巨鹿之战与垓下之战之成败/许福全/安徽文学/第3期

变、通、常：《史记》记述历史的层次性/王振红/湖北社会科学/第3期

《史记》中墨子之传几近于无的原因探微/韦晖/文学教育/第3期

大风歌《史记·高祖本纪》/刘邦、刘跃/诗词月刊/第3期

试论非文字材料对《史记》撰写的影响/任刚/宁夏社会科学/第3期

选修《史记》提高综合素养——高中语文选修课的一孔之见/周春飞/中学语文/第3期

读《史记·李将军列传》/吴小如/中华活页文选/第3期

浅谈刘邦的经济实力与楚汉战争/闻陈捷/成功/第3期

韩信之死：并非功高盖主/何斌/晚报文萃/第3期

换个角度看吕后/孙杰/国学/第3期

在有所为与有所不为之间——略论司马迁的天命观/王珍珍/科教文汇/第4期

司马迁为"朋友"受宫刑？/王珏/咬文嚼字/第4期

孤独的太史公/冯日乾/金秋/第4期

评曲英杰新作《史记都城考》/史为乐/中国史研究/第4期

《春秋》家与汉魏时期《史记》之流传/黄觉弘/唐都学刊/第4期

《史记·宋微子世家》一则史料辨正/王进锋/江海学刊/第4期

《史记》"互见法"艺术论/杨丁友/河南社会科学/第4期

《史记》小序与《汉书》叙目之异同比较/阎静/东岳论丛/第4期

也说《史记》中的人物自杀行为/徐春燕、邹丽丽/春秋/第4期

论《史记》侠义精神的文化内涵/康清莲/当代文坛/第4期
千秋功罪自有评说——解读《史记·酷吏列传》/范璠/文教资料/第4期
反向扩张与相向吸引——简析《鸿门宴》中项羽与亚父、刘邦与张良的关系/赵学勉/中学语文园地/第4期
项羽不杀刘邦,何错之有——《鸿门宴》人物形象分析之我见/周海军/湖南教育/第4期
司马迁对编辑学的创新初探/赵志坚/文史杂志/第5期
从"太史公曰"看编后写作/孙祥凯/军事记者/第5期
从经史分离看《史记》的史学价值/王振红/求是学刊/第5期
《史记正义》献疑一则/芮文浩/晋阳学刊/第5期
关于《史记》的缺补问题/张新科/古籍整理研究学刊/第5期
王立群谈项羽为何失败/王立群/报刊荟萃/第5期
你可以重新选择——《〈史记〉选读》教法研究之一/蔡建明/中学语文教学/第5期
藤田胜久及其《〈史记〉战国史料研究》/曹峰/中国图书评论/第5期
《史记》词语考释几则/柏丽洁/语文学刊/第5期
论《史记》对战国四公子人物形象的塑造/王静、张静/大众文艺/第5期
刘邦与儒学的"仁而爱人"/王尧/淮海文汇/第5期
从芒砀到丰沛:汉高祖刘邦起兵发微/刘磐修/安徽史学/第5期
"明修栈道,暗渡陈仓"考证/刘磐修/安徽史学/第5期
《鸿门宴》中樊哙所起的关键作用/张蓓蕾/文学教育第5期
浅析吕太后形象的多样性/林励、林新阳/湘潮/第5期
司马迁的民族史研究及其对中国统一多民族国家发展的贡献/王文光、张媚玲/学术探索/第6期
不忘父亲教诲的司马迁/王震亚/家庭教育/第6期
塑鲜活人物 记简约史事对《史记·刺客列传》与《资治通鉴》中人物记叙的对比/塞玉青/新学术/第6期
从殷墟卜辞到《史记》——中国档案及其利用源流略考/张玥/图

书馆理论与实践/第6期

从人物传记看《史记》的人文精神/钟云星/重庆社会科学/第6期

略论《史记》中的比喻修辞/石天飞/创新/第6期

《史记》写作对后世的启示/李鑫/沧桑/第6期

《王立群读〈史记〉》：传统文化的现代传播/张富春/新闻爱好者/第6期

《史记》人物的心理描写艺术/任亚娜/文学教育/第6期

试析《史记》中谋士的人生轨迹/姚海燕/文学教育/第6期

"白璧微瑕"——浅论《史记》之"齐魏争霸"/柴振威/安徽文学/第6期

《史记》摭谈/许心/中学语文园地/第6期

由《史记》论刘邦、项羽的性格及其成败/魏兴利/现代语文/第6期

读《史记》与我们的这个时代/黄文坚/考试与招生/第6期

由史而文，融雅于俗——元明清"史记戏"特点论略/江君/名作欣赏/第6期

《史记》中悲剧人物浅议/吴丽群/文教资料/第6期

"斩蛇剑"象征与刘邦建国史的个性/王子今/史学集刊/第6期

刘邦何曾把老婆踹下车/傅祖平/咬文嚼字/第6期

刘邦新论/周锡山/社会科学论坛/第6期

唐太宗为什么爱拿刘邦说事儿/吴晗/半月选读/第6期

项羽是想由渡江北上的老路回江东的/刘敬坤/文史知识/第6期

项羽东城突围地址究竟在哪里？——兼与宁业高教授、王贵华先生商榷/熊明陶、吴爱华、石家红/文史知识/第6期

奸雄时代与古典美德的哀歌——关于文史中刘邦、项羽形象的另类质疑（下）/陈国峰/大舞台/第6期

刘邦的用人之道/新月/企业文化/第6期

四面楚歌是什么地方的歌/甲乙/国学/第6期

刘邦的用人之道/新月/企业文化/第6期

商道中"势"的认知、"术"的运用和"责"的归宿——读司马

迁《史记·货殖列传》/朱宗宙/第6期
从项羽、刘邦的品行、性格浅析楚汉战争/赵电朋/文教资料/第7期
忍辱负重的司马迁/佚名/高中生/第7期
从师事董仲舒到《孔子世家》等看司马迁独特的学术思想——对"司马迁儒家思想观"的几点微词/蒋意元/安徽文学/第7期
从司马迁的"发愤著书说"谈起/王春文/中华活页文选/第7期
试析《史记·项羽本纪》的复与变/徐颖瑛/时代文学/第7期
《史记·项羽本纪》赏析/徐颖瑛/文学教育/第7期
论《史记·荆轲传》的叙事结构及其创作根源/李泽需/经济与社会发展/第7期
浅谈元代散曲的用典——以《史记》人物典故为例/胡春芝/阅读与写作/第7期
曲英杰著《史记都城考》出版/成一农/中国史研究动态/第7期
略论《史记》的寓论断于序事/中国商界/栗玉芳/第8期
试谈《史记》人物描写中的主宾关系/席红/中华活页文选/第8期
司马迁对唐尧"其仁如天"德行的"一家之言"/焦俊霞/求索/第8期
试论司马迁的文学观/王宝奇/作家/第8期
从《货殖列传》看司马迁的求富思想/侯辉/兰台世界/第8期
从项羽与阿喀琉斯的英雄性格比较看《史记》的悲剧艺术/周文婷/南方论刊/第8期
仓公"精气"思想解读——从《史记·扁鹊仓公列传》齐文王病案说起/杨峰、赵京生/江苏中医药/第8期
英雄不完美的谢幕——评项羽之死/徐玉宇/新课程研究/第8期
项羽不讲义气吗/一言/咬文嚼字/第8期
司马迁与项羽本纪/刘刚/商业文化/第9期
走进古代文化论著研读的殿堂——苏教版《史记选读》教学构想/朱焕/中学语文教学参考/第9期
《水浒传》承传《史记》曲笔法写王进之探究/魏红霞/现代语文/

第 9 期

《史记·李将军列传》的选材特色/顾庆文/文学教育/第 9 期

四个句子的妙用——《〈史记〉选读》教法研究之二/蔡建明/中学语文教学/第 9 期

刘邦人才战略的成与败/林新奇/中国人才/第 9 期

从统一战线视角看项羽在楚汉战争中失败的原因/韩舒、温书泉/经济与社会发展/第 9 期

陈胜的长处与短处/陈晓光/领导文萃/第 9 期

《文选》李善注引《史记》文辑校举例/曹凯/文教资料/第 10 期

隐情与玄机：司马迁之狱的背后（上）/雷戈/学术月刊/第 10 期

读不懂的司马迁祠墓/祁嘉华/建筑与文化/第 10 期

从《史记》中看知识分子的悲剧命运/高小星、马永涛/文史天地/第 10 期

《史记》的楚文化气质/王海波/现代语文/第 10 期

管窥《史记》纪传体对中国古典小说的影响/张海锋/现代语文/第 10 期

《史记》三家注小考/徐进/商业文化/第 10 期

《史记》中的致富经/何德章、王岩/新财经/第 10 期

《史记》对武帝时政的委曲批评/（美）倪豪士/文史知识/第 10 期

切中肯綮 抽丝剥茧 化难为易——选修课"《史记》选读"的教学实践与感悟/陈习杰/江苏教育研究/第 10 期

领导者应善待人才——刘邦问策于郦生/刊授党校/第 10 期

刘邦的六大用人之道/中国有色金属/第 10 期

无鱼作罟 习非成是——再谈项羽殉难于何地与计正山、冯其庸先生商榷/呼安泰/南京社会科学/第 10 期

《霸王歌行》重塑项羽/中国新闻周刊/第 10 期

论司马迁与班固不同的史学风格/王者利/科教文汇/第 11 期

司马迁生年辩证/陈红/贵州社会科学/第 11 期

《史记》对档案文献编纂的影响/周岳荣、高颖亚/云南档案/第 11 期

历史名人与河北（三）：刘邦平叛战河北/梁勇/乡音/第11期
读《史记》/戴佳嘉/中文自修/第12期
《史记》人称代词的研究概述/代志强、李庆南/安徽文学第12期
李广值得同情吗——《〈史记〉选读》教法研究之三/蔡建明/中学语文教学/第12期
《史记》中王道政治擞析/陈红/社会科学家/第12期
读《史记·商君列传》有感/李先昊/阅读与作/第12期
《〈史记〉选读》教法多样化的探索与反思/祝长青/林区教学/第12期
从《史记》看知识分子的悲惨命运/高小星、马永涛/国学/第12期
司马迁笔下的游侠/庞思纯/文史天地/第12期
司马迁"发愤著书"说再考辩/李泽需/电影评介/第12期
刘邦和康熙的人才智慧/田成杰/中小企业管理与科技/第12期
用人所长补己之短——刘邦与群臣对话/刊授党校/第12期
项羽的诗化悲剧与今人的生命价值观/王晓鹰/剧本/第12期
"易水送别"破绽探幽/胡锦珠/语文学习/第12期
细看一个远去的身影——《荆轲刺秦王》备课札记/蒋文清/语文学习/第12期
司马迁利用档案之贡献述评/陈建/兰台世界/第13期
论司马迁"发愤著书"说的生命意识/李泽需/名作欣赏/第14期
历史人类学的本土化实践——以《史记》取材为例/袁理/黑龙江史志/第14期
《史记·荆轲传》与《燕丹子》之比较/李泽需/语文学刊/第14期
论《史记》中战国四公子人物形象/曹运柱/作家/第14期
刘邦战胜项羽的智慧对现代商战的启示/邵金凯/商场现代化/第14期
项羽人物形象浅析/朱俊霞/华商/第15期
司马迁与亚当·斯密若干经济思想之比较——兼谈对中国经济学的启示/景春梅/生产力研究/第15期

《史记》中的吕雉/丁颖/科技信息/第15期

《史记·孔子世家》给语文教学的启示/陶卫东/语文教学通讯/第15期

由虞姬看司马迁进步的女性观/刘玉忠/作家/第16期

霸王兵败，皆为"情"累/王立群/今日科苑/第15期

语锋犀利，亮剑出鞘——《鸿门宴》一文中樊哙的语言技巧/张莹/语文学刊/第16期

从《留侯世家》看司马迁眼中的张良/蒋将、利明慧/传承/第16期

论萧何的自我保全思想——读《史记·萧何世家》有感/严徐/学习月刊/第16期

《史记》叙事详略艺术论/杨丁友/作家/第16期

从《史记》中项羽形象的建立论"文史结合"的完美/王艳丽/黑龙江史志/第16期

快意的悲剧英雄——论项羽/赵宏艳/语文学刊/第16期

《报任安书》让你了解真正的司马迁/时红明/电影评介/第17期

《史记》叙事艺术发展——以吴见思《史记论文》为中心/张富春/名作欣赏/第18期

浅析《史记》与几则文学观念的暗合/葛骥文/黑龙江科技信息/第19期

略论司马迁的经济思想/朱爱茹、高媛/商场现代化/第23期

"功成身退"——论"李陵之祸"对《史记》创作的影响/陈文静/中国科教创新导刊/第23期

《史记》中的"得"考/董玲玲、严丽萍/文教资料/第24期

君子何以固穷——由屈原、司马迁、苏轼等人想到的/樊毓霖/语文学刊/第24期

在选择中探究 在探究中拓展——我们的《〈史记〉选读》教学实践/韶亚琴/中学语文/第27期

刘邦的用人艺术对班主任工作的启示/李朝晖/教书育人/第28期

屈原与司马迁谁更值得肯定/郭振海/教书育人/第31期

论《史记》中对民族关系阐述的影响/崔迎秋/文教资料/第34期

"鸿门宴"刘邦逃走探微/吴春来/语文教学通讯/第34期
阅读与仰望——读《史记》有感/蔡萍/科技信息/第35期
《史记》《汉书》校读小札/吴昱昊/文教资料/第35期
浅析《史记》的史料剪裁/丁晨、张春红/科技创新导报/第36期

报纸：
《史记》功臣裴骃/降大任/太原日报/2008.1.21
城峪村是《史记》中记载的石城/刘剑昆/安阳日报/2008.1.26
《王立群读〈史记〉之项羽》在京首发/刘秀娟/文艺报/
　2008.1./26
细听太史公的绝唱/李乔/中华读书报/2008.2.13
如何引领青少年走近司马迁/李英锐/中国图书商报/2008.2.19
龙门生巨子 文章旷代雄/凌朝栋/渭南日报/2008.7.21
史家绝唱的两千年魅力/李丹/珠海特区报/2008.7.27
司马迁的社会变迁观念/刘建民、蔡明伦/光明日报/2008.7.27
学术大众化并非媚俗戏说/蔡慧/文汇报/2008.8.15
趣读《史记》不可取/司马卒/中华读书报/2008.9.17
王立群读《史记》系列再出秦始皇篇/章红雨/中国新闻出版报
　/2008.11.14

其他：
2006年司马迁研究综述/党艺峰/司马迁与《史记》研究年鉴
　（2006年卷）/陕西人民出版社
2006年《史记》研究综述/梁建邦/司马迁与《史记》研究年鉴
　（2006年卷）/陕西人民出版社
清代以来《史记》校勘研究综述/王永吉/司马迁与《史记》研究
　年鉴（2006年卷）/陕西人民出版社
2006年有关《史记》的考古发现/杜振虎/司马迁与《史记》研
　究年鉴（2006年卷）/陕西人民出版社
2006年《史记》考古发现研究/杜振虎/司马迁与《史记》研究
　年鉴（2006年卷）/陕西人民出版社
2006年《史记》校读研究与史实考证/韦爱萍、杜振虎/司马迁
　与《史记》研究年鉴（2006年卷）/陕西人民出版社

2006年《史记》版本及注本研究/赵怀忠、韦爱萍/司马迁与《史记》研究年鉴研究年鉴（2006年卷）/陕西人民出版社

台湾司马迁与《史记》研究成果简述/凌朝栋/司马迁与《史记》研究年鉴研究年鉴（2006年卷）/陕西人民出版社

2006年司马迁与《史记》"研究著作与论文集"/韦爱萍、凌朝栋/司马迁与《史记》研究年鉴研究年鉴（2006年卷）/陕西人民出版社

2006年司马迁与《史记》研究"部分论文摘要"/马雅琴/司马迁与《史记》研究年鉴研究年鉴（2006年卷）/陕西人民出版社

《史记》与楚汉战争学术讨论会暨中国史记研究会第五届年会综述/王晓红/司马迁与《史记》研究年鉴（2006年卷）/陕西人民出版社

《史记疏证》工程启动/王晓红/司马迁与《史记》研究年鉴（2006年卷）/陕西人民出版社

韩城市司马迁学会举行第20次年会选举产生学会第七届理事会/梁建邦/司马迁与《史记》研究年鉴（2006年卷）/陕西人民出版社

渭南师范学院史记研究所有关司马迁与《史记》研究成果/马雅琴/司马迁与《史记》研究年鉴（2006年卷）/陕西人民出版社

2006年司马迁研究论文目录/詹歆睿、梁建邦/司马迁与《史记》研究年鉴（2006年卷）/陕西人民出版社

2006年《史记》研究论文目录/詹歆睿、梁建邦/司马迁与《史记》研究年鉴（2006年卷）/陕西人民出版社

2006年司马迁与《史记》研究著作目录（1949—2005年）/赵怀忠/司马迁与《史记》研究年鉴（2006年卷）/陕西人民出版社

司马迁与《史记》研究著作补遗/凌朝栋/司马迁与《史记》研究年鉴（2006年卷）/陕西人民出版社

司马迁与《史记》研究著作目录补遗/凌朝栋/司马迁与《史记》

研究年鉴（2006年卷）/陕西人民出版社

试论《史记》校勘的原则/王华宝/古文献研究集刊（第一辑）/凤凰出版社

《百衲本二十四史校勘记·史记·十二本纪校勘记》订补述例/王永吉/古文献研究集刊（第一辑）/凤凰出版社

司马迁修史的理想和方法/赖明德/司马迁与史记论集（第八辑）/陕西人民出版社

西汉以后对司马迁的评价/薛瑞泽/司马迁与史记论集（第八辑）/陕西人民出版社

论司马迁的民本思想/庞天佑/司马迁与史记论集（第八辑）/陕西人民出版社

司马谈对司马迁的影响/梁建邦、张晶/司马迁与史记论集（第八辑）/陕西人民出版社

究天人之际，通古今之变，成一家之言——司马迁著史宗旨述论/雷震/司马迁与史记论集（第八辑）/陕西人民出版社

司马迁笔下的汉水流域及其汉中行踪/孙启祥/司马迁与史记论集（第八辑）/陕西人民出版社

知行合一：司马迁侠义精神刍议/贾降龙/司马迁与史记论集（第八辑）/陕西人民出版社

从生与死看司马迁的"司马精神"/姚璞/司马迁与史记论集（第八辑）/陕西人民出版社

司马迁、班固对文翁化蜀的认识/房锐/司马迁与史记论集（第八辑）/陕西人民出版社

略论司马迁经济思想的先进性/陈小赤/司马迁与史记论集（第八辑）/陕西人民出版社

略论司马迁的华夷观及其在《史记》中的体现/陈曦/司马迁与史记论集（第八辑）/陕西人民出版社

《报任安书》与《出师表》比较研究/张东/司马迁与史记论集（第八辑）/陕西人民出版社

论司马迁著《史记》时的流泪垂涕和废书而叹/蔡慧/司马迁与史记论集（第八辑）/陕西人民出版社

论司马迁"好奇"的美学追求/何薇/司马迁与史记论集(第八辑)/陕西人民出版社

弘扬司马迁精神 塑造国税人形象/王安稳/司马迁与史记论集(第八辑)/陕西人民出版社

秦商鞅分异之术再研究/宁江英/司马迁与史记论集(第八辑)/陕西人民出版社

钱钟书论《史记》对后世小说的影响/周岩壁/司马迁与史记论集(第八辑)/陕西人民出版社

《史记》时间寓言解读:神秘的"四十六日"/王子令/司马迁与史记论集(第八辑)/陕西人民出版社

从《史记》看西汉中期之前是的贞节观/冯宇/司马迁与史记论集(第八辑)/陕西人民出版社

芮国再现——《史记》中的芮国/张韩荣/司马迁与史记论集(第八辑)/陕西人民出版社

《史记》以"君王"为中心的理论文化阐释/王芳、南新、邓珊/司马迁与史记论集(第八辑)/陕西人民出版社

汉初选官体制及其审美风尚/庞飞/司马迁与史记论集(第八辑)/陕西人民出版社

汉武帝时期的选官制度及其影响下的审美文化/腾春红/司马迁与史记论集(第八辑)/陕西人民出版社

唐人幕汉心理与李白《史记》用典/吕蔚/司马迁与史记论集(第八辑)/陕西人民出版社

汉中司马迁与《史记》学术研讨会综述/方原、李宪霞、杜德新/司马迁与史记论集(第八辑)/陕西人民出版社

美是一种残酷的比较——略论《李将军列传》与《卫将军骠骑列传》/侯东方/司马迁与史记论集(第八辑)/陕西人民出版社

《史记·循吏列传》的批判艺术/李伟泰/司马迁与史记论集(第八辑)/陕西人民出版社

论融合南北文风与《史记》文笔之"疏畅"/李志慧/司马迁与史记论集(第八辑)/陕西人民出版社

韩信的《汉中对》——高明的政治谋略与致命的旧世界观之表露

/林聪舜/司马迁与史记论集（第八辑）/陕西人民出版社

《史记·天官书》的天人观与历史观/刘韶军/司马迁与史记论集（第八辑）/陕西人民出版社

《史记·大宛列传》与《出关志》及相关问题蠡测——读《史记·大宛列传》札记/陈文豪/司马迁与史记论集（第八辑）/陕西人民出版社

《史记》所载龙文化资料的统计与研究/雍际春/司马迁与史记论集（第八辑）/陕西人民出版社

论《史记》的诗学思想/王晋中/司马迁与史记论集（第八辑）/陕西人民出版社

从《史记》看秦汉时期中的历史地理特点及文化特点/方蕴华/司马迁与史记论集（第八辑）/陕西人民出版社

汉王就封南郑所过栈道考辨/林礽乾/司马迁与史记论集（第八辑）/陕西人民出版社

刘邦赴汉中就国诸问题考述/晏波/司马迁与史记论集（第八辑）/陕西人民出版社

论迁居汉中对刘邦夺取天下的决定意义/李巍/司马迁与史记论集（第八辑）/陕西人民出版社

"纪传体"与"互见法"相结合——试论《史记》对当代小说人物塑造的影响/费团结/司马迁与史记论集（第八辑）/陕西人民出版社

刘邦三策平三秦/程永庄/司马迁与史记论集（第八辑）/陕西人民出版社

西汉的经济与币制管窥——读《史记·平准书》之一得/郭荣章/司马迁与史记论集（第八辑）/陕西人民出版社

功成身退——《史记》述事中的母题意则/毛金霞/司马迁与史记论集（第八辑）/陕西人民出版社

《史记·伯夷列传》天道之惑析探/许淑华/司马迁与史记论集（第八辑）/陕西人民出版社

《史记》"太史公曰"引《论语》孔子言探析/高祯霙/司马迁与史记论集（第八辑）/陕西人民出版社

名与风兴——论纪信形象建构/刘锦源/司马迁与史记论集（第八辑）/陕西人民出版社

《李斯列传》叙述分析/简秀娟/司马迁与史记论集（第八辑）/陕西人民出版社

"夏杜"源流疏证/陈惠玲/司马迁与史记论集（第八辑）/陕西人民出版社

从《史记》记载看西汉定都长安的原因/高一萍/司马迁与史记论集（第八辑）/陕西人民出版社

从"背关怀楚"看项羽定都的客观原因——读《史记·项羽本纪》札记/方原/司马迁与史记论集（第八辑）/陕西人民出版社

两代军事家的战略选择——试论韩信出兵夏阳渡和八路军东渡黄河/薛引生/司马迁与史记论集（第八辑）/陕西人民出版社

论《史记·货殖列传》所见经济分区和城市分布问题/李宪霞/司马迁与史记论集（第八辑）/陕西人民出版社

《史记》中显现的汉文帝形象——兼谈司马迁刻画人物的技巧/杜德新/司马迁与史记论集（第八辑）/陕西人民出版社

从《史记·封禅书》看秦始皇封禅泰山的原因/郭健静/司马迁与史记论集（第八辑）/陕西人民出版社

司马迁之死探隐/刘洪生/史记论丛（第四集）/甘肃人民出版社

司马迁写社会变革/王记录/史记论丛（第四集）/甘肃人民出版社

司马迁与汉初黄老思想的关系/高祯霙/史记论丛（第四集）/甘肃人民出版社

司马迁的"货殖"思想/周良平/史记论丛（第四集）/甘肃人民出版社

司马迁文学思想浅析/高一农/史记论丛（第四集）/甘肃人民出版社

司马迁的教育思想/王遂社/史记论丛（第四集）/甘肃人民出版社

司马迁的饮食文化思想/丁晶、徐兴海/史记论丛（第四集）/甘

肃人民出版社

"发愤著书"说载汉魏六朝的接受及演变/陈莹/史记论丛（第四集）/甘肃人民出版社

尚奇与悲美——解读司马迁的屈骚情怀/苏慧霜/史记论丛（第四集）/甘肃人民出版社

受宫刑后写作《史记》对司马迁的自我治疗/黄颖哲、梁建邦/史记论丛（第四集）/甘肃人民出版社

钟离眛评传/孟祥静/史记论丛（第四集）/甘肃人民出版社

黥布评传/高妍/史记论丛（第四集）/甘肃人民出版社

樊哙评传/张丽/史记论丛（第四集）/甘肃人民出版社

灌婴评传/刘建立/史记论丛（第四集）/甘肃人民出版社

刘敬评传/李黎/史记论丛（第四集）/甘肃人民出版社

读《汉将李陵论》札记/赵永建/史记论丛（第四集）/甘肃人民出版社

《史》《汉》所载的汉代公主婚姻/唐群/史记论丛（第四集）/甘肃人民出版社

西府与无锡的不解之缘/刘宏伟/史记论丛（第四集）/甘肃人民出版社

《史记》在日本的传播与研究/张新科/史记论丛（第四集）/甘肃人民出版社

《史记》研究如何拓展？/刘振东/史记论丛（第四集）/甘肃人民出版社

《史记》版本校勘史述论/安平秋、张兴吉/史记论丛（第四集）/甘肃人民出版社

《史记》校点本标点问题举隅/王宝华/史记论丛（第四集）/甘肃人民出版社

《史记·越王勾践世家》对《国语·越语》的取舍和补充/龚剑锋、程光军/史记论丛（第四集）/甘肃人民出版社

《史记》所载川商史料价值刍议/李纯蛟/史记论丛（第四集）/甘肃人民出版社

黄震对《史记》的研究/史明文/史记论丛（第四集）/甘肃人民

出版社

楚汉逸史十则简说/曾志雄/史记论丛(第四集)/甘肃人民出版社

汤始居之"亳"即"蒙"考证/王增文/史记论丛(第四集)/甘肃人民出版社

东瓯考/杨昶/史记论丛(第四集)/甘肃人民出版社

《项羽不死于乌江考》研究方法评议/袁传璋/史记论丛(第四集)/甘肃人民出版社

考证史实岂能主观臆断/金绪道、刘贤忠/史记论丛(第四集)/甘肃人民出版社

司马迁对萧何的褒扬和贬抑/李伟泰/史记论丛(第四集)/甘肃人民出版社

司马迁笔下的叔孙通与陆贾/刘锦源/史记论丛(第四集)/甘肃人民出版社

司马迁笔下的李广、卫青、霍去病/宋怡达/史记论丛(第四集)/甘肃人民出版社

《史记·五帝本纪》的三大价值/陈桐生/史记论丛(第四集)/甘肃人民出版社

汤大旱"翦发断爪"之巫诅解读/陈惠玲/史记论丛(第四集)/甘肃人民出版社

《史记》民族精神论/马宝记/史记论丛(第四集)/甘肃人民出版社

论春申君的功过及其成败之因/吕锡生/史记论丛(第四集)/甘肃人民出版社

从历史的反面品评范增/李培培/史记论丛(第四集)/甘肃人民出版社

略探韩信的人格特质/刘德汉/史记论丛(第四集)/甘肃人民出版社

浅析汉初功臣名将归汉之因/赵红梅/史记论丛(第四集)/甘肃人民出版社

刘邦与高起、王陵对话的探讨/林聪舜/史记论丛(第四集)/甘

肃人民出版社

由《史记》看史官的秉笔直录与载笔曲隐/陈海丽/史记论丛（第四集）/甘肃人民出版社

吴见思《史记》叙事学成就管窥/张富春/史记论丛（第四集）/甘肃人民出版社

试论《史记》的精神美/康清莲/史记论丛（第四集）/甘肃人民出版社

谈《史记》的对比特点/王麦巧/史记论丛（第四集）/甘肃人民出版社

《史记》的比喻修辞/梁建邦/史记论丛（第四集）/甘肃人民出版社

《史记》楚汉战争中虞姬与吕后描写的深层心理阐释/王晓红/史记论丛（第四集）/甘肃人民出版社

漂母形象与漂母意想/顾建国/史记论丛（第四集）/甘肃人民出版社

从性格上看韩信的悲剧原因/陈苗苗/史记论丛（第四集）/甘肃人民出版社

《史记·游侠列传》对新派武侠小说的影响/贺君/史记论丛（第四集）/甘肃人民出版社

汲黯评传/张大可/史记论丛（第四集）/甘肃人民出版社

汲黯探微/陈曦/史记论丛（第四集）/甘肃人民出版社

汲黯的人格魅力/杨燕起/史记论丛（第四集）/甘肃人民出版社

《汲黯列传》注/田志勇/史记论丛（第四集）/甘肃人民出版社

《汲黯列传》语译/许敏/史记论丛（第四集）/甘肃人民出版社

《汲黯列传》读后/张莉/史记论丛（第四集）/甘肃人民出版社

《汲黯列传》集评/刘春梅/史记论丛（第四集）/甘肃人民出版社

汲黯年谱/邓瑞全/史记论丛（第四集）/甘肃人民出版社

一代枭雄彭越/孙海洋/史记论丛（第四集）/甘肃人民出版社

《史记评林》叙例/张大可/司马迁与《史记》研究年鉴（2007年卷）/陕西人民出版社

一项设想和一个建议/可永雪/司马迁与《史记》研究年鉴（2007

年卷)/陕西人民出版社

2007年司马迁研究综述/党艺峰/司马迁与《史记》研究年鉴（2007年卷）/陕西人民出版社

2007年《史记》研究综述/梁建邦/司马迁与《史记》研究年鉴（2007年卷）/陕西人民出版社

《史记》校勘史述论/张兴吉/司马迁与《史记》研究年鉴（2007年卷）/陕西人民出版社

2007年有关《史记》的考古发现/杜振虎/司马迁与《史记》研究年鉴（2007年卷）/陕西人民出版社

2007年《史记》考古发现研究/杜振虎/司马迁与《史记》研究年鉴（2007年卷）/陕西人民出版社

2007年《史记》版本与校勘研究/赵怀忠、韦爱萍/司马迁与《史记》研究年鉴（2007年卷）/陕西人民出版社

2007年《史记》校读研究与史实考证/韦爱萍/司马迁与《史记》研究年鉴（2007年卷）/陕西人民出版社

2007年司马迁与《史记》"研究著作与论文集"/凌朝栋、王晓红/司马迁与《史记》研究年鉴（2007年卷）/陕西人民出版社

2007年司马迁与《史记》研究"部分论文摘要"/马雅琴/司马迁与《史记》研究年鉴（2007年卷）/陕西人民出版社

台湾有关司马迁与《史记》研究论文索引（1956—2006）/许淑华/司马迁与《史记》研究年鉴（2007年卷）/陕西人民出版社

台湾出版的有关司马迁与《史记》著作/许淑华/司马迁与《史记》研究年鉴（2007年卷）/陕西人民出版社

台湾有关司马迁与《史记》研究的硕士、博士学位论文选题编录/〔台湾〕许淑华/司马迁与《史记》研究年鉴（2007年卷）/陕西人民出版社

《史记》在日本的传播与研究/张新科/司马迁与《史记》研究年鉴（2007年卷）/陕西人民出版社

日本所藏《史记》版本资料介绍/凌朝栋/司马迁与《史记》研究

年鉴（2007年卷）/陕西人民出版社

《史记》研究与古籍整理学术研讨会暨中国史记研究会第六届年会简报/马雅琴/司马迁与《史记》研究年鉴（2007年卷）/陕西人民出版社

"中国·汉中司马迁与《史记》学术研讨会"在汉中举行/方原、李宪霞、杜德新/司马迁与《史记》研究年鉴（2007年卷）/陕西人民出版社

韩城市世代相传的祭祀司马迁活动/薛引生/司马迁与《史记》研究年鉴（2007年卷）/陕西人民出版社

2007年司马迁研究论文目录/詹歆睿/司马迁与《史记》研究年鉴（2007年卷）/陕西人民出版社

2007年《史记》研究论文目录/詹歆睿/司马迁与《史记》研究年鉴（2007年卷）/陕西人民出版社

2007年司马迁与《史记》研究著作目录/赵怀忠/司马迁与《史记》研究年鉴（2007年卷）/陕西人民出版社

《史记测议》（介绍）/谭佚/司马迁与《史记》研究年鉴（2007年卷）/陕西人民出版社

【2009年】

学报：

司马迁之"发愤著书"考/王玲玲/延安职业技术学院学报/第1期

析《史记》中两位皇家女性的人生状态——从汉高祖的婚姻感情纠葛谈起/夏敏/福建师范大学福清分校学报/第1期

《史记》《汉书》项羽本传对读记——以项羽自刎地点考释为中心/汪受宽/信阳师范学院学报/第1期

《史记·孟子荀卿列传》的撰写方式/肖振宇/咸阳师范学院学报/第1期

《史记》天人观念与古希腊悲剧观之相近/姜涛/太原师范学院学报/第1期

论《史记》对《左传》预叙的扬弃/舒大清、徐柏青/湖北师范学

院学报/第1期

《左传》"君子曰"与《史记》"太史公曰"比异/郭学利/广播电视大学学报/第1期

浅论太史公之秉承与摒弃/陈海丽/周口师范学院学报/第1期

司马迁如何写项羽,感动读者两千年/韩兆琦/信阳师范学院学报/第1期

司马迁创作心理形成原因探析/王双/唐山学院学报/第1期

文化根源:司马迁笔下的李斯人格探析/苑慧香/大连海事大学学报/第1期

论司马迁的重商思想/程芳/通化师范学院学报/第1期

论司马迁的惜友心态/姚军/焦作师范高等专科学校学报/第1期

经学对司马迁思想的影响/张淑焕/辽宁工业大学学报/第1期

近30年《史记》《汉书》比较研究综述/曾小霞/陕西教育学院学报/第1期

《史记》札记(上)——兼及中华书局版偶误/刘如瑛/扬州大学学报/第1期

《史记·伍子胥列传》复仇观的价值特点/李晓一/渤海大学学报/第1期

论《史记》对元杂剧的影响/苏琦、马静/烟台职业学院学报/第1期

《史记评林》之《项羽本纪》评点探析/李黎/阿坝师范高等专科学校学报/第1期

兴会神理 无韵离骚——《史记》神理叙事的诗性韵味/王新勇/湖北民族学院学报/第1期

从《史记·外戚世家》探析后宫女子的命运悲剧/李黎/牡丹江师范学院学报/第1期

《史记评林》之《项羽本纪》评点探析/李黎/阜阳师范学院学报/第1期

论《史记·酷吏列传》的叙事方式/路培培/莆田学院学报/第1期

《史》《汉》类传比义/李峰/渭南师范学院学报/第1期

项羽死于乌江应无疑义/徐兴海/渭南师范学院学报/第1期

在"义"的视阈下看项羽的道德错位/杨宁宁/广西民族大学学报/第1期

项羽垓下突围南驰乌江路线考察报告/中国史记研究会、和县项羽与乌江文化研究室联合考察组/渭南师范学院学报/第1期

《史记·高祖本纪》中"百二"一词解义辨析/肖代龙/四川理工学院学报/第S1期

佞幸下的情感与人生——《史记·佞幸传》浅论/刘军/东南大学学报/第S1期

论司马迁的赋家心态/姚军/南阳师范学院学报/第2期

浅析孔子人格精神对司马迁的影响及表现/潘法宽/绥化学院学报/第2期

浅议司马迁的历史观与宗教神学/许陆生/湖南工业职业技术学院学报/第2期

"事有必至，理有固然"——司马迁、班固著史优劣辩/陈桂成/梧州学院学报/第2期

司马迁《史记》之秦皇与汉武/傅敏怡、孙维国/湖南大学学报/第2期

司马迁《史记·乐书》音乐思想解读/杨冬菊/交响（西安音乐学院学报）/第2期

楚文化对司马迁写作《史记》的影响/徐秋雅/岱宗学刊（泰安教育学院学报）/第2期

浅论《史记》的目录学贡献/崇明宇/黑龙江教育学院学报/第2期

明清《史记》《汉书》比较研究综述/曾小霞/苏州大学学报/第2期

读《史记》札记（下）——兼及中华书局版偶误/刘如瑛/扬州大学学报/第2期

进步民族史观与高超叙事艺术的整合——评《史记·西南夷列传》/方梅/浙江师范大学学报/第2期

《史记》三家注称引诸子考校/赵生群/浙江师范大学学报/第2期

《史记》彭寅翁本校异类例/吴新江/浙江师范大学学报/第2期

中华书局校点本《史记》校读札记/芮文浩/浙江师范大学学报/第2期

论《史记》人物悲剧超越性的艺术之美/关秀娇/吉林师范大学学报/第2期

《史记》语音修辞例谈/高志明/襄樊职业技术学院学报/第2期

池万兴教授的新著《史记与民族精神》一书出版/《西藏民族学院学报》编辑部/西藏民族学院学报/第2期

《史记》所见秦朝疆域四至考论/李峰/盐城师范学院学报/第2期

论《史记》人物刻画中的对比手法/刘晶/淮北职业技术学院学报/第2期

《史记》中的商人形象/廖云前/重庆交通大学学报/第2期

文史合璧的艺术珍品：《史记》与《人间喜剧》/胡书义/黄冈师范学院学报/第2期

中华本《史记》与金陵书局本再勘/方向东/浙江师范大学学报/第2期

从文化因素冲突模式看华译《史记》对文化词语的翻译/周文蕴/福建商业高等专科学校学报/第2期

汉中在西汉历史上的地位——立足于《史记》的考察/梁中效/陕西理工学院学报/第2期

《史记·天官书》标点商兑/方向东/南京师范大学文学院学报/第2期

点校本《史记》三家注称引《汉书》考校/赵生群、吴新江/南京师范大学文学院学报/第2期

中华本《史记·世家》讹字考校/王永吉/南京师范大学文学院学报/第2期

摇曳于"儒"、"法"冲突下的"恶之花"——《史记·李斯列传》探微/陈曦/解放军艺术学院学报/第2期

《史记》"为……所……"式略探/陈经卫、方有国/北京教育学院学报/第2期

项羽"乌江自刎"的史学和文学上的考辩——与冯其庸先生商榷

/任荣/安徽广播电视大学学报/第2期

试析唐前"史汉优劣论"/曾小霞/保定学院学报/第2期

《史记》简洁论/刘军华/西北工业大学学报/第2期

从《报任安书》看汉代复音词的发展/李瑾、王玲娟/萍乡高等专科学校学报/第2期

舌上春秋:试论司马迁对纵横家的欣赏与扬弃/卜雅南/湖北广播电视大学学报/第3期

从《屈原列传》论司马迁对《离骚》的接受/周北平/乐山师范学院学报/第3期

论司马迁《史记》文史张力的审美价值/王长顺/西北大学学报/第3期

《史记》赏析之津梁——清·吴见思《史记论文》研究/张富春/周口师范学院学报/第3期

从《货殖列传》看司马迁对会计文化建设的贡献/徐汉峰/河南科技大学学报/第3期

《史记》所见民心向背与项羽择都/高一萍、方原/渭南师范学院学报/第3期

《史记》叙事中的"蝴蝶效应"/史常力/东北师范大学学报/第3期

《史记·匈奴列传》标点纠谬一则/翟禹/内蒙古大学学报/第3期

《史记》中部分人物之年龄及相关历史问题考略/康清莲/济南大学学报/第3期

关于《史记》与《春秋》关系问题的几点思考/秦静/西华师范大学学报/第3期

试论《史记》的写人艺术——以《项羽本纪》为例/黄伟/淮北职业技术学院学报/第3期

《史记》的"成书、学术罪案与主要特点"新探——兼同南师范大学张进(晋文)先生商榷/胡宝平、孙景坛/中共南京市委党校学报/第3期

苦心孤诣的编排与梳理——析《史记》中的历史传说/沈鸿/哈尔滨工业大学学报/第3期

《周易》与《史记》的人生观/叶文举/广东工业大学学报/第3期

试论《史记》之人物品格/陈艳芳/安阳工学院学报/第3期

从《史记》看同义连用的作用/王其和/山东教育学院学报/第3期

《史记》《汉书》在多民族历史文化认同中的地位/阎静/青海民族学院学报/第3期

略论《史记》人物传记的人民性/张清萍/中共郑州市委党校学报/第3期

桐城派人物传记与《史记》之比较/刘小双/西昌学院学报/第3期

试析项羽复杂的性格/何梅琴/渭南师范学院学报/第3期

论司马迁游学/杨铭/辽宁工程技术大学学报/第4期

司马迁文学批评思想新探/杨光熙/复旦学报/第4期

司马迁对黄老思想的接受与发展/韩兆琦、陈金霞/北京师范大学学报/第4期

司马迁笔下的儒学史/孙小泉/临沂师范学院学报/第4期

试论司马迁对"屈原困境"的认同与超越/许彦龙/漳州师范学院学报/第4期

《史记》"军"词考/管锡华/西南民族大学学报/第4期

《史记·季布传》引楚谚考析/闫平凡/绵阳师范学院学报/第4期

十年一笑对史公——评《〈史记〉与民族精神》/言松/西藏民族学院学报/第4期

项羽之死与《史记》互文/郑振邦/渭南师范学院学报/第4期

论《史记》中的"对句"/俞樟华、周昉/渭南师范学院学报/第4期

对《史记》中魏公子的新思考/肖振宇/渭南师范学院学报/第4期

《国语》、《左传》、《史记》中的晋文公重耳形象比较研究/马婷婷/和田师范专科学校学报/第4期

关于《论语》、《史记》的命名——余嘉锡、张舜徽观点之比较/周玲/广东教育学院学报/第4期

《史记》与《战国策》异文校勘/康建筠/甘肃高师学报/第4期

论《史记》先秦时期"耀德不观兵"思想/汪箐华/滁州学院学报/第4期

浅析《史记》对比手法的应用/张娜/延安职业技术学院学报/第4期

《史记》中表"给予"义的相关句式解析/刘云/牡丹江师范学院学报/第4期

论《春秋左传正义》对《史记》的引证/安敏/上饶师范学院学报/第4期

《史记》在中国悲剧文学史上的地位和影响/司荷丹/太原大学学报/第4期

论《伍子胥列传》的悲剧意蕴/佟超/湖北广播电视大学学报/第4期

《史记》的喜剧美/焦燕/延安职业技术学院学报/第4期

中华书局本《史记》、《汉书》标点纠误8则/温玉春/河北师范大学学报/第5期

近30年《史记》与《汉书》比较研究综述/曾小霞、徐中原/商丘师范学院学报/第5期

从《史记》看西汉酷吏的性格人生/杨宁宁/南宁职业技术学院学报/第5期

司马相如卒于公元前117年考——兼论《史记》、《汉书》记年法与系年推算法的逻辑关系/刘南平、叶会昌/河北北方学院学报/第5期

《史记·屈原贾生列传》"太史公曰"发微/张庆利/天津大学学报/第5期

《史记》伍子胥与李斯之比较/刘淑利/西藏民族学院学报/第5期

千古有遗风 中唐奏强音——从《张中丞传后叙》看韩愈对《史记》的继承和发展/刘燕/黄石理工学院学报/第5期

司马迁在战争视野中的"死亡叙事"/丁万武、王俊杰/北京教育学院学报/第5期

屈原与司马迁悲剧意识之比较/戴红梅/韶关学院学报/第5期

中西古典史学观念的异同——兼及司马迁史学观念的基本特征/王成军/陕西师范大学学报/第6期

司马迁饮食文化思想形成的原因及历史地位/丁晶、徐兴海/渭南师范学院学报/第6期

《史记》研究的新领域——评池万兴先生的《史记与民族精神》/刘小霞、马雅琴/渭南师范学院学报/第6期

论《史记》中的秦东民俗及其审美意义/韦爱萍/渭南师范学院学报/第6期

《史记》人物传记的诗性美学本质/黎洁/渭南师范学院学报/第6期

谈《史记》对比的特点/王麦巧/渭南师范学院学报/第6期

司马迁写"王朔燕语"的真意与匠心/柯珠华/福建师范大学福清分校学报/第6期

再论"《史记》:一部中华民族心灵史"/可永雪/内蒙古师范大学学报/第6期

论《史记》中的"烽火爱情"叙事/丁万武、王俊杰/甘肃联合大学学报/第6期

从语义角色角度看《史记》双宾句式/刘海平/东南大学学报/第6期

20世纪《史记》研究的新进展/施丁/南开学报/第6期

由《史记》刻画人物灵魂、揭示为人哲学看传记文学成功之关键/张立群、于涛/内蒙古农业大学学报/第6期

《史记》研究四题/张强/苏州大学学报/第6期

《史记》标点商榷二则/李正辉/河南教育学院学报/第6期

《史记》"狐鸣呼"非名词状语说/钟如雄/西南民族大学学报/第7期

班固"误读"《史记》原因解析/吕维洪/楚雄师范学院学报/第7期

《史记》"巇肩"之文化内涵考论/吕全义/赤峰学院学报/第11期

《史记》词语古今注译考辨/管锡华/西南民族大学学报/第11期

《史记》"孔老对话"的多重意蕴/朱元军/赤峰学院学报/第12期

其他期刊：

由序《书》到为《书》作序——司马迁、班固等论孔子与《尚书》之关系/何发甦/兰州学刊/第1期

司马迁笔下的"阿房宫"可信性初探/项福库、王明月/沧桑/第1期

司马迁：档案工作者的榜样/刘晓芳/档案管理/第1期

司马迁和《史记》/苏嘉/出版史料/第1期

从《史记·河渠书》说到当代中国水利通史的编纂/王志刚、张伟兵/史学史研究/第1期

白寿彝先生引读《史记》/施丁/史学史研究/第1期

《史记》的另一种审美/肖练武/文学教育/第1期

试析本纪作为《史记》核心体例的意义/李峰/兰台世界/第1期

《史记》对"春秋笔法"的继承/金英娥/边疆经济与文化/第1期

《史记》所记邹衍学说的渊源和流变/阎静/古籍整理研究学刊/第1期

古典文献语境中知行关系的发生学研究——以《史记》"异代合传"为核心/党艺峰、党大恩/宁夏社会科学/第1期

市场、礼教与法治——读《〈史记·货殖列传〉今义》/唐琦/世界经济情况/第1期

《史记·货殖列传》中的经济思想/王显波/沧桑/第1期

"个人"的发现与"究天人之际"中的史书叙事——以《史记》的"项羽"为例/李伟/社会科学评论/第1期

当今《史记》研究应走综合化之路/陈莹、张新科/社会科学评论/第1期

从《史记》看"同义连文"/赵华/东方论坛/第1期

《周本纪》姜原溯源考/陈颖飞/中国文化研究/第1期

浅谈司马迁的礼制观/蒋维超/天府新论/第1期

从《史记》看汉匈关系对刘邦大臣谋反的影响/蒋晓莹/天府新论/第S1期

"项羽"的名和字/段亚广/语文建设/第1期

"成于三"的思维定势与司马迁思想的结构特征/齐效斌/唐都学

刊/第2期

浅谈李广的悲剧命运与司马迁的命运观/杨映红/安徽文学/第2期

司马迁笔下的游侠/庞思纯/国学/第2期

此身虽异性长存——《司马迁发愤写〈史记〉》教学记/巫新秋/江苏教育研究/第2期

探寻司马迁的游历/王秀琴/沧桑/第2期

论管仲对司马迁的影响/池万兴/管子学刊/第2期

从吕太后和刘盈谈《史记》心态描写/刘月娜/安徽文学/第2期

浅析《史记》体例/蒋明芳/安徽文学/第2期

中国现代历史小说与《史记》文本/闫立飞/广西社会科学/第2期

浅谈《史记》在中学语文教学中的重要性/武彬/安徽文学/第2期

倚剑对风尘 慨然思卫霍——《史记·卫将军骠骑列传》探微/陈曦/名作欣赏/第2期

《史记》中的细节描写/田之章/军事记者/第2期

《史记》校勘史述论/安平秋、张兴吉/文献/第2期

《史记》的抒情方式论略/郭春林/船山学刊/第2期

试论唐代散传对《史记》传记文学传统的继承/史素昭/中国文学研究/第2期

《史记》的儒家人文精神/郭庆海/社科纵横/第2期

窦婴之死与汉武帝尊儒——《史记·魏其武安侯列传》探微/陈曦/管子学刊/第2期

《史记正义》引《陈留风俗传》辨误一则/苏芃/中国史研究/第2期

《史记》时间副词的反向夸张用法/王卯根/修辞学习/第2期

"藏之名山"补正/杨福泉/古汉语研究/第2期

从《史记·循吏列传》看司马迁所受黄老学影响/陈金霞/求索/第3期

试论司马迁班固的儒道思想/孙慧阳/湖南社会科学/第3期

司马迁与普鲁塔克传记观念之异同/王成军/史学史研究/第3期
司马迁的目录学思想探析/张志汉/图书馆界/第3期
《史记·货殖列传》中的思想智慧/封丹/科技智囊/第3期
《史记》中的悲剧人物类型/周春晖/文学教育/第3期
从《史记》、《汉书》看史书的"记言"功能/何涛/时代文学/第3期
《史记》教育思想初探/石晓博/唐都学刊/第3期
论《史记》"以兵驭文"的文章风采/王俊杰/长江学术/第3期
《史记》中的投降礼仪/叶少飞、路伟/长江学术/第3期
《史记》与姓氏名字/孙婷/资治文摘/第3期
《廉颇蔺相如列传》中的几个问题/郑宝生/文学教育/第3期
高嶝《史记钞》研究/韦晖/西安社会科学/第3期
读你千遍不厌倦——我眼中的项羽/马彩娥、李素梅/时代文学/第4期
《史记》历史叙事虚实艺术论/杨丁友/学术论坛/第4期
浅谈《史记》的文学之美/曹存有/安徽文学/第4期
从《史记》到唐初八史史传文学的嬗变/史素昭/广西社会科学/第4期
仓中鼠厕中鼠的哲学悲剧——读《史记·李斯列传》有感/朱素英、张丙星/科技信息/第4期
选出个性修成素养——《〈史记〉选读》的教学探索与收获/孟子琦/科技信息/第4期
浅析《史记》中项羽的悲剧性格/谢静/文学教育/第4期
关于司马迁对陈涉评价的再审视/范璠/名作欣赏/第4期
试论司马迁在历史文献学上的成就/殷翔/安徽文学/第4期
司马迁：悲《瓠子歌》作《河渠书》/陈陆/中国三峡/第4期
论《史记》对日本军记文学之影响——以"太平记"研究为中心/邱鸣/日语学习与研究/第4期
凌稚隆《史记评林》探析/朱志先/古籍整理研究学刊/第4期
洪迈辑论《史记》的文字表述/陶晓姗/安徽史学/第4期
论《史记》的叙事风格/刘宁/唐都学刊/第4期

《史记》所见匈奴和中原王朝的关系/冯世明/阴山学刊/第4期

《史记》中为何没有史官传记/赵建军/阴山学刊/第4期

《史记》车舆类名物词与秦汉车制/李润桃/河南社会科学/第4期

论《史记·货殖列传》对汉赋的借鉴/韦晖/时代文学/第4期

《史记》战争文学研究/王俊杰/长江学术/第4期

神龙见首不见尾——谈《史记·伯夷列传》的章法与词之若隐若现的美感特质/叶嘉莹/中国韵文学刊/第4期

论《史记》对荀子礼学思想的接受/强中华/殷都学刊/第4期

《史记》疑难词语解诂/杨琳/古汉语研究/第4期

浅析《报任安书》中"引"字的用法/文佳/成功/第4期

《报任安书》"议不可对"解/熊焰/学术研究/第4期

司马迁对太史令职责的理解与《史记》写作/田瑞文/史学月刊/第5期

略论司马迁爱奇反经及其《史记》之文学特质/张丽丰/安徽文学/第5期

司马迁出使西南任务考/郭宗全/历史教学/第5期

从《史记·魏豹彭越列传》探析——司马迁"曲笔"运用/刘菲/中国商界/第5期

试论《史记》悲剧人物的类型/关秀娇/安徽文学/第5期

《史记》与传统文化的道德精神/孙晓梅/学理论/第5期

论《史记·刺客列传》中聂政的悲剧命运所呈现的美学价值/王晓珊、冯玉洁/科教文汇/第5期

《史记·项羽本纪》襄城地望纠误与考实/王健/安徽史学/第5期

考古发掘中与《史记》记载中的"阿房宫"一致性新探/项福库/沧桑/第5期

司马迁"发愤著书"说对中国古典文学创作的影响/赵金色/前沿/第6期

司马迁复仇情结臆测/胡红娟/科教文汇/第6期

千年聚讼的《史记·律书》律数考/黄大同/文化艺术研究/第6期

不以好恶掩真实——论《史记》的实录精神/吴明明/美与时代/

第6期

《史记》中侯嬴的说话艺术/陈海燕/文学教育/第6期

对《史记·五帝本纪》社会生态的考量/王晓红/社会科学辑刊/第6期

诗史互文关系索解——以《史记·卫将军骠骑列传》与卢纶《塞下曲》为例/田蔚、史小军/文学评论/第6期

济济一堂 切磋琢磨——"中国古代典籍与文化学术研讨会暨中国《史记》研究会第八届年会"述要/曹书杰、杨栋/古籍整理研究学刊/第6期

至今思项羽，不肯过江东——"西楚霸王"项羽形象赏析/王春莉/读与写/第6期

从"突转"与"发现"的艺术观项羽的悲剧命运/王秋/安徽文学/第6期

司马迁笔下的苏秦——《史记》对《战国策》的取舍与改造/韩庆伟/安徽文学/第7期

司马迁创新档案文献编纂之功/秦元元/云南档案/第7期

《史记·律书》中的生律法研究/刘文荣/黄河之声/第7期

《史记·货殖列传》中的商业思想/廖云前/安徽文学/第7期

关于《史记》思想性的几点思考/秦静/江西社会科学/第7期

读《报任安书》与《报孙会宗书》有感/韩枫/文学教育/第7期

项羽与阿喀琉斯的异同分析/罗燕玲/文学教育/第7期

浅论司马迁的寓论断于序事/姚萍、曾祥燕/安徽文学/第8期

司马迁与《史记》/黄建华/秘书/第8期

司马迁笔下的吕后形象/郭轶卿/大众文艺/第9期

从《货殖列传》中的商人形象看司马迁的经济思想/王婧、李雁蓉/安徽文学/第9期

《史记》与《天龙八部》：结构模式的承传与重构/尹福佺/安徽文学/第9期

论司马迁《史记》中的"和谐"思想/王长顺/理论导刊/第9期

司马迁对儒家天人观的继承与创新/赵丽/社科纵横/第9期

郑鹤声与《史记》研究/汤城/东岳论丛/第9期

司马迁为李陵辩护/公输鲁/群言/第 10 期

悲歌慷慨说项羽——论《史记》中项羽形象的悲剧内涵/褚艳红/电影评介/第 10 期

《史记》中那点儿事/韩宝峰/国学/第 10 期

从《史记》"仓公传"看《黄帝内经》的理论源头/杨昉、包小丽/江苏中医药/第 11 期

《汉语大词典》引《史记》疏漏举例/袁雪梅/图书馆杂志/第 11 期

关于刘邦"自梁徙丰"/龚留柱/史学月刊/第 11 期

浅析司马迁在《史记》中表现的民族观/代文莉/科学咨询/第 12 期

从《货殖列传》看司马迁的理财思想/付志宇、缪德刚/贵州社会科学/第 12 期

中华书局本《史记》标点举误/赵继宁/学习月刊/第 12 期

爱的赞歌 恨的诅曲——浅谈《史记》之进步思想/施炜/金卡工程/第 12 期

英雄气不短 儿女情更长——以《史记》中项羽形象分析为例/康清莲/社会科学论坛/第 12 期

《史记》记载龋齿医案/李刚/中国实用口腔科杂志/第 12 期

"重于泰山""轻于鸿毛"本义考/周文凯/咬文嚼字/第 12 期

《鸿门宴》"樊哙闯帐"教学片段/刘艾清/文学教育/第 12 期

从《史记》载录看"骊姬之乱"的真相/李竟涵/大众文艺第 15 期

论纪君祥《赵氏孤儿》对《史记·赵世家》的改编及其价值/王思齐/法制与社会/第 16 期

高嵣《史记钞》论文特色简论/韦晖/黑龙江史志/第 16 期

《史记》与档案/李波/兰台世界/第 17 期

从《史记·货殖列传》看司马迁的经济思想/李爱民/现代经济信息/第 19 期

徘徊于理想与现实之间——从《史记·司马相如列传》看司马相如的心路历程/刘丽华/黑龙江史志/第 19 期

《史记》亡缺研究述评/李景文、宋立/图书情报工作/第19期

从司马迁的《史记》看修志者的素质/王达/黑龙江史志/第21期

从《史记杂志》看王念孙校勘古籍的方法/杨捷/才智/第22期

《史记》与《儒林外史》：叙事模式的承传与重构/尹福佺/学理论/第22期

《史记·六国年表》"就阿房宫"句考实/项福库/兰台世界/第22期

对《史记·五帝本纪》中以黄帝为始缘由的浅析/崔文/法制与社会/第23期

从《史记》中探究秦人早期起源问题/张舰戈/黑龙江史志/第24期

不可忽略的学生主体地位——《史记选读》教学中讲授式教学刍议/薛聚瑾/科技创新导报/第29期

论《史记·货殖列传》对汉赋的借鉴/韦晖/名作欣赏/第29期

从《史记·本纪》中的同义词看中国古代等级伦理文化观念/顾晶/学理论/第30期

司马迁"发愤著书说"探析/韦俊梅/法制与社会/第35期

自我管理自由消费——由《史记·货殖列传》看私人的理财与消费/陈海丽/经济研究导刊/第36期

其他：

论司马迁精神对档案工作者的启示/王绍东/史记论丛（第六集）/吉林人民出版社

司马迁对庄子的研究和接受——兼论司马迁在庄学研究史上的地位/刘洪生/史记论丛（第六集）/吉林人民出版社

司马迁故里世代相传的经典民俗——韩城民间祭祀史圣司马迁活动/薛引生/史记论丛（第六集）/吉林人民出版社

点校本《史记》三家注称引《汉书》考校/赵生群、吴新江/史记论丛（第六集）/吉林人民出版社

泷川龟太郎《史记总论》论略/杨海峥/史记论丛（第六集）/吉林人民出版社

《影宋百衲本史记》考/张兴吉/史记论丛（第六集）/吉林人民出

版社

《史记》研究四题/张强/史记论丛（第六集）/吉林人民出版社

《五帝本纪》：社会生态的理想图景/王晓红/史记论丛（第六集）/吉林人民出版社

《项羽本纪》疏证（一）/张大可/史记论丛（第六集）/吉林人民出版社

《项羽本纪》——一篇关于战争评述的纲领性文献/杨燕起/史记论丛（第六集）/吉林人民出版社

《史记·吴太伯世家》对《国语·吴语》的取舍和补充/龚剑锋、万振国/史记论丛（第六集）/吉林人民出版社

论《史记·淮阴侯列传》中口述史料的价值/马雅琴/史记论丛（第六集）/吉林人民出版社

《汉书·地理志》对《史记·货殖列传》地理风俗记载的因革及其相关问题研究/叶文举/史记论丛（第六集）/吉林人民出版社

自我管理 自由消费——由《史记·货殖列传》看私人的理财与消费/陈海丽/史记论丛（第六集）/吉林人民出版社

《史记·循吏列传》的批评艺术/李伟泰/史记论丛（第六集）/吉林人民出版社

从辕固黄生之辩汤武事论《史记》的道德论述/陈广芬/史记论丛（第六集）/吉林人民出版社

"为人"与《史记》宗旨关系简论/任刚/史记论丛（第六集）/吉林人民出版社

司马迁的史识史法及其影响——以《刺客列传》为例/戈春源/史记论丛（第六集）/吉林人民出版社

从对卫青的刻画看司马迁的信史精神/王文才/史记论丛（第六集）/吉林人民出版社

论《史记》秦东民俗及其审美意义/韦爱萍/史记论丛（第六集）/吉林人民出版社

论《史记》中的长句/俞樟华、周昉/史记论丛（第六集）/吉林人民出版社

从同义词角度看《史记》的语言特色/曾志雄/史记论丛（第六集）/吉林人民出版社

《史记》之引用《论语》/徐同林/史记论丛（第六集）/吉林人民出版社

《史记》中司马迁思想感情的表露艺术/梁建邦/史记论丛（第六集）/吉林人民出版社

儒家文化陶铸的粹美瑚琏——司马迁笔下的子贡形象及其现实意义/刘玲娣/史记论丛（第六集）/吉林人民出版社

从《史记》看西汉酷吏的性格人生/杨宁宁/史记论丛（第六集）/吉林人民出版社

项羽所陷阴陵大泽考/袁传璋/史记论丛（第六集）/吉林人民出版社

有关项羽死亡地点的争议/杨巧娣、阎崇东/史记论丛（第六集）/吉林人民出版社

韩信——两汉兵学的奠基人/徐业龙/史记论丛（第六集）/吉林人民出版社

张耳、陈余由"刎颈交"而至"势力交"之必然性/王麦巧/史记论丛（第六集）/吉林人民出版社

司马迁笔下的儒者——贾谊/刘锦源/史记论丛（第六集）/吉林人民出版社

贾谊对付诸侯王与列侯集团之谋略及其挫折——文帝与贾谊治国方针的差异/林聪舜/史记论丛（第六集）/吉林人民出版社

论《史记》中的平民女性形象/吴美卿、林序娜/史记论丛（第六集）/吉林人民出版社

论司马迁《史记》创作之元动力/王长顺/史记论丛（第六集）/吉林人民出版社

《史记》细节描写的三种类型/邹然、王明全/史记论丛（第六集）/吉林人民出版社

顺时听天留侯智探析——以《史记·留侯世家》为线索/许淑华/史记论丛（第六集）/吉林人民出版社

论远古传说与史学的产生/陈虎/史记论丛（第六集）/吉林人民

出版社

读杜诗的史迁精神/吴淑玲/史记论丛（第六集）/吉林人民出版社

战国楚扞关考辨/杨昶/史记论丛（第六集）/吉林人民出版社

氿水源流考/陈万卿/史记论丛（第六集）/吉林人民出版社

项羽垓下突围南驰乌江路线考察报告/中国史记研究会、和县项羽与乌江文化研究室联合考察组/司马迁与《史记》研究年鉴（2008年卷）/陕西人民出版社

2008年司马迁研究综述/党艺峰、党大恩/司马迁与《史记》研究年鉴（2008年卷）/陕西人民出版社

2008年《史记》研究综述/梁建邦/司马迁与《史记》研究年鉴（2008年卷）/陕西人民出版社

近十年司马迁思想研究综述/卜超、金家诗、王琳琳/司马迁与《史记》研究年鉴（2008年卷）/陕西人民出版社

《项羽本纪》及项羽研究综述/梁建邦/司马迁与《史记》研究年鉴（2008年卷）/陕西人民出版社

2008年有关《史记》的考古发现/杜振虎/司马迁与《史记》研究年鉴（2008年卷）/陕西人民出版社

2008年《史记》考古发现研究/杜振虎/司马迁与《史记》研究年鉴（2008年卷）/陕西人民出版社

2008年《史记》"版本与校勘研究"/韦爱萍/司马迁与《史记》研究年鉴（2008年卷）/陕西人民出版社

2008年《史记》"词语考证与语法研究"/韦爱萍/司马迁与《史记》研究年鉴（2008年卷）/陕西人民出版社

2008年司马迁与《史记》研究"重要研究著作与论文集简介/赵怀忠、梁建邦/司马迁与《史记》研究年鉴（2008年卷）/陕西人民出版社

2008年司马迁与《史记》研究"重要论文摘要"/马雅琴/司马迁与《史记》研究年鉴（2008年卷）/陕西人民出版社

2008年港台及海外有关司马迁与《史记》研究概述/梁建邦/司马迁与《史记》研究年鉴（2008年卷）/陕西人民出版社

"楚汉人物研究学术讨论会暨中国史记研究会第七届年会"综述/王晓红/司马迁与《史记》研究年鉴（2008年卷）/陕西人民出版社

"项羽学术研讨会"在安徽和县隆重举行/梁建邦/司马迁与《史记》研究年鉴（2008年卷）/陕西人民出版社

《司马迁与〈史记〉研究年鉴》入选《中国年鉴全文数据库》/梁建邦/司马迁与《史记》研究年鉴（2008年卷）/陕西人民出版社

韩城市举行"戊子年民祭史圣司马迁大典"/梁建邦/司马迁与《史记》研究年鉴（2008年卷）/陕西人民出版社

2005—2008年民祭司马迁活动祭文/薛引生/司马迁与《史记》研究年鉴（2008年卷）/陕西人民出版社

2008年司马迁研究论文目录/詹歆睿/司马迁与《史记》研究年鉴（2008年卷）/陕西人民出版社

2008年《史记》研究论文目录/詹歆睿/司马迁与《史记》研究年鉴（2008年卷）/陕西人民出版社

2008年司马迁与《史记》研究著作目录/赵怀忠/司马迁与《史记》研究年鉴（2008年卷）/陕西人民出版社

司马迁与《史记》研究著作目录补遗/赵怀忠/司马迁与《史记》研究年鉴（2008年卷）/陕西人民出版社

《史记集解》（简介）/梁建邦/司马迁与《史记》研究年鉴（2008年卷）/陕西人民出版社

【2010年】
学报：

屈原的"死"与司马迁的"忍"——兼谈文学教育中的生命意识/李洪华/南通大学学报/第1期

浅析司马迁的史料选取思想——以《史记·晋世家》为例/李渊/南昌航空大学学报/第1期

司马迁的战争观（一）/丁万武、王俊杰/温州大学学报/第1期

司马迁创作《史记》主旨的形成与升华/梁建邦/渭南师范学院学

报/第1期

《史记》彭本异文拾零/吴新江/南京师范大学文学院学报/第1期

《史记》之谶/张慧敏/南通航运职业技术学院学报/第1期

论历史叙事的主观倾向性——以《史记·孝景本纪》为个案分析/张海波、刘卫平/商洛学院学报/第1期

《史记》中《殷本纪》《秦始皇本纪》通假字例析/付成波/济南职业学院学报/第1期

《史记·律书》中"律数"与"生黄钟术"/谭映雪/天津音乐学院学报/第1期

《史记正义》引《括地志》札记/周录祥/韩山师范学院学报/第1期

《史记》名词性联合式复音词初探/段英倩/山东教育学院学报/第1期

论《史记》中的诗化倾向/王德军/新乡学院学报/第1期

《史记》"何"字固定格式考察/彭旭军/湖南人文科技学院学报/第1期

读《史记·商君列传》之商君/赵书芬/牡丹江大学学报/第1期

用"三重证据法"进行先秦古史"新证"研究——以《史记》为例/陈家宁/天津大学学报/第1期

《史记评林》上栏内容浅论/周录祥/渭南师范学院学报/第1期

论杜诗的写实性与《史记》实录精神/郝润华/西北大学学报/第1期

从《史记·儒林列传》看汉初儒学发展的两大趋势/李梦竹/辽宁行政学院学报/第1期

轶事与宏大叙事的对立与统一——《史记》和《名人传》轶事观念之比较/王成军/西南大学学报/第1期

刘邦"烹吃"父亲行为简辩/蒋波/渭南师范学院学报/第1期

以会计文化视角看司马迁和胡锦涛的荣辱观/徐汉峰/沙洋师范高等专科学校学报/第2期

司马迁的战争观(二)/丁万武、王俊杰/温州大学学报/第2期

论《史记·淮阴侯列传》中口述史料的价值/师帅/陕西广播电视

大学学报/第2期

《史记》重言虚词研究/程维/佳木斯大学社会科学学报/第3期

从《史记》对汉武帝的批评看司马迁对秦文化率直求真精神的继承/尹冬梅/西安财经学院学报/第2期

《史记》中的"重生"与"重死"思想/王晶/太原城市职业技术学院学报/第2期

再谈"李广难封"/徐海通、王桂莹/金陵科技学院学报/第2期

从《史记·河渠书》看战国秦汉水利工程及其效用/赵艺蓬/西安文理学院学报/第2期

《史记》情节的怪诞特色/刘法民/江西教育学院学报/第2期

《史记》：仇者的丰碑——细论《史记》的文化复仇倾向/柯继红/唐山学院学报/第2期

"项羽死于何地"研究综述/韩大强/信阳师范学院学报/第2期

"名（代）+所+动"结构和"名+之+所+动"的差异比较——以《史记》中的"所"字结构为例/洪琰/淮阴师范学院学报/第2期

悲而不哀 怨而不弃——论司马迁的悲剧意识/关秀娇/吉林师范大学学报/第3期

从《史记》引逸诗看司马迁的孔子删诗观/凌朝栋/渭南师范学院学报/第3期

东汉初"立《左氏春秋》博士与否"牵涉出的《史记》争论/李剑清/渭南师范学院学报/第3期

近十年来《史记》人物研究综述/单瑞永、金家诗/渭南师范学院学报/第3期

"发愤"抒情 神通质异——屈原和司马迁"发愤"抒情比较/郭玉萍/陇东学院学报/第3期

论司马迁的"货殖"思想/周良平/宿州学院学报/第3期

《史记》、《汉书》的叙事研究/代莉莉/贵州民族学院学报/第3期

文本旅行与文化语境——华兹生英译《史记》与倪豪士英译《史记》的比较研究/黄朝阳/湖北民族学院学报/第3期

试论《史记》的历史之"变"与历史之"常"/刘瑞龙/湖北师范

学院学报/第3期

从《史记评林》看明代文人的叙事观/周建渝/复旦学报/第3期

唐前小说对《史记》体例与写作方法的接受/陈莹/宝鸡文理学院学报/第3期

从神到人——由《史记》到《资治通鉴》看刘邦形象的演变/王可端/重庆电子工程职业学院学报/第3期

《史记集解》的文献价值/刘治立/陇东学院学报/第3期

隐约幽微 低回要眇——《史记·伯夷列传》的文本解释/刘国民/青海民族大学学报/第3期

从司马谈与冯遂的关系推《史记》中《冯唐列传》和《赵世家》的作者/侯廷生/邯郸职业技术学院学报/第3期

司马迁人生价值观的时间解读/崔康柱/渭南师范学院学报/第4期

《史记》取材与纪传体的形成/李芳瑜/渭南师范学院学报/第4期

《史记》十表校勘札记/周录祥/渭南师范学院学报/第4期

项羽刘邦成败的个性分析/徐兴海/渭南师范学院学报/第4期

《史记》特指疑问句研究/陈静/怀化学院学报/第4期

清武英殿本《史记》校刊考述/王永吉/南京师范大学文学院学报/第4期

《史记·五帝本纪》神话元素管窥/赵纪彬/新乡学院学报/第4期

论《史记》精神在元杂剧中的接受/赵洪梅/许昌学院学报/第4期

公选课"司马迁与《史记》"教学模式探微/余英华/淮北煤炭师范学院学报/第4期

《汉纪》与《史记》、《汉书》比勘举要/梁德华/武汉科技大学学报/第4期

从《史记》中的引"语"引"谚"看"语"及"谚"/金久红/郑州大学学报/第4期

论《史记》悲剧人物群像与司马迁的悲剧观/郭宁/湖北经济学院学报/第4期

理想人格建构的心路历程——论李长之人格论批评的价值追求/

刘月新、邹君/三峡大学学报/第4期

浅析《鸿门宴》中人物的个性描写/盛伟/漯河职业技术学院学报/第4期

从性格弱点看项羽失败的原因/晋文、韩丽红/安徽广播电视大学学报/第4期

从神到人——由《史记》到《资治通鉴》看刘邦形象的演变/漆福刚/襄樊职业技术学院学报/第4期

论司马迁的隐士观/朱玲/衡水学院学报/第5期

论司马迁《史记》创作之元动力/王长顺/福州大学学报/第5期

从《史记》的材料看宾语前置的发展/刘海平、吴少梅/赣南师范学院学报/第5期

勒菲弗尔"重写"理论视域下的华兹生《史记》英译/吴涛/昆明理工大学学报/第5期

文笔绝代良史高才——浅谈《史记》的文学性与实录性的关系/张怡雅/安阳工学院学报/第5期

《史记》被动句探析/周莹萍/清远职业技术学院学报/第5期

《史记》中"战国四公子"形象略论/姚雨/重庆工商大学学报/第5期

沙场之骁将治国之能臣——解读《史记·曹相国世家》/范璠/海南师范大学学报/第5期

关于《史记·五宗世家》之"河间献王"事迹疏证/汪春泓/北京大学学报/第5期

《史记》采《左传》材料类览/廖颖/和田师专学报/第5期

《史记》学方法论的时间解读/崔康柱、陈存战/西安交通大学学报/第5期

也评项羽——兼论国家的统一与分裂/宋一夫/湖南行政学院学报/第5期

最后的武士贵族楚霸王——项羽"负约"及刘邦病死真相/蒋非非/湖南行政学院学报/第5期

从个性看项羽之成败/朱亚非/湖南行政学院学报/第5期

司马迁《史记》文学特质三论/张丽丰/吉林省教育学院学报/第

5 期

关于"司马迁生平考证"的学术—思想史考察——《史记》阅读札记之一/党艺峰/渭南师范学院学报/第 6 期

论京剧"史记戏"对《史记》的改写/俞樟华、郭玲玉/渭南师范学院学报/第 6 期

唐代《史记》的研究与应用/薛瑞泽/渭南师范学院学报/第 6 期

出土文献在《史记》研究中的文献学价值/苏安国/渭南师范学院学报/第 6 期

由《史记》所传人物看司马迁对个性意识的张扬/张秀梅/山东省经济管理干部学院学报/第 6 期

司马迁"究天人之际"释义——从占星学的角度/章启群/安徽大学学报/第 6 期

盈虚之道论雄杰——由《项羽本纪》等篇谈《史记》人物塑造/张军军/海南大学学报/第 6 期

略论《史记》的写人艺术/陈如毅/沙洋师范高等专科学校学报/第 6 期

纵死犹闻侠骨香——解读《史记·游侠列传》中的郭解/李梅/重庆工商大学学报/第 6 期

宋明笔记对《史记》文学成就的总体评价/张自然/华北水利水电学院学报/第 6 期

论《史记》人物自杀现象的悲剧意蕴/黎业田/玉林师范学院学报/第 6 期

论徐复观对《史记》的"突出"解释/刘国民/湖北大学学报/第 6 期

《史记》、《汉书》中西汉楚方言的探究/王冲/内蒙古大学学报/第 6 期

《史记》经济伦理思想探析/朱美禄/贵州财经学院学报/第 6 期

《史记》载"高宗亮阴三年不言"考释——兼论司马迁叙史"疑则传疑"/易宁/北京师范大学学报/第 6 期

项羽"击坑秦卒二十余万人"献疑/李振宏/湖南行政学院学报/第 6 期

乌江自刎：项羽英雄人生的完美谢幕/王增文/商丘职业技术学院学报/第6期

论项羽之死——文化的视角/陈延庆/河南科技大学学报/第6期

项羽定都彭城的原因及利弊/徐卫民、方原/湖南行政学院学报/第6期

项羽"击坑秦卒二十余万人"献疑/李振宏/湖南行政学院学报/第6期

刘邦循武关道入秦原因新解/尤佳/河南大学学报/第6期

论《史记》写人的艺术/张清萍/南昌教育学院学报/第7期

从《墨子》《史记》《白马篇》看古代游侠形象及其演变——从"天下为公"到保家卫国/马守印/四川教育学院学报/第7期

《史记》版本源流综述/高岩/长春理工大学学报/第8期

关于苏轼对司马迁的评价问题/杨胜宽/乐山师范学院学报/第9期

中华本《史记》三家注俗讹字考辨/王永吉/江苏教育学院学报/第11期

论《史记》中的智者人格形象/陈洪波/湖北第二师范学院学报/第11期

《史记》悲壮美的人物审美特征浅论/李晓婉/广东技术师范学院学报/第11期

《史记》引《易》说/吴章燕/湖南科技学院学报/第11期

例谈司马迁笔下的悲剧人物——关于《史记》中悲剧人物的探讨/刘文涛/吉林广播电视大学学报/第12期

"李陵之祸"及其文化意蕴/李丽/重庆科技学院学报/第24期

其他期刊：

司马迁：《河渠书》（节选）赏析/张厚余/农业技术与装备/第1期

《史记》校点发正/苏芃/古籍整理研究学刊/第1期

略论《史记》档案资料的搜集途径及成就/徐品坚/档案学通讯/第1期

《左传》与《史记》中女性形象的比较/杨海丹/安徽文学/第1期

浅论《史记·伍子胥列传》的思想倾向/王华/安徽文学/第1期

《史记》式"展示"与《心灵史》式"讲述"——"报告"的文学叙事方式的合法性问题/黄忠顺/福建论坛/第1期

同义复词与《史记》《汉书》校勘/王文晖/长江学术/第1期

《史记》标点研究论略/赵继宁/湖北社会科学/第1期

出自《史记》的几个成语/李啸东/秘书工作/第1期

从《史记正义》看张守节的史识及史观/吴长谦/黑龙江史志/第1期

《史记》对伍子胥形象的塑造/何亮/书屋/第1期

末代楚王史迹钩沉——补《史记》昌平君列传/(日)李开元/史学集刊/第1期

《史记·货殖列传》中体现的经济思想探析/黄伟/现代商贸工业/第1期

论苏轼的《史记》研究/余祖坤/史学史研究/第1期

真情、细部、深度——《项羽之死》的教学重构课例与点评/罗进近、虞黎明、林富明/语文建设/2010/第Z1期

《项羽不死于乌江考》研究方法平议/袁传璋/文史哲/第2期

试析《史记·十二诸侯年表》之"篇言十二实叙十三"问题/时培磊/唐都学刊/第2期

汉代自杀现象下的反行为——以李陵及其家族的非正常死亡为中心/范国强/兰州学刊/第2期

从司马迁的成功看司马谈的家教思想/侯海英、赵克礼/唐都学刊/第2期

"因事命篇 不为常例"——《史记·大宛列传》探微/马小娟/史学史研究/第2期

清代学者对《史记》的考证性研究/董焱/社科纵横/第2期

《史记》与目录学/杨思贤/图书情报知识/第2期

《史记·律书》与秦汉律吕之学及兵学/唐继凯/中国音乐/第2期

《影宋百衲本史记》考/张兴吉/中国典籍与文化/第2期

《史记》校辨四家谈/赵生群、方向东、谢秉洪、吴新江/古籍整理研究学刊/第3期

佚名《史记疏证》、《汉书疏证》作者考——兼论杭世骏《史记考证》的性质/董恩林/历史研究/第3期

司马迁对德福关系问题的思考——以《史记·伯夷列传》为中心/安小兰/中国文化研究/第3期

从司马迁看编辑应具备的职业素质/高威/新闻传播/第3期

《史记》的"洗足"当作"洗"/凌瑜、秦桦林/语言研究/第3期

《史记》文献学研究/许琛/商业文化/第3期

"司马迁肯定孙武著《孙子兵法》说"献疑/何庄、洪华/档案学通讯/第3期

吸收《史记》营养增加新闻价值/吴彦、陈关庆/黑河学刊/第3期

信仰与意志：秦汉以前的"自杀"——以《史记》为中心的考察/孙乐、梁工谦/贵州社会科学/第3期

浅看对美的超越——从道德美与美学美的角度分析《史记》中的悲剧/王娜/安徽文学/第3期

《史记》、《汉书》之语言比较/吴婷/成功/第3期

读《史记·货殖列传》有感/陈涌玲、吴朝晖/中国农业会计/第3期

刘邦入秦行军路线新探/尤佳/军事历史研究/第3期

《报任安书》的完整解读/曹茂昌/中学语文教学/第4期

唐前班马优劣并称演变轨迹的梳理与考辨/陈莹/史学理论研究/第3期

刘邦入秦行军路线考辨/尤佳/天府新论/第3期

《史记志疑》与明人汉史研究探析/朱志先、张霞/文化学刊/第4期

《史记》引入人物自创诗歌之论析/叶文举/贵州社会科学/第4期

浅析《史记》中母亲形象/杨眉/安徽文学/第4期

《史记·匈奴列传》"戊己"考/胡松柏、谢晓芳/科学咨询/第4期

《史记》在元词中的接受研究/赵洪梅/社会科学论坛/第4期

"扭曲的人格·丑陋的灵魂"——浅谈《史记》中的"小人"形

象/贾得杰/文学教育/第4期

司马迁文化形态学的想象建构与意识形态分析/齐效斌/唐都学刊/第4期

司马迁的史学贡献/贺信民/民办教育研究/第4期

司马迁与汉代《诗经》学考论/张强/中国文化研究/第4期

《项羽本纪》中"西楚霸王"的"霸"字分析/王耀臣/文学教育/第4期

《〈史记〉与民族精神》简评/宋亚莉/东方论坛/第5期

《史记》成语管窥/贺诗菁/青海社会科学/第5期

《史记·越世家》中的范蠡/张文江/上海文化/第5期

司马迁的财务伦理思想研析/黄娟、刘岩/会计之友/第5期

远览《太史公书》近用刘歆《七略》——史志目录产生背景钩沉/王锦贵/情报资料工作/第5期

论西楚霸王项羽"都彭城"/王子今/湖湘论坛/第5期

以天下大义为名义的合谋——《史记·刺客列传》豫让刺赵襄子文本的儒学分析/翁俊山/理论界/第5期

《史记》对唐宋时期文献整理与编纂的影响/刘灵西/兰台世界/第5期

《史记·李斯列传》疑误一则/曲文/才智/第5期

后人评价刘邦人格低下原因浅析/王耀臣/安徽文学/第5期

《魏公子列传》解读/包志祥/文学教育/第5期

《鸿门宴》中"樊哙撞帐"的语言描写艺术/刘志锋/文学教育/第5期

《史记》语言的雅俗研究/赵梅/西安社会科学/第5期

《战国策》与《史记》策士形象差异考/郭慧/西安社会科学/第5期

从《刺客列传》看刺客的人生选择/方佳智/文学界/第6期

从《高祖本纪》中浅析刘邦与丰县的"复杂"关系/魏海波/科教导刊/第6期

目录学与《史记·太史公自序》/李慧/传奇·传记文学选刊/第6期

论司马迁的尚贤思想/刘瑞龙/唐都学刊/第6期

从《史记》列传看司马迁的生死观/高菲菲/今日南国/第6期

唐前小说对《史记》题材的接受与超越/陈莹/青海社会科学/第6期

《史记》对朝鲜半岛史学的影响/孙卫国/社会科学辑刊/第6期

长风呼啸马蹄声碎——司马迁笔下的楚汉相争/张大可/南都学坛/第6期

人与自然的史前对话——《史记·五帝本纪》另一种解读/王晓红/社会科学辑刊/第6期

深刻影响古代文献学的"以类相从"编撰思想——从《史记》"通古今之变"说起/胡晓明/出版发行研究/第7期

《史记》误为《左传》/洪帅、吴红英/咬文嚼字/第7期

"直书"与"曲笔"——结合刘知幾《史通》分析史家作史/李轩明、郑新/科教导刊/第7期

也谈项羽的"残暴"/聂凌燕、王耀臣/文学教育/第7期

司马迁的实录精神——兼析第二轮修志中的资料工作/赵泉明/黑龙江史志/第8期

从《史记·刺客列传》豫让故事看其行刺的心理动机/李少慧/文学界/第8期

试论司马迁与《史记》旅游文化资源开发策略——以陕西省关中地区为视阈/马雅琴、成荣强/理论导刊/第8期

简析《史记》"八书"残缺与补缺问题/张黎黎/边疆经济与文化/第8期

从"无为而治"看司马迁的儒道倾向/贾舒/前沿/第9期

韩信形象的典型意义及其在《史记》中的特殊视角/郭联凯/新西部/第9期

《史记》中项羽与樊哙的异同/徐晓玲/文学教育/第9期

《史记》神话研究/李瑞仙/文学教育/第9期

《史记·货殖列传》与全民创业文化的塑造/张继宏/科技创业月刊/第9期

《史记》与人物通讯写作/熊国荣、程前/新闻与写作/第9期

简论《史记》写人之绿叶扶花法——从吴见思《史记论文》谈起/张富春/名作欣赏/第9期

荡然之气沟壑万千——鉴赏《报任少卿书》/石拥军/社科纵横/第9期

关于世人对刘邦项羽评价不合史实的原因探析/马美琴/时代文学/第9期

"背关怀楚"：项羽别无选择/王耀臣/安徽文学/第9期

"重于泰山 轻于鸿毛"本义考/周文凯/人才资源开发/第9期

《史记》中项羽与樊哙的异同/徐晓玲/文学教育/第9期

论司马迁的音乐思想/陈四海、董菲/人民音乐/第10期

"实录"精神下的贤人政治——论司马迁开明的政治思想/黄秀坤、赵耀/前沿/第10期

刘邦大胆使用"跳跳族"/顾强/人才资源开发/第10期

刘邦斩白蛇/立青/咬文嚼字/第10期

我为"黥布"正名/杨乾坤/咬文嚼字/第10期

关于《史记》所载商鞅结局的疑点/孙皓晖/社会观察/第11期

不是司马迁 亦非司马光/黄金许/咬文嚼字/第11期

论《史记》刚健有为、自强不息的悲剧精神/关秀娇/名作欣赏/第11期

"中国·宿豫首届项羽文化国际研讨会"会议综述/庄小霞/中国史研究动态/第11期

论历代咏项羽诗及其道德评价/杨宁宁/学术论坛/第11期

刘邦：豁达大度用能人/启迪/人才资源开发/第11期

浅析司马迁的民本思想——以汉武帝对外的军事行动为例/宫震/文学界/第12期

司马迁怎会赞同扬雄/黎金祥/咬文嚼字/第12期

敦煌变文与《史记》《汉书》之间的相异性——以《汉将王陵变》为例/李扬扬/安徽文学/第12期

《史记》与中华民族凝聚力/陈其泰/学术研究/第12期

《史记》为何首列《五帝本纪》/黄庭柏/青年作家/第12期

《史记》研究的新视野文学研究的新开拓——读《〈史记〉与中国

文学》/王瑜/中国图书评论/第12期
论刘邦的胆气与正气/聂世军/领导科学/第12期
知人善任汉刘邦/冯兴振/决策/第12期
论《史记》中的爱国主义精神/单瑞永/英文科技信息/第13期
论司马迁文献学实践的历史条件与学术渊源/张晓光/科技信息/第14期
《史记》中"侠"的人格与精神/赵龙/大众文艺/第16期
伯顿·华滋生英译《史记》述评/赵桦/科技信息/第17期
司马迁的古代游侠思想探源/李立新、邓飞龙/兰台世界/第18期
谈《鸿门宴》的艺术美/陈金花/科技创新导报/第18期
司马迁对天道的怀疑与反叛/张欢/黑龙江史志/第19期
金圣叹《第五才子书施耐庵水浒传》之《史记》情结发微/朱志先/社会科学论坛/第20期
运用《浅析项羽、刘邦性格差异/魏继生/黑龙江史志/第21期
《〈史记〉选读》培养学生健全的人格/欧阳玉兰、罗小红/科技信息/第21期
李广为何难封侯/武玉林/领导科学/第22期
《史记·楚世家》"鬻熊子事文王"解/于海芹/才智/第25期
司马迁外孙的"告密"人生/何木风/政府法制/第27期
奇辱奇志凝奇文——司马迁《报任安书》的张力之美/秦朝晖/名作欣赏/第29期
周恩来妙语评项羽/亦明/政府法制/第29期
《报任安书》的一点教学建议/高金成/教育教学论坛/第32期
论《史记》厚德载物贵和持中的仁义精神/关秀娇/名作欣赏/第32期
项羽失败的性格缺陷及警示/郝继明/领导科学/第34期
打开文言文学习的另外一扇窗——以课本剧带动《史记选读》学习/黄艳/科技信息/第35期
从《史记》看司马迁的战争观/林诗维/中国市场/第40期

报纸：
司马迁的人生观与生死观/韩兆琦/北京日报/2010.4.5

项羽何处"迷失道"/张柏青、张劲松/中国社会科学报/2010.4.8

韩城《史记》巨幅书法手抄本展出/王屯虎、吕佳/渭南日报/2010.4.20

陕西省"第二届民俗文化论坛"暨"庚寅年民祭史圣司马迁大典"在韩城市隆重举办/潘伟/各界导报/2010.4.23

王立群：刘邦是个好老板——布衣皇帝管理智慧的当代镜鉴/梁燕/经济视点报/2010.4.29

《文史哲》刊文挑战冯其庸"项羽不死于乌江"有新说/方文国/中华读书报/2010.5.19

傅剑仁《从〈史记〉出发》、《品读〈史记〉》作品研讨会在我市举办/王海琦、丁若纳/承德日报/2010.8.16

司马迁与《史记》国际学术研讨会在商召开/郭雄伟/商洛日报/2010.8.17

关于项羽研究的一些思考/熊铁基/光明日报/2010.9.14

千年苦旅——傅剑仁《从〈史记〉出发》《品读〈史记〉》作品研讨会综述/沈玉波/承德日报/2010.10.13

《史记》里的税收故事/徐爱国/人民法院报/2010.10.15

王立群的《史记》人生/任崇熹/开封日报/2010.11.3

贵州学者把"夜郎自大"还给司马迁/范同寿/西部时报/2010.11.5

鲁迅到司马迁的精神谱系/老愚/中国经济时报/2010.12.17

其他：

司马迁与孔子——从司马迁言行看其夫子情节/徐同林/古文献与岭南文化研究/华文出版社

论司马迁论吕不韦/张强/古文献与岭南文化研究/华文出版社

论司马迁对秦史研究的突破与贡献/王绍东/古文献与岭南文化研究/华文出版社

司马迁之岭南观浅析/史振卿/古文献与岭南文化研究/华文出版社

司马迁的奢侈经济思想初探/赵善轩/古文献与岭南文化研究/华文出版社

《史记·乐书》不亡/王明信/古文献与岭南文化研究/华文出版社

《史记·世家》校勘札记/周录祥/古文献与岭南文化研究/华文出版社

《史记·吴太伯世家》和《史记·越王勾践世家》——二者对吴越争霸史料的互补安排与详略处理/龚剑锋、沈兴伟/古文献与岭南文化研究/华文出版社

《史记·鲁世家》"文子有义"疏解/刘伟/古文献与岭南文化研究/华文出版社

《史记》载孔安国"蚤卒"为错简考/张伟保/古文献与岭南文化研究/华文出版社

《魏公子列传》的取材/任刚/古文献与岭南文化研究/华文出版社

《史记·刺客列传》疏证/张玉春/古文献与岭南文化研究/华文出版社

细读《史记·日者列传》——兼与《庄子·盗跖》篇的比较/刘洪生/古文献与岭南文化研究/华文出版社

东汉初"立《左氏春秋》博士与否"牵涉出的《史记》争论/李剑清/古文献与岭南文化研究/华文出版社

古代日本佛家注释书所引的《史记》初探——以诚安撰《三教指归注集》为中心/〔日〕河野贵美子/古文献与岭南文化研究/华文出版社

《史记会注考证》辑佚《史记正义》佚文考/杨海峥/古文献与岭南文化研究/华文出版社

《史记》"傅说版筑"考/徐日辉/古文献与岭南文化研究/华文出版社

《史记》鸿门宴中的宴饮礼/周洪/古文献与岭南文化研究/华文出版社

《史记》与周章的历史地位/徐兴海/古文献与岭南文化研究/华文出版社

《史记》认定之《周易》文本层次解析/吕书宝/古文献与岭南文

化研究/华文出版社

试论《史记》中卜筮、星气、天官与《周易》之关系/叶文举/古文献与岭南文化研究/华文出版社

试析《史记》中的"重言"现象/田蔚/古文献与岭南文化研究/华文出版社

论史书中的帝王形貌记载及其文化蕴涵/王晶波/古文献与岭南文化研究/华文出版社

人与自然的史前对话——《史记·五帝本纪》另一种解读/王晓红/古文献与岭南文化研究/华文出版社

项羽一匹夫——论《史记》中项羽的形象/董普松、康清莲/古文献与岭南文化研究/华文出版社

《三国演义》的人物刻画对《史记》的继承——以《项羽本纪》为例/黄美铃/古文献与岭南文化研究/华文出版社

浓重战争情结束缚下的政治侏儒——重读《史记·淮阴侯列传》/马宝记/古文献与岭南文化研究/华文出版社

悲剧英雄与立功将领——《李将军列传》与《卫将军骠骑列传》对读/蔡忠道/古文献与岭南文化研究/华文出版社

《左传》叙事对《史记》之影响三题/吴美卿/古文献与岭南文化研究/华文出版社

史传文学的由奇到诞——以《史记》、《后汉书》为例/潘定武/古文献与岭南文化研究/华文出版社

真实的历史、记录的历史、解读的历史与接受的历史——以《史记·司马相如列传》、《汉书·司马相如传》为中心/王立群/古文献与岭南文化研究/华文出版社

《史记》的成立与史学/〔日〕藤田胜久/古文献与岭南文化研究/华文出版社

中国历史上第一曲伟大的人赞歌/刘振东、可永雪/古文献与岭南文化研究/华文出版社

"朕甚悯焉"与"戴盆何以望天"——《史记》成书的哲学启示/邹然、蔡欣/古文献与岭南文化研究/华文出版社

史实和诗美的完美结合——再论李白对《史记》的接受/韦爱萍/

古文献与岭南文化研究/华文出版社

苏洵论《史记》/阎崇东/古文献与岭南文化研究/华文出版社

叶适评论《史记》探析/史明文/古文献与岭南文化研究/华文出版社

吴见思家世及其《史记论文》考/张富春/古文献与岭南文化研究/华文出版社

康熙朝一位村姑对《史记》的评阅/刘正刚/古文献与岭南文化研究/华文出版社

牛运震论《史记》的叙事成就/俞樟华、周昉/古文献与岭南文化研究/华文出版社

刘咸炘/的《太史公书知意》及其史学成就/杨代欣/古文献与岭南文化研究/华文出版社

绘制《史记地图集》的技术路线及其应用/曾志雄、许盘清、卢昌玺、张小峰/古文献与岭南文化研究/华文出版社

《史记》人物的动漫实践探讨/马素娟/古文献与岭南文化研究/华文出版社

司马迁与《史记》旅游文化资源开发策略——以陕西省关中地区为例/马雅琴/古文献与岭南文化研究/华文出版社

《国语》纂者述论——从《史记》《汉书》相关记载谈起/〔新加坡〕李佳/古文献与岭南文化研究/华文出版社

《北堂书钞》征引《汉书》《后汉书》《三国志》条目订补——《史记·五帝本纪》另一种解读/赵灿鹏/古文献与岭南文化研究/华文出版社

香港中文大学图书馆藏《广东文选》抄本《史记·五帝本纪》的另一种解读/陈广思/古文献与岭南文化研究/华文出版社

垓下之战遗址地望考/袁传璋/古文献与岭南文化研究/华文出版社

论历代咏项羽诗及其道德评价/杨宁宁/古文献与岭南文化研究/华文出版社

关于刘邦"君权神授"的神话及其审美功能/王麦巧/古文献与岭南文化研究/华文出版社

西汉梁孝王刘武的历史地位/王增文/古文献与岭南文化研究/华文出版社

从夏商周秦看中国统一的步伐/张韩荣/古文献与岭南文化研究/华文出版社

文献所记载春秋时期楚国的王号及其影响/叶少飞、田志勇/古文献与岭南文化研究/华文出版社

李广评价及李广不得封侯原因研究综述/梁建邦/古文献与岭南文化研究/华文出版社

20世纪80年代以来"李广难封"问题研究综述/黄云鹤、刘国石/古文献与岭南文化研究/华文出版社

"盛德之后，必百世祀"/杨燕起/古文献与岭南文化研究/华文出版社

赵佗"和集百越"政策述论/孙文阁/古文献与岭南文化研究/华文出版社

从拉拢抚绥到军事收复——论西汉对南越政策的转变/李建栋/古文献与岭南文化研究/华文出版社

当今《史记》研究应走综合化之路/陈莹、张新科/司马迁与《史记》研究年鉴（2009年卷）/陕西人民出版社

《史记》的语言艺术/梁建邦/司马迁与《史记》研究年鉴（2009年卷）/陕西人民出版社

为司马迁与《史记》研究提供全面及时正确的信息而不断前进——评《司马迁与〈史记〉研究年鉴》2004—2008年卷/肖振宇/司马迁与《史记》研究年鉴（2009年卷）/陕西人民出版社

2009年司马迁研究综述/党艺峰、党大恩/司马迁与《史记》研究年鉴（2009年卷）/陕西人民出版社

2009年《史记》研究综述/梁建邦/司马迁与《史记》研究年鉴（2009年卷）/陕西人民出版社

2009年有关《史记》的考古发现/杜振虎/司马迁与《史记》研究年鉴（2009年卷）/陕西人民出版社

2009年《史记》考古发现研究/杜振虎/司马迁与《史记》研究

年鉴（2009年卷）/陕西人民出版社

2009年《史记》"版本与校勘研究"/王晓红/司马迁与《史记》研究年鉴（2009年卷）/陕西人民出版社

2009年《史记》"词语考证与语法研究"/韦爱萍/司马迁与《史记》研究年鉴（2009年卷）/陕西人民出版社

2009年司马迁与《史记》研究"重要研究著作与论文集简介/赵怀忠/司马迁与《史记》研究年鉴（2009年卷）/陕西人民出版社

2009年司马迁与《史记》研究"重要论文摘要"/马雅琴/司马迁与《史记》研究年鉴（2009年卷）/陕西人民出版社

日本出版《史记》研究著作目录/凌朝栋/司马迁与《史记》研究年鉴（2009年卷）/陕西人民出版社

台湾辅仁大学有关司马迁与《史记》研究资料（部分）/许淑华/司马迁与《史记》研究年鉴（2009年卷）/陕西人民出版社

"中国古代典籍与文化学术研讨会暨中国史记研究会第八届年会"综述/王晓红/司马迁与《史记》研究年鉴（2009年卷）/陕西人民出版社

"项羽乌江自刎学术研讨会暨《乌江论坛》出版座谈会"在北京隆重举行/王晓红/司马迁与《史记》研究年鉴（2009年卷）/陕西人民出版社

韩城市举行"己丑年民祭司马迁典礼"/梁建邦/司马迁与《史记》研究年鉴（2009年卷）/陕西人民出版社

己丑年民祭史圣司马迁典礼祭文/郑铁成（恭颂）/司马迁与《史记》研究年鉴（2009年卷）/陕西人民出版社

在己丑年民祭史圣司马迁典礼上的致辞/肖云儒/司马迁与《史记》研究年鉴（2009年卷）/陕西人民出版社

韩城徐村"暗八景"和司马迁后裔的"暗祭"/尚金陵/司马迁与《史记》研究年鉴（2009年卷）/陕西人民出版社

2009年司马迁研究论文目录/詹歆睿/司马迁与《史记》研究年鉴（2009年卷）/陕西人民出版社

2009年《史记》研究论文目录/詹歆睿、梁建邦/司马迁与《史

记》研究年鉴（2009年卷）/陕西人民出版社

2009年司马迁与《史记》研究著作目录/赵怀忠/司马迁与《史记》研究年鉴（2009年卷）/陕西人民出版社

《史记索隐》简介/梁建邦/司马迁与《史记》研究年鉴（2009年卷）/陕西人民出版社

司马迁、班固法制观比较研究/王明强/西南大学硕士学位论文/2010

从《史记》看司马迁对先秦文学观的继承和发展/李茉妍/延边大学硕士学位论文/2010

论武田泰淳的评传《司马迁》/崔雯雯/山东大学硕士学位论文/2010

生死皆不朽：从《史记》人物生死抉择看司马迁的生死观/郑诗傧/华中师范大学硕士学位论文/2010

司马迁司马光政治思想之异同/贾俊逸/西北师范大学硕士学位论文/2010

汉武帝故事及其文化阐释/刘杰/南开大学博士学位论文/2010

荆轲形象论/李振认/广西民族大学硕士学位论文/2010

《史记》中心理动词的语法、语义研究/张萍/山西师范大学硕士学位论文/2010

《史记》《汉书》异文考述/邹维一/上海师范大学硕士学位论文/2010

《史记》、《汉书》民族史料比较研究/王鹏/西南大学硕士学位论文/2010

《史记》"所"字研究/陈经卫/西南大学硕士学位论文/2010

桐城派古文理论与《史记》/禹秀明/西南大学硕士学位论文/2010

《史记》与复古派盟主王世贞/薛瑾/西南大学硕士学位论文/2010

《史记》、《汉书》中的女性形象/明娟/华中师范大学硕士学位论文/2010

开发和利用《史记》阅读与写作资源/谢诺冰/华中师范大学硕士学位论文/2010

《史记》讽刺艺术研究/纪玉娜/华中师范大学硕士学位论文/2010
《史记》与《汉书》中的复仇事象对比研究/张伶俐/华中师范大学硕士学位论文/2010
论《史记》的叙事技巧对中学作文教学的意义/唐明凤/华中师范大学硕士学位论文/2010
《史记·晋世家》叙事研究/曹西兰/曲阜师范大学硕士学位论文/2010
《史记》位移动词研究/涂加胜/安徽大学硕士学位论文/2010

【2011年】

学报：

论司马迁的文化使命与《史记》的着力点/张强/南京师范大学学报/第1期

《史记》中司马迁思想感情的表露艺术/梁建邦/渭南师范学院学报/第1期

论《史记》的"超史性"及其成因/王右磊、李建/渭南师范学院学报/第1期

《史记》"阿东国危"正解及勘误——以"东国"、"阿东"地域称谓辨析为中心/崔建华/渭南师范学院学报/第1期

中华书局点校本《史记》校补十则/王永吉/渭南师范学院学报/第1期

《史记》楚汉战争中虞姬与吕后描写的深层心理阐释/王晓红/渭南师范学院学报/第1期

司马迁、刘向对《管子》的诠释与编校/耿振东/西南交通大学学报/第1期

中华书局本《史记》校点献疑/王永吉/唐山师范学院学报/第1期

大胆的批判精神无畏的求实态度——《史记》价值评说/布仁图/内蒙古师范大学学报/第1期

明代兼主唐宋派的韩愈古文与《史记》之比较批评/陈慧/深圳大学学报/第1期

中华书局点校本《史记·乐书》标点商榷/余作胜/西昌学院学报/第1期

《史记》叙事范式与民族志书写的本土化/吴宗杰、余华/广西民族大学学报/第1期

论《史记·匈奴列传》的"参彼己"意识及其文本书写/田蔚/民族文学研究/第1期

《史记·项羽本纪》探析/霍小芳/山西经济管理干部学院学报/第1期

由正史到杂史——伍子胥复仇故事在史传系统中的流变/刘丛/河南科技大学学报/第1期

还原一个完整的东方朔——《史记》《汉书》之《东方朔传》合读/邢培顺/滨州学院学报/第1期

《史记》中项羽、刘邦形象比较谈/李营/辽宁教育行政学院学报/第1期

论《史记》中的侠客形象/王庆/长治学院学报/第1期

《史记》百科全书特征综论/王双/唐山师范学院学报/第1期

《史记·陈涉世家》"失期"考/金菲菲/首都师范大学学报/第S1期

司马迁经济思想的道家渊源及其发展/金会庆/合肥工业大学学报/第2期

论司马迁的政治管理思想/王继伟/濮阳职业技术学院学报/第2期

观看者 记录者 共舞者——刺客与司马迁悲剧命运的交响/王燕/和田师专学报/第2期

论司马迁对先秦诸子心灵世界的申纾——以《史记·孔子世家》为中心/倪晋波/连云港师范高等专科学校学报/第2期

试论《史记》有无史料征引自《淮南子》——兼与金德建等三位先生商榷/李银芝/攀枝花学院学报/第2期

《史记》叙事中人物的"价值诉求"/孔占芳/青海师范大学民族师范学院学报/第2期

《史记》词语古今注译辨正/管锡华、许巧云/四川师范大学学报/

第2期

项羽功绩的历史价值/杨燕起/湖南行政学院学报/第2期

《聊斋志异》与《史记》及杂史传关系论略/冀运鲁、马兆鹏/哈尔滨师范大学社会科学学报/第2期

《史记》标点指瑕/郭天祥/长沙理工大学学报/第2期

志古鉴今 垂范后世——析《史记·五帝本纪》的作意/余英华/西昌学院学报/第2期

质疑《史记》中的刺客精神/白育芳/广西社会主义学院学报/第2期

《史记》人物刻画的道德价值标准/江君、高静/安康学院学报/第2期

论《史记》的心理描写艺术/汪耀明/盐城师范学院学报/第2期

《史记》标点斠例/赵继宁/南京师范大学文学院学报/第2期

司马迁与他笔下的悲剧英雄——读《项羽本纪》和《李将军列传》/侯计先/佳木斯教育学院学报/第2期

《史记·屈原贾生列传》中的文学地理学思想/雷陈生/淄博师专学报/第3期

论《史记》思想内容的进步性/张清萍/南昌教育学院学报/第3期

论李斯的性格人生/廖善敬/黑龙江教育学院学报/第3期

史记》的结构形态与撰述者意识/吕逸新/山东理工大学学报/第3期

从《鸿门宴》中解读刘邦集团君臣关系的亲疏/孙炬、张凌艳/辽宁师专学报/第3期

论司马迁的创作心态/郭莎/鸡西大学学报/第3期

司马迁的"悲其志"与《离骚》的内在情感/李建松/洛阳理工学院学报/第3期

论司马迁的女性观/崔花艳/和田师专学报/第3期

从会计文化视角看司马迁和胡锦涛的民生安居观/徐汉峰/内蒙古电大学刊/第3期

借"史"传言论治平——司马迁的社会理想观/安敏、张三夕/鄂

州大学学报/第3期

司马迁王朝变迁观念刍议/张连娜、刘红君/牡丹江师范学院学报/第3期

司马迁"文质之辨"析义——以董仲舒"文质之辨"为对比/陈文洁/石河子大学学报/第3期

《史记》对先秦历史人物"哭"的增饰/芮文浩/长春大学学报/第3期

从凌稚隆《史记评林》看明代《史记》评点/朱志先/湖州师范学院学报/第3期

唐代《史记》传播研究综述/耿文风/渭南师范学院学报/第3期

《史记·游侠列传》与《汉书·游侠传》之异辨——兼论司马迁和班固的史家主体意识/岳岭/渭南师范学院学报/第3期

《史记》传记文学的特点——以传汉初三杰为例/施丁/荆楚理工学院学报/第3期

傅增湘与《百衲本二十四史·史记》成书/芮文浩/宿州学院学报/第3期

论《史记》中士的形象/张群/枣庄学院学报/第3期

《史记》文章风格——俊逸、郁勃略解/高志明、张巧明/河北工程大学学报/第3期

《陈涉世家》中的"鱼狐"文化/王虎、张明辉/湖南城市学院学报/第3期

人类学田野调查与《史记》中的实地考察/袁理/重庆文理学院学报/第3期

试论《史记》艺术风格的多样性/张斐/佳木斯教育学院学报/第3期

粲若经传继乎六籍——论《史记·五帝本纪》采纳《孟子》的学术史意义/李华/重庆师范大学学报/第3期

百衲本《史记·乐书》校补/余作胜/四川师范大学学报/第3期

司马迁对儒道思想的批判性接受及原因/李建安、祁国宏/内蒙古农业大学学报/第4期

司马迁天下"皆为利"思想简论——兼与亚当·斯密"经济人"

假设比较/董平均/河北经贸大学学报/第4期

从书写方式推测《史记·乐书》的来源——兼说《乐记》成书的时代/杨合林/湖南大学学报/第4期

《史记》中"干"字词义考/雒文泉/吕梁教育学院学报/第4期

从《史记》、《世说新语》的语料对比看处所表达法的发展/刘海平/赣南师范学院学报/第4期

《史记》与《孙子兵法》/王立群/信阳师范学院学报/第4期

《史记》专诸刺僚前之"母老子弱"辨析/容苑/成都大学学报/第4期

《史记》、《汉书》所载易学传授体系与汉初的易学传承考辨/白效咏/中国人民大学学报/第4期

从《史记》中的上古神话看先秦文化从巫到史的演变/张耀元、张华/唐山师范学院学报/第4期

《史记》《汉书》异文中的同源词研究/李娟/湖北师范学院学报/第4期

《史记》与《左传》中女性人物塑造之异同/刘小姣/新余学院学报/第4期

枕边吹风的狐媚还是老谋深算的政客——浅谈《左传》、《国语》、《史记》"骊姬之乱"中骊姬形象的不同/樊雅茹/新乡学院学报/第4期

"朕甚悯焉"与"戴盆何以望天"——《史记》成书的哲学启示/邹然、蔡欣/嘉兴学院学报/第4期

《史记》孙武事迹考辨/曾志雄/信阳师范学院学报/第4期

《史记》所撰孙武之传的历史价值/杨燕起/信阳师范学院学报/第4期

《后汉书》李贤注称引《史记》考校/余琼/南京师范大学文学院学报/第4期

试论语境对名量选择的影响——以《史记》、《齐民要术》为例/付哈利/广西教育学院学报/第4期

司马迁研究的拓新与超越——评王长顺《先秦士人与司马迁》/马雅琴/咸阳师范学院学报/第5期

司马迁与孙子学/赵国华/滨州学院学报/第5期

论司马迁的孝道及孝道思想/陆川、杨宁宁/渭南师范学院学报/第5期

《史记·天官书》"宫"、"官"考辨/赵继宁/渭南师范学院学报/第5期

论司马迁的治道观及其渊源/陈倩倩/渭南师范学院学报/第5期

论司马迁对秦史研究的贡献与突破/王绍东、刘鹏/内蒙古大学学报/第5期

中国历史上第一曲伟大的人的赞歌/刘振东、可永雪/内蒙古师范大学学报/第5期

司马迁与中国水文化/梁中效/咸阳师范学院学报/第5期

项羽、刘邦人物形象同一论——司马迁心目中的完美男性/裴雪莱/重庆教育学院学报/第5期

刘熙载《艺概》论《史记》/田蔚/广东技术师范学院学报/第5期

《史记》的写人艺术及其在文学史上的影响/陈慧/黄冈职业技术学院学报/第5期

浅析司马迁《史记》忠臣形象的忠怨情结/支卓华/河南机电高等专科学校学报/第5期

《史记·乐书》校勘商榷/余作胜/内江师范学院学报/第5期

浅析《史记》的悲剧人物及其精神/李荷莲/贵州民族学院学报/第5期

《史记》与传记文学传统的确立/傅刚/上海大学学报/第5期

试论《史记》的自杀叙事/陈鹏程/新余学院学报/第5期

从《史记》、《汉书》和《后汉书》探讨两汉时期中印交流/谢晓丹/牡丹江师范学院学报/第5期

《史记·屈原贾生列传》的文学地理学解读/雷陈生/郧阳师范高等专科学校学报/第5期

论司马迁的义利观/刘军华/延安大学学报/第6期

司马迁的史识与《史记》的历史编纂成就/舒习龙/中国石油大学学报/第6期

司马迁的悲剧意识与项羽的"江东情结"/王瑞/内蒙古电大学刊/第6期

《玉海》征引《史记正义》佚文考索——宋人著作征引《史记正义》佚文考索之一/袁传璋/浙江师范大学学报/第6期

从《廉颇蔺相如列传》看秦赵大战前的外交角力与士气攻防战/林聪舜/信阳师范学院学报/第6期

《史记》女性形象述评/陈功文/岳阳职业技术学院学报/第6期

再探《史记》的创作动因/袁春艳、张丽萍/太原师范学院学报/第6期

《史记·魏公子列传》四题/李伟泰/信阳师范学院学报/第6期

《史记·周本纪》"不显亦不宾灭"考/于薇/中山大学学报/第6期

《论衡》虚词与《史记》虚词之比较研究/吴庆峰/山东师范大学学报/第6期

《史记》、《汉书》用字简繁差异原因探析/代莉莉/贵州民族学院学报/第6期

司马迁商品经济思想浅析/魏新民/渭南师范学院学报/第7期

浅析《史记·项羽本纪》中的情态描写/李娜/渭南师范学院学报/第7期

《史记》《汉书》诸《表》考订/吴昱昊/渭南师范学院学报/第7期

论《伍子胥列传》与《伍员吹箫》对伍子胥故事的不同演绎/俞樟华、娄欣星/渭南师范学院学报/第7期

屈原形象的塑造与古典时代的浪漫主义传统——《史记》阅读札记之二/党艺峰/渭南师范学院学报/第7期

渭南师范学院《司马迁与〈史记〉研究年鉴》编辑部获"中国史记研究会学会贡献奖"/《渭南师范学院学报》编辑部/渭南师范学院学报/第7期

行非所学背弃师门——读《史记·李斯列传》有感/林东民/辽宁行政学院学报/第7期

《史记》《汉书》中作者精神倾向比较研究/冯馨瑶/赤峰学院学报

/第8期

浅谈《史记》中人物的悲剧性和抗争性/张瑛/长江大学学报/第8期

大道如青天 我独不得出——从"诗可以怨"的角度看《史记》的悲剧英雄主义色彩/邹戈奔/咸宁学院学报/第8期

宋人对《史记》和《汉书》中晁错形象的接受——兼论晁错之死因/罗昌繁/渭南师范学院学报/第9期

我的《史记》梦——在南京师范大学文学院的演讲/可永雪/渭南师范学院学报/第9期

论王若虚《史记辨惑》之史评/张建伟/渭南师范学院学报/第9期

司马迁对封建黑暗专制制度的批判——解读《史记·魏其武安侯列传》/周虹云/渭南师范学院学报/第9期

对《史记》殷、周、秦起源神话的考量/师帅/渭南师范学院学报/第9期

《史记》创作思想中的《易》理渗透/吴章燕/湖南科技学院学报/第10期

《史记》人物附传论/肖振宇/渭南师范学院学报/第11期

《史记》揭示了周章的历史地位/徐兴海/渭南师范学院学报/第11期

新颖独到的研究视角通脱达观的理性思考——王长顺新著《先秦士人与司马迁》评介/段永升/渭南师范学院学报/第11期

《史记》所见秦地民俗的道德化倾向及其双重影响/韦爱萍/渭南师范学院学报/第11期

《史记》不立"墨子列传"之缘由/曹顺庆、聂韬/西南民族大学学报/第11期

齐桓称霸的历史诠释——以荀卿、韩非、司马迁、苏轼为中心/耿振东/哈尔滨学院学报/第12期

司马迁心目中的理想男性观——以《史记》中项羽、刘邦人物形象为例/裴雪莱/淮海工学院学报/第13期

其他期刊：

《史记·货殖列传》的理财思想/丁美菊/全国商情/第1期

论史学三书对《史记》的评论/杨绪敏/史学史研究/第1期

《史记》和《汉书》的比较/刘雪彦/科教导刊/第1期

古代封禅神物"三脊茅"探微/吴力勇、王元林/农业考古/第1期

语文教学的点线面——《李将军列传》之"无韵之离骚"参读/徐同林/语文教学通讯/第1期

楚汉之际黄淮、江淮间军事交通地理与垓下地点的推定/王健/军事历史研究/第1期

《史记·楚世家》熊渠封三子史料性质小考/郑威/江汉考古/第1期

《史记》疑误二则/陈伦敦、李斯斌/中国史研究/第1期

略述《史记》在美国的两次译介及其影响/吴原元/兰州学刊/第1期

鲁迅与司马迁/姚春树、汪文顶/鲁迅研究月刊/第1期

司马迁遭受宫刑原因再探/钟书林/文学遗产/第1期

司马迁的发愤著书说及其对后世的影响/高巍/文学教育/第1期

司马迁的妇女观及其成因探析——以《史记》为考察文本/曾秀芳/求索/第1期

《史记》编纂学中的破例问题/舒习龙/东方论坛/第1期

《史记》刘邦击秦史实辨正/尤佳、周斌、吴照魁/晋阳学刊/第1期

唐人史注与"小说"观念——以《史记索隐》《史记正义》为例/郝敬/兰州学刊/第1期

一篇调动了多种表达方式的"无韵之离骚"——《屈原列传》解读/慕文俊/语文教学之友/第1期

《史记》之引用《论语》/金华/语文教学通讯/第1期

司马迁笔下的婚姻悲喜剧/冯一下/文史杂志/第1期

秦王能够"苦笑"吗？——浅议《廉颇与蔺相如》中"嘻"字的理解/李娜、郭爱芹/中小学电教/第1期

《史记·仲尼弟子列传》中一段标点的商榷/李银芝/安徽文学/第1期

从《太史公自序》看司马迁的儒家文化继承/睫凌/新语文学习/第 Z1 期

《报任安书》教学设计/范冬梅/语文建设/第 Z1 期

怨？怨！怨？——《伯夷列传》的设问修辞与主旨辩证/徐同林/语文教学通讯/第 Z1 期

《史记》中的"忠烈"精神对军人道德建设的现实意义/贾利芳、郭岑/语文教学通讯/第 Z1 期

司马迁遗著《素王妙论》考实/阳清/文艺评论/第 2 期

司马迁的孔子删《诗》说/朱金发/南都学坛/第 2 期

屈原：司马迁心中的一盏明灯/熊红艳/语文教学与研究/第 2 期

论《史记》的死亡叙事与悲剧精神/张群/现代语文/第 2 期

风俗文化背景下《史记》中的父母形象/昝风华/重庆社会科学/第 2 期

《三国演义》对《史记》的悲剧意识的传承/刘梅兰/青春岁月/第 2 期

《史记》的叙事特点及小说因素分析/刘新生/齐鲁学刊/第 2 期

项羽在戏曲中的形象演变/任荣/剧作家/第 2 期

浅析司马迁笔下的隐士形象/宫震/剑南文学/第 2 期

司马贞《史记索隐》"王师叔"正讹/苏芃/图书馆理论与实践/第 2 期

人神之际多元互动下的"实录"坚守——司马迁取舍上古神话传说的原因探析/张华/中华文化论坛/第 2 期

《史记》断句辨正一则/邱洪瑞/江海学刊/第 3 期

从文本演进看《史记》中大禹"过家门而不入"的成因/王宏根/新语文学习/第 3 期

谈选修课的引导探究之道——以《高祖本纪》的教学为例/孙志玲/现代语文/第 3 期

一曲悲歌唱尽 无限惋惜在心——李将军悲剧的性格因素/王群、崔凤霞/文学界/第 3 期

以《史记》为视角看刘邦的亲情观/刘涛、延艳芳、周通先/农家科技/第 3 期

论《史记》对悲剧人物的着力刻画/郭宁/群文天地/第3期

从《史记·循吏列传》看司马迁的政治思想/田敏/文学界/第3期

一曲"愤"歌成绝唱——《司马迁发愤写〈史记〉》第二课时教学设计/金立义/云南教育/第3期

暗祭——史圣后裔清明祭祖/尚金陵/旅游/第3期

《史记》中的细节描写对当代小说创作的影响/杨光/黑龙江科技信息/第3期

经史分途的"文化层级"和"身份选择"意识——以司马迁及《史记》为中心/王灿/阴山学刊/第3期

日本米泽藩旧藏宋版三史与近代中日文化交流/陈捷/文献/第3期

《史记·五帝本纪》与西汉文化的建构/张新科、王晓玲/求是学刊/第4期

叙述与感悟:陈涉史传嬗变的现代启示/徐立新/浙江社会科学/第4期

读《史记·屈原贾生列传》献疑/汪春泓/文学遗产/第4期

司马谈与司马迁之比较/黄婧琪/青年文学家/第4期

宋代文章学视野下的《史记》/杨昊鸥/江西社会科学/第4期

《史记》记述前后差异考辨两则/苏安国/中国典籍与文化/第4期

《史记》提前《汉语大词典》书证迟后九则/朱成华/传奇·传记文学选刊/第4期

刍议《史记》中的叙事谋略/李树玲/文学界/第4期

激情的史传 无韵的诗篇——评《屈原列传》的艺术表现特色/朱艳芸/文学界/第4期

绿叶光彩亦照人——浅谈《廉颇蔺相如列传》中的缪贤形象/郝向阳、白红艳/语文教学之友/第4期

《史记》、《汉书》"七"、"十"互误考四则/邹维一、曾维华/中国典籍与文化/第4期

关于《史记》列孔子为世家的原因——从世家的定义与其"世家"本身的矛盾而谈/邓莹、陆丽明/文教资料/第4期

历史之用——论《史记·季布栾布列传》的笔法与乾隆褒忠贬叛的做法/李鹏/文学与文化/第4期

"学术文化是在政治的上位"——徐复观对《史记》的"突出"解释/刘国民/中国文化研究/第4期

司马迁写《史记》用了多长时间/陈百川/东西南北/第5期

从接受视域探析唐前《史记》的儒化现象/陈莹/史学月刊/第5期

史家绝唱 无韵离骚——论《史记》人物传记的特点/张媛媛/品牌/第5期

近四十年来韩国《史记》研究综述（1971—2010）/诸海星/唐都学刊/第5期

论司马迁的审美倾向/马彦林/文学教育/第5期

司马迁的循吏观/罗霄/安徽文学/第5期

俄藏敦煌文献所见存世最早的《史记》写本残片及其缀合/张宗品/敦煌研究/第5期

《鸿门宴》的叙事视角模式分析/王娜/华章/第5期

教好《史记》深化高中语文教学/杭建丽/新课程/第5期

试论《史记》对女性人物精神生态的观照/王晓红/社会科学辑刊/第5期

力不从心的无奈——读《报任安书》一得/胡昌兰/新课程/第5期

教学案例：《史记》对后代诗歌的影响/张玉莹/新课程学习/第5期

浅谈《史记》闾巷之人之入传/樊蓉/科学大众/第5期

试析《史记·酷吏列传》的讽刺艺术/张学成/齐鲁学刊/第5期

待贾——读《史记·孔子世家》/陈新华/特区实践与理论/第5期

读《史记·西南夷列传》——试论汉武帝的西南边疆民族经略/严丽/黑龙江史志/第5期

无剑不成戏——谈谈《鸿门宴》中"剑"对情节发展的作用/罗献中/语文月刊/第5期

《廉颇蔺相如列传》：宏微相济、散点透视的叙事范例/江奎/新高考/第5期
花红柳绿最养眼 蝶儿蜂儿舞翩翩——浅谈《雨霖铃》与《史记》的教学/孙艳甜/新课程/第5期
《史记》"重言"现象解析/田蔚/文艺研究/第5期
《司马迁发愤写〈史记〉》第二课时教学设计/金立义/教学与管理/第5期
文学与历史之间——从《李将军列传》看李广难封的真相/白帆/文学界/第5期
秦礼文化探究——以《史记》为主要研究资源/郑成林、王彤、张慧嫘、赵雨维/西安社会科学/第5期
《史记·高祖本纪》赏析与考点分析/王淦生/考试/第Z5期
历史建构与文学阐释——以《史记·司马相如列传》为中心/王立群/文学评论/第6期
浅探司马迁《史记》的写作笔法/李宗富/剑南文学/第6期
留名岂是因为无所作为——读《史记·曹相国世家》/楚欣/炎黄纵横/第6期
倾满腔热情 塑真心英雄——《魏公子列传》解读/郭连/新课程学习/第6期
《史记》中的女性漫谈/魏思妮/文学教育/第6期
以真情再现人情用神韵塑造形象——从高中教材《史记》选文看司马迁传记文学的人物刻画/戴娟娟、桂敏/中学语文/第6期
《史记·滑稽列传》的人物价值/张茜/文学教育/第6期
原本《玉篇》引《史记》及相关古注材料考论——裴骃《史记集解》南朝梁代传本之发现/苏芃/文史哲/第6期
《史记》与墨子探析/聂韬、聂应德/社会科学研究/第6期
略议《史记》的天人观/江秀娟/科教文汇/第6期
触摸生命的悲剧底色——浅析《史记·李将军列传》/高原/作家/第6期
《二十四史全译》之《史记·田单列传》译文商榷/朱成华/语文学刊/第6期

由"辱"入手理解《报任安书》/王静/阅读与鉴赏/第6期

司马迁的经历与《史记》的文学性/卢红霞/文学界/第7期

论元杂剧《赵氏孤儿》对《史记》精神的接受/魏海稳/文学界/第7期

本色英雄与英雄本色——《项羽本纪》与司马迁的英雄观/馨语/神州/第7期

写在备课本上的《〈史记〉选读》教学故事/曹勇军/中学语文教学/第7期

鸿门宴与项庄/张志达/咬文嚼字/第7期

浅论中国早期史传的叙事特征/尹雪华/前沿/第8期

司马迁及其女婿与外孙/郁土/中外文摘/第8期

司马迁与《报任安书》/楚欣/炎黄纵横/第8期

司马迁与希罗多德的文化相对主义/罗楚盈/书屋/第8期

荆轲刺秦王探疑——读《史记·刺客列传》/丁国祥/现代语文/第8期

理顺四重关系精读《史记》经典/牛晓伟/现代语文/第8期

抓住文题 紧扣题眼 自探自究——三教《司马迁发愤写〈史记〉》/候正洪、袁开文/新课程研究/第8期

浅析《史记·晏子列传》的艺术技巧/王安庆、李燕/新课程/第8期

禅让传说与天道观念——以《史记》为文本的新思想史考察/曾敏/名作欣赏/第8期

论《史记》的经济思想/乔金山/决策探索/第8期

《史记·仲尼弟子列传·冉有》评补/杨雄、杨春雨/社科纵横/第8期

趣谈《魏公子列传》中的"三"/陈圆圆/文学教育/第9期

《史记》在汉代的传播与接收/叶楠/中小企业管理与科技/第9期

简述当代艺术对《史记》改编——以电影《霸王别姬》为例/刘浩/北方音乐/第9期

高中《〈史记〉选读》教学模式初探/袁靖/读与写/第9期

论《史记》中的儒家文学思想/秦守启、赵蕾/安徽文学/第9期

精神的超越——论《史记》写人艺术的新发展/王卓/教书育人/第9期

《史记》述墨新论/徐华/学术界/第9期

帝王之师的隐士品格——《史记》中的张良形象解读/张梁/安徽文学/第9期

由《滑稽列传》的讹谬看司马迁的创作匠心/周晟、宗蓓/中学语文/第9期

《史记》中渔夫形象浅析/杨彩平/新西部/第9期

《史记》"西楚"的地域及文化分区意义/徐华/文艺评论/第10期

《史记》中的细节/张际会/军事记者/第10期

《史记》文学性的传记特色刍议/陈素志/语文教学通讯/第10期

让选修课有选修的味道——关于苏教版《〈史记〉选读》教学的不良倾向及思考/张正平/教学月刊/第10期

李景星《史记评议》的文学初探/倪金梅/传奇·传记文学选刊/第10期

从《史记菁华录》看姚苎田的评点特色/鲁青/剑南文学/第10期

《史记》所见秦始皇姓氏辨析/骆春榕/黑河学刊/第10期

谈谈《史记·赵世家》对《左传》中赵氏孤儿故事的继承和改造/兰桂平/金田/第10期

不问苍生问鬼神的皇帝——从《史记》《孝武本纪》和《封禅书》看汉武帝形象的另外一面/阳卓军/时代文学/第10期

论《史记》的语言张力之美/王长顺/理论导刊/第11期

纪念司马先圣 再造文化辉煌/郝鹏/丝绸之路/第11期

"史记韩城"承古开新文化陕军"风追司马"——辛卯年民祭史圣司马迁大典隆重举行/乔岳、冯静、姚慧敏/丝绸之路/第11期

《文选》史论体对《史记》的继承和发展/孙志轩/文学界/第11期

从《史记》、《世说新语》的对比看名量结构的发展/刘海平/语文学刊/第11期

浅谈如何从"论赞"入手学习《史记》的人物传记/汪明霞/基础

教育研究/第11期

"瘖""哑"用字变异研究——附析《史记·刺客列传》之"吞炭为哑"/刘君敬/汉语史学报/第11期

《史记·天官书》研究论略/赵继宁/湖北社会科学/第11期

《史记》中的悲剧人物给现代人的警醒/马德辉/文学教育/第11期

《史记》中的人才思想/周灵灵/企业管理/第11期

试析《鸿门宴》中的项羽英雄心理/李彬/语文教学与研究/第11期

《史记·管晏列传》的艺术性和思想性对当代的启示/杨康昀/新西部/第11期

说理艺术是改革者的一把利器——再读《史记·赵世家》/孙立洲/大众文艺/第11期

刘邦传奇/王立群/领导文萃/第11期

《史记》创作心理探析/马莹莹、王蜓颐/文学界/第12期

史迁笔法：藏美刺于互见/李洲良/文艺评论/第12期

浅论司马迁的商业思想/刘强/广东科技/第12期

论司马迁的儒学观/梁宗华/东岳论丛/第12期

史笔贵直 文笔贵曲——《史记》艺术探微之一/范璠/名作欣赏/第12期

《史记》中的女性形象解析/王美玲/现代交际/第12期

在毁灭中超越——《史记》悲剧中生与死的超越/李晨子/剑南文学/第12期

《史记》中项羽结局的描写艺术/魏佳/文学教育/第12期

从《鸿门宴》看古代饮食文化与礼仪/邢怒海/作家/第12期

简论《史记·货殖列传》中的商人形象/张雯/安徽文学/第12期

把握《〈史记〉选读》的三个价值/王钱/语文天地/第13期

《史记》熟语的民俗文化/丁晓龙、吴云鹏/语文学刊/第13期

《史记》《周礼》俄译本新著问世/《语文教学与研究》编辑部/语文教学与研究/第14期

《百衲本二十四史校勘记·史记校勘记》指误/芮文浩/文教资料/

第14期

掀起你的盖头来——《鸿门宴》中的人物形象分析/刘依民/中学语文/第15期

选修课的散文式教学——《史记·淮阴侯列传》课例随想/廖海燕/中学语文/第15期

《廉颇蔺相如列传》教法新探/肖俊、万元洪/中学语文/第15期

《史记》《汉书》异文中的同义词研究/李娟/语文学刊/第15期

马班史学思想之异/钟淑凤/文教资料/第15期

"崇让"思想对《春秋》、《史记》编纂的影响/马卫东/兰台世界/第16期

《史记》谳疑三则/朱一红、周卫华/兰台世界/第16期

论《史记》中的畸形人性/袁棠华/作家/第16期

鸿门宴上项羽不能杀刘邦/范大同/群文天地/第17期

论《史记》中李斯的形象/焉君龙/神州/第17期

浅析《史记·项羽本纪》立纪的合理性/姚霖/考试周刊/第17期

解读《史记》要抓好"审丑"的切入口/吴艳辉/语文教学与研究/第17期

透过《史记》、《汉书》论赞序比较司马迁、班固思想之异同/曾瑞琪/文教资料/第18期

司马迁与班固"游侠观"之比较/刘秀敏、彭薇/文教资料/第19期

严刑峻法、酷烈为声之"酷吏"——司马迁以"酷"名传/刘梅兰/才智/第19期

浅析司马迁《货殖列传》中的经济思想/齐爽/商业时代/第19期

浅议如何进行《史记选读》的有效教学/张翼/文教资料/第19期

《史记·田单列传》战术心理分析/朱成华/大家/第20期

略论《史记菁华录》对补叙手法的总结/左方霞/考试周刊/第20期

文学之眼看《史记》/王岩/群文天地/第21期

怨愤、困惑背后的道德坚守——从《伯夷叔齐列传》解读司马迁的人生价值观/尚伟芳/大家/第22期

从《史记》人物豫让读刺客的文化特征/叶琦/语文学刊/第22期
试析《史记》"甘茂有孙曰甘罗"之误/甘苏/兰台世界/第22期
韩愈散文对《史记》叙事方法的继承/宋晓娟/语文学刊/第23期
论"史记戏"的教化功能/江君/电影评介/第23期
谈《史记》教学的四个维度——以《淮阴侯列传》（节选）的教学实践为案例/杨荣寿/名作欣赏/第23期
"礼贤下士"与"士为知己者死"——从《魏公子列传》看司马迁的社会理想/杨芳/新作文/第24期
《鸿门宴》人物比较/吴立荣/语文教学与研究/第25期
论《史记》历史叙事的文学性特点/王楠楠/神州/第26期
《汉语大词典》失收《史记》诸词举例/朱成华/华章/第26期
如何运用司马迁的黄老思想指导实践/杨敏/价值工程/第30期
《报任安书》与《太史公自序》比较阅读/张亚中/学周刊/第30期
浅谈《〈史记〉选读》对学生人文价值的陶冶/姚娟/才智/第31期
《史记》"南越列传"和《汉书》"南粤传"篇目比较/谢春杨/考试周刊/第31期
《鸿门宴》中的一处细节描写/汤广文/语文教学与研究/第31期
《史记》侠义之士的独立意志与悲剧人格/关秀娇/名作欣赏/第32期
鸿门宴项羽不杀刘邦之情感因素浅析/于志新/教师/第32期
浅析《史记》中的"性格悲剧"/杨彩平/科技致富向导/第32期
司马迁经学教育思想探析/杨敏/价值工程/第33期
几经删禁为谤书 筚路蓝缕破樊篱——《史记》在汉代的艰难传播/赵明正/名作欣赏/第34期
《史记》与《汉书》批判精神之对比——以刘邦形象为例/郑丽冰/文教资料/第34期
试论《鸿门宴》的叙事艺术/谢鹏/文教资料/第34期
《史记》人物悲剧性代表人物的个案分析/王丽军/华章/第34期
《史记·孔子世家》三家注引文考校/李辉/文教资料/第36期

对马班游侠观的再认识/黄美玲/考试周刊/第36期

司马迁与班固眼中的佞幸/潘昊昕/考试周刊/第47期

关于高中语文《〈史记〉选读》教学的几点建议/吴海燕/考试周刊/第58期

司马迁记述的"春秋五霸"/魏家琪/考试周刊/第72期

史学家的独特视角——司马迁《陈涉世家》教学随想/邱广/考试周刊/第74期

司马迁重视治水略论/钟雯霞/考试周刊/第92期

司马迁《报任少卿书》索隐/杨琳/汉语史学报/第00期

其他：

司马迁吴地遗踪探析/吴奈夫/史记论丛（第八集）/中国文史出版社

司马迁与孙子学/赵国华/史记论丛（第八集）/中国文史出版社

尚文崇武——司马迁对吴地文化的论述/史振卿/史记论丛（第八集）/中国文史出版社

司马迁的兵学思想/刘洪生/史记论丛（第八集）/中国文史出版社

对司马迁实践观的断想/李同洲/史记论丛（第八集）/中国文史出版社

"中国史记研究会"十年/张大可、邓瑞全/史记论丛（第八集）/中国文史出版社

中国史记研究会在江南大学成立/吕锡生/史记论丛（第八集）/中国文史出版社

江南大学史记亭的建立/徐兴海/史记论丛（第八集）/中国文史出版社

《史记》情缘/阎崇东/史记论丛（第八集）/中国文史出版社

责任与担当——中国史记研究会第五届年会保护成皋城之倡议/陈万卿/史记论丛（第八集）/中国文史出版社

史记研究会第七届年会学术考察综述/张强、范新阳/史记论丛（第八集）/中国文史出版社

治《史记》感言/俞樟华/史记论丛（第八集）/中国文史出版社

1985年中国第一次《史记》研讨会记事/徐日辉/史记论丛(第八集)/中国文史出版社

忘不了《史记》学人在北京的第一次聚会/可永雪/史记论丛(第八集)/中国文史出版社

开拓领域,深化研究,推进《史记》研究更上层楼/张新科/史记论丛(第八集)/中国文史出版社

编辑《司马迁与〈史记〉研究年鉴》的一点随想/梁建邦/史记论丛(第八集)/中国文史出版社

《史记》孙武事迹考辨及孙武仕吴背景大事年表/曾志雄/史记论丛(第八集)/中国文史出版社

孙武与苏州/汪育俊/史记论丛(第八集)/中国文史出版社

孙武齐人、吴人之我见/吕锡生/史记论丛(第八集)/中国文史出版社

孙武一生的重要活动在苏州/徐兴海/史记论丛(第八集)/中国文史出版社

从"辟隐深居"的释义看兵圣孙武的隐居地在穹窿山/黄岳洲/史记论丛(第八集)/中国文史出版社

穹窿山因孙武名扬四海/王文初/史记论丛(第八集)/中国文史出版社

探析孙武传中的"吴宫教战"/韩雪晨/史记论丛(第八集)/中国文史出版社

吴宫教战与南宫及其他/张志新/史记论丛(第八集)/中国文史出版社

第三次"南宫"研讨会纪要/苏孙会/史记论丛(第八集)/中国文史出版社

孙武生平的历史考察/杨波/史记论丛(第八集)/中国文史出版社

孙武居吴撰修兵法/戈春源/史记论丛(第八集)/中国文史出版社

《孙子兵法》新译/韩兆琦/史记论丛(第八集)/中国文史出版社

"夫椒"所在考辨/谈世茂/史记论丛(第八集)/中国文史出版社

浅议研读《孙子兵法》/管正/史记论丛（第八集）/中国文史出版社

《孙子兵法》精髓初探/俞朝卿/史记论丛（第八集）/中国文史出版社

略论孙子的核心思想"杂于利害"/李直/史记论丛（第八集）/中国文史出版社

《孙子兵法》偶得/林锡旦/史记论丛（第八集）/中国文史出版社

曹操《孙子注》的成就及其实践价值/马宝记/史记论丛（第八集）/中国文史出版社

杜牧注《孙子》的体例与创获/（新加坡）李佳/史记论丛（第八集）/中国文史出版社

孙子的创新思维及其在当代的影响/黄俊度、汪育俊/史记论丛（第八集）/中国文史出版社

《孙子兵法》思想的真谛是厚爱其民/管正/史记论丛（第八集）/中国文史出版社

试论孙子思想对现代社会的启示/徐家骥/史记论丛（第八集）/中国文史出版社

略论《孙子兵法》中的经济军事思想/徐锦博/史记论丛（第八集）/中国文史出版社

试论孙子战略思想在苏州的传承运用/王文初/史记论丛（第八集）/中国文史出版社

孙子兵法经营智慧重要理念/虞先泽/史记论丛（第八集）/中国文史出版社

从孙子的军事辩正法思想中汲取智慧/李直/史记论丛（第八集）/中国文史出版社

继承和发扬孙子的人本思想/俞朝卿/史记论丛（第八集）/中国文史出版社

孙子文化"六进"活动的实践与思考/苏孙会/史记论丛（第八集）/中国文史出版社

《史记》所撰孙武之传的历史价值/杨燕起/史记论丛（第八集）/中国文史出版社

《史记》与《孙子兵法》/王立群/史记论丛(第八集)/中国文史出版社

《史记》与《孙子兵法》的辨识/陆承曜/史记论丛(第八集)/中国文史出版社

韩信《汉中对》与《孙子兵法》/徐业龙/史记论丛(第八集)/中国文史出版社

基于"譬喻"视角的《孙》《老》比较/陈曦/史记论丛(第八集)/中国文史出版社

近十年来孙子与《孙子兵法》研究综述以及论著目录/王鹏程、郭天祥、吴焕娣/史记论丛(第八集)/中国文史出版社

孙子兵法是吴文化的重要组成部分/汪育俊/史记论丛(第八集)/中国文史出版社

《孙子兵法》和吴文化的文脉融会/舟侠/史记论丛(第八集)/中国文史出版社

辉煌的春秋吴国军事文化/谈世茂/史记论丛(第八集)/中国文史出版社

孙武在吴国称霸中所起的重要作用/乐松/史记论丛(第八集)/中国文史出版社

孙武破楚入郢之战图说/许盘清/史记论丛(第八集)/中国文史出版社

《史记》与吴文化之江苏人物/金晓刚、龚剑锋/史记论丛(第八集)/中国文史出版社

《史记·吴太伯世家》/析论/叶少飞、田志勇/史记论丛(第八集)/中国文史出版社

试论张文虎《史记札记》的文献价值/王华宝/史记论丛(第八集)/中国文史出版社

《史记·高祖本纪》《汉书·高帝纪》校读札记/谢秉洪/史记论丛(第八集)/中国文史出版社

《项羽本纪》开头段落层次划分与标点分歧何其多/凌朝栋/史记论丛(第八集)/中国文史出版社

中华本《史记·夏本纪》地理类讹字校议/王永吉/史记论丛(第

八集）/中国文史出版社

裴骃《史记集解》引《汉书音义》考校/余琼、赵生群/史记论丛（第八集）/中国文史出版社

从《史记》等史籍看吴国太宰伯嚭/龚剑锋、丁爱/史记论丛（第八集）/中国文史出版社

吴起的性格悲剧探析/康清莲/史记论丛（第八集）/中国文史出版社

《史记》中的吴起/梅艺/史记论丛（第八集）/中国文史出版社

《史记·魏公子列传》四题/李伟泰/史记论丛（第八集）/中国文史出版社

三寸之舌与百万之师——《史记》舌战例话/徐同林/史记论丛（第八集）/中国文史出版社

论南越王赵佗的生存智慧/刘玲娣/史记论丛（第八集）/中国文史出版社

《平津侯主父列传》人物形象析论/黄世锦/史记论丛（第八集）/中国文史出版社

历代诗歌中的"张良意象"及其精神意蕴/何梅琴/史记论丛（第八集）/中国文史出版社

从《廉颇蔺相如列传》看秦赵大战前的外交角力与士气攻防战/林聪舜/史记论丛（第八集）/中国文史出版社

重新解读《史记·陈涉世家》/叶文宪/史记论丛（第八集）/中国文史出版社

试论《项羽本纪》中"重言"的运用/叶文举/史记论丛（第八集）/中国文史出版社

论《季布栾布列传》的笔法与乾隆的褒忠贬叛/李鹏/史记论丛（第八集）/中国文史出版社

谈谈"孙子膑脚，而论兵法"的隐微涵义/陈振风/史记论丛（第八集）/中国文史出版社

《酷吏列传》讽刺艺术解读/张学成/史记论丛（第八集）/中国文史出版社

传叙文学渊源论略/崔瑞萍/史记论丛（第八集）/中国文史出

版社

论《史记》中呈现的秦东民俗道德德目/韦爱萍/史记论丛（第八集）/中国文史出版社

由《史记》透视汉代的婚俗文化/王麦巧/史记论丛（第八集）/中国文史出版社

试论《史记》对女性人物精神生态的观照/王晓红/史记论丛（第八集）/中国文史出版社

从《史记》看周代的孝文化/师帅、马雅琴/史记论丛（第八集）/中国文史出版社

以咏史创作看宋前诗人对《史记》的接受/蔡丹、赵望秦/史记论丛（第八集）/中国文史出版社

《史记集说》的作者及其特色/高益荣/史记论丛（第八集）/中国文史出版社

孙武"吴宫教战"考辨/吴奈夫/史记论丛（第八集）/中国文史出版社

论司马迁之"报应"思想——《史记》议论互补之一例/李伟泰/司马迁与史记论集（第九辑）/陕西人民出版社

司马迁文化形态学的想象建构与意识形态分析/齐效斌/司马迁与史记论集（第九辑）/陕西人民出版社

从《太史公自序》看司马迁与五陵原的关系/梁安和/司马迁与史记论集（第九辑）/陕西人民出版社

司马迁论屈《骚》析评/［台湾］高祯霙/司马迁与史记论集（第九辑）/陕西人民出版社

从司马迁的成功看司马谈的家教思想/侯海英/司马迁与史记论集（第九辑）/陕西人民出版社

司马迁及其《史记》所见教育理念浅析/宁江英/司马迁与史记论集（第九辑）/陕西人民出版社

民俗是历史的灵魂——试论韩城市民间祭祀司马迁活动在研究司马迁和《史记》中的作用/薛引生/司马迁与史记论集（第九辑）/陕西人民出版社

论司马迁是学派倾向/薛雅芬/司马迁与史记论集（第九辑）/陕

西人民出版社

司马迁生年及其回乡葬父新证/张韩荣/司马迁与史记论集（第九辑）/陕西人民出版社

司马迁《史记》博物馆建设规划/秦忠明/司马迁与史记论集（第九辑）/陕西人民出版社

以《项羽本纪》为例浅析司马迁的创作心理/王璐/司马迁与史记论集（第九辑）/陕西人民出版社

司马迁与西汉酷吏关系之探讨/剡俊峰、吴玥/司马迁与史记论集（第九辑）/陕西人民出版社

司马迁遗著《素王妙论》考实/阳清/司马迁与史记论集（第九辑）/陕西人民出版社

从《太史公自序》看司马迁对家族文化精神的传承/赵青/司马迁与史记论集（第九辑）/陕西人民出版社

2010年中国商洛司马迁与《史记》国际学术研讨会综述/黄永美、贺慧慧、杨婷/司马迁与史记论集（第九辑）/陕西人民出版社

焚书坑儒的真伪虚实——半桩伪造的历史/（日）李开元/司马迁与史记论集（第九辑）/陕西人民出版社

舍暴力之祸而取和平之福：刘邦、项羽与韩信成败转运的意义分析/程世和/司马迁与史记论集（第九辑）/陕西人民出版社

李广研究综述/梁建邦/司马迁与史记论集（第九辑）/陕西人民出版社

论秦楚商於之争/梁中效/司马迁与史记论集（第九辑）/陕西人民出版社

黄帝文化的传承与影响——读《史记·五帝本纪》有感/徐卫民/司马迁与史记论集（第九辑）/陕西人民出版社

唐代《史记》的研究与应用/薛瑞泽/司马迁与史记论集（第九辑）/陕西人民出版社

立功与掘墓——《史记》秦朝武将之考察/蔡忠道/司马迁与史记论集（第九辑）/陕西人民出版社

论史学三书对《史记》的评论/杨绪敏/司马迁与史记论集（第九

辑）/陕西人民出版社

《史记·十二本纪》治乱纲纪理析/王晋中/司马迁与史记论集（第九辑）/陕西人民出版社

范阳辩士蒯通——另类的纵横家/林聪舜/司马迁与史记论集（第九辑）/陕西人民出版社

《史记》、《汉书》中西汉长安游侠现象探赜/方蕴华/司马迁与史记论集（第九辑）/陕西人民出版社

商鞅变法善恶功过一二论/许淑华/司马迁与史记论集（第九辑）/陕西人民出版社

水利是国计民生的重大问题——读《史记·河渠书》有感/刘民立/司马迁与史记论集（第九辑）/陕西人民出版社

论秦汉时期的迁房陵——兼与饶咬成先生商榷/黄永美/司马迁与史记论集（第九辑）/陕西人民出版社

从《史记》、《汉书》看汉初子学的发展/杨婷/司马迁与史记论集（第九辑）/陕西人民出版社

略论西汉时期士与游侠之关系/郭建静/司马迁与史记论集（第九辑）/陕西人民出版社

《登坛对》与《隆中对》之比较研究——兼与李巍先生商讨/张东/司马迁与史记论集（第九辑）/陕西人民出版社

少梁城地望考/贺慧慧/司马迁与史记论集（第九辑）/陕西人民出版社

《史记》引《诗》辨疑/赵宏艳/司马迁与史记论集（第九辑）/陕西人民出版社

同是万里谜封侯——试析李广、卫青的不同历史际遇/惠荣/司马迁与史记论集（第九辑）/陕西人民出版社

浅析金圣叹关于《史记》论赞的评点/项鸿强/司马迁与史记论集（第九辑）/陕西人民出版社

浅议《史记》中的女性形象/郭艳/司马迁与史记论集（第九辑）/陕西人民出版社

一部《史记》研究的力作——读杨生枝先生的《史记札记》/吕培成/司马迁与史记论集（第九辑）/陕西人民出版社

垓下之战遗址地望考/袁传璋/司马迁与《史记》研究年鉴（2010卷）/陕西人民出版社

2010年司马迁研究综述/党艺峰、党大恩/司马迁与《史记》研究年鉴（2010卷）/陕西人民出版社

2010年《史记》研究综述/梁建邦/司马迁与《史记》研究年鉴（2010卷）/陕西人民出版社

李广研究综述/梁建邦/司马迁与《史记》研究年鉴（2010年卷）/陕西人民出版社

近十年来孙子与《孙子兵法》研究综述/郭天祥/司马迁与《史记》研究年鉴（2010卷）/陕西人民出版社

2010年有关《史记》的考古发现/杜振虎/司马迁与《史记》研究年鉴（2010卷）/陕西人民出版社

2010年《史记》考古发现研究/杜振虎/司马迁与《史记》研究年鉴（2010卷）/陕西人民出版社

《史记》在国外被翻译/凌朝栋/司马迁与《史记》研究年鉴（2010卷）/陕西人民出版社

2010年《史记》研究论文目录/詹歆睿/司马迁与《史记》研究年鉴（2010卷）/陕西人民出版社

2010年《史记》"版本与校勘研究"/王晓红/司马迁与《史记》研究年鉴（2010年卷）/陕西人民出版社

2010年《史记》"词语考证与语法研究"/韦爱萍/司马迁与《史记》研究年鉴（2010年卷）/陕西人民出版社

2010年司马迁与《史记》研究"重要研究著作与论文集简介/赵怀忠/司马迁与《史记》研究年鉴（2010年卷）/陕西人民出版社

2010年司马迁与《史记》研究"重要论文摘要"/马雅琴/司马迁与《史记》研究年鉴（2010年卷）/陕西人民出版社

"古文献与岭南文化"国际学术研讨会暨中国《史记》研究会第九届年会综述/王晓红/司马迁与《史记》研究年鉴（2010年卷）/陕西人民出版社

2010年中国商洛司马迁与《史记》国际学术研讨会综述/黄永

美、贺慧慧、杨婷/司马迁与《史记》研究年鉴（2010年卷）/陕西人民出版社

项羽文化国际研讨会在江苏省宿迁市宿豫区隆重召开/梁建邦/司马迁与《史记》研究年鉴（2010年卷）/陕西人民出版社

第六届民祭史圣司马迁大典在司马迁祠墓举行/梁建邦/司马迁与《史记》研究年鉴（2010年卷）/陕西人民出版社

2010年司马迁研究论文目录/詹歆睿/司马迁与《史记》研究年鉴（2010卷）/陕西人民出版社

2010年司马迁与《史记》研究著作目录/赵怀忠/司马迁与《史记》研究年鉴（2010卷）/陕西人民出版社

《史记索隐》简介/张晶/司马迁与《史记》研究年鉴（2010卷）/陕西人民出版社

【2012年】

学报：

论孔子对司马迁取舍运用上古神话传说的沾溉/张华/中南大学学报/第1期

司马迁历史观的时间解读/崔康柱/渭南师范学院学报/第1期

论《史记》的人格自尊精神及其生成/池万兴/渭南师范学院学报/第1期

从《史记》到《冻苏秦衣锦还乡》看叙事焦点的转移/章利成/渭南师范学院学报/第1期

《史记》多哭论/林立坤/渭南师范学院学报/第1期

《史记·刺客列传》到"刺客戏剧"的嬗变/刘永辉/渭南师范学院学报/第1期

宋代《史记》传播的内容/陈青/渭南师范学院学报/第1期

论《史记》对中华民族舍生取义精神的继承与弘扬/池万兴/咸阳师范学院学报/第1期

《史记》中的文献学/李智耕/上饶师范学院学报/第1期

论汉语词汇发展中的更替现象——以《左传》《史记》用词差异为例/唐子恒/山东大学学报/第1期

倪译《史记》中术语翻译特点解析——以汉前部分语料为个案分析/张婵/呼伦贝尔学院学报/第1期

电视剧《汉刘邦》对《史记》的继承和创新/王凡/西安文理学院学报/第1期

《史记》彭寅翁本所见删易三家注重复文字例谈——以《仲尼弟子列传》为中心/吴新江、赵生群/南京师范大学文学院学报/第1期

司马迁笔下项羽形象探索/陈曦/解放军艺术学院学报/第1期

历史叙述的深层话语空间——基于对《史记》和《剑桥中国史》中"商鞅变法"话语构建的对比分析/贺晨/宁波广播电视大学学报/第1期

部分限定性范围副词比较研究——以《论语》、《左传》、《孟子》和《史记》为研究对象/曲美丽/重庆三峡学院学报/第1期

小义·大耻·名——从《伍子胥列传》窥探司马迁的价值观/郭美德/高等函授学报/第2期

司马迁《史记》创造精神——兼谈渭南"三圣"的创造精神/刘秀慧、白庆新/绥化学院学报/第2期

《史记》叙事中的"生命"意识及其对司马迁思想的重大影响/孔占芳/青海师范大学民族师范学院学报/第2期

论司马迁的文学思想/汪耀明/太原师范学院学报/第2期

汉语文献传统中的"异族书写"——从《史记·西南夷列传》谈起/付海鸿/贵州师范大学学报/第2期

浅谈《史记·货殖列传》的唯物史观/刘素琴/信阳农业高等专科学校学报/第2期

论《史记》中的感生神话/杨显/四川师范大学学报/第2期

《史记》《汉书》边塞题材探析/关永利/湖南工业大学学报/第2期

《史记·淮阴侯列传》训释五则/黄宾主/湖北师范学院学报/第2期

《汉书》、《史记》比勘正误（四则）/丁士虎/池州学院学报/第2期

平庸有罪——读《史记·李斯列传》有感/李丹/齐齐哈尔师范高等专科学校学报/第2期

司马迁历史变易思想的理论渊源/汪高鑫/郑州大学学报/第3期

一个历史学家的悲剧意识《史记·宋微子世家》及其他——《史记》阅读札记之三/党艺峰/渭南师范学院学报/第3期

《史记》的"怨"、"愤"与"实录"/李征宇/渭南师范学院学报/第3期

"前轴心时代"人与自然生态关系的影像——以《史记》为观照/王晓红/渭南师范学院学报/第3期

试析《史记》和《汉书》中的人物自作诗/曾小霞/渭南师范学院学报/第3期

论《史记·货殖列传》中经济都会的数目及等级划分问题/王文宾/渭南师范学院学报/第3期

浅析刘邦"君权神授"的神话——以《史记》为文本/王麦巧/渭南师范学院学报/第3期

《史记》中的君子观/李艳洁/长春理工大学学报/第3期

分裂中挣扎的悲剧典型——论《史记》中的项羽形象/付乔/西昌学院学报/第3期

《史记》中的酷吏形象及其在后代的演变与影响/唐义武/滁州职业技术学院学报/第3期

从《史记》和《汉书》看汉代文学之演变/曾小霞/山西师范大学学报/第3期

论《史记·项羽本纪》被改写后的多种话语形态/宋先红/宜春学院学报/第3期

本天地之法则 建帝王之纲纪——《史记》本纪含义发微/杨燕起/咸阳师范学院学报/第3期

《史记》人物合传中的特殊表达/郭全芝/淮北师范大学学报/第3期

论《史记》的学术价值/赵永康/泸州职业技术学院学报/第3期

论《史记》的叙事张力/王长顺/深圳大学学报/第3期

论《史记·孔子世家》的文化意义/陈兰村/荆楚理工学院学报/

第3期

从《左传》到《史记》:《春秋》笔法的早期发展及其基本内涵/张金梅/吉首大学学报/第3期

中西语境下华兹生对《史记》"文化万象"词的英译/吴涛、杨翔鸥/昆明理工大学学报/第3期

《史记》人物"说"的艺术/孙立洲/江苏广播电视大学学报/第3期

司马迁史学理论的价值/胡鹏程/华中师范大学学报/第S3期

司马迁"成一家之言"新探/陈恒新、张玲/河北科技师范学院学报/第4期

司马迁否定轻重论质疑/耿振东/江南大学学报/第4期

司马迁对"孟荀齐号"语法的确立/杨海文/邯郸学院学报/第4期

司马迁的庄学研究及其意义/刘洪生/商丘师范学院学报/第4期

《史记评注》批评体系探微/张亚玲/湖北民族学院学报/第4期

论《史记》的史诗意义和艺术魅力/忽培元/延安大学学报/第4期

浅析《史记·李将军列传》的创作目的与创作效果的矛盾/郭庆林/新乡学院学报/第4期

从《史记》与《论语》的异文看《史记》的语言锤炼/谢士华、陈巧淋/柳州师专学报/第4期

论《史记》的主导思想/路培培、赵勋/齐齐哈尔师范高等专科学校学报/第4期

李陵之祸对《史记》选材的影响/梁建邦/陕西广播电视大学学报/第4期

唐宋间《史记》接受传播之嬗变及其原因/王长顺/南京师范大学文学院学报/第4期

辛弃疾词对《史记》典故的接受研究/余学娟/沧州师范学院学报/第4期

《黄帝内经》与《史记》/张登本/山西中医学院学报/第4期

《史记评注》批评体系探微/张亚玲/湖北民族学院学报/第4期

《史记》中"吴起"形象探析/陈恒新/十堰职业技术学院学报/第4期

《史记》中的人才思想及其当代启示/鬲向前/陕西行政学院学报/第4期

司马迁评商鞅探微——兼论《史记》"太史公曰"的独立价值/杨玲/兰州大学学报/第5期

"素王"典范造像与人的本质精神价值实现——论司马迁《史记·孔子世家》的创作/刘志伟/西北师范大学学报/第5期

《史记》"太史公曰"文化渊源考论/侯文华/渭南师范学院学报/第5期

论《史记》侠客的精神特征/丁静/渭南师范学院学报/第5期

司马迁论管仲之解读/沈素珍/阜阳师范学院学报/第5期

《史记·酷吏列传·杜周传》《汉书·杜周传》异辨/李剑清/渭南师范学院学报/第5期

点校本《史记》引文起讫标点纠谬/吴昱昊/渭南师范学院学报/第5期

《汉语大词典》引《史记》之双音动词释义商榷/朱成华/渭南师范学院学报/第5期

霸王别姬:真实抑或虚假·/杨玲、康宁/牡丹江大学学报/第5期

汉初异地群巫参与朝廷祭祀的政治文化意蕴——《史记》相关篇目的对读/李炳海/兰州大学学报/第5期

《史记·魏公子列传》的取材及撰写/任刚/安康学院学报/第5期

《史记仲尼弟子列传季路》评补/杨雄、杨春雨/重庆三峡学院学报/第5期

《史记》叙事的都邑意识/侯文学/兰州大学学报/第5期

徐福东渡五大问题新论——以《史记》与《山海经》为线索/王升/齐齐哈尔大学学报/第5期

方苞《史记》学成就述论/王振红/淮北师范大学学报/第5期

清前《史记》语言文学研究论略/王晓玲/宝鸡文理学院学报/第5期

从《史记》中的矛盾性看司马迁的真性情/武传阳/新余学院学报/第6期

简文《见吴王》与《史记·孙子列传》关系考论/熊剑平、黄朴民/中国人民大学学报/第6期

敦煌写本《古贤集》典出《史记》考/王金娥、孙江璘/甘肃联合大学学报/第6期

《燕丹子》与《史记·荆轲传》之关系/张海明/北京师范大学学报/第6期

《史记》天命观的三个主要问题/韩玄哲/新余学院学报/第6期

复仇者的绝望反抗——《史记》中的宗族复仇/马倩/漯河职业技术学院学报/第6期

卜辞"五臣"与〈史记·封禅书〉"九臣"解/王进锋/考古与文物/第6期

《史记》成语研究/王启俊/宿州学院学报/第6期

试论西汉游侠的社会影响和悲剧命运——以郭解为例/古沙沙/许昌学院学报/第6期

《史记·宋微子世家》校议/孙晓磊/唐山师范学院学报/第6期

中国古代文史观念中的"叙事—阐释"模式——以《史记》的书写与接受为中心/秦维/安阳师范学院学报/第6期

从两本教材看高校《史记》教学的创新理念/邹晓霞/佳木斯教育学院学报/第6期

《史记十五讲》评介/杨燕起/信阳师范学院学报/第6期

沐长安文化建设之春风,光《史记》研究新成之硕果——论赵望秦、张新科教授主编《史记文献研究集刊》五种/张海燕/渭南师范学院学报/第7期

从《战国策》与《史记》看苏秦与张仪/李军、刘延琴/渭南师范学院学报/第7期

《中华本〈史记·封禅书〉校补》/王永吉/渭南师范学院学报/第7期

《史记》标点语法问题商榷/赵继宁/渭南师范学院学报/第7期

论毛遂自荐的教育意义/俞扬/渭南师范学院学报/第7期

《司马迁传》写作随想/全展/荆楚理工学院学报/第8期

《史记》第一人称代词"吾""我"研究/许敏云/佳木斯教育学院学报/第9期

司马迁生于汉武帝建元六年——对《史记索隐》所引《博物志》佚文的再认识/杨永康/渭南师范学院学报/第9期

从《史记》看周代的孝文化/师帅/渭南师范学院学报/第9期

质疑《史记·晋世家》所载晋文公年龄/姚磊/乐山师范学院学报/第10期

司马迁和《史记》的孝道思想/梁建邦/渭南师范学院学报/第11期

司马迁的处世思想/肖振宇/渭南师范学院学报/第11期

《史记》英雄叙事论略/王长顺/渭南师范学院学报/第11期

著名史记研究专家张大可先生受聘我校兼职教授并作报告/朱正平/渭南师范学院学报/第11期

《左传》《史记》中的贵族女性形象透析/车颖/语文教学通讯/第12期

《史记》中功利价值的悲剧性/陈洪波/湖北第二师范学院学/第12期

从《史记》的悲剧形象看司马迁的人生情怀/冯志英/高等函授学报/第12期

秦始皇政治思想体系之变迁考——以《史记》为线索/王升/重庆科技学院学报/第24期

其他期刊：

二重证据管窥司马迁史学思想/李夏/岭南文史/第1期

司马迁塑造帝王形象原因浅谈/李艳/北方文学/第1期

从接受视域梳理和考辨唐前"发愤著书"说的嬗变轨迹/陈莹/天津社会科学/第1期

论《史记》所弘扬的中华民族的气节风范/池万兴/唐都学刊/第1期

司马迁的困惑/汤振洪/文学教育/第1期

伟大源于悲悯——从《伍子胥列传》看《史记》/邹金灿/书屋/

第1期

《中国古籍总目·史部》之"宋刻本《史记》"条目补正/丁一、丁延峰/图书馆理论与实践/第1期

《史记集解》所引《左传》杜预注考/方韬/图书馆理论与实践/第1期

近十年来《史记》三家注研究综述/李辉/语文知识/第1期

《史记》对《平家物语》人物造型的影响研究/邵艳平/世界文学评论/第1期

郭嵩涛《史记》研究成就举隅/顾丹霞、赵振兴/长江学术/第1期

语文与成败（三）——司马迁的语文观及舌战要略/徐同林/语文教学通讯/第2期

假如司马迁是记者/李乔/新闻实践/第2期

谈《报任安书》中司马迁的精神世界/刘勇/文学教育/第2期

《老子》"为而不争"官德论——以司马迁的"循吏"为例/张俊相/齐鲁学刊/第2期

从《史记·货殖列传》看司马迁经济思想/郑志忠/剑南文学/第2期

汉武帝对司马迁《史记》影响考论/金璐璐/文艺评论/第2期

《史记》的写作思想及对现代写作的重要启示/王中田/安徽文学/第2期

读《史记·太史公自序》札记/来新夏/中国文化/第2期

论司马迁"善因论"思想及现实启示/陈永庆/陕西教育/第Z2期

《史记》与阴山历史文化/王炜民/历史教学/第2期

论"史记戏"对剧中人物情感的处理方式/江君、张梅花/电影评介/第2期

从《史记》、元杂剧到电影——论《赵氏孤儿》的主题变迁/赵丽君/北方文学/第2期

《史记》善用对比、烘托手法/汪耀明/唐都学刊/第2期

论吴炎、潘柽章与《明史记》的纂修/杨绪敏/史学史研究/第2期

汉代王侯受赐特点论析——以《史记》《汉书》景帝遗诏的差异为视角/尤佳/唐都学刊/第2期

《史记》仓公火齐汤考/李今庸/中医文献杂志/第2期

两汉正史民族史撰述与统一多民族国家的巩固/汪高鑫/求是学刊/第2期

《尚书》和《史记》同义语料中"于"和"於"用法比较分析/张红/陕西教育/第Z2期

司马迁现实主义的《诗》学批评观/侯冬梅/群文天地/第3期

司马迁与《史记》初探/秦安琪/黑龙江史志/第3期

从《史记》看司马迁对档案文献的利用/李英/档案管理/第3期

关于"究天人之际"与"通古今之变"的再思考——从《史记·五帝本纪》的天命说谈起/赵琪/史学集刊/第3期

中华书局本《史记》点校商榷/吴昱昊/古籍整理研究学刊/第3期

《史记》英译过程中的默认值研究/陈吉荣、刘莹/外国语言文学/第3期

由《史记》透视西汉的婚俗文化/王麦巧/唐都学刊/第3期

《鸿门宴》的教学反思/徐艳/文学教育/第3期

从《史记》看侠儒文化精神的契合/王喜英/语文知识/第3期

秉承传统勇于创新——歌剧《司马迁》的艺术特色探析/王军锋/艺术教育/第4期

也论司马迁的美刺观/汪文国/北方文学/第4期

还原批评的历史学维度——再论司马迁、班固评屈原/何发甦/文艺评论/第4期

由"三五"论司马迁"究天人之际"思想/赵继宁/甘肃理论学刊/第4期

解构《史记·秦始皇本纪》——兼论3+N的历史学知识构成/(日)李开元/史学集刊/第4期

《史记·三代世表》"斜上"考/赵益/文献/第4期

"我"与《史记》"世家"部分——论《史记》对诸侯国史书之取材/芦笛/黑龙江史志/第4期

《史记》战略战术思想初探/孙宝元、陈军胜/党史博采/第4期

百年来美国学者的《史记》研究述略/吴原元/史学集刊/第4期

关于李开元先生"3+N"史学理论的一点思考——读李开元先生《解构〈史记·秦始皇本纪〉——兼论3+N的历史学知识构成一文》/程鹏宇/华夏文化/第4期

论《史记》"鸿门宴"真相/陈金霞/社科纵横/第5期

从司马迁士人观看《史记》列传写作/李舒婷/文学界/第5期

浅论史记中的游侠精神——自由个性与社会归属的意识表现/曾昭焱/文学界/第5期

从《史记·战国四公子》看司马迁塑造人物的方法/张超/剑南文学/第5期

《史记》文学经典的建构过程及其意义/张新科/文学遗产/第5期

《史记·五帝本纪》中黄帝形象的知识考古/许兆昌、杨龙/史学集刊/第5期

论《史记》闾巷之人入传的原因/王婧轩、吕晴/商业文化/第5期

泷川资言《史记会注考证》综论/王娅维、党怀兴/兰州学刊/第5期

一本常读常新的著作——读白寿彝《〈史记〉新论》的几点认识/朱露川/书屋/第6期

中国教育学的古典形态与叙事风格——以钱穆的观点及孔子、司马迁的作品为基础/周勇/教育学术月刊/第6期

《史记·韩信卢绾列传》疑误一则/邢东升/江海学刊/第6期

司马迁与应得的宫刑/林北征/法制博览/第7期

《史记·屈原贾生列传》的作者、主旨及存在的问题——兼论汪春泓《读〈史记·屈原贾生列传〉献疑》/刘国民/学术界/第7期

《史记》口述史料之研究/马雅琴/兰台世界/第7期

重读《史记·刺客列传》/刘浪/文学教育/第7期

从《史记》和《论语》到电视剧《孔子》看孔子形象的嬗变/孙鑫/黑河学刊/第8期

《史记》"同母者为宗亲"简论/钱杭/历史教学/第8期

从中日文化差异看司马相如与卓文君爱情故事的不同解读——以《史记》和《十训抄》为例/刘娜/科教导刊/第8期

司马迁经济管理思想述略/赵伟/兰台世界/第9期

司马迁"发愤著书说"的中国文艺学价值/马智捷/文学界/第9期

《史记》研究三君子——美国汉学家华兹生、候格睿、杜润德《史记》研究著作简论/吴涛、杨翔鸥/学术探索/第9期

中国经济思想史研究中的几个问题——以司马迁经济思想研究现状为例/黄涛/文史博览/第10期

《史记·五帝本纪》五帝世系与先秦时期民族融合的关系/桂珍明/剑南文学/第10期

从《垓下之围》看司马迁对人物的刻画/王延兵/北方文学/第10期

《史记》里的知名车夫/王佳伟/文史博览/第10期

历史的价值——读薛俊华《读史论政——史记汉书纵横谈》/张大可/前进/第10期

《廉颇蔺相如列传》人物符号烙印的艺术表达分析/蒋彦成/语文建设/第10期

论《史记》及之前典籍中的精神圣徒/马虹/文学教育/第11期

浅谈司马迁"发愤著书"说/娄幽泉/商/第11期

从《史记·外戚世家》探析汉代后宫的女性形象/吴洁/美与时代/第11期

侠骨英风非等闲——论《史记·游侠列传》和《剑侠传》对秋瑾的影响/魏玉莲/前沿/第11期

《史记菁华录》编者非姚祖恩考/李振聚/图书馆理论与实践/第12期

文化巨人司马迁/王锦贵/新世纪图书馆/第12期

《史记》与《战国策》关系新论/赵争/史学月刊/第12期

《史记》人文世界及著述体例/杨义/学术研究/第12期

谈我的《史记》选读教学/王凤/文学教育/第12期

郭嵩涛的《史记》研究成就窥管/杨琴/群文天地/第12期
司马迁对档案文献编纂的贡献/刘维秦/兰台世界/第13期
从对屈原的评论看司马迁的文学理想/何水英/名作欣赏/第14期
儒家思想对两汉史学发展的影响——从《史记》与《汉书》的比较入手/何悦驰/黑龙江史志/第15期
《廉颇蔺相如列传》的人物塑造/郑茜/科技风/第17期
浅析司马迁编撰思想对现代编辑的启示/张玉斌/学理论/第18期
《史记》主题句初探/撒莎/语文建设/第20期
浅谈对《史记·淮阴侯列传》中韩信形象的一些看法/曹健韬/才智/第23期
《史记·伯夷列传》：司马迁曲隐的"一家之言"/琚静斋/名作欣赏/第27期
《王立群读〈史记〉之汉武大帝（完整版）》出版发行/培松/出版参考/第28期
司马迁笔下的受辱递减与递增——《报任安书》中一处释义考辨/王琳/名作欣赏/第29期
"指鹿为马"的历史寓意——兼谈《史记·秦本纪》《史记·秦始皇本纪》中"马"的符号性/郑殿辉、张错/名作欣赏/第30期
从《史记·乐书》中领悟的人文智慧/周上/经济研究导刊/第31期
虚实相生——《史记》中老子形象的生成分析/王德岩/名作欣赏/第32期
《鸿门宴》几个人物新解/杨相英/教育教学论坛/第34期
浅议司马迁与班固经济思想的差异/马格侠、曹婷婷/商业时代/第35期
《史记·田儋列传》校史札记/窦葳/兰台世界/第36期

报纸：

"史记韩城·风追司马"文化景区总体规划通过评审/陕西日报/2012.1.17
《史记疏证》工程未来三年可完成/陈菁霞/中华读书报/2012.8.1
历史的价值/山西日报/张大可/2012.10.10

略论司马迁执政思想/王泽民/甘肃日报/2012.10.17

从"天下三嬗"解读《史记》精神/任国征/中华读书报/2012.12.12

司马迁"三代文化论"释读/王家范/东方早报/2012.12.16

《史记》与《汉书》中的韩信传记之比较/丛昊学/吉林日报/2012.12.22

其他：

《史记》《汉书》之《东越传》校读记/（新加坡）李佳/《史记论丛》（第九集）/中国文史出版社

《史记·东越列传》五题/（新加坡）曲景毅/《史记论丛》（第九集）/中国文史出版社

《史记》叙事之上下限及相关问题/李伟泰/《史记论丛》（第九集）/中国文史出版社

末代楚王史迹钩沉——补《史记》昌平君列传/（日）李开元/《史记论丛》（第九集）/中国文史出版社

《史记·孝文本纪》之文帝遗诏解读/任群英/《史记论丛》（第九集）/中国文史出版社

凌稚隆《史记评林》旁注、眉批《史记》异文辑录/周录祥、胡露/《史记论丛》（第九集）/中国文史出版社

凌稚隆《史记纂》的价值/马雅琴/《史记论丛》（第九集）/中国文史出版社

《玉海》征引《史记正义》佚文考索/袁传璋/《史记论丛》（第九集）/中国文史出版社

论汤谐《史记半解》的文化内涵/韦爱萍/《史记论丛》（第九集）/中国文史出版社

《短长说研究》/曾志雄/《史记论丛》（第九集）/中国文史出版社

从《史记》对先秦兵书的征引看《孙子兵法》在汉代的地位/谌东飚/《史记论丛》（第九集）/中国文史出版社

学术界关于孙子若干问题争论情况综述/汪育俊/《史记论丛》（第九集）/中国文史出版社

《越王勾践世家》与越文化/徐兴海/《史记论丛》（第九集）/中国文史出版社

由《史记》所载项羽刘邦事迹所引出的若干思考/韩兆琦/《史记论丛》（第九集）/中国文史出版社

司马迁的儒学意识述略/史振卿/《史记论丛》（第九集）/中国文史出版社

论扬雄对《史记》的评论/刘锦源/《史记论丛》（第九集）/中国文史出版社

司马迁对历史人物"为人"的探掘/任刚/《史记论丛》（第九集）/中国文史出版社

从《史记·伯夷列传》探究司马迁"怨"之深意及其史观/周美华/《史记论丛》（第九集）/中国文史出版社

司马迁自请宫刑说答客难/邹然、黄余娟/《史记论丛》（第九集）/中国文史出版社

司马迁受宫刑而发愤著书/王玲/《史记论丛》（第九集）/中国文史出版社

读《史记·伍子胥列传》/杨燕起/《史记论丛》（第九集）/中国文史出版社

论范蠡的经商富家之道/张杰/《史记论丛》（第九集）/中国文史出版社

《史记·李斯列传》探索/陈曦/《史记论丛》（第九集）/中国文史出版社

论项羽何以不系天下之势/周敏华/《史记论丛》（第九集）/中国文史出版社

论赵佗在我国民族融合中的贡献/吕锡生/《史记论丛》（第九集）/中国文史出版社

中越史籍中的南越王赵佗/田志勇、叶少飞/《史记论丛》（第九集）/中国文史出版社

穿行过男权领地的几个河北女性——读《史记·外戚世家》/刘玲娣/《史记论丛》（第九集）/中国文史出版社

北宋士人视野中的晁错/辛雁海/《史记论丛》（第九集）/中国文

史出版社

司马迁对汉武帝时期武将之褒贬/高祯霙/《史记论丛》（第九集）/中国文史出版社

李广评价及李广不得封侯原因研究综述/梁建邦/《史记论丛》（第九集）/中国文史出版社

论司马相如/张大可/《史记论丛》（第九集）/中国文史出版社

司马相如析论/杨波/《史记论丛》（第九集）/中国文史出版社

司马相如与西汉梁国/刘洪生/《史记论丛》（第九集）/中国文史出版社

论李白的司马相如情结/韩大强/《史记论丛》（第九集）/中国文史出版社

从商鞅"为田开阡陌封疆"看法与生产力的关系/岳武扬/《史记论丛》（第九集）/中国文史出版社

秦国的反间计/徐同林/《史记论丛》（第九集）/中国文史出版社

秦朝的流刑略论——从《史记》与《睡虎地云梦秦简》的对证分析来看/成鸿静/《史记论丛》（第九集）/中国文史出版社

论张良纳履故事的三重教育意义/俞扬/《史记论丛》（第九集）/中国文史出版社

韩信救败固陵考释/徐业龙/《史记论丛》（第九集）/中国文史出版社

"前轴心时代"人与自然生态关系的影像——以《史记》为观照/王晓红/《史记论丛》（第九集）/中国文史出版社

《司马迁生年论证》摘要/张韩荣/《史记论丛》（第九集）/中国文史出版社

论《伯夷列传》的文化意义/张强/《史记论丛》（第九集）/中国文史出版社

一部入木三分的生活剧——论《萧相国世家》的戏剧化艺术特征/马宝记/《史记论丛》（第九集）/中国文史出版社

《史记》写人艺术断想/可永雪/《史记论丛》（第九集）/中国文史出版社

从《史记》看《鸿门宴传奇》/韦达韬/《史记论丛》（第九集）/

中国文史出版社

"鸿门宴"故事改编的流变及当下影视传播问题之研究/巫艳/《史记论丛》(第九集)/中国文史出版社

《史记》与阴山历史文化/王炜民/《史记论丛》(第九集)/中国文史出版社

论唐宋诗人对孙武形象的接受/蔡丹、赵望秦/《史记论丛》(第九集)/中国文史出版社

《聊斋志异》行侠复仇精神对《史记》的接受和发展研究/康清莲/《史记论丛》(第九集)/中国文史出版社

从"预叙"看《史记》对《聊斋志异》的影响/田宁/《史记论丛》(第九集)/中国文史出版社

清代文言小说对《史记》的接受研究综述/余学娟/《史记论丛》(第九集)/中国文史出版社

《史记疏证》学术研讨 2012 年五月在北京召开/《史记论丛》(第九集)编者/《史记论丛》(第九集)/中国文史出版社

《史记疏证》学术研讨纪要/陈曦/《史记论丛》(第九集)/中国文史出版社

《史记疏证》工程未来三年可完成/陈菁霞/中华读书报/《史记论丛》(第九集)/中国文史出版社

引人入胜的讲座——《史记十五讲》评介/杨燕起/《史记论丛》(第九集)/中国文史出版社

历史的价值——读薛俊华《〈史记〉〈汉书〉纵横谈》/张大可/《史记论丛》(第九集)/中国文史出版社

《史记》的语言特点/殷平善/第二十一次中医经典文本及医古文研究学术交流会论文集/中华中医药学会

《商君列传》中的悲剧解析/林素英/传统中国研究集刊(九、十合辑)

《史记》中的李牧：司马两公取材与列传的概念(英文)/〔美国〕倪豪士/北京论坛

司马迁论管仲之解读/沈素珍、钱耕森/管子哲学经济思想与当代经济问题——安徽省管子研究会 2012 年年会暨全国第七届管

子学术研讨会交流论文集/安徽省管子研究会

《玉海》所录《正义》佚文为考定司马迁生年提供确证/袁传璋/司马迁与《史记》研究年鉴（2011年卷）/商务印书馆

2011年司马迁研究综述/党艺峰、党大恩/司马迁与《史记》研究年鉴（2011年卷）/商务印书馆

2011年《史记》研究综述/梁建邦/司马迁与《史记》研究年鉴（2011年卷）/商务印书馆

唐代《史记》传播研究综述/耿文风、金家诗/司马迁与《史记》研究年鉴（2011年卷）/商务印书馆

2011年有关《史记》的考古发现/杜振虎/司马迁与《史记》研究年鉴（2011年卷）/商务印书馆

2011年《史记》考古发现研究/杜振虎/司马迁与《史记》研究年鉴（2011年卷）/商务印书馆

2011年《史记》"版本与校勘研究"/王晓红/司马迁与《史记》研究年鉴（2011年卷）/商务印书馆

2011年《史记》词语考证与语法研究/司马迁与《史记》研究年鉴（2011年卷）/韦爱萍/商务印书馆

2011年司马迁与《史记》研究"重要研究著作与论文集简介"/赵怀忠/司马迁与《史记》研究年鉴（2011年卷）/商务印书馆

2011年司马迁与《史记》研究"重要论文摘"/马雅琴/司马迁与《史记》研究年鉴（2011年卷）/商务印书馆

近10多年来美国的《史记》研究/吴原元/司马迁与《史记》研究年鉴（2011年卷）/商务印书馆

孙武子与《史记》学术研讨会暨中国《史记》研究会第十届年会在苏州召开/王晓红/司马迁与《史记》研究年鉴（2011年卷）/商务印书馆

韩城市举行辛卯年民祭司马迁大典/梁建邦/司马迁与《史记》研究年鉴（2011年卷）/商务印书馆

新一届"陕西省司马迁研究会"领导机构名单/梁建邦/司马迁与《史记》研究年鉴（2011年卷）/商务印书馆

俄译本《史记》问世/梁建邦/司马迁与《史记》研究年鉴（2011年卷）/商务印书馆

2011年司马迁研究论文目录/詹歆睿/司马迁与《史记》研究年鉴（2011年卷）/商务印书馆

2011年《史记》研究论文目录/詹歆睿、梁建邦/司马迁与《史记》研究年鉴（2011年卷）/商务印书馆

2011年司马迁与《史记》研究著作目录/赵怀忠/司马迁与《史记》研究年鉴（2011年卷）/商务印书馆

《史记》互见法/张晶、梁建邦/司马迁与《史记》研究年鉴（2011年卷）/商务印书馆

《史记》《汉书》的叙述学及其研究史/曾小霞/苏州大学博士学位论文/2012

《史记》连词系统研究/李艳/吉林大学博士学位论文/2012

古代诗人接受《史记》论稿/蔡丹/陕西师范大学博士学位论文/2012

清代《史记》文学阐释论稿/王晓玲/陕西师范大学博士学位论文/2012

论贾谊对司马迁及《史记》的影响/陈新宇/东北师范大学硕士学位论文/2012

论中国古代史官记事之于当下新闻传播事业的影响和镜鉴/王开仓/西南政法大学硕士学位论文/2012

《史记》的人本思想研究/董普松/重庆工商大学硕士学位论文/2012

整体设计框架下的中学《史记》教学研究/杨敏/首都师范大学硕士学位论文/2012

论《史记》的"寓论断于序事"/乔凤月/上海师范大学硕士学位论文/2012

文化保守主义视域下的李长之文艺思想探析/吴敏/福建师范大学硕士学位论文/2012

从《史记》《汉书》看西汉刘氏宗室的历史命运/郑永高/四川师范大学硕士学位论文/2012

从《史》《汉》二书中的对话看汉代文史独立/张毅/四川师范大学硕士学位论文/2012

《史记》"太史公曰"再研究/陈金锋/安徽师范大学硕士学位论文/2012

《史记》文学评点研究/贺诗菁/复旦大学硕士学位论文/2012

《史记会注考证》标点集考/陈思/北京大学硕士学位论文/2012

接受理论视角下的杨译《史记选》英译研究/张政/合肥工业大学硕士学位论文/2012

《水经注》称引《史记》、《汉书》、《后汉书》考校/白凤娜/南京师范大学硕士学位论文/2012

《史记·高祖本纪》与《汉书·高帝纪》比较研究/冯鑫/河北师范大学硕士学位论文/2012

《史记·世家》三家注引文考校/李辉/南京师范大学硕士学位论文/2012

司马迁《史记》文学思想研究/何曼东/西南民族大学硕士学位论文/2012

李景星《四史评议》的文学研究/倪金梅/安庆师范学院硕士学位论文/2012

伯夷叔齐形象的演变及其文化意蕴/王建华/陕西理工学院硕士学位论文/2012

《管晏列传》史料考/王娟/兰州大学硕士学位论文/2012

《史记》同位短语研究/孙银龙/山东师范大学硕士学位论文/2012

《史记》连词研究/孙东宁/广西民族大学硕士学位论文/2012

《史记》引用《左传》研究/吕俊/郑州大学硕士学位论文/2012

《史记》食客研究/谢芳/广西民族大学硕士学位论文/2012

论《史记》中士的文化——心理结构/张群/曲阜师范大学硕士学位论文/2012

荣成地区高中《史记选读》教学现状调查与对策研究/周岩/鲁东大学硕士学位论文/2012

论清代《史记》研究的学术流派/李海丽/河南大学硕士学位论文/2012

《史记》《汉书》异文的训诂价值研究/李娟/湖北师范学院硕士学位论文/2012

《史记》中战国食客的形象塑造及其特点/段宝华/黑龙江大学硕士学位论文/2012

论司马迁语文教育观/季荣荣/天津师范大学硕士学位论文/2012

论司马迁《史记》与孔子的精神感应/邵明伟/重庆师范大学硕士学位论文/2012

《史记·八书》文化语汇研究/雷祥艳/重庆师范大学硕士学位论文/2012

五、台湾《史记》论文索引（1951—2002）①

【1951—1960年】

司马迁之文笔/曲颖生/大陆杂志/第2卷第12期/1951.6

《荆轲传》"何太子之遗往而不返者竖子也"/童寿/大陆杂志/第3卷第6期/1951

《淮阴侯传》"奉项婴头而窜逃"/童寿/大陆杂志/第3卷第6期/1951

司马迁《报任安书》/童寿/大陆杂志/第6卷第4期/1953

《太史公行年考辨误》补正/曲颖生/大陆杂志/第8卷第3期/1954

《史记》战国之部辨正/曲颖生/大陆杂志/第8卷第12期/1954.6

《史记》八书存亡真伪疏辨/曲颖生/大陆杂志/第9卷第12期/1954.12

《史记》札记/周法高/大陆杂志/第10卷第8期/1955.4

司马迁与希罗多德之比较/邓嗣禹/台湾"中央研究院"历史语言研究所集刊/第28本上册/1956

《史记》列传以伯夷居首之原因/曲颖生/大陆杂志/第12卷第3

---

① 此部分索引为台湾学者李伟泰及其助手林雅琪提供。补遗为本书编者所加。

期/1956.2

司马迁与《史记》研究/梁容若/师范大学学报/第 1 期/1956.6

《史记》世家札记/陈槃/大陆杂志/第 16 卷第 11 期，第 17 卷第 3、8 期/1958

司马迁/史次耘/中国文学史论集（一）/1958.4

司马迁与《史记》/史次耘/大学杂志/第 4 卷第 1 期/1958.10

《史记·项羽本纪》中"学书"和"学剑"的解释/劳干/台湾"中央研究院"历史语言研究所集刊/第 30 本下册/1959.10

《史记》偶摭/石如/台湾日报副刊/1959 年 3 月 16 日

圣哲画像论《史记》失当/唐允/新生报/1959 年 10 月 9 日

《史记·伯夷列传》称"其传曰"考释/潘重规/大陆杂志/第 18 卷第 5 期/1959.3

《史记》记事终讫年限考/潘重规/大陆杂志/第 18 卷第 7、8 期/1959.4

读《史记·屈原列传》/孙作云/史学月刊/第 59 卷第 9 期/1959.9

司马迁与《史记》/唐允/自由青年/第 23 卷第 1 期/1960.1

评新版的《司马迁年谱》——兼论司马迁的生年问题/刘公义/大陆杂志/第 20 卷第 2 期/1960.2

《史记》中的俚语/刘光义/大陆杂志/第 20 卷第 3 期/1960.3

《史记》导论（上）/潘重规/大陆杂志/第 21 卷第 8 期/1960.10

《史记》导论（中）/潘重规/大陆杂志/第 21 卷第 9 期/1960.11

《史记》导论（下）/潘重规/大陆杂志/第 21 卷第 10 期/1960.11

【1961—1965 年】

北宋刊《史记》五种版本辨正/赵铁寒/大陆杂志/第 23 卷第 2、3 期/1961

读《史记》世家缀录/陈槃/幼狮学报/第 4 卷第 2 期/1961.10

《史记集解、索引、正义》补正/何蟠飞/大陆杂志/第 24 卷第 6 期/1962.3

太史公《左氏春秋》义疏/刘正浩/台湾师范大学中国文学研究所

集刊/第 6 期/1962.6

论司马迁的思想（上、下）/文崇一/大陆杂志/第 24 卷第 10、11 期/1962.5—6

汉宰相封侯不自公孙弘始（《史记》札记）/刘公义/大陆杂志/第 26 卷第 4 期/1963.2

《史记》的补续与改窜问题/海屏/学宗/第 4 卷第 1 期/1963.3

读《史记会注考证·晋世家》札记/张以仁/大陆杂志/第 26 卷第 12 期/1963.6

读《史记会注考证》札记/张以仁/大陆杂志/第 29 卷第 1 期/1964.7

《史记·屈原贾生列传》疏证/金荣华/台湾师范大学中国文学研究所集刊/第 9 期/1965.6

《史、汉·儒林列传疏证》述例/黄庆萱/国粹/第 7 卷第 4 期/1965.6

《史记·殷本纪》及其它纪录中所载殷商时代的史事/屈万里/台湾大学文史哲学报/第 14 期/1965.11

张氏《史记新校注稿》二百六十五卷/杨家骆/华冈学报/第 2 期/1965.12

司马迁纪事的核实/史次耘/新境界/第 1 期/1965.12

【1966—1970 年】

怆然泪下的王者－司马迁/杨立正/思想与时代/第 143 期/1966

读《史记会注考证》札记/张以仁/大陆杂志/第 32 卷第 6 期/1966.3

《史记》简介/张宣忱/图书月刊/第 1 卷第 2 期/1966.5

司马迁《报任安书》斠诂/丁介民/大陆杂志/第 35 卷第 7 期/1967.8

《史记选译》自序/梁一成/国语日报/1967 年 8 月 26 日

评美国瓦特逊著《司马迁传》和《史记》英译/陈淑女译/国语日报/1967 年 8 月 26 日

《史记·殷本纪》之先王"振"与甲骨文之"王□"/金祥恒/中

国文字/第 26 期/1967.12

读《史记会注考证》札记/张以仁/大陆杂志/第 37 卷第 6 期/1968.9

太史公、续太史公、太史公传、后传/启众/简牍学报/第 6 期/1968.10

《史记·货殖列传》析论/刘鸿喜/东方杂志/第 2 卷第 7 期/1969.1

读《史记会注考证》札记/张以仁/大陆杂志/第 38 卷第 5 期/1969.3

杨恽与《太史公书》/易平/大陆杂志/第 93 卷第 1 期/1969.7

新闻记者的鼻祖太史公（司马迁）/杜松柏/畅流/第 41 卷第 7 期/1970.5

《史记·西周本纪》疏证/黄伯诚/台湾师范大学中国文学研究所集刊/第 14 期/1970.6

读《史记·秦始皇本纪》/徐善同/大陆杂志/第 41 卷第 1 期/1970.7

《史记》所显示的群经大义/杜松柏/中华文化月刊/第 3 卷第 7 期/1970.7/孔孟月刊/第 9 卷第 1 期/1970.9

伟大的散文作家司马迁/力劲/中国文选/第 42 期/1970.10

《史记·荀卿列传》考释/林政华/孔孟月刊/第 9 卷第 3 期/1970.11

司马迁著作《史记》的环境目的和条件/秋煦/幼狮月刊/第 32 卷第 6 期/1970.12/训育研究/第 26 卷第 4 期/1988.3

《资治通鉴》与《史记》的比较/梁一成/国语日报/1970 年 7 月 25 日

读《史记·秦始皇本纪》/徐善同/大陆杂志/第 41 卷第 1 期/1970

【1971 年】

司马迁及其《史记》/孙旗/中国文选/第 45 期/1971.1

中国史学名著——《史记》上篇/钱穆/文艺/第 16 期/1971.4

中国史学名著——《史记》下篇/钱穆/文艺/第17期/1971.5
司马迁《古文尚书》义释例/李周龙/孔孟月刊/第9卷第9期/1971.5
《史记》评介/徐文珊/台中商专学报/第3期/1971.6
中国史学名著——《史记》/钱穆/海外文摘/第194期/1971.8
司马迁与《史记》/梁容若/国语日报/1971年第170至171期
《史记·商君列传》疏证/朱瑗/编译馆馆刊/第10期/1971.10
《史记》与《汉书》/郑明娴/青溪/第52期/1971.10

【1972年】

《史记》篇例考述/李崇远/中华学苑/第9期/1972.3
司马迁之文章/曲颖生/中国文选/第60期/1972.4
司马迁创制的史体/徐文珊/学园/第7卷第9期/1972.5
《史记·货殖列传》与自由放任思想/叶日崧/研究生/第1期/1972.6
司马迁奇人奇书/徐文珊/学园/第7卷第10期/1972.6
《史记·屈原列传》阐述/张弦/新文艺/第198期/1972.9
司马迁的历史哲学与历史科学/刘咏娴/建设/第21卷第4期/1972.9
司马迁和他写的《史记》/李甲孚/综合月刊/第10期/1972.10
司马迁与《史记》/墨菊/今日中国/第19期/1972.11
《史记·樗里子、甘茂列传》疏证/朱瑗/编译馆馆刊/第1卷第4期/1972.12
司马迁的性格与风格/徐文珊/学园/第8卷第2期/1972.12/"中国宪政"第8卷第2期/1973.2

【1973年】

《史记》与司马迁/李甲孚/台湾月刊/第4期/1973.2
司马迁的史学力避神话/徐文珊/学园/第8卷第6期/1973.4
试为司马迁《史记》撰拟史例/徐文珊/台湾"中国历史学会"史学集刊/第5期/1973.5

《史记》与司马迁/黄介瑞/中华文化月刊/第6卷第6期/1973.6

《史记》终止时期及伪篇考/高葆光/东海学报/第14期/1973.7

疑以传疑——读《史记·留侯世家》/梁容若/文坛/第158期/1973.8

读《史记·李斯传》/梁容若/中国文选/第76期/1973.8

《史记》八书存亡真伪疏辨/颖生/国魂/第9卷第12期/1973.10

浅论《史记》《汉书》对"冒顿单于求婚吕后书"的取舍/曹仕邦/图书季刊/第4卷第2期/1973.10

论《史记》非谤书/王健民/政治大学学报/第28期/1973.12

【1974年】

太史公怎样搜集和处理资料/阮芝生/书目季刊/第7卷第4期/1974.3

《萧相国世家》、"钱三"、"钱五"诸家注商榷/马先醒/简牍学报/第1期/1974.6

《史记》体系结构整合论/侯立朝/国魂/第344期/1974.7

《史记》文学蠡测/高葆光/东海学报/第15期/1974.7

《史记》及两《汉书》作者记述边疆民族史的时代与文化背景/阎沁恒/幼狮月刊/第40卷第4期/1974.10

司马迁的心/阮芝生/台湾大学文史哲学报/第23期/1974.10

【1975年】

《史记·项羽本纪》助字辨释/林明堂/东吴大学中国文学系系刊/1975年第1期/1975.5

《史记·孔子世家》/自由青年/第53卷第1期/1975.1

论司马迁的《报任安书》/陈振兴/新潮/第29期/1975.1

《史记》及两《汉书》作者对边疆文化之认识/阎沁恒/台湾"中国历史学会"史学集刊/第7期/1975.5

《汉书》与《史记》之关系初探/吴福助/东海学报/第16期/1975.6

《司马迁研究》序/罗香林/大陆杂志/第51卷第1期/1975.7

司马迁创作《史记》的历程及其评价/林宗霖/艺文志/第123期/1975.12

从《项羽本纪》看司马迁的写作技巧/范文芳/新竹师专学报/第2期/1975.12

【1976年】

《史记》释例/潘光晟/中华学苑/第17期/1976.3

《史记》引述《左传》"君子曰"及《易》筮之研究/何三本/台东师专学报/第4期/1976.4

司马迁之《尚书》学/洪安全/政治大学学报/第33期/1976.5

司马迁的儒家思想/周虎林/孔孟月刊/第14卷第9期/1976.5

《史记》版本书录/何慰华等/图书馆学刊（台大）/第3期/1976.6

《史记》剩义/郑良树/大陆杂志/第53卷第2期/1976.8

太史公司马迁/方祖燊/台湾月刊/第8卷第11期/1976.9

司马迁与其史学/周虎林/学粹/第18卷第6期/1976.12

【1977年】

《史记》体例初探——中国正史纪传体的讨论/林万安/史苑/第27期/1977.1

《史记·殷本记疏证》序/杨家骆/华学月刊/第62期/1977.2

司马迁的文学才华/杜若/台肥月刊/第18卷第3期/1977.3

《史记·货殖列传》的经济意义/朱全任/"空军学术"月刊/第245期/1977.4

《史记》论评/李勉/中国国学/第5期/1977.4

《史记·五帝本纪》《尚书》义考征/卓秀严/成功大学学报/第12期/1977.5

孔子之《春秋》与司马迁之《史记》/洪安全/孔孟学报/第34期/1977.9

司马迁笔下的人权——《张释之列传》所见护法精神/黄得时/法论/第6期/1977.10

试为司马迁《史记》撰拟史例/徐文珊/中华国学/第1卷第10期/1977.10

论《史记》（上、下）/徐复观/大陆杂志/第55卷第5、6期/1977.12

司马迁的壮游/郭嗣汾/幼狮文艺/第46卷第6期/1977.12

【1978年】

《太史公》的观读者/启众/简牍学报/第6期/1978.10

太史公、续太史公、太史公传、后传/启众/简牍学报/第6期/1978.10

《史记》引《尚书》文考释/黄盛雄/台中师专学报/第7期/1978.4

读《论史记驳议》——敬答施之勉先生/徐复观/大陆杂志/第56卷第3、4期/1978.4

《史记·夏本纪》《尚书》义考征/卓秀严/成功大学学报/第13期/1978.5

评介《史记研究之资料与论文索引》（王民信著）/陈飞龙/出版与研究/第30期/1978.9

专题书目——司马迁与《史记》/李家祺/出版与研究/第31期/1978.10

《史》《汉》比较研究之一例/徐复观/大陆杂志/第57卷第4期/1978.10

谈鸿门宴和司马迁的写作技巧/李珏清/台肥月刊/第19卷第11期/1978.11

《史记》剩义补/郑良树/书目季刊/第12卷第3期/1978.12

【1979年】

《史记》散论/沈秋雄/孔孟月刊/第17卷第6期/1979.2

《管晏列传》新探/黄庆萱/《中国文学鉴赏举隅》/东大图书公司出版/1979.4

司马迁的自由经济思想/侯家驹/台北市银月刊/第10卷第3期、

4期/1979.4

从《史记》世家中《左传》之引用谈司马迁修史之方法/顾立三/台湾"中国历史学会"史学集刊/第11期/1979.5

《史记》十二本纪十表解题/吴福助/东海学报/第20期/1979.6

介绍两本值得一读的好书（桑塔耶那著，杜若洲译《美感》；开明书店编译部编著《司马迁的人格与风格》）（编者按：后者作者实为李长之）/枫林/人与社会/第7卷第2期/1979.6

宏扬儒学的功臣司马迁/尤信雄/孔孟月刊/第18卷第1期/1979.9

《史记·货殖列传》浅探/蔡慧瑛/简牍学报/第8期/1979.11

《史记·历书》《历术甲子篇》理论之研究/陈万鼐/中山学术文化集刊/第24期/1979.11

揭开《史记·今上本纪》（《武帝本纪》）阙失之谜/金惠/东方杂志/第13卷第5期/1979.11

《史记·魏公子传》评析/吴玙/古典文学/第1期/1979.12

论《史记》五体及"太史公曰"的述与作/阮芝生/台湾大学历史学系学报/第6期/1979.12

论报导文学——兼谈司马迁的《史记》/陈飞龙/政治大学学报/第40期/1979.12

【1980年】

《史记·大宛列传》与《汉书·西域传》之关系/陈文豪/简牍学报/第7期/1980.1

读史随笔四则（1.居延汉简中之粮仓 2.《通鉴考异·剧孟论》异议 3.《史记》卫青首次出征年代 4.《卫霍列传》传写之颠倒与重组）/刘欣/简牍学报/第7期/1980.1

司马迁/蒋武雄/古今谈/第176期/1980.1

司马迁的艺术观/闻从亦/文学思潮/第6期/1980.1

《左传》《国语》《史记》之比较研究/刘节/中华文化月刊/第13卷第2期/1980.2

太史公思想之蠡测/蔡信发/孔孟月刊/第18卷第6期/1980.2

读《史记·屈原列传》/傅锡壬/书评书目/第83期/1980.3

中国哲学家——司马迁/哲学与文化/第7卷第4期/1980.4

学仕官名类释（2）——汉朝：刘安、韩婴、司马相如、司马迁、刘向、班固、张衡、许慎、郑玄、蔡邕、诸葛亮/李慕如/今日中国/第108期/1980.4

司马迁卒年新考证/金惠/东方杂志/第14卷第1期/1980.7

《史记》与《前汉书》/李则芬/自由谈/第31卷第8期/1980.8

识得庐山真面目（13-3）——《史记》与《汉书》/孟瑶/明道文艺/第173期/1980.8

中国史学之父——司马迁/张其昀/文艺/第116期/1980.10

读《史记·高祖功臣侯者年表》/王恢/书目季刊/第14卷第3期/1980.12

马迁史笔妙生花——《史记》十二本纪撷微/殷豫川/高雄文献/第5、6期/1980.12

论《史记》五体的体系关联/阮芝生/台湾大学历史学系学报/第7期/1980.12

【1981年】

《史记·齐世家·姜太公传》考实（姜尚）/李震/东方杂志/第14卷第8期/1981.2/文艺/第126期/1981.10

《伯夷列传》析论/阮芝生/大陆杂志/第62卷第3期/1981.3

千古绝响的《史记》/王小虹/今日中国/第119期/1981.3

司马迁的思想/张端穗、郎亚玲合译/东海中文学报/第2期/1981.4

司马迁经济思想的分析及其历史意义/沈育贵等/史绎/第17期/1981.5

《史记》"太史公曰"探析/李毓善/辅仁学志——文学院之部/第10期/1981.6

司马迁的经济思想及其撰述经济史的体例/黄乃隆/文史学报（中兴大学）/第11期/1981.6

论留侯与《三略》/阮芝生/食货月刊/第11卷2、3期/

1951.5、6

《史记·吴太伯世家》补注/陈槃/台湾"中央研究院"历史语言研究所集刊/第52本第3分/1981.9

司马迁论文学/李有成/中华文艺/第22卷第2期/1981.10

《史记》中的独白与对话/林敬文/自由谈/第32卷第11期/1981.11

中国的历史与人物（13）——司马迁/梁庚尧/华文世界/第25期/1981.11

从司马迁的意见看左丘明与《国语》的关系/张以仁/台湾"中央研究院"历史语言研究所集刊/第52本第4分/1981.12

【1982年】

《史记》序游侠则"贱守节而贵俗功退处士而进奸雄"辨/沈秋桂/成功大学学报/第17期/1982.3

《史记·淮阴侯列传》与《汉书·韩信传》试析——《史》《汉》文字比较之一例/刘敏雄/史苑/第35期/1982.6

《史记·穰侯列传》疏证/朱瑗/编译馆馆刊/第11卷第1期/1982.6

司马迁与班固史学之比较/赖明德/"中国学术年刊"/第4期/1982.6

司马迁对儒、道二家思想之融合/汪惠敏/辅仁学志——文学院之部/第11期/1982.6

《史记》与传记/沈云龙/传记文学/第41卷第2期/1982.8

《史记·荆轲传》"白衣冠"一词的探讨/倪兆雄/书和人/第449期/1982.9

《史记·齐太公世家》补注（上）/陈槃/台湾"中央研究院"历史语言研究所集刊/第53本第3分/1982.9

司马迁生平及卓见/裴可权/陕西文献/第51期/1982.10

《史记》"神秘数字"探微/黄沛荣/孔孟月刊/第21卷第3期/1982.11

从《史记》的撰写谈司马迁的挫折与抱负/黄俊郎/人与社会/第

1卷第4期/1982.12

【1983年】

古老的传记文学：《太史公书》——《史记》解题及其读法/刘兆祐/幼狮月刊/第362期/1983.2

论《史记》人物——帝王（1）/李毓善/辅仁学志——文学院之部/第12期/1983.6

《史记》：《太史公书》——中国大人文文化生命之向往与追求/张肇祺/哲学与文化/第10卷第6期/1983.6

司马迁及其成就/尤信雄/国文学报/第12期/1983.6

司马迁的世界（上）/Watson, Burton著、张端穗译/东海中文学报/第4期/1983.6

《史记》是报导文学初论/诗影/文艺月刊/第170期/1983.8

试论司马迁所说的"究天人之际"/阮芝生/史学评论/第6期/1983.9

修史的精神及技巧——读《史记·高祖纪赞》的感想/刘光义/东方杂志/第17卷第5期/1983.11

【1984年】

从《荆轲传》看太史公的虚字运用技巧/郑圆铃/明道文艺/第95期/1984.2

由文化人类学看司马迁《史记》/徐文珊/中华文化月刊/第17卷第5期/1984.5

《史记·屈原列传》伪窜考/杨定浩/台北商业专科学校学报/第22期/1984.6

《史记·齐太公世家》补注（下）/陈槃/台湾"中央研究院"历史语言研究所集刊/第55本第2分/1984.6

论《史记》人物——帝王（2）/李毓善/辅仁学志——文学院之部/第13期/1984.6

中国古代最伟大的新闻记者——司马迁/潘重规/报学/第7卷第2期/1984.6

太史公思想研究——"儒"之真义与太史公在思想史上地位之探讨/谢大宁/台湾师范大学中国文学研究所集刊/第28期/1984.6

《史记·孔子世家》的驳虞/陈香/中华文化月刊/第17卷第9期/1984.9

由历代史家与史籍看司马迁与《史记》/徐文珊/史学汇刊/第13期/1984.9

由《史记》看中国社会——司马迁《史记》社会学的研究/徐文珊/中国文化月刊/第61期/1984.11

【1985年】

班马论述诸子流别次第各异说/中国期刊汇编 第37种/苗可秀/成文出版社/1985

司马迁的创作意识/范文芳/新竹师专学报/第11期/1985.2

《史记》移录《尚书》原文例/古国顺/孔孟月刊/第23卷第7期/1985.3

《史记》老子本传的补述/袁金书/江苏文献/第34期/1985.5

《史记》中的互见笔法/江惜美/孔孟月刊/第23卷第10期/1985.6

论《史记》人物——帝王（3）/李毓善/辅仁学志——文学院之部/第14期/1985.6

《史记》中的女性——母亲/李毓善/台湾辅仁大学国文学报/第1期/1985.6

《史记·刺客列传》之《荆轲传》效果论/杨鸿铭/孔孟月刊/第23卷第11期/1985.7

《史记》老子本传的补述（续完）/袁金书/江苏文献/第35期/1985.8

《史记》在史学文学上的价值/蔡信发/孔孟月刊/第23卷第12期/1985.8

从《史记》看汉初之用人/蔡信发/孔孟月刊/第24卷第2期/1985.10

孟子与《史记》之关系/王基伦/孔孟月刊/第24卷第3期/1985.11/

日本文学欣赏（近代篇）（40）——武田泰淳与司马迁/刘崇棱/日本研究/第251期/1985.11

司马迁的写作技巧/范文芳/新竹师专学报/第12期/1985.12

《伯夷列传》发微/阮芝生/台湾大学文史哲学报/第34期/1985.12

【1986年】

《史记·鲁周公世家》补注/陈槃/台湾"中央研究院"历史语言研究所集刊/第57本第2分/1986.6

论《史记》人物——帝王（4）/李毓善/辅仁学志——文学院之部/第15期/1986.6

《史记》中的女性——妻（上）/李毓善/台湾辅仁大学国文学报/第2期/1986.6

《史记》的文学性/蔡信发/国教世纪/第22卷第1期/1986.8

记陕西韩城太史公马迁/李静/陕西文献/第65期/1986.10

法治时代从太史公眼里看韩非的法治思想/余宗瑜/宪政论坛/第34卷第4期/1986.10

《史记·周本纪》《尚书》义考征/卓秀严/成功大学学报/第21期/1986.11

大变动的时代对司马迁的冲击/范文芳/新竹师专学报/第13期/1986.12

《左传》在《史记》前已是附经编年证/方炫琛/中华学苑/第23期/1986

【1987年】

《史记》形成过程的考察——《史记》的结构与古代欧州的历史叙述/（日）稻叶一郎著、梁华璜译/"第二届中西史学史研讨会"论文集/1987.5

《史记·商君列传》分析/蓝朝金/史学会刊（师范大学）/第31期/1987.6

《史记·游侠列传》分析/高淑卿/史学会刊（师范大学）/第31期/1987.6

论《史记》人物——帝王（5）/李毓善/辅仁学志——文学院之部/第16期/1987.6

《史记》三家注异常声纽之考察/黄坤尧/国文学报/第16期/1987.6

《史记》中的女性——妻（下）/李毓善/台湾辅仁大学国文学报/第3期/1987.6

生命的辉映——司马迁与孔子/颜天佑/国文天地/第3卷第4期/1987.9

《史记·滑稽列传》优孟的释疑/宫奇市定著、轩辕译/古今艺文/第14卷第1期/1987.11

《史记》中的相人/蔡信发/东方杂志/第21卷第4期/1987.11

试以卢卡奇［Georg Lukacs］的写实主义理论分析司马迁的《史记》/吕正惠/中外文学/第16卷第7期/1987.12

【1988年】

司马迁传略/罗敬之/木铎/第12期/1988.3

从比较《史记》、《汉书》《游侠列传》试论游侠式微的原因/高淑卿/史学会刊（师范大学）/第32期/1988.6

论《史记》人物——至圣：孔子/李毓善/台湾辅仁大学国文学报/第4期/1988.6

《史记·管晏列传》拾穗/何永清/东方杂志/第22卷第2期/1988.8

《史记·信陵君列传》之人物析评/李李/中国语文/第63卷第3期/1988.9

《史记》与《周易》/胡自逢/中国国学/第16期/1988.10

洪业教授及其《史记》三讲（上）/洪业遗稿、童元方译/传记文学/第53卷第4期/1988.10

洪业教授及其《史记》三讲（中）/洪业遗稿、童元方译/传记文学/第53卷第5期/1988.11

洪业教授及其《史记》三讲（下）/洪业遗稿、童元方译/传记文学/第53卷第6期/1988.12

【1989年】

司马迁笔下的星汉文学/杜升云/国文天地/第4卷第8期/1989.1

《太史公自序》中与壶遂一段对话的诠释/林聪舜/"中国学术年刊"/第10期/1989.2

《史记》：《太史公书》——中国大人文文化生命之向往追求（上）/张肇祺/国魂/第519期/1989.2

孟子与《史记》之关系研究/王基伦/"中国学术年刊"/第10期/1989.2

《史记》《易》学观/胡自逢/"中国学术年刊"/第10期/1989.2

《史记》：《太史公书》——中国大人文文化生命之向往与追求（下）/张肇祺/国魂/第520期/1989.3

论《史记》人物——帝王（6）/李毓善/辅仁学志——文学院之部/第18期/1989.6

《史记》中的介词/李炳杰/中国语文/第64卷第6期/1989.6

《史记》中的相/李毓善/台湾辅仁大学国文学报/第5期/1989.6

《史记·司马相如列传》阐微/梁立中/东南学报/第12期/1989.7

《史记》的复句连词/李炳杰/中国语文/第65卷第1期/1989.7

《史记》概说/施淑婷/美和护专学报/第8期/1989.7

《史记》的基本句型/李炳杰/中国语文/第65卷第2期/1989.8

司马迁笔下的高祖形象/王文颜/孔孟月刊/第27卷第12期/1989.8

《史记·燕召公世家》补注/陈槃/台湾"中央研究院"历史语言研究所集刊/第60本第3分/1989.9

《史记·十二诸侯年表、六国表考异》（上）/潘光晟/中华学苑/第39期/1989.10

《史记》中的助词/李炳杰/中国语文/第65卷第4期/1989.10

《史记》与国小社会科教学/黄盛雄/国教辅导/第29卷第1期/1989.10

从声音与情绪之关系谈《史记·荆轲传》中"变征之声"注释之商榷/洪德和/孔孟月刊/第28卷第4期/1989.12/儒林学报/第5期/1990.7

范蠡、商鞅：两套速效经济软件——读《史记·货殖列传》/金克木/中国文化/第1期/1989.12

《史记》语的结构/李炳杰/中国语文/第65卷第6期/1989.12

【1990年】

《史记》句子的附加副语/李炳杰/中国语文/第66卷第1期/1990.1

读《史记·项羽本纪》/赵心鉴/育达学报/第3期/1990.2

从《史记》看司马迁在语文运用上的技巧/范文芳/国教世纪/第25卷第4期/1990.2

浅谈司马迁撰写《史记》的文学观/赵梅生/育达学报/第3期/1990.2

《史记》的递系句式和致动意动用法/李炳杰/中国语文/第66卷第2期/1990.2

《史记》的倒装句/李炳杰/中国语文/第66卷第3期/1990.3

研究司马迁与《史记》的几本著作/陈文豪/国文天地/第5卷第10期/1990.3

董仲舒的"天人感应"与司马迁的"天道观"之比较研究/梁荣茂/汉代文学与思想学术研讨会论文集/1990.6

《史记》中的梦/李毓善/辅仁学志——文学院之部/第19期/1990.6

司马迁的世界（下）/ Watson, Burton 著、张端穗译/东海中文学报/第9期/1990.7

《史记·十二诸侯年表、六国表考异》（下）/潘光晟/中华学苑/第40期/1990.8

欧美学者对《史记》、《汉书》之翻译/赵令扬/"第三届史学史国际研讨会"论文集/1990.11

汉武帝封禅与《史记·封禅书》/逯耀东/"第三届史学史国际研

讨会"论文集/1990.11

《史记·河渠书》析论/阮芝生/台湾大学历史学系学报/第15期/1990.12

【1991年】

司马迁的文学观/林翠芬/云林工专学报/第10期/1991.5

班固镕裁之探究——《史记·项羽本纪》与《汉书·项籍传》文字比较研究/王明通/台中师范学院学报/第5期/1991.6

《史记·礼书》概说/钟宗宪/编译馆馆刊/第20卷第1期/1991.6

《史记》中之谋臣人物述评/汪惠敏/辅仁学志——文学院之部/第20期/1991.6

《史记》合传析论/蔡信发/台湾大学人文学报/第9期/1991.6

《史记》中创业型的帝王：秦始皇、项羽、汉高祖/汪惠敏/台湾辅仁大学国文学报/第7期/1991.6

论司马迁笔下的秦始皇与二世/洪淑苓/台湾大学中文学报/第4期/1991.6

大风歌与高祖心态/黄湘阳/辅仁大学国文学报/第7期/1991.6

《史记·舜本纪》与敦煌《舜子变》之比较研究/张贞海/民俗曲艺/第72、73期/1991.7—9

史之时者——太史公/蔡信发/孔孟月刊/第30卷第1期/1991.9

【1992年】

《史记·汲郑列传》探义/杜水封/兴大中文学报/第5期/1992.1

试赏司马迁的"张释之执法"/刘崇义/孔孟月刊/第30卷第6期/1992.2

《史》《汉》异同研究史略/朴宰雨/中国文化月刊/第150期/1992.4

《史记·秦始皇本纪》所见的声韵现象/陈新雄/声韵论丛/第4期/1992.5

《史记·刺客列传》探析/吴惠珍/台中商专学报/第24期/1992.6

上古中国思想中的自然观——以《孟子·梁惠王篇》及《史记·

礼、乐二书》为例/潘朝阳/菁莪季刊/第12期/1992.6

论《史记》的两篇合传——《魏其武安侯列传》与《卫将军骠骑列传》/洪淑苓/编译馆馆刊/第21卷第1期/1992.6

庄子的方伎及其与《史记》关系之新探/庄万寿/国文学报/第21期/1992.6

史传论赞与《史记》"太史公曰"/逯耀东/新史学/第3卷第2期/1992.6

《汉书》对《史记》的补正——以贾谊、晁错、公孙弘、董仲舒的事迹为例/李伟泰/台湾大学中文学报/第5期/1992.6

《史记》附传析论/蔡信发/孔孟月刊/第30卷第11期/1992.7

《史记》合传析论/蔡信发/国文天地/第8卷第2期/1992.7

沉重苦涩的人生之旅——读《史记·萧何、曹参、万石君传》/伏俊连/国文天地/第8卷第5期/1992.10

司马迁的心灵世界/鲍国顺/孔孟月刊/第31卷第3期/1992.11

论司马迁"成一家之言"的两个层次——《太史公自序》的"拾遗补艺"（上）/逯耀东/台湾大学历史学系学报/第17期/1992.12

论《史记》的"文学性"/郑应鸿/黄埔学报/第24期/1992.12

历史理性之诞生——由太史公《史记》引发之历史思考/林安梧/鲁实先先生学术讨论会论文集/1992.12

鲁先生实先《史记》治学的特殊成就/杜松柏/鲁实先先生学术讨论会论文集/1992.12

【1993年】

《史记》导读——关于《史记》的几个先显问题/罗敬之/中国文化大学中文学报/第1期/1993.2

《伯夷列传》为《史记》列传总序说之略探/颜天佑/中华学苑/第43期/1993.3

《廿二史劄记》及《陔余丛考》校证——《史记》、《汉书》/黄兆强/东吴文史学报/第11期/1993.3

《史记·管蔡曹世家》补注/陈槃/台湾"中央研究院"历史语言

研究所集刊/第62本第2分/1993.4

近三十年来台湾地区有关司马迁史学之研究/赵秀金等/史苑/第54期/1993.5

司马迁的政治思想/赖明德/林尹教授逝世十周年学术论文集/1993.5

《史记·老庄申韩列传》解读/王令樾/辅仁学志——文学院之部/第22期/1993.6

由《史记》一书看司马迁的文学理念与文学特色/孙良水/艺术学报/第52期/1993.6

《史记》之"家言"与"史书"性质论/李纪祥/华冈文科学报/第19期/1993.7

论《史记》对吕不韦之评价/周行之/成功大学学报/第28期/1993.11

《史记·仲尼弟子列传》中"子贡存鲁"之研究——"连环套"战略模式之建构/郑克强/高雄工商专校学报/第23期/1993.12

《史记·日者列传》小察/张铭洽/简牍学报/第15期/1993.12

近年来有关《史记》倒文问题之评介/罗仕杰/简牍学报/第15期/1993.12

司马迁"通古今之变"的"今"之开端/逯耀东/辅仁历史学报/第5期/1993.12

司马迁继《春秋》辨/戴晋新/辅仁历史学报/第5期/1993.12

论吴太伯与季札让国＝"再论禅让与让国"之贰/阮芝生/台湾大学历史学系学报/第18期/1993.12

太史公"成一家之言"别解/李纪祥/"国际简牍学会"会刊/第1期/1993

【1994年】

从文法观点以探讨韩愈《毛颖传》之修辞特色并略论其仿拟《史记》之处/陈素素/东吴文史学报/第12期//1994.3

《史记·游侠列传》解读/颜天佑/中华学苑/第44期/1994.4

就《史记》本纪谈中国上古史教学的一些问题/黄耀能/中国上古

秦汉史教学研讨会论文集/1994.5

《史记·游侠列传》析论/吴玉燕/辅仁大学中文研究所学刊/第3期/1994.6

《史》《汉》平议/蔡信发/台湾大学人文学报/第12期/1994.6

《史》、《汉》随笔之一（三则）：一、项羽的复仇意识和天下观；二、张良一生的几次转变；三、景帝牺牲晁错的原因/李伟泰/台湾大学中文学报/第6期/1994.6

《史记》人物论：高祖刘邦/段莉芬/"建国"学报/第13期/1994.6

司马迁与传记文学/张高评/国语文教育通讯/第8期/1994.6

《史记·三王世家》"太子少傅臣安行宗正事"为刘安国考/袁传璋/大陆杂志/第89卷第1期/1994.7

霸王之心——谈《史记》中项羽之心理分析/李文平/历史月刊/第78期/1994.7

《史记·晋世家》补注——芮逸夫高去寻两院士逝世纪念论文/陈槃/"台湾研究院历史语言研究所"集刊/第65本第3分/1994.9

从《史记》、《汉书》中看古匈奴的文化/"中国边政"/第125期/1994.9

"巫蛊之祸"与《史记》的成书/逯耀东/台湾大学历史学系学报/第18期/1994.12

司马迁对匈奴问题处理的限制/逯耀东/辅仁历史学报/第6期/1994.12

【1995年】

从书体演变角度论《索隐》、《正义》的十年之差：兼为司马迁生于武帝建元六年说补证/袁传璋/大陆杂志/第90卷第4期/1995.4

司马迁论刘兴项蹶/徐汉昌/两汉文学学术研讨论文集/1995.5

《史记·太史公自序》韵语商榷/金周生/两汉文学学术研讨论文集/1995.5

《史记·货殖列传》中的经济思想/黄湘阳/两汉文学学术研讨论文集/1995.5

《史记·管晏列传》析论/蔡信发/两汉文学学术研讨论文集/1995.5

《史记》乃"无韵之离骚"申论/刘正忠/孔孟月刊/第33卷第9期/1995.5

司马迁《悲士不遇赋》释论/孙永忠/台湾辅仁大学国文学报/第11期/1995.5

《左传》、《史记》、《战国策》之史学价值与文学特性举隅/陈瑞芬/艺术学报/第56期/1995.6

谈司马迁景仰孔子/魏聪祺/国教辅导/第34卷第5期/1995.6

鸿门宴上的明争暗斗——《史记》评赏/赖汉屏/明道文艺/第233期/1995.8

《史记·酷吏列传》初探/陈俪文/辅仁大学中文研究所学刊/第5期/1995.9

《史记·匈奴列传》的次第问题/逯耀东/"中国历史学会"史学集刊/第27期/1995.9 由《酷吏列传》看太史公的吏治观/郭慧娟/"辅仁大学中文研究所"学刊/第5期/1995.9

从《史记》看司马迁的儒道思想/庞海珊/辅仁大学中文研究所学刊/第5期/1995.9

《史记》的思想性及其艺术特色/田博元/人文学报（人文科学研究会）/第19期/1995.10

刘向班固所见《太史公书》考/易平/大陆杂志/第91卷第5期/1995.11

是非颇谬于圣人——《游侠列传·郭解传》读后/赖汉屏/明道文艺/第237期/1995.12

从《项羽本纪》看司马迁的写作技巧/范文芳/新竹师专学报/第2期/1995.12

太史公"二十岁前在故乡耕读说"商酌/袁传璋/大陆杂志/第91卷第6期/1995.12

司马迁所处时代之思想概况/胡玉雪/屏中学报/第5期/1995.12

【1996 年】

《史记·刺客列传·荆轲传》评赏/赖汉屏/明道文艺/第 238 期/1996.1

《史记·屈原贾生列传》解读/颜天佑/兴大中文学报/第 9 期/1996.1

"《史记》学"的奠基杰作——《史记研究史略》(张新科 俞樟华著)评介/黄绍英/兴大中文研究生论文集/第 1 期/1996.1

《史记·晏子传》/江举谦/明道文艺/第 240 期/1996.3

《史记》的文学特色(上)/田博元/华文世界/第 79 期/1996.3

货殖与礼义——《史记·货殖列传》析论/阮芝生/台大历史学报/第 19 期/1996.6

《史记》、《汉书》《游侠列传》之比较研究——兼论汉代游侠兴废的历史意义/林蔚松/辅仁大学中文研究所学刊/第 6 期/1996.6

《史记》的文学特色(下)/田博元/华文世界/第 80 期/1996.6

从《史记》看汉武帝的用将原则/陈念先/辅仁大学中文研究所学刊/第 6 期/1996.6

《史记》《西游记》丝路记——寻找汉民族骄傲的足迹/蒙金兰/新休闲世界杂志/第 25 期/1996.6

《史记》的参差错落之美——谈司马迁运用长短句的技巧/黄春贵/国语文教育通讯/第 12 期/1996.6/国文学报/第 25 期/1996.6

论司马迁究天人之际的承继与突破/侍芳玲/辅仁大学中文研究所学刊/第 6 期/1996.6

评信陵君之养士/魏聪祺/中师语文/第 6 期/进修学讯年刊/第 2 期/1996.6 析论项羽"略知其意,又不肯竟学"/魏聪祺/台中师范学院学报/第 10 期/1996.6

杨恽与《太史公书》/易平/大陆杂志/第 93 卷第 1 期/1996.7

《史记》标题论/赵生群/大陆杂志/第 93 卷第 1 期/1996.7

新书简介:《史记七十篇列传评注》/编译馆通讯/第 9 卷第 3 期/1996.7

滑稽与六艺——《史记·滑稽列传》析论/阮芝生/台湾大学历史学报/第 20 期/1996.11

三司马与汉武帝封禅/阮芝生/台湾大学历史学报/第 20 期/1996.11

《史记》列传及其与本纪的关系/逯耀东/台湾大学历史学报/第 20 期/1996.11

武田泰淳——司马迁《史记》的世界/钟俐玲/文大日研学报/第 1 期/1996.12

文学本事——司马迁与《史记》/马景贤文、洪义男图/小作家月刊/第 3 卷第 8 期/1996.12

略论司马迁的富利观/卢瑞容/台湾大学人文学报/第 14 期/1996.12

【1997 年】

《史记·滑稽列传》的写作手法/李栖/国文天地/第 12 卷第 9 期/1997.2

伟大诗人的丰碑——《屈原列传》评赏/赖汉屏/明道文艺/第 251 期/1997.2

读《史记》——外戚的岁月/谭润生/中国语文/第 80 卷第 2 期/1997.2

忍辱发愤著史的司马迁/宋裕/明道文艺/第 251 期/1997.2

红花绿叶相得益彰——读《孟尝君列传》/赖汉屏/明道文艺/第 252 期/1997.3

张新科《史记与中国文学》评介/许诗萱/中国文化月刊/第 204 期/1997.3

读《史记》——刺客的侠骨深情/谭润生/中国语文/第 80 卷第 3 期/1997.3

"半两"钱的几个问题——从《史记》记载作探讨/朱志骞/"历史博物馆"馆刊(历史文物)/第 7 卷第 2 期/1997.4

读《史记》——太史公的自白/谭润生/中国语文/第 80 卷第 4 期/1997.4

训诂与经学——以《伯夷列传》为例/刘文强/训诂论丛第三辑/1997.4

杀身成仁，义之所在——《商君列传》赏论/赖汉屏/明道文艺/第254期/1997.5

读《史记》——赵氏孤儿/谭润生/中国语文/第80卷第5期/1997.5

司马迁祠和墓/张涛/历史月刊/第112期/1997.5

《史记·梁孝王世家》初探/蒋宜芳/台湾辅仁大学中文研究所学刊/第7期/1997.6

《史记·伯夷列传》典型形象探讨/李黛颦/台湾辅仁大学中文研究所学刊/第7期/1997.6

从《汉书·贾谊传》所载奏疏试探贾谊之政治思想——兼论其对《史记》之补充/李秀娟/台湾辅仁大学中文研究所学刊/第7期/1997.6

《史记·老子列传》所呈现的老子形象——其犹龙邪/魏聪祺/国教辅导/第36卷第5期/1997.6 读《史记》——绨袍恋恋故人情/谭润生/中国语文/第80卷第6期/1997.6

李陵案对司马迁写作《史记》的影响/魏聪祺/进修学讯年刊/第3期/1997.6

刚伯先生论"变"与司马迁的"通古今之变"/逯耀东/史学：传承与变迁学术研讨会论文集/1997.7

读《史记》——食客春秋/谭润生/中国语文/第81卷第1期/1997.7

三千珠履说斯人——《春申君列传》赏论/赖汉屏/明道文艺/第257期/1997.8

读《史记》——优孟衣冠/谭润生/中国语文/第81卷第2期/1997.8

立言与弘道：董仲舒和司马迁关系论/王保顶/孔孟月刊/第35卷第12期/1997.8

历史的智能——漫谈《史记》/田博元/青松萌芽：香光尼众佛学院院刊/第3期/1997.9

读《史记》——鸿门宴/谭润生/中国语文/第81卷第3期/1997.9

《史记·平原君虞卿列传、匈奴列传》篇次考订/易平/大陆杂志/第95卷第4期/1997.10

读《史记》——韩信的荣与辱/谭润生/中国语文/第81卷第5期/1997.11

读《史记》——韩信的得与失/谭润生/中国语文/第81卷第6期/1997.12

《史记·魏公子列传》试析/蔡忠道/语文教育通讯/第15期/1997.12

司马迁之历史哲学/赖明德/纪念鲁实先生逝世二十周年学术研讨会论文集/1997.12

【1998年】

《史记》——垓下之围/谭润生/中国语文/第82卷第1期/1998.1

《史记·管晏列传》中的对比技巧/林于弘/中国语文/第82卷第2期/1998.2

读《史记》——吕后掌权/谭润生/中国语文/第82卷第2期/1998.2

《史记·韩非传》所引《韩子》篇名之异文、异解及其相关问题/陈劲榛/中国文化大学中文学报/第4期/1998.3

司马迁南游路线的观察/罗敬之/中国文化大学中文学报/第4期/1998.3

序赖著《史记评赏》/陈宪仁/明道文艺/第264期/1998.3

太史公述《春秋》、《左传》考/刘正浩/纪念章微颖先生逝世三十周年学术研讨会论文集/1998.4

从《史记》论司马迁对相术的看法/赖芳玉/传习/第16期/1998.4

《史记·伯夷列传》析论/赖明德/纪念章微颖先生逝世三十周年学术研讨会论文集/1998.4《史记·游侠列传》与《汉书·游侠传》的比较/简瑞龙/史学/第24期/1998.5

《史记》不能悼念/邱垂亮/九十年代/第340期/1998.5

《史记》人物语言述例/蔡日新/中国文化月刊/第216期/1998.5

谈谈武侠小说之源——《史记·刺客、游侠》两列传的意义/李寅浩/纵横武林——"中国武侠小说国际学术研讨会"论文集/1998.5

《史记·张释之传》"县人"新诠/林礽乾/国文学报/第27期/1998.6

忍辱含垢死重泰山——司马迁《报任安书》赏论/赖汉屏/明道文艺/第269期/1998.8

《史记·平准书》书法初探/吴仪凤/孔孟月刊/第37卷第1期/1998.9

《史》《汉》《货殖传》较析/李美慧/台湾辅仁大学中文研究所学刊/第8期/1998.9

《史记·田敬仲完世家》中的疑点/文席谋/历史月刊/第130期/1998.11

《史记·高祖本纪》中四篇"告谕"析评/孙永忠/台湾辅仁大学国文学报/第13期/1998.11

【1999年】

《史记》《汉书》《游侠列传》较析/黄榕/中国语文/第84卷第2期/1999.2

太史公牛马走析辨/林礽乾/中国学术年刊/第20期/1999.3

古人访谈（3）：司马迁访问记/韩廷一/国文天地/第14卷第10期/1999.3

谈《史记》中的卜筮/赖芳玉/传习/第17期/1999.4

论《文心雕龙·史传篇》中对《史记》《汉书》的批评/黄榕/明道文艺/第277期/1999.4

司马迁的经济思想试析/梁荣茂/先秦两汉论丛第一辑/1999.4

《史记》和《三国史记》的量词研究/许璧/纪念许世瑛先生九十冥诞学术研讨会论文集/1999.4

《史记·酷吏列传》析论/蔡信发/先秦两汉论丛第一辑/1999.4

读《淮阴侯列传》/黄坤尧/国文天地/第15卷第1期/1999.6

《刘敬叔孙通列传》析评/魏聪祺/中师语文/第9期/1999.6

《史记·秦楚之际月表》论考/阎鸿中/台湾大学历史学报/第 23 期/1999.6

论《史记》中的孔子与《春秋》/阮芝生/台湾大学历史学报/第 23 期/1999.6

张晏《史记》亡篇之说新检讨/易平/台湾大学历史学报/第 23 期/1999.6

《史记》谣谚管窥/田博元 郭琼瑜/人文社会学报/第 1 卷第 2 期/1999.7

《史记·殷本纪》释《尚书·高宗肜日》考论/易宁/大陆杂志/第 99 卷第 2 期/1999.8

司马迁与《史记》/柯万成/国文天地/第 15 卷第 4 期/1999.9

析辨全祖望评《史记》魏其武安合传不当说/孙永忠/台湾辅仁大学文学报/第 15 期/1999.10

《史记·外戚世家》命观研析/梁淑媛/台湾辅仁大学文学报/第 15 期/1999.10

良师日已远，典型在夙昔——追念鲁先生的《史记》教学 /蔡信发/书目季刊/第 33 卷第 3 期/1999.12

【2000 年】

《史记》中的恶少/杨碧桦/语文教育通讯/第 19 期/2000.1

《史记》刺客的形象分析/罗敬之/中国文化大学中文学报/第 5 期/2000.3

论《史记》"褚先生曰"/高祯霙/中国文化大学中文学报/第 5 期/2000.3

论《史记》的论断方式/张玉芳/中国文学研究/第 14 期/2000.5

《史记》列传"太史公曰"修辞艺术探析——以"设问""引用"为线索/许淑华/"第四届中国修辞学国际学术研讨会"论文集/2000.5

《史记》感生神话探微/田博元、郭琼瑜/海峡两岸民间文学学术研讨会论文集/2000.5

《史记·循吏列传》析论/蔡信发/第三届汉代文学与思想学术研

讨会论文集/2000.5

从《史记·天官书》看上古史官的司天传统/邹植泛/史化/第 28 期/2000.6

当前的报导文学与《史记》/余昭玟/中国现代文学理论/第 18 期/2000.6

从《史记》论张良的生命智能/林素英/"花莲师范学院"学报/第 10 期/2000.6

《史记》写作艺术与现代报导文学/陈光宪/应用语文学报/第 2 期/2000.6

《史记》对女性形象的刻划/王惠姬/中正历史学刊/第 3 期/2000.6

褚少孙补《史》新考/易平/台湾大学历史学报/第 25 期/2000.6

程金造之"史记正义佚存伪托说"平议/袁传璋/台湾大学历史学报/第 25 期/2000.6

《史记》与当前的报导文学/余昭玟/云汉学刊/第 7 期/2000.6

司马迁的经学思想初探（上）/ 罗卓文/建国学报/第 19 卷第 1 期/2000.6

"'天道无亲，常与善人'，是邪？非邪？"——苦难对司马迁生平及创作的影响/栗子菁/中正岭学术研究集刊/第 19 期/2000.6

从"成败兴坏之理"论《史记》一家之言/胡正之/台湾辅仁大学国文学报/第 16 期/2000.7

从司马迁《史记·太史公自序》看"汉代书序"的体制——以"作者自序"为中心/车行健/"中国文哲研究集刊"/第 17 期/2000.9

司马迁之心——《报任少卿书》析论/阮芝生/"纪念钱穆先生逝世十周年国际学术研讨会"论文集/2000.11/台湾大学历史学报/第 26 期/2000.12

舜子故事源流考论：以《史记·舜本纪》与敦煌写本《舜子变》为中心/谢明勋/第五届唐代文化学术研讨会论文集/2000.11

也赴了一次鸿门宴——读《史记·项羽本纪》鸿门之宴访古/黄

东成/幼狮文艺/第564期/2000.12

【2001年】

《史记》札记二则"外一篇"/蔡日新/中国文化月刊/第250期/2001.1

《庄子》作者是庄子——读《史记·庄子传》有感/陆建华/中国文化月刊/第251期/2001.2

从《史记》志韩非谈太史公之纪实与浪漫/王初庆/纪实与浪漫——"《史记》国际学术论文研讨会"论文集/2001.4

激进乎？保守乎？——《史记》中刺客与游侠的价值观/林聪舜/纪实与浪漫——"《史记》国际学术论文研讨会"论文集/2001.4

读《史记·酷吏列传》论汉武帝与酷吏/徐汉昌/纪实与浪漫——"《史记》国际学术论文研讨会"论文集/2001.4

《史记·天官书》的天象占候及其礼治思想/钟宗宪/纪实与浪漫——"《史记》国际学术论文研讨会"论文集/2001.4

《论六家要指》的思想倾向/陈丽桂/纪实与浪漫——"《史记》国际学术论文研讨会"论文集/2001.4

黄老思想与《史记》中的范蠡、张良/韩兆琦/纪实与浪漫——《史记》国际学术论文研讨会论文集/2001.4

《史记·封禅书》的宇宙图式/郑志明/纪实与浪漫——"《史记》国际学术论文研讨会"论文集/2001.4

在美国看近几年的《史记》研究/倪豪士/纪实与浪漫——"《史记》国际学术论文研讨会"论文集/2001.4

《史记》的"上下文不连贯句子"和司马迁的编撰方法/倪豪士/纪实与浪漫——《史记》国际学术论文研讨会论文集/2001.4

俄国人翻译《史记》二三事/刘克甫/纪实与浪漫——"《史记》国际学术论文研讨会"论文集/2001.4

日本的《史记》研究/连清吉/纪实与浪漫——"《史记》国际学术论文研讨会"论文集/2001.4

日本京都中国学派的《史记》评论/连清吉/纪实与浪漫——

"《史记》国际学术论文研讨会"论文集/2001.4

大陆《史记》研究现状概述/陈桐生/纪实与浪漫——"《史记》国际学术论文研讨会"论文集/2001.4

《史记》的学术根基/陈桐生/纪实与浪漫——"《史记》国际学术论文研讨会"论文集/2001.4

国际先秦两汉学术研究概况？台湾近四十年《史记》研究概况/齐晓枫/纪实与浪漫——"《史记》国际学术论文研讨会"论文集/2001.4

《史记》叙战之义法－兼谈与《左传》叙战之关系/张高评/纪实与浪漫——"《史记》国际学术论文研讨会"论文集/2001.4

《史记》的三种英文译本及其为文化产物之意义/康士林/纪实与浪漫——"《史记》国际学术论文研讨会"论文集/2001.4

《史记》中所表现的死亡观试探/孙映逵/纪实与浪漫——"《史记》国际学术论文研讨会"论文集/2001.4

《史记》岂不载有用之文/蔡信发/纪实与浪漫——"《史记》国际学术论文研讨会"论文集/2001.4

梁玉绳之《志疑》与崔东壁之《考信》/李康范/纪实与浪漫——"《史记》国际学术论文研讨会"论文集/2001.4

论《史记》中"VP之NP"结构的句法语义功能/方环海/纪实与浪漫——"《史记》国际学术论文研讨会"论文集/2001.4

《史记·张释之列传》"上行出中渭桥"的解释/侯亮宇/中国语文/第88卷第5期/2001.5

司马迁与《史记》/叶橘/古今艺文/第27卷第3期/2001.5

《史记》述《周易》探微/郭琼瑜/"中国学术年刊"/第22期/2001.5

纪实与浪漫——《史记》国际研讨会/国文天地/第16卷11期/2001.5

生死的抉择与超越——试析《史记·刺客列传》/余昭玟/语文教育通讯/第22期/2001.6

读《史记》——《孙子吴起列传》/谭润生/中国语文/第89卷第1期/2001.7

读《史记》——《刺客列传》/谭润生/中国语文/第89卷第2期/2001.8

《史记》论赞的互补/李伟泰/王叔岷先生学术成就与薪传研讨会论文集/2001.8

《史记》本纪的悲剧意识及其升华/刘荣杰/屏东科技大学学报/第10卷第3期/2001.9

司马迁《史记》"究天人之际"试析/林崇智/屏中学报/第9期/2001.12

汉初百年朔闰析究——兼订《史记》和《汉书》纪日干支讹误/黄一农/台湾"中央研究院"历史语言研究所集刊/第72本第4分/2001.12

《史记》中极短篇的艺术成就/谭润生/国文学志/第5期/2001.12

中国古代伟大的田野工作者——司马迁/徐富美/中国语文/第89卷第6期/2001.12

【2002年】

《史记》、《汉书》《袁盎晁错传》校析/许淑华/台湾辅仁大学第三届先秦两汉学术研究生论文发表会/2002.1

读《史记·留侯世家》——管窥中国"老年政治"传统/王昊/中国文化月刊/第263期/2002.2

从《史记》人物行迹探讨孔子天命观的生命主体创造价值——以项羽、张良、蔺相如为例/熊道麟/兴大中文学报/第14期/2002.2

《史记·李将军列传》中悲剧英雄形象的塑造/刘育（王民）/历史月刊/第170期/2002.3

《史记》、《汉书》合传之平议/蔡信发/第四届汉代文学与思想研讨会论文集/2002.5

《史记》常用汉代语言艺术之探究/周虎林/第四届汉代文学与思想研讨会论文集/2002.5

《史记》刺客、游侠、酷吏等传所反映的时代意义/梁荣茂/第四届汉代文学与思想研讨会论文集/2002.5

从《史记·平原君列传》看司马迁笔下的毛遂/熊琬/第四届汉代文学与思想研讨会论文集/2002.5

《史记》与《论语》/陈桐生/孔孟月刊/第40卷第10期/2002.6

谈宫刑与《史记》的关系/杨惠琳/丰商学报/第7期/2002.6

刘知幾"辨其指归,殚其体统"与司马迁"究天人之际,通古今之变,成一家之言"之关系与比较试论/林时民/兴大历史学报/第13期/2002.6

卫宏"天下计书先上太史公"说考辨/吴昌廉/兴大人文学报/第32期下/2002.6

《史记·滑稽列传》析探(上)/黄志杰/国文天地/第18卷第1期/2002.6

《史记·滑稽列传》析探(下)/黄志杰/国文天地/第18卷第2期/2002.7

汉代崇儒的真相——从《史记·儒林传》记载之公孙弘、董仲舒论起/黄绍梅/侨生大学先修班学报/第10期/2002.9

《太史公行年考》商榷/赵生群/中国文哲研究通讯/第12卷第3期/2002.9

正史四裔传所载民族起源的分析——以《史记》到《隋书》中的北方与东北方民族为例/吴汉东/中正历史学刊/第5期/2002.10

《史记·五帝本纪赞》/魏子云/育达学报/第16期/2002.12

重读《史记·孔子世家》/陈金木/国文学志/第6期/2002.12

· 补遗论文 ·

太史公考释/钱穆/学术季刊/1卷4期

司马迁生年考/钱穆/学术季刊/1卷第4期

中国古代大史学家司马迁/钱穆/民主评论/第8期

太史公的写作态度(上、下)/王平陵/大学生活/2卷第6、7期

景祐本史记校勘记/龙良栋/台北廿五史编刊馆

张森楷史记新校注稿述略/杨家骆/东方学报/1卷第1期

史记导读序/钱穆/人生/29卷第10期下
司马迁史记叙事法类述/叶龙/新亚生活/8卷第2、3期
读太史公书/宋文蔚/亚洲学术杂志/第3号
史记略论/颜章楚/文史学报/第1期
史记探微/张性如/台南师专季刊/第2期
太史公尚书说/谭固贤/台湾大学中国文学研究所硕士论文
四史中有关奴婢词语之搜讨/刘伟民/联合书院学报/5卷
史记汉书中考古匈奴的文化/周昆田/"中国边政"/第17期
相国官号不自肥义始亦非仅秦官（史记札记）/刘光义/大陆杂志/25卷第12期
司马迁的艺术观/闻从亦/文学杂志/8卷第1期
史记之本的观念与水浒之间的境界/苇浪/新亚生活/3卷第2期
孟荀书十考及孟荀列传疏证/朱玄/师范大学国文研究所集刊
太史公及其史记/王恢/人生/26卷第5期
司马迁思想研究/刘伟民/联合书院学报/1964年第3期
司马迁散文风格探源/郑康民/建设/16卷第3期
司马迁生年问题的重新商榷/蒙传铭/新亚书院学术年刊/13卷
史记微辞举例/陈炳良/港大史学年刊
司马迁古文尚书义释例/李固龙/孔孟月刊/9卷第9期
西汉商人势力的消长与政府对策（史记综读之一）/何汉威/新亚书院历史系刊/1972年第2期
由国语中吴语论史记越王勾践世家的得失/陈炎泉/南洋大学中国语文学报/第5卷
司马迁史学方法与历史思想/阮芝生/书目季刊/7卷第4期
史记引编写左传君子曰及易筮之研究/何仁本/台东师专学报/4卷
史记项羽本纪助字辨释/林明堂/东吴大学中国文学系系刊/1975年第1期
论越语当成于史记之前/李秀玲/书目季刊/12卷第3期
史汉体例比较/吴福助/中华文化复兴月刊/11卷第8期
由鸿门宴谈楚汉兴亡/刘令兴/陕西文献/51卷

司马迁及其成就/尤信雅/师范大学国文学报/12卷
司马迁的世界/华生著、张端德译/东海中文学报/4卷
由楚汉相争看韩信用兵/钮先钟/"三军联合月刊"/21卷第5期
史记版本考/赵澄/史学年报/第3期
史记源流及其体例/黄文弼/说文月刊/4卷
司马迁史记叙事法类述/叶龙/新亚生活/8卷第3期
史记魏公子传评析/吴玙/古典文学/第1集
从史记世家引用左传看司马迁之史法/顾立三/思与言/17卷第1期
论司马迁述道家精神专一/程臻/中正大学校刊/6卷第6期
史记汉书用字考证/胡韫玉/国学汇编/第1—3集
从史记汉书儒林传比较司马迁及班固的思想/刘安立/新亚历史系刊/第5期
项羽本纪的文学技巧试探/元荒/师范大学文风/第38期
史记与汉书比较/李威熊/汉书导读/六十年来之史记研究/刘本栋/国学导读
史记货殖列传在我国古代经济思想上之价值/孔庆宗/北大月刊/第9期
史记研究自序/卫聚贤/中大语文周刊/4卷第39期
史记集注自序/伍俶/中大语文周刊/2卷第20期
张氏史记新校注稿/江石江/四川文献/第39期
史记地名考/杨宗震/师范大学月刊/第6期
从史学上观察史记之特色/吴贯因/文字同盟/第7至9期
史记之分析与综合/钱子泉/光华大学半月刊/4卷第3期
史记文学之研究/袁菖/"中央大学"半月刊/1卷第13期
太史公及其史记/王恢/人生杂志/26卷第5期
太史公的写作艺术/王平陆/大学生活/2卷第6、7期
史记引尚书文考例/张钧才/金陵学报/6卷第2期
略述司马相如与司马迁之文学/罗智强/民钟季刊/1卷第4期
比较孔子与司马迁之天文学/吴贯因/平潮/1卷第1期
史记体例之商榷/胡朴安/国学周刊/第21期；国学丛刊/1卷4号

史记体例之商榷/胡韫玉/国学丛刊/1卷第4期

史记源流及其体例/黄文弼/说文/第4期

史记汉书用字考证/胡朴安/国学周刊/第23期

史汉论略/姚尹忠/民锋季刊/创刊号

马班异同论/陈柱尊/学艺/13卷7号

史记与战国策之关系/江润勋/港大中文会刊

斥误据史记以攻左传之妄/冉崇烈/国学丛刊/1卷第4期

/幼狮学报/4卷第1、2期

评史记五帝本纪/梁劲/中大语文周刊/2卷第16期

臧琳五帝本纪说正/姚豫太/制官/第26期

殷本纪研究/王晋祥/厦大周刊/第246期

读日本古写本史记殷本纪残卷/陈宗敏/大陆杂志/27卷第2期

史记索骥（项羽本纪上、下）/王恢/人生杂志/25卷第2、3期

六国表订误及其商榷/武内义雄、王古鲁/金阮学报/1卷第2期

史记六国年表订误/杜呈祥/天津盖世报读书周刊/第12期

史记律书释文/冒广生/学海/1卷第2期

史记天官书之研究/刘朝阳/中大语历学研究所周刊/7卷第73、74期合刊

史记天官书大部分为司马迁原作之考证/刘朝阳/中大语历学研究所周刊/8卷第94、95、96斯合刊

史记吴世家注/卫聚贤/说文/3卷第1、2、3、5期

史记越世家注/卫聚贤/说文/2卷第2、3期

史记田敬仲世家中邹衍的三段话/大任/北大国学月刊/1卷第4号

重订考证孔子世家/陈朝爵/制言半月刊/第2期

史记孔子世家补正/朱桂曜/之江学报/1卷第1期

书史记伯夷列传后/高燮/国学丛刊/第8集

史记孙武传注/卫聚贤/说文/2卷第12期

史记伍子胥传注/卫聚贤/说文/2卷第5期

史记孟荀列传疏证/朱玄/师范大学国研所集刊本

史记屈原贾生列传疏证/苗可秀/东北丛镌/第16期

史记屈原贾生列传疏证/金荣华/师范大学国研所集刊本
读史记淮阴侯列传/张秀民/厦大周刊/第204期
史记匈奴传译名今释/赵尺子/"中国边政"/4、5、7、8卷
史记汉书匈奴地名今释/张兴唐/"国防研究院"印行
由史记货殖列传说到战国至秦汉的经济社会/罗球庆/新亚校刊/第4期
禹贡职方史记货殖列传所记物产比较表/孙媛贞/禹贡/1卷第3期
略论上述（禹贡职方史记货列传）三书所记各地特产/张公量/禹贡/1卷第3期
太史公自序窃比春秋义证/李国珍/大中华/1卷7号
史记残郑跋/卫聚贤/中大语文周刊/5卷第53、54期
北宋刊南宋补刊十行本史记集解跋/傅斯年/"中研院中史语所"集刊/第18本
敦煌卷子本史记残卷跋/乔衍琯/"师范大学国研所"集刊/第2期
史记三家注引用书目考略序例/钱永之/国专月刊/1卷第5期
关于司马迁生年之一新说/韩悦译/大公报文学副刊/第107期

· 硕士论文 ·

太史公《左氏春秋》义述/刘正浩/台湾师范大学中国文学研究所硕士论文/1962
《史记·孔子世家》疏证/朱瑗/中国文化大学史学研究所硕士论文/1964
《史记·太史公自序》（太史公书序略）疏证/张干开/中国文化大学史学研究所/1964
《史记·仲尼弟子》疏证/苏振申/中国文化大学史学研究所/1964
《史记·司马相如列传》疏证/庄嘉廷/中国文化大学中国文学研究所硕士论文/1964
《史记、汉书·儒林传》疏证/黄庆萱/台湾师范大学中国文学研究所硕士论文/1964

太史公《尚书》说/谭固贤/台湾大学中国文学研究所硕士论文/1965

《史记·老庄申韩列传》疏证/刘本栋/台湾师范大学中国文学研究所硕士论文/1965

《史记·楚世家》疏证/何锜章/台湾师范大学中国文学研究所硕士论文/1965

《史记·扁鹊仓公列传》疏证/陈钦铭/中国文化大学史学研究所硕士论文/1966

《史记》虚字集释/刘德汉/台湾大学中国文学研究所硕士论文/1967

《史记·齐太公世家》疏证/范文芳/台湾师范大学中国文学研究所硕士论文/1971

《史记》语法研究：变换律语法初探/曾志雄/台湾大学中国文学研究所硕士论文/1974

《史记·殷本纪》疏证/李寿林/台湾师范大学中国文学研究所硕士论文/1976

由《史记》、《汉书》序、赞比较两汉初期之社会/邵台新/台湾大学历史学研究所硕士论文/1979

《史记·五帝本纪》辑证/康金诚/中国文化大学中国文学研究所硕士论文/1980

《史记》的写作技巧研究/朴宰雨/台湾大学中国文学研究所硕士论文/1982

太史公思想研究"儒"之真义与太史公在思想史上地位之探讨/谢大宁/台湾师范大学中国文学研究所硕士论文/1983

《史记》修辞技巧研究/金圣日/高雄师范学院国文研究所硕士论文/1984

司马迁与儒道法三家关系之研究/李寅浩/台湾大学中国文学研究所硕士论文/1985

司马迁浪漫意识的文学观/柳贞爱/中国文化大学中国文学研究所硕士论文/1985

司马迁的地理思想与观念/林哲君/台湾大学地理学研究所硕士论

文/1988

司马迁之诸子学/叶淳媛/政治大学中国文学研究所硕士论文/1989

《史记》列传义法研究/金苑/政治大学中国文学研究所硕士论文/1989

《诗经》存古史考辨：《诗经》与《史记》所载史事之比较/潘秀玲/政治大学中国文学研究所硕士论文/1989

《史记》引经考/魏聪祺/东吴大学中国文学研究所硕士论文/1991

司马迁的历史哲学/刘国平/逢甲大学中国文学研究所硕士论文/1993

《史记》义例探微/梁文濬/台湾大学中国文学研究所硕士论文/1995

司马迁的"究天人之际"探究/陈玲华/（台湾）清华大学中国文学研究所硕士论文/1995

"究天人之际，通古今之变"司马迁历史哲学新探/刘文星/成功大学历史语言研究所硕士论文/1995

《史记》的褒贬义法/郭琼瑜/中国文化大学中国文学研究所硕士论文/1995

千姿百态的人物画卷——《史记》人物形象塑造技法论析/巫淑如/中兴大学中国文学研究所硕士论文/1996

从五体末篇看史记的特质——以平准、三王、今上三篇为主/吕世浩/台湾大学历史学研究所硕士论文/1998

司马迁的文学理论与批评/金利湜/台湾师范大学中国文学研究所硕士论文/2000

秦汉时期官僚分类研究——以三史《酷吏列传》为主/谭传贤/"中国文化大学史学研究所"硕士论文/2000

《史记》悲剧人物与悲剧精神研究/蔡雅惠/成功大学中国文学研究所硕士论文/2001

《史记》类传人物研究/黄瑞芳/台南师范学院国民教育研究所硕士论文/2001

汉莽诸子与《太史公书》/朱浩毅/中国文化大学史学研究所硕士

论文/2002

《史记》列传之研究/吴峰宗/中国文化大学中国文学研究所硕士在职专班硕士论文/2003

·博士论文·

司马迁的史学方法与历史思想/阮芝生/台湾大学历史学研究所博士论文/1973

《史记》称代词与虚词研究/许璧/台湾师范大学中国文学研究所博士论文/1974

司马迁《尚书》学/古国顺/中国文化大学中国文学研究所博士论文/1985

司马迁《春秋》学/张添丁/政治大学中国文学研究所博士论文/1985

《史记》《汉书》传记文比较研究/朴宰雨/台湾大学中国文学研究所博士论文/1990

《史记》文学价值与文章新探/李寅浩/台湾师范大学中国文学研究所博士论文/1991

司马迁黄老理论之研究/郑圆铃/台湾师范大学中国文学研究所博士论文/1996

西汉天人思想研究：以《淮南子》《春秋繁露》《史记》为中心/简松兴/台湾辅仁大学中国文学研究所博士论文/1997

《史》《汉》论赞之研究/高祯霙/中国文化大学中国文学研究所博士论文/2001

太史公"成一家之言"研究/魏聪祺/东吴大学中国文学研究所博士论文/2001

·专题：施之勉·

【1952—1965】

太史公昭帝初年尚在考/施之勉/大陆杂志/第5卷第3期/1952

太史公解/施之勉/大陆杂志/第 7 卷第 2 期/1953.6

太史公行年考辨误/施之勉/大陆杂志/第 7 卷第 5 期/1953

《史记·孟荀列传》"若大雅整之于身"及其"始滥耳"解/施之勉/大陆杂志/第 7 卷第 7 期/1953

读《史记会注考证》札记/施之勉/大陆杂志/第 20 卷第 3 期/1960.1

《史记》之名当起班叔皮父子考/施之勉/大陆杂志/第 20 卷第 6 期/1960.3

读《史记会注考证》札记/施之勉/成功大学学报/第 1 期/1961.10

《报任少卿书》不得在征和二年/施之勉/大陆杂志/第 24 卷第 11 期/1962.6

《货殖列传》有汉以前人/施之勉/大陆杂志/第 27 卷第 6 期/1963

中贵人（《史记会注考证》札记）/施之勉/大陆杂志/第 28 卷第 10 期/1964.5

太仓公淳于意（《史记会注考证》札记）/施之勉/大陆杂志/第 29 卷第 2 期/1964.7

《史记会注考证》札记/施之勉/大陆杂志/第 29 卷第 12 期/1964.12

读《史记会注考证》札记（一）/施之勉/大陆杂志/第 30 卷第 6 期/1965.3

读《史记会注考证》札记（二）/施之勉/大陆杂志/第 31 卷第 2 期/1965.7

以礼为服制（《史记会注考证》札记）/施之勉/大陆杂志/第 31 卷第 4 期/1965.8

【1966—1970 年】

读《史记会注考证》札记（四）/施之勉/大陆杂志/第 32 卷第 10 期/1966.5

读《史记会注考证》札记（五）/施之勉/大陆杂志/第 33 卷第 1 期/1966.7

读《史记会注考证》札记（三）/施之勉/大陆杂志/第33卷第12期/1966.12

读《史记会注考证》札记（一）/施之勉/大陆杂志/第34卷第11期/1967.6

司马迁生于武帝建元元年/施之勉/大陆杂志/第34卷第11期/1967.6

读《史记会注考证》札记（二）/施之勉/大陆杂志/第35卷第7期/1967.10

读《史记会注考证》札记（三）/施之勉/大陆杂志/第36卷第8、9期/1968.5

读《史记会注考证》札记（四）/施之勉/大陆杂志/第37卷第7期/1968.10

读《史记新校注》略记/施之勉/大陆杂志/第37卷第3、5期/1968.8、1968.9

读《史记会注考证》札记/施之勉/大陆杂志/第38卷第1期/1969.1

读《史记会注考证》札记/施之勉/大陆杂志/第38卷第2期/1969.1

读《史记会注考证》札记/施之勉/大陆杂志/第38卷第3期/1969.2

读《史记会注考证》札记/施之勉/大陆杂志/第38卷第8期/1969.4

读《史记会注考证》札记/施之勉/大陆杂志/第38卷第11期/1969.6

万里沙（读《史记新校注》略记）/施之勉/大陆杂志/第39卷第4期/1969.8

秦中（读《史记新校注》略记）/施之勉/大陆杂志/第39卷第4期/1969.8

上林三官（读《史记新校注》略记）/施之勉/大陆杂志/第39卷第4期/1969.8

读《史记会注考证》札记/施之勉/大陆杂志/第39卷第4期

/1969.8

贞女寡妇清（读《史记会注考证》札记）/施之勉/大陆杂志/第39卷第4期/1969.8

晏子荐御为大夫（读《史记新校注》略记）/施之勉/大陆杂志/第39卷第6期/1969.9

者字下有日字（读《史记新校注》略记）/施之勉/大陆杂志/第39卷第6期/1969.9

西极（读《史记新校注》略记）/施之勉/大陆杂志/第39卷第10期/1969.11

读《史记会注考证》札记——《项羽本纪》第七、《高祖本纪》第八/施之勉/大陆杂志/第39卷第10期/1969.11

读《史记会注考证》札记/施之勉/大陆杂志/第39卷第11期/1969.12

读《史记会注考证》札记/施之勉/大陆杂志/第39卷第12期/1969.12

下诏（读《史记新校注》略记）/施之勉/大陆杂志/第40卷第1期/1970.1

椒丘（读《史记新校注》略记）/施之勉/大陆杂志/第40卷第2期/1970.1

读《史记会注考证》札记/施之勉/大陆杂志/第40卷第2期/1970.1

公孙弘年七十九（读《史记新校注》略记）/施之勉/大陆杂志/第40卷第3期/1970.2

崭碱反（读《史记新校注》略记）/施之勉/大陆杂志/第40卷第3期/1970.2

身斩（读《史记会注考证》札记）/施之勉/大陆杂志/第40卷第5期/1970.3

读《史记会注考证》札记/施之勉/大陆杂志/第40卷第10期/1970.5

悉封广陵王四子（读《史记新校注》略记）/施之勉/大陆杂志/第40卷第11期/1970.6

奉铜盘（《史记》）/施之勉/大陆杂志/第41卷第2期/1970.7

读《史记会注考证》札记——《封禅书》第六、《河渠书》第七、《平准书》第八/施之勉/大陆杂志/第41卷第3期/1970.8

益延寿观（读《史记集评》记）/施之勉/大陆杂志/第41卷第5期/1970.9

张汤死在元鼎二年（读《史记集评》记）/施之勉/大陆杂志/第41卷第5期/1970.9

汉初置车骑将军（读《史记新校注》略记）/施之勉/大陆杂志/第41卷第5期/1970.9

读《史记会注考证》札记/施之勉/大陆杂志/第41卷第7期/1970.10

读《史记会注考证》札记——《仲尼弟子列传》第七/施之勉/大陆杂志/第41卷第9期/1970.11

【1971—1975年】

读《史记会注考证》札记——《商君列传》第八、《苏秦列传》第九、《张仪列传》第十/施之勉/大陆杂志/第42卷第2期/1971.1

读《史记会注考证》札记/施之勉/大陆杂志/第42卷第8期/1971.4

读《史记会注考证》札记/施之勉/大陆杂志/第42卷第9期/1971.5

读《史记会注考证》札记/施之勉/大陆杂志/第42卷第11.12期/1971.6

读《史记会注考证》札记/施之勉/大陆杂志/第第43卷第1期/1971.7

读《史记会注考证》札记/施之勉/大陆杂志/第43卷第2期/1971.8

读《史记会注考证》札记/施之勉/大陆杂志/第43卷第3期/1971.9

读《史记会注考证》札记/施之勉/大陆杂志/第43卷第6期

/1971.12

读《史记会注考证》札记——《司马相如列传》第57/施之勉/大陆杂志/第44卷第2期/1972.2

读《史记会注考证》札记/施之勉/大陆杂志/第44卷第4期/1972.4

读《史记会注考证》札记/施之勉/大陆杂志/第45卷第1期/1972.7

读《史记会注考证》札记校补（1—10）/施之勉/大陆杂志/第45卷第4期至—第50卷第1期/1972.10—1975.1

秦伐韩取宛（读《史记斠证》卷72记）/施之勉/大陆杂志/第48卷第4期/1974.4

魏冉相五免（读王叔岷先生《史记斠证》卷70记）施之勉/大陆杂志/第48卷第4期/1974.4

【1976—1980年】

《史记会注考证》订补/施之勉/台北：华冈出版公司/1976

陶洪为定陶县属砀郡（读《史记斠证》72记）施之勉/大陆杂志/第51卷第3期/1975.9

释《史记·汉兴以来将相名臣年表》倒书例/施之勉/大陆杂志/第52卷第2期/1976.2

《史记》墓记（上）/施之勉/大陆杂志/第53卷第5期/1976.11

读《史记会注考证》札记——会稽刻石/施之勉/大陆杂志/第53卷第6期/1976.12

读《史记会注考证》札记——《史记》阙书补书考/施之勉/大陆杂志/第53卷第6期/1976.12

读《史记会注考证》札记——《史记》冢墓记卷三/施之勉/大陆杂志/第53卷第6期/1976.12

《史记》冢墓记/施之勉/台北：大陆杂志社/1977

读《史记会注考证》札记——《五帝纪》等/施之勉/大陆杂志/第54卷第5期/1977.5

读《史记会注考证》札记——《史记·司马相如列传》注（1—

15)/施之勉/大陆杂志/第 56 卷第 1 期—第 58 卷第 5 期/1978.1—1979.5

《论史记》驳议/施之勉/大陆杂志/第 56 卷第 3、4 期/1978.4

读《史记会注考证》札记——汉高祖因鸠而得脱/施之勉/大陆杂志/第 58 卷第 2 期/1979.2

读《史记会注考证》札记——公伯寮圣门蟊贼、如律令、河鱼大上/施之勉/大陆杂志/第 58 卷第 3 期/1979.3

读《史记会注考证》札记——始皇庙及先王庙、《封禅书》引《周官》、武王克殷时年四十八、夷羊、隆准/施之勉/大陆杂志/第 58 卷第 4 期/1979.4

读《史记会注考证》札记——周/施之勉/大陆杂志/第 58 卷第 6 期/1979.6

读《史记会注考证》札记——周公墓、秦王少、杜伯射王于鄗、袁生/施之勉/大陆杂志/第 59 卷第 1 期/1979.7

读《史记会注考证》札记——赵中山以蒲泽分界、白头吟、祇属/施之勉/大陆杂志/第 59 卷第 2 期/1979.8

《史记·夏本纪》校注（1—14）/施之勉/大陆杂志/第 59 卷第 3 期—第 61 卷第 4 期/1979.9—1980.10

读《史记会注考证》札记——《世本》有少昊、柏梁台、焦获是卤获之□、竹王三郎、狗马之心/施之勉/大陆杂志/第 59 卷第 3 期/1979.9

读《史记会注考证》札记——黄华山、萧何托淮阴侯儿于赵佗、夏姬、欢兜墓、伯乐墓/施之勉/大陆杂志/第 59 卷第 4 期/1979.10

读《史记会注考证》札记——驰道、秦攻梁孟轲劝惠王去梁、孟轲一字子舆居鲁邹邑人、丹阳、南越行纪/施之勉/大陆杂志/第 59 卷第 5 期/1979.11

读《史记会注考证》札记——碣石刻石、地上生毛、鲁卫之政、王离等十一人从、二母不得为姊妹、神君/施之勉/大陆杂志/第 59 卷第 6 期/1979.12

读《史记会注考证》札记——康成不注《史》《汉》、周公东征/

施之勉/大陆杂志/第60卷第1期/1980.1

读《史记会注考证》札记——五岳皆在天子之邦、古人称兄为况、洞庭彭蠡/施之勉/大陆杂志/第60卷第2期/1980.2

读《史记会注考证》札记——优孟为孙叔敖、空侯、扁舟木作舟、都/施之勉/大陆杂志/第60卷第3期/1980.3

读《史记会注考证》札记——孙武、天苴/施之勉/大陆杂志/第60卷第4期/1980.4

读《史记会注考证》札记——民歌、童谣、民谣/施之勉/大陆杂志/第60卷第5期/1980.5

读《史记会注考证》札记——离堆、叛者、九国、季文子/施之勉/大陆杂志/第60卷第6期/1980.6

读（徐复观著）《读论史记驳议》/施之勉/大陆杂志/第61卷第1期/1980.7

读《史记会注考证》札记——败长翟缘斯当宋武公之世、季札非终身不入吴国/施之勉/第61卷第1期/大陆杂志/1980.7

读《史记会注考证》札记——甘、瓯窭污邪、卫懿公好鹤/施之勉/大陆杂志/第61卷第2期/1980.8

读《史记会注考证》札记——腊明日为初岁有贺、文种范蠡、《上林赋》/施之勉/大陆杂志/第61卷3期/1980.9

读《史记会注考证》札记——五观、张良鸿沟之谏、依鸟哀鸟、坏井田、天子驾六马/施之勉/大陆杂志/第61卷第4期/1980.10

读《史记会注考证》札记——枸酱/施之勉/大陆杂志/第61卷第5期/1980.11

读《史记会注考证》札记——舜祖虞幕、夏纪、袁生、祝融墓、郑池即彤池/施之勉/大陆杂志/第61卷第6期/1980.12

【1981年】

《史记·吴太伯世家》校注/施之勉/大陆杂志/第62卷第1期/1981.1

读《史记会注考证》札记——鞭平王之墓、赵丧望诸列邦挥涕、

洞庭彭蠡、姜原履大人迹而生后稷/施之勉/大陆杂志/第 62 卷第 1 期/1981.1

读《史记会注考证》札记——燕昭初年苏秦尚存、有扈氏为义而亡、加我数年五十以学《易》/施之勉/大陆杂志/第 62 卷第 3 期/1981.3

读《史记会注考证》札记——不窋非后稷子、太康时窜豳、公刘非后稷曾孙、避桀居豳、忠洁侯/施之勉/大陆杂志/第 62 卷第 4 期/1981.4

读《史记会注考证》札记——先王庙/施之勉/大陆杂志/第 62 卷第 5 期/1981.5

读《史记会注考证》札记——慧星见在鲁昭二十年齐景之二十六年、赤眉污辱吕后、子韦、祖龙死、大原/施之勉/大陆杂志/第 62 卷第 6 期/1981.6

读《史记会注考证》札记——纣一人三称、三户、九术、秦坑残骨、后稷之子台玺非不窋/施之勉/大陆杂志/第 63 卷第 1 期/1981.7

读《史记会注考证》札记——行人、封禅、伯嚭不诛西施沉江、羑里/施之勉/大陆杂志/第 63 卷第 2 期/1981.8

读《史记会注考证》札记——张骞带来葡萄、石榴、核桃、黄瓜、蚕豆、菠薐菜、西河、魏将城、冈陵城、康叔从康徙封卫、《苏秦列传》第九、《穰候列传》第十二/施之勉/大陆杂志/第 63 卷第 3 期/1981.9

读《史记会注考证》札记——葵丘之会、秦穆公以人从死/施之勉/大陆杂志/第 63 卷第 4 期/1981.10

读《史记会注考证》札记——南宫括、挽歌、楚姑、汉四皓歌、谈字三见、滑稽、瓯窭/施之勉/大陆杂志/第 63 卷第 5 期/1981.11

读《史记会注考证》札记——上郡、汉中、公冶长解猪语燕语、子路父名、春申君、伊尹、傅说/施之勉/大陆杂志/第 63 卷第 6 期/1981.12

【1982 年】

读《史记会注考证》札记——相贝经、范增/施之勉/大陆杂志/第 64 卷第 1 期/1982.1

读《史记会注考证》札记——孙武、孙膑祖孙二人、雍王章邯印、范增墓、即句望/施之勉/大陆杂志/第 64 卷第 2 期/1982.2

读《史记会注考证》札记——后稷墓、羑里城/施之勉/大陆杂志/第 64 卷第 3 期/1982.3

读《史记会注考证》札记——不窋不得为稷子·假山之始、赵武孤儿事、治民三十余年/施之勉/大陆杂志/第 64 卷第 4 期/1982.4

读《史记会注考证》札记——青云、微子面缚、杜伯射王于鄗、穆王、楚惠王十一年灭陈/施之勉/大陆杂志/第 64 卷第 5 期/1982.5

读《史记会注考证》札记——角抵、范蠡祠庙、百里奚故宅/施之勉/大陆杂志/第 64 卷第 6 期/1982.6

读《史记会注考证》札记——文君谏相如、辟雍泮宫、田成子、匏瓜/施之勉/大陆杂志/第 65 卷第 1 期/1982.7 读《史记会注考证》札记——赵中山以蒲泽分界/施之勉/大陆杂志/第 65 卷第 2 期/1982.8

读《史记会注考证》札记——卫青与公孙卿、驻马塘/施之勉/大陆杂志/第 65 卷第 3 期/1982.9

读《史记会注考证》札记——九曲泽、驻马塘、江阴芙蓉湖西马鞍山季札所耕处、陈子禽/施之勉/大陆杂志/第 65 卷第 4 期/1982.10

读《史记会注考证》札记——公山不狃召孔子、闵子或言宿州人/施之勉/大陆杂志/第 65 卷第 5 期/1982.11

读《史记会注考证》札记——长沮桀溺、纪侯墓/施之勉/大陆杂志/第 65 卷第 6 期/1982.12

【1983 年】

读《史记会注考证》札记/施之勉/大陆杂志/66 卷第 1、2、3、

4、5、6期；67卷第1、2、3、4、5、6期/1983

读《史记会注考证》札记——贾谊宅、宋义有后、杀商君郑渑池/施之勉/大陆杂志/第66卷第1期/1983.1

读《史记会注考证》札记——楚接舆妻、比干心十二穴、郑庄公望母台、颜渊郭内圃、范蠡宅、汉皮带、汉白金三品/施之勉/大陆杂志/第66卷第2期/1983.2

读《史记会注考证》札记——《史记·老子传索隐》/施之勉/大陆杂志/第66卷第3期/1983.3

读《史记会注考证》札记——蹲鸱/施之勉/大陆杂志/第66卷第3期/1983.3

读《史记会注考证》札记——颜子王佐才深藏箪瓢陋巷中/施之勉/大陆杂志/第66卷第3期/1983.3

读《史记会注考证》札记——神禹生日/施之勉/大陆杂志/第66卷第4期/1983.4

读《史记会注考证》札记——留侯死并葬黄石冢/施之勉/大陆杂志/第66卷第4期/11983.4

读《史记会注考证》札记——孟子生卒、汉高帝生日/施之勉/大陆杂志/第66卷第4期/1983.4

读《史记会注考证》札记——夏姬/施之勉/大陆杂志/第66卷第4期/1983.4

读《史记会注考证》札记——比干墓字/施之勉/大陆杂志/第66卷第4期/1983.4

读《史记会注考证》札记——昭王南征、仁频/施之勉/大陆杂志/第66卷第5期/1983.5

读《史记会注考证》札记——五大夫松、乐人、宛春为庐州人/施之勉/大陆杂志/第66卷第5期/1983.5

读《史记会注考证》札记——泰山没字碑/施之勉/大陆杂志/第66卷第5期/1983.5

读《史记会注考证》札记——萧何善篆籀题未央宫前殿/施之勉/大陆杂志/第66卷第5期/1983.5

读《史记会注考证》札记——宦官娶妻养义子义女/施之勉/大陆

杂志/第66卷第6期/1983.6

读《史记会注考证》札记——古今金珠、长夜饮、不能为人/施之勉/大陆杂志/第66卷第6期/1983.6

读《史记会注考证》札记——从葬沙板、赘/施之勉/大陆杂志/第67卷第1期/1983.7

读《史记会注考证》札记——夫子貌似阳虎、雨具/施之勉/大陆杂志/第67卷第1期/1983.7

读《史记会注考证》札记——武王追王明文/施之勉/大陆杂志/第67卷第1期/1983.7

读《史记会注考证》札记——争田弗胜、鲍革革为衍文/施之勉/大陆杂志/第67卷第2期/1983.8

读《史记会注考证》札记——芙蓉湖西马鞍山季札让位耕于此/施之勉/大陆杂志/第67卷第2期/1983.8

读《史记会注考证》札记——西子、蹲鸱/施之勉/大陆杂志/第67卷第2期/1983.8

读《史记会注考证》札记——齐伐鲁，季氏用冉有有功思孔子，孔子自卫归鲁/施之勉/大陆杂志/第67卷第2期/1983.8

读《史记会注考证》札记——离碓、文园、杜宇鳖灵/施之勉/大陆杂志/第67卷第2期/1983.8

读《史记会注考证》札记——五十以学《易》/施之勉/大陆杂志/第67卷第3期/1983.9

读《史记会注考证》札记——蜀枸酱/施之勉/大陆杂志/第67卷第4期/1983.10

读《史记会注考证》札记——孟子始游梁继仕齐/施之勉/大陆杂志/第67卷第4期/1983.10

读《史记会注考证》札记——孔子欲讨齐/施之勉/大陆杂志/第67卷第4期/1983.10

读《史记会注考证》札记——鲁昭公/施之勉/大陆杂志/第67卷第5期/1983.11

读《史记会注考证》札记——楚狂接舆歌而过孔子/施之勉/大陆杂志/第67卷第5期/1983.11

读《史记会注考证》札记——齐姜晋献公适夫人穆姬申生姊/施之勉/大陆杂志/第 67 卷第 5 期/1983.11

读《史记会注考证》札记——子游吴人子张陈人/施之勉/大陆杂志/第 67 卷第 6 期/1983.12

读《史记会注考证》札记——问津/施之勉/大陆杂志/第 67 卷第 6 期/1983.12

读《史记会注考证》札记——适周邛竹杖/施之勉/大陆杂志/第 67 卷第 6 期/1983.12

【1984 年】

读《史记会注考证》札记——景帝后二年，封王信为盖侯、王信封盖侯在条侯死后一年/施之勉/大陆杂志/第 68 卷第 1 期/1984.1

读《史记会注考证》札记——薛国久长/施之勉/大陆杂志/第 68 卷第 1 期/1984.1

读《史记会注考证》札记——秦穆公不杀百里奚、完未立为太子/施之勉/大陆杂志/第 68 卷第 1 期/1984.1

读《史记会注考证》札记——武王年九十三、饮器/施之勉/大陆杂志/第 68 卷第 2 期/1984.2

读《史记会注考证》札记——叶/施之勉/大陆杂志/第 68 卷第 2 期/1984.2

读《史记会注考证》札记——汉武帝用王恢议击匈奴/施之勉/大陆杂志/第 68 卷第 2 期/1984.2

读《史记会注考证》札记——袁生/施之勉/大陆杂志/第 68 卷第 2 期/1984.2

读《史记会注考证》札记——子罕言利与命与仁、牛头裤/施之勉/大陆杂志/第 68 卷第 3 期/1984.3

读《史记会注考证》札记——孔子生于鲁襄公二十二年十月庚子为今阴历之八月二十八日/施之勉/大陆杂志/第 68 卷第 3 期/1984.3

读《史记会注考证》札记——瓠瓜/施之勉/大陆杂志/第 68 卷第

4期/1984.4

读《史记会注考证》札记——秦汉用夏正/施之勉/大陆杂志/第68卷第4期/1984.4

读《史记会注考证》札记——始皇大索十日即止/施之勉/大陆杂志/第68卷第5期/1984.5

读《史记会注考证》札记——项羽王梁楚九郡/施之勉/大陆杂志/第68卷第5期/1984.5

读《史记会注考证》札记——孔子问礼于老子/施之勉/大陆杂志/第68卷第6期/1984.6

读《史记会注考证》札记——丸山/施之勉/大陆杂志/第68卷第6期/1984.6

读《史记会注考证》札记——武王年九十三/施之勉/大陆杂志/第68卷第6期/1984.6

读《史记会注考证》札记——老子篆书《道德经》五千字、赵王果园、九曲泽项王村/施之勉/大陆杂志/第68卷第6期/1984.6

读《史记会注考证》札记——子贡为贾人在未为孔子弟子之时/施之勉/大陆杂志/施之勉/第68卷第6期/1984.6

读《史记会注考证》札记——汉武帝用王恢议击匈奴/施之勉/大陆杂志/第69卷第1期/1984.7

读《史记会注考证》札记——叶、赵高之诈/施之勉/大陆杂志/第69卷第2期/1984.8

读《史记会注考证》札记——秦穆公以人从死等/施之勉/大陆杂志/第69卷第2期/1984.8

读《史记会注考证》札记——太公避纣处、蠡口、鲁昭公、上元张灯/施之勉/大陆杂志/第69卷第3期/1984.9

读《史记会注考证》札记——孔子欲讨齐、马肝/施之勉/大陆杂志/第69卷第4期/1984.10

读《史记会注考证》札记——墨子并孔子时、黄金台/施之勉/大陆杂志/第69卷第4期/1984.10

读《史记会注考证》札记——百里奚服五羊之皮/施之勉/大陆杂

志/第69卷第5期/1984.11

读《史记会注考证》札记——舜卒于鸣条墓在安邑/施之勉/大陆杂志/第69卷第5期/1984.11

读《史记会注考证》札记——完未立为太子/施之勉/大陆杂志/第69卷第6期/1984.12

读《史记会注考证》札记——公冶长解鸟语/施之勉/大陆杂志/第69卷第6期/1984.12

【1985年】

读《史记会注考证》札记——墨子并孔子时/施之勉/大陆杂志/第70卷第1期/1985.1

读《史记会注考证》札记——饮器/施之勉/大陆杂志/第70卷第2期/1985.2

读《史记会注考证》札记——孔子欲讨齐/施之勉/大陆杂志/第70卷第2期/1985.2

读《史记会注考证》札记——封禅书/施之勉/大陆杂志/第70卷第3期/1985.3

读《史记会注考证》札记——梦/施之勉/大陆杂志/70卷第3期/1985.3

读《史记会注考证》札记——安期生食少君枣大如瓜/施之勉/大陆杂志/第70卷第3期/1985.3

读《史记会注考证》札记——纣自焚死/施之勉/大陆杂志/第70卷第3期/1985.3

读《史记会注考证》札记/施之勉/大陆杂志/第70卷第4期/1985.4

读《史记会注考证》札记——薛国久长、韩信枉屈死/施之勉/大陆杂志/第70卷第4期/1985.4

读《史记会注考证》札记——海枣/施之勉/大陆杂志/第70卷第4期/1985.4

读《史记会注考证》札记——马肝、西伯拘羑里演《周易》/施之勉/大陆杂志/第70卷第4期/1985.4

读《史记会注考证》札记/施之勉/大陆杂志/第70卷第5期/1985.5

读《史记会注考证》札记——面帛粮罂看果纸钱始/施之勉/大陆杂志/第70卷第6期/1985.6

读《史记会注考证》札记——文翁石室图七十二人/施之勉/大陆杂志/第70卷第6期/1985.6

读《史记会注考证》札记——太王翦商/施之勉/大陆杂志/第70卷第6期/1985.6

读《史记会注考证》札记——子夏哭子失明、老子陈苦县厉乡曲仁里人/施之勉/大陆杂志/第71卷第1期/1985.7

读《史记会注考证》札记——荆轲刺秦王、雨具/施之勉/大陆杂志/第71卷第1期/1985.7

读《史记会注考证》札记——鸡口牛后/施之勉/大陆杂志/第71卷第1期/1985.7

读《史记会注考证》札记——逃债之宫/施之勉/大陆杂志/第71卷第2期/1985.8

读《史记会注考证》札记——秦穆公不杀百里奚/施之勉/大陆杂志/第71卷第2期/1985.8

读《史记会注考证》札记——生/施之勉/大陆杂志/第71卷第2期/1985.8

读《史记会注考证》札记——齐姜晋献公适夫人穆姬申生姊/施之勉/大陆杂志/第71卷第2期/1985.8

读《史记会注考证》札记——宰予昼寝/施之勉/大陆杂志/第71卷第3期/1985.9

读《史记会注考证》札记——燕、伊尹六就汤/施之勉/大陆杂志/第71卷第4期/1985.10

读《史记会注考证》札记——铁幕、镍钮/施之勉/大陆杂志/第71卷第4期/1985.10

读《史记会注考证》札记——十翼/施之勉/大陆杂志/第71卷第4期/1985.10

读《史记会注考证》札记——楚公孙龙赵公孙龙二人/施之勉/大

陆杂志/第 71 卷第 4 期/1985.10

读《史记会注考证》札记——黄金台/施之勉/大陆杂志/第 71 卷第 5 期/1985.11

读《史记会注考证》札记——孔甲死于陈胜、先游/施之勉/大陆杂志/第 71 卷第 5 期/1985.11

读《史记会注考证》札记——董、贾/施之勉/大陆杂志/第 71 卷第 5 期/1985.11

读《史记会注考证》札记——《司马相如传》长赞扬雄以下二十八字系《汉书》赞语/施之勉/大陆杂志/第 71 卷第 5 期/1985.11

读《史记会注考证》札记——黎明、孟子生卒/施之勉/大陆杂志/第 71 卷第 5 期/1985.11

读《史记会注考证》札记——杙施之勉/大陆杂志/第 71 卷第 5 期/1985.11

读《史记会注考证》札记——蚕、项王妾/施之勉/大陆杂志/第 71 卷第 6 期/1985.12

读《史记会注考证》札记——渐离/施之勉/大陆杂志/第 71 卷第 6 期/1985.12

【1986 年】

读《史记会注考证》札记——夷齐衣葛/施之勉/大陆杂志/第 72 卷第 1 期/1986.1

读《史记会注考证》札记——孔子世家/施之勉/大陆杂志/第 72 卷第 2 期/1986.2

读《史记会注考证》札记——老子陈人非楚人/施之勉/大陆杂志/第 72 卷第 2 期/1986.2

读《史记会注考证》札记——大夫松/施之勉/大陆杂志/第 72 卷第 2 期/1986.2

读《史记会注考证》札记——关龙逢墓/施之勉/大陆杂志/第 72 卷第 2 期/1986.2

读《史记会注考证》札记——万章墓/施之勉/大陆杂志/第 72 卷

第2期/1986.2

读《史记会注考证》札记——伯夷叔齐/施之勉/大陆杂志/第72卷第2期/1986.2

读《史记会注考证》札记——二台异草、季札非终身不入吴国/施之勉/大陆杂志/第72卷第3期/1986.3

读《史记会注考证》札记——《史记》冢墓记/施之勉/大陆杂志/第72卷第3期/1986.3

读《史记会注考证》札记——三代交易专物/施之勉/大陆杂志/第72卷第3期/1986.3

读《史记会注考证》札记——宰予之枉/施之勉/大陆杂志/第72卷第4期/1986.4

读《史记会注考证》札记——神禹生日/施之勉/大陆杂志/第72卷第4期/1986.4

读《史记会注考证》札记——染轮、腥䐿/施之勉/大陆杂志/第72卷第4期/1986.4

读《史记会注考证》札记——齐庄公墓/施之勉/大陆杂志/72卷第6期/1986.6

读《史记会注考证》札记——伯乐墓/施之勉/大陆杂志/第72卷第6期/1986.6

读《史记会注考证》札记——箠筴/施之勉/大陆杂志/第72卷第6期/1986.6

读《史记会注考证》札记——常熟为太公避地处/施之勉/大陆杂志/第72卷第6期/1986.6

读《史记会注考证》札记——苏州/施之勉/大陆杂志/第73卷第1期/1986.7

读《史记会注考证》札记——汉为尧后/施之勉/大陆杂志/第73卷第2期/1986.8

读《史记会注考证》札记——于商、秦越人/施之勉/大陆杂志/第73卷第2期/1986.8

读《史记会注考证》札记——燕昭沽酒村/施之勉/大陆杂志/第73卷第2期/1986.8

读《史记会注考证》札记/施之勉/大陆杂志/第73卷第3期/1986.9

读《史记会注考证》札记——丞相之官不自武王始置/施之勉/大陆杂志/第73卷第3期/1986.9

读《史记会注考证》札记——万章墓/施之勉/大陆杂志/第73卷第4期/1986.10

读《史记会注考证》札记——存亡死生、干没/施之勉/大陆杂志/第73卷第4期/1986.10

读《史记会注考证》札记——太初改元/施之勉/大陆杂志/第73卷第5期/1986.11

读《史记会注考证》札记——齐庄公墓/施之勉/大陆杂志/第73卷第5期/1986.11

读《史记会注考证》札记——伯乐墓/施之勉/大陆杂志/第73卷第5期/1986.11

读《史记会注考证》札记——渔父/施之勉/大陆杂志/第73卷第5期/1986.11

读《史记会注考证》札记——项王歌/施之勉/大陆杂志/第73卷第6期/1986.12

【1987年】

读《史记会注考证》札记——冉伯牛/施之勉/大陆杂志/第74卷第1期/1987.1

读《史记会注考证》札记——仲弓为伯牛子/施之勉/大陆杂志/第74卷第1期/1987.1

读《史记会注考证》札记——公冶长解鸟语/施之勉/大陆杂志/第74卷第1期/1987.1

读《史记会注考证》札记——楚狂接舆/施之勉/大陆杂志/第74卷第1期/1987.1

读《史记会注考证》札记——春秋之中弑君三十六亡国五十二/施之勉/大陆杂志/第74卷第1期/1987.1

读《史记会注考证》札记——苏武在匈奴十九年/施之勉/大陆杂

志/第74卷第2期/1987.2

读《史记会注考证》札记——垂涉/施之勉/大陆杂志/第74卷第2期/1987.2

读《史记会注考证》札记——阖闾流杯亭/施之勉/大陆杂志/第74卷第3期/1987.3

读《史记会注考证》札记——孟尝镮釜/施之勉/大陆杂志/第74卷第4期/1987.4

读《史记会注考证》札记——淮阴侯韩信、梁王彭越/施之勉/大陆杂志/第74卷第4期/1987.4

读《史记会注考证》札记——楚香始汉/施之勉/大陆杂志/第74卷第6期/1987.6

读《史记会注考证》札记——阖闾流杯亭/施之勉/大陆杂志/第74卷第6期/1987.6

读《史记会注考证》札记——城父汉改父城、贾谊庙/施之勉/大陆杂志/第74卷第6期/1987.6

读《史记会注考证》札记——负郭田、侍郎林、颜渊自杀/施之勉/大陆杂志/第74卷第6期/1987.6

读《史记会注考证》札记——伍子胥剑/施之勉/大陆杂志/第75卷第1期/1987.7

读《史记会注考证》札记——干将墓/施之勉/大陆杂志/第75卷第1期/1987.7

读《史记会注考证》札记——斩蛇剑/施之勉/大陆杂志/第75卷第1期/1987.7

读《史记会注考证》札记——羑里城/施之勉/大陆杂志/第75卷第1期/1987.7

读《史记会注考证》札记——子路、孺悲/施之勉/大陆杂志/第75卷第1期/1987.7

读《史记会注考证》札记——文君诔辞/施之勉/大陆杂志/第75卷第2期/1987.8

读《史记会注考证》札记——宰予欲短丧/施之勉/大陆杂志/第75卷第2期/1987.8

读《史记会注考证》札记——子胥使齐挈子从行、随侯祭墓台/施之勉/大陆杂志/第 75 卷第 2 期/1987.8

读《史记会注考证》札记——周厉王故迹/施之勉/大陆杂志/第 75 卷第 3 期/1987.9

读《史记会注考证》札记——钟离眛铁枪/施之勉/大陆杂志/第 75 卷第 3 期/1987.9

读《史记会注考证》札记——伯牛有恶疾/施之勉/大陆杂志/第 75 卷第 4 期/1987.10

读《史记会注考证》札记——周公奔楚义/施之勉/大陆杂志/第 75 卷第 4 期/1987.10

读《史记会注考证》札记——禹庙玄圭/施之勉/大陆杂志/第 75 卷第 5 期/1987.11

读《史记会注考证》札记——常熟为太公避地处/施之勉/大陆杂志/第 75 卷第 5 期/1987.11

读《史记会注考证》札记——子夏经学、汉武帝初名彘七岁为皇太子改名彻/施之勉/大陆杂志/第 75 卷第 5 期/1987.11

读《史记会注考证》札记——荆轲歌/施之勉/大陆杂志/第 75 卷第 6 期/1987.12

读《史记会注考证》札记——淮阴侯钓台、汉王入壁夺印/施之勉/大陆杂志/第 75 卷第 6 期/1987.12

【1988—1989 年】

读《史记会注考证》札记——齐宣王伐燕/施之勉/大陆杂志/第 76 卷第 1 期/1988.1

读《史记会注考证》札记——凫山伏羲画卦于此/施之勉/大陆杂志/第 76 卷第 2 期/1988.2

读《史记会注考证》札记——子路与弥子瑕,歌曰泰山其颓乎梁木其坏乎哲人其萎乎/施之勉/大陆杂志/第 76 卷第 2 期/1988.2

读《史记会注考证》札记——卫灵公夫人南子、凫村孟子故居/施之勉/大陆杂志/第 76 卷第 2 期/1988.2

读《史记会注考证》札记——子贡庐墓室/施之勉/大陆杂志/第76卷第2期/1988.2

读《史记会注考证》札记——陋巷/施之勉/大陆杂志/第76卷第6期/1988.6

读《史记会注考证》札记——燕太子丹黄金台/施之勉/大陆杂志/第76卷第6期/1988.6

读《史记会注考证》札记——孔子生年月日/施之勉/大陆杂志/第77卷第2期/1988.8

读《史记会注考证》札记——有若/施之勉/大陆杂志/第77卷第2期/1988.8

宰予昼寝——读《史记会注考证》札记/施之勉/大陆杂志/第77卷第3期/1988.9

读《史记会注考证》札记——娄敬洞记/施之勉/大陆杂志/第77卷第4期/1988.10

读《史记会注考证》札记——一以贯之/施之勉/大陆杂志/第78卷第5期/1989.5

读《史记会注考证》札记——屈原五月五日死，孟尝君田文五月五日生/施之勉/大陆杂志/第78卷第6期/1989.6

・专题：王叔岷・

《史记・孟荀列传斠证》/王叔岷/孔孟学报/第13期/1967.4

《史记斠证》卷六《秦始皇本纪》/王叔岷/台湾大学文史哲学报/第16期/1967.10

《史记斠证导论》/王叔岷/台湾"中央研究院"历史语言研究所集刊/第38本/1968.1

《史记斠证》卷一《五帝本纪》/王叔岷/台湾"中央研究院"历史语言研究所集刊/第38本/1968.1

《史记斠证》卷二《夏本纪》/王叔岷/台湾"中央研究院"历史语言研究所集刊/第38本/1968.1

《史记斠证》卷三《殷本纪》/王叔岷/台湾"中央研究院"历史

语言研究所集刊/第 38 本/1968.1

《史记斠证》卷四《周本纪》/王叔岷/台湾"中央研究院"历史语言研究所集刊/第 38 本/1968.1

《史记斠证》卷五《秦本纪》/王叔岷/台湾"中央研究院"历史语言研究所集刊/第 38 本/1968.1

《史记斠证》卷六十一《伯夷列传》(重订稿)/王叔岷/台湾大学文史哲学报/第 17 期/1968.6

《史记斠证》卷七《项羽本纪》/王叔岷/台湾"中央研究院"历史语言研究所集刊/第 39 本下/1969.10

《史记斠证》卷八《高祖本纪》/王叔岷/台湾"中央研究院"历史语言研究所集刊/第 40 本下/1969.11

《史记斠证》卷九《吕后本纪》/王叔岷/台湾"中央研究院"历史语言研究所集刊/第 40 本下/1969.11

《史记斠证》卷十《孝文本纪》/王叔岷/台湾大学文史哲学报/第 18 期/1969.5

《史记斠证》卷十一《孝景本纪》/王叔岷/台湾大学文史哲学报/第 18 期/1969.5

《史记斠证》卷十二《孝武本纪》/王叔岷/台湾大学文史哲学报/第 18 期/1969.5

《史记斠证》卷三十一《吴太伯世家》/王叔岷/台湾"中央研究院"历史语言研究所集刊/第 41 本第 1 分/1969

《史记斠证》卷三十二《齐太公世家》/王叔岷/台湾"中央研究院"历史语言研究所集刊/第 41 本第 1 分/1969

《史记斠证》卷三十三《鲁周公世家》/王叔岷/台湾"中央研究院"历史语言研究所集刊/第 41 本第 2 分/1969

《史记斠证》卷三十八《宋微子世家》/王叔岷/台湾"中央研究院"历史语言研究所集刊/第 41 本第 3 分/1969.9

《史记斠证》卷三十九《晋世家》/王叔岷/台湾"中央研究院"历史语言研究所集刊/第 41 本第 3 分/1969.9

《史记斠证》卷三十四《燕召公世家》/王叔岷/台湾大学文史哲学报/第 19 期/1970.6

《史记斠证》卷三十五《管蔡世家》/王叔岷/台湾大学文史哲学报/第 19 期/1970.6

《史记斠证》卷三十六《陈杞世家》/王叔岷/台湾大学文史哲学报/第 19 期/1970.6

《史记斠证》卷三十七《卫康叔世家》/王叔岷/台湾大学文史哲学报/第 19 期/1970.6

《史记斠证》卷四十《楚世家》/王叔岷/台湾"中央研究院"历史语言研究所集刊/第 42 本第 1 分/1970

《史记斠证》卷四十一《越王勾践世家》/王叔岷/台湾"中央研究院"历史语言研究所集刊/第 42 本第 2 分/1970

《史记斠证》卷四十二《郑世家》/王叔岷/台湾"中央研究院"历史语言研究所集刊/第 42 本第 2 分/1970

《史记斠证》卷四十三《赵世家》/王叔岷/台湾大学文史哲学报/第 20 期/1971.6

《史记斠证》卷四十四《魏世家》/王叔岷/台湾大学文史哲学报/第 20 期/1971.6

《史记斠证》卷四十五《韩世家》/王叔岷/台湾大学文史哲学报/第 20 期/1971.6

《史记斠证》卷四十六《田敬仲完世家》/王叔岷/台湾大学文史哲学报/第 20 期/1971.6

《史记斠证》卷四十七《孔子世家》/王叔岷/台湾"中央研究院"历史语言研究所集刊/第 43 本第 1 分/1971.6

《史记斠证》卷四十八《陈涉世家》/王叔岷/台湾"中央研究院"历史语言研究所集刊/第 43 本第 1 分/1971.6

《史记斠证》卷四十九《外戚世家》/王叔岷/台湾"中央研究院"历史语言研究所集刊/第 43 本第 1 分/1971.6

《史记斠证》卷六十四《司马穰苴列传》/王叔岷/台湾"中央研究院"历史语言研究所集刊/第 42 本第 4 分/1971.7

《史记斠证》卷五十《楚元王世家》/王叔岷/台湾"中央研究院"历史语言研究所集刊/第 43 本第 2 分/1971.9

《史记斠证》卷五十一《荆燕世家》/王叔岷/台湾"中央研究院"

历史语言研究所集刊/第43本第2分/1971.9

《史记斠证》卷五十二《齐悼惠王世家》/王叔岷/台湾"中央研究院"历史语言研究所集刊/第43本第2分/1971.9

《史记斠证》卷五十三《萧相国世家》/王叔岷/台湾"中央研究院"历史语言研究所集刊/第43本第4分/1971.9

《史记斠证》卷五十四《曹相国世家》/王叔岷/台湾"中央研究院"历史语言研究所集刊/第43本第4分/1971.9

《史记斠证》卷五十五《留侯世家》/王叔岷/台湾"中央研究院"历史语言研究所集刊/第43本第4分/1971.9

《史记斠证》卷五十六《陈丞相世家》/王叔岷/台湾"中央研究院"历史语言研究所集刊/第43本第4分/1971.9

《史记斠证》卷五十七《绛侯周勃世家》/王叔岷/台湾"中央研究院"历史语言研究所集刊/第43本第4分/1971.9

《史记斠证》卷五十八《梁孝王世家》/王叔岷/台湾"中央研究院"历史语言研究所集刊/第43本第4分/1971.9

《史记斠证》卷五十九《五宗世家》/王叔岷/台湾"中央研究院"历史语言研究所集刊/第43本第4分/1971.9

《史记斠证》卷六十《三王世家》/王叔岷/台湾"中央研究院"历史语言研究所集刊/第43本第4分/1971.9

《史记斠证》卷六十二《管晏列传》/王叔岷/台湾"中央研究院"历史语言研究所集刊/第44本第1分/1972.7

《史记斠证》卷六十三《老子韩非列传》/王叔岷/台湾"中央研究院"历史语言研究所集刊/第44本第1分/1972.7

《史记斠证》卷六十五《孙子吴起列传》/王叔岷/台湾"中央研究院"历史语言研究所集刊/第44本第1分/1972.7

《史记斠证》卷六十六《伍子胥列传》/王叔岷/台湾"中央研究院"历史语言研究所集刊/第44本第1分/1972.7

《史记斠证》卷六十七《仲尼弟子列传》/王叔岷/台湾"中央研究院"历史语言研究所集刊/第44本第2分/1972.9

《史记斠证》卷六十八《商君列传》/王叔岷/台湾"中央研究院"历史语言研究所集刊/第44本第3分/1972.10

《史记斠证》卷六十九《苏秦列传》/王叔岷/台湾"中央研究院"历史语言研究所集刊/第44本第3分/1972.10

《史记斠证》卷七十《张仪列传》/王叔岷/台湾"中央研究院"历史语言研究所集刊/第44本第4分/1973.3

《史记斠证》卷七十一《樗里子甘茂列传》/王叔岷/台湾"中央研究院"历史语言研究所集刊/第44本第4分/1973.3

《史记斠证》卷七十二《穰侯列传》/王叔岷/台湾"中央研究院"历史语言研究所集刊/第45本第1分/1973.10

《史记斠证》卷七十三《白起王翦列传》/王叔岷/台湾"中央研究院"历史语言研究所集刊/第45本第1分/1973.10

《史记斠证》卷七十四《孟子荀卿列传》/王叔岷/台湾"中央研究院"历史语言研究所集刊/第45本第2分/1974.2

《史记斠证》卷七十五《孟尝君列传》/王叔岷/台湾"中央研究院"历史语言研究所集刊/第45本第2分/1974.2

《史记斠证》卷七十六《平原君虞卿列传》/王叔岷/台湾"中央研究院"历史语言研究所集刊/第45本第2分/1974.2

《史记斠证》卷七十七《魏公子列传》/王叔岷/台湾"中央研究院"历史语言研究所集刊/第45本第3分/1974.5

《史记斠证》卷七十八《春申君列传》/王叔岷/台湾"中央研究院"历史语言研究所集刊/第45本第3分/1974.5

《史记斠证》卷七十九《范雎蔡泽列传》/王叔岷/台湾"中央研究院"历史语言研究所集刊/第45本第3分/1974.5

《史记斠证》卷八十《乐毅列传》/王叔岷/台湾"中央研究院"历史语言研究所集刊/第45本第4分/1974.6

《史记斠证》卷八十一《廉颇蔺相如列传》/王叔岷/台湾"中央研究院"历史语言研究所集刊/第45本第4分/1974.6

《史记斠证》卷八十二《田单列传》/王叔岷/台湾"中央研究院"历史语言研究所集刊/第45本第4分/1974.6

《史记斠证》卷八十三《鲁仲连邹阳列传》/王叔岷/台湾"中央研究院"历史语言研究所集刊/第45本第4分/1974.6

《史记斠证》卷八十四《屈原贾生列传》/王叔岷/台湾"中央研

究院"历史语言研究所集刊/第46本第1分/1974.12

《史记斠证》卷八十五《吕不韦列传》/王叔岷/台湾"中央研究院"历史语言研究所集刊/第46本第1分/1974.12

《史记斠证》卷八十六《刺客列传》/王叔岷/台湾"中央研究院"历史语言研究所集刊/第46本第2分/1975.3

《史记斠证》卷八十七《李斯列传》/王叔岷/台湾"中央研究院"历史语言研究所集刊/第46本第3分/1975.6

《史记斠证》卷八十八《蒙恬列传》/王叔岷/台湾"中央研究院"历史语言研究所集刊/第46本第4分/1975.10

《史记斠证》卷八十九《张耳陈余列传》/王叔岷/台湾"中央研究院"历史语言研究所集刊/第46本第4分/1975.10

《史记斠证》卷九十八《傅靳蒯成列传》/王叔岷/台湾大学文史哲学报/第24期/1975.10

《史记斠证》卷九十九《刘敬叔孙通列传》/王叔岷/台湾大学文史哲学报/第24期/1975.10

《史记斠证》卷一百《季布栾布列传》/王叔岷/台湾大学文史哲学报/第24期/1975.10

《史记斠证》卷九十《魏豹彭越列传》/王叔岷/台湾"中央研究院"历史语言研究所集刊/第47本第1分/1975.12

《史记斠证》卷九十一《黥布列传》/王叔岷/台湾"中央研究院"历史语言研究所集刊/第47本第1分/1975.12

《史记斠证》卷九十二《淮阴侯列传》/王叔岷/台湾"中央研究院"历史语言研究所集刊/第47本第2分/1976

史记斠证卷九十六　张丞相列传/王叔岷/台湾"中央研究院"历史语言研究所集刊/47卷第2期；48卷第1.2.3期

史记斠证卷九十七　郦生陆贾列传/王叔岷/台湾"中央研究院"历史语言研究所集刊/47卷第2期；48卷第1.2.3期

《史记斠证》卷九十三《韩信卢绾列传》/王叔岷/台湾"中央研究院"历史语言研究所集刊/第48本第1分/1977.3

《史记斠证》卷九十四《田儋列传》/王叔岷/台湾"中央研究院"历史语言研究所集刊/第48本第1分/1977.3

《史记斠证》卷九十五《樊郦滕灌列传》/王叔岷/台湾"中央研究院"历史语言研究所集刊/第48本第1分/1977.3

《史记斠证》卷一百一《袁盎晁错列传》/王叔岷/台湾"中央研究院"历史语言研究所集刊/第48本第2分/1977.6

《史记斠证》卷一百二《张释之冯唐列传》/王叔岷/台湾"中央研究院"历史语言研究所集刊/第48本第2分/1977.6

《史记斠证》卷一百三《万石张叔列传》/王叔岷/台湾"中央研究院"历史语言研究所集刊/第48本第2分/1977.6

《史记斠证》卷一百四《田叔列传》/王叔岷/台湾"中央研究院"历史语言研究所集刊/第48本第2分/1977.6

《史记斠证》卷一百五《扁鹊仓公列传》/王叔岷/台湾"中央研究院"历史语言研究所集刊/第48本第3分/1977.9

《史记斠证》卷一百六《吴王濞列传》/王叔岷/台湾"中央研究院"历史语言研究所集刊/第48本第3分/1977.9

《史记斠证》卷一百七《魏其武安侯列传》/王叔岷/台湾"中央研究院"历史语言研究所集刊/第48本第3分/1977.9

《史记斠证》卷一百八《韩长孺列传》/王叔岷/台湾"中央研究院"历史语言研究所集刊/第48本第3分/1977.9

《史记斠证》卷一百九《李将军列传》/王叔岷/台湾"中央研究院"历史语言研究所集刊/第48本第3分/1977.9

《史记斠证》卷一百一十八《淮南衡山列传》/王叔岷/台湾大学文史哲学报/第26期/1977.12

《史记斠证》卷一百一十九《循吏列传》/王叔岷/台湾大学文史哲学报/第26期/1977.12

《史记斠证》卷一百二十《汲郑列传》/王叔岷/台湾大学文史哲学报/第26期/1977.12

《史记斠证》卷一百二十一《儒林列传》/王叔岷/台湾大学文史哲学报/第26期/1977.12

《史记斠证》卷一百二十二《酷吏列传》/王叔岷/台湾大学文史哲学报/第26期/1977.12

《史记斠证》卷一百十《匈奴列传》/王叔岷/台湾"中央研究院"

历史语言研究所集刊/第 49 本第 2 分/1978.6

《史记斠证》卷一百一十一《卫将军骠骑列传》/王叔岷/台湾"中央研究院"历史语言研究所集刊/第 49 本第 2 分/1978.6

《史记斠证》卷一百一十二《平津侯主父列传》/王叔岷/台湾"中央研究院"历史语言研究所集刊/第 49 本第 2 分/1978.6

《史记斠证》卷一百一十三《南越列传》/王叔岷/台湾"中央研究院"历史语言研究所集刊/第 49 本第 2 分/1978.6

《史记斠证》卷一百一十四《东越列传》/王叔岷/台湾"中央研究院"历史语言研究所集刊/第 49 本第 2 分/1978.6

《史记斠证》卷一百一十六《西南夷列传》/王叔岷/台湾"中央研究院"历史语言研究所集刊/第 49 本第 3 分/1978.9

《史记斠证》卷一百一十七《司马相如列传》/王叔岷/台湾"中央研究院"历史语言研究所集刊/第 50 本第 1 分/1979.3

《史记斠证》卷一百二十八《龟策列传》/王叔岷/台湾大学文史哲学报/第 28 期/1979.12

《史记斠证》卷一百二十九《货殖列传》/王叔岷/台湾大学文史哲学报/第 28 期/1979.12

《史记斠证》卷一百二十三《大宛列传》/王叔岷/台湾"中央研究院"历史语言研究所集刊/第 51 本第 1 分/1980.3

《史记斠证》卷一百三十《太史公自序》/王叔岷/台湾大学文史哲学报/第 29 期/1980.12

《史记斠证》附录——史记逸文/王叔岷/台湾大学文史哲学报/第 29 期/1980.12

《史记斠证》卷一百二十五《佞幸列传》/王叔岷/台湾"中央研究院"历史语言研究所集刊/第 52 本第 1 分/1981.3

《史记斠证》卷一百二十六《滑稽列传》/王叔岷/台湾"中央研究院"历史语言研究所集刊/第 52 本第 1 分/1981.3

《史记斠证》卷一百二十七《日者列传》/王叔岷/台湾"中央研究院"历史语言研究所集刊/第 52 本第 1 分/1981.3

斠证史记十七年（代序）/王叔岷/台湾"中央研究院"历史语言研究所集刊/第 53 本第 1 分/1982.3

• 史记散论 •

《史记》名称探源/王叔岷/新潮/第16期/1967.12

论日本古抄《史记·殷本纪》/王叔岷//书目季刊/第2卷第3期/1968.3

班固论司马迁是非颇缪于圣人辩/王叔岷/台湾"中央研究院"汉学会议论文集（历史考古组）/1981.10

司马迁与黄老/王叔岷/台湾大学文史哲学报/第30期/1981.12

论司马迁述慎到、申不害及韩非之学/王叔岷/台湾"中央研究院"历史语言研究所集刊/第54本第1分/1983.3

论司马迁所了解之老子/王叔岷/台湾"中央研究院"历史语言研究所集刊/第70本第1分/1999.3

第六辑 日本《史记》研究文献目录索引[*]

一、关于古钞本的研究

冈白驹/《史记觽》10卷/浪华会书房刊，1756
安藤定格/《史记读本》130卷/1880
宏部鸟道/《标注史记读本》130卷/1881
落合济三/《史记正本》130卷/1882
有井范平/《补标史记评林》130卷/报告社发行，1883
石川鸿斋等/《增补评点史记评林》130卷/凤文馆刊，1883
芳本铁三郎/《史记十传纂评》10卷/1885
栗本长质/《评林史记列》70卷/东京同盟出版书房，1893
池田四郎次郎/《校注史记读本》130卷/1893
三岛中洲/《史记论赞段解》1卷/1923
田中庆太郎/《史记读本》/文求堂书店，1930
土桥文夫/《史记钞》/京都平野书店刊，1934
泷川龟太郎/《史记会注考证》全10册/东方文化学院东京研究

[*] 此部分目录为日本爱媛大学法文学部教授藤田胜久编录，张新科译。

所，1932—1934

三ケ尻浩编/《史记抄》瑞仙桃源抄（私家版，1937—1938）

神田喜一郎辑/《敦煌秘籍留真》/京都，1938

水泽利忠/《史记会注考证校补》全9册/史记会注考证校补刊行会，1957—1970

泷川资言考证、水泽利忠校补/《史记会注考证附校补》全2册/上海古籍出版社，1986

哈佛、燕京、同志社东方文化讲座委员会/《米泽善本の研究と解题》/哈佛、燕京、同志社东方文化讲座委员会，1958

龟井孝、水泽利忠/《史记桃源抄の研究》本文编1、2、3、4、5，日本学术振兴会，1965—1967，1970—1973

长泽规矩也解题/《和刻本正史史记（一）（二）》/汲古书院，1972

《中国の思想》刊行委员会编/《司马迁史记》6卷/德间书店，1972

池田四郎次郎著、池田英雄增补校订/《史记补注》上（本纪·世家）/明德出版社，1972

池田四郎次郎著、池田英雄增补校订/《史记补注》上（列传）/明德出版社，1975

阿部隆一/《中国访书志》/汲古书院，1976

尾崎康/《正史宋元版の研究》/汉古书院，1989

大阪大学怀德堂文库复刻刊行会监修/《怀德堂文库本·史记雕题》/吉川弘文馆，1991、1992、1993

水泽利忠编/《史记正义の研究》/汲古书院，1994

宫川浩也、小曾户洋、真柳诚/《扁鹊仓公传幻云注の翻字と研究》/北里研究所东洋医学总合研究所医史学研究部，1996

水泽利忠、尾崎康、小泽贤二解题/《国立历史民俗博物馆所藏黄善夫本 国宝史记》/古典研究会丛书·汉籍之部25，汉古书院，1996—1998

新村出/《桃源瑞仙の事迹》/《史学杂志》17—11、12，1906

那波利贞/《旧钞本孝景本纪第十一解说（上、下）》/《支那学》

8—3,4,1936

大岛利一/《桃源瑞仙の史记抄读む》/《东方学报》京都10—1,1939

大岛利一/《大岛贽川、桃年父子の史记考异について》/《东洋史研究》4—3,1939

武内义雄/《国宝史记孝文本纪解说》/《支那学》12—1、2,1946

水泽利忠/《史记古本考》/收入《诸桥博士古稀祝贺记念论文集》,大修馆,1953

水泽利忠/《新编史记考异卷百三十第七十太史公自序》/《汉文学会会报》14,1953

春日春男/《毛利本〈史记·吕后本纪〉觉え书》/《文学论辑》2,1954

水泽利忠/《史记本纪正义拾佚》/《中国文化研究会会报》5—1,1955

神田喜一郎/《贺次君氏の〈史记录书〉》/《中国文学报》10,1959,のち/《东洋学文献丛说》/二玄社,1969

横田辉俊/《茅坤の百三卷本史记抄について》/《支那学研究》24、25,1960

清水荣/《史记正义佚文拾辑の意义——史记正义研究の前段阶として》/《汉文学会会报》21,1962

水泽利忠/《史记古抄本孝景本纪について》/《かがみ》7,1962

水泽利忠/《新出猿投神社藏史记古钞本残卷》/收入《内野博士还历记念东洋学论文集》/汉魏文化研究会,1964

大塚光信/《史记抄の诸本と本文》/《国语国文》33—5,1964

青木五郎/《〈史记索隐〉におけゐ刘伯庄〈史记音义〉の投影について》/《汉文学会会报》23,1964

坂井健一/《辑佚史记音义考——邹·刘二氏の反切构造》/《汉学研究》复刊2,1964

山本信吉、大山仁快/《宋版史记など——新指定国宝,重要文

化财绍介》/《ヾユージァム》185，1966

柳田征司/《史记抄の本文について——汉书抄の关系から》/安田女子大/《国语国文论集》1，1969

青木五郎/《〈史记索隐〉论考》/《东京工业高等专门学校研究报告书》1，1970

荫木英雄/《桃源瑞仙の史学——史记抄を中心として》/无穷会/《东洋文化》/复刊22、23，1970

大岛正二/《史记索隐、正义音韵考》/《东洋学报》55－33，1972

大岛正二/《史记索隐、正义音韵考——资料表》/《北海道大学文学部纪要》21－2，1973

平山久雄/《〈史记正义〉论音例の"清浊"について》/《东洋学报》56－2－4，1976

青木五郎/《司马贞の史学——/《史记索隐》の史学史上の位置ついて》/《加贺博士退官记念中国文史哲学论集》/讲谈社，1979

吉川忠夫/《裴骃の〈史记集解〉》/《加贺博士退宫记念中国文史哲学论集》所收，讲谈社，1979

寺冈竜含/《史记三注合刻の创始时代と板本系统の考究》/《汉文学》16，1979

小泽贤二/《史记会注考证校补弁证（一）》/《双文》1，群马县立文书馆，1984

山城喜/《史记评林诸版本志稿》/庆应义塾大学/《斯道文库论集》20，1984

青木五郎/《〈史记桃源抄〉の〈项羽本纪〉を读む》/《高校通信东书国语》297，1989

寺门日出男/《史记会注考证》撰述に见られゐ非学问性——埋もれた中井履轩撰《史记雕题》/《中国研究集刊》日，1990

寺门日出男/《大阪天满宫御文库所藏〈雕题〉（中井履轩撰）诸本について》/《中国研究集刊》月，1991

斋藤文俊/《〈鹤牧版史记评林〉と佐藤一斋》/《汲古》

20，1991

泽谷昭次/《裴骃の/《史记集解》は八十卷本であった》ということについて——王鸣盛の"目录之学"，をめぐつて》/《アジアの历史と文化》1 辑，1992，のち/《中国史书论考》/汲古书馆，1998

尾崎康/《史籍》/《讲座敦煌 5 敦煌汉文文献》/大东出版社，1992

伊藤德男/《近年出版の史记注释书》/《东方》132，1992

寺门日出夫/《日本人の忘れられた史记注解书——〈史记会注考证〉前史》/《国文学论考》29，都留文化大学国语国文学会，1993

户川芳郎/《景刊〈怀德堂文库本·史记雕题〉について》/《汲古》23，1993

小泽贤二/《古抄本/〈史记·秦本纪〉の断简について》/《汲古》29，1996

小曾户洋/《幻云の医界における交友关系》/《〈扁鹊仓公传〉幻云注の翻字と研究》/北里研究所东洋医学总合研究所医史学研究部，1996

宫川浩也/《幻云所引の〈难经〉について》/《〈扁鹊仓公传〉幻云注の翻字と研究》/1996

宫川浩也/《幻云附标の〈难经〉注释の引用状况》/《〈扁鹊仓公传〉幻云注の翻字と研究》/1996

宫川浩也/《〈存真环中图〉——幻云所引文からの检讨》/《〈扁鹊仓公传〉幻云注の翻字と研究》/1996

真柳诚/《幻云か引用した〈东垣十书〉》/《〈扁鹊仓公传〉幻云注の翻字と研究》/1996

小曾户洋/《幻云から道三へ》/《〈扁鹊仓公传〉幻云注の翻字と研究》/1996

尾崎康/《北京图书馆正史宋元版解题抄——〈正史宋元版の研究〉补订》/《史学》64-3、4，1995

尾崎康/《上海图书馆藏宋元版解题·史部（一）》/《斯道文库

论集》31辑，1997

尾崎康/《黄善夫刊三史の求古楼本と上杉本》/《东方》215，1999

二、解题、目录

京都大学人文科学研究所编/《东洋学文献类目》/京都大学人文科学研究所，1934

池田四郎次郎著、池田英雄校订增补/《史记研究书目解题稿本》/明德出版社，1978

池田四郎次郎、池田英雄/《史记研究书目解题新编》私家版/长年堂，1981

早苗良雄编/《汉代研究文献目录——邦文篇》/朋友书店，1979

藤田胜久/《〈史记〉〈汉书〉研究文献目录（日本篇）》/《〈史记〉〈汉书〉の再检讨と古代社会の地域的研究》/爱媛大学教育学部，1994

池田英雄/《史记学50年——日·中〈史记〉研究の动向》/明德出版社，1995

吉原英夫编/《〈史记〉につする文献目录》/北海道教育大学札幌校国语科教育学研究室，1997

池田四郎次郎/《我邦に于ける史记の价值》/二松大学杂志/《二松》2，1932，のち《史记研究书目解题新编》に再录

池田英雄/《从著作看日本先哲的〈史记〉研究—古今传承1300年间的变迁》/池田英雄/收入《大东文化大学创立六十周年纪念中国学论集》，1984；中文译本载《唐都学刊》1993年第4期，张新科、朱晓林译

青木五郎著，羌国华译/《史记在日本》/收入王勇主编/《中日汉籍交流史论》，杭州大学出版社，1992

寺门日出男、吉原英夫/《日本における〈史记〉の受容》/收入《研究资料汉文学第7卷历史Ⅰ——史记》所收，明治书

院，1994

池田英雄/《日·中各时代に於ける〈史记〉受容のあり方を检证す》/收入《栗原圭介博士颂寿纪念洋学论集》，1995

池田英雄/《最近五十年来〈史记〉研究の展开（1945－1995）——日·中の比较と，その长短》/无穷会/《东洋文化》76，1996年

藤田胜久/《日本の史记研究》/《爱媛大学法文学部论集》/人文学科编7，1999

冈崎文夫/《支那史学思想の发达》/《东洋思潮》东洋思想の诸问题所取，岩波书店，1934

池田四郎次郎/《续通俗汉籍解题——史记なついて（1～4）》/无穷会/《东洋文化》105－108，1933

伊藤德男/《史记》/《司马迁》/载《东洋历史大辞典》/平凡社，1938

贝塚茂树、水泽利忠/《史记》F/载《アジア历史事典》/平凡社，1960

守屋美都雄/《司马迁》/载《アジア历史事典》/平凡社，1960

增渊龙夫/《史记》/载《世界名著大事典》/平凡社，1962

仓石武四郎/《史记》/载《中国古典讲话》/大修馆书店，1974

福岛吉彦/《史记》/《司马迁》/载《集英社世界文学大事典2》/集英社，1997

藤田胜久/《司马迁》/收入岸本美绪责任编辑/《历史学事典5 历史家とその作品》/弘文堂，1997

鹤间和幸/《司马迁——中国史书の传统の始まり》/《周刊朝日百科·世界の文学》10，朝日新闻社，1999

池田英雄/《池田庐洲の学风とその事绩》/无穷会/《东洋文化》复刊30、31、32，1973

水泽利忠/《〈史记会注考证〉の著者泷川龟太郎先生を思ぶ》/《图书》306，1975

水泽利忠/《池田芦洲の为人とその史记研究》/收入《加贺博士退官纪念中国文史哲学论集》讲谈社，1979

水泽利忠/《君山泷川龟太郎の讲学の基础》/《古代文化》37—10，1985

水泽利忠/《泷川龟太郎と史记会注考证》/《月刊国语教育》4—12，1987

三、译注、翻译

太田秀敬/《史记启蒙》/1879

堤大介/《评论注解史记启辨》4卷/1879

大槻诚之/《史记冰解》2卷/1883

大岛维直等/《史记考异》

竹添进一郎/《史记钞》5卷/1885

深井鉴一郎/《标注史记列传读本》5卷/东京诚之堂书店，1893

冢田淳五郎/《点注史记列传》/金刺源次发行，活字本，1897

村山自强等/《汉文读本史记列传抄》2卷/明治书院，1899

田冈佐代治/《和译史记列传》2卷/东京博文馆，1911—1912

田冈佐代治/《史记》（汉籍国字解全书本）8卷/早稻田大学出版部，1919

池田四郎次郎/《史记列传全释》/稿本

重野安绎校订/《史记列传》上、下，汉文体系/富山房，1911

重野安绎校订/《史记列传》上、下增补版，汉文体系/富山房，1996

田冈岭云/《和译史记列传》上、下/玄黄社，1911

蓣本哲三/《史记》1—6，汉文丛书/有朋堂书店，1920—1927

公田连太郎译注/《史记》1、2，国译汉文大成/国民文库刊行会，1922—1923

箭内亘译注/《史记》3列传，4列传下，国译汉文大成/国民文库刊行会，1922

桂五十郎/《史记国字解》1、2/早稻田大学出版部，1928—1929

菊池三九郎/《史记国字解》3、4/早稻田大学出版部，1929

松平康国/《史记国字解》5、6/早稻田大学出版部，1929

加藤繁、公田连太郎译/《译注史记列传》全3册/富山房，1940—1942

加藤繁/《史记平准书》/（《汉书食货志》附）；/《史记·货殖列传》/岩波书店，1942

小竹文夫、小竹武夫/《现代语译史记》全8册/弘文堂，1956—1957

小竹文夫、小竹武夫译/《史记》全2册/世界文学大系5A、5B，筑摩书房，1962

小竹文夫、小竹武夫译/《史记》1·2，世界古典文学大系6、7，筑摩书房，1971

小竹文夫、小竹武夫译/《史记》全8册/ちくま学芸文库/筑摩书房，1995

田中谦二、一海知义译/《史记》中国古典选·春秋战国篇、楚汉篇、汉武篇/朝日新闻社，1958—1964

田中谦二、一海知义译/《史记》新订中国古典选·春秋战国篇、楚汉篇、汉武篇/朝日新闻社，1966—1967

田中谦二、一海知义译/《史记》1—5，朝日文库·中国古典选/1978

田中谦二、一海知义译/《史记》上中下，朝日选书，春秋战国篇、楚汉篇、汉武篇/朝日新闻社，1996

野口定男、近藤光男、赖惟勤、吉田光邦译/《史记》上下，中国古典文学全集4、5/平凡社，1958—1959

野口定男、近藤光男、赖惟勤、吉田光邦译/《史记》上中下，中国古典文学大系10、11、12/平凡社，1968—1971

富田清/《全释项羽本纪》/洛文社，1965

波多野鹿之助/《史记Ⅰ项羽本纪·伯夷列传·魏公子列传》/大安，1967

贝塚茂树、川胜义雄译/《司马迁——史记列传》世界の名著11/中央公论社，1968

石川梅次郎、原田种成/《训读史记会注考证列传》/松云书院，

1968~73

石川梅次郎、原田种成/《训读史记会注考证世家 1》/松云书院，1970

石川梅次郎、原田种成/《训读史记会注考证本纪 1》/松云书院，1983

汉文资料编集会议编（户川芳郎担当）/《太史公自序・报任安书》/大修馆书店，1968

汉文资料编集会议编（户川芳郎担当）/《史记秦本纪》/大修馆书店，1969

小川环树、今鹰真、福岛吉彦译/《史记列传》世界古典文学全集 20/筑摩书房，1969

小川环树、今鹰真、福岛吉彦、三木克己等译/《史记（列传）・汉书（列传）》世界文学全集 4/筑摩书房，1970

小川环树、今鹰真、福岛吉彦译/《史记列传》全 5 册/岩波文库/岩波书店，1975

福岛中郎/《史记》中国古典新书/明德出版社，1972

市川宏、杉本达夫译/《史记（1）——霸者の条件》/德间书店，1972

奥平卓、守屋洋译/《史记（2）——乱世の群像》/德间书店，1972

丸山松幸、和田武司译/《史记（3）——支配の力学》/德间书店，1972

大石智良、丹羽隼兵译/《史记（4）——权力の构造》/德间书店，1972

藤本幸三、西野广祥译/《史记（5）——思想の运命》/德间书店，1972

村山孚、竹内良雄译/《史记（6）——历史の底流》/德间书店，1972

一海知义/《史记》中国诗文选 7/筑摩书房，1973

山崎纯一译编/《物语史记》现代教育文库/社会思想社，1973

川胜义雄/《史学论集》太史公自序/中国文明选 12/朝日新闻

社，1973

吉田贤抗/《史记》1、2本纪，新释汉文大系38、39/明治书院，1995

吉田贤抗/《史记》4八书，新释汉文大系41，明治书院，1995

吉田贤抗/《史记》5、6、7世家，新释汉文大系85、86、87/明治书院，1977—1982

水泽利忠/《史记》8·9·10列传，新释汉文大系88、89、90，明治书院，1990—1996

小川环树、今鹰真、福岛吉彦译/《史记世家》上中下/岩波书店，1980—1991

福岛中郎译/《史记》一、二、三，中国の古典11、12、13/学习研究社，1981·84·85

黑须重彦译/《史记》四，中国の古典14/学习研究社，1984

久米旺生、丹羽隼兵、竹内良雄/《史记小事典——司马迁史记别卷》/德间书店，1988

大竹修一、土屋泰男/《汉文名作选2历史》/大修馆书店，1984

森田传一郎/《〈史记〉扁鹊仓公列传译注》/雄山阁出版，1986

青木五郎、森野繁夫/《标点本史记选（春秋战国篇）》/白帝社，1988

青木五郎、森野繁夫/《标点本史记选（楚汉篇）》/白帝社，1988

福岛正/《史记·汉书》鉴赏中国の古典第7卷/角川书店，1989

寺门日出男、吉原英夫/《研究资料汉文学7历史Ⅰ——史记》/明治书院，1994

青木五郎编/《汉诗·汉文解释讲座8历史Ⅰ 史记·上》/昌平社，1995

福岛中郎编/《汉诗·汉文解释讲座9历史Ⅱ 史记·中》/昌平社，1995

大久保隆郎编/《汉诗·汉文解释讲座10历史Ⅲ 史记·下》/昌平社，1995

驹田信二译/《刺客列传》/《世界》4月号，1951

仓石武四郎译/《史记·刺客列传》/《思想の科学》5月号，1954

史记抄研究会/《史记桃源抄高祖本纪注解（1）》/《立命馆文学》249，1966

久村因/《史记西南夷列传集解稿（1）（2）（3）（4）》/《名古屋大学教养部纪要》人文科学·社会科学14、15、16、18/1970—1974

驹井和爱/《史记朝鲜传译补及び注》/《民间传承》35—3，1971

田中俊明、井上秀雄/《朝鲜传（史记）》/《东アジア民族史1 正史东夷传》/平凡社东洋文库，1974

东晋次/《陈胜·吴广の乱：〈史记·陈涉世家〉》/载《中国民众反乱史1》/平凡社东洋文库，1978

四、司马迁的传记

藤田豊八/《司马迁》/1897

藤田剑峰他/《支那文学大纲12 司马迁》/1897

シヤバンヌ著，岩村忍译/《史记著作考》/文求堂，1939

重泽俊郎/《司马迁研究》/弘文堂书房，1943

武田泰淳/《司马迁》/日本评论社，1943

《司马迁—史记的世界》/武田泰淳/日本评论社，1943/菁柿堂，1948年/创元社，1952/文芸春秋社，1960/讲谈社，1965，1972/讲谈社文芸文库，1997

冈崎文夫/《司马迁》/弘文堂，1958

贝塚茂树/《史记——中国古代の人びと》/中央公论社，1963/又，收入《贝塚茂树著作集》7，中央公论社，1977

バートン、ワトソン著，今鹰真译/《司马迁》/筑摩书房，1965

大岛利一/《司马迁と史记の成立》/清水书院，1972

エドウアール、シヤバソヌ著，岩村忍译/《司马迁と史记》/新

潮社，1974

竹内照夫/《司马迁史记入门》/日本文芸社，1975

加地伸行/《史记——司马迁の世界》/讲谈社新书，1978

李长之著，和田武司译/《司马迁——讽刺と称扬の精神》/德间书店，1980，收入《司马迁》德间文库，1988

林田慎之助/《司马迁》中国の人と思想6，集英社，1984/收入《司马迁》德间文库，1993

佐藤武敏/《司马迁の研究》/汲古书院，1997

桑原骘藏/《司马迁の 生年に关する一新说》/《史学研究》1—1，1929/收入《桑原骘藏全集》第2卷/1968；（中文译）/《关于司马迁生年一个新说》/施丁/《司马迁行年新考》/陕西人民教育出版社，1995

佐藤武敏/《司马迁の家系》/《人文研究》23—10，1972/收入《司马迁の研究》/汲古书院，1997

佐藤武敏/《司马迁の旅行》/《人文研究》29—4，1977/收入《司马迁の研究》汲古书院，1997

佐藤武敏/《司马迁の生年》/《三上博士颂寿纪念论集》/1979/收入《司马迁の研究》/汲古书院，1997

佐藤武敏/《司马谈と历史》/《中国史研究》8，1984/收入《司马迁の研究》/汲古书院，1997

佐藤武敏/《司马谈作史考》/载《东北大学东洋史论集》5，1992/收入《司马迁の研究》/汲古书院，1997

楠山修作/《司马迁に关する一考察》/《汲古》15，1989/收入《中国古代国家论集》，1990

五、司马迁的思想与历史观

大滨晧/《中国·历史·运命—史记と史通》/颈草书房，1975/收入《史记と史通の世界—中国の历史观一》（改题）司马迁の历史观，刘知几の历史观，东方书店，1992

川胜义雄/《中国人の历史意识》/平凡社，1986/收入《中国人ち历史意识》/平凡社ライブラリー，平凡社，1993

稻叶一郎/《中国の历史思想——纪传体考》/汲古书院，1999

小牧昌业/《司马迁の史记》/《东亚研究》2－5，1912

日下宽/《史才と文章上より视たる司马迁》/《东亚研究》2－5，1912

中村久四郎/《司马迁年表并に其孝道》/《东亚研究》2－5，1912

儿岛献吉郎/《司马迁の性行と史记の文章》/《东亚研究》2－5，1912

宇野哲人/《太史公の当代思想家评论に就て》/《东亚研究》2－5，1912

铃木虎雄/《司马迁と赋》/《东亚研究》2－5，1912

鸟山喜一/《私议》/《东亚研究》2－5，1912

本城黄/《史记解题》/《东亚研究》2－5，1912

狩野直喜/《司马迁の经学》/《哲学研究》3－7，1918/收入《读书纂余》/みすず书房，1980

小岛祐马/《司马迁の自由放任说》/载《政治经济学论丛》1－1，1919/收入《中国の社会思想》/筑摩书房，1967

小岛祐马/《公羊家の观たる史记》/载《支那学》1－1，1921/收入《中国の社会思想》/1967

本田成之/《司马迁の历史观について》/《支那学》2－8，9，1922

藤田元春/《司马迁の见たる古代支那の人文地理に就いて》/《地球》16－2、3，1931

豊田穣/《史记に引用せる尚书に就きて——清儒の研究を中心として》/《汉学会杂志》1－2，1933

藤田元春/《司马迁の人文地理学》/《立命馆文学》1－12，1934

李源鹤/《司马迁の史观》/《京城帝大史学会志》7、8、9，1935－1936

中山久四郎/《司马迁史学の二大要点》/《史潮》7-2,1937

佐藤匡玄/《史记引く所の尚书说》/《东方学报》京都9,1938

内野熊一郎/《史记における史迁の诗说》/《东方学报》东京10-1,1939/收入《汉初经书学の研究》/清水书店,1942

重泽俊郎/《司马迁の史学管见》/《支那学》10-4,1942,のち/《周汉思想研究》司马迁研究の一部に收录/弘文堂,1943

内藤虎次郎/《史记の话》/1946,のち/《内藤湖南全集》第6/筑摩书房,1972

贝塚茂树/《司马迁の史学に於ける运命の问题》/《知惠》2,1947,のち/《贝塚茂树著作集》第7卷/中央公论社,1977

贝塚茂树/《史观の丧失——司马迁の史学について》/《知惠》3-5,1948/收入《贝塚茂树著作集》第7卷,1977

板野长八/《司马迁の经济思想》/《北大史学》1,1951

福永光司/《司马迁の人间观——主として利・义・天について》/《东洋の文化と社会》3,1953

佐藤一郎/《叙事文学として见た史记と作者の位置》/《芸文研究》2,1953

内山俊彦/《司马迁の思想——その思想家としての位置を中心として》/《东大中文学会会报》7,1956

今鹰真/《史记にあらわれた司马迁の因果报应の思想と运命观》/《中国文学报》8,1958

内山俊彦/《汉代の应报思想》/《东京支那学报》6,1960

小仓芳彦/《司马迁——"记录者"の意义と生涯》/收入《世界の历史》3/筑摩书房,1960

今村城太郎/《司马迁の立场》/载《石田・和田・龙・山中先生颂寿纪念史学论文集》/1962

高桥和巳/《司马迁の发愤著书の说について》/《视界》1,1960/收入《文学の责任》/河出书房,1963

内山俊彦/《司马迁と历史》/《山口大学文学会志》14-2,1963

黑羽英男/《司马迁论》/载《城西大学开学十周年纪念论文

集》，1975

加地伸行/《司马迁の李陵事件について》/《汉文教室》126，1978

水泽利忠/《司马迁の史记述作の本意を探る》/载《历史における民众と文化——酒井忠夫先生古稀祝贺纪念论集》/国书刊行会，1982

森熊男/《司马迁の夷狄对策——李陵の祸を中心に》/冈山大学教育学部/《研究集录》72，1986

森熊男/《司马迁の匈奴观》/冈山大学教育学部/《研究集录》73，1986

今鹰真/《司马迁——中国史学の创始者》/日原利国编/《中国思想史（上）》/ペリカソ社，1987

小林春树/《司马迁における史记著述の动机について——〈史记〉研究序说（上・下）》/《史观》127、129，1992—1993

佐藤武敏/《史记に见える过秦论》/《中国古代史研究》第7，研文出版，1997

六、《史记》总论

龟井昱/《史记考》/写本
古贺煜/《史记匡谬》1卷/写本
村尾元融/《读史记稿本》/写本
羽仓用丸/《读史记札记》8卷/写本
重野葆光/《史记节解》7卷/写本
黑本植/《史记纪传评译》/稼堂丛书刊行会，1932
山下寅次/《史记编述年代考》/六盟馆，1940
全国汉字汉文教育研究会编/《史记》（特集）/秀英出版，1971
山崎纯一/《物语史记》/社会思想社，1973
宫崎市定/《史记を语る》/岩波新书，1979
宫崎市定/《史记を语る》/岩波文库，1996

原富男/《补史记艺文志》/春秋社，1980

野口定男/《史记を読む》/研文出版 1980

小仓芳彦/《古代中国に生きる》人间の世界历史 2/三省堂，1980

新田幸治/《迁生龙门——列传を読む》/东京プリソト社，1982

胡佩苇著，桥本尧译/《史记入门》/日中出版社，1985

今西凯夫/《史记の世界》/尚学图书，1986

增井经夫/《史记の世界》/日本放送出版协会，1987

宫崎市定/《中国古代史论：史记优孟传，身振りと文学，史记李斯列传を読む，游侠に就て》/平凡社，1988

宫崎市定/《史记》宫崎市定全集 5/岩波书店，1991

伊藤德男/《史记十表に见る司马迁の历史观》/平河出版社，1994

平势隆郎编著/《新编史记东周年表——中国古代纪年の研究序章》/东京大学东洋文化研究所报告，东京大学出版会 1995

平势隆郎/《中国古代纪年の研究——天文と历の检讨から》/东京大学东洋文化研究所报告，汲古书院，1996

伊藤德男/《史记と司马迁》/山川出版社，1996

吉本道雅/《史记を探る》/东方书店，1996

藤田胜久/《史记战国史料の研究》/东京大学出版会，1997

平势隆郎/《史记二二〇〇年の虚实、年代矛盾の谜と隐された正统观》/讲谈社，2000

冈崎文夫/《史记と春秋学》/《文化》1—9，1934

山田胜美/《史记搁笔年代の私考》/《大东文化》7，1934

豊田穣/《汉初の公羊学と史记》/《汉学会杂志》2—2，1934

守屋美都雄/《司马迁と史记》/《地理历史研究》18—8，1941

大森悟/《史记を成り立たせるもの》/《竹田博士还历纪念中国文化研究会论文集》2—4，1952

野口定男/《史记に于ける"自信"について》/《立教大学研究报告》一般教育部，1956/收入《史记を読む》/1980

地伸行/《〈太史公自序〉の成立——史记研究その一》/《密教

文化》67，1964

伊藤德男/《麟止と获麟－史记太史公自序の一考察》/《历史》29，1965

井上寿老/《读史记》/《支那学研究》32，1966

浅野通有/《史记における司马迁の著述态度》/《日本文学论究》27，1968

今村城太郎/《左丘明传说と史记——司马迁における传承处理の一倾向》/载《镰田博士还历纪念历史学论丛》/1969

黑羽英男/《不遇の史家司马迁と史记》/《经济集志》41－别号，1971

上田早苗/《汉初における长者——/《史记》にあらわれた理想的人间像》/《史林》55－3，1972

山田伸吾/《汉太史令今の世界——/《史记》成立の背景について》/《名古屋大学东洋史研究报告》2，1973

今鹰真/《"空言""空文"考——司马迁〈太史公自序〉〈报任少卿书〉に见える"空言"と"空文"の解释について》/《人矢教授、小川教授退休纪念中国文学语学论集》/1974

泽谷昭次/《〈史记〉の作者たち〉について》/《东洋学报》60—3、4，1979

竹内弘行/《史记空言考》/《集刊东洋学》42，1979

白川静/《史记の世界》/载《中国の古代文学（二）》，中央公论社，1976；のち/《中国古代の文学（二）》中公文库，1981

岩本宪司/《汉代春秋学につすゐ二，三の问题——〈春秋繁露〉俞序篇と〈史记〉太史公自序》/《迹见学园女子大学纪要》16，1983

青木五郎/《司马迁の发愤著书说——不遇と文学》/《中国の文学论》/汲古书院，1987

上田武/《司马迁の历史认识について——〈报任少卿书〉および〈史记〉论赞・序を 手がかりとして》/《汉文教室》167，1990

五井直弘/《史记と正史——中国における历史思想の源》/收入

浜林正夫、佐佐木隆尔编/《历史学入门》/有斐阁，1992

佐藤武敏/《史记书名考》/载《栗原圭介博士颂寿纪念东洋学论集》/汲古书院，1995/收入《司马迁の研究》/汲古书院，1997

藤田胜久/《史记のコスモロジー——その构造を读む》/《月刊しにか》6—4，1995

平势隆郎/《史记二千年の误りを正す》/《UP》281，1996

藤田胜久/《史记の历史观を求めて》/《UP》302，1997

藤田胜久/《司马谈、司马迁と〈太史公书〉の成立——〈史记〉太史公自序の构造》/《爱媛大学法文学部论集》人文学科编6，1999

藤田胜久/《司马迁の旅行と取材》/《爱媛大学法文学部论集》人文学科编8，2000

七、《史记》之各篇

上田早苗/《汉代史料につする计量的分析の开发》；《史记》の计量的分析，昭和60年度科学研究成果报告书，1986

三上次男、栗原朋信等/《史记の构成史料につする基本的研究》/昭和27—28年度总合研究报告集录·人文篇，1953

上田早苗/《史记の构成と黄老思想》/载《奈良女子大学研究年报》20，1977

上田早苗/《史记の构成と终始五德说》/《东洋史研究》38—4，1980

工藤元男/《马王堆出土〈战国纵横家书〉と〈史记〉》/《中国正史の基础的研究》/早稻田大学出版部，1984

藤田胜久/《马王堆帛书〈战国纵横家书〉の构成と性格》/《爱媛大学教养部纪要》19，1986

吉本道雅/《史记原始（一）——西周期·东迁期》/《古史春秋》4，1987

吉本道雅/《史记春秋经传小考》/《史林》7—16，1988

藤田胜久/《史记と中国出土书籍》/《爱媛大学教养部经要》23，1990/收入《史记战国史料の研究》/东京大学出版会，1997

1. 本纪

稻叶岩吉/《史记ノ汉高祖本纪ニ就テ》/《东亚经济研究》8—2，1924

平冈武夫/《五帝本纪の新研究》/《支那学》8—2，1936

安居香山/《史记に见る黄帝の问题——特に司马迁の黄帝の取り扱い方を中心として》/《汉文学会会报》14，1953

栗原朋信/《史记の秦始皇本纪に关する二・三の研究》/《秦汉史の研究》/吉川弘文馆，1960

栗原朋信/《秦记についての小考》/1951/收入《秦汉史の研究》/1960

栗原朋信/《史记の秦始皇本纪について——秦水德说の批判》1957/收入《秦汉史の研究》/1960

伊藤德男/《史记本纪の构成》/《东北大学教养部纪要》15，1972

大久保隆郎/《史记殷本纪考——宗教学の视点からのアプローチ》/《福岛大学教育学部论集》社会科学 27—1，1975

大久保隆郎/《史记殷本纪考（2）——殷王朝灭亡への道》/《福岛大学教育学部论集》社会科学 28—1，1976

稻田孝/《史记武帝本纪について》/《东京学芸大学纪要》人文科学 29，1978

新田幸治/《读〈吕后本纪〉》/《东洋学论丛》/东洋大学文学部纪要 35，1982

上田早苗/《垓下の战——〈史记〉における说话の一齣》/《奈良女子大学研究年报》27，1984/收入《汉代史料につする计量的分析の开发》に再录

星野春夫/《〈史记〉项羽本纪に见える风刺の笔法について》/《かながわ高校国语の研究》20，1984

吉本道雅/《周室东迁考》/《东洋学报》71—3・4，1990

高桥庸一郎/《史记と古代帝王》/《阪南论集》人文・自然科学篇26—1，1990

高桥庸一郎/《〈夏本纪〉と九州（上・下）》/《阪南论集》人文・自然科学篇26—3，26—4，1991

高桥庸一郎/《〈殷本纪〉の本质》/《阪南论集》人文・自然科学篇27—1，1991

高桥庸一郎/《〈秦本纪〉文公以前について》/《阪南论集》人文・自然科学篇28—4，1993

福岛正/《〈史记〉秦本纪冤词》/《大阪教育大学纪要》Ⅰ，40—1，1991

藤田胜久/《〈史记〉秦本纪の史料的性格》/《爱媛大学教养部纪要》24，1991/收入《史记战国史料の研究》/东京大学出版会，1997（中文译）/《〈史记・秦本纪〉的史料特性》/秦始皇兵马俑博物馆编/《秦文化论丛》第四辑，西北大学出版社，1996

藤田胜久/《〈史记〉吕后本纪にみえる司马迁の历史思想》/《东方学》86辑，1993

鹤间和幸/《秦帝国の形成と地域——始皇帝の虚像を超えて》/《历史と地理》372，1986

鹤间和幸/《秦帝国による道路纲の统一と交通法》/载池田温编/《中国礼法と日本律令制》/东方书店，1992

鹤间和幸/《秦帝国の形成と东方世界——始皇帝汉代の东方巡狩经路调查をふまえて》/《茨城大学教养部纪要》25，1993

鹤间和幸/《秦始皇帝诸传说の成立と史实——泗水周鼎引き上げ失败传说と荆轲秦王暗杀未遂传说》/《茨城大学教养部纪要》26，1994；（中文译）/《与秦始皇有关的各传说的形成和史实——打捞泗水周鼎失败和荆轲刺杀秦王未遂的传说》/秦始皇兵马俑博物馆编/《秦文化论丛》第六辑，西北大学出版

社，1988

鹤间和幸/《古代巴蜀の治水传说の舞台とその背景——蜀开明から秦李冰へ》/《中国水利史の研究》/国书刊行会，1995

鹤间和幸/《秦始皇帝陵建设の时代——战国・统一・对外战争・内乱》/《东洋史研究》53-4，1995

鹤间和幸/《司马迁の时代と始皇帝——秦始皇本纪编纂の历史的背景》/《东洋学报》77-1・2，1995

鹤间和幸/《汉代における秦王朝史观の变迁——贾谊〈过秦论〉，司马迁〈秦始皇本纪〉を中心として》/《茨城大学教养部纪要》29，1995

鹤间和幸/《秦始皇帝の东方巡狩刻石に见る虚构性》/《茨城大学教养部纪要》30，1996

鹤间和幸/《秦长城建设とその历史的背景》/《学习院史学》35，1997

藤田胜久/《〈史记・项羽本纪〉と〈秦楚之际月表〉——秦末における楚・汉の历史评价》/《东洋史研究》54-2，1995；（中文译）/《史记中纪年资料的利用——司马迁的历史思想》/秦始皇兵马俑博物馆、陕西省司马迁研究会编/《司马迁与史记论集》第三辑，陕西人民出版社，1996

藤田胜久/《始皇帝と秦朝の兴亡——秦始皇本纪の历史观》/《爱媛大学人文学会创立二十周年纪念论集》/1996；（中文译）/《始皇帝和秦王朝的兴亡——〈史记・秦始皇本纪〉的历史观》/秦始皇兵马俑博物馆编/《秦文化论丛》第六辑，西北大学出版社，1998

吉本道雅/《秦赵始祖传说考》/《立命馆东洋史学》21，1998

鹤间和幸/《秦始皇帝长城传说とその舞台——秦碣石宫と孟姜女传说をつなぐもの》/《东洋文化研究》1，学习院大学东洋文化研究所，1999

鹤间和幸/《秦始皇统一战争的实态》（中文译），秦始皇兵马俑博物馆编/《秦文化论丛》第七辑，西北大学出版社，1999

藤田胜久/《秦始皇帝和诸公子》（中文译），秦台皇兵马俑博物馆

编/《秦文化论丛》第七辑，西北大学出版社，1999

2. 表

武内义雄/《六国年表订误》/《高濑博士还历纪念支那学论丛》/弘文堂，1928/收入《诸子概说》/1935年，/以及《武内义雄全集》第6卷/角川书店，1978

本城说治/《三代世表考——殷周始祖を中心として》/《史渊》15辑，1937

山田统/《周初の绝对年代》/载《中国古代史の诸问题》，东京大学出版社，1954/收入《山田统著作集》1，明治书院，1981

山田统/《竹书纪年と六国魏表》/载《中国古代史研究》/1960/收入《山田统著作集》1，1981

山田统/《史记と古代纪年》/载《中国古代史研究》2，1965/收入《山田统著作集》1，1981

山田统/《史记の五帝の在位年》/载《中国古代史研究》3，1969/收入《山田统著作集》1，1981

斋藤国治、小泽贤二/《天文史料を使つて〈史记〉の〈六国年表〉を检证する》/《科学史研究》157，1986，のち/《中国古代の天文记录の检证》/雄山阁，1992

斋藤国治、泽贤二/《春秋时代（B.C.722－479）の日食その他天文记事の再检讨》/《科学史研究》161，1987

藤田胜久/《史记战国纪年の再检讨——睡虎地秦简〈编年记〉を手がかりとして》/《爱媛大学教养部纪要》20，1987/收入《史记战国史料の研究，》东京大学出版会，1997

藤田胜久/《史记战国纪年一览表》/《中国史研究》9，1988

寺门日出男/《史记"表"の意图》/《中国研究集刊》宇，1988

寺门日出男/《史记"表"における书法意识》/《中国研究集刊》洪，1989

伊藤德男/《史记汉兴以来将相名臣年表について——记载事项の检讨》/《东北学院大学论集》历史学·地理学18，1987

伊藤德男/《史记汉兴以来将相名臣年表について（その二）——司马迁の原笔の证迹》/《东北学院大学论集》历史学・地理学 19，1988

伊藤德男/《史记十表について（その一・二・三・四）》/《东北学院大学论集》历史学・地理学 21、22、23、24，1990—1992

平势隆郎/《战国纪年再构成に关する试论——君主在位の称元法からする古本〈竹书纪年〉の再评析》/《史学杂志》101—8，1992

藤田胜久/《史记战国系谱と〈世本〉》/《爱媛大学教养部纪要》28，1995/收入《史记战国史料の研究》/东京大学出版会，1997

藤田胜久/《史记三家注の〈竹书纪年〉佚文について》/《爱媛大学法文学部论集》人文学科编 1，1996/收入《史记战国史料の研究》/东京大学出版会，1997

吉本道雅/《史记原始——战国期》/《立命馆文学》547，1996

吉本道雅/《史记战国纪年考》/《立命馆文学》556，1998

3. 书

松永国华/《史记律历书补注》2 卷/1779

猪饲彦博/《太史公律历天官三书管窥》3 卷/1839

池永渊/《史记律历书解》2 卷/1850

桥本增吉/《史记封禅书について》/《史学》16—4，1938

穗积文雄/《史记平准书に见はれたる经济思想》/《经济论丛》49—3，1939

穗积文雄/《史记平准书にあらわれたる货币思想》/《经济论丛》55—6，1942

木村英一/《封禅思想の成立》/《支那学》11—2，1943

清水嘉一/《史记天官书恒星考》/《东方学报》京都 14—3，1944

福永光司/《封禅说の形成,续》/《东方宗教》6,7,1954—1955

串谷美智子/《封禅にみられる二つの性格——宗教性と政治性》/《史窓》14,1959

赖惟勤/《史记の律书について》/《中国语学》98,1960

赖惟勤/《史记の律书について》/载《お茶の水女子大学人文科学纪要》14,1961/收入/《赖惟勤著作集2 中国古典论集》/汲古书院,1989

中村嘉弘/《史记平准书の考察——司马迁の武帝时代に对する批判について》/《汉文学会会报》21,1962

藤井宏/《汉代盐铁专卖の实态——史记平准书の记载(1·2)》/《史学杂志》79—2,3,1970

竹内弘行/《司马迁の封禅论——/《史记》封禅书の历史记述をめぐつて》/《哲学年报》34辑,1975

小嶋树/《史记卷二七天官书第五について》/《かながわ高校国语の研究》12,1976

小嶋树/《汉の武帝と封禅——史记卷二八封禅书第六を中心に》/《かながわ高校国语の研究》/13,1977

赖惟勤/《史记天官书の岁星记事について》/载《人间文化研究年报》1,お茶の水女子大学,1978/收入《赖惟勤著作集Ⅱ中国古典论集》/汲古书院,1989

加地伸行/《史记の"书"について》/载《森三树三郎博士颂寿纪念东洋学论集》/朋友书店,1979

山田胜芳/《前汉武帝代の祭祀と财政——封禅书と平准书》/《东北大学教养部纪要》37,1982

佐藤邦一/《八风と二十八宿——史记律书における历の应律》/无穷会/《东洋文化》复刊61,1988

佐藤武敏/《史记河渠书を读む》/《中国水利史の研究》国书刊行会,1995

4. 世家

和辻哲郎/《孔子》/1938初版,岩波书店,1988

冈崎文夫/《史记の孔子传大要》/《历史と地理》27-1，1931

相良克明/《史记に見ゆゐ周公说话》/《东洋史会纪要》1，1936

江头広/《史记鲁世家よりみたる"一生一及"について》/《东京支那学会报》11，1952

バートソ、ワトソン/《文学としての孔子世家》/《中国文学报》2，1955

后藤均平/《楚灵王故事》/载《中国古代史の诸问题》/东京大学出版社，1954

后藤均平/《陈について》/载《中国古代の社会と文化》/东京大学出版社，1957

江头広/《一生一及制に於ける二，三の问题について》/《佐贺大学文学纪要》1，1958

大庭修/《史记三王世家について——汉代公文书の样式より研究觉书》/1962/收入《秦汉法制史の研究》/创文社，1982

野口定男/《〈孔子世家〉と〈老子列传〉について》/《立教大学日本文学》18，1967/收入《史记を読む》1980

原田种成/《史记の记述に对する疑い——孔子世家による》/《大东文化大学汉学会志》10，1971

伊藤德男/《史记世家の构成》/《东北大学教养部纪要》19，1974

山本千穗/《史记の独自性についての考定——〈晋世家〉を例として》/《高知大学国文》10，1979

新田幸治/《史记世家考1陈平》/《东洋学论丛》东洋大学文学部纪要36，1983

伊东昭雄/《史记における人间像——留侯世家から》/《横滨市立大学论丛》人文科学系列36-1、2、3，1985

新田幸治/《读〈外戚世家〉I》/《东洋学论丛》东洋大学文学部纪要41，1988

松井嘉德/《周王子弟の封建——郑の始封・东迁をめぐつて》/《史林》72-4，1989

藤田胜久/《史记韩世家の史料的考察》/《爱媛大学教养部纪要》21，1988/收入《史记战国史料の研究》/东京大学出版会，1997

藤田胜久/《史记赵世家の史料的性格》/《爱媛大学教养部纪要》22，1989/收入《史记战国史料の研究》/东京大学出版会，1997

藤田胜久/《史记楚世家の史料的考察》/《爱媛大学教养部纪要》26，1993/收入《史记战国史料の研究》/东京大学出版会，1997

藤田胜久/《战国楚の领域形成と交通路——史记楚世家と鄂君启节の比较检讨》/《〈史记〉〈汉书〉の再检讨と古代社会の地域的研究》/爱媛大学教育学部，1994

藤田胜久/《史记魏世家の史料的考察》/《爱媛大学教养部纪要》27，1994/收入《史记战国史料の研究》/东京大学出版会，1977

田中稔/《史记留侯世家における"天授"考》/无穷会/《东洋文化》79，1997

5. 列传

稻垣真久章/《史记列传讲义》16卷/兴文社，1892

村山德淳/《史记列传讲义》1卷/东京博学馆，1892

冈道/《史记列传讲义》2卷/东京九同馆，1892

城井寿章/《史记列传讲义》3卷/东京博文馆，1893

三岛毅/《货殖传の大意》/《货殖传に就いて（承前）》/《东亚研究》2—6、7，1912

池田四郎次郎/《读伯夷传条弁》/《东亚研究》5—4、5，1915

石田幹之助/《史记大宛列传の英文全译》/《东洋学报》8—2，1918

今西龙/《百衲本史记の朝鲜传について》/《芸文》12—3，1921

穗积文雄/《史记货殖列传论稿》/《支那研究》22，1930

嵯峨宽/《伯夷叔齐传说について》/《大东文化》10，1935

榎一雄/《史记匈奴列传补续说に就いて》/《东洋学报》26-4，1939/收入《榎一雄著作集》第7卷/中国史，汲古书院，1994

小岛祐马/《支那古代の社会经济思想》司马迁の自由放任说，/《古代支那研究》/弘文堂，1943/收入《古代中国研究》と改题，平凡社，1988

石田公道/《伯夷叔齐传说考》/《人文论究》1，1950

佐藤武敏/《司马迁における利己心及富の问题》/《文化》复刊2-1，1950

伊藤正文/《个人における历史の发见——游侠列传をめぐりて》/《青铜》7，1953

宇都宫清吉/《史记货殖列传について》/1952，のち/《汉代社会经济史研究》/弘文堂，1955

石黑俊逸/《史记孟子荀卿列传の构成》/《支那学研究》12，1955

竹治贞夫/《史记屈原传の一节について》/《支那学研究》15，1956/收入《楚辞研究》/风间书房，1978

野口定男/《史记列传の读法について》/《立教大学研究报告》一般教育部2，1957，のち/《史记を读む》/1980

中山俊彦/《史记货殖传论》/《东方学》20，1960

中村嘉弘/《史记儒林列传の考察》/《汉文教室》56，1961

佐藤震二/《伯夷传について》/《金城国文》8-1，1961

青山公亮/《史记朝鲜传考》/《骏台史学》12，1962

桑田幸三/《司马迁の商业观》/《经济论丛》90-2，1962/收入《中国经济思想史论》つ连所收，ミネルヴア书房，1976

佐藤震二/《伯夷列传における司马迁の思想》/《东洋文化》11，1964

内藤戊申/《信陵君》/《立命馆文学》265，1967

安本博/《伯夷叔齐について》/大阪大学/《待兼山论丛》2，1968

山崎禅雄/《史记伯夷列传考》/《安田学园研究纪要》11，1969

山崎禅雄/《伯夷叔齐像考察》/《史观》83，1970

日比野丈夫/《史记货殖列传と汉代の地理区》/1970/收入《中国历史地理研究》/同朋舍，1977

高桥均/《仲尼弟子列传について》/东京教育大学文学部/《国文学汉文学论丛》15，1970

下见隆雄/《史记の伯夷、叔齐以前》/广岛哲学会/《哲学》24，1972

日原利国/《春秋公羊传における侠气の礼赞》/《日本中国学会报》24，1972/收入《春秋公羊传の研究》/创文社，1976

中村俊也/《战国四君の思想史的意义について》/《国文学汉文学论丛》18，1973

日原利国/《史记の论理と伦理》/《日本中国学会报》26，1974/收入《春秋公羊传の研究》/1976

野口定男/《史记の晏子传につする一考察》/1975/收入《史记を读む》/1980

上田早苗/《司马迁の任侠论》/《历史と人物》5—5，1975

安本博/《伍子胥传について》/木村英一博士颂寿纪念事丛会/《中国哲学史の展望と模索》/创文社，1976

下见隆雄/《怨恨と复雠の构图——〈伍子胥列传〉研究ノートより》/《福冈女子短大纪要》11，1976

吹野安/《滑稽人东方朔论——〈答客难〉を中心として》/《汉文学会会报》22，1976

桑田幸三/《史记の货殖列传について》/《彦根论丛》178，1976/收入《中国经济思想史论》/1976

松村益春/《史记游侠列传、货殖列传小考——"德"の概念を中心と》/龙谷大学/《东洋史苑》11，1977

川久保广卫/《伯夷列传考》/《二松学舍大学论集》昭和53年度，1979

寺冈竜含/《史记庄子传に就いて》/《汉文学》16，1979

沼尻正隆/《吕不韦传について》/日本大学人文科学研究/《研

究纪要》22,1979

吉田照子/《史记伯夷列传考——天道,是か非か》/《福冈女子短大纪要》20,1980

莲见治雄/《史记匈奴列传中の一记事について——モソゴル语及びモンゴル口承文芸から见ち解释の可能性》/《东京外国语大学八十周年纪念论文集》/1980

森田传一郎/《扁鹊考》/《日本中国学会报》32,1980

谣口明/《孔子と司马迁の见る管子、晏婴像》/《汉字汉文》14-27,1982

石田博/《史记の记述と韩非》/《汉文学会会报》28,1981

吹野安/《史记龟策传补传窥管》/无穷会/《东洋文化》49、50,1983

佐藤明/《司马迁の见た〈庄子〉》/九州大学/《中国哲学论集》10,1984

鬼头有一/《司马迁の思想——日者列传》/《名古屋商科大学论集》/1984

桥本尧/《伍子胥物语群について——中国における英雄叙事诗の发掘》/《和光大学人文学部纪要》18,1984

山田胜芳/《史记货殖列传の节马会について》/《集刊东洋学》53,1985

森熊男/《司马迁の君子品题——战国の四君子の描き方を通して》/《冈山县汉文学会会报》17,1987

李锐清/《廉颇蔺相如列传本文の疑问点とその考察》/《滋贺大国文》25,1987

山田庆児/《扁鹊传说》/《东方学报》京都60,1988

若江贤三/《史记列传のテーマについて——运命观をめぐつて历史家司马迁の思想的立脚点を探る》/《ヨーロツパと东洋とにおける"历史思想"の比较研究》/爱媛大学法文学部,1988

福岛正/《伍子胥,司马迁,そして怨み》/《大阪教育大学纪要》人文科学37-2,1988

石川三佐男/《史记の屈原传について（上编）——〈楚辞〉との対応に基づいて》/《斯文》97，1989

横须贺司久/《伯夷列传小考》/《二松学舍大学论集》33，1990

杉山宽行/《刺客列传を読む——主题と変奏》/《山下龙二教授退休纪念中国学论集》/1990；（中文译）/《读刺客列传——主题和变奏》/《司马迁与史记论集》/陕西人民出版社，1995

石川三佐男/《史记屈原传と〈蜀王本纪〉（鼈灵传）について——楚の传说的人物と"鬼"》/《秋田大学教育学部纪要》43，1992

川久保広卫/《史记匈奴列传について——史记论赞の笔法》/《二松学舍大学论集》22集，1992

今鹰真/《将军たちの列传》/《名屋大学中国语学文学论集》5，1992/（中文译）/《将军们的列传》/《司马迁与史记论集》/陕西人民出版社，1995

町田三郎/《史记〈傅靳蒯成列传〉研究》/《北京师范大学学报》社会科学版，1992－3期

宫崎市定/《读史劄记・史记优孟传》/1936/收入《アジア史研究》所收，同朋舍，1957/收入《宫崎市定全集》5

宫崎市定/《史记货殖传物价考证》》/1956/收入《アジア史论考》中卷所收，朝日新闻社，1976/收入《宫崎市定全集》5

宫崎市定/《身振りと文学——史记成立についての一试论》/1965/收入《アジア史论考》中卷所收，朝日新闻社，1976/收入《宫崎市定全集》5

宫崎市定/《史记李斯列传を読む》/1977，のち/《アジア史研究》V所收，同朋舍，1978/收入《宫崎市定全集》5

伊藤德男/《伯夷列传における夷齐说话の意义》/东北大学/《文科纪要》8，1961

伊藤德男/《循吏と酷吏——司马迁の史观の一侧面》/《古代学》9－4，1961

伊藤德男/《司马迁の李斯、蒙恬批判について》/《铃木俊教授还历纪念东洋史论丛》大安，1964

伊藤德男/《史记杂传の研究（上・下）》/《集刊东洋学》17，19，1967，1968

伊藤德男/《史记日者、龟策两列传について》/《东北学院大学论集》/历史学・地理学 11，1981

伊藤德男/《循吏と循理》/《东北学院大学论集》/历史学・地理学 15，1985

俣野太郎/《史记刺客列传についての臆测》/无穷会/《东洋文化研究所纪要》5，1964

俣野太郎/《史记循吏列传についての臆测（上）》/无穷会/《东洋文化研究所纪要》6，1965

俣野太郎/《史记酷吏传についての一考察——基础的な构成上の视点よりする》/无穷会/《东洋文化研究所纪要》7，1967

俣野太郎/《续・史记酷吏传についての一考察（上・下）》/无穷会/《东洋文化》复刊 18、19、20，1968－1969

俣野太郎/《史记に描かれた公孙弘——阅历上の二三の问题》/《铃木博士古稀纪念东洋学论丛》所收，明德出版社，1972

俣野太郎/《续・史记に描かれた公孙弘——史记における武帝时代第一》/无穷会/《东洋文化研究所纪要》9，1975

俣野太郎/《武帝期初めの权臣たち（上・下）——史记における武帝时代第二》/无穷会/《东洋文化》复刊 38、39、41、42，1976－1977

俣野太郎/《司马迁の精神（上・中・下）——列传中の同时代史诸篇よりみたる》/《国士馆大学教养论集》/15、17、20，1982、1983、1985

俣野太郎/《思想家としての司马迁——第一（上）循吏・酷吏两列传を主として》/无穷会/《东洋文化》复刊 62，1989

新田幸治/《史记列传小考》/《东洋学研究》3，1969

新田幸治/《伯夷管窥》/《东洋大学纪要》文学部篇 23，1969

新田幸治/《史记列传初考》/《东洋大学纪要》文学部篇 27，1973

新田幸治/《史记列传考Ⅱ——"二十南游"と〈货殖列传〉》/

《アジア・アフリカ文化研究所研究年報》1974年度，1975

新田幸治/《史记列传考Ⅲ——太史公自序について》/《东洋学论丛》东洋大学文学部纪要30，仏教学科中国哲学文学科篇，1977

新田幸治/《史记列传考Ⅳ——司马迁より见た思想界の一侧面》/《东洋学论丛》东洋大学文学部纪要32，1979

新田幸治/《史记列传考Ⅴ》/《东洋学论丛》东洋大学文学部纪要34，1981

藤田胜久/《史记穰侯列传の一考察——马王堆帛书〈战国纵横家书〉を手がかりとして》/《东方学》71辑，1986

藤田胜久/《史记春申君列传の编集过程》/《东方学》77辑，1989

藤田胜久/《史记战国四君列传の史料的性格》/《古代文化》43－1，1991

藤田胜久/《西门豹の水利事业——史记滑稽列传の后世补记について》/《中国水利史研究》19，1989

藤田胜久/《史记苏秦、张仪列传の史料の考察——战国中期の合纵と连横》/《爱媛大学教养部纪要》25，1992

八、《史记》相关的研究

内藤湖南/《支那史学史》/弘文堂，1949，のち《内藤湖南全集》第11卷/筑摩书房，1969

镰田正/《左传の成立と其の展开》/大修馆书店，1963

小仓芳彦/《古代中国を读む》新书，岩波书店，1974

增井经夫/《中国の历史书——中国史学史》/刀水书房，1984

《史记の世界》汉文研究シリーズ16，尚学图书，1986

青木五郎/《史记に描かれた人间像》

福岛中郎/《秦始皇帝——初めての独裁君主》

黑须重彦/《周の幽王と褒姒について》

今西凯夫/《萧何》

吉原英夫/《韩信》

松风荣志/《将军·战争·历史——读〈史记〉李牧传》

关尾史郎/《外戚——呂后とその一族を中心として》

髡玉宪明/《侍臣——宦官·佞幸·滑稽》

佐藤武敏监修、工藤元男、早苗良雄、藤田胜久译注/《马王堆帛书·战国纵横家书》/朋友书店，1993

泽谷昭次/《中国史书论考》/汲古书院，1998

平势隆郎/《左传の史料批判的研究》/汲古书院，1998

冈崎文夫/《史汉の平准·食货并に货殖列传に就いて》/《史林》2—3，1917

冈崎文夫/《三史循吏传を读む》/《支那学》2—6，1922

冈崎文夫/《司马迁と班固》/《史林》17—3，1932

藤田至善/《史记汉书の一考察——汉代年号制定の时期に就いて》/《东洋史研究》1—5，1936

藤田至善/《史记汉书货殖传について》/《东洋史研究》2—2，1936

大岛利一/《淳于髡》/《东光》1，1947

大岛利一/《西门豹》/《学芸》4—10，1947

镰田正/《史记と左传に就いて》/《诸桥博士古稀祝贺纪念论文集》所收，1953

吉川幸次郎/《项羽の垓下歌の》/1954，のち/《吉川幸次郎全集》6，筑摩书房，1968

吉川幸次郎/《汉の高祖の大风歌について》/1955/收入《吉川幸次郎全集》6

影山刚/《盐铁论について》/《福井大学学芸学部纪要Ⅲ社会科学》4，1955/收入《中国古代の商工业と专卖制》/东京大学出版会，1984

豊岛睦/《史记を通じて见たる韩非思想の源流》/《支那学研究》15，1956

中岛千秋/《楚辞と史记との"渔夫"について》/《爱媛大学纪

要》人文科学 3—1，1956

大矢根文次郎/《史记列传と唐の传奇について》/《学术研究》6，1957

前野直彬/《史记の小说的な侧面について》/《汉文学会会报》17，1957/收入《中国小说史考》/秋山书店，1975

野口定男/《始皇帝の出生と吕不韦——史记の难解点についての一考察》/《立教大学日本文学》2，1959/收入《史记を読む》/1980

野口定男/《史记における文学性について》/《立教大学日本文学》11，1963/收入《史记を読む》/1980

东堂明保/《屈原と司马迁》/《东京支那学报》9，1963

滝辽一/《史记などにより汉代における"歌""谣""咏"について 历史的研究》/《岩井博士古稀纪念典籍论集》/大安，1963

板野长八/《史记封禅书と汉书郊祀志》/《岩井博士古稀纪念典籍论集》/大安，1963

狩野直喜/《史记と汉书》/《两汉学术考》/筑摩书房，1964

吉川幸次郎/《常识への反抗——司马迁〈史记〉の立场》/1964/收入《吉川幸次郎全集》6

西嶋定生/《中国における历史意识》/《岩波讲座世界历史》30卷/别卷1，岩波书店，1971，のち/《中国古代国家と东アヅア世界》/东京大学出版会，1983

本田济/《中国の史书について》/《中国古典文学への招待》/平凡社，1975，のち/《东洋思想研究》创文社，1987

户川芳郎/《帝纪と生成论》/《中国哲学史の展望と模索》/创文社，1976

贝塚茂树/《中国史学史における史记》/《贝茀茂树著作集》7，1977

高桥稔/《中国文学における"侠"について1——司马迁と鲁迅》/《东京学艺大学纪要》人文科学 29，1978

小仓芳彦/《谚の引用——左传と史记の场合》/《东洋史研究》

37—4，1979

铃木启造/《史传と列传》/《立教史学》45，1979

星野春夫/《史记列传に见える谏言观について》/《かながわ高校国语の研究》15，1979

松本民雄/《春秋楚国费无极外传》/东北大/《文化》43—3、4，1980

池田知久/《〈淮南子〉の成立——史记と汉书の检讨》/《东方学》59，1980

池田知久/《〈淮南子〉の成立——/〈史记〉と/〈汉书〉とによゐ检讨》/《岐阜大学教育学部研究报告》28，1980

中下正治/《"四史"における"六芸"》/《东洋学论丛》东洋大学文学部纪要34，1981

后藤均平/《コ・エル・クロル〈历史家司马迁〉の绍介》/《中国古代史研究》5，雄山阁出版，1982

田村和亲/《殷の纣王の酒池肉林说话の生成》/《二松学舍大学论集》25，1982

井上秀雄/《史记、汉书の东夷王者观》/《朝鲜学报》103，1982

大勒秀高/《〈史记〉と〈汉书〉》/汉文研究シリーズ12/《中国の历史书》/尚学图书，1982

新田幸治/《司马迁と谚の周边》/《アジア・アフリカ文化研究所研究年报》17，1983

榎一雄/《史记大宛传と汉书张骞、李广利传との关系について》/《东洋学报》64—1、2，1983/收入《榎一雄著作集》第7卷/中国史，汲古书院，1994

吉原英夫/《古代中国の座位》/《汉文教育》148，1984

桥本尧/《〈水浒传〉と〈史记〉——まてとに不可解な中国小说史》/《中国研究》156，1984

高桥稔/《中国古代の史家に见る民间传承摄取の态度について》/《学芸国语国文学》19，1984

中原道子/《西欧语译二十四史》/《中国正史の基础的研究》/

早稻田大学出版部,,1984

谷中信一/《〈逸周书〉研究（一），同（二）——史记篇の成立の思想について》/《早稻田大学高等学院研究年志》28，29，1984，1985

户仓英美/《汉代の文学における"全体"の精神——汉赋と〈史记〉を材料としての考察》/《中哲文学会报》10，1985

殿冈彰子/《文学教材〈史记〉读解の试み——/〈十八史略〉との并读による》/《汉文教室》152，1985

熊谷尚夫/《三史所载の论语について》/《国学院杂志》86－11，1985

横田利七郎/《中国古代太史の性格职掌とその变迁》/《国学院大学汉文学会报》31，1986

林田慎之助/《东方朔の话》/《高校通信东书国语》273，1987

铃木启造/《〈北堂书抄〉考——〈史记〉引用考（其一·其二）》/早稻田大学教育学部/《学术研究》地理学·历史学·社会科学篇34、36，1985－1988

谷口匡/《韩愈の〈张中丞传后叙〉における〈史记〉の影响》/《土浦日本大学高等学校纪要》5，1989

泽谷昭次/《〈司马迁传说〉を读む——徐谦夫搜集·整理司马迁的传说の绍介》/《盈虚集》立教大学东洋史同学会会志6，1989/收入《中国史书论考》/汲古书院，1998

长岛孟人/《华山·司马迁祠·坑儒谷の旅》/《新しい汉文教育》8，1989

小仓芳彦/《左传と史记》/《古事记年报》33，1991

上田武/《陶渊明と史记》/《镰田正博士八十寿纪念汉文学论集》/大修馆书店，1991

高桥稔/《史记と历史语りについて》/《竹田晃先生退官纪念东アジア文化论丛》/汲古书院，1991

影山辉国/《史记中の"赤帝の子，白帝の子を斩る"の记事について》/《竹田晃先生退官纪念东アジア文化论丛》/汲古书院，1991

斋木哲郎/《一士卒の秦代——云梦秦简〈编年记〉の记述形式と〈秦记〉》/《新しい汉文教育》12，1991

吉原英夫/《王念孙〈读书杂志〉史记 训读（一）》/《东京工业高等专门学校研究报告书》23，1991

竹田晃/《史传——世界を创る人间の记录》/《中国の说话と古小说》/放送大学教育振兴会，1992

水泽利忠/《史记の孔子像》/《新汉文教育》14，1992

伴野朗/《战国四君》/《しにか》6月号，1992

伴野朗/《刺客列传》/《しにか》10月号，1992

加藤国安/《庾信における世界の解体と新生の表现——〈左传〉〈史记〉等より见たその世界观》/《〈史记〉〈汉书〉再检讨と古代社会の地域的研究》/1994

藤田胜久/《史记と楚文化——江陵・云梦の地域社会》/《社会科学研究》28，1994（中文译）/《史记与楚文化》/《长江文化论集》/湖北教育出版社，1995

竹田晃/《文学としての史记——历史と文学の境界》/《しにか》4月号，1995

冈田英弘/《〈史记〉と〈ヒストリアイ〉——中国人にとつて历史とは何か》/《しにか》4月号，1995

福岛中郎/《史记の言叶をむ读》/《しにか》4月号，1995

井波律子/《史记世界の女たち》/《ちくま》5月号，1995

弥和顺/《〈史记〉所见〈论语〉小考》/《中国哲学》24，1995

相田洋/《市と语り物》/《异人と市——境界の中国古代史》/研文出版，1997

鹤间和幸/《历史の叙法》/《岩波讲座世界历史1 世界史へのアプローチ》/岩波书店，1998

金户守/《古文论语考——汉书芸文志、史记弟子传》/《四天王寺女子大学纪要》5，1972

金户守/《史记〈论语〉考——孔子世家，その〈论语〉成立试论》/《四天王寺女子大学纪要》6，1973

金户守/《史记〈论语〉考（その二）——仲尼弟子列传より

〈论语〉成立について》/《四天王寺女子大学纪要》7，1974
金户守/《史记〈论语〉考（その三）——本纪・八书の〈论语〉成立资料について》/《四天王寺女子大学纪要》8，1975
金户守/《史记〈论语〉考（その四）——世家引用孔子言より〈论语〉の成立について》/《四天王寺女子大学纪要》9，1976
金户守/《史记〈论语〉考（その五）——伯夷列传を论じて〈论语〉孔子言に及ぶ》/《四天王寺女子大学纪要》10，1977
金户守/《史记〈论语〉考（その六）——总结，〈论语〉の成立について》/《四天王寺女子大学纪要》11，1978
金户守/《史记〈论语〉考余》/《四天王寺女子大学纪要》12，1979
金户守/《史记〈论语〉考余（续）——〈汉书〉より见た〈论语〉成立考》/《四天王寺女子大学纪要》13，1980

九、《史记》的语言

牛岛德次/《汉语文法论（古代编）》史记，大修馆书店，1967
相浦杲/《史记を中国语で读む》/PHP研究所，1985
安积由纪子/《史记の人物评语》/櫂歌书房，1985
田中谦二/《てとばと文学》《史记》における表现の反复，/《史记》の笑い》/汲古书院，1993
望月八十吉/《史记の"所"》/大阪市大/《人文》10－1，1959
望月八十吉/《史记の复杂谓语》/《中国语学》84，1959
田中谦二/《史记における人间描写》/《中国文学报》13，1960
牛岛德次/《史记、汉书の数词》/《中国语学》125，1962
牛岛德次/《史记存疑札记》/《汉文学会会报》23，1964
服部昌之/《史记の场所表现》/《北九州大学外国语学部纪要》14，1967
小仓浩子/《张耳、陈余列传の助字"也""矣"——史记と汉书

の表记の相违》/《国学院杂志》69－2，1968

高桥君平/《史记·汉书の文体》/《鹿儿岛短期大学研究纪要》4，1969

森川重昭/《太史公自序"乐乐所以立，故长于和"の解释について》/昌山女学园大学/《研究论集》8－2，1977

山本严/《史记における敬语》/《宇都宫大学教育学部纪要》29－1，1979

星野春夫/《史记滑稽列传における人物描写について》/庆应义塾大学/《芸文研究》41，1980

吉原英夫/《"项羽笑曰，天之亡我，我何渡为"などについての若干の考察》/《中国文化》6月号，1983

大野文治/《"天之亡我，我何渡为"（项羽本纪）について》/《高校通信东书国语》248，1985

南本义一/《汉文教育研究7－教材研究 汉文古典/《史记》の性格と読み方》/《研究集录》71，1986/收入《国语科汉文教育论》/溪水社，1986

谣口明/《"鸿门之会"の学习案》/《国语展望》74，1986

高屋一行/《"鸿门之会"におけるOHPの利用》/《高校通信东书国语》269，1987

佐藤利行/《汉文の教材研究——司马迁の史记执笔态度》/《安田女子大学纪要》15，1978

李锐清/《廉颇蔺相如列传本文の疑问点とその考察》/《滋贺大国文》25，1987

水泽利忠/《泷川龟太郎〈史记会注考证〉（その一～九）》/《月刊国语教育》67～75，1987

长谷川滋成/《史传の表现》/《汉文表现论考》/溪水社，1987

柚木利博/《楚歌のてとなど——四面楚歌》/《高校通信东书国语》285，1988

安藤信弘/《史记を読む》/《汉文を読む本》国语教育丛书10，三省堂，1989

青木五郎/《中国における古典教材と教材研究5——"鸿门の

会"(史记)》/《汉文教室》162，1989

守屋一幸/《伯夷叔齐の学习案》/《国语展望》82，1989

长谷川滋成/《司马迁の多样な反复表现——字眼反复の卷》/《月刊国语教育》98，1989

长谷川滋成/《中国古典の描写は稚拙か——说明・描写》/《月刊国语教育》99，1989

今鹰真/《司马迁の微辞》/《山下龙二教授退休纪念中国学论集》/1990

武谷容雄/《〈伯夷叔齐传〉授业への一试论——教材の背景に对する考察》/《日本大学丰山中・高等学校纪要》20，1990

渡边雅之/《管晏列传の发展学习——その人物评价をめぐつて》/《新しい汉文教育》10，1990

大田加代子/《说得の文章——史记の苏秦・张仪列传を例に》/《名古屋大学人文科学研究》20，1991

0641 大田加代子/《史记における"辩"と"滑稽"（上）》/《名古屋大学中国语学文学论集》5，1992；（中文译）/《史记中所见"辩"字之概念》/《司马迁与史记论集》/陕西人民出版社，1995

渡边幸彦/《史记にみられる"三段表现"》/《名古屋大学文学部研究论集》文学 39，1992；（中文译）/《史记中的"三段表现"》/《司马迁与史记论集》/陕西人民出版社，1995

若林繁男/《"鸿门之会"を读む——定时制课程农业科での授业实践》/《汉文教室》179，1994

山本礼子/《自己の生き方を考えさせる——"四面楚歌"の指导》/《汉文教室》179，1994

阿野高明/《教室で读む史记》/《汉文教室》179，1994

江连隆/《史记の特质と指导》/《汉文教室》179，1994

平川直子/《表现活动を取り入れた汉文指导の试み——"鸿门之会"における剧作りを中心に》/《汉文教室》180，1995

青木淳/《"鸿门之会"——补助プリントを用いた一つの方法》/《汉文教室》180，1995

田生隆/《教室における"四面楚歌"の解释试考》/《汉文教室》180，1995

原田种成/《廉颇蔺相如传》/《鸿门之会》/《私の汉文讲义》/大修馆书店，1995

青木五郎/《中国古典を中国语で读むための七つ道具——史记》/《中国语》9月号，1997

十、《史记》和日本文学

《六国史について》/坂本太郎/载日本学/会编《本邦史学史论争 上卷》，富山房，1939

《日唐·日宋交通に於ける史书の输入》/森克己/同上

《大日本史と支那史学》/加藤繁/载日本学会编

《本邦史学と上支那史学》下卷，富山房，1939 桃裕行/《上代学制の研究》/目黑书店，1947

森克己/《日宋贸易の研究》1948年，/《森克己著作选集》1，国书刊行会，1975

川口久雄/《平安朝日本汉文学史の研究》上下，明治书院，1959，1961

笠井助治/《近世藩校に於ける出版书の研究》/吉川弘文馆，1962

坂本太郎/《日本古代史の基础的研究 文献篇》/1964

坂本太郎/《日本の修史と史学》/至文堂，1966

森克己/《遣唐使》/至文堂，1966

水田纪久、赖惟勤编/《中国文化丛书9 日本汉学》/大修馆书店，1968

坂本太郎/《六国史》/吉川弘文馆，1970

井上顺理/《本邦中世までにおける孟子受容史の研究》/风间书房，1972

佐藤武敏/《长安 古代中国と日本》/朋友书店，1974

森克己/《续日宋贸易の研究》/《著作选集》2，1975

森克己/《续续日宋贸易の研究》/《著作选集》3，1975

森克己/《日宋文化交流の诸问题》/1950年，/《著作选集》4，1975

斯文会编/《日本汉学年表》/大修馆书店，1977

大庭修/《江户时代における中国文化受容の研究》/同朋舍出版，1984

矢岛玄亮/《日本国见在书目录——集证と研究》/汲古书院，1984

西嶋定生/《日本历史の国际环境》/东京大学出版会，1985

近藤春雄/《日本汉文学事典》/明治书院，1985

山岸德平/《近世汉文学史》/汲古书院，1987

增村宏/《遣唐使の研究》/同朋舍出版，1988

小守郁子/《源氏物语における史记と白氏文集》/私家版，1989

松冈洸司监修、真壁隆司、近川澄子编集/《近代杂志目次文库4国语·国文学编》第1卷—17卷/ゆまに书房，1989—1995

大庭修、王晓秋编/《日中文化交流史丛书1历史》/大修馆书店，1995 佐久间重男/《中世 宋元明时代の日中文化交流》

大庭修、王勇编/《日中文化交流史丛书9典籍》/大修馆书店，1996

大庭修/《古代中世における日中关系中の研究》/同朋舍出版，1996

大庭修/《汉籍输入の文化史——圣德太子から吉宗へ》研文出版，1997

平冈耿二编/《古代日本研究文献总合目录》上·下，勉诚出版，1998

冈田正之/《史记の日本文学に与えし影响の一瞥》/《东亚研究》2—5，1912

武藤长平/《史记と外史——劝善惩恶の主义と善精应报の思想》/《东亚研究》2—5，1912

小岛宪之/《书记の素材——文选·史记·汉书·后汉书との关

系》/《人文研究》2—8，1951

小守郁子/《源氏物语における史记の影响》/《名古屋大学文学部研究论集》7，1954

仁田香鹤子/《源氏物语における史记の投影》/《樟荫文学》7，1955

管谷军次郎/《史记の货殖列传と浮世草子の永代藏》/《生活文化》7，1956

古泽未知男/《史记と源氏物语》/《中国学会报》8，1956

吉川幸次郎/《史记と日本》/1956/收入《吉川幸次郎全集》6所收

山田统/《中国と日本における历史意识の成立》/《古代史讲座1古代史学序说》学生社，1961

片桐洋一/《源氏物语に投影した海外文学——主として史记との关连における方法论的私见》/学灯社/《国文学》6—3，1961

清水荣/《太平记と史记——两者の送连の过程についての一试论》/《汉文教室》55，1961

松本治久/《大镜は史记に何を学んだか——大镜の历史观を论ず》/《汉文学研究》11，1963

增田欣/《太平记と史记の列传1》/广岛大学文学部/《中世文芸》29，1964

增田欣/《太平记と史记の列传2》/广岛大学文学部/《中世文芸》34，1966

寿岳章子/《史记抄の文章》/《国语国文》35—5，1966

佐佐木充/《武田泰淳における文化——司马迁の成立まで》/《带广大谷短期大学纪要》6，1969

田部井荣子/《〈平家物语〉における〈史记〉——义仲と项羽の类似性をめぐつて》/《群马县立女子大学国文学研究》5，1985

山下宏明/《〈平家物语〉における〈史记〉の机能——义仲と赖朝の不和をめぐつて》/《和汉比较文学丛书6》/1987

鬼束隆昭/《天变と源氏物语と史记》/《日本文学ノート》22，1987

鬼束隆昭/《源氏物语と史记》/和汉比较文学丛书4/《中古文学 汉文学》Ⅱ

鬼束隆昭/《源氏物语における密通事件の応报について——史记の因果观からの照射》/《日本文学ノート》23，1988

邱岭/《史记越王勾践世家と〈太平记〉吴越说话》/《中京国文学》7，1988

鬼束隆昭/《源氏物语と历史と传奇——中国史书类传奇とのかかわりから》/《源氏物语の探究》14，1989

大庭修/《日本に渡来した汉籍の研究方法と资料》/1989，のち/《像と法と》/关西大学文学部史学・地理学科合同研究室，大庭修先生古稀纪念祝贺会，1997

久保广卫/《项羽本纪について——武田泰淳〈司马迁〉と史迁の手法》/《二松学舍大学人文论丛》44，1990

伊藤武雄/《英雄の最后——四面楚歌（史记）と木曽最后（平家物语）の比较读み》/《汉文教室》179，1994

辰巳正明/《史记から/〈日本书记〉へ——日本的受容の特质》/《しにか》4月，1995

邱岭/《〈太平记〉における〈史记・项羽本纪〉の受容》/《军记文学研究丛书》第八卷：太平记の世界，汲古书院，1998

十一、其他

长与善郎/《项羽と刘邦》/新潮社，1917/收入岩波文库，1951など

加藤繁/《始皇帝其他》/生活社，1946

中岛敦/《李陵》/《文学界》7月号 1943/收入《中岛敦全集》筑摩书房，1948/又收入《李陵》文库，新潮社，1969

吉川幸次郎/《汉の武帝》新书，岩波书店，1949

郭沫若著，平冈武夫译/《历史小品》新书，岩波书店，1950 镰田重雄/《秦の始皇帝》/河出书房新社，1962

植木昌一郎/《天・黄河・人间Ⅰ 古代の英雄たちをたずねる》/俳句研究社，1963

镰田重雄/《吕太后——农民皇帝とその妻》/桃源社，1964

河地重造/《汉の高祖》/人物往来社，196

永田英正/《项羽》/人物往来社，1966

村松暎/《暂说史记》/中央公论社，1968/收入《暂说史记》文库，中央公论社，1996

神子侃/《史记の人间学》/德间书店，1973

丹羽隼兵、和田武司/《乱世行动术》/主妇と生活社，1974/收入《史记に学ぶ》文库（改题），德间书店，1987

小仓芳彦/《逆流と顺流——わたしの中国文化论》/研文出版，1978

景山刚/《汉の武帝》历史新书/教育社，1979

司马辽太郎/《项羽と刘邦》/新潮社，1980

A・コジトレル著，日比野丈夫监译/《秦始皇帝》/河山书房新社，1985

护雅夫/《李陵》/中央公论社，1974/收入中公文库，1992

陈舜臣监修/《史记の旅》中国古典纪行5，讲谈社，1982

常石茂/《史记》/新人物往来社，1983

长泽和俊/《张骞とシルクロード》/清水书院，1984

狩野直祯/《史记"人间学"を读む》/学阳书房，1984

后藤昭生/《史记を书いた男——司马迁》/驹田信二编/《中国古典散步》/文艺春秋，1985

吉川忠夫/《秦の始皇帝——焚书坑儒を好しとして》/集英社，1986

村松暎/《项羽——四面みな楚歌す》/集英社，1986

福岛吉彦/《汉の武帝——雄才大略燃えて》/集英社，1987

山崎正/《史记点描》/公人社，1987

西野广祥/《史记》/PHP研究所，1988

后藤昭生/《カフカと司马迁》/《もぅ一つの目》/文芸春秋，1988

奥崎裕司/《项羽・刘邦时代の战乱》/新人物往来社，1991

村山孚/《史记の处世训》/经营书院，1993

籾山明/《秦の始皇帝——多元的世界の统一者》/白帝社，1994

富谷至/《ゴビに生きた男たち——李陵と苏武》/白帝社，1994

村山孚/《司马迁〈史记〉历史纪行》/尚文社ジヤパン，1995

宫城谷昌光/《史记の风景》/新潮社，1997

渡部昇一他/《史记の人间学》上、下/プレジデント社，1997

村田秀明/《中岛敦〈李陵〉の创造——创作关系资料の研究》/明治书院，1999